OEUVRES COMPLÈTES
DE BRANTÔME

PARIS. — IMPRIMERIE A. LAHURE
9, Rue de Fleurus, 9

OEUVRES COMPLÈTES
DE PIERRE DE BOURDEILLE
SEIGNEUR DE
BRANTÔME

PUBLIÉES D'APRÈS LES MANUSCRITS
AVEC VARIANTES ET FRAGMENTS INÉDITS
POUR LA SOCIÉTÉ DE L'HISTOIRE DE FRANCE
PAR LUDOVIC LALANNE

TOME ONZIÈME

TABLE DES MATIÈRES

A PARIS
LIBRAIRIE RENOUARD
H. LOONES, SUCCESSEUR
LIBRAIRE DE LA SOCIÉTÉ DE L'HISTOIRE DE FRANCE
RUE DE TOURNON, N° 6

M DCCC LXXXII

EXTRAIT DU RÈGLEMENT.

Art. 14. — Le Conseil désigne les ouvrages à publier, et choisit les personnes les plus capables d'en préparer et d'en suivre la publication.

Il nomme, pour chaque ouvrage à publier, un Commissaire responsable, chargé d'en surveiller l'exécution.

Le nom de l'éditeur sera placé à la tête de chaque volume.

Aucun volume ne pourra paraître sous le nom de la Société sans l'autorisation du Conseil, et s'il n'est accompagné d'une déclaration du Commissaire responsable, portant que le travail lui a paru mériter d'être publié.

Le Commissaire responsable soussigné déclare que l'édition du onzième volume des Œuvres complètes de Brantôme, *préparée par* M. Ludovic Lalanne, *lui a paru digne d'être publiée par la* Société de l'Histoire de France.

Fait à Paris, le 1er février 1882

Signé, Baron Alphonse de RUBLE.

Certifié,

Le Secrétaire de la Société de l'Histoire de France

J. DESNOYERS.

Des diverses éditions de Brantôme données jusqu'ici pas une n'est accompagnée de table de matières. Que l'on ait toujours reculé devant un travail aussi long que fastidieux et malaisé, je suis mieux que qui que ce soit à même de le comprendre, et cependant il n'est pas d'historien pour lequel un index fût plus nécessaire. Avec le laisser aller d'une causerie familière, il passe brusquement et sans transition d'un sujet à un autre, et à chaque instant, au gré de son caprice, interrompant ses récits par les digressions les plus inattendues, il éparpille, dans des passages où l'on ne s'aviserait guère d'aller les rechercher, une foule de détails intéressants sur les choses et sur les personnes. La présente table, que j'ai tâché de rendre aussi complète que possible, m'a occupé durant trois années ; elle permettra enfin, je l'espère, d'utiliser les nombreux et précieux renseignements de tout genre que fournissent les écrits de Brantôme. Aussi avais-je hâte qu'elle parût, et me suis-je décidé à la publier avant le douzième et dernier volume qui contiendra les notices biographique et bibliographique, les pièces justificatives, etc. Malgré le soin que j'ai apporté dans le classement et la revision des vingt mille cartes dont elle se composait, je n'ai pu (sans parler des fautes d'impression) éviter quelques omissions, répétitions ou inexactitudes. On en trouvera ci-après le relevé que je signale particulièrement à l'attention du lecteur.

Lud. L.

ADDITIONS ET CORRECTIONS

P. 1, col. 2. Acier (J. de Crussol, seigneur d'); *ajoutez* : deuxième duc d'Uzès, et voyez l'article Uzès.

P. 5, col. 2. A la fin de l'article Albret (Gabriel d'), *ajoutez* : Voy. Lesparre.

Ibid., *ibid.*, ligne 10, Albret (Charlotte d'), fille de Jean d'Orval, *lisez* : fille de Jean d'Albret, sire d'Orval.

P. 18, col. 1, 9° avant-dernière ligne, après Marie, *ajoutez* : Pierre.

P. 19, col. 1. A la fin des articles Adrien et François d'Archiac, *ajoutez* : Voy. Montberon.

P. 22, ligne 14 : Ponant, *lisez* : ponant.

P. 25. A la fin de l'article Auguste, empereur, *ajoutez* : II, 33, note 1, 366.

P. 28, col. 2. A la fin de l'article Odet d'Aydie, *ajoutez* : Voy. Odet.

P. 32, col. 2, 13° avant-dernière ligne, et p. 56, col. 1, 7° avant-dernière ligne, au lieu de voy. Antoine, *lisez* : Voy. Grand bâtard.

P. 38, col. 2. A la fin de l'article Charles de Gondi de Belle-Isle, *ajoutez* : Voy. Raiz.

P. 44, col. 2, 8° avant-dernière ligne, après le mot cité, *ajoutez* : VIII, 153, note 2, 170, 171.

P. 45, col. 2. Art. Bologne, ligne 6, après 41 et suiv.; *ajoutez* : 359-363.

Ibid., *ibid.* A la fin de l'art. Bon, *ajoutez* : Voy. Meuillon.

P. 55, col. 2, ligne 10. Henri, *lisez* : Henrie.

P. 75, col. 1, ligne 26, au lieu de 735, *lisez* : 375.

P. 80, col. 1. Art. Brosse, *supprimez* le renvoi à Bretagne.

P. 104, col. 2. A la fin de l'article Charles de France, *ajoutez* : III, 185.

P. 113, col. 2. A la fin de l'article Clément VII, *ajoutez* : Voy. Médicis (Jules de).

P. 118, col. 2. Coligny (Louise de), remplacez cet article par un renvoi à l'article Théligny.

P. 124, col. 1, ligne 25, après le mot citée, *ajoutez* : I, 298.

P. 134, col. 1, ligne 24, à la fin de l'article, *ajoutez* : IX, 193, 208.

P. 149, col. 1, ligne 22, après les chiffres, IV, 167-168, *ajoutez* : épouse Marguerite de France, VIII, 129, 130.

P. 158, col. 2, ligne 1. Brosses, *lisez* : Brosse.

P. 166, col. 1, à la fin de l'article Filocopo, *ajoutez* : Voy. Philocolo.

P. 184, col. 2, ligne 8 ; IX, *lisez* : IV.

P. 185, col. 1, après l'article Gordes, *ajoutez* celui-ci : Gorge, Voy. Virard.

P. 229, col. 1, 7° avant-dernière ligne, après le chiffre 20, *ajoutez* : Voy. Théligny.

P. 303, col. 2, ligne 10, au lieu de 179-187, *lisez* : III, 179-187.

TABLE ALPHABÉTIQUE

Aaron. Voy. Haroun-el-Reschid.
Abadie. Voy. La Bastie.
Abain (Louis Chasteigner de la Rocheposay, seigneur d'), III, 97 ; V, 16.
Abatalipa (empire d'), I, 56, note.
Abbayes en commende, III, 115-116.
Abbés (abus dans les élections des) ; leurs mœurs corrompues, III, 106 et suiv.
Abbesse de Tarascon se mariant, IX, 337.
Abbeville (canons d'arquebuse fabriqués à), VI, 74.
Abdication de Charles-Quint, I, 58 et suiv.
Abrahun-Pacha mis à mort par Soliman, III, 85.
Abrun. Voy. Abrahrun.
Abstinence rompue par une dame ; comment punie, IX, 582.
Abyssins, nom qu'ils donnent à leur empereur, I, 53, note 1.
Abzac. Voy. La Douze.
Académie établie par Henri III ; anecdote, IX, 709.
Académies (bâtisseurs d'), IX, 575.
Acca Larentia, IX, 300, note.
Accords de querelles ; ce qu'en dit François de Guise, VI, 368. — Comment doivent être faits, 374-37. Accords de diverses querelles, IV, 268, 269 ; VI, 185-186, 199, 200, 374-375, 511-512. — Voy. Duels.
Aceta (Maria d'). Voy. Padilla.
Achille. Tapisserie où était représentée son histoire, III, 119. — et Hector, VI, 234. — III, 192, 330.
Achmet-Pacha, rejette les offres du grand maître d'Aubusson, V, 58. — V, 224, 225.
Achon. Voy. Apchon.
Achorée, grand prêtre égyptien, X, 28.
Acier (château d'), en Quercy, III, 73.
Acier (maison d'), VI, 221.
Acier (Jacques de Crussol, seigneur d'), capitaine huguenot, troupes qu'il amène à Condé, V, 422, 426 ; ce qu'il dit à Brantôme sur le nombre et la valeur des arquebusiers de ses troupes, 429. — IV, 357 ; VII, 264.
Acier. V. Genouillac.
Acigné (Jean, marquis d'), VII, 388, note 3.
Acigné (Jeanne du Plessis, veuve de Jean, marquis d'), aimée de Bussy, puis de Saint-Phal qu'elle

Acigné (suite).
épouse; querelle de ces deux gentilshommes à ce sujet, VI, 182, 183; VII, 388.
Acigné (Judith d'). Voy. Brissac (Mme de).
Acosta (Jean d'), un des capitaines de Gonzalo Pizarre; se rend avec lui, VII, 95-96.
Acre (combat devant), V, 113.
Acre (issu du sang d'), dicton, descendant des croisés, V, 103.
Acte notarial pour le testament de Brantôme, X, 151.
Acteur. Voy. Auteur et comédie.
Actium (bataille d'), V, 243.
Acuña (Antonio de), évêque de Zamora, l'un des chefs de l'insurrection des *Comuneros*, I, 220-223.
Acuña (Dom Pedro), capitaine espagnol, I, 332.
Acunar (Don Joan de), III, 261.
Adam, écuyer de Claude de Guise, le sauve à Marignan, III, 226.
Adhémar de Monteil de Grignan (Louis), héritier du baron de la Garde, IV, 149 note 2.
Adhémar de Monteil de Grignan (Jeanne), femme du bâtard du baron de la Garde, IV, 149 note 2.
Adjacet (L. di Ghiacetti, dit), comte de Châteauvilain, son hôtel à Paris, V, 177; tableaux obscènes qui s'y trouvaient; anecdote à ce sujet, IX, 49-50; marié à Anne d'Aquaviva, demoiselle d'Atrie, II, 28; IX, 49 note.
Admète, sa femme Alceste se sacrifie pour lui, IX, 73.
Admirande (l'). Voy. La Mirandole.
Adolphe, duc d'Holstein, III, 260, 263.
Adrets (François de Beaumont, baron des), notice sur lui, IV, 32-36. Parallèle de lui et de Montluc; ses exploits, 32; sa trahison; est arrêté par les capitaines huguenots; ses exploits cessent avec sa conversi au catholicisme; ses cruautés, ses enfants, 31, 32; est défait par Nemours, 169; est arrêté par Montbrun et Mouvans, V, 423.
Adrets. Voy. Beaumont, Essé.
Adriane, amant de la princesse de Venouse, sa mort tragique, IX, 15-16.
Adrien, ses amours avec la femme de Trajan, Plotine, à qui il fait élever un temple, IX, 149-150. — Anecdote sur lui; ce qu'il disait du libertinage de sa femme, IX, 116-117. — Détails sur sa mort, V, 325.
Adrien VI, pape, V, 220.
Adultère (lois sur l'), IX, 192. — Peu puni en France, IX, 192.
Adultère (femme), dans l'Evangile, IX, 22. Singulier châtiment infligé à la femme adultère, V, 11-12.
Adultères (réflexions et anecdotes sur les), IX, 22 et suiv. — Mot de saint Augustin sur les hommes adultères, IX, 23, 41.
Adultères. Voy. Femmes.
Adultérins (des enfants), IX, 135 et suiv.
Advantureros, qui les Espagnols appellent ainsi, V, 303.
Advaret. Voy. Avaret.
Advertissement de Brusquet au Roy de France, touchant les troubles qui sont de présent en France pour le fait de la religion (MDLXVIII et non MDLVIII), VIII, *Appendice*, 205-208.
Ædilthryda, femme du roi Ecgfrid, conserve sa virginité malgré ses trois mariages, VIII, 91.
Aérolithe. Voy. Pierre de foudre.
Affiches de cartels et de manifestes pour les duels, VI, 306, 307.
Affriqua (dom Carlos d'), capitaine espagnol, I, 332.
Africa, Affriqua, Afrique (aujourd'hui Mehdije, ou Mahdia), prise par Dragut, II, 52-53; V, 61, 237; prise par Doria, II, 34, 53; relation de cette prise

par Diego de Fuentès, I, 67; II, 34, note 1.

Africains, nom qu'ils donnent à leurs empereurs, I, 53.

Afrique (exploits des Espagnols en), VII, 10.

Afrique. Voy. Africa.

Agen, donné en apanage à Marguerite de Valois qui s'y retire et en est chassée par le maréchal de Matignon, VIII, 70.

Agenais (Fr. Rafin de Poton, sénéchal d'), VI, 40.

Agenais (Nicole le Roi, sénéchale d'), seconde femme du maréchal de Cossé, IV, 84 note 2, 85.

Agiatis, femme d'Agis, remariée à Cléomènes, IX, 692.

Agmet-Bascha, Voy. Achmet.

Agnadel (victoire de Louis XII à), I, 79; II 190-192, 360, 364.

Agnès Sorel. Voy. Sorel.

Agnus Castus; propriétés calmantes de cet arbuste; Brantôme en voit un en Guyenne; anecdotes à ce sujet, IX, 688.

Agnus Dei, donnés par le pape à Brantôme et à ses compagnons, V, 409.

Agrippa (Corneille), son traité *de Nobilitate et præcellentia fœminei sexus*, cité, IX, 208.

Agrippine, son cadavre examiné par son fils Néron, IX, 352. — IV, 372.

Aguerre (Gratian d'), favori de René d'Anjou, II, 295.

Aguerre (le baron Claude d'), son combat en champ-clos contre Fendilles, VI, 235-240; pièce à ce sujet, 502-503.

Aguilar (Bernard Manrique, marquis d'), II, 96.

Ahmed-Pacha, premier vizir, II, 64, note 3.

Aigreville (N. seigneur d'), grand maître de l'hôtel de Philippe le Long, est tué par Sassenage, VII, 256.

Aiguemont. Voy. Egmont.

Aigues-Mortes (entrevue à) de François 1er et de Charles V,
II, 32, 33. La ville est prise par Dampville, III, 364; par Gremian, VII, 263.

Aiguillettes (fers d'), VIII, 76.

Aiguillettes (du nouement d'), VIII, 92; IX, 84, 97.

Ailly de Péquigny (Marguerite d'), femme de François de Châtillon, X, 105, note 3.

Air. Ce qu'un philosophe dit à Brantôme sur la légèreté de l'air, VII, 160.

Aisnard, capitaine, V, 321; VI, 21.

Aix. Citadelle construite par Espernon devant cette ville, VI, 95-96.

Ajax, fils d'Oïlée, sa mort, VII, 43.

Ajax, fils de Télamon, son combat contre Hector, X, 417, note 1.

Akakia (Martin Sans-Malice, dit), médecin, VI, 21.

Alaba ou Albe (don), Espagnol, blesse mortellement le capitaine Manez, IV, 173.

Alarcon (don Ferdinand), mestre de camp de l'infanterie espagnole, notice sur lui, I, 153-154; — est chargé de la garde de François 1er prisonnier, 153; VII, 58; meurt d'apoplexie, I, 154. — I, 236; V, 315, 319.

Alarcon (Sancho), VII, 148.

Alard de Saint-Valery, commande l'armée de Charles d'Anjou, I, 202.

Alaut. Voy. Alard.

Albanais. Aventure d'un capitaine albanais avec Boutières, III, 222.

Albanais (soldat), au moment d'être pendu, mutile sa femme, IX, 74-75.

Albanais (chevalier), comment il punit sa femme adultère, IX, 38-39.

Albanais au service de Louis XII, II, 410; employés par Damville dans sa cavalerie légère, III, 370.

Albany ou Albanie (Jean Stuart, duc d'), tour plaisant qu'il joue.

Albany (suite).
à trois dames de la cour auprès de Clément VII, à Marseille, IX, 475-478. — III, 171; VII, 320.

Albany (duchesse d'). Voy. La Tour (Anne de).

Albe (château d'), vu par Brantôme, II, 22, 23.

Albe (Frédéric de Tolède, duc d'), notice sur lui, I, 129-130; — conquiert la Navarre, *ibid.*, père de don Pedro de Tolède, II, p. 19, note 1; — assiégé dans Pampelune par les Français, VII, 108-109; sa réponse à Jean d'Albret, 112; sa harangue à ses soldats, 113-116. — VII, 119, 121.

Albe (Ferdinand Alvarès de Tolède, duc d'), notice sur lui, I, 94-116; — ce que Charles V dit de lui en France, 95; commande l'avant-garde à la bataille de Mühlberg, 99; ses revers en Piémont, 99-100; sa campagne contre le duc de Guise, 101, 102; lieutenant de l'empereur au siège de Metz, 102, du roi d'Espagne en Flandre, *ibid.*; donne le premier des mousquets aux soldats, 103; son fils naturel don Hernand, 106, 304; se fait élever une statue à Anvers, 107, 108; cadeaux que lui envoie Pie V, 108; est disgracié, puis chargé de faire la conquête du Portugal, 109-111; ses remords au moment de mourir; ce que Philippe II lui fait dire à ce sujet, 110, note 2, 111, 112; assiste à l'entrevue de Bayonne, 113; son affection pour Charles IX, 113, 114; regrets des soldats espagnols à sa mort, 115; proclamé grand capitaine par Charles V, 13, 21; — son discours à ses enfants sur les grands capitaines de son temps, 302-304; lettre que lui écrit Philippe II, sur la mort de don Carlos, II, 101, note 2; — fait arrêter et exécuter les comtes d'Egmont et de Horne, 154 et suiv.; — son mot sur les chefs de la révolte de Flandre, 164; disperse l'armée du prince d'Orange, 165; — reprend Mons et Valenciennes; fait prisonniers Louis de Nassau et La Noue, auxquels il fait bon accueil, 177-178; V, 421; VII, 206, 207; erreur de Brantôme sur lui, II, 178, note 2; — châtie les soldats espagnols révoltés, 179, les poltrons, IV, 25; — envoyé contre Brissac en Piémont, IV, 65; ses échecs, 68; prend part au siège de Metz, 191; V, 430; ses victoires sur les reitres, IV, 204; son sentiment sur la mort de Coligny; ses cruautés à Harlem, 311; son projet contre Genève, 424; — assiège inutilement Santia, VI, 109-111; — remerciments qu'il envoie faire à F. de Vendôme, à Metz, 119; sa victoire sur Genlis, 486; — passage de son armée sur la frontière de France, IV, 343; VII, 87, 88, 359; — sa harangue à ses soldats en Flandre; quel était son père, VII, 119-121; — sa victoire sur Louis de Nassau à Gemmingen, 143; — épouse Elisabeth de France au nom de son maître, VIII, 4. — I, 295; — II, 89, 162, 182, 183; — III, 123; — V, 259, 348, 411; — VI, 82, 133; — VII, 11.

Albe. Voy. Tolède.
Albe (don). Voy. Alaba.
Albert, archiduc d'Autriche, mari de l'infante Isabelle, II, 95 note 1.
Albert. Voy. Brandebourg. (marquis de) et Bavière.
Albert (d'). Voy. Saint-André.
Albeuf. Voy. Elbeuf.
Albi (évêque d'). Voy. Amboise.
Albine, mère de Marcella, IX, 652.
Albinus, son respect pour les vestales, IX, 723.

Albis (l'), l'Elbe, I, 68 ; VII, 45.
Albize, capitaine d'une galère qui sert d'escorte à Marie Stuart, VII, 415. — IV, 159.
Albon. Voy. Saint-André.
Albon (Catherine d'), fille du maréchal de Saint-André, VII, 393.
Albret, maison d'Albret alliée à celle de Brantôme, IX, 340-341.
Albret (Alain, sire d'), sa querelle avec Louis XII, II, 369. — 299.
Albret (Jean II d'), roi de Navarre, donne asile à son beau-frère C. Borgia, II, 218 ; chassé de son royaume par Ferdinand V, I, 129 ; II, 363 ; III, 24 ; IX, 447 ; fait le siège de Pampelune, VII, 108-109 ; réponse qu'il reçoit des ducs d'Albe et de Najarra, 111-112. — VII, 154.
Albret (Henri d'), roi de Navarre, menacé par son beau-frère François Ier, pour sa mauvaise conduite envers sa femme Marguerite d'Angoulême, VIII, 56.
Albret (Jeanne d'), son premier mariage avec le duc de Clèves ; question que fait à ce sujet, avant de l'épouser, Antoine de Bourbon à la grand'mère de Brantôme, VIII, 90 ; portée à l'église par le connétable de Montmorency le jour de son mariage avec le duc de Clèves, 117 ; son amour du plaisir ; ses démêlés avec son mari qui s'était fait protestant, IV, 362 ; elle se fait calviniste quand il retourne au catholicisme, 363 ; fait mauvais ménage, VIII, 58 ; méchants bruits sur elle, VIII, 68 note 5 ; sa lettre à la mère de Brantôme au sujet du projet de mariage de son fils avec Marguerite de Valois, VIII, 44 ; amenée à la cour par Biron, V, 130. — V, 74 ; VII, 380 ; VIII, 42.
Albret (Amanieu d'), cardinal de Périgord, bâtit le château et l'abbaye de Brantôme, III, 114 ; X, 112-113.

Albret (Jean d'), sire d'Orval, gouverneur de Champagne, II, 299.
Albret (Gabriel d'), seigneur d'Avesnes et de Lesparre ; son aventure racontée dans l'*Heptaméron*, IX, 211, 544.
Albret (Charlotte d'), fille d'Alain, sire d'Albret, femme de César Borgia, II, 204.
Albret (Charlotte d'), fille de Jean d'Orval, femme de Lautrec, visitée par la mère de Brantôme, III, 56.
Albret (Ch. d'). Voy. Navarre.
Albret. Voy. Miossens.
Albret (seigneur d'), dans Arioste, VIII, 155.
Alby. Voy. Albi.
Alcala (don Perafan di Ribera, duc d'), vice-roi de Naples, bon accueil qu'il fait à François de Lorraine, IX, 364.
Alceste, son dévouement à son époux, IX, 73.
Alciat (André), son traité sur le duel, VI, 249 note 2, 302. Ses *Emblèmes*, cités, X, 417 note 1.
Alcine, IX, 257.
Aldano, capitaine espagnol. Son combat en champ clos contre Peralte, VI, 262, 263.
Aldeno (Bernardo), mestre de camp espagnol, I, 333.
Alebret, caporal de la couronnelle de Bonnivet, richesse de son costume, VI, 106.
Alègre (François d'), seigneur de Précy, notice sur lui, II, 373-375 ; sa vaillance ; erreur de Brantôme sur sa mort, 373 et 362 note 1. Sa querelle avec L. d'Armagnac, 372. — II, 295.
Alègre (Gabriel, baron d'), prévôt de Paris, commission dont le charge Bayard mourant, II, 385, 386.
Alègre (Yves, baron d'), sa vaillance et sa mort à Ravenne, II, 372 note 1, 373, 374 ; son mauvais conseil à Gaston de Nemours, 374. — V, note 1.
Alègre (Antoine d'), baron de

Alègre (suite).
  Milhau ou Millau, est assassiné (et non tué en duel) par Vitteaux (en 1573 et non en 1581); V, 356, 357; VI, 326, note 4; 328, 331-333.
Alègre (Yves d'), baron de Milhau, fils d'Antoine, tue en duel Vitteaux, VI, 326-329.
Alègre (Christophe d'), seigneur de Saint-Just, offre de guérir par sortilège Fr. de Guise blessé par Poltrot, IV, 256-257; V, 45-46.
Alègre (Fr.), sa chronique de Charles-Quint, I, 12, note.
Alègre. Voy. Viveros.
Alençon pris par Henri IV, V, 341.
Alençon (Jean IV, duc d'), tué à Azincourt, IV, 11, 12.
Alençon (Jean V, duc d'), gracié par Louis XI, V, 262.
Alençon (Charles IV, duc d'), premier mari de Marguerite d'Angoulême, I, 255; sa lâcheté à la bataille de Pavie et sa mort, III, 404, 406-408; IV, 11, 14. — (et non François), VII, 320, 321.
Alençon (Marguerite d'Angoulême, duchesse d'). Voy. Marguerite.
Alençou (François d'), VII, 320, note 4, *lisez :* Charles IV d'Alençon.
Alençon (François de Valois, duc d'), dernier fils de Henri II. Voy. Anjou.
Alençon. Voy. Vendôme.
Alesia, identifié avec Arras, par Vallès, I, 147, 363.
Alessandro Alessandri. Voy. Alexander.
Alexander ab Alexandro (Alessandro Alessandri), ses *Dierum genialium lib.* VI, cités IX, 298.
Alexandre, tyran de Phères, VII, 109.
Alexandre le Grand, son tombeau visité par César, I, 17; mot de lui cité, V, 395; fait mourir les meurtriers de Darius, VI, 135; — sa conduite avec les filles de Darius, IX, 290-291; — ses amours avec Thallestris, IX, 378-379, 491. — III, 82; V, 45.
Alexandre III (conte fait sur le pape), I, 41, 47 note 2.
Alexandre VI, pape; parjure, I, 119; ses trahisons; fait empoisonner Zizim, II, 203; ses enfants, 204; ambassadeur que lui envoie Charles VIII, 295; veut excommunier ce prince, 286; le crée empereur de Constantinople, 291, 322, note. — Erreur de Brantôme à son sujet à propos du *Jugement dernier* de Michel-Ange, VII, 67, et *Appendice*, 453. — VIII, 109; IX, 88, note 2.
Alexandre. Voy. Sévère.
Alexandre-Édouard, premiers noms de Henri III, V, 292.
Alexandrie d'Égypte (usage singulier des femmes d'), IX, 298; leur beauté, 299.
Alexandrie (Piémont), prise par Lautrec, III, 28.
Alexandrin (Cardinal). Voy. Bonelli.
Alexia. Voy. Alesia.
Alfier romain (action singulière d'un), VI, 67.
Alfonce. Voy. Alphonse.
Alfonce Corso. Voy. Ornano.
Alger (expédition de Charles-Quint contre Alger), I, 71 et suiv.; II, 7, 42-43; VII, 10, 62; menacé par les Espagnols, V, 316; — (renégats d'), au siège de Malte, V, 227.
Aliboron (maître), surnom que se donnait le maréchal de Biron, V, 148.
Aliénor. Voy. Eléonore.
Aligre, la trésorière, femme de Jean d'Este, VI, 84 note 1.
Aliments excitant à l'amour, IX, 221-224; rafraîchissants, 227.
Alisprand. Voy. Madruzzo.
Aljuvarota (bataille d'), fête en Portugal pour l'anniversaire de

cette journée; anecdotes à ce sujet, VII, 123.

Al-Kibia. Voy. Clypea.

Allarbes, Arabes, VII, 147.

Allard (Guy), cité I, 239, note 1; V, 414, note 2.

Allégorique (figure) de la France vue par Brantôme à Rome, V, 295, 296.

Allemagne (expédition de Henri II en), III, 211, 267-268; VI, 20; IX, 625.

Allemagne (peintures dans les maisons des villes d'), X, 111-112.

Allemagne (coffre d'), X, 129. — (panse d'), II, appendice. 430. — (roussin d'), I, 251; II, appendice, 430. — Voy. Allemand, Empereurs.

Alleman. Voy. Molard.

Allemands recourent à Henri II contre Charles-Quint, III, 267; leur ingratitude; leurs pillages en France, 268; — comment ils choisissent leurs sergents-majors, VI, 7; — soumis par les Espagnols, VII, 10.

Allemand (flûte d'), IX, 313.

Alliances nécessaires de la France, V, 55.

Alliances généalogiques des rois de France, par Cl. Paradin, citées, III, 54.

Allière (l'). Voy. Lallière.

Allivergot (saint), IX, 478.

Allons (d'). Voy. Dalon.

Allot. Voy. Hallot.

Alluye (Florimond Robertet, baron d'), secrétaire d'État; envoyé en Piémont pour la restitution des places de ce pays au duc de Savoie, V, 74, 76; son mariage avec Mlle de Piennes, 75; chaîne d'or qu'il reçoit du duc, plaisanteries des courtisans à ce sujet, 81.

Alluye (Mme d'). Voy. Piennes (Jeanne de).

Almada (le capitaine), II, 157.

Almagiore (Tobie), son *Raccolta di varie notitie historiche*, cité, IX, 364, note 4.

Almede. Voy. Omedes (J.).

Almenara (marquis d'), commissaire de Philippe II, tué à Saragosse, II, 134, note, 135.

Alopo (Pandolfo), amant de la reine de Naples, Jeanne II, VIII, 183; son supplice, 184.

Alost (révolte des soldats espagnols à), II, 184; VII, 151.

Alouette (légion de l'), V, 412.

Alphonse II, d'Aragon, sa continence avec sa femme, VIII, 91.

Alphonse Ier (Alphonse V d'Aragon), roi de Naples et de Sicile, anecdote de lui et de son bouffon, I, 183; défait et pris près de l'île Ponza, par les Génois, II, 37, 38; était lettré, III, 48; défié par René d'Anjou, VI, 425-426; son mot sur la beauté, VIII, 80; IX, 37; ses biographes, V, 285; est adopté par Jeanne II, reine de Naples; se brouille avec elle et finit par s'emparer du royaume; viole le traité qu'il avait fait avec Louis d'Anjou, VIII, 189-192; jugement qu'il rend sur la plainte singulière d'une femme, IX, 556-557.

Alphonse d'Aragon, (erreur de Brantôme), VI, 453; *lisez*: Pierre d'Aragon.

Alphonse II, roi des Asturies, son mot sur les conquêtes, VII, 115.

Alphonse Ier d'Este, duc de Ferrare, sauve Fabricio Colonna, I, 139; menacé par Jules II, 140; Fabricio et Prospero Colonna le font évader de Rome, 141, 142; son entrevue avec le connétable de Bourbon, 262. — II, 409.

Alphonse II d'Este, duc de Ferrare, troupe qu'il amène à son beau-frère Maximilien II, I, 90, 91; l'un des tenants au tournoi de Henri II; sa livrée, III, 271-272; marié à Lucrèce de Médicis, V, 98. — II, 368; III, 220 note 1.

Alphonse, frère de Saint-Louis, VIII, 48.

Altamira (comte d'), second mari d'Anne de Tolède, II, 23, note 2.
Altamura (Eléonore de Guevarra de Baux, princesse d'), femme du comte de Ligny, dont le départ cause sa mort, II, 354, 355, 391.
Altemeze (don Francisque d'), VI, 265.
Altemore. Voy. Altamura.
Alto (comte), rend Luzignano; le maréchal Strozzi lui fait trancher la tête, IV, 23.
Altoviti (Philippe), baron de Castellane, mari de la belle Châteauneuf, II, 181, note 1; IX, 605; blessé mortellement par Henri d'Angoulême qu'il tue, 490, note 3.
Alucius, prince des Celtibériens, IX, 291-292.
Alvaro. Voy. Sande.
Alviano (Barthélemy d'), général vénitien, notice sur lui, II, 189-203; est pris à la bataille d'Agnadel; bien traité par Louis XII, 190-192; sa défaite à Vicence, 193; son activité; son attaque manquée contre Pescaire, 195; arrive avec sa cavalerie pendant la bataille de Marignan, 197; secours qu'il amène à Gonsalve, 197; sa guerre contre les Florentins; sa mort, 198; son corps est ramené en grand appareil à Venise où Brantôme voit sa sépulture, 198-199; battu par Pescaire, I, 185; II, 124; pris à Agnadel, II, 368.
Amadis de Gaule, influence corruptrice de ce livre, IX, 573. — cité VII, 398 note; IX, 142 note; X, 404, note 3.
Amador. Voy. Labadia; Navarro.
Amants, jaloux des maris, IX, 29; enrichis par leurs maitresses, 106 et suiv.; leurs périls et leurs chagrins, 186 et suiv.; moqués par les maris, 187-188; mis à l'épreuve par leurs maitresses, 388-393; redemandant à leurs maîtresses les bijoux qu'ils leur avaient donnés, 509-513.
Amaral (André d'), Portugais, grand prieur de Castille et chancelier de l'ordre de Saint-Jean de Jérusalem, sa trahison, V, 218, 223.
Amazio, l'Ems, VII, 143.
Amazones tuant leurs maris et leurs enfants mâles, IX, 433.
Amazones en Bohême, IX, 434-435.
Ambassade turque envoyée à Charles IX, V, 69.
Ambassade de Henri II à la diète d'Augsbourg, I, 82. — de François II à Ferdinand I, 83.
Ambassade du cardinal Alexandre Farnèse près de François Ier et de Charles-Quint, II, 349-350.
Ambassades envoyées en Italie par Charles VIII, II, 293-295.
Ambassade de Bessarion près de Louis XI et de Charles le Téméraire, II, 348.
Ambassadeur à la diète d'Augsbourg. Voy. Bourdillon.
Ambassadeur d'Ecosse en France. Voy. Beaton.
Ambassadeur d'Espagne en France tend un guet apens à La Noue, VII, 262.
Ambassadeur espagnol à Rome (conduite insolente de l'), I, 70.
Ambassadeur de France à Venise. Voy. Noailles.
Ambassadeur français en Espagne (Sébastien de l'Aubespine), y passant six ans sans en apprendre la langue; comparé au perroquet de Mme de Brienne, VII, 74.
Ambassadeurs de France à Rome. Voy. J. du Bellay, Ant. Chalon, Grignaux, Hémard, Thermes, Tournon, Villeparisis.
Ambassadeur de Clément VII près de François Ier; son mot à ce prince sur le changement de religion, IV, 294.
Ambassadeur de Suède en France, V, 389.

Ambassadeur du pape, quand on commença à l'appeler nonce, IV, 294, 295.
Ambassadeurs polonais en France. Voy. Polonais.
Ambassadeurs, comment reçus par Anne de Bretagne, anecdote à ce sujet, VII, 316.
Ambassadeurs en Angleterre. Voy. Babou, Bellièvre, Bonnivet.
Ambassadeurs vers l'empereur Ferdinand. Voy. Vieilleville; vers les Suisses. Voy. Bellièvre, Vieilleville.
Ambassadeurs de France en Turquie, défrayés par le Grand seigneur; énumération de quelques-uns d'entre eux, V, 56-57; comment ils s'enrichissent, V, 68.
Ambassadeurs français (assassinat d'), I, 120. Voy. Frégose et Rincon.
Ambassadeurs doivent savoir parler plusieurs langues, VII, 73, 74.
Ambassadeurs. Des ambassadeurs d'épée et de robe longue, II, 20; III, 94-104.
Ambition (similitude de l'avarice et de l'), II, 86.
Ambleville (F. de Jussac, baron d'), mari d'Isabelle de Bourdeille, X, 69; brouillé avec Brantôme, 88; soutient La Barde contre lui; pourquoi, 143, 144.
Ambleville (Isabelle de Bourdeille, femme de Fr. de Jussac, baron d'), fille d'André de Bourdeille, X, 69, 88; héritière de Brantôme, 141. — IX, 456, note 2, 457-458.
Amboise. Mascarade qui s'y fait sous Charles VIII, VII, 312; — Charles VIII y meurt, II, 323-324; — course de bagues, IV, 159-160; — combat que Charles d'Orléans y soutient contre les laquais, III, 180-181; — séjour de Charlotte de Savoie, femme de Louis XI, IX, 470.

Amboise (conjuration d'), réprouvée par Coligny, IV, 290, 291; vilaine et détestable entreprise, V, 422. — II, 230; III, 182, 234, 318; IV, 225, 226, 340, 341, 363, 364; V, 9; VI, 43, 121.
Amboise (édit d'), III, 299, note 2.
Amboise (Georges d'), cardinal, archevêque de Narbonne, puis de Rouen, II, 207, 210; III, 132, 133, note 1; — gouverne Louis XII; veut se faire élire pape, II, 365; favorise son neveu le seigneur de Chaumont, III, 3; blâmé au sujet de Jules II, 5.
Amboise (Jean d'), évêque de Langres, III, 107, note 2.
Amboise (Louis d'), évêque d'Alby, III, 107, note 2.
Amboise (Marguerite d'), II, 401.
Amboise. Voy. Chaumont, Clermont.
Amboise (Françoise d'). Voy. Seninghen.
Ambre gris, son usage, IX, 337.
Ambres (François de Voisins, baron d'), anecdote de lui et d'un capitaine espagnol, VII, 26.
Ambroise (saint), cité, III, 109.
Ambrons, IV, 50.
Ambrun. Voy. Embrun.
Ambus (Antoine des), valet de chambre de Charles VIII, II, 309, note 2.
Âme sortant du corps, II, 224; VIII, 124.
Ames (réflexions sur les), III, 177.
Ames des chrétiens pesées par saint Michel, VII, 334.
Amé ou Amédée V, comte de Savoie, institue l'ordre de l'Annonciade; son exploit devant Acre, V, 113, 114; — défie le dauphin Humbert Ier, VI, 407-408; — son dicton sur l'amour, IX, 187.
Amé ou Amédée VIII, duc de Savoie, pape sous le nom de Félix V, I, 54, 55, note 2; ses démêlés avec Louis II de Bourbon,

Amé (suite).
VI, 485; — sa retraite en un couvent, II, 87.
Amédée IX, duc de Savoie, mari d'Yolande de France, VIII, 86, note 1.
Amenances (voy. ce mot au Lexique). Description des amenances au mariage de F. de Bourdeille, père de Brantôme, X, 47 et suiv.
Amendes de Guyenne données par Henri III à sa sœur Claude, duchesse de Lorraine, VIII, 138.
Amérique (découverte de l'), I, 125; sa conquête, 48 et suiv., 56, note.
Amiens (camp formé à), après la bataille de Gravelines, VI, 167, 220; V, 213, 294; VI, 27, 174, 177; IX, 348.
Amiens (siège et prise d'), par Henri IV, I, 147, 275; V, 63, 263; VII, 156-158.
Amiral de France n'a pas de rang aux armées de terre, III, 209.
Amiral de France. Voy. Annebaut, Bonnivet, Coligny, Villars.
Amiral de Castille. Voy. Cabrera.
Ammien Marcellin, cité, VIII, 50.
Amnistie. Voy. Déclaration.
Amorabaquin (l'), V, 386, 387.
Amour (vieille rime du jeu d'), IX, 231.
Amour (de la discrétion en), IX, 528, 529.
Amour (de l'indiscrétion en), réflexions et anecdotes, IX, 501 et suiv.
Amour (de l'inconstance en), IX, 188, 189.
Amour (proverbe sur l'), IX, 163; dicton d'Amé, comte de Savoie, sur l'amour, 187.
Amour (de la charité en), anecdotes à ce sujet, IX, 160-163.
Amour (aliments excitant à l'), IX, 221-224.
Amour (influence des saisons et des aliments sur l'), IX, 217-229.
Amour en hiver (de l'), IX, 225-227.

Amour donne de l'intelligence aux femmes, IX, 217.
Amour est aveugle, IX, 156.
Amour (anecdotes sur la hardiesse en), IX, 403 et suiv.
Amour (remèdes contre l'), III, 243.
Amour des vieillards (de l'), IX, 409, 410.
Amour des vieilles femmes (sur l'), IX, 328-375.
Amour (des paroles en), IX, 244-252.
Amour (de la vue en), IX, 252 et suiv.
Amour et jalousie, frère et sœur d'une même naissance, IX, 500.
Amour (de l') des femmes entre elles, VI, 142, 143; IX, 193-208.
Amour fraternel, rien ne l'égale, IX, 416.
Amours achetés (des), IX, 331.
Amours des filles avec leurs valets (anecdotes sur les), IX, 563-566.
Amours des Français en Italie, VI, 156, 157.
Amours. Voy. Discours.
Amoureux fanfaron (aventure d'un), IX, 123-125.
Amoureux imprudents, IX, 123.
Amoureux (armée composée d'), X, 16.
Ampugnan (l'). Voy. Lampognano.
Amulette contre la fièvre, V, 192.
Amurat III, I, 92, note, 93; regrets de sa mort, V, 249.
Amville. Voy. Dampville.
Amyot (Jacques), précepteur de Charles IX, III, 287; est nommé évêque d'Auxerre, V, 282, 283; son extraction, son avarice, sa science; réfutation de la calomnie qui lui enlevait l'honneur d'avoir fait ses traductions de Plutarque; comment il expliquait l'Evangile au roi, 284; grand aumônier, refuse d'aller dire les grâces au parlement; dispute à ce sujet, VII, 327;

aurait dû écrire la vie de Charles IX, V, 285. — X, 100, note 2.

Anagramme du nom de François Ier, III, 141.

Anchimont (d'), gouverneur de Bapaume, notice sur lui, I, 320.

Anconne (Antoine de Pracomtal, seigneur d'), capitaine huguenot, sa devise singulière, V, 431.

Andaloux, ce qu'un seigneur andaloux dit sur sa sœur à son beau-frère, IX, 88.

Andaux (Françoise d'), femme de Jean de Bourdeille des Bernardières, X, 96, note 2.

Andelot (François de Coligny, seigneur d'), frère de Coligny, prisonnier à Milan, I, 307; IV, 287; VI, 27; — son éloge, IV, 355; est fait prisonnier à Parme; succède à Coligny dans la charge de couronnel général de l'infanterie, VI, 22, 24; est pris dans Saint-Quentin et s'échappe, 25, 26; mot de F. de Guise sur lui à propos du siège de Calais; interrogé, répond vivement sur la messe à Henri II qui l'envoie prisonnier à Melun, 26; est délivré par le connétable; s'instruit dans la réforme à Milan durant sa prison, pendant laquelle son état de couronnel est exercé par Montluc, 27; il est privé de sa charge, lors de la première guerre civile, 28; défait par Martigues, 48, 50; reprend sa charge à la paix, 48, 49; s'excuse de ne point aller au siège du Havre; amène en France le maréchal de Hesse; combat à Dreux malgré la fièvre; est renversé par une arquebusade au siège d'Orléans; mot de Guise à ce sujet, 53-55; sa maison de Tanlay; réclame inutilement auprès du roi pour la nomination de ses capitaines, 56, 57; sa mort, 58; ses dé-mêlés avec Charry, de l'assassinat duquel il est accusé, V, 341, 346; sa querelle avec le prince de la Roche-sur-Yon, V, 29; VI, 475-476, 479; sa marche pour rejoindre Coligny, V, 36; amène des reîtres aux protestants, IV, 335; VII, 300.

Andelot (d'), passe la Loire malgré Montpensier et Martigues, VII, 205; anecdote au sujet de la démolition de l'Eglise Sainte-Croix par les huguenots à Orléans, VII, 290; l'un des défenseurs d'Orléans, V, 414; contribue à introduire l'usage des bonnes arquebuses en France, où il en apporte trois cents de Milan, VI, 72 et suiv.; — ses compagnies couronnelles, V, 414, 421; — bonnes arquebuses de ses compagnies, VI, 74; — rabroué par son oncle le connétable Anne de Montmrorency, III, 299; — III, 353, 388; V, 429, 430; VI, 230, 422, 478, 479.

Andelot (Mme d'). Claude de Rieux, femme de Fr. d'Andelot, VII, 383.

Andelot (Charles de Coligny, marquis d'), fils de Coligny, est jeté du haut d'une tour; son éloge, VI, 204. — X, 105.

Andelot (Fr. d'), fils du maréchal de Châtillon, III, 187; enrichi par son mariage avec la comtesse de Laval, 189.

Andigné (Renée d'), VI, 441, note 1.

Andoing. Voy. Andouins.

Andouins (Jean de Gramont, seigneur d'), favori de Henri II, tué devant Landrecies, IV, 288; VII, 277; est appelé en duel par Cipierre pour le vicomte d'Orléans, VI, 379-380.

Andouins (Paul d'), vicomte de Louvigny, père de la comtesse de Guiche (la belle Corisande), tué au siège de Rouen, IV, 239; V, 374.

Andouins (Diane d'), dite la belle Corisande. Voy. Guiche.

Andrada (Gil ou Gilles). Voy. Villandrade.

André de Hongrie, premier mari de Jeanne Ire de Naples qui le fait étrangler; vengeance de sa mort, VIII, 148 note 1, 149-150, 152, 154, 161.

Andréasse. Voy. André.

Andrehan (Arnoul d'Andeneham dit d'), maréchal de France, sa querelle avec le maréchal de Clermont, II, 373.

Andrelinus (Faustus), son éloge de Charles VIII, II, 325.

Andrichant (d'), gentilhomme huguenot, envoyé par Coligny à Strozzi, IV, 298.

Anebaut. Voy. Annebaut.

Anes de Bordeaux, récif, IV, 157.

Anet (château d'), bâti par Diane de Poitiers, III, 247; sauvé de la démolition par Henri IV, 248. — IV, 283.

Ange de la cour, surnom donné à une tante de Brantôme, VII, 191.

Angélique, personnage d'Arioste, IX, 398.

Angennes (Philippe d'). Voy. du Fargis.

Angennes. Voy. Rambouillet.

Angerberge. Voy. Ingeburge.

Angers (château d'), III, 409; est pris par les protestants, IV, 61; du Halot tente de s'en emparer, VI, 487.

Angers (chapelle de l'église Saint-Maurice à), V, 114.

Angers (paix d'), dite *boiteuse* et *mal assise*; pourquoi, V, 351.

Angers (évêque d'). Voy. Beauvau.

Angevins, partisans de la maison d'Anjou à Naples, rançonnés par le prince d'Orange, I, 242. — VII, 236.

Anghien. Voy. Enghien.

Anglais se frottaient le visage de pastel, V, 307; — habiles archers, V, 302; — grands remueurs de terre, VI, 222; — sont convoiteux, VI, 210; — leur dicton sur Calais, IV, 215; — Lettre de Louis XI sur eux, II, 342; — leur guerre contre les Écossais, VII, 404; — (soldats) pris par les Espagnols au siège de Saint-Quentin, VI, 25; — leur défaite par Claude de Guise, III, 227-228; leur combat contre du Biez, près de Boulogne, VII, 293; leurs cruautés lors de la guerre de Boulogne; comment réprimées par Coligny, VI, 18.

Anglais (soldats), envoyés aux huguenots par Elisabeth, IV, 335; — appelés à Rouen par Montgomery, III, 293; — chassés du Havre, VI, 53-55; — chassés de France, IV, 219; — leur entreprise sur Blaye, X, 64; — combat de vingt Anglais contre vingt Français, VI, 312; — (gentilhomme), vaincu au tournoi d'Ardres par le père de Brantôme, X, 54.

Angleterre (boîtes d'), X, 55; — (dogues d'), VI, 164.

Angleterre (roi d'). Voy. Philippe II.

Anglure. Voy. Bourlemont, Chabot, Estauges, Givry.

Angoulême. L'entrée de cette ville est refusée par son gouverneur, M. de Ruffec, à M. de Montpensier, III, 359-360; il refuse de la livrer au duc d'Alençon, V, 78; — pillée plusieurs fois dans les guerres civiles, s'enrichit de nouveau, IV, 332; — rendue par les protestants, IV, 296; — une conspiration s'y trame contre Espernon qui est assiégé dans le château, IV, 352; VI, 97.

Angoulême (duché d'), donné à Diane légitimée de France, VIII, 140. Voy. Angoulême (Diane d').

Angoulême ou Angoumois (Jean, comte d'), aïeul de François 1er, IV, 281. — Voy. Rohan (Marguerite de).

Angoulême (Charles d'Orléans, comte d'), père de François 1er, I, 77; III, 82, note.

Angoulême (François d'). Voy. François 1er.

Angoulême (Diane, duchesse d'), légitimée de France, fille naturelle de Henri II et de Philippe Duc, mariée à Horace Farnèse duc de Castro, puis à François duc de Montmorency, notice sur elle, VIII, 140-145; est duchesse de Châtellerault, puis d'Angoulême, 140; jouissait des privilèges des filles de France; sa ressemblance avec son père; son habileté aux exercices du corps et à l'équitation, 141; cheval que lui donne son beau-frère Dampville; son habillement de cheval; son goût pour la danse et la musique; sa bonté; ses deux maris, 143; chérie de ses frères et de ses sœurs; argent qu'elle porte à Henri III après l'assassinat des Guises; douleur que lui cause sa mort; sa haine contre Mme de Montpensier; ce qu'elle en dit à la sœur de Henri IV, 144-145; veuve du duc de Castro, III, 350, note 1; épouse François de Montmorency, 351, 352, 362; — reçoit le duché de Châtellerault en apanage, V, 7; — joue une comédie à Fontainebleau, VII, 370. — III, 191; VI, 496; VII, 380.

Angoulême (Henri d'), grand prieur de France, fils naturel de Henri II et de Mlle Flamin; son éloge comme gouverneur de Provence; est tué par Altoviti, IX, 490-491; — l'un des complices de l'assassinat de Lignerolles, VI, 443, note 4.

Angoulême (duc d'). Voy. Valois (Charles de).

Angoulême (Mme d'). Voy. Marguerite et Savoie (Louise de).

Angoumois (gouverneur d'). Voy. Ruffec.

Anguervuagues, sa querelle à Malte avec du Guast; sa mort. V, 359.

Anguers (les trois frères d'), Basques, V, 407.

Anguillara (Charles des Ursins, comte d'), défait Fabricio Colonna à Soriano, I, 140; tué au service de François 1er, II, 237.

Anguillara (Flaminio, comte d'), fils du précédent, général des galères de l'Église, mari de Madeleine Strozzi, II, 277.

Anguillara. Voy. Ursins.

Animaux. Particularités de certains animaux enviées par un grand prince, IX, 22.

Anjou (paysans d'), soulevés lors de la première guerre civile, V, 191.

Anjou (sénéchal d'). Voy. Lude.

Anjou (duc d'), titre porté par Henri III, avant son avènement à la couronne. Voy. Henri III.

Anjou (François, duc d'Alençon puis d'), dernier fils de Henri II; filleul des cantons suisses, s'appelait d'abord Hercule, V, 292; emprisonné après l'insurrection du mardi gras, V, 267, 271; assiste à la mort de Charles IX, 268, 269; et à ses funérailles entouré de gardes, VII, 326; est mené à Lyon au-devant de Henri III par Catherine de Médicis; sa fuite hors de Paris; sa réconciliation avec son frère, ibid., 359-361; sa fuite de la cour; est poursuivi par le duc de Nevers, IV, 385-386; s'enfuit de la cour; sa liaison avec La Noue, VII, 208, 216; influence que La Noue exerce sur lui au siège de La Rochelle et à la cour; son alliance avec les huguenots, VII, 216; prend les armes contre le roi, s'allie aux huguenots, conclut une trêve à Jazeneuil, V, 16, 22-23, 166; sa révolte et sa paix, V, 141, 143; négocie la paix de Fleix, 143; —

Anjou (suite).

Ruffec refuse de lui livrer Angoulême, V, 78 ; exige la mise en liberté de Montmorency et de Cossé, III, 362, 366 ; IV, 90 ; ses entreprises sur la Flandre, II, 77, 84 ; s'empare de Cambrai, IV, 91 ; cartel qu'il envoie à Don Juan d'Autriche, VI, 427-429 ; sa tentative sur Anvers, V, 144 ; VI, 382 ; aurait pu être roi des Pays-Bas, V, 291 ; — gentilshommes qui l'abandonnent lors de ses démêlés avec la cour et de son expédition en Flandre, VII, 246-247 ; accorde la querelle de Turenne et de Bussy au sujet de l'enseigne blanche, VI, 177, 178 ; empêche les duels de la Chastre et de Drou ; de Saint-Luc et de Gauville, VI, 434 ; — commande à sa noblesse d'accompagner Bussy sortant de Paris, VI, 188 ; — festin qu'il donne aux envoyés d'Élisabeth d'Angleterre (en 1574 et non en 1578 comme il est dit par erreur), V, 358 ; ses couronnels, VI, 177, 193 ; son capitaine des Suisses, 187 ; — sa coupe d'argent doré couverte de sujets obscènes ; anecdotes à ce sujet, IX, 45-49 ; sa singulière habitude avec ses maîtresses, IX, 259 ; sa conduite indigne avec elles, 254 ; sa plaisante querelle avec Cossé, IV, 92-93 ; sa haine contre Matignon, V, 167 ; ses changements de favoris, 205 ; son amitié pour Brantôme qu'il veut s'attacher, V, 209 ; Brantôme comptait écrire sa vie, V, 144, 145, 294 ; ses regrets sur la mort de ce prince, 145, 209 ; lui dédie son second livre des *Dames*, IX, 1-2. — I, 1 ; II, 169 ; IV, 34, 35, 239 ; V, 204 ; VI, 461, note 3.

Anjou. Voy. Calabre, Charles, Louis II, Mézières, Montpensier, René.

Annales d'Aquitaine. Voy. Bouchet (J.).

Anne, sœur de Didon, IX, 380, 654.

Anne de Beaujeu. Voy. Beaujeu.

Anne de Bretagne (discours sur la reine), VII, 307-321 ; son éloge ; héritière du duché de Bretagne ; est recherchée par le duc d'Orléans (Louis XII), 308 ; épouse par procuration Maximilien d'Autriche ; Charles VIII fait rompre le mariage et l'épouse ; sa beauté ; son portrait ; ressemblait à mademoiselle de Châteauneuf ; avait un pied plus court que l'autre, 308 ; sa vertu ; son esprit ; élevée par madame de Laval ; sa bonté ; offensée par le maréchal de Gié ; vengeance qu'elle en tire, 310-311 ; perd son fils ; sa colère à ce sujet contre le duc d'Orléans, 312 ; gouverne le royaume pendant l'expédition de Charles en Italie, *ibid.*; ses regrets de la mort de son mari ; épouse Louis XII, qui lui abandonne les revenus de Bretagne ; sa générosité ; — forme la première une cour de dames ; élève une tante de Brantôme, 314 ; sa garde de gentilshommes bretons ; fait construire le vaisseau la *Cordelière*, 315 ; combien Louis XII l'honorait ; comment recevait les ambassadeurs ; tour que lui joue Grignaux, son chevalier d'honneur ; sa colère, 316-317 ; récit de ses funérailles, 317-325 ; regrets de sa mort ; sa piété ; fonde l'église des Bons-hommes près Paris et une autre à Rome, 324 ; douleur de Louis XII à sa mort ; deuil qu'il en fait porter à sa cour, 328 ; opposition d'Anne au mariage de François d'Angoulême avec sa fille qu'elle destinait à Charles d'Autriche, 329 ; son amitié pour Isabelle de Castille ; son tombeau à

Saint-Denis; a, la première, entouré ses armoiries d'une cordelière, 330; son épitaphe en vers, 331; sa *Vie* par Le Roux de Lincy, 308, note; — les habits royaux dont on l'avait revêtue après sa mort servent à revêtir le corps de Catherine de Médicis, VII, 401; — ses enfants; son tombeau à Saint-Denis, II, 368, 369; — son affection pour sa fille Claude qu'elle veut marier à Charles d'Autriche; comment elle appelait ses filles, VIII, 106; — amour de Louis XII pour elle, II, 368-369; VIII, 98, 100-101; — sa haine contre le maréchal de Gié, VIII, 80; — sa garde de gentilshommes, II, 298; faisait fouetter ses pages F. de Bourdeille et d'Estrées, III, 79; X, 32, 33; son amitié pour Louise de Bourdeille, tante de Brantôme, 34; cordelier qu'elle fait fouetter et pourquoi, 35-36; VII, 190-193; sa mort, X, 43; son affection pour André de Vivonne; marraine de la mère de Brantôme Anne de Vivonne à qui elle lègue des robes, 45-46; — attire les dames à sa cour, III, 127; — ses démêlés avec Anne de Beaujeu, VIII, 102; — son horreur pour le schisme, VII, 318; chape qu'elle avait fait faire pour le pape, *ibid.*; — marraine du connétable de Montmorency, III, 294. — I, 127; II, 323 note 2; III, 243; VII, 199; VIII, 48.

Anne, fille bâtarde du cardinal de Lorraine, dotée par Philippe II et mariée à Besme, IV, 309.

Anne de Hongrie, femme de Ferdinand Ier, I, 81, note 1.

Anne-Marie d'Autriche, quatrième femme de Philippe II, IX, 36, note 4, 601

Annebaut (Claude d'), baron de Raiz et de la Hunaudaye, maréchal et amiral de France, notice sur lui, III, 205-206; assiste au siège de Mézières; au combat de Landriano; gouverneur de Turin, 205; donné pour principal conseil au Dauphin au siège de Perpignan; pris en ravitaillant Thérouanne, 208; succède à l'amiral de Brion; est donné pour conseil au Dauphin à qui le roi refuse de rappeler Montmorency, 209, 210; éloge que fait de lui en mourant le roi qui lui lègue cent mille francs et le recommande inutilement à son fils Henri II, 210; il se retire chez lui et est rappelé par la régente lors de la guerre d'Allemagne; il amène une armée au secours du roi, et va défendre La Fère où il meurt, 211; VI, 22; est pris devant Thérouanne, VII, 280; assiége Coni, VI, 273; favori de François Ier, III, 155; legs que lui fait ce prince, 117; est envoyé comme otage en Angleterre, VI, 115.

Annebaut (Françoise de Tournemine, femme de l'amiral), III, 210.

Annebaut (Jean, baron de Raiz et d'), fils de l'amiral; sa vaillance à Cerisoles et à Fossano; était bègue; son éloge; meurt à la bataille de Dreux, III, 211-212; V, 140, note 1, 182; VI, 440. — IV, 72.

Annebaut. Claudine de Clermont, dame de Dampierre, femme, 1° de Jean d'Annebaut, baron de Raiz, 2° d'Albert de Gondi; cousine germaine de Brantôme. Voy. Clermont, Dampierre, Raiz.

Annebaut (Jacques d'), cardinal, évêque de Lisieux, III, 132, 133, note 1.

Annebaut (Jacques d'), tué à la bataille de Gravelines, II, 75.

Annebon. Voy. Hennebon.

Annibal, son stratagème à Tarente, II, 57; honneur qu'il rend à la mémoire de Marcellus, III, 34; son entrevue avec Scipion, I, 13, 212; II, 41; III, 281; IX, 628. — I, 257; II, 41; VII, 285.

Annonciade (ordre de l'), son institution; sa devise, V, 33, 113, 114.

Anriquez. Voy. Esparça.

Anroria. Voy. Ontoria.

Anselme (d'), gentilhomme provençal, ami de Brantôme, fortifie la ville de Centale, V, 204.

Anselme (le P.), cité, IX, 76, note 2.

Anthologie (l'), citée, IX, 647, note 2.

Anthon (bataille d'), I, 239, note 1.

Antioche, assiégée par les croisés, VI, 408-409; par Kerbogha, II, 193; — (histoire d'un citoyen d'), IX, 104.

Antiochus, I, 13.

Antiquités. Voy. Messaline (statue de).

Antoine (Marc-), ses amours avec Cléopâtre; lettre qu'il écrit à ce sujet à Octave, IX, 28, 245-248, 682; défie Octave, VI, 406-407. — II, 33, 366; VII, 232; V, 243, 248.

Antoine (saint), ce qu'un fièvreux espagnol dit à son image; prière que lui adresse Bayard, VII, 185, 186.

Antoine de Bourbon, duc de Vendôme et roi de Navarre; notice sur lui, IV, 361-373; embrasse la réforme; mène à la cour son ministre David, 361; ses démêlés à ce sujet avec sa femme Jeanne d'Albret; ses négociations avec le roi de Fez, 362-363; il redevient catholique pendant que sa femme embrasse le calvinisme; soupçonné d'être de la conjuration d'Amboise; est nommé lieutenant-général du royaume, 363; est le principal auteur du colloque de Poissy où il fait amener, à ses frais, des ministres étrangers; fait faire l'édit de janvier; ses négociations avec le roi d'Espagne et le pape au sujet de la Navarre; il retourne au catholicisme; son acharnement contre les huguenots; pasquinade sur lui, 364-365; envoie le président de Selva en Espagne; est lieutenant-général du roi dans la guerre civile; injures des huguenots contre lui; son courage, 366; est blessé mortellement au siège de Rouen; son épitaphe; meurt dans la religion réformée, 367 et *Appendice* 419; regrets de sa mort, 367-368; sa liaison avec le duc Fr. de Guise; comment ils s'appelaient entre eux; son arrogance dans la prospérité; sa faiblesse de caractère; sa colère contre Beauvais-Nangis, 369; son amour pour les femmes; son portrait; ses charges en Picardie et en Guyenne; oublié dans le traité de Cateau-Cambrésis; sa rivalité avec le duc de Guise; querelles de leurs pages et de leurs laquais; chanson sur lui; sa faveur sous Charles IX, 371-372; sa plus grande gloire est d'être père de Henri IV; ses frères, 372; contribue à la restitution des places du Piémont au duc de Savoie; favorise le mariage de d'Alluye avec Mlle de Piennes; royaume de Sardaigne qui lui est promis, V, 74-75. Marguerite de France refuse de l'épouser, VIII, 129; questions qu'il fait à la grand'mère de Brantôme sur Jeanne d'Albret avant d'épouser celle-ci, 90; son mauvais ménage avec Jeanne d'Albret, qu'il veut répudier pour épouser Marie Stuart, VII, 420; VIII, 58; demande à Henri II pour son fils Henri la main de Marguerite de Valois, VIII, 44; affront

Antoine de Bourbon (suite).
que lui fait Montpezat à Poitiers, III, 197-198 ; d'abord appelé M. de Vendôme, 202 ; son humilité vis-à-vis le cardinal de Lorraine, lors de l'emprisonnement de Condé, IV, 341-342 ; contribue à la tenue du colloque de Poissy, V, 287 ; joué par Catherine de Médicis aux États d'Orléans, VII, 351 ; sa querelle avec le duc de Guise à Fontainebleau ; comment apaisé par la reine mère, 352-354 ; sa lutte contre les Guises, IV, 222 ; bruit à la cour sur son projet de défi au duc de Guise, VI, 450 ; Montluc veut le faire battre avec ce duc, 450-452 ; III, 199 ; sa haine contre le duc de Nemours, IV, 168 ; son démêlé avec le maréchal de Bellegarde, VI, 470 ; son changement de religion ; ses intrigues, VII, 356 ; peu miséricordieux pour les huguenots, IV, 236 ; sa harangue en remettant Elisabeth de France aux Espagnols, VIII, 17 ; roi et père des Gascons, IV, 234 ; amant de Mlle de Rouet dont il a un fils, X, 96, note 1, 405, note 5 ; ses cymbales, II, 209 ; appelait Mme de Bourdeille sa cousine, X, 68 ; sa mort, V, 417 ; relation de sa mort par Raphael de Taillevis, sieur de la Mésières, IV, 419 (cette relation a été publiée). — IV, 227-228, 291 ; V, 13, 250 ; VII, 249 ; VI, 282.

Antoine, duc de Lorraine et de Bar, notice sur lui, III, 223-225 ; appelé le *bon duc*; Brantôme voit son portrait en Lorraine ; aimé de François 1er et de Louis XII qui lui donne une compagnie avec Bayard pour lieutenant ; sa vaillance à la bataille de Marignan, 224. — III, 225, note 2.

Antonio (dom), prieur de Crato, ses droits sur le Portugal, II, 81, note 3.

Antonio d'Aragon, capitaine espagnol, I, 334 ; II, appendice, 431.

Antonio. Voy. Marco-Antonio.

Antragues. Voy. Entragues.

Antraguet. Voy. Entraguet.

Antremont. Voy. Entremonts.

Antricourt. Voy. Autricourt.

Anvers. Sa citadelle est assiégée par les révoltés des Pays-Bas, VII, 151 ; son estacade, 212 ; tentative du duc d'Anjou sur cette ville, dite *folie d'Anvers*, V, 144, 291 ; VI, 179, 194 ; — saccagé par les Espagnols, I, 278-280 ; II, 85, 128, 184-186 ; VII, 68.

Anville en Angoumois. Beaux meubles que renfermait le château, X, 46 ; le grand père de Brantôme y reçoit François 1er, III, 153 ; sépulcre qui s'y voyait. Voy. Sépulcre.

Anville (d'), Brantôme lui prête deux cents écus, X, 129.

Anville. Voy. Dampville.

Aoste (val d'), pris par Brissac, IV, 67.

Apchon (N. d'), dit Mouron, neveu du maréchal de Saint-André ; son duel avec Mastas qu'il assassine, VI, 378.

Apchon (Charles de Saint-Germain d'), chevalier de Malte VI, 176.

Apchon (Jean de la Mollière, seigneur d'), II, 344.

Apis (tête du dieu), erreur de Brantôme à ce sujet, IX, 298-299.

Apolidon, prince de l'Isle-Ferme, V, 277. (Voy. l'*Amadis*, liv. II, ch. 14).

Apollodorus, introduit Cléopâtre près de César, X, 22, note 1.

Apologies faites par François 1er et Henri II au sujet de leur alliance avec le Turc, I, 167.

Apologie du prince d'Orange, citée, I, 60.

Apologue. Voy. Fable.

Apothicaire procure l'avortement à une fille de la cour de Marguerite d'Angoulême; se fait huguenot et vient visiter Brantôme à Genève; leur conversation, IX, 567-569.
Apothicaires, leurs bonnes fortunes, IX, 566 et suiv.
Apparition de saint Michel sur le pont d'Orléans, V, 96.
Appels pour duels; quand commencèrent à être en usage, VI, 385-387; — danger que courent ceux qui en font dans les maisons royales, VI, 379-381. — V, 357.
Appel de Castel-Bayart, VI, 512.
Appien, cité, VI, 400, note 1; IX, 245, 423, note 1.
Aquaquia. Voy. Akakia.
Aquaviva. Voy. Atrie.
Aquilar. Voy. Aguilar.
Aquitaine (*Annales d'*). Voy. Bouchet (J.).
Arabes ou Allarbes, VII, 147.
Araconis. Voy. Raconis.
Aragon, sa révolte à cause de Perez; vengeance qu'en tire Philippe II, II, 133 et suiv.
Aragon (Jean d'), frère aîné de Ferdinand V, I, 125.
Aragon (Jean d'), fils de Ferdinand V, mari de Marguerite de Flandre, IX, 614.
Aragon (Jacques d'), fils de Jacques II, roi de Majorque, troisième mari de Jeanne Iʳᵉ de Naples qui lui fait trancher la tête, VIII, 148, note 1, 149-150, 156 et suiv.; récit de Froissart sur lui, 158, 161 et suiv. — IX, 77, 433.
Aragon. Voy. Alphonse, Antonio, Marie.
Aragonais (réfugiés), leur expédition en Aragon, II, 136, note 1.
Arambergue. Voy. Aremberg.
Aramon (Gabriel de Luitz, baron d'), ambassadeur de France à Constantinople; sauve la garnison de Tripoli et l'emmène à Malte; calomnié par le grand-maître Omedès; V, 64, 65; relation de ses ambassades par Chesneau, ibid.; — suit Soliman à la guerre de Perse; va faire un pèlerinage à Jérusalem et est cause de la conversion de Barthelomé, VI, 179-181.
Arambure. Voy. Harambure.
Aranda (comte d'), meurt en prison, II, 135.
Arbalestiers. Voy. Arbalétriers.
Arbalète gardée longtemps par l'infanterie française, V, 308.
Arbalète à jalet. Catherine de Médicis aimait à en tirer, VII, 346.
Arbalète de passe, I, 132.
Arbalète (duel à l'), VI, 298-299.
Arbalétriers (grand maître des), V, 301. — Voy. Prie.
Arbalétriers dans l'armée de Charles VIII, II, 298.
Arbalétriers à cheval; leur absence regrettée devant Tunis par Charles-Quint, V, 308.
Arbalétriers gascons défendent la tour Saint-Vincent à Naples, V, 308, — V, 302; VI, 298.
Arc, son usage abandonné par les Turcs, V, 227.
Arc des loyaux amants, X, 404.
Arc (Jeanne d'), trahie par Flavy, IX, 76. — IX, 411.
Arces. Voy. Chevalier blanc.
Archant (Nicolas de Grémonville, seigneur de l'), arrête Marguerite de Valois à Palaiseau, VIII, 68 note 5; vient en aide au comte de Roggendorf, VI, 223; accompagne le duc de Guise en Hongrie, V, 405. — IV, 30, note 1.
Archant (Diane de Vivonne, dame d'Ardelay, femme de Nicolas de Grémonville, seigneur de l'), fille de la Chastaigneraie; comment son père l'élevait; son éloge, V, 88; est accusée d'avoir fait tuer son frère de Caumont à la Saint-Barthélemy, IV, 30.

Archers anglais à Poitiers, IV, 208.
Archers anglais et gascons, V, 302.
Archers de Charles VIII, II, 291, note, 298, 303.
Archers du comte de Charolais à la bataille de Montlhéry, I, 341.
Archers de la garde écossaise, II, 291, note, 298.
Archers des toiles, II, 305.
Archers (francs-), cassés par Louis XI, V, 302; chanson sur le Franc-Archer de Bagnolet, ibid.
Archiac (seigneurie et maison d'), VI, 221; X, 61.
Archiac (archives de la maison d'), III, 409.
Archiac (Adrien de Montberon, baron d'), aïeul de Madame de Bourdeille, belle-sœur de Brantôme, capitaine du château de Chinon, deux lettres à lui adressées par Anne de Beaujeu, III, 409, 410; un des preux de Charles VIII, II, 310.
Archiac (Marguerite d'), femme d'Adrien de Montberon, II, 310, note 2; X, 60.
Archiac (Catherine d'), dame de Lonzac, première femme du grand écuyer Galiot, III, 73, note 3; 75, note 1.
Archiac (François de Montberon, baron d'), capitaine de Blaye, III, 410-411.
Archiac (Jacques d'), baron de Lonzac, III, 73, note 3; X, 60.
Archiac (René de Montberon, baron d'), tué à la bataille de Gravelines, II, 75; premier mari de Madeleine du Fou, X, 94, note 4.
Archiac. Voy. Montberon.
Architectes favorisés par Catherine de Médicis, VII, 373. — VI, 151, 152.
Architecture, IX, 343.
Archives de la maison d'Archiac, III, 409; de la maison de Bourdeille. Voy. Bourdeille.
Archives curieuses, citées, II, 293 notes 2 et 5, 297 note 6, 305 note 1; III, 84, note.
Arcs (N. de Villeneuve, baron des), assassine René de Cipières, III, 382, note 1.
Arcis-sur-Aube (seigneur d'). Voy. Combaut.
Ardelay. Voy. Archant (l'), Bourdeille, la Chastaigneraie.
Ardelot. Voy. Hardelot.
Ardennes (sanglier des). Voy. La Marck (Robert de).
Ardois (d'), Basque, secrétaire d'Anne de Montmorency. Voy. Dardois.
Ardres (paix d'), III, 152; — (joutes et tournois à l'entrevue d'), X, 53, 54; — (siège d'), en 1596, V, 42.
Ardre, VIII, 13, note 1, lisez Aydie.
Areggio (Paulo de), grand camérier du pape, tué au sac de Rome, I, 271.
Aremberg (Jean de Ligne, comte d'), notice, II, 179-183; forcé par ses soldats de combattre, il est défait à Heigerloo par Louis de Nassau et tué, 162, 179; lieutenant aux armées de la reine de Hongrie; prend part au siège de Metz; de la race des Brabançons; amène douze cents lances à Charles IX dans les secondes guerres civiles; son séjour à la cour, 180-181; son amour pour Mlle de Châteauneuf que courtisaient Brantôme et Strozzi; ses relations amicales avec ceux-ci; ce que la reine-mère disait de lui, 181; parlait bien français; son éloge; sa beauté; était borgne; regrets que sa mort cause à sa femme, 182; sa défaite, IV, 25; assiste à la mort du comte de Bure, I, 315-317.
Aremberg (Marie de la Mark, comtesse d'), femme du précédent; visite que lui fait la comtesse d'Egmont, II, 162-163; sa douleur à la mort de son mari; accompagne en France la reine Élisabeth; son éloge; 182-183.
Arétin (P.), sa lettre à Antoine de Lève, I, 162; son mot sur les femmes et le secret en amour

Arétin (suite).
IX, 141, 528; son livre obscène, possédé par une dame, IX, 43; donné à une dame, 516; nombreux exemplaires qui en sont vendus à Paris, 51.

Argence (N. Tison d'), le prince de Condé se rend à lui à Jarnac, IV, 346.

Argent, son abondance après la découverte de l'Amérique, et en France après les guerres civiles, I, 50; IV, 331.

Argentan, combat de 20 Anglais contre 20 Français près de cette ville, VI, 312.

Argenterie volée par des chevaliers de Malte, III, 43.

Argenton. Voy. Boisrogues, Commines.

Argonautes, V, 97, 109.

Argos. Les femmes de cette ville repoussent les Lacédémoniens. Erreur de Brantôme à ce sujet, IX, 303, note.

Argy (René de Brilhac, seigneur d'), mari de la belle Sourdis, I, 26; son voyage à Vienne, 27 et suiv.

Ariaden, surnom de l'un des frères Barberousse. Voy. Khair-Eddin.

Arioste, son épitaphe du marquis de Pescaire, I, 200, note 1; mot que lui dit Hippolyte d'Este, V, 77, note 2; cité, IV, 17-18, V, 264, VI, 320, 390, VIII, 156, note 1, IX, 50, 160, 257, 402, 417, 539; comédie tirée de son poème, jouée à Fontainebleau, VII, 370.

Aristophane (scholiastes d'), cités, IX, 44, note 2.

Aristote, ses *Éthiques*, citées, IX, 653.

Arles (sédition militaire à) réprimée par le prince de Melfe, II, 229. — Séjour de la cour, I, 50.

Arlotto Mainardo (il piovano), bouffon, II, 266.

Armada (l'invincible), I, 237-238, II, 84, 85, VII 40-41.

Armagnac (Bernard VI, comte d'), défié par Roger-Bernard, comte de Foix, VI, 448.

Armagnac (Bernard VII, comte d'), connétable de France, sa querelle et sa paix avec le comte de Foix, VI, 448-449.

Armagnac (Géraud V, comte d'), ses révoltes contre Philippe III, II, 371, note 4; obtient son pardon de ce prince (et non de Louis IX, comme le dit Brantôme), V, 262.

Armagnac (Jacques d'), duc de Nemours, son supplice; erreur à ce sujet, II, 371.

Armagnac (Louis d'), mis à mort par ordre de Louis XI, III, 183.

Armagnac (Louis d'), parent de F. de Bourdeille, X, 39.

Armagnac (Georges d'), archevêque de Toulouse, III, 132, 133, note 1, IX, 194, 198.

Armagnac. Voy. Nemours.

Armagnac (sénéchal d'). Voy. Galiot.

Armagnac (le bascha), qui il était, V, 385.

Armagnac (d'), premier valet de chambre de Henri de Navarre, sauvé par Marguerite de Valois à la Saint-Barthélemy, VIII, 60, note.

Arme. Il était défendu d'entrer chez le roi avec des armes; démêlés à ce sujet de Charry et d'Andelot, V, 341, 342.

Armes (port d'), V, 253.

Armes à feu (défense du port d'), III, 356.

Armes dorées du duc de Nemours, VI, 446.

Armes des soldats français, V, 301 et suiv.

Armes des soldats de Bonnivet (richesse des), VI, 106-108.

Armes dans les combats en champ clos et les duels (choix et usage des), VI, 136, 241, 242, 252, 258, 263, 265, 269, 270, 273-275, 284-285, 294-297 339, 359, 360, 416-421, 456

Armes (cabinet d') de Pierre Strozzi, II, 243; de du Guast, VI, 206; de Brantôme, X, 145-146.
Armes (héraut d'). Voy. Héraut.
Armes (maîtres d'). Voy. Maîtres d'armes.
Armes. Voy. Arbalète, arc, arquebuse, épée, espadon, main gauchère, mousquet, poignard. Cf. Armure.
Armée française, comment elle était composée, V, 280, 301 et suiv.; VI, 174; — comment rangée le jour d'une bataille, VI, 3; — désordres qui s'y commettaient, V, 377 et suiv.; VI, 411; ses passe-temps, VII, 31; — ordonnances de Montmorency, III, 344, 345; de Coligny, VI, 16.
Armée de Charles VIII en Italie, II, 295 et suiv.; V, 386-307; sous Louis XII, II, 367; de Piémont, sa discipline, VI, 389-390; de Henri II, lors de l'expédition d'Allemagne, VI, 19-20; du duc de Guise revenant d'Italie; sa misère, VIII, 110-111; — des huguenots à la première guerre; comment composée, VII, 288-289; — protestante sous les ordres de d'Acier, V, 429-430; de Mercœur, comment composée, V, 193; — des Vicomtes. Voy. Vicomtes; — espagnole, V, 318-320; — romaine, V, 299-300; — composée d'amoureux, X, 16.
Armée navale de Charles VIII, II, 300.
Armée. Voy. Aventuriers, Arbalétriers, Archers, Arquebusiers, Artillerie, Capitaine, Cavalerie, Compagnie, Couronnel général, Discipline, Femmes, Infanterie, Luxe, Soldats.
Armellino (le cardinal François), danger qu'il court au sac de de Rome, I, 271.
Armie (lisez : Larina), compagne de la reine Camille, IX, 379.

Armoiries du roi mises, en temps de guerre, aux portes des maisons pour les protéger, IX, 19.
Armoiries de Philippe II gravées sur une pierre de foudre, IV, 143.
Armoiries de la maison de Savoie, V, 113, 114.
Armoiries des maisons de Bourdeille et de Vivonne, I, 8.
Armoiries. Voy. Cordelière.
Armure. Voy. Bouclier, Bourguignotte, Brassard, Brigandine, Cheval, Corselet, Jacquette, Morion, Rondelle. Voy. Armes (du choix des).
Armuriers de France et d'Italie, VI, 72-76, 78, 79.
Arnaud, huguenot, bon marin, fait entrer des barques à La Rochelle, IV, 39.
Arnauld de Villeneuve, IX, 259, 260, note 1.
Arnay-le-Duc (combat d'), IV, 313, 323.
Arné (Mlle d'), dotée par Philippe II, VIII, 20.
Arnoul III, fils de Réchilde, comtesse de Hainaut, tué à la bataille de Cassel, IX, 482.
Arnulphe. Voy. Arnoul III.
Aroudj, frère de Barberousse, roi d'Alger, II, 67, note 1; tradition sur lui, V, 398-405.
Arquebusade (sur l'emploi du mot), VI, 21.
Arquebuse, ou harquebus, l'usage nous en est venu des Espagnols, VII, 11; — histoire de son introduction et de sa fabrication en France, VI, 72 et suiv.; — adoptée par les Turcs V, 227.
Arquebuse à rouet, V, 41.
Arquebuse à croc, nom que lui donnaient les soldats, I, 103, note 1.
Arquebuse (duels à l'), VI, 298.
Arquebuses de Milan, I, 338.
Arquebuserie, II, 279.
Arquebusiers (de l'emploi des), I, 338-342; — à la bataille de

Arquebusiers (suite).
Renty, VI, 23; — au siège de Saint-Quentin, VI, 25; — leur nombre considérable dans l'armée huguenote, V, 429-431; — au siège de Paris, à la bataille de Dreux, VI, 46-48.

Arquebusiers espagnols, ce qu'en disait Charles-Quint, VII, 11; à la bataille de Pavie, I, 336-337.

Arquebusiers à cheval, II, 269-270; V, 41.

Arquebusier de Ponant, surnom du maréchal de Saint-André, V, 36.

Arques (combat d'), V, 148.

Arques. Voy. Joyeuse.

Arragouse ou Arregouse, Raguse. Voy. Raguse.

Arraïs ou reïs, capitaine de navire, II, 48.

Arramont. Voy. Aramon.

Arras identifié avec Alesia par Vallès, I, 147, 363.

Arras (habitants d'), moqueurs, appelés hocquineurs ou hauguineurs, I, 24; III, 346. Voy. Rébus. — Ambassadeurs de cette ville à Marguerite de Bourgogne tombent au pouvoir de Louis XI; leur supplice, II, 335.

Arras (évêque d'). Voy. Granvelle.

Ars (Louis d'), berruyer, notice sur lui, II, 391, 393; lieutenant de la compagnie de M. de Ligny; siège glorieux qu'il soutient dans Venouse (Venosa), I, 132; II, 391; III, 28; il obtient une capitulation honorable et fait avec ses gens un retour triomphant en France; accueil qu'il reçoit de Louis XII; parent de la grand'mère de Brantôme à qui il fait cadeau d'une étoffe richement brodée, II, 392; partisan du duc de Bourbon; est tué à Pavie, 393; défend Précy contre le comte d'Armagnac, et l'excuse près de Louis XII, 372-373; prend part à la bataille de Ravenne, III, 13; VII, 284; accueil que lui fait Ferdinand V à Savone, I, 135; s'oppose à la bataille de Pavie, III, 64. — X, 39.

Arschot (Philippe de Croï, duc d'), soufflet que lui donne l'infante Isabelle, II, 128, III, 262, 263; sa captivité et son évasion de Vincennes, VI, 488; IX, 166.

Artaxercès Mnémon, histoire de sa fille Astazia, IX, 355.

Artiague, Espagnol, choisit pour parrain dans un duel François de Vendôme qui le mène à ses frais en Italie, VI, 114-115.

Artigny (l'abbé d'), ses *Mémoires* cités, III, 281, note.

Artiller (maître); ses fonctions, V, 301.

Artillerie de Charles VIII, II, 298; — son rôle à Pavie, III, 72; son perfectionnement par d'Estrées, 78; au siège d'Yvoi, I, 305.

Artillerie du duc de Ferrare à la bataille de Ravenne, III, 40.

Artillerie des Turcs au siège de Rhodes. V, 220; au siège de Malte, 228.

Artillerie (huguenots nombreux dans le service de l'), III, 79.

Artillerie (grands maîtres de l'), III, 76, note 3, 79, 80, 81; V, 301.

Artillerie. Voy. Batterie, Bombarde, Canons.

Artisans bien payés par Catherine de Médicis, VII, 373.

Artois (Robert d'), son histoire, VI, 291, 292; comparé au connétable de Bourbon, I, 289-290; erreur de Collenuccio et de Brantôme sur lui, VIII, 152-153, 162, 170.

Artois (Marie d'), sœur de Robert d'Artois, I, 290.

Artois (Jeanne d'), enfermée à la requête de son fils Gaston II de Foix, par ordre de Philippe de Valois, IX, 24.

Artus (le roi), VI, 248; X, 61, 62.
Arue (d'). Voy. Arné.
Arvaut (Mme d'). Voy. Ervaut.
Ascanio (le cardinal). Voy. Sforce.
Ascot. Voy. Arschot.
Asellus, son combat contre Jubellius, VI, 401.
Asnes de Bourdeaux. Voy. Anes.
Aspasia. Voy. Astazia.
Assan-Agas, renégat espagnol, gouverneur d'Alger pour Barberousse, II, 7; sa réponse à une sommation de Charles-Quint, VII, 62.
Assassinats (réflexions sur les), VI, 444.
Assassinat d'Ant. d'Alègre par Vitteaux. Voy. Alègre; d'ambassadeurs français, I, 120. Voy. Fregose, Rincon; de L. de Bueil par Loué, VI, 371-372; de Bussy d'Amboise. Voy. Bussy; de Bernardo, par ordre du grand-duc de Florence, II, 269; V, 298; du maréchal d'Aumont et de Bouchemont, V, 177, 438; de Charles-Quint proposé au cardinal du Bellay par Sampietro, VI, 215-217; de Charry par Chastelier-Portaut, V, 341-346; de Cipierre par le baron des Arcs, III, 382; de Ferrucci par Maramaldo, I, 243; de Gonnelieu par Vitteaux, VI, 331-332; de du Guast par Vitteaux, V, 354 et suiv.; de Lignerolles, VI, 443; de Mastas par Apchon, VI, 378; d'Alexandre et de Lorenzino de Médicis, II, 13, 14; de Randan par Lavardin, VI, 195; de Saint-Mégrin, VI, 481; à Orléans de quatre bourgeois de Paris par Fréville, VII, 131-133. Voyez encore : Aigreville, Bournazel, Briagne, Darnley, Galéas-Marie, Guise, La Tourette, Lavardin, Martinengo, Maurevel, Médicis (Isabelle de), Milhau, Montraveau, Mouy, Rizzio, Sampietro, Soupez, Tolède (Eléonore de), Venouse, Villequier.

Assassinat de soldats français par Ferdinand de Gonzague, IV, 66.
Assaut (soldats d'), V, 377.
Assaut donné à Sienne à la clarté des flambeaux, I, 296-297; — repoussé au son des violons, VI, III; — de La Rochelle, VI, 62 et suiv., 206; — dans une salle d'armes, IV, 15.
Assigny. Voy. Acigné.
Ast, Asta, bourg de la Gueldre, II, 154.
Astarac (Jean III comte d'), VI, 449.
Astarac. Voy. Fontrailles, Mailly et Montamart.
Astarot, V, 171.
Astazia, fille d'Artaxercès Mnémon, son histoire, IX, 355.
Aster. Voy. Gramont.
Asti (melons d'), III, 146; — (défaite des Espagnols par Salvoy's près d'), IV, 114; combat à la barrière près de cette ville entre Français et Espagnols, IV, 172-176; — (combat de la Valette près d'), V, 212.
Astolphe. Voy. Adolphe.
Astor Manfredi, seigneur de Faenza, pris par trahison par C. Borgia qui l'outrage et le fait mourir, II, 217-218.
Astorga (P. A. P. Ossorio, marquis d'), I, 45.
Astrologie (savoir de Renée de France en), VIII, 108.
Astrologue (prédiction d'un) à Agnès Sorel, IX, 393.
Asture (pont d'). Voy. Ponte-Stura.
Atalia, Athalie, VII, 351.
Atella, ville du royaume de Naples; Gilbert de Montpensier y conclut avec Ferdinand II une capitulation qui est violée; peintures à ce sujet, V, 2-3.
Atellius, son mot à Brutus, VI, 293.
Athalie, VII, 351.
Athenæum français, cité, VII, 405, note 1.
Athènes, ruinée par Sylla, IX, 505; sa bibliothèque, III, 47.

Athéniennes pendant les fêtes de Cérès, IX, 688.

Atrie (Jean-François d'Aquaviva, duc d'), mari de Camille Caraccioli, II, 28; ses filles, *Ibid.* — VII, 235, 394, note 5.

Atrie (Anne d'Aquaviva, d^{elle} d'), mariée à Adjacet, comte de Châteauvilain, II, 28, 232; VII, 394; IX, 49.

Attaignant (Pierre), son recueil de chansons mises en musique, IX, 461, note 3.

Au. Voy. O.

Aubade donnée à Marie Stuart à Holyrood, VII, 419.

Aubaïs (marquis d'), ses *Pièces fugitives*, citées, VIII, 135, note 1.

Aubanye (le cadet d'), gentilhomme d'Angoumois, huguenot, tué en duel par La Fautrière, VI, 314-315.

Auberjour ou Auberjon. Voy. Maleys.

Aubespine (Claude de l'), secrétaire d'État, son éloge; grand ami de Brantôme à qui il communique la relation de Mondoucet sur la mort d'Egmont et de Horne, II, 156-167; III, 281, 282, 337; sa femme, Marie Clutin, VII, 388, note 4; son mémoire sur la cour de Henri II, cité, VIII, 209. — ibid., 208.

Aubespine (Sébastien de l'), seigneur de Sept-Fontaines, évêque de Limoges; ce que lui dit Emmanuel Philibert, II, 149; passe six ans en Espagne comme ambassadeur sans en apprendre la langue; comparé au perroquet de Mme de Brienne, VII, 74. — I, 12, note 1.

Aubespine (Claude de l'), femme de Méry de Barbézières, seigneur de Chemerault, VI, 188, note 2.

Aubespine (Madeleine de l'). Voy. Villeroy (Mme de).

Aubespine (Marie de l'). Voy. Pinart (Mlle).

Aubeterre (François, et non David, Bouchard, vicomte d'), calviniste, réfugié à Genève où Brantôme le voit faiseur de boutons; pris à la conjuration d'Amboise, est sauvé par le duc de Guise, contre lequel il suscite Poltrot, IV, 251, 258.

Aubeterre (David Bouchard, vicomte d'), fils du précédent, mari de Renée de Bourdeille, nièce de Brantôme, ses démêlés avec Espernon qu'il ose défier, VI, 429-433; embrasse le parti de la Ligue, 429; fait surprendre le château de Villebois qui lui est enlevé par Espernon ainsi que Nontron, 430, 431; était né et avait été élevé à Genève, 431; Espernon le force de quitter le parti de la Ligue, 432; Brantôme le réconcilie avec Espernon qu'il va trouver à Angoulême, 433; son beau-père, André de Bourdeille, résigne en sa faveur la charge de sénéchal et de gouverneur du Périgord, V, 207; ses démêlés avec Brantôme; est soutenu par Mayenne qu'il trahit, IV, 258-259; assiste à Bourg-sur-Mer à une réunion des chefs de la Ligue, V, 146; plaintes de Brantôme sur lui, X, 141. — X, 84, note 1; 89, 454, note 2, 455.

Aubeterre (Renée de Bourdeille, femme de David Bouchard, vicomte d'), son tombeau en vers par Brantôme son oncle, 81-85; autre tombeau en prose de la même par le même, 86-87; ses sœurs et ses frères, 84, note 1; sa fille, 89; regrets de Brantôme sur elle, 141; son portrait; sa ressemblance avec Marguerite de Valois; récit de sa mort, IX, 454-459; son éloge, VI, 433. — IV, 259; VI, 429, note.

Aubeterre (Hippolyte Bouchard d'), petite-nièce de Brantôme, fille de Renée de Bourdeille, vicomtesse d'Aubeterre, mariée à François d'Esparbez de Lussan, maréchal d'Aubeterre, IX, 456, note 1; mentionnée dans le testament de Brantôme, X, 141.

Aubeterre (maréchal d'). Voy. Esparbez.

Aubigné (Agrippa d'), ce qu'il raconte du chancelier de l'Hospital, III, 318, note 4; son éloge, V, 434; dîne avec Brantôme chez du Guast, IX, 113; son *Histoire universelle*, citée, I, 326; II, 27, note 5, 81, note 2, 92 et suiv., 342, note 3, 394, note 4, 395, note 3; IV, 76; V, 353, note, 364, note, 1; VI, 148, notes 1 et 2; VII, 355; IX, 411, note 2, 668; X, 181; son *Divorce satyrique*, cité, VIII, 82, note 1.

Aubigny (Robert ou Eberard Stuart, seigneur d'), comte de Beaumont-le-Roger, maréchal de France, notice sur lui, II, 369-371; appelé *grand chevalier sans reproche*; ses exploits; sa mort; son fils; erreur de Brantôme sur lui, 370; ambassadeur de Charles VIII à Rome, II, 294; comment reçu par les Pisans, I, 119; son expédition de Naples, II, 362; défait Gonzalve de Cordoue à la bataille de Seminara, I, 131; anecdote sur lui et Gonzalve de Cordoue, VII, 125. — II, 296, 355.

Aubigny (Jean Stuart, comte de Lenox, seigneur d'), neveu et non fils du maréchal comme le dit Brantôme, II, 370, note 2.

Aubigny. Voy. Lenox.

Aubray. Voy. Daubray.

Aubres (d'), Provençal, accompagne Brantôme à Malte, V, 497.

Aubusson (Pierre d'), grand maître de l'ordre de Saint-Jean de Jérusalem; sa défense de Rhodes contre les Turcs, V, 218 et suiv.; créé cardinal, 230.

Aubusson (Françoise d'), femme du capitaine Burée, VI, 229, note 1.

Aubusson. Voy. La Borne, Villac.

Auché. Voy. Puy d'Auché.

Auchimont. Voy. Anchimont.

Auchy. Voy. Ouchy.

Audaux (Basses-Pyrénées), Marguerite d'Angoulême y meurt, VIII, 123.

Augsbourg (confession d'), approuvée en partie par le cardinal de Lorraine, IV, 276; — (intérim d'), I, 168.

Auguste, Augsbourg, VI, 220.

Auguste, titre donné aux empereurs romains, VIII, 54.

Auguste, empereur romain, comparé à Charlemagne; loué pour avoir vengé César, V, 243, 244; après la défaite de Varus, V, 428; son traité avec les Parthes; comparaison de lui et de Charlemagne, V, 248, 249; ses légions, VI, 2; lettre que lui écrit Antoine au sujet de ses maîtresses; ses relations avec Cléopâtre, IX, 247; défié par Marc-Antoine, VI, 406-407; regrette la mort de Cléopâtre, VI, 424; répudie sa femme Scribonia; ses débauches; exile sa fille Julia, IX, 28; examen corporel qu'il faisait subir aux femmes qu'on lui amenait, IX, 279; reconnaissance des Romains envers sa postérité, VIII, 84. — I, 56, note; III, 280; IX, 352, 427.

Augustin (saint), son opinion sur Lucrèce, I, 276; ce qu'il dit des hommes adultères, IX, 21; cité, IX, 104.

Aulu-Gelle, cité, 304, note; IX, 188, note.

Aumale (Claude de Lorraine, duc d'), frère de François de Guise, notice sur lui, IV, 281-285. Il est défait et pris par Albert de Brandebourg, 281; colonel général de la cavalerie de France et lieutenant de roi en Piémont; assiège Rouen

Aumale (suite). inutilement, est blessé à la bataille de Dreux, 282 ; succède à son frère dans le commandement de l'armée royale ; sa prison en Allemagne ; sa cruauté à la Saint-Barthélemy ; ses pressentiments ; est tué au siège de La Rochelle ; ses enfants, 284-285 ; assiège Volpiano, I, 310 ; tour que lui joue le maréchal de Brissac, 311-313 ; battu et fait prisonnier par le marquis de Brandebourg, 347, note ; III, 398 ; IV, 198 ; envoyé comme otage en Angleterre, VI, 115 ; épouse Louise de Brezé, fille de Diane de Poitiers, *ibid.*, note 2 ; III, 248, note 1 ; IV, 283, 287 ; ramène d'Italie la cavalerie française, IV, 212 ; accompagne sa nièce Marie Stuart en Ecosse, VII, 415 ; assiège Rouen inutilement ; ce qu'il dit à son frère le duc de Guise sur Monains, V, 416 ; est blessé à Dreux, IV, 245, 248 ; lettre à lui adressée par Robert de la Marck sur le combat de d'Aguerre et de Fendilles, VI, 503. — I, 171, 253 ; III, 201, note 1 ; IV, 275, 340 ; V, 41, 115.

Aumale (Louise de Brezé, femme de Claude duc d'), fille de Diane de Poitiers, I, 311, note 1 ; III, 248, note 1 ; IV, 283, 287 ; VII, 381.

Aumale (Charles de Lorraine, duc d'), fils de Claude, assiège Senlis et est battu par la Noue, III, 377 ; VII, 213, 228 ; condamné à mort par le parlement, III, 248. — IV, 285.

Aumale (Claude de Lorraine, dit le chevalier d'), est fait couronnel par la Ligue ; destiné d'abord à l'église et abbé du Bec ; est tué à l'attaque de Saint-Denis, VI, 205 ; général des galères de Malte, IV, 285.

Aumale (Marie de Lorraine, femme de Charles de Lorraine, duc d'), IV, 281.

Aumale. Voy. Guise (François de).

Aumônier de Marie Stuart ; danger qu'il court en Ecosse, VII, 419, 420.

Aumont, comte de Châteauroux (Jean VIe du nom, sire d'), lieutenant général en Bourgogne et en Bretagne, maréchal de France, notice sur lui, V, 175-178 ; sa vaillance ; est blessé mortellement au siège de Comper ; ses succès contre la Ligue en Bretagne, 175 ; se distingue au siège de Brouage ; aimé et estimé de Henri III qui le crée maréchal de France, 176 ; est blessé gravement dans un guet-apens par le capitaine Villeneuve et visité par Henri III, 176-178 ; récit de cet assassinat par l'Estoile, *Appendice*, 438, 439 ; ses deux femmes 176, note 1 ; VII, 387 ; X, 476, note 4 ; ses enfants, V, 178.

Aumont (Antoine d'), marquis de Nolai, comte de Châteauroux, fils du maréchal d'Aumont, V, 178.

Aumont (Jacques d'), baron de Chappes, fils du maréchal d'Aumont, V, 178.

Aunai (Philippe d'), amant de Marguerite de Bourgogne, VIII, 57, note 4.

Auneau (Eure-et-Loir). Guise y défait les troupes de Dhona, I, 340 ; III, 193, note 3 ; IV, 197 ; VII, 291.

Aunous (d'), mestre de camp sous Timoléon de Brissac, IV, 73 ; V, 349 ; sa mort au siège de Poitiers, VI, 58.

Auradé (Frédéric-Alain d'Ornesan, baron d'), capitaine, VI, 176.

Aure. Voy. Gramont.

Aurebruche (Blanche d'), son histoire, IX, 70, 727.

Aurèle (Marc-), son mot sur sa femme Faustine, IX, 117 ; sa *Vie*, citée, IX, 589. — V, 96.

Aurélien et la reine Zénobie, IX, 424-427.

Aurelius Victor, cité, IX, 34, note 5.

Auriquez (ou Anriquez). Voy. Esparça.

Ausances. Voy. Auzances.

Ausone, son épigramme sur Laïs, IX, 647, note 2.

Aussun. Voy. Ossun.

Auste. Voy. Aoste.

Auteclaire. Voy. Hauteclaire.

Auteffort. Voy. Hautefort.

Auteur (l') d'une comédie jouait ordinairement dans sa pièce, IX, 554.

Authon, maison de Saintonge, V, 398 et suiv., 404.

Authon (cadet de la maison d'), qui, suivant une tradition, serait l'un des frères Barberousse, V, 398 et suiv.

Authon (baron d'), ses voyages en Orient, V, 404.

Authon (Honorée d'), deuxième femme de Jean de Vivonne, seigneur de Marigny ; ses filles, X, 48, note 3.

Autopsie de son corps demandée par la vicomtesse d'Aubeterre, IX, 457-458.

Autreq (M. de l'). Voy. Lautrec.

Autriche, qui triche, dicton, I, 12.

Autriche (Frédéric duc d'), pris avec Conradin et décapité avec lui, VII, 441 et suiv.

Autriche (Guillaume duc d'), premier mari de Jeanne II de Naples, VIII, 182, note 1, 183.

Autriche (Anne-Marie d'). Voy. Anne-Marie.

Autriche (archiduc d'). Voy. Albert.

Autriche (Barbe d'). Voy. Ferrare.

Autriche (don Juan d'). Voy. Juan.

Autriche (Marguerite d'). Voy. Marguerite.

Autricourt ou Hautricourt, capitaine huguenot, II, 165, IV, 88.

Autun (évêque d'). Voy. Chalon.

Auvaret. Voy. Avaret.

Auverbruckt (Blanche d'). Voy. Aurebruche.

Auvergne (maison d'), alliée à la maison de Médicis, VII, 334, 337.

Auvergne (comté d'), légué par Catherine de Médicis à Charles de Valois, et restitué à Marguerite de Valois qui le cède au Dauphin (Louis XIII), VIII, 72, note 4.

Auvergne (comte d'). Voy. Valois (Charles de).

Auvergne. Voy. Berry.

Aux-Lescout (d'). Voy. Romegas.

Auzances (Louis de Montberon, seigneur d'), mari de Madeleine de Mareuil, III, 400, note 1 ; lieutenant de roi dans Metz ; est suspecté de calvinisme ; maltraité de paroles par Montpensier ; ce qu'il en dit à Brantôme dont il était parent et ami ; sa mort, VI, 495-496 ; ses violents démêlés avec le cardinal de Lorraine au sujet de la ville de Marsal, VI, 498-499.

Auzances (Jacques de Montberon, seigneur d'), neveu de P. de Mareuil et cousin de Brantôme à qui il fait don de terrains à Brantôme, X, 150. — III, 400.

Avalos (illustration de la maison d'), I, 181 et suiv.

Avalos (Roderic d'), connétable de Castille, son exploit, I, 181.

Avalos (Alphonse d'), marquis de Pescaire, dit *Dom Alons*, favori de Ferdinand II, roi de Naples ; sa mort, I, 182.

Avalos (Charles d'), prince de Montesarchio, second fils du marquis del Gouast, et filleul de Charles-Quint, I, 213 ; ses aventures ; est exilé à Lipari, 214, 215 ; IX, 525-526 ; est rappelé, se distingue à la bataille de Lépante, I, 214-215. — IX, 375.

Avalos (Jean d'), seigneur de Po-

Avalos (suite).
 marico et de Montescaglioso, troisième fils du marquis del Gouast, I, 213; IX, 375.
Avalos (César d'), quatrième fils du marquis del Gouast, I, 213, 214; IX, 375.
Avalos (Marie d'), fille de Carlos d'Avalos, femme du prince de Venouse, qui la fait assassiner avec son amant Andriane, IX, 15-16.
Avalos. Voy. Gouast, Pescaire.
Avalos (Hernand d'), l'un des chefs des *Comuneros*, I, 220.
Avalos (Jouan d'), enseigne espagnol, monte le premier à l'assaut de Rome, I, 269.
Avannes (d'). Voy. Gab. d'Albret.
Avaray. Voy. Avaret.
Avare (mort d'une femme), IX, 466-467.
Avaret (*N*. de Béziade d'), huguenot; son combat à la barrière, IV, 163; son cheval le *Compère*, IX, 348, 349; sa querelle avec Gensac; sa mort à Orléans, VI, 398; combat à Dreux, V, 37; VI, 48. — V, 46.
Avarice (similitude de l') et de l'ambition, II, 86.
Avelin ou Avellino (comte). Voy. Caraccioli.
Aventuriers, gentilshommes volontaires, I, 91.
Aventuriers de guerre, nom anciennement donné aux soldats; chanson sur eux; leur costume, V, 302-304; X, 161; leur habitude de jurer, VII, 200; leur chanson sur L. de la Trémoille, II, 399, 400; sur Renzo de Ceri et le siège de Marseille, III, 195-196; sur la bataille de Marignan, III, 137; sur le prince d'Orange, I, 268-269; sur le siège de Metz, II, 272.
Avesnes (d') Voy. Gab. d'Albret.
Aveugles, joueurs de vielle, VI, 35.
Avignon donné à Clément VII (Robert de Genève) par Jeanne Ire de Naples, VIII, 167.

Avignon (camp formé à), III, 339; V, 83, 314; VI, 228.
Avila (Charles d'), l'un des chefs des *Comuneros*, I, 220.
Avila (Diego d'), capitaine espagnol, I, 338; est un de ceux qui prirent François Ier à la bataille de Pavie, III, 142, 145.
Avila (Louis d'), son *Comentario de la guerra de Alemana*, cité, I, 18, note; 20, note 4, 22; VII, 43-45; esclave qu'il redemande en vain au duc de Guise à Metz, IV, 193-194.
Avila (Louis d'), sa harangue aux soldats au moment de l'attaque d'Anvers, VII, 68.
Avila (Sanche d'), notice sur lui, II, 183-187; castellan du château de Pavie; gouverneur de la citadelle d'Anvers, 183; attaqué par les Flamands, s'empare de la ville qui est livrée au pillage, 184, 186; sa mort, 187. — II, 157.
Avila. Voy. Davila.
Avilla (Antonio d'), escorte Horn prisonnier, II, 157.
Aviré. Voy. Thevalle.
Avortements (des), IX, 566-567.
Avorton, surnom donné à certains chevaliers de l'ordre de Saint-Michel, V, 92, 93.
Avré. Voy. Havré.
Ayamonte (François de Gusman de Zuniga, marquis d'), gouverneur de Saluces, II, 147.
Ayamonte (Antoine de Guzman et de Zuniga, marquis d'), gouverneur du Milanais, ses intrigues avec Bellegarde, V, 202.
Aydie (Odet d'), capitaine, V, 309.
Aydie. Geoffroy d'Aydie et non d'Ardre, VIII, 13, note 1, Voy. Guytinières, Ribérac.
Ayelle (Mlle d'), Italienne, femme de Jean de Hemeries V, 394.
Aymard (d'), chevalier de Malte, V, 407; VI, 288.
Aymard, Bordelais, maître d'armes; son habileté, VI, 140, 417.
Aymet-bascha. Voy. Achmet.

Aysnard. Voy. Aisnard.
Azevedo, capitaine espagnol, son duel à Ferrare avec Sainte-Croix (Santa-Cruz), VI, 255-261 ; son ingratitude envers le duc de Nemours, 258.
Azemilero major, grand muletier de la cour d'Espagne, II, 301.
Azincourt (bataille d'), VI, 448.

Babelot, cordelier, instrument des cruautés de Montpensier ; pendu par les Huguenots, V, 10-12.
Babou de la Bourdaisière (famille), X, 472, note 5.
Babou de la Bourdaisière (Philibert), cardinal, évêque d'Angoulême et d'Auxerre, ambassadeur en Angleterre, III, 96.
Babou de la Bourdaisière (Jean et non Jacques), grand-maitre de l'artillerie, III, 79 ; son éloge ; sa mort ; son fils, 80 ; sa femme Françoise Robertet, IX, 357 ; V, 176, note 1 ; 177 ; VII, 388, note 6. Voy. Aumont (Jean d') et Robertet.
Babou de la Bourdaisière (Marie), son mariage avec le comte de Saint-Aignan, IX, 503.
Babou de la Bourdaisière (Françoise), femme d'Antoine d'Estrées, marquis de Cœuvres, III, 79.
Babou de la Bourdaisière (Mlle), X, 472.
Babou de la Bourdaisière (Diane). Voy. Montoiron (Mme de).
Babou de la Bourdaisière (Isabeau). Voy. Sourdis (Mme de).
Babou de la Bourdaisière (Madeleine). Voy. Ervaut (Mme d').
Babou. Voy. Sagonne.
Bacillion, capitaine en Piémont, IV, 73.
Bacqueville (Antoine Martel, seigneur de), VII, 396, note 6.
Bacqueville (Mlles de), VII, 396.
Bade (Philibert, marquis de), tué à Moncontour, IV, 205.

Badius, son combat contre Quintus Crispinus, VI, 401.
Baglione (Astolfo, Ridolfo ou Roberto), commande les troupes du grand-duc à la bataille de Cerisoles, II, 17 ; commandant à Famagouste où il meurt, I, 295, note 6 ; II, 187 ; loué par les Espagnols, VII, 139.
Baglione (J.-Paul), général des Vénitiens, pris à la bataille de Vicence, II, 192 ; battu par Gaston de Nemours, à Isoladella-Scala, 419 ;
Baglione (Horace), chef des bandes noires de Jean de Médicis, VII, 272.
Baglione (Adriano), commandant de troupes italiennes au service de France ; aimé de Henri II ; son éloge, VI, 213, 214.
Baglione (Sforza et Braccio), II, 3.
Bagnolet (chanson sur le franc-archer de), V, 302.
Bague donnée par Philippe II, mourant, à sa fille Isabelle, II, 95.
Bague de Mme de Nevers (anecdote d'une), IX, 514.
Bagues mises en gage par Charles VIII, II, 286 ; par le connétable de Bourbon, I, 371. — Voy. Bijoux, Pierreries.
Bague (courses à la), données par Catherine de Médicis, VII, 369-370 ; — à Amboise, IV, 159. — III, 371, 372 ; V, 85.
Bahu, capitaine huguenot, V, 413.
Bai de la paix (le), cheval de Henri II, sa mort, IX, 348.
Baïf (Jean), dine avec Brantôme chez du Guast, IX, 113. — III, 287.
Baignac, sauvé par Tavannes à la Saint-Barthélemy, V, 120, note 1.
Bailli de Caen. Voy. Silly.
Bailli de Dijon. Voy. Bessey.
Bailli de Mantes. Voy. Sully.
Bailli de Meaux. Voy. Montfaucon.
Baillon. Voy. Baglione.

Baines (*N.* de Montfiquet, Dlle de), une des filles de Marguerite de Valois; ses noces à Lyon, VIII, 74.

Bains (château de). Voy. Bins.

Bains en Suisse. Les hommes et les femmes y sont pêle-mêle, IX, 299.

Baisement de terre, signe de soumission, V, 376.

Baiser les mains, anecdote à propos de cette façon de parler, VII, 186.

Bajazet, terreur que lui inspire Charles VIII, II, 322-323. Erreur de Brantôme sur lui, 218. — V, 222, 386, 387.

Bajestan, marché des objets précieux à Constantinople, V, 67.

Bal de la cour au Louvre, II, 127; V, 38; VIII, 26; — où Charles IX fait venir des filous, V, 278-280.

Balagny (Jean de), fils naturel de Jean de Montluc; maréchal de France, laisse prendre Cambrai par les Espagnols; veuf de Renée de Clermont, il épouse Diane d'Estrées, IX, 459-461. — V, 364; VII, 395, note 9.

Balagny (Renée de Clermont, femme de Jean de Montluc, seigneur de), défend Cambrai contre les Espagnols; meurt de chagrin après la prise de cette ville, IX, 459-460.

Balaguier. Voy. Montsalez.

Balandi (Bertinello), son combat contre Dante Castellan, VI, 252-254.

Balde, Baldès ou Valdès (Pedro de), capitaine espagnol, I, 331; VI, 265.

Baldelli, sa *Vita di Giov. Boccaccio,* citée, VIII, 153, note 1.

Baldus (les frères), jurisconsultes du quatorzième siècle, cités, VIII, 153.

Bâle, comment accueille les enfants de Coligny; réflexions sur cette ville, VI, 203, 204.

Baleaçar, capitaine espagnol, I, 332.

Ballagny. Voy. Balagny.

Ballandin. Voy. Balandi.

Balle à emporter (jeu de), III, 277.

Balle ou ballon en peau de bélier, anecdote, IX, 486.

Balles d'or que fait fondre la Chasteigneraie pour tuer Charles-Quint, VI, 15.

Ballet des Vierges de l'Évangile, dansé à la cour d'Elisabeth d'Angleterre, III, 290.

Ballet donné aux Tuileries pour les ambassadeurs polonais, VII, 371-372.

Ballets de Baltazarini, IX, 663-664.

Ballets à la cour, IX, 321-322.

Ballon (jeu de), III, 277.

Balsac (Catherine de), femme du duc de Lenox, II, 370, note 2; Brantôme assiste à ses noces, 371.

Balsac. Voy. Entragues.

Baltazarini, dit *Beaujoyeux,* valet de chambre de la reine-mère et le meilleur violon de la chrétienté; donné par le maréchal de Brissac à la reine; ballets qu'il composait pour la cour; grand ami de Brantôme et de du Guast; contes qu'il leur faisait, IV, 82; IX, 663-664.

Balthasar. Voy. Gérard.

Balue (cardinal), son histoire; ses trahisons envers Louis XI; son châtiment, II, 341, 365; VII, 260.

Balzo (Rammondelo de), IX, 355.

Bande (dames de la petite), dames favorites de François Ier; Catherine de Médicis obtient d'en faire partie, VII, 344-345; anecdotes à leur sujet, IX, 474.

Bandes noires de Jannin de Médicis, II, 8; VII, 272.

Bandes françaises. Voy. Infanterie.

Bandello, ses *Nouvelles* ou *Histoires*

tragiques, citées, VI, 244; IX, 194, note 2, 383-384.
Bandon contre les gens de guerre à la cour, IV, 223; contre les capitaines réclamant leur paye; VII, 288, 289.
Bandoulier espagnol (histoire d'un), IX, 444-445.
Bannis, leurs illusions, VII, 268.
Banquet donné par Charles VIII à Castel-Novo, II, 291.
Baptiste, écuyer du maréchal de Biron, V, 138, 150.
Baptiste, domestique de Philippe Strozzi, V, 333.
Bar (duchesse de). Voy. Bourbon (Catherine de).
Barajas (comte de), II, 131.
Baraud, gascon, protonotaire, puis capitaine; ses exploits amoureux, IX, 8.
Barbançon, race noble, II, 180.
Barbançon (Iolande de), III, 265.
Barbançon. Voy. Brabançon, Espinoi, Sarzay.
Barbarie (expédition des Espagnols en), V, 316.
Barbarigo (Giustiniani), provéditeur, sa conduite et sa mort à la bataille de Lépante, II, 113, 114, 117.
Barbazan. Voy. Saint-Amand.
Barbe (usage de porter la), VI, 241. Voy. Moustache.
Barbe, seconde femme de l'empereur Sigismond, ce qu'elle disait de la chasteté, IX, 542.
Barbe d'Autriche, duchesse de Ferrare, I, 90, note 5.
Barbegrise, espion de du Guast, le trahit, V, 355.
Barberousse (Khaïr-Eddin ou Edyn, ou Ariadan), roi d'Alger, notice sur lui, II, 67-70; conquiert le royaume d'Alger et celui de Tunis dont s'empare Charles-Quint, 67; donne la chasse à un capitaine génois, Adam, pille Minorque et prend Mahon, sa visite au Grand-Seigneur, 68; on l'a dit Français; il s'empare de Castro-Nuovo, 69-70; sa mort, 70; prend Dragut à son service; lui donne des navires, 48, 49, 433-34; lui prête trois mille écus pour sa rançon, 50; lève le siège de Nice, I, 202; ses ravages en Toscane, II, 17; assiège Pouzzole et dévaste Lipari, 21; défait près de Sainte-Maure André Doria qu'il ne veut pas attaquer près de Villefranche, 35; est épargné par lui près d'Hippone, 36; attaque Orbitello, 188, note 2; recherche l'amitié du connétable A. de Montmorency, III, 347; mis sous les ordres de la Garde pendant l'expédition de Nice, IV, 142; tradition en Périgord et en Saintonge, sur lui et son frère Aroudj que l'on prétend issus des maisons d'Authon et de Berneuil, V, 398-405; tente d'enlever à Fondi Julia Gonzaga, VIII, 93, 94. — I, 267, note 3; II, 4; IV, 122, 123, 154; V, 58, 316; VII, 151.
Barbesieux ou Barbezieux (Antoine de la Rochefoucauld, seigneur de), créé général des galères à la place de Doria; son ignorance de la marine, II, 30; lieutenant de roi à Marseille, III, 221.
Barbesieux (Charles de la Rochefoucauld, baron de), VII, 396, note 2.
Barbesieux (Mme de). Françoise de Brion-Chabot, femme de Charles de la Rochefoucauld, baron de Barbesieux, VII, 386; IX, 358; X, 476, note 4.
Barbesieux (Mlles de), VII, 396.
Barbezières. Voy. Chemeraut.
Barbiano de Belgiojoso (Ludovic), I, 293. — Voy. Belgiojoso.
Barbut (Arnaut), legs que lui fait Brantôme, X, 126.
Barcelonais (bouclier), III, 251.
Barcelone (expédition de Léon Strozzi contre), IV, 131, 132.
Bari. Voy. Barry.

Barjac. Voy. Pierregourde.
Barnet (bataille de), V, 300.
Barrière. Voy. Combat.
Barry ou Barï (Robert de), premier greffier de Charles d'Anjou, lit à Conradin et au duc d'Autriche leur sentence de mort, VII, 442; est tué, pour ce fait, par Robert, comte de Flandre, III, 444-445.
Bartas (G. de Saluste du), III, 288.
Barthélemy (Saint-). Voy. Saint-Barthélemy.
Barthelomé, capitaine provençal, VI, 176; accompagne en Orient d'Aramon, ambassadeur de France près de Soliman; raconte à Brantôme sa conversion subite dans l'église du Saint-Sépulcre à Jérusalem, 179-181.
Barthelomé, fils du précédent, VI, 179; se fait huguenot; est favorisé par Crillon; estimé de Bussy, 181.
Bartholomée, d'Urbin, maître d'armes à Rome, son histoire, IV, 14 et suiv.
Barthon. Voy. Montbas.
Bas de soie et d'estame, V, 304.
Bas de soie. Gentilshommes qui, avant de les mettre, les faisaient porter à leurs maîtresses, IX, 309.
Bascha d'origine gasconne. Voy. Armagnac.
Basché-Martel, général des galères du grand-duc de Toscane, IV, 158.
Basoche (joueurs de la), III, 256.
Basoche (clercs de la), défense que Louis XII leur fait à propos de leurs jeux, VII, 316; IX, 472.
Basque (Pierre), capitaine, tué devant La Rochelle, V, 324.
Basques (capitaines), ayant été laquais, V, 370.
Bassa, femme débauchée, mentionnée par Martial, IX, 193-194.
Bassac (bataille de). Voy. Jarnac (bataille de).
Bassey. Voy. Grillet.

Bassina, la Bosnie, V, 219.
Bassompierre (Christophe, baron de), commissaire d'artillerie, assiste au siège de Sienne, III, 78.
Bassompierre (F. des), ses *Mémoires*, cités, VI, 462, note 2.
Bastard (L. de), sa *Vie de Jean de Ferrières*, citée, IV, 340, note 1.
Bastia de Genivolo, assiégé par Jules II, dont les troupes sont battues par les Français, II, 408, 409, 411, 412.
Bastide (la). Voy. Bastia de Genivolo.
Basurto, capitaine espagnol, I, 330; tué à la bataille de Pavie, La Palisse fait prisonnier, II, 379.
Bataille du roi Jean (la). Voy. Poitiers; — des Suisses. Voy. Marignan; — des protestants. Voy. Mühlberg.
Bataille de Marignan (la) ou la *Défaite des Suisses*, chanson, mise en musique, par Cl. Janequin; Mlle de Limeuil se la fait jouer sur le violon, au moment de sa mort, IX, 461-462.
Batailles peintes dans la maison du colonel Tocquenet (canton de Soleure), X, 112; dans le château du marquis de Marignan, *ibid.*
Batailles (réflexions sur les), IV, 312 et suiv.
Batailles (quatre) gagnées sur les Français ont fait la grandeur de l'Espagne, IV, 207.
Bâtard de Bourgogne (le grand). Voy. Antoine.
Bâtard de Bourbon (le grand). Voy. Bourbon.
Batarnay. Voy. du Bouchage.
Batarnay (Gabrielle de). Voy. Nançay.
Batarnay (Jeanne de). Voy. La Valette.
Batarnay (Marie de). Voy. Joyeuse.
Bateleurs (jeu des), I, 120; — (coups de), dicton, IV, 19.
Bâtisses anciennes (solidité des), IX, 343.

Bâton (jet du), pour faire cesser le combat en champ clos, VI, 261-263.

Bâton que doit porter le sergent-major, VI, 10, 11.

Batresse (N. de Neuchèze, seigneur de), abbé de Valence, III, 116.

Batresse (Louis de Neuchèze, chevalier de), lieutenant des gens d'armes de Dampville, III, 371; VI, 84, note 2, 461.

Bathori (Sigismond), prince de Transylvanie, I, 92, note.

Batterie de mer (invention d'une) par don Garcie de Tolède, II, 44.

Baubigny (Mézières de), tue le maréchal de Saint-André à la bataille de Dreux, V, 38.

Baudiné. Voy. Beaudiné.

Baudouel. Voy. Bothwell.

Baudouin I*er* roi de Jérusalem; erreur de Brantôme sur ses mariages, IX, 25 et note 101.

Baudouin II du Bourg, roi de Jérusalem, son mariage, IX, 25, note.

Baudouin III, roi de Jérusalem; sa générosité envers la femme de Nour-Eddin; comment reconnue par celui-ci; sa mort, VII, 257.

Baudouin VI, comte de Flandre, mari de Richilde, IX, 482.

Baudouin, fils de Marguerite de Flandre et de son précepteur Guillaume, IX, 573.

Baudricourt (Jean de), maréchal de France, gouverneur de Bourgogne, II, 297, 299.

Bauffremont. Voy. Senecey.

Baux (Robert des), tué par sa femme Marie d'Anjou, VIII, 153, note 1.

Bavière (Albert de), comte de Hainaut et de Zélande, IX, 472.

Bavière. Renée, fille de Christine de Danemark, femme de Guillaume V duc de Bavière, assiste au sacre de Charles IX, IX, 630.

Bavière. Voy. Philippe II, palatin, Marguerite duchesse de Bourgogne, Deux-Ponts, Egmont.

Bayard (Pierre du Terrail, seigneur de), notice, II, 382-391. Il est chargé par Bonnivet de conduire la retraite de Rebecco, 382; il y est blessé mortellement, 383; paroles que lui dit Pescaire; dicton sur lui; honneurs funèbres qui lui sont rendus par les Espagnols et en Dauphiné, 384, 385; ses biographies par Champier, et le *Loyal serviteur*, 385, 387; ses paroles au seigneur d'Alègre et au connétable de Bourbon; surnommé le *chevalier sans peur et sans reproche*, 386; son duel avec Alonso de Sotto-Major; sa vaillance au combat de Garigliano; lieutenant de roi en Dauphiné; son peu d'ambition; son humeur indépendante; ses avis en guerre étaient toujours suivis; sa glorieuse défense de Mézières, 387-389; sa gaîté et sa bonne humeur; sa taille; son échec à Rebecco par la faute de Bonnivet contre lequel il s'emporte en menaces; ce qu'un vieux gendarme de Dauphiné raconte sur lui à Brantôme; cité dans un vers de Ronsard, 389-391; dicton sur lui et Montmoreau; ses premières armes sous M. de Ligny, 391; blessé à la bataille de Garigliano, I, 134; accueil que lui fait Ferdinand V, 135; ses exploits à la bataille d'Agnadel, II, 190-191; son juron, 398; défait les troupes de Jules II, à la Bastide, 408, 409; appelé toujours capitaine, 418; combat à l'Isola-della-Scala, 419; anecdote de lui et de Boutière qui devient son lieutenant, III, 222-223; blessé à l'assaut de Brescia; IV, 243; malade, sa prière à saint Antoine, VII, 185-186; secourt le baron de Béarn devant Ra-

Bayard (suite).
venne, III, 21; à Rebecco, 62; secourt le château de Crémone, 63; pris à la journée des *Éperons*, VII, 281; combat à Ravenne, VI, 444 et suiv.; VII, 284; III, 12; ses démêlés avec les lansquenets au siège de Perpignan, 24-25; refuse de Louis XII une charge de mille hommes de pied, V, 309-311, 348; choisi pour maréchal de camp dans le combat d'Azevedo et de Sainte-Croix, VI, 256, 257, 259; son combat près de Monervine, VI, 310-311, 317; lieutenant du duc Antoine de Lorraine, III, 223-224; son cheval *Carinan*, 224-225; son duel contre Sotto-Mayor; son glorieux combat avec le baron d'Orose contre treize Espagnols, IV, 177-182; VI, 263-269, 421; donne la chevalerie à François Ier, après la bataille de Marignan, II, 313; IV, 60; VI, 478; sa glorieuse défense de Mézières, I, 251; V, 99; son estime pour François II de Bourdeille, X, 40; sa mort, I, 146, 185-186; VII, 124, 273-276; III, 34, 231; X, 39.

Bayard (le roman de M. de). Voy. Loyal Serviteur.

Bayard, cheval des quatre fils Aymon, I, 251, note 3; II, 430.

Bayeux (René du Lude, évêque de), X, 92, note.

Bayle, réfuté, IX, 478, note 1; cité, III, 281, note; IX, 87, note 1.

Bayonne. Entrevue de Charles IX et de sa mère avec la reine d'Espagne Élisabeth, à Bayonne, I, 113; III, 119, 123, 305, 371; IV, 187; V, 27; VI, 437 et suiv.; fête donnée par Catherine de Médicis, VII, 370-373, 398; particularités relatives à cette entrevue, VII, 158-162, 170-175; pour qui elle se fit, 171; rencontre qu'y fait Brantôme, IV, 42.

Bayonne (entrée de la reine Élisabeth à), VIII, 2, note 12.

Bayonne (évêque de). Voy. Froissac.

Béard, Béarn ou Béarq (Roger baron de), lieutenant de la compagnie de Gaston de Nemours, notice sur lui, III, 21, 22; son combat la veille de la bataille de Ravenne, 21; capitule dans la forteresse de Trezzo, 22. — VI, 265.

Beaton (Jacques), ambassadeur d'Écosse en France, fondateur du collège des Écossais à Paris, VII, 423.

Beaton, gentilhomme écossais, fait évader Marie Stuart de Lochlevin; récit qu'il en fait à Brantôme, VII, 422.

Beaton (David), cardinal de Saint-André; sa mort vengée par L. Strozzi, IV, 123.

Beaton (Mlle), Écossaise, à la cour de France, VII, 393.

Béatrix, comtesse de Provence, femme de Charles Ier d'Anjou, (et non de Louis d'Anjou, comme le dit Brantôme), V, 23; VIII, 48; l'aide à conquérir le royaume de Naples, IX, 395.

Béatrix de Portugal, belle-sœur de Charles-Quint, et femme de Charles III, duc de Savoie, I, 170; II, 141; est cause de la perte des États de son mari et en meurt de chagrin, *ibid.*, et 142; anecdote sur sa dureté envers de pauvres soldats français, 142-143; conduite insolente du cardinal Jean de Lorraine à son égard, IX, 483.

Beaucaire (sénéchal de). Voy. Grille, Théligny, Vesc.

Beaucaire (Marie de). Voy. Martigues.

Beaucourt (G. de), sa biographie de Blanche d'Aurebruche, citée, IX, 727.

Beaudiné, Beaudiner ou Baudiné

(Jean de Crussol, seigneur de), son voyage à Vienne, I, 27 et suiv.; — III, 389; V, 431, note 1.

Beaudiné (Galiot de Crussol, seigneur de), capitaine huguenot, tué à la Saint-Barthélemy, V, 431; VII, 390, note 4.

Beaudiné (Mme de), Françoise de Warty, femme du précédent, VII, 390.

Beaufort. Voy. Canillac.

Beau-frère et belle-sœur (mariage de), VII, 14; X, 94, note 1.

Beaugué (Jean de), son *Histoire de la guerre d'Écosse*, citée, III, 383, note 1.

Beaujeu (Pierre II de Bourbon, sire de), mari d'Anne de France, fille de Louis XI, VIII, 99, note 1; est nommé régent pendant l'expédition de Charles VIII; gouverné par sa femme, 102; assiège et prend Jacques d'Armagnac, duc de Nemours, II, 219; s'empare de L. d'Armagnac, III, 183; lettres de Louis XI sur lui, II, 343, 344.

Beaujeu (Anne de France, femme de Pierre de Bourbon, sire de), fille de Louis XI, notice sur elle, VIII, 99-106; sa ressemblance avec son père, 99, 102; sa régence pendant la minorité de son frère Charles VIII; cause de sa haine pour Louis d'Orléans, 99-100; son mari; ses démêlés avec la reine Anne, 102-103; lettres d'elle vues par Brantôme; comment elle signait, 103; son ambition, 103-104; sa cour; anecdote d'elle et d'une des filles de sa cour; son mot sur les femmes; ce qu'en disait la grand'mère de Brantôme; augmente la splendeur de la maison de Bourbon, 105; enrichit la femme de chambre qui la servait dans ses amours, 104, note 1; 105, note 1; son amour pour Louis XII, II, 357; ses lettres à M. d'Archiac, III, 409-410; sa régence, VIII, 55; robes qu'elle donne à la sénéchale de Poitou, X, 47. — II, 320; VII, 320.

Beaujoyeux. Voy. Baltazarini.

Beaulieu-Chastaigner, lieutenant du grand prieur François de Lorraine et ami de Brantôme, IV, 158; propos qu'il échange avec J. de la Brosse, le matin de la bataille de Dreux, V, 47; mission dont il est chargé près du roi par les Marseillais, VII, 129-130; sa captivité en Sicile; ses amours avec les filles de son geôlier, IX, 164-165; porte de la part de François de Lorraine des présents à la marquise del Gouast, IX, 372; son combat contre un navire vénitien, 462-463; sonnet à lui adressé par Brantôme, X, 415.

Beaulieu (N. de Cossé, dlle de), fille naturelle du maréchal de Brissac, IV, 83; VII, 395.

Beaulieu. Voy. Losses.

Beaulprans ou Beaulprams, chargé d'engager les pierreries du connétable de Bourbon, I, 371-372.

Beaumanoir. Voy. Lavardin.

Beaumont (Claude de), fils aîné du baron des Adrets, prend part au massacre de la Saint-Barthélemy; sa mort, IV, 32.

Beaumont (Laurent de), deuxième fils du baron des Adrets, page de Charles IX, IV, 32.

Beaumont (Jean de Polignac, seigneur de), II, 296.

Beaumont, gouverneur, puis lieutenant du comte de Brissac, VI, 88.

Beaumont (Jeanne de), femme de Philippe de La Roche-Andry, X, 104, note 3.

Beaumont. Voy. Bressuire, Chambes.

Beaumont-le-Roger. Voy. Navarre (Louis de).

Beaune (J. de), seigneur de Semblançay, vicomte de Tours, tué en duel Saint-Sulpice, X, 102.

Beaune de Semblançay (Renaud de), archevêque de Bourges, un peu léger en croyance; fables qu'il débite sur l'origine de la maison de Médicis dans son oraison funèbre de Catherine de Médicis, VII, 334 et suiv.

Beaune. Voy. Semblançay.

Beaune (Charlotte de). Voy. Sauve (Mme de).

Beaune de Semblançay (Claude). Voy. Roannais (Mme de).

Beaupoil. Voy. Sainte-Aulaire.

Beaupré (Chrétien de Choiseul, baron de), prend part à un guet-apens contre le maréchal d'Aumont; son fils aîné, V, 178; condamné et décapité en effigie; vers latins sur lui, 438.

Beaupré (Louis-François de Choiseul, baron de), fils aîné du précédent, V, 178, note 1.

Beaupréau (Henri de Bourbon, marquis de), fils unique du prince de la Roche-sur-Yon, sa mort dans un tournoi, V, 28-29.

Beaupréau. Voy. Montejean et Montespédon.

Beauregard. Voy. Raré et Thier (du).

Beauté (réflexions sur la), IV, 82.
— (mot d'Alphonse de Naples sur la), VIII, 80; IX, 37.

Beauté. Caractères de la beauté d'une femme décrits à Brantôme par une dame de Tolède, IX, 255-256.

Beauvais (comte de). Le cardinal de Châtillon se faisait appeler ainsi, III, 189.

Beauvais, Normand, homme d'armes de Humbercourt, son exploit, II, 403.

Beauvais-Nangis (Nicolas de Brichanteau, seigneur de), lieutenant de gens d'armes d'Antoine de Bourbon; le quitte pour s'attacher à Fr. de Guise, IV, 369-370.

Beauvais-Nangis (Antoine de Brichanteau, marquis de), amiral de France; Henri III lui donne la charge de mestre de camp de sa garde, puis la lui enlève et la donne à Crillon, V, 360, 361.

Beauvais ou Beauvoir La Nocle (Jean de Lafin, seigneur de), capitaine huguenot, livre le Havre aux Anglais, VI, 54.

Beauvais. Voy. La Nocle.

Beauvau (Jean II de), évêque d'Angers; ingratitude de Balue envers lui, VII, 260.

Beauville (Isabelle de), seconde femme de Monluc, IV, 40, note.

Beauvillier. Voy. Saint-Aignan.

Beauvin. Voy. Boyvin du Villars.

Beauvoir. Voy. Beauvais.

Beauxonnes. Voy. Sigongnes.

Bebo ou Bebio, soldat de Volterre, assassine Lorenzino de Médicis, II, 13, 14.

Bec-Crespin. Voy. Bourry.

Becs de Corbin (gentilshommes dits), VI, 244.

Bedaine. Voy. Bedène.

Bède, son *Histoire ecclésiastique*, citée, VIII, 91, note 2,

Bedène (Théode), capitaine albanais; sa réponse à François Ier, V, 228, note 2. — IV, 72; VI, 110.

Bedève. Voy. Bedène.

Bègues, leurs qualités suivant les anciens, III, 212.

Béguin, capitaine, tué devant La Rochelle, VI, 176.

Beinac (Jeanne de), femme de Jean de Montagnac, puis du vicomte de Montbas, X, 101, note 3.

Belgeberq (Sébastien de). Voy. Vogelsberg.

Belettes (fable sur les amours des), IX, 201.

Belgiojoso L. comte de), fait connaître à Rome, à Brantôme et à son frère d'Ardelay, un de leurs parents établi dans le royaume de Naples, V, 391.

Belgiojoso (L. de). Voy. Barbiano.

Belgique (Charles-Quint veut se faire roi de la Gaule), I, 37 et suiv.

Belguido (Francisco de), capitaine espagnol, I, 331.

Bélier (balle ou ballon en peau de); anecdote à ce sujet, IX, 485-486.

Beljouyouse. Voy. Belgiojoso.

Bellarbre, capitaine, parrain de Bayard dans son duel avec Sotto-Major, VI, 265.

Bellay (Jean du), cardinal, évêque de Bayonne puis de Paris, ambassadeur en Angleterre puis à Rome, frère de Guillaume du Bellay, seigneur de Langey et de Martin du Bellay. Ce qu'il fait faire à Rome, I, 71; son éloge, III, 101, 132; ce que Brantôme lui entend raconter sur Langey, I, 214; fait élever à celui-ci une sépulture en marbre à Saint-Julien du Mans, 215; ce qu'il raconte à Brantôme sur la proposition que lui avait faite Sampietro d'assassiner Charles-Quint, VI, 215-117; ce que Brantôme lui entend dire sur le défi envoyé par Langey au marquis del Gouast, 460; son éloge; sa harangue latine à Clément VII, VII, 73; histoire de son mariage avec Mme de Châtillon (Blanche de Tournon); son penchant pour la doctrine de Luther, IX, 677-678, 680. — I, 18, note; II, 239.

Bellay (Guillaume du), seigneur de Langey, frère du précédent. Voy. Langey.

Bellay (Guillaume et Martin du), leurs Mémoires, cités; I, 218, 237, 248, 310, 319, note 3, 320, note 1, 341, 349; II, 8, note 6; 26, note 3; 31, 38, note 1, 312, 386. Appendice, 432, 433; III, 26, note 2, 30, note 1, 48, note 4; 57, note 2, 60, note 1, 64, note 1, 70, note 3; 77, note 2; 101, note 1, 168, note 1, 177, 197, note 1; 204, note 2, 206, 208, note 1, 220, notes 1 et 4; 227, note 3; 230, note 1, 239, note 1, 328, note 1; 336, note 1, 404; IV, 63, 64; V, 313; VI, 261, 455, 463, note 2; VII, 241, 274, 276.

Bellay (Joachim du), neveu des précédents, ses épitaphes du maréchal Strozzi, II, 274-275; son épitaphe de Guillaume du Bellay de Langey, III, 214; son épitaphe de Léon Strozzi, IV, 134-135; ses épitaphes de Bonnivet, VI, 112; ses vers pour Marie Stuart, VII, 406; la Contrerepentie, citée, IX, 132; son épitaphe d'un chien, IX, 528. — III, 287; VIII, 211; IX, 248; X, 394.

Belleau (Remy), III, 287.

Belle-Bouche (marquis et marquise de), surnom donné aux diseurs de bons mots, IX, 451.

Belle-Croix à Metz (escarmouche de la), V, 430.

Belleforest, son Histoire des IX roys Charles de France, citée; II, 286, note 6, 310, 317, note 3; V, 240; sa traduction des Commentaires d'Ulloa, citée; II, Appendice, 426; sa traduction des Epistres des princes de Ruscelli, citée, I, 64; II, 233, note 2, 435; III, 27, note 1, 272, note 1; son Innocence de la très illustre princesse Marie Stuart, citée, VIII, 422; son recueil de Harangues militaires, cité, VII, 118; ses Chroniques et annales de France, citées, I, 134, 200; II, 357, 369, note 3.

Belleforière (Pierre de), II, 296.

Belle-Frontière. Voy. Belleforière.

Bellegarde (Roger de Saint-Lari, seigneur de), maréchal de France notice sur lui, V, 194-212;

Bellegarde (suite).

s'empare du marquisat de Saluces ; était destiné à l'Église et
appelé prévôt d'Oulx ; tue un éco-
lier à Avignon, se retire en Corse
près de son oncle le maréchal
de Thermes, et devient lieutenant de sa compagnie en Piémont, 195 ; puis lieutenant du
comte de Raiz qui lui fait avoir
la seule commanderie de Calatrava qui soit en France ; ce
que Brantôme dit de lui à la
reine d'Espagne, 196-197 ; Raiz
l'emploie à négocier son mariage avec la veuve de d'Annebaut ; rencontre Brantôme
en voyage, 197 ; va à Malte où
il est bien accueilli ; très bon
duelliste ; pris en amitié par
Monsieur, qui le nomme colonel de son infanterie et l'emmène en Pologne ; se brouille
avec du Guast, 198, facilite
le retour de Henri III en
France, 199 ; sa grande faveur ;
est fait maréchal de France ; est
appelé *le torrent de la faveur* ;
devance le roi à la cour ; son
arrogance, 200 ; rapidité de sa
disgrâce ; ce qu'il en dit à
Brantôme et à Strozzi ; est chargé d'assiéger Livron où il échoue,
201 ; renvoyé en Pologne, il
s'arrête en Piémont où il épouse
la maréchale de Thermes ; trahit
le roi et s'empare du marquisat
de Saluces (en 1579 et non
en 1588 comme il est dit par
erreur. p. 202, note 3), 201-
203 ; sa faveur près du duc de
Savoie ; ses entrevues avec la
reine mère, meurt empoisonné,
203 ; son fils garde quelque
temps le marquisat, 203-
204 ; sa valeur et son savoir,
212 ; ses intrigues avec le duc
de Savoie ; ses trahisons, II,
147-148 ; envoyé à Livron, IV,
33-34 ; son aventure au siège
de Rouen avec le duc Fr. de
Guise, 237, 238 ; son voyage à
Malte, V, 232, note 1 ; cherche
à supplanter du Guast dans la
faveur de Monsieur (Henri III),
VI, 206 ; sa rencontre avec
Brantôme dans la forêt de Châtellerault, 207 ; son démêlé avec
Antoine de Navarre ; il le raconte à Brantôme et à Castelpers, 470 ; sa révolte contre
Henri III, VIII, 133 ; appelé
d'abord prévôt d'Oulx, IX,
671. Sa sœur. Voy. Saint-Lari.
— IV, 72 ; V, 176, 350, 406 ;
VI, 49, 410, 422.

Bellegarde (César de Saint-Lari,
seigneur de), fils du maréchal,
gouverneur de Saluces, V, 204.
— IV, 72.

Bellegarde (Perroton de Saint-
Lari de), neveu du maréchal
de Bellegarde, ce qu'il raconte
à Brantôme, IV, 4.

Bellegarde (Roger de), grand
écuyer ; sa querelle avec Joinville, VI, 462.

Bellegarde (N. de), de Périgord, capitaine du château de Bergerac,
III, 412.

Belle-sœur et beau-frère (mariage
de), VII, 14 ; X, 94, note 1.

Belleville (Louis de Harpedane,
seigneur de Montagu et de),
II, 345, note 1.

Belleville (Marguerite de Culant,
dame de), cède Montagu à
Louis XI, II, 345.

Belleville, voy. Fumel.

Bellièvre (Pomponne de), ambassadeur en Suisse, V, 55 ; envoyé en Angleterre pour tenter
de sauver la vie de Marie Stuart,
VIII, 425, 441.

Belle-Isle (Charles de Gondi, marquis de), VII, 396, note 5 ;
X, 90 ; sa femme et son fils,
91.

Belle-Isle (Henri de Gondi, marquis de), fils du précédent, X,
91, note 1.

Belloy (Antoine de), à la cour
d'Élisabeth d'Angleterre, III,
291.

Belon (Pierre), ses *Observations*, citées, IX, 291.
Belul (Jocan), voy. Pret (Jocan).
Belveder de Rome, I, 263-264.
Belys (Pignon de). Voy. Peñon de Velez.
Bembo, cardinal, lettre à lui adressée, II, 233.
Bembo (J. M.), provéditeur de Cattaro, sa lettre au cardinal Bembo, II, 233.
Benavida (Manuele de), troupes qu'il amène d'Espagne en Italie, I, 174.
Benavidès (Emmanuel de). Voy. Benavida.
Benedicti (J. F.), sa *Somme des péchés*, citée, I, 173, note 1, 174; IX, 51-52, 180; inquisiteur, II, 257.
Bentivoglio (Cornelio), tùe par accident le comte d'Enghien, III, 220; sa capitulation à Sienne, I, 298-300; Brantôme le voit en France et à Ferrare, 298.— VI, 159.
Bentivoglio (Alexandre de), pris par le marquis de Marignan, I, 293.
Béon. Voy. Massès.
Bequin, capitaine, avait été laquais du duc de Nemours, V, 371.
Bérenger. Voy. Guast (du).
Berenquel (Don). Voy. Requesens.
Bergame (Jacques de), son *Supplementum supplementi chronicorum*, cité, II, 316, 322, 358.
Bergerac (capitaines du château de), III, 412.
Bergerac (paix de), V, 142.
Bergue. Voy. Bigne.
Bergues, prise de cette ville par Thermes, IV, 3.
Bernard (Antoinette). Voy. Peiramont.
Bernard, voy. Armagnac.
Bernardières (les), seigneurie de Périgord appartenant à la maison d'Authon, II, 201; V, 299, 401.
Bernardières (Gabriel de Bourdeille, seigneur des), frère cadet du père de Brantôme; chagrins qu'il causait à la mère de celui-ci, X, 138; sa femme et ses enfants, 96, note 2, 343.
Bernardières (Jeanne de Bourdeille dame des), femme de C. d'Aydie, vicomte de Ribérac, puis d'Ant. de Sainte-Aulaire, seigneur des Coutures, X, 96, note 2.
Bernardières (Jean de Bourdeille, seigneur des), mari de Claude de Gontaut; sa fille, X, 96, note 2.
Bernardin (Francisque), capitaine, gouverneur de Valenza, IV, 69, 72.
Bernardin espagnol (mot d'un) au lit de mort, VII, 99-100.
Bernardino. Voy. Corso.
Bernardo, capitaine italien au service de la France; le grand-duc de Florence François-Marie de Médicis (et non Cosme, comme dit Brantôme) le fait assassiner à Paris, V, 298, VII, 237. — II, 269.
Bernardo. Voy. Turissan.
Bernardo (messer), dicton italien, IX, 91.
Bernage, seigneur de Sivray, ambassadeur de Charles VIII en Allemagne, VIII, 38.
Bernet (Le). Voy. Le Bernet.
Berneuil, maison d'Angoumois d'où seraient sortis Barberousse et son frère, V, 398.
Bernuy (Aldonce de). Voy. Clermont-Lodève (Mme de).
Berre (Louis de), seigneur de Quelongue, porte à Henri III la nouvelle de la capture de Montbrun, V, 424. — VI, 80.
Berry (Jeanne, comtesse d'Auvergne et de Boulogne, seconde femme de Jean duc de), aimée de Charles VI, III, 242.
Berry (bailli de), Jean du Monstier, seigneur de la Ferté-Gilbert et de Briarte, II, 300.
Bertaud (L.), son *Illustre Orbandale*, cité, V, 57, note.

Bertauville (de), gouverneur de Bouteville puis de Pons, fait tuer Besme, son prisonnier, IV, 310.

Berthelomé. Voy. Barthelomé.

Berthold ou Bertold, premier comte de Savoie, I, 350, note 2; V, 113, note 4.

Bertinello. Voy. Balandi.

Bertrade, femme de Foulques le Réchin, comte d'Anjou, IX, 74, note 2.

Bertrand, comte de Tripoli, IX, 74, note 1.

Bertrandi (Jean), garde des sceaux, III, 309, note 2.

Bertrandi (Marguerite), dame de Mirebeau, marquise de Trans, III, 308, note 1, 309.

Bertrando (Sancho), capitaine espagnol, I, 332.

Besançon (entreprise du prince d'Orange sur), II, 169.

Besigny (Balthasar de la Chastre, dit le jeune Nansay ou Nançay, seigneur de), V, 349 ; son insolence envers le duc d'Anjou qui l'envoie appeler en duel ; il voyage en Morée avec Mayenne et se rend au siège de La Rochelle où il fait sa paix avec le prince, VI, 472-473. — V, 349.

Besme, gentilhomme allemand, assassine Coligny, IV, 303, V, 265 ; épouse Anne, fille naturelle du cardinal de Lorraine ; est pris par les huguenots en revenant d'Espagne, et tué, IV, 308-310 ; empêchait le duc de Guise de trop s'exposer au siège de La Rochelle où le voit Brantôme, 310-311.

Besne. Voy. Baines.

Bessarion (le cardinal), son ambassade près de Louis XI et de Charles le Téméraire, II, 348-349; III, 303.

Bessey (Antoine de), bailli de Dijon, commande à 30 lances et à 3,000 Suisses, lors de l'expédition de Charles VIII, II, 295, 298 ; VI, 228.

Béthune. Voy. Robert III.

Béthune (N. de), sauvé par Tavannes à la Saint-Barthélemy, V, 120, note 1.

Béthune (Mlle de), arrêtée à Palaiseau, VIII, 68, note 5.

Beton. Voy. Beaton.

Bévues des historiographes, VI, 20, 21.

Bèze (Théodore de), prend part au colloque de Poissy, V, 289; loue François Ier et sa sœur Marguerite, III, 88 ; grand personnage ; loue le cardinal de Lorraine, IV, 277 ; son épigramme sur les Italiennes, IX, 190 ; son *Histoire ecclésiastique*, citée, IV, 33, note 3.

Beziers (Michel), sa *Chronologie historique des baillis et des gouverneurs de Caen*, citée, IX, 477, note 1.

Biagio, maître des cérémonies de Paul III, représenté dans le *Jugement dernier* de Michel-Ange, VII, *appendice*, 453.

Bibbiena (cardinal), lettre de lui, citée, III, 27, note.

Bibbona (Cechinno), soldat de Volterre, assassine Lorenzino de Médicis, II, 13-14.

Bible. Catherine de Médicis veut la faire lire à Strozzi, IV, 139. — Citée, VIII, 47.

Biblioteca de autores españoles, de don Pascual de Gayangos, citée, IX, 142, note 2.

Bibliothèque du roi, (chronique de Louis XI, conservée dans la) II, 332.

Bibliothèque du roi à Fontainebleau, III, 94.

Bibliothèque de Pierre Strozzi, son origine ; achetée par Catherine de Médicis qui ne l'a jamais payée, II, 242-243.

Bibliothèque de Brantôme, ce qu'il en ordonne par son testament, X, 145.

Bibliothèque de l'École des chartes, citée, III, 256, note 3.

Bibliothèque des croisades, citée, II, 202, note 1.
Biblis (fable de), IX, 572.
Bicoque (bataille de la), perdue par Lautrec, II, 312; III, 23, 26, 50, 215, 333, 378; I, 185; IV, 207; livrée contre l'avis de la Palice, II, 379, 380.
Bidault (Denis), receveur général des finances, président de la chambre des comptes de Paris, envoyé au pape par Charles VIII, II, 294.
Bidossans (F. de Saint-Paul de), gouverneur de Calais, tué en le défendant, IV, 216, note 2, 218.
Bié. Voy. Biez.
Bielle, ville du Piémont, prise par Brissac, IV, 67.
Bienfaiteur (discussion sur ce que l'on doit à son), VII, 229 et suiv.
Biens ecclésiastiques, leur vente, V, 238.
Bienvenu (Jacques), sa *Comédie facétieuse*, VIII, 209.
Biez (Oudart du), maréchal de France, notice sur lui, IV, 60-61; son éloge par Monluc; sa disgrâce; fait chevalier Henri II, 61; VI, 478; reçoit la moitié de la compagnie de Bayard, IV, 61; sa condamnation et sa réhabilitation, 22, note 3; sa belle retraite devant les Anglais à Hardelot, VII, 293-294. — V, 33, 300.
Bigne ou de Bergue (Barthelemy), son attentat contre Espernon à Brignoles, VI, 99, note 3.
Bijoux de la couronne redemandés à Diane de Poitiers à la mort de Henri II, IX, 448.
Bijoux de deuil, de veuves, IX, 122, 659.
Bijoux gravés, IX, 108.
Bijoux. Voy. Bagues, Bracelets, Chaîne, Collier, Diamants, Pendants d'oreilles, Perle, Pierreries.
Billy. Voy. Prunay.
Binch. Voy. Bins.

Binet, fils de la présidente Boynet, son histoire, VI, 212.
Bins en Hainaut, château de la reine Marie de Hongrie, II, 91; III, 259; fêtes qu'elle y donne à son frère Charles-Quint; les Français le brûlent par représailles, IX, 314 et suiv., 615-618.
Bins (prise de), VI, 192.
Birague (René de), premier président à Turin, marie sa fille au maréchal de Bourdillon; gouverneur de Lyon, garde des sceaux et chancelier, puis cardinal malgré lui, V, 76; son mot à ce sujet; ses richesses; sa réputation; ses obsèques, 77; son influence en Piémont; est maudit par les Piémontais francisés, 78; se laisse gagner par Alluye pour consentir à la cession du Piémont, 76; son conseil au maréchal de Brissac, arrivant à l'armée de Piémont, II, 238; son discours contre les duels aux états de Blois, VI, 384-385; sa haine contre le maréchal Damville, III, 364; assiste à la mort de Charles IX, V, 268. — IV, 72, 102.
Birague (Ludovic-Charles de), gouverneur de Santia, son conseil au maréchal de Brissac, II, 238; sa querelle avec Scipion Vimercato, III, 364; VI, 464; — I, 100; IV, 72, 102; VI, 110; VI, 464, note 2.
Birague (Françoise de), fille unique de René de Birague, seconde femme du maréchal de Bourdillon, V, 71, note, 76, 81, 82.
Birague. Voy. Sacremore.
Biragues (les), leur serment, IV, 102.
Biron (alliance des maisons de Bourdeille et de), X, 106.
Biron (Armand de Gontaut, baron de), maréchal de France, notice sur lui, V, 123-159; grand capitaine; son éloge par La Noue; page de Marguerite d'Angou-

Biron (suite).
lême; ses campagnes en Piémont où il est estropié par une arquebusade, 123-124; guidon du maréchal de Brissac; gentilhomme de la chambre du roi; fait la campagne d'Italie sous le duc de Guise; son dépit de n'être pas chevalier de l'ordre, 124, 125; est accusé d'avoir fait baptiser ses enfants à la huguenote; veut se retirer de la cour où il, est retenu par du Peron (Raiz) et la reine, 125; sert avec distinction dans la première guerre civile, 126; est envoyé en Provence et en Languedoc pour les pacifier, 126-127; est fait maréchal de camp à la seconde guerre civile, 127; vivacité de son caractère; arrive toujours à la cour en temps opportun, 128; ses échecs à Jazeneuil et au Petit-Limoges; durs reproches qu'il est obligé de supporter de Monsieur et de Tavannes, 128, 129; combat à Moncontour; prend Saint-Jean-d'Angély; devient grand maître de l'artillerie; négocie la paix qui à cause de lui fut appelée paix *boiteuse*; amène à la cour Jeanne d'Albret et son fils pour le mariage de celui-ci, 129, 130; est accusé à tort par les huguenots du massacre de la Saint-Barthélemy où sa vie est menacée par les catholiques; il se met en défense à l'Arsenal, 131, 141; anagramme de son nom, *ibid.*, note 3; était parent et ami de Brantôme qu'il voit à Brouage; est envoyé pour sommer les habitants de La Rochelle de se soumettre; est malheureux au siège de cette ville où il est blessé, 132, 133; ses intrigues pour empêcher la levée du siège; scène que lui fait à ce sujet le roi de Pologne, qu'il raconte le jour même à Brantôme, 133-139; mal reçu du prince revenant de Pologne; confiance qu'il avait en Brantôme; se retire chez lui d'où il est rappelé pour accompagner Guise dans sa campagne contre Thoré, 139-140; ce qu'il disait du maréchal de Raiz; négocie la paix entre le duc d'Alençon et la cour, 141; négocie la paix de Bergerac; est fait maréchal de France; sa guerre contre le roi de Navarre qui en dit pis que pendre au frère de Brantôme, André de Bourdeille qui en faisait l'éloge, 142, 143; est rappelé à la cour; suit Monsieur dans sa campagne de Flandre; ses exploits; accusé de la tentative sur Anvers où est tué son second fils le baron de Saint-Blancard, 145; bruits divers sur la part qu'il prend à la Ligue; sa campagne en Guyenne où il est blessé, 146; va trouver Henri III après l'assassinat des Guises; contribue à faire reconnaître Henri IV par l'armée, 147; ses exploits à Arques et à Ivry; il est tué au siège d'Épernay; regrets de sa mort; sa capacité pour la guerre et les négociations; s'appelait *maître Aliboron*; son amour de la lecture; dicton à la cour sur ses tablettes, 148, 149; sa vaillance; son combat singulier devant La Rochelle contre Saugeon qu'il fait prisonnier, 150, 151; ses grandes qualités; sa générosité envers ses domestiques; donne à dîner à Brantôme et à du Guast; bons contes qu'il leur fait, 152-154; ses colères; protège contre ses soldats la garnison protestante qui avait capitulé à Saint-Jean d'Angély, 154; coupe les naseaux à un cheval, 154-155; son habileté comme ingénieur, 155; éloge de son fils qu'il a instruit à la guerre, 156-158; éloge de sa

femme, 158; empêche son fils de s'opposer au passage des Espagnols à Caudebec; pourquoi; son amour de la guerre, 158, 159; sa vaillance, IV, 243; ses titres de noblesse pour l'ordre du Saint-Esprit, V, 104; l'un des négociateurs de la paix d'Angers, 351; son mépris pour la justice, VI, 42; donne son fils pour colonel général aux Suisses de Monsieur en Flandre, 228; blâme les défis et les combats dans une armée, 311; tue en duel le prince de Carency, 315-317; blâme Aubeterre de ses défis à Espernon, 432; sa colère contre le duc de Montpensier qui avait malmené d'Auzances, 495-496; sa conversation avec Henri IV sur la cour de Catherine de Médicis, VII, 400; comme maire de Bordeaux et lieutenant-général, il harangue Marguerite de Navarre, VIII, 41; fait attaquer Nérac où étaient le roi et la reine de Navarre; colère de celle-ci qui finit par lui pardonner; ce qu'elle en dit à Brantôme, 78-80; son mot sur le maréchal de Joyeuse, 187-188. — II, 375; III, 80, 81, 383; IV, 72; V, 178, 339; VI, 231, 361.

Biron (Charles de Gontaut, duc de), maréchal de France, fils du précédent; son habileté et sa vaillance; Brantôme avait écrit sa vie; appelé maréchal tout court à l'armée; sa fin malheureuse; regrets de sa mort, V, 156-157, 263, 265, 266; éloge de sa mère; son père l'empêche de combattre le prince de Parme devant Caudebec; pourquoi, 158; donné pour colonel par son père aux Suisses de François d'Alençon en Flandre, VI, 229; sa vie projetée par Brantôme, V, 294.

Biron (les deux), VI, 422.

Biron (Jeanne d'Ornesan et de Saint-Blancart, femme du premier maréchal de), son amour pour la chasse; son éloge, V, 158; VII, 386.

Biron et non Brion (Foucault de Puybeton, dit le baron de), capitaine huguenot, défait à Sarry par Brissac, VI, 130.

Biron. Voy. La Chapelle.

Birsa, dame de Canouse, sa conduite envers les vaincus de Cannes, VIII, 111-112.

Bisaigne (Diego de), son défi à Bayard, IV, 177-178.

Biscaye, bisque, terme du jeu de paume, III, 18.

Bivons ou Buons (N. des), cache son ordre de Saint-Michel à la bataille de Coutras, V, 99.

Bizarreries de certaines femmes dans leurs amours, IX, 168 et suiv.

Blacon ou Blacons (N. de), de la maison de Vesc, capitaine huguenot, V, 431.

Blacon (N. de), fils du précédent, capitaine huguenot, gouverneur d'Orange, V, 432.

Blaise, cordonnier à Turin; sa conversation avec Brantôme, VI, 156.

Blanc, couleur de Marguerite de Valois, X, 413, note 1.

Blanc et noir, couleurs des veuves, portées par Henri II à cause de Diane de Poitiers, III, 256.

Blanc et rouge d'Espagne, fard, IX, 660.

Blanc. Voy. Chevalier.

Blanca, monnaie d'Espagne; jeu de mots à ce sujet, VII, 166.

Blanchard. Voy. Cluseau.

Blanche (reine). Voy. Reine.

Blanche de Bourgogne, femme de Charles le Bel; ses désordres VIII, 57, note 4, 58; IX, 24.

Blanche de Castille, ses rudesses envers sa belle-fille Marguerite, VIII, 107; aimée de Thibaut, comte de Champagne; révoltes sous sa régence, IX, 233-234;

Blanche de Castille (suite).
sa régence, VIII, 54. — VII, 308.
Blanche d'Évreux, femme de Philippe de Valois, III, 241.
Blanche-Marie, femme de François Sforce, duc de Milan, III, 166.
Blanchefort (Jean de), seigneur de Saint-Clément, chambellan de Charles VIII, II, 345.
Blanchemain (Prosper), son édition de Ronsard, citée, V, 280, note 2.
Blanche-Rose. Voy. Suffolk.
Blasphémateurs communs en Italie, II, 194.
Blasphèmes d'un capitaine de galères génois; ce qui faillit en arriver, VII, 200-201 ; — d'un bandoulier, de soldats espagnols, 184-185 ; — des aventuriers, des lansquenets, des Italiens, 200. — II, 193, 194.
Blasquia, Vlakia, la Valachie, V, 219.
Blaye assiégé inutilement par Matignon, V, 175; — (capitaines de), III, 410-412; — (gouverneur et lieutenant de roi à), X, 63.
Blère ou Bléré (dame de). Voy. Duc (Philippe).
Blessé porté sur une chaise nattée, V, 375.
Blessés, comment traités à la levée des sièges de Metz et de Pampelune, VII, 154-156.
Blessures, utiles aux grands, V, 336; vaillants hommes qui n'en ont jamais eu, 325 et suiv. ; reçues par des poltrons, 329 et suiv.
Blois (comté de) vendu par Gui II de Châtillon à Louis d'Orléans, IX, 106, note.
Blois. Prise de cette ville sur les huguenots, III, 297; VI, 69, 478. — (processions à), VIII, 37-38. — (meurtre des Guises à), VII, 401; IX, 439 et suiv. ; séjour qu'y fait Brantôme, IV, 91-92; VI, 244. Catherine y fait jouer *Sofonisba*, VII, 345. Elle y meurt, 401.
Blois (Etats de). Voy. États généraux.
Blois (château de), II, 364; — son histoire par M. de la Saussaye, citée, VII, 315, note 1.
Blois (Charles de), assiège inutilement Hennebon, IX, 429.
Blomberg (Barbe de), maîtresse de Charles-Quint, mère de Don Juan d'Autriche, II, 139.
Blosset (*N*. de), V, 407.
Boaistuau (P.) premier éditeur de l'*Heptaméron*, VIII, 125, note 2.
Bobadilla ou Bohadilla, le retondeur, capitaine des *Comuneros*, I, 221, 369.
Bobigny. Voy. Beaubigny.
Boca-Negra, capitaine espagnol, tué à la prise de Castro-Novo sur le golfe de Cattaro, I, 334; II, appendice, 431.
Boccace, ses amours avec Marie, fille naturelle du roi de Naples Robert; livres qu'il compose pour elle, VIII, 153, 170-172; ses portraits vus par Brantôme à Florence, à Naples, etc.; 171-173; citation de son apologie de la reine Jeanne de Naples tirée de son traité *De claris mulieribus*, traduit par Ridolfi, 168-170; son opinion sur la constance des filles en amour, IX, 575; son *Décaméron*, cité, II, 201; IX, 86, 177, note 1; son livre *De casibus illustrium virorum* (*Les illustres malheureux*), cité par Charles-Quint, VII, 61, et par Brantôme, IX, 30, 355, 381-383; son *Filocopo*, cité, IX, 532 et suiv., 551 et suiv. ; son traité *De claris mulieribus*, cité, VII, 30, 308, 431; VIII, 111, note 1, 168; IX, 213, 248, 293, note 1, 295, note 3, 299, note 2, 377, note, 424 ; sa Vie par Baldelli, citée, VIII 153, note 1. — VIII, 149.

Bocchoris, juge égyptien, sa sentence, IX, 235.
Bocchus. Voy. Bogud.
Bochetel (Marie). Voy. Bourdin (Mme).
Bocsozel (Hugues de), seigneur de Roche, délivre avec Tournon Édouard de Savoie fait prisonnier à Varey, VII, 255.
Bocsozel. Voy. Chastelard.
Boemont, capitaine espagnol, I, 333.
Boesa. Voy. Loaysa.
Boesse (Armand d'Escodeça, baron de), mestre de camp, V, 322.
Bœufs servant à un triomphe, I, 325.
Bogud, roi de Mauritanie, IX, 294.
Bohadilla. Voy. Bobadilla.
Bohême (amazones en), IX, 434-435.
Bohêmes, V, 303.
Bohier (Thomas), baron de Saint-Ciergue, général des finances ; accusé de la perte du duché de Milan, III, 15.
Boiardo, son *Orlando innamorato*, cité, VI, 392, 393 ; VII, 42.
Bois. Espèces de bois comparées aux femmes, IX, 577-578.
Boisfévrier (N. de), gentilhomme servant de Catherine de Médicis; son mot à cette reine, VII, 347.
Boisjordan ou Boisjourdan, neveu de Thermes, ce qu'il raconte sur lui à Brantôme, IV, 4; mestre de camp au siège de La Rochelle, V, 351 ; lieutenant de Martigues, VI, 49; contribue à chasser les protestants de Toulouse, IV, 292. (Il est appelé Bazordan dans l'historien de Toulouse, La Faille, et Bajordan dans La Popelinière).
Boisrogues (Gilles de Chastillon, baron d'Argentan, seigneur de), mari de Marie de Vivonne, X, 89, note.
Bois-Seguin, lieutenant de d'Essé, III, 387.

Boisseron. Voy. Boysseron.
Boissy. Voy. Boisy.
Boisy (Artus Gouffier, seigneur de), gouverneur de François Iᵉʳ; son accord avec M. de Chièvres, I, 217, note, 223 ; devient grand maitre de France, 218, note, 224 ; VII, 209-210.
Boisy (Claude Gouffier, seigneur de), pris par Ferdinand de Gonzague à Brignolles, I, 248 ; VII, 280 ; — grand écuyer de France, III, 200, note 3, 201, 274; VII, 393, note 4 ; — s'oppose au triomphe de Jarnac après son duel avec la Chastaigneraie, VI, 281, 282.
Boisy (Pierre Gouffier de), abbé de Saint-Denis, VII, 323.
Boites d'Angleterre données par Henri VIII au père de Brantôme, X, 55.
Boiteuse (paix). Voy. Saint-Germain.
Boivin. Voy. Boyvin.
Boleyn (Anne de), son mariage avec Henri VIII, III, 88 ; décapitée, IX, 24.
Bolliers ou Bouliers. Voy. Manez.
Bologne fondée par le Gaulois Bono, VII, 335 ; délivrée par Gaston de Nemours, III, 11 ; Charles-Quint y fait une entrée solennelle, I, 33, note 1, 39, note, 41 et suiv.; Brantôme y séjourne, I, 322.
Bolonais (poignard), III, 251.
Bolonaise. Voy. Boulonnaise.
Bombardes dans l'armée de Charles VIII, II, 298.
Bombin (Juan), son combat contre Lodovico Martelli, VI, 252-254.
Bon (Pierre), dit M. de Meuillon, capitaine de galères, gouverneur de Marseille, IV, 159.
Bon (Hélène), femme : 1° de Charles de Gondi, baron de La Tour ; 2° de Charles de Balsac, seigneur d'Entragues, VII, 389.
Boncalo Hernandez, capitaine espagnol, I, 333.
Bonelli (Michel), dit le cardinal

Bonelli (suite) Alexandrin, légat près de Philippe II et de Charles IX, II, 349.

Bonhomme Colas, surnom de François Ier, I, 129.

Boniface (Antoine de), I, 349, note 2.

Boniface (François de), I, 349, note 2.

Boniface (Jean de), bailli de Manosque, I, 349, note 2.

Boniface. Voy. La Mole.

Bonifacio de Parme, blessé au siège de Florence, II, 3.

Bonnasse, capitaine, IV, 314.

Bonnefille. Voy. Le Voyer.

Bonnegarde (le capitaine), son aventure avec F. de Guise, IV, 266-267.

Bonnestable. Voy. Conti.

Bonnet, capitaine, blessé à la bataille de Ravenne, V, 312.

Bonnet de Charles-Quint au musée de Cluny, I, 44, note 5; de César Borgia, II, 210; de Charles IX, I, 44; de soldats, VI, 106; de la Roche du Maine, III, 405; de Marie Stuart, VII, 407; de Marguerite de Valois, VIII, 32.

Bonnet de velours noir, d'écarlate, de drap, I, 43-45; avec plume, IV, 76; IX, 313; — rouge porté par les pâtissiers de village, IX, 714 (Voy. l'Estoile, édition Read, à la date du 4 juillet 1593).

Bonneval (abbaye de), V, 298.

Bonneval. Brantôme y dîne avec le duc de Nevers, V, 297.

Bonneval (Germain de), gouverneur et sénéchal du Limousin, favori de Charles VIII, II, 305; dicton sur lui, 422; un des neuf preux de Charles VIII à Fornoue, II, 310, note 2; au siège de Pampelune, III, 24, 25; commande dans Lodi qui est pris par les Espagnols, 28.

Bonneval (Gabriel ou Horace de), son duel avec Champlivaut, VI, 354.

Bonneval. Voy. Bourlemont, Chastain.

Bonneville (Despert de), II, 296.

Bonnivet (Château de), III, 62.

Bonnivet (Guillaume Gouffier, seigneur de), amiral de France, notice sur lui, III, 61-69; favori de François Ier; ses charges, 62; son incapacité et ses revers; est blessé à Rebecco; son arrogance; haine du connétable de Bourbon contre lui, 62, 66; son château de Bonnivet, 62; il est l'exécuteur de l'inimitié du roi et de la régente contre le connétable, 63; poursuit celui-ci dans le Milanais, 64; est cause de la bataille de Pavie; son discours pour décider le roi à la livrer, 64, 65; il y est tué, 66; ce que dit le connétable de Bourbon en voyant son corps; son esprit; sa beauté; son portrait; son aventure avec Marguerite d'Angoulême, 67; ses amours avec la signora Clerisse, 68; sa magnificence pendant une ambassade en Angleterre, 68-69; favori de François Ier, III, 153; sa haine contre le connétable de Bourbon, I, 286; ses revers en Italie, 185; sa retraite de Romagnano, VII, 273-274; blessé à Rebecco, donne le commandement de la retraite à Bayard, III, 382; sa faute et colère de celui-ci contre lui, 389, 390; opine pour qu'on livre la bataille de Pavie, II, 377, 378; son aventure avec Marguerite d'Angoulême racontée dans l'*Heptaméron*, VII, 452; IX, 678-679; son aventure avec une dame de Milan, 388-389; amant de Mme de Châteaubriand; aventure plaisante qui lui arrive une nuit chez elle avec François Ier, 711-713. — III, 196, 227.

Bonnivet (François Gouffier, seigneur de), succède à Taiz comme couronnel des bandes du Piémont; deux dames aident à sa fortune; sa beauté; ce que Catherine de Médicis raconte à Brantôme sur son adresse comme sauteur, et sur le danger dont le tire Henri II, VI, 104, 105; se fait aimer de ses soldats; sa libéralité, 106; habillement magnifique de ses soldats, 106-107; duels qu'il leur permettait, 108, 109; sa vaillance au siège de Santia; ses violons, 109-111; meurt à Saint-Germain peu visité de la cour; demi-frère de Mlle de Piennes; son *Tombeau* par J. du Bellay, 111-113; son éloge par Boyvin du Villars; cause de sa mort, 113, note 1; chevalier de Malte, est nommé à l'évêché de Béziers dont il se démet, IX, 672; manque de se noyer et est sauvé par Henri II, III, 290; envoyé contre les insurgés de la Guyenne, 250; créé couronnel des bandes du Piémont, VI, 14, 15, 413; colonel de l'infanterie française, IV, 72; sa passion pour les échecs, IV, 74. — I, 100; III, 289.

Bonnivet (Henri Gouffier, seigneur de), était auprès du prince d'Orange lors de l'assassinat de ce prince par Jauregui, II, 167; contribue à tuer l'assassin, 168.

Bonnouvrier, capitaine des gardes du roi, V, 353.

Bono, Gaulois, fondateur de Bologne, VII, 334, 335.

Bonshommes. Voy. Minimes.

Bonvisi, Lucquois, banquier à Lyon, IX, 53.

Bordas, de Dax, lieutenant de Ph. Strozzi, VI, 68; VII, 288.

Bordea (Angiolin di), tué à Roncevaux, X, 65; erreur de Brantôme au sujet de ce personnage du *Morgante Maggiore*, V, 393, 394.

Bordeaux. Sa révolte pour la gabelle, châtiée par Montmorency, III, 304-305; IX, 675-676; séjour qu'y fait la cour, VII, 375; VIII, 41, 42. — Chambret y est assassiné, VIII, 13.

Bordeaux (entrée de Marguerite de Navarre à), VIII, 41-42.

Bordeaux (conseillers et jurats de), maltraités par le connétable, III, 305.

Bordeaux. Confrérie catholique établie à Bordeaux et abolie, par Catherine de Médicis, VII, 375-376.

Bordeaux. Matignon y empêche les barricades après l'assassinat des Guises, V, 161; son parlement refuse d'employer les sceaux à l'effigie d'Henri IV, *ibid.*

Bordeaux. Statue de Messaline trouvée à Bordeaux, IX, 31.

Bordeaux (archevêque de). Voy. Sansac.

Bordes (des). Son navire arrêté par les Anglais, II, 342, note 4.

Bordes (François de la Platière, seigneur des), frère aîné du maréchal de Bourdillon, attaché au duc d'Orléans, V, 71.

Bordes (N. des), fils du précédent, lieutenant de M. de Nevers, son duel avec Yvoy-Genlis VI, 380-381; sa maîtresse; ses paroles et sa mort glorieuse à Dreux, IX, 397, 398.

Bordésière. Voy. Babou de la Bourdaisière.

Bordier (H.), son *Chansonnier huguenot*, cité, VI, 128, note; sa notice sur *La veuve de l'amiral Coligny*, citée, IX, 316, note. — Cité, VIII, 208.

Borgia (César), notice sur lui, II, 203-221; fils du pape Alexandre VI, 203; créé cardinal; épouse Charlotte d'Albret; pensionné par Louis XII qui lui donne le duché de Valentinois; assassine son frère Jean, 204; extermine les tyranneaux des États de l'Église, 204-205; son ambition; sa devise, 205-206;

Borgia (suite) son entrée à Chinon, 207-211; III, 69, note 4; son costume, II, 210; se fait haïr de Louis XII et de Jules II, 214; est arrêté à Naples par Gonzalve de Cordoue, et conduit en Espagne, 214-216; sa trahison envers Charles VIII; envers Astor Manfredi, 217-218; il s'évade de prison, se réfugie en Navarre et est tué devant Viana, 218-219; parjure, I, 119; emprisonné, par Ferdinand d'Aragon, III, 182; assiège et prend Forli, IX, 430-431. — IX, 671.

Borgia. Voy. Alexandre VI et Gandia.

Borgia (Lucrèce). Voy. Ferrare.

Bosco, pris par Lautrec, III, 28.

Boselet. Voy. Bocsozel.

Bossu, comparaison faite par Louis XI d'un bossu et d'un prélat ignorant, II, 242.

Bossulus (Mathæus), précepteur de Don Carlos, II, 107.

Bossut (Jean de Hennin, comte de), III, 265, note 2.

Bossut (Anne de Bourgogne, comtesse de), III, 265.

Bossut. Voy. Escri-Longueval et Longueval.

Bothwell (comte de), vers sur lui faussement attribués à Marie Stuart, VII, 406, 422; sa laideur, 422.

Botières. Voy. Boutières.

Botte de Jean-Frédéric, électeur de Saxe, I, 23.

Bottes de César Borgia, II, 210.

Bottines des femmes, IX, 311.

Boucard (Ant. ou François), écuyer de Henri II, qui lui crève un œil; se fait huguenot, III, 279. — III, 335; IV, 357.

Bouchage (Imbert de Batarnay, comte du), ambassadeur de Charles VIII, à Venise, II, 294.

Bouchage (du). Voy. Joyeuse.

Bouchard. Voy. Aubeterre.

Bouchard-Huzard, son édition de la *Chasse* de Charles IX, V, 286, note 1.

Bouchavanes, lieutenant de Condé; Cossé lui ôte le gouvernement de Dourlens, IV, 89.

Bouche (grande), caractère des princes de la maison d'Autriche; leur venait de la maison de Bourgogne; anecdote à ce sujet, IX, 612-613.

Bouchemont, gentilhomme du duc d'Alençon assassiné à Paris, V, 177, 438.

Boucher de Vassy, surnom donné à F. de Guise, IV, 236.

Bouchet (Jean), son *Panégyrique du chevallier sans reproche* (L. de la Trémoille), cité, II, 361, note 3; 369, note 3; 363, 393, note 3, 402, note 1; son *Jardin d'honneur*, cité, 401; son *Temple de bonne renommée*, cité, 402, note 2; ses *Annales d'Aquitaine*, citées, I, 77, 342; II, 24, note 3; 141, note 2; 142, note 2; 426, 429, 430, 432, 435; III, 162, note 1, 171, note 6; 172, 178, note 3; VI, 459; VIII, 171, note 2; IX, 76, 478, note 1.

Bouchet (Guillaume). *Les Sérées*, citées, X, 202, 203.

Bouchet (Françoise du). Voy. Cossé (maréchale de).

Boucicaut (Jean Le Meingre, dit), maréchal de France, à la bataille de Nicopolis, VII, 159-160.

Boucicaut. Voy. Boussicaud.

Bouclier. Voy. Rondelle.

Bouclier barcelonais, III, 251; VI, 109.

Bouffon d'Alphonse Ier (anecdote sur un), I, 183.

Bouffon de Henri II et de Charles IX. Voy. Brusquet.

Bouffon de Philippe II, II, 265-266.

Bouffon de la reine Élisabeth d'Espagne. Voy. Legat.

Bouffon du marquis del Gouast,

ses railleries sur son maître, I, 205 ; III, 217.
Bouffon. Voy. Fou.
Bougouin. Voy. Espanes.
Bouillon (Godefroi de), ses exploits, VII, 336, 337. — VII, 224.
Bouillon, érigé en duché, par Henri II, III, 191.
Bouillon. Rivalité de cette maison et de celle de Lorraine, VII, 224.
Bouillon (Henri de La Tour, vicomte de Turenne, duc de), le seul huguenot créé maréchal de France, V, 185. Voy. Turenne.
Bouillon (Élisabeth de Nassau, fille de Guillaume le Taciturne, femme de Henri de La Tour, duc de), II, 175, note, 176.
Bouillon (ducs et duchesses de). Voy. La Mark.
Bouilly. Voy. Brouilly.
Boulan' ou Boulen (Anne de). Voy. Boleyn.
Boulets de bronze et de marbre au siège de Rhodes, V, 220.
Boulogne (sièges et prises de), III, 266 ; VI, 17, 18.
Boulogne (guerre de), III, 164 ; VI, 14 ; cruautés des Anglais ; comment réprimées par Coligny, 18 ; VII, 83.
Boulogne, livré aux Anglais par Vervins, IV, 22, 60.
Boulogne (Traité de), V, 33.
Boulogne (maison de), alliée aux Médicis ; sa grandeur, VII, 334, 337, 338. — IX, 475, note 2.
Boulogne (Eustache, comte de), VII, 337.
Boulogne (Jean III de la Tour, comte d'Auvergne et de), II, 299.
Boulogne (Madeleine de). Voy. La Tour (Madeleine de).
Boulogne. Voy. Bologne.
Boulonnaise (Robe à la), VIII, 174.
Bounière (Charles de), III, 262.
Bourachio (Jean), courrier de Philippe II, apporte à Madrid en trois jours la nouvelle de la Saint-Barthélemy, IV, 304.
Bourbon (maison de), sa splendeur accrue par Anne de Beaujeu, VIII, 105 ; son éloge, IV, 370 ; sa vaillance, III, 202.
Bourbon (Louis II, duc de), sa guerre avec Amé de Viry, VI, 48 ; erreur de Brantôme à son sujet, IX, 472, note.
Bourbon (Jacques de), comte de La Marche, second mari de la reine Jeanne II de Naples, VIII, 183 ; fait arrêter Sforze de Cotignola et décapiter Pandolfo Alopo, 184 ; mauvais traitement qu'il fait subir à la reine, 185 ; complot formé contre lui par Julio Cæsare qui est trahi par la reine et décapité, 185 ; la reine le fait prendre et enfermer au château de l'OEuf ; il s'évade, s'enfuit à Tarente où il est assiégé ; il capitule, se retire en France où il entre au couvent ; récit de son entrée à Pontarlier ; son costume bizarre ; 186-189 ; II, 87 ; cause de sa mésintelligence avec la reine Jeanne, VIII, 192-193.
Bourbon (Jean et Louis de), fils de Charles duc de Vendôme, au siège de Metz, II, 273.
Bourbon (Mathieu de), dit le *grand bâtard*, II, 299 ; revêt la livrée du roi à la bataille de Fornoue, 308 ; un des preux du roi à cette bataille, 310. note 2 ; il y est pris ; ce qu'il dit à Charles VIII au moment de la bataille ; sa faveur auprès de Louis XI qui le disgracie, 311. — II, 339.
Bourbon (Jacques bâtard de), sa *Grande et merveilleuse oppugnation de la noble cité de Rhodes*, citée, V, 58, note 1 ; VI, 337, note ; IX, 421, note 1.
Bourbon (Charles III, duc de), connétable de France ; notice sur lui, I, 254-291 ; son épi-

Bourbon (suite).

taphe, 254 et *appendice*, 370; se distingue à la bataille de Marignan, 254; est créé lieutenant général du roi dans le Milanais; traite avec dédain Louise de Savoie; le commandement de l'avant-garde lui est ôté, il s'enfuit de France et passe au service de l'empereur, 255-257; contribue au gain de la bataille de Pavie; est nommé lieutenant général de l'empereur, 257, 260; chanson des soldats sur lui, 257-258, 285; sa mort devant Rome, 259; son mécontentement de l'empereur qui ne tient pas ses promesses, 260; se met en marche sur Rome, 261; ses harangues à ses soldats, 262, 264-266; sa mort, 267-269; chanson des aventuriers sur lui, 268-269; ses soldats emmènent son corps à Gaëte, 281; Brantôme y voit son tombeau, 283, 286; son épitaphe, 288; son tombeau est changé de place, 289; réponse du connétable au roi qui lui redemande l'épée de connétable et le collier de l'ordre, 283; refuse la toison d'or, *ibid.*, ses harangues à ses soldats auxquels il distribue sa vaisselle, ses joyaux et ses habits, 284; son portrait; voulait se faire roi des Romains, 241, 285; jalousie de François Ier contre lui; à quelle occasion, 285-286; son étendard au-dessus de son tombeau; sa devise, 286; on peint de jaune le seuil et la porte de son hôtel à Paris, 288; parallèle de lui et de Robert d'Artois, 289-290; inventaire de ses joyaux, 371-374; visite que François lui rend à Moulins, III, 89; apologie de sa révolte, VII, 238-239; comment lui et ses adhérents sont traités par Charles-Quint qui se réjouit de sa mort, I, 169;

II, 234-235; ce que Villena dit sur lui à Charles-Quint, II, 144; ses complices et ses serviteurs traités avec indulgence par François Ier, VII, 240 et suiv.; sauve la vie à Pompérant qui l'aide à sortir de France et l'accompagne partout, 241, 242; V, 263; est trahi par son confident Jacques de Matignon, VII, 242-243; V, 166; bon accueil que Charles-Quint fait à ses serviteurs, VII, 243-244; sa haine contre Bonnivet exécuteur des inimitiés du roi et de la régente, III, 63, 66; son échec devant Marseille, 194-196; est poursuivi par Bonnivet, 64; son mot en voyant le corps de celui-ci, 66, 67; ses plaintes contre Charles de Lannoy, I, 228-229; décide Pescaire à envahir la Provence, VII, 268 et suiv.; ce que lui dit Bayard mourant, 276; II, 385; à la bataille de Pavie, III, 141 et suiv.; accueil que lui fait François Ier prisonnier, 146, et suiv.; sert François Ier le soir de la bataille de Pavie, 388; son corps emporté à Gaëte, I, 281; IV, 41; sa ressemblance avec sa sœur Louise, V, 5; ce que deviennent ses biens confisqués, 6-8; son juron habituel, II, 398; son amitié pour François de Bourdeille, X, 45; eut pour page un oncle de Brantôme, I, 182. — I, 86, 95 et suiv.; 240, 241, 303; II, 32, 393; III, 18, 19, 23; V, 4, 212; IX, 623.

Bourbon (Suzanne de), femme du connétable de Bourbon, I, 254 note 2.

Bourbon (François de), duc de Châtellerault, frère puîné du connétable de Bourbon, tué à Marignan, V, 4; I, 254; III, 62.

Bourbon (Louise de), sœur du connétable. Voy. Montpensier.

Bourbon (Charles de), fils naturel d'Antoine de Bourbon et de Mlle de Rouhet, X, 96, note 1; 405, note 5; fait prisonnier don Fernand de Tolède, I, 106.

Bourbon (Louis de), cardinal, archevêque de Sens, III, 131.

Bourbon (Charles, cardinal de), archevêque de Rouen, mot de Henri III sur lui; sa mort en prison, III, 202; son ambition; joué par Catherine de Médicis, V, 13, 14; l'un des témoins du testament de Charles IX, V, 268; reproches qu'il fait à Catherine de Médicis après le meurtre des Guises à Blois, VII, 401. — VIII, 17.

Bourbon (Catherine de), duchesse de Bar, sœur de Henri IV, ce que Diane d'Angoulême lui dit sur Mme de Montpensier, VIII, 145; appelait Mme de Bourdeille sa cousine, X, 68; amène Ant. Perez à Henri IV, II, 135. — VII, 380, 383.

Bourbon (Charlotte de), troisième femme de Guillaume Ier, prince d'Orange, II, 175, note.

Bourbon (Marguerite de), première femme de Philippe II de Savoie, X, 103.

Bourbon (Marie de), comtesse de Saint-Pol, femme : 1° de Jean de Bourbon, comte d'Enghien; 2° de François de Clèves, duc de Nevers; 3° de Léonor d'Orléans, duc de Longueville, III, 204; IV, 377; VII, 380, note 3, 388.

Bourbon (Anne de France, dame de). Voy. Beaujeu.

Bourbon (Anne de). Voy. Nevers.

Bourbon (Antoinette de). Voy. Guise.

Bourbon (Françoise de). Voy. La Mark.

Bourbon (Jeanne de), femme de Charles V. Voy. Jeanne.

Bourbon (Marguerite de). Voy. Clèves et Nevers.

Bourbon (Renée de), duchesse de Lorraine, III, 230.

Bourbon (Suzanne de). Voy. Rieux.

Bourbon. Voy. Antoine, Conti, Enghien, Estouteville, La Roche-sur-Yon, Longueville, Montpensier, Saint-Pol, Soissons, Vendôme.

Bourbon (salle). Voy. Comédie.

Bourbon-l'Archambault (Bains de), VII, 367.

Bourdedieu. Voy. Bourg-Dieu.

Bourdeille (château de), bâti par Jacquette de Montberon, femme d'André de Bourdeille, X, 47, 70.

Bourdeille (archives et trésor de la maison de), pièces diverses qui s'y trouvaient, I, 73; II, 207, 333 et suivantes, 413, 414, 417; III, 20, 21, 83, 235; V, 392, 393; VIII, 44; X, 65, 66, 106.

Bourdeille (antiquité et illustration de la maison de), X, 31, 64, 65; ses alliances avec les maisons de Savoie, de Penthièvre et de Nemours, VI, 51; X, 102; avec François de Bourbon, duc de Montpensier, 103, 104; avec la maison d'Albret, IX, 340, 341; avec la maison de Biron, X, 106.

Bourdeille (maison de), ses couleurs (blanc, noir et rouge), X, 48, 437, note 3.

Bourdeille (légende sur la maison de), V, 394.

Bourdeille (aventures de quelques membres de la maison de), V, 391 et suiv.

Bourdeille (Angelin de). Voy. Bordea.

Bourdeille (J. de). Voy. Burdella.

Bourdeille (Yvon de), X, 65.

Bourdeille (Élie de), cardinal, archevêque de Tours, engage Louis XI à restituer le vicomté de Thouars aux enfants de L. de la Trémoille, II, 401; ne laisse rien à sa famille, III, 112; son testament, X, 66; blâmé pour avoir préféré faire du bien

Bourdeille (suite)
aux pauvres qu'à ses parents, 66. — V, 393.
Bourdeille (Jehan de), frère du cardinal de Bourdeille, fait chevalier devant Fronsac; va s'établir dans le royaume de Naples, X, 66.
Bourdeille (Arnaud de), frère du cardinal de Bourdeille, arrière-grand-père de Brantôme, lieutenant du roi et sénéchal en Périgord, III, 112; X, 66; fait chevalier devant Fronsac, V, 393; X, 66. — X, 104, note 2.
Bourdeille (Archambaud de), X, 66.
Bourdeille (François Ier, baron de), père de François II de Bourdeille et grand-père de Brantôme, mari de Ylaire du Fou, X, 31; son affection pour son fils François qu'il veut en vain retenir près de lui, 37 et suiv.; sa mort, 45; comment il traitait son fils, 49.
Bourdeille (François II, baron de), fils de François Ier de Bourdeille et d'Ylaire du Fou. Fragment de sa vie écrite par son fils Brantôme, X, 30-57; son testament; date de sa mort, 30, note; ses enfants ne lui ressemblaient pas; ses parents, 31, 32; devient premier page d'Anne de Bretagne; souvent fouetté pour ses espiègleries, 33; ses parents l'appellent près d'eux et veulent le garder; comment il s'échappe pour aller à la guerre, 37-39; va rejoindre l'armée de Naples où il est bien reçu; son habileté comme cavalier lui fait gagner plusieurs paris, 39-40; est blessé à la bataille du Garigliano; estime que Bayard faisait de lui, 39, 40, 67; ses qualités; est pris en amitié par Jules II avec lequel il joue gros jeu; son étrange et incroyable familiarité avec ce pape qui lui donne une dispense pour manger beurre en carême, 43; est blessé à Ravenne; revient en France avec un riche équipage et un palefrenier qui meurt centenaire; est bien accueilli de Louis XII, 43-44; son caractère indépendant; se distingue à Marignan; charge qu'il refuse; revient en France avec le connétable de Bourbon, 44-45; son mariage avec Anne de Vivonne; fêtes à ce sujet, 46-49; va trouver Lautrec en Italie, 49; son combat contre un capitaine espagnol, 50; sa générosité; donne leur premier cheval de guerre à Burie qu'il marie à une de ses cousines germaines, à Essé, à Saint-Martin de Lisle, 51-53; comment il figure au tournoi d'Ardres, 53-54; est pris en amitié par Henri VIII qui l'emmène en Angleterre, lui fait des présents et place ses armoiries à Saint-Paul; son entretien, à son retour, avec François Ier, 54-55; envoie à Henri VIII des chiens de chasse et en reçoit une guillemine, 54-56; combat à Pavie, 57, 67; parent et ami de Grignaux, qui l'emmène aux guerres de Naples; page de la reine avec d'Estrées; en avait fait de bonnes en son temps, VII, 198-199; III, 79; combat à Garigliano sous Bayard et y est blessé; récit qu'il fait sur lui à son fils, I, 134; II, 387; amitié que lui portait L. de la Trémoille; est blessé près de lui à Pavie, II, 401, 402; ce qu'en dit la Roche-du-Maine à Brantôme, III, 405; donne un cheval à M. de Burie, III, 396; sa conduite dans la révolte de Périgueux, II, 231; comment il appelait le maréchal de Montpezat, III, 184; — I, 282.
Bourdeille (Anne de Vivonne, femme de François II de),

mère de Brantôme. Son mariage; sa dot; filleule d'Anne de Bretagne qui lui lègue deux robes par testament, X, 45-47; description de ses noces, 47-49; son portrait dans le sépulcre d'Anville, 48; ce qu'elle raconte à son fils Brantôme sur les exploits de son mari aux joutes d'Ardres, 54; son alliance avec les maisons de Bretagne, de Savoie et de Nemours, 67; contrat où elle figure comme veuve, 30, note; son testament, 131, note; chagrins que lui causait son beau-frère Gabriel de Bourdeille des Bernardières, 138; dame d'honneur de Jeanne d'Albret; lettre que lui écrit celle-ci au sujet du projet de mariage de son fils avec Marguerite de Valois, VIII, 44; sa mort, *ibid*, note 2; l'une des *devisantes* de *l'Heptaméron*; ce qu'elle en raconte à son fils, IX, 238; en relation avec la femme de Lautrec, III, 56; ce qu'elle raconte à son fils sur un cordelier, VII, 192; aimée de Marguerite duchesse de Savoie, VIII, 134; — III, 338; IV, 362.

Bourdeille (André de), frère aîné de Brantôme; son mariage avec Jacquette de Montberon; ses seigneuries et ses charges; ses services militaires; est pris dans Hesdin; sa mort, X, 61, 64, 66, 67; dettes qu'il laisse en mourant, 71; sa maladie; résigne au moment de sa mort à son gendre d'Aubeterre sa charge de gouverneur et sénéchal de Périgord, promise à Brantôme par Henri III; ce qui en advient, V, 206 et suiv., est pris dans Hesdin; reste cinq ans prisonnier à Lille; gentilhomme envoyé à Bruxelles pour traiter de sa rançon, II, 145; IX, 619-620; son entretien sur Biron avec Henri de Navarre, V, 142; ses affaires d'intérêt avec son frère Brantôme, X, 130 et suiv.; était joueur et mauvais ménager, 132; ses droits sur l'évêché de Périgueux, 139-140; soutient La Barde contre Brantôme, 143. — III, 373, note 1; IX, 358. — Ses filles. Voy. Ambleville, Aubeterre, Duretal, Saint-Bonnet.

Bourdeille (Jacquette de Montberon, femme d'André de), belle-sœur de Brantôme, son oraison funèbre par celui-ci, X, 58-73; son mariage, 67; sa beauté; ses alliances illustres; traitée de cousine par Antoine de Navarre et ses enfants; tante de M. de Montpensier; devient l'une des dames de Catherine de Médicis, 69; sa mort; ses enfants, 69; son esprit; son instruction; ses ouvrages en vers et en prose; savait plusieurs langues; aimait la géométrie; bâtit le château de Bourdeille, 70; bonne administration de sa fortune; paye les dettes de son mari; sa libéralité; refuse de se remarier, 71; sa réponse au prince de Condé qui menaçait de l'assiéger; son courage dans sa dernière maladie; sa mort, 72-73; son Tombeau en vers par Brantôme, 74-77; autre Tombeau en prose, par le même, 78-80; tendre affection pour elle de Brantôme; il l'empêche de se remarier, 132; argent qu'il lui prête; confiance qu'elle avait en lui; difficultés au sujet de son testament, 133 et suiv.; ses quatorze enfants; sa beauté; sa vertu; refuse de se remarier; est demandée inutilement par Philippe Strozzi, IX, 358, 649-650; sa réponse courageuse aux menaces du prince Henri de Condé lui réclamant des hommes réfugiés dans son château de Matha; descendait de Jeanne de Montfort, 429, 430;

Brantôme (suite).

ne peut assister aux derniers moments de sa fille la vicomtesse d'Aubeterre, 457, 458; meurt de chagrin; sa résignation, 459; est courtisée par le comte de Brissac et recherchée en mariage, par Ph. Strozzi, VI, 143; chef de la maison d'Archiac, 221; le comte de Rhingrave l'appelle sa nièce, 222.— II, 310; III, 373; VII, 388; X, 436, note 2; 443, note 2.

Bourdeille (Claude de), baron de Mastas, fils d'André de Bourdeille, X, 84, note 1, 88.

Bourdeille (Claude de), fils de Henri de Bourdeille, comte de Montrésor, héritier de Brantôme, X, 140, 145.

Bourdeille (François de), cousin de Brantôme, second fils de Gabriel de Bourdeille des Bernardières; moine de Saint-Denis, et nommé évêque de Périgueux, grâce à Brantôme qui avait peu d'estime pour lui; anecdote à ce sujet, X, 138-140; son ignorance et ses vices, I, 220.— X, 96, note 2.

Bourdeille (Henri de), fils aîné d'André de Bourdeille, et filleul d'Henri III; son oncle Brantôme demande pour lui le gouvernement de Périgord qu'Henri III lui refuse, V, 206; il écrit pour lui la vie de François de Bourdeille, X, 30, 31; plaintes de Brantôme contre lui, X, 133 et suiv., 138 et suiv., 144; héritier de Brantôme, 140.— X, 84, note 1, 89.

Bourdeille (Jean de), dit le capitaine Bourdeille, frère de Brantôme; surnommé le *Rodomont du Piémont*, destiné d'abord à à l'église, meurt à 25 ans, IX, 672; sa mort vaut à son frère l'abbaye de Brantôme, III, 113; page à la cour lors de la disgrâce de Montmorency, VIII, 118; son caractère; sa mauvaise conduite en Piémont; va aux guerres de Hongrie, de Parme et d'Allemagne; est blessé à Chimay et à Metz; est tué à Hesdin, II, 236-237; son voyage à Vienne, 27 et suiv.; fait partie de l'expédition d'Écosse; ce qu'il raconte à son frère sur Essé, III, 389, 395; son histoire; ses amours à Ferrare avec Mme de La Roche qu'il amène à Pau; sa conversation avec Marguerite d'Angoulême, IX, 338-341; blessé à Metz, reçoit 1,200 écus de Henri II, V, 45; sa querelle avec la Tripaudière, VI, 413-414; sa générosité dans un duel avec Cobios, VI, 343; son histoire avec le capitaine Hautefort; est blessé devant Yvoi et à Chimay, IV, 17, 18; est sur le point d'aller servir Soliman, V, 388; sa ressemblance avec son frère Brantôme, VI, 230. — I, 26, 27; II, 145; IV, 73; VI, 171.

Bourdeille (Jean de), baron d'Ardelay, dernier frère de Brantôme; couronnel du régiment des Gascons; amitié pour lui de Timoléon de Brissac qui pourtant veut se battre contre lui pour lui faire quitter l'enseigne blanche, VI, 136; sa mort en défendant Chartres, 137; est enterré dans le chœur de l'église, V, 363; déjoue un complot de Bussy, IV, 34, 35; sonnet à lui adressé par Brantôme, qu'il accompagne à Malte, X, 426.— V, 407, 411.

Bourdeille (Françoise ou Marguerite de), femme de J. Nompar de Caumont, baron de Lauzun, arrière-grand'tante de Brantôme, X, 92, 104, note 2.

Bourdeille (Louise de), filleule de Louis XII, sœur aînée du père de Brantôme; sa beauté; son aventure avec un cordelier, son confesseur, amoureux d'elle; sa mort prématurée: son tombeau détruit dans l'incendie de l'église des Cordeliers à Paris, VIII, 190-193, 314; X, 34-36.

Bourdeille (Anne et non Marie de), tante de Brantôme, filleule de la reine Anne, mariée au baron de Maumont; était fort petite, X, 36-37, 99.

Bourdeille (Jeanne de), tante de Brantôme, femme de P. d'Abzac, seigneur de La Douze, X, 97.

Bourdeille (Marguerite de), tante de Brantôme, femme de Jean ou François de Beaupoil de Sainte-Aulaire, X, 48, note 5; 98, 104.

Bourdeille (Madeleine de), sœur de Brantôme, fille de la suite de Catherine de Médicis; son refus de se marier, IX, 720; ses démêlés d'argent avec sa belle-sœur femme d'André de Bourdeille, X, 133.

Bourdeille (Françoise de), sœur de Brantôme, femme de N. de La Chapelle, ce qu'elle raconte à Brantôme sur Essé, X, 52.

Bourdeille (Mlle de), une des sœurs de Brantôme, vers à elle adressés, X, 473, note 5.

Bourdeille (Magdeleine ou Jeanne de), X, 473.

Bourdeille (Renée de), nièce de Brantôme. Voy. Aubeterre.

Bourdeille (Jeanne et non Marie de), femme d'Antoine de Sainte-Aulaire, VII, 392; X, 98, note 4.

Bourdeille (Mlle de), livre que lui envoie Charles IX, III, 257, note 2.

Bourdeille (Adrienne de), femme de Humbert de La Roche-Andry, X, 104, 106.

Bourdeille. Voy. Ambleville, Bernardières, Burdella, Duretal, Grésignat, Mastas, Saint-Bonnet.

Bourdet, de Saintonge, dit Bourdet *le Brûlé*, capitaine huguenot, son éloge, VI, 175, 176; Condé lui donne le *Malheureux*, cheval sur lequel Henri II avait été blessé, IX, 349.

Bourdet, le jeune, dit Romegou, huguenot, va à Malte et à Rome avec Brantôme, V, 407, 410.

Bourdet (du). Voy. Bourdet.

Bourdez (Ch.-Élie de Coulonges, seigneur de), mari de Henri de Lauzun, X, 92, note 1, 93.

Bourdezière ou Bourdaisière (La). Voy. Babou.

Bourdigné (J. de), son *Histoire aggrégative des annales et cronicques d'Anjou*, citée, II, 316-317, 322, note 2; 325, note 3; 330, note; 358, note 2; VI, 244, note 3; VII, 351, note; VIII, 107, 190; IX, 19; — son récit de l'entrevue de la reine Jeanne Ire de Naples avec Clément VII (Robert de Genève), et de sa mort, VIII, 166-168.

Bourdillon (Imbert de la Platière, seigneur de), maréchal de France, notice sur lui, V, 71-82. Écuyer d'écurie du Dauphin, cadet du sieur des Bordes; ses deux femmes, 71 et note 2; lieutenant de M. de Nevers en Champagne, lieutenant général en Piémont, 72; déclare qu'il ne rendra pas ce pays au duc de Savoie, puis se laisse gagner par Alluye, 75, 76; plaisanteries sur eux, 78; son retour à la cour, 79; est créé maréchal de France; regrets de sa mort; propos des courtisans sur lui et sa femme, 81-82; est nommé ambassadeur de Henri II à la diète d'Augsbourg, I, 82, 83; dicton sur lui, V, 54; VI, 280. — II, 422; V, 195.

Bourdillon (Jean de), II, 300.

Bourdin (Jacques), seigneur de Villaines, secrétaire d'État, III, 337; VII, 391, note 4.

Bourdin (Mme). Marie Bochetel, mariée en premières noces à

Bourdin (suite)
Jacques Bourdin, seigneur de Villaines, VII, 391, note 4.
Bourg (Antoine du), conseiller au parlement, huguenot, son supplice, III, 292. — V, 46.
Bourg-Dieu (Indre), VI, 458.
Bourg-L'évêque (Jean de), VI, 441, note 1. Voy. Saint-Melaine.
Bourg-sur-Mer ou sur-Gironde (Gironde), surpris par les Ligueurs; repris par d'Espernon qui ne le restitue que sur l'ordre d'Henri IV, V, 168-171; il s'y tient une réunion des chefs de la Ligue, 146; Valfrenière y est tué, I, 325; Catherine de Médicis y passe, VII, 374.
Bourgeois (Jean), cordelier, prédicateur d'Anne de Bretagne, VII, 190.
Bourgeoise (costume de), IV, 160.
Bourgerot, VIII, 208.
Bourges (siège et prise de), par les catholiques, IV, 237, 314-315; V, 250, 418-420.
Bourges (tour de), II, 359, 429.
Bourges (archevêque de). Voy. Beaune.
Bourgogne, ses vins, VII, 372.
Bourgogne (ducs de), leur puissance; la reine Éléonore d'Autriche fait ouvrir leurs tombeaux à Dijon; ce qu'elle dit à propos de leur grande bouche, IX, 613; leur vaillance, IV, 182.
Bourgogne (ducs de). Voyez-les à leur nom.
Bourgogne (duchesse de). Voy. Marguerite.
Bourgogne (Anne de), comtesse de Bossut, III, 265.
Bourgogne (le grand bâtard de). Voy. Antoine.
Bourgogne (Adolphe de), amiral de Flandre, III, 265, note 3.
Bourgogne (N. de), dame de Laoustine, III, 265, note 3.
Bourgogne (gouverneur de). Voy. Baudricourt.

Bourgogne (maréchal de). Voy. Hochberg.
Bourgogne (hôtel de), à Paris, farces qui y sont jouées, IV, 10.
Bourgogne à Rhodes (tour de), V, 224.
Bourgoing, médecin de Marie Stuart, VII, 427.
Bourgueil (abbés de). Voy. Héberge, Rouault.
Bourguignons (de la Franche-Comté), leur dicton sur les Français, VI, 120.
Bourguignons (défaite des), par J. de Daillon, gouverneur du Dauphiné, II, 335.
Bourguignotte en or, VII, 96.
Bourlemont (René d'Anglure, baron de), premier mari de Jeanne Chabot, VII, 392, note 4; IX, 676, note.
Bourlemont (Françoise de), VII, 392.
Bourlemont (Jeanne de), femme de Gabriel de Bonneval, son aventure, IV, 133.
Bournazel (baron de), condamné à mort pour assassinat; gracié au moment du supplice; pâleur qu'il en conserve toute sa vie, IX, 443-444.
Bournezel (Pierre de), VI, 246.
Bourreau de Conradin, décapité, VII, 443.
Bourrouge. Voy. Halot.
Bourru (vin). Voyez *Vin* au Lexique (tome X).
Bourry (Charles du Bec-Crespin, baron de), capitaine huguenot, puis magistrat, V, 434.
Bours, paysans révoltés; leur défaite par le duc de Guise, près de Saverne, III, 228-229.
Bours (Nicolas de Montmorency, seigneur de), VII, 392, note 8.
Boussicaud (les), frères, de Provence, surnommés les *lions* du baron de Vitteaux, l'aident à assassiner Milhau le père, VI, 332.
Boussicaud le jeune assiste Vit-

teaux dans l'assassinat de Gonnelieu, VI, 331-332.
Boutefeux (capitaine), surnom de Villebon, V, 53.
Bouteilles (maréchal des), surnom du maréchal de Cossé, IV, 84.
Boutières (Guigues Guiffrey, seigneur de Botières ou), notice sur lui, III, 220-223; lieutenant de roi en Piémont; sa conduite à Cérisoles, à Turin et à Marseille, 220-221; fait ses premières armes sous Bayard; son aventure avec un Albanais qu'il avait fait prisonnier, 221-223; devient lieutenant de la compagnie de Bayard, 224. — 212.
Bouvines, pris par le duc de Nevers, IV, 374.
Bovelles (Charles de), son *Epistola in vitam Raimondi Lullii*, citée, IX, 260.
Bovillus. Voy. Bovelles.
Boygaumont (ou Bajaumont?), V, 46.
Boyjourdan l'aîné. Voy. Boisjourdain.
Boysseron, capitaine, lieutenant de Coligny, VI, 24.
Boyssompierre. Voy. Bassompierre.
Boyvin (François), baron du Villars, secrétaire du maréchal de Brissac, ses *Mémoires*, cités, I, 312, note 1; IV, 64, 66, note 1, 105, notes 2 et 3, 107, 111, 116; VI, 113, note 1; 119, note 1.
Brabançon ou Barbançon (camp de), au siège de Metz, II, 180. Voy. Barbançon.
Braccheo, ou Braccio. Voy. Baglione.
Bracciano. Voy. Ursins.
Bracelet, cause de la mort d'une femme, IX, 508-509.
Bracquamont (dom Gonzalle de), mestre de camp espagnol, I, 105, 332.
Bradamante, personnage d'Arioste, V, 264; IX, 417, 545.

Bradford (W.), cité, I, 11, note.
Bragamont. Voy. Bracquamont.
Brahem-Embarc, livre la ville d'Afrique à Dragut, II, 52-53.
Brambare. Voy. Brahem-Embarc.
Brancaccio (Giulio), réfugié en France, obtient sa grâce du roi d'Espagne; sa mort à Naples, II, 27-28; VII, 235.
Brancasso, Brancazzo. Voy. Brancaccio.
Brandebourg (Albert, marquis de), battu par Maurice de Saxe, I, 346, note 2; quitte le service de Henri II; bat et fait prisonniers Aumale et Rohan, 347, note; III, 398; IV, 281, 283; ses revers au siège de Metz, I, 347; IV, 190, 191; comment il appelait les capitaines à la solde des gens d'église, III, 23; grand ennemi des évêques et des prêtres, IV, 281.
Brandon, commissaire de Henri II en Guyenne, II, 231.
Branle de la torche, danse, VIII, 74; IX, 489.
Brantôme (château de), bâti par le cardinal de Périgord, X, 112-113. — Explication des vers qui se lisent sur les vitres de la grand'salle, 107-120.
Brantôme (démêlés au sujet de la conseigneurie de), X, 136 et suiv.
Brantôme (abbaye de), donnée par Henri II à Brantôme qui l'entretient soigneusement et la sauvegarde des malheurs de la guerre, III, 105, note, 113-115; bâtie par le cardinal Amanieu d'Albret, 114; respectée par les Calvinistes, II, 165-166; procès de ses religieux contre Brantôme, X, 142.
Brantôme (abbés de), III, 113, note 3, 114; — (abbé de), empoisonné, 116.
Brantôme (abbé de). Voy. Mareuil (Pierre de).
Brantôme (reîtres à), IV, 321.
Brantôme (Pierre de Bourdeille,

Brantôme (suite).

seigneur et abbé commendataire de), troisième fils de François II de Bourdeille; ses seigneuries; ordres de chevalerie dont il a été honoré; charges qu'il a possédées; pensionné par Charles IX, X, 121; sa généalogie et ses alliances, 88 et suiv.; VI, 51, 123; un de ses oncles page du connétable de Bourbon, I, 282; son père, sa mère et sa famille. Voy. Bourdeille; sa ressemblance avec son frère le capitaine Bourdeille, VI, 230.

— Il avait sept ans à la mort de son père, X, 31; était petit garçon à la mort de François Ier; voit alors Marguerite d'Angoulême dans sa retraite au couvent de Tusson, VIII, 120; note 1; nourri à sa cour, II, 214; était fort petit et au collège à Paris en 1552, IV, 18; étudiant à Poitiers, IX, 163; entend prêcher dans cette ville le ministre David, IV, 361. Il était curieux d'apprendre dès sa jeunesse, IV, 59; entend le grec comme le haut allemand et sait un peu de latin, II, 241-242; parle mieux l'espagnol que le franciman, I, 104; sa connaissance de la langue espagnole; anecdotes à ce sujet, VII, 76, 82, 84-86; observations sur sa prétention à savoir « le friand espagnol », *ibid.*, 2, note.

— Henri II lui donne l'abbaye de Brantôme qu'il garde et entretient soigneusement, et qu'il préserve des ravages de la guerre, III, 105, note; 113-115; loué par le *Gallia Christiana*, à ce sujet, 113, note 2; bénéfices qui lui sont résignés par son frère le capitaine Bourdeille, X, 131; a pratiqué la cour pendant trente-trois ans, VIII, 379. Il apprend à être grand piaffeur de Taix et de plusieurs autres,

VI, 106; son amour de l'indépendance, X, 44, 45; estimé et favorisé des rois et princes, 132.

— Son humeur aventureuse; ses guerres et ses voyages, V, 395; X, 160; grand ami du grand prieur François de Lorraine, qu'il suit en Italie, en Écosse et en France, IV, 164; son premier voyage en Italie (1557) payé par une coupe dans la forêt de Saint-Yrieix que lui accorde le roi, X, 131; visite les tombeaux du couvent de Brou, IX, 614; voit à Genève Aubeterre faiseur de boutons, IV, 251; visite qu'il y reçoit d'un apothicaire huguenot, IX, 568-569; était en Italie lors de la paix de Câteau-Cambrésis, V, 382; visite le maréchal de Brissac en Piémont, IV, 70; ce qu'il entend dans ce pays raconter sur le capitaine Valesergues et sur les renégats La Faye et Potrincourt, V, 387-389.

— Ce qu'un maître de poste de Novare lui raconte sur M. de Chaumont et M. de Bourbon, III, 5; passe à Plaisance, I, 169; à Milan, 178; ce qu'il entend dire à Pavie sur Antoine de Lève, I, 164; accident qui lui arrive près de Portofino et qui le rend aveugle pendant plusieurs jours; est guéri par le lait d'une femme, VI, 165, 166; tempête qu'il essuie dans le golfe de Livourne; sa cause; VII, 200, 201; voit à Florence un devin grec, II, 13; prédiction que lui fait celui-ci, X, 413; tableaux qu'il voit à Saint-Jean, à Florence, I, 297; visite le champ de bataille de Ravenne, 156, note 1; passe à Bologne, 322; visite Notre-Dame-de-Lorette, peinture qu'il y voit, VI, 209, 210.

— Arrive à Rome pour la première fois, un an (et non deux ans) après la mort de Charles-

Quint, I, 71 ; y était lors du conclave tenu après la mort de Paul IV (août–décembre 1559) ; combats en champ clos qu'il y voit, VI, 284-286 ; y était lors du meurtre du comte Téofe ; entend plus tard raconter la vengeance qui en fut faite, V, 246 ; accompagne à Rome, puis à Naples le grand prieur ; comment ils sont reçus dans cette ville par la marquise del Gouast, VII, 244 ; IX, 364 et suiv. ; il devait faire partie d'une expédition du grand prieur sur Rhodes, IV, 155 ; ce que lui dit un vieux juif romain sur Charles VIII, II, 287, note 2 ; ce qu'il entend raconter à Rome du combat de deux gentilshommes, VI, 289 ; ce qu'il entend dire à Pie IV sur la maison de Boulogne, VII, 338 ; voit à Rome, puis à Lyon, le cabinet d'armes et de curiosités de Pierre Strozzi, II, 243 ; son aventure à Rome avec une courtisane nommée Faustine, IX, 146 ; ce que lui racontent diverses courtisanes de cette ville, 93, 194 ; connaissance qu'il fait à Rome d'un cousin établi dans le royaume de Naples ; accueil qu'il en reçoit, V, 389-393 ; voit à Rome une allégorie sur la France, 295 ; et une inscription de Pompée, I, 69.

Brantôme se rend à Naples par le messager ; rencontre le sergent-major de Naples ; anecdote sur un méchant dîner qu'il fait à Velletri, 187-188 ; voit à Naples les tombeaux de Pescaire, I, 199 ; de Louis de Vaudémont, III, 232 ; de la reine Jeanne Ire, VIII, 168 ; copie l'épitaphe du tombeau de Lautrec à Naples, III, 33 ; voit la prison de Naples où mourut Pierre de Navarre ; ce que lui en disent deux vieux soldats espagnols, I, 159 ; voit le marquis de Santa-Cruz, général des galères de Naples, II, 70 ; soldats espagnols qu'il voit arriver à Naples, V, 319 ; ce qu'il a entendu dire à Rome et à Naples sur une révolte de Naples, II, 20 ; III, 94, 95 ; ce qu'il entend raconter à Naples sur la prise de la ville par les Espagnols, V, 308 ; ce qu'on lui raconte à Naples sur le siège de cette ville par Lautrec, III, 30 ; sur la mort de Louis de Montpensier, V, 4 ; sur Charles d'Anjou et sa femme, 24-25 ; sur Francisque Sforce, 368 ; sur un duel à l'arbalète, VI, 297-299 ; ce que lui raconte à Naples un vieux trompette du connétable de Bourbon, I, 277-278, 287 ; ce que lui disent des vieillards de Naples sur un banquet de Charles VIII, II, 291 ; ce qu'il entend dire à Naples sur les lansquenets et à de vieux capitaines sur le gaspillage des vivres dans les villes assiégées, VI, 225 ; ce qu'un soldat espagnol lui dit à Naples sur un hypocrite, I, 54 ; entend à Naples les Espagnols se moquer de la capitulation d'Atella, V, 3 ; voit en Calabre la patrie et les parents de L'Ouchaly, II, 63 ; visite le champ de bataille du Garigliano, I, 133, 134 ; IV, 208 ; va à Gaëte où il voit le tombeau du connétable du Bourbon, I, 281-289 ; VI, 305 ; ce qu'on lui raconte dans cette ville sur la querelle de Lunel et de Tamayo, VI, 305 ; ce qu'il a entendu dire en Italie sur don Pedro de Tolède, II, 20 ; soldats français qu'il voit en Italie dans l'armée espagnole, VI, 211 ; ce qu'on lui raconte en Italie sur un exploit du comte Claudio, 350.

Brantôme. Farce qu'il voit faire à Brusquet, à Romorantin, sous François II, II, 260 ; voit à

Brantôme (suite)
Champigny Louise de Bourbon, sœur du connétable (1560), V, 5; assiste à une course de bagues à Amboise sous François II, IV, 159-161; appelé Bourdeille le jeune; rencontre à Amboise La Roche-du-Maine; son entretien avec lui, III, 405-406; était à la cour lors du complot d'Amboise et commença pour la première fois à la suivre, V, 423; voit Antoine de Navarre visiter le cardinal de Lorraine après la conjuration d'Amboise, IV, 341; était en Lorraine lors du voyage qu'y fit Marie Stuart (et non Marie de Lorraine comme il est dit par erreur), IX, 629.

— Il accompagne Marie Stuart en Écosse (1561), IV, 277; VII, 415 et suiv.; visite le Petit-Lict, VI, 37; ce que lui raconte La Noue dans leur voyage d'Écosse, VII, 204; son voyage en Angleterre, X, 57; voit dans un cabinet de la reine d'Angleterre un tableau de la bataille de Cérisoles, III, 216; assiste à une fête à la cour d'Élisabeth d'Angleterre; ce qu'il lui entend dire sur Henri II, III, 290-291; IX, 386; voit à Londres l'ambassadeur de Philippe II, III, 95.

— Changements religieux qu'il trouve à la cour, à son retour d'Écosse, IV, 364; accompagne le duc de Guise à Guise (mai 1561), puis à Paris, 231-234; était à Reims au sacre de Charles IX; ce qu'il y entend dire à Catherine de Médicis sur Christine de Danemark et sur le costume des veuves, IX, 630-631, 637; son aventure à la porte Saint-Jacques lors de la première guerre civile; récit qu'il en fait à François de Guise, VII, 86-87; voit pendre les huguenots à la prise de Blois, III, 297; assiste au siège de Rouen, IV, 237 et suiv.; V, 416; il voit décapiter de Croze dans cette ville, V, 321.

Brantôme assiste à la bataille de Dreux, IV, 246-247; III, 297-298; entend les paroles du duc de Guise au moment du combat, VII, 118; propos qu'il échange avec M. de la Brosse le matin de ce jour, V, 47-48; discours qu'il entend faire au duc de Guise le soir au sujet des drapeaux, VI, 229, 230; voit le même soir, Condé prisonnier IV, 359; est présent à une scène entre F. de Caumont et Guise au sujet de Monluc, IV, 26; assiste au siège d'Orléans, I, 171; son aventure avec Maisonfleur et un soldat espagnol, VII, 211; parle à Poltrot prisonnier, IV, 258; entend la confession du duc de Guise et assiste à sa mort, IV, 236; V, 379; était à la cour lors de l'assassinat de Charry (1563), V, 345; était à Fontainebleau lors d'une querelle de l'Hospital et du cardinal de Lorraine (1564), III, 313; singulière bévue qu'il entend dire au cardinal de Lorraine, dans un sermon à Fontainebleau, II, 277; VII, 187.

— Il se trouve à la prise du Pignon de Belys par les Espagnols (septembre 1564), I, 50, II, 83; VII, 95; et passe de là en Portugal; comment il est accueilli à Lisbonne par le Portugais Merchior, IV, 362; il voit le roi dom Sébastien et la reine Catherine d'Autriche, grand'mère de ce prince, *ibid.*, et III, 176; reçoit de lui l'ordre du Christ, X, 123; voit souvent à Lisbonne l'infante Marie de Portugal, fille de la reine Éléonore; éloge qu'elle lui fait du grand prieur, IX, 720-722; ce qui lui arrive dans une boutique à Lisbonne, VII, 124; ce que

des chevaliers portugais lui racontent, en Portugal, III, 176.
— Brantôme. Son voyage en Espagne (1564), I, 50; y arrive au moment de la guérison de la reine Élisabeth, VIII, 7; bon accueil qu'elle lui fait à Madrid, 8; ses conversations avec elle, 11; V, 197. A Madrid, elle le fait présenter par le duc d'Albe à Philippe II, et le présente à don Carlos, à la princesse d'Espagne et à don Juan, VIII, 12; IX, 606, 607; elle lui envoie un remède contre le mal de dents, VIII, 12-13; ce qu'il lui entend dire sur la crainte que lui inspirait sa mère, 13; sa connaissance de la langue espagnole le fait bien accueillir de Philippe II, VII, 76; était à Madrid lors de la révolte des soldats espagnols, II, 89; ce que lui dit à Madrid un Gascon espagnolisé, VII, 20; était encore à Madrid en février 1565, VIII, 12; ce que le maître de poste de Medina-del-Campo lui raconte sur César Borgia, II, 218; ce qu'une dame lui dit à Tolède sur les trente beautés d'une femme, IX, 255; voit arriver la flotte des Indes à Séville, I, 51; visite le monastère de Yuste, I, 25; voit le château du duc d'Albe, II, 22; sa rencontre avec un valet de celui-ci, 22, 23; va à Madrigalejo (Estramadure), I, 128; ce qu'un seigneur français et un capitaine espagnol lui racontent sur le prince d'Eboli, II, 137-138; ce qu'il apprend sur don Juan en Espagne, 140, et en France d'un capitaine espagnol, VII, 156; ce que de vieux capitaines et soldats espagnols lui racontent en Espagne sur Gonzalo Pizarre, VII, 95-98; ce qu'il a entendu dire à un religieux espagnol sur la mort du duc d'Albe, I, 111; ce que lui dirent deux vieux soldats sur le duc d'Albe, 115; ce que lui dit en Espagne un capitaine espagnol sur un bravache, VII, 94; histoire du bandoulier Antonio Roques qui lui est racontée en Espagne par un autre bandoulier, IX, 444-445; portrait qu'un Espagnol lui fait d'une femme, IX, 304.
— Il se rencontre en voyage, au retour d'Espagne, avec Bellegarde, V, 197, 198; va rejoindre la cour à Arles (1565); ses entretiens avec Catherine de Médicis; ce qu'il lui rapporte sur la flotte de Séville, I, 50, 51; sur le désir de sa fille de venir en France, VIII, 13; sur le désir de Jeanne d'Autriche d'épouser Charles IX, IX, 608; assiste à l'entrevue de Bayonne, fait partie de l'escorte de cette princesse et est reçu gracieusement par elle, IV, 187, V, 69; VIII, 12; ce qu'il entend dire à Bayonne sur les fêtes de Bins, IX, 616; son entretien à Bayonne avec un Espagnol sur Mme de Guise, VII, 170-171; éloge qu'un Espagnol lui fait à Bayonne de la reine Élisabeth, VII, 172-174.
— Scène à laquelle il assiste à Bordeaux entre le connétable et les jurats et conseillers de la ville (1565), III, 305; voit Diane de Poitiers (1565) six mois avant qu'elle mourût, IX, 356; était avec la cour (à Moulins et non, comme il le dit, en Provence) lors du différend du maréchal de Montmorency et du cardinal de Lorraine (janvier 1566), VI, 492; voit à Moulins les démêlés d'Auzances et du cardinal de Lorraine (1566), VI, 498; dîne à Moulins avec Strozzi chez le chancelier de l'Hospital; scène plaisante à laquelle il assiste entre celui-ci et de nouveaux magistrats, III, 307-308.
— Il part avec Strozzi et une

antôme suite).
troupe nombreuse pour aller au secours de Malte menacée par les Turcs (1566), VI, 7-9. Il est banni et désavoué avec ses compagnons pour ce voyage, V, 405; Strozzi lui fait cadeau d'une arquebuse de Gaspar, VI, 76; invente à ce voyage une façon de tirer l'arquebuse, 77; va revoir à Naples la marquise del Gouast qui lui donne des lettres pour son fils le marquis de Pescaire alors à Malte; son regret de n'avoir pu retourner dans cette ville; pourquoi, IX, 371-374; ses rencontres à Messine et à Catane en allant à Malte, VII, 82-86; ce qu'un vieux capitaine espagnol lui dit en Sicile au sujet des défis de François Ier et de Charles-Quint, VI, 457-458; ce qu'il entend dire en Sicile et à Naples sur la révolte des soldats espagnols en Sicile, VII, 146; voit en Sicile don Sanche de Lève, I, 177, note 1; hospitalité que le grand maître lui donne à lui et à ses compagnons, V, 233; ce qu'il lui entend dire sur Soliman et le siège de Malte, et sur ses projets contre les Turcs, V, 228, 229; sur Dragut, II, 58, et sur Coligny, V, 238; épisodes de son voyage à Malte, V, 406 et suiv.; VII, 82-86; X, 426; ce qu'il entend dire à Malte à un capitaine espagnol, II, 124; à un soldat espagnol, VII, 17; sa discussion à Malte avec J. André Doria, II, 45; canon turc qu'il voit à Malte, V, 228; discussion qu'il entend à Malte sur les duels, VI, 410; le chevalier Farnèse lui raconte son histoire à Malte, VI, 288; ce qu'il entend raconter à de vieux commandeurs sur le siège de Malte, IX, 421; veut prendre la croix à Malte et en est empêché par Strozzi, V, 395; recommandé par la duchesse de Savoie à M. de Ligny qu'il voit à Malte, II, 115; va de Malte en course avec Romégas; rencontre qu'ils font d'un navire vénitien, IV, 151; V, 234.
— Son dernier voyage en Italie; débarque à Terracine au retour de Malte et se rend à Rome, IX, 374; V, 409; Pie V lui donne des Agnus Dei, ibid.; passe à Ferrare, I, 298; ce que le maître d'hôtel de la duchesse Renée de Ferrare lui raconte sur la charité de cette princesse envers les soldats de l'armée du duc de Guise, VIII, 110-111; histoire honteuse d'un mari qui lui est racontée à Ferrare, IX, 176; ce qu'il a ouï conter à Bologne sur le comte Palatin, I, 322; rencontres qu'il fait d'un mendiant espagnol, VII, 54-56; et de Diego Leonys, VII, 29.
— Il entend discourir André Doria à Gênes, II, 43; ce qu'il entend raconter au grand maître Parisot sur Dragut, II, 50, 58; comparaison qu'il entend faire de Dragut et de L'Ouchaly, 58, 59, 62, 63; ce qu'il entend raconter à de vieux mariniers à Gênes, I, 72; II, 43; ce que des marchands génois et des habitants de Chio lui racontent sur des coutumes de cette île, IX, 695-696; ce que lui dit à Crémone un soldat espagnol, VII, 21, 22; veut aller faire la guerre en Hongrie et se rend à Venise où il apprend (septembre 1566) la mort de Soliman, IX, 374; histoire qu'on lui raconte à Venise sur un chevalier albanais, IX, 38-39; voit à Venise Louis de Théligny, le baron de Ventenac et l'évêque de Dax, II, 240; V, 118; V, 66, 67; visite la sépulture d'Alviane à Venise, II, 199; ce qu'un seigneur vénitien lui dit,

à Venise, de Pétrarque et de Ronsard, III, 288; séjourne pour la dernière fois un mois à Milan, au retour de Malte; il y prend des leçons d'escrime de Tappe; désordre qu'il y voit, VI, 388; on lui raconte à Milan une aventure du marquis de Pescaire, IX, 287-289; ce qu'un vieux soldat espagnol lui raconte à Milan sur Charles-Quint, VII, 88; passe à Turin, II, 151; rencontre qu'il y fait d'un cordonnier Blaise, de la Réole, leur entretien, VI, 156; sa visite à Emmanuel-Philibert qui lui montre sa forge, II, 151; ce qu'il lui entend dire sur les troubles de Flandre et sur le comte d'Egmont, 153; la duchesse de Savoie lui fait offrir 500 écus qu'il refuse, VIII, 134; ce qu'un maître d'hôtel lui dit de sa charité à l'égard des Français, 135; sa visite à la duchesse qui veut le forcer à se couvrir devant elle, VIII, 137; son entretien avec le duc au sujet de leur parenté, X, 103.

— Il rencontre à Bayonne, au retour de Malte, Perrot qui lui conte ses projets, 41, 42, reçu avec lui par le vicomte d'Orte, IV, 42; va en Lorraine, voir passer les troupes espagnoles allant en Flandre, et qu'il a un moment l'intention de suivre, I, 104; est bien reçu du duc d'Albe, 105; voit un comte de Nassau en Lorraine, I, 253.

— Brantôme assiste à une scène entre Monsieur (Henri III) et Condé (1567), IV, 344, 345; était à la cour en juillet 1568, VII, 143; fait partie des troupes de Gascogne amenées au roi par Terrides et Montsalez, à la seconde guerre civile; va saluer Renée de France au château de Montargis; réfugiés protestants qu'il y voit, VIII, 112-113; passe en poste à Poitiers où il voit le capitaine La Trappe, chargé d'un message de Condé, V, 51; a commission du roi de lever deux compagnies après la journée de Meaux, mais il ne veut en lever qu'une; Strozzi le place sous les ordres de Sarriou, V, 349; en garnison à Péronne; ce qu'il y entend dire des exploits de la Chastaigneraie, IV, 89; V, 84, 422; est capitaine de gens de pied pendant deux ans et quitte tout par caprice, VI, 61; sermon étrange qu'il entend prêcher au Louvre, après la paix de Chartres (1568), V, 60; sollicité en vain par Théligny de livrer Péronne aux protestants, IV, 128; prend part au combat de Champouilly, et se rend ensuite à l'armée de Monsieur; contribue à la défaite de Cocqueville, IV, 86-87; V, 183, 184; essaye en vain de sauver Charbonnières qui avait tué Brissac à Mucidan, VI, 133; malade de la fièvre après la bataille de Jarnac, III, 114; et retiré chez lui, reçoit dans sa maison le duc de Deux-Ponts, le prince d'Orange et ses frères, II, 165; aimé du roi de Navarre; cousin de la femme de Coligny; son entretien avec le prince d'Orange, 165-166; scène intime de musique et de danse à laquelle Charles IX le fait assister, VI, 141, 142; entretien avec Charles IX sur l'importance de la marine, II, 29-30; entend louer La Noue par Charles IX et sa mère, VII, 206.

— Il va, en 1571, voir à La Rochelle Coligny; ce que celui-ci lui dit sur les Huguenots, IV, 300; empêché par Strozzi de faire la campagne de Lépante; ses regrets à ce sujet, II, 110-111; son entretien avec Strozzi et Coligny à Saint-Cloud, sur les affaires de Flandre, IV, 297, 298. Son projet d'expédition

Brantôme (suite)

au Pérou avec Ph. Strozzi; leurs préparatifs au Brouage; il y était lors de la Saint-Barthélemy, *ibid.*, V, 132; VI, 81; changement qu'il trouve dans Charles IX, V, 259; sa suite ordinaire à l'armée; son histoire, en arrivant au siège de La Rochelle, avec un jeune capitaine qui voulait le prendre à sa solde, VI, 167-169; son intimité avec Strozzi qu'il ne quitte pas à ce siège, 61, 62, 80; combat auprès de lui le jour du grand assaut, 63, 64; ce qu'il dit de la brèche devant Monsieur; assiste à une panique de l'armée royale, 65-67; comment il s'est conduit au siège de la Rochelle, où il est blessé; dangers qu'il y court, V, 332 et suiv., 327; plaisant dialogue auquel il assiste entre un des assiégés et Le Bernet, IV, 36-39; manque d'être tué à l'assaut de La Rochelle, IV, 384; le roi de Navarre le mène voir les blessés qu'il interroge, 385; sa prédiction à Cossains; le visite avec Strozzi à son lit de mort, VI, 69, 70; voit Besme à ce siège, IV, 310; persuade aux Rochellois d'enlever de leurs remparts des enseignes prises aux assiégeants, V, 324; voit les Rochelloises travailler aux fortifications de leur ville, IX, 420; ce que Monluc lui raconte dans la tranchée de la Rochelle sur Lescun et la comtesse d'Escaldasor, IX, 130; sa conversation dans les tranchées avec Henri de Guise qui lui donne une épée argentée et auquel il prête son mousquet, V, 329-331; VI, 81; X, 145-146; le prince de Condé lui donne une rondelle; il prête au roi de Navarre une arquebuse à mèche, VI, 81.

— Sollicité de prendre part à la conspiration de la Mole et de Coconas, VII, 360; était à la cour lors du vol des reliques de la Sainte-Chapelle, et de l'arrestation de Cossé et de Montmorency (mai 1574), II, 362; III, 362; était présent aux visites qu'Élisabeth d'Autriche faisait à son mari mourant, IX, 596; assiste aux funérailles de Charles IX, VII, 325, 326; est mêlé à la dispute d'Amyot et du Parlement lors de ces funérailles; ce que lui en dit le cardinal de Lorraine, 327; est à la cour lors des obsèques faites à Cosme de Médicis (1574), II, 19.

— Il était à Lyon avec Henri III, lorsque celui-ci revint de Pologne, VII, 131-133; dine dans cette ville avec Strozzi, chez le duc de Savoie qui leur conte la prise de la Goulette par L'Ouchaly et une anecdote sur Antoine de Lève et les soldats Espagnols à Pavie, VII, 16-19; danse à Lyon avec Marguerite de Valois, VIII, 74, note 2; fait échapper de Lyon Fréville, son ami, coupable de quatre assassinats, VII, 131-133.

— Il était dans la chambre de la reine lorsque M. de Montpensier se plaignit de M. de Ruffec, III, 359; était à la cour lors de la défaite des Suisses par Montbrun (juin 1575), V, 423; est envoyé par Henri III, vers La Noue à La Rochelle (1575); sa rencontre à Blois et à Paris avec Montpensier, 21; VII, 208; accompagne, à la poursuite du duc d'Alençon, le duc de Nevers qui lui communique ses projets (septembre 1575), IV, 387-388; à la cour, il contribue à donner des fessées aux gentilshommes qui avaient abandonné le duc d'Alençon, VII, 247; accompagne Catherine de Médicis dans sa visite aux ruines de Lusignan, V, 16-18; visites qu'il rend avec Strozzi au maréchal de Cossé malade à Blois, pendant les premiers états, IV, 91-92; tapisserie qu'il voit au château de Blois, VI, 244; sa visite au château de Chambord; ce que le concierge lui raconte des maîtresses de François Ier, en lui montrant une phrase écrite par ce prince au côté d'une fenêtre, IX, 714-716; assiste à une scène entre Marguerite de Valois et du Guast, VIII, 62; choisi par Bussy pour l'assister dans son combat en champ clos contre Saint-Phal; accompagne Bussy au Louvre le jour de son accord avec Saint-Phal, VI, 185-186; l'accompagne, à sa sortie de Paris, et est chargé par lui de plusieurs commissions dont il s'acquitte, 188-189; il fait agréer au roi l'excuse de sa conduite, 188; malade de la fièvre à Paris, 187; tancé par Henri III, à cause de son amitié pour Bussy, VI, 384; brevet à lui donné et à son frère par Henri III, sur l'évêché de Périgueux, X, 139-140; grondé par Catherine de Médicis au sujet de la querelle de Pardaillan avec son cousin La Chastaigneraie dont il était second, VII, 367; veut suivre La Noue en Flandre; Ph. Strozzi l'en détourne; ses regrets à ce sujet; influence que Strozzi exerçait sur lui, VII, 210; était en Gascogne avec Catherine de Médicis lors de la fondation de l'ordre du Saint-Esprit; ce qu'elle lui en dit, V, 105.

— La reine mère lui ordonne de l'accompagner à Bordeaux, VII, 375; Marguerite de Valois le fait placer près d'elle, à son entrée dans cette ville; VIII, 41-42; était à Cognac avec cette princesse, VIII, 31-32; contes qu'il faisait à Henri III, sur les dames de la cour, et que celui-ci lui faisait, IX, 498, 664-665; petit don qu'il sollicite de Henri III, II, 211; admonestation qu'il lui entend faire à dîner sur le luxe de ses favoris, 212-213; il lui demande pour son neveu Henri de Bourdeille le gouvernement de Périgord qu'il lui refuse; ce gouvernement lui est promis plusieurs fois par le roi qui lui manque de parole, V, 206, 207; plaintes qu'il lui en fait, 207; sa colère à ce sujet; le roi cherche à l'apaiser, 208; François d'Anjou veut l'attacher à lui; le duc de Guise cherche à l'entraîner dans la Ligue; il se résout à vendre ses biens et à passer au service du roi d'Espagne, 209, 210; obstacles qu'il trouve à son projet, dont il avait parlé au comte de La Rochefoucauld; une chute de cheval le fait demeurer quatre ans au lit, 210, 211; I, 4-5; il est guéri par Saint-Christophe, 5; veut deux fois se marier; ce qui l'en empêche, VI, 90, 91; IX, 201; ses plaintes sur sa mauvaise fortune, sa vieillesse et sa pauvreté; ses malédictions sur les princes, V, 396, 397; IX, 375. Ses démêlés avec le vicomte d'Aubeterre, mari de sa nièce; ses plaintes à ce sujet à Henri de Guise, IV, 259; réconcilie Aubeterre et Espernou, VI, 433; assiste (7 février 1589) au baptême du fils posthume du duc Henri de Guise tenu sur les fonts par la Ville de Paris, IV, 274; va rendre visite à Marguerite de Valois à Usson, VII, 2, X, 4; se croit empoisonné avec ses deux nièces d'Aubeterre et de Duretal, IX, 458; est présent à la mort de sa nièce d'Aubeterre, 455 et suiv.; son affection pour sa belle-sœur, qu'il empêche de se remarier, X, 131 et suiv.,

Brantôme (suite).

396, 429; il l'assiste dans ses démêlés avec le prince Henri de Condé, IX, 429-430; oraison funèbre, Tombeaux en vers et en prose qu'il compose pour elle, X, 59-80; 131 et suiv.; il bâtit le château de Richemont, 144; voulait faire élever un château fort près de Brantôme, 151; son procès contre les religieux de Brantôme, 142; contre La Barde, 143; ses dettes, I, 163, note 3; envers Mme de La Chastaigneraie, X, 128; envers M. de La Chambre et du Préau, 129; ses affaires d'intérêt avec son frère André, 130 et suiv.; donne un diamant à Mme de Sansac, pour régler une affaire d'intérêt, 150; son testament et ses codicilles, 121-154; ce que par son testament il ordonne de ses manuscrits, 126-128; de sa bibliothèque et de ses armes, 145-146; instructions pour ses funérailles, 154; son recueil de crayons mentionné dans le catalogue de la collection de Mariette, 398.

— Il loge à Saint-Dizier dans la chambre où le capitaine Lalande avait été tué, III, 235: achète plusieurs morions à Negrot, VI, 79; assiste aux noces du duc de Lenox et de Catherine de Balsac, II, 371; prend part à des joutes sur l'eau à Paris et sauve la vie au baron de Montesquiou, IV, 347-348; voit pendre un filou à Paris, IX, 463-464; prise illégitime faite par un navire lui appartenant et que fait rendre le baron de la Garde, IV, 150; assiste à une dispute entre J. Caraccioli et le cardinal de Ferrare, II, 239; tour qu'il joue à un amoureux fanfaron, IX, 123-125; sa querelle avec un chevalier de l'ordre, VI, 468; ses doléances sur la décadence de l'ordre de Saint-Michel, V, 91 et suiv.; a pour pages et élèves la Maurie et du Préau, V, 364, 365; ses observations critiques sur le récit du siège de Sienne par Monluc, 298-301; part qu'il prend à une discussion sur un appel, VI, 411; satire qu'il fait de certains faux braves, VII, 31; son indignation des fanfaronnades contre le duc de Parme, 295.

— Sa liaison avec le comte d'Aremberg, II, 181-182; grand ami de Claude de l'Aubespine qui lui communique la relation de Mondoucet sur la mort d'Egmont et de Horn, 156-157; essaye d'apaiser la colère du capitaine Briagne contre un de ses soldats qui finit par le tuer, VI, 483-484; cousin et ami de Bussy qui lui raconte son démêlé avec Henri de Guise, 470; il empêche son duel avec Saint-Phal, 183-184; ses relations avec Charry, V, 341, 342; sa liaison avec Chastelard, VII, 451, 452; empêche Clermont-Tallart de se blesser pour complaire à sa maîtresse, IX, 391-392; dîne avec du Guast chez Biron, V, 152 et suiv.; dîne chez du Guast avec Ronsard, Aubigné, Baïf, etc., IX, 113; sa conversation avec du Guast sur le livre *de la Beauté* de Firenzuola, 205-206; dîner qu'il fait avec du Guast et Daurat qui leur raconte l'histoire de la Matrone d'Éphèse que leur conte aussi Beaujoyeux, 662-664; plaintes que du Guast lui fait sur Bellegarde; sa rencontre avec celui-ci dans la forêt de Châtellerault, VI, 207; ami du capitaine Grille, V, 350.

— Il est aimé du duc F. de Guise à cause de La Chastaigneraie, IV, 231-234; dîner auquel il assiste chez lui, V, 11; amitié que lui témoignait le duc Henri de Guise qui l'appelait son fils, VII, 226-227 ; et le choisit pour l'aider à défendre le comte de Brissac, VI, 146 ; vers sur le duc d'Anjou, qu'il lui montre au siège de La Rochelle, IX, 280-281 ; son intimité avec la Noue ; il le voit en Poitou ; reproches qu'il lui fait au sujet de François d'Alençon, VII, 208 ; le sauve d'un guet-apens que l'ambassadeur d'Espagne lui tendait à Paris, VII, 262 ; son intercession pour la délivrance de La Noue, près du duc de Guise, 212, 226-228, près de Henri III, de la reine Louise et de Mercœur, 220, 221, 227 ; ingratitude de La Noue envers lui, 261-263 ; sa discussion avec une grande dame au sujet de La Noue, 214 et suiv. ; ses plaintes sur son ingratitude, 261 ; lettre qu'il en reçoit, II, 129 ; il empêche un duel entre Lignerolles et Montsalez, VI, 440 ; sa grande liaison avec Monluc, IV, 59.

— Il empêche Pruneaux d'appeler en duel Normand, VI, 197, 198 ; son amitié pour Ph. Strozzi qui le paye d'ingratitude ; mariage qu'il rompt pour le suivre dans son expédition de Tercère ; mauvais tour qu'il en reçoit, 90, 91 ; dîne plusieurs fois avec lui et Pontus de la Gardie, V, 390 ; son amitié pour Charles de Théligny ; ses regrets de sa mort, II, 421 ; IV, 308. Sonnet qu'il lui adresse, X, 417 ; est festiné à Dieppe par Valfrenière, I, 326-327 ; son amitié pour du Guast et son meurtrier Vitteaux, V, 354 et suiv. ; il cherche en vain à les réconcilier, 356, 357 ; VI, 334 ; son amitié pour Vitteaux qu'il appelait son frère d'alliance ; apprend sa mort à Étampes, 336 ; il lui donne asile, des chevaux et de l'argent après son assassinat du baron de Soupez, 330 ; sa conversation chez Vitteaux avec le médecin Le Grand, IX, 570.

— Ce qu'il dit des aventures qu'il raconte sur lui-même, IX, 585 ; amoureux de la belle Châteauneuf, II, 181-182 ; son amour pour une belle grande dame ; sa jalousie contre le médecin qui la soignait, IX, 569 ; ses amours avec une fille de la cour fort hautaine, 584-585 ; son désintéressement dans ses amours, 109-110 ; anecdote sur sa discrétion en amour, 502 ; son aventure avec une dame qui craignait les araignées, VIII, 197-198 ; son aventure avec une jeune veuve, IX, 700-701 ; ce qui lui arrive avec une veuve mariée quatre fois, 684-685 ; son histoire avec la veuve d'un huguenot tué à la Saint-Barthélemy, 666-668 ; tableau de la Fortune et de Vénus qu'il va voir avec une grande dame, VIII, 195 ; ce qu'une grande dame lui disait sur les effets du printemps, IX, 218.

— Marie Stuart lui montrait ses vers, VII, 406, 407 ; ce qu'il raconte d'elle à une grande dame, IX, 152 ; X, 421 ; ami de Mme de Carnavalet qu'il exhorte en vain à épouser Espernon, 649 ; nom qu'il donnait à Mme de Nemours, 360 ; son amitié pour Mme de Nevers, IV, 390 ; sa conversation avec Ronsard qui lui donne un sonnet sur la reine Marguerite, VIII, 32 ; conte composé par cette princesse, qui le lui fait lire et lui en donne une copie, 214-217 ; lettres qu'elle lui écrit, VIII, 82 ; ses vers sur elle, VIII, 85 ; elle lui dédie ses Mémoires ; texte de la dédicace, observations qu'elle lui fait sur le *Discours* qu'il a composé sur elle, 209-212. Voy. Marguerite.

Brantôme (suite).

— Récits que son père lui fait sur Bayard, II, 387; usage qu'il a fait des conversations de sa grand'-mère maternelle Louise de Daillon, femme d'André de Vivonne, sénéchal de Poitou, et de sa tante, Mme de Dampierre, VII, 331; ce que sa grand'-mère lui raconte sur Anne de Beaujeu, VIII, 101, 104, 105; sur Charles VIII, II, 320; sur Louis d'Ars, 392; sur le voyage de Marguerite d'Angoulême en Espagne, VIII, 121; sur Mme de La Borne, IX, 76, 77; sur La Chastaigneraie, V, 87; ce qu'il entend dire à sa mère Anne de Vivonne et à sa grand'-mère sur la mort de Marguerite d'Angoulême, VIII, 122 et suiv.; ce qu'il entend dire à sa mère sur l'*Heptaméron*, IX, 238; conte qu'il tient de sa mère et de M. de Pons, VII, 192; ce que Mme de Dampierre lui raconte avoir entendu François Ier dire sur les Guises, IV, 272; lettre de Sampietro qu'elle lui montre, VI, 217, 218; ce qu'il entend dire à sa tante de Grezignat sur les noces de son père, X, 47.

— Ce que M. d'Argy lui raconte sur Charles-Quint, I, 26 et suiv.; le capitaine Barthelomé lui raconte comment il s'est converti, VI, 179-181; récit que lui fait le capitaine Beaulieu de ses amours lorsqu'il était prisonnier, IX, 164-165; Beaton lui raconte l'évasion de Marie Stuart, VII, 422; ce qu'il entend raconter au cardinal du Bellay sur Langey, III, 214; et sur le projet d'assassinat de Charles-Quint par Sampietro, VI, 215-217; ce que lui racontent Bellegarde et Boisjourdan, IV, 4; ce que Bellegarde lui dit de sa disgrâce, V, 201; et de son différend avec Antoine de Navarre, VI, 470; ce que Biron, son parent et son ami, lui dit de la Saint-Barthélemy, V, 130, 132; et d'une scène que lui fit Henri III au camp devant La Rochelle, 138, 139; ce que son frère J. de Bourdeille lui raconte sur Charles-Quint, I, 26 et suiv.; et sur Hautefort, IV, 18; ce qu'il entend dire au maréchal de Brissac sur le traité de Cateau-Cambrésis, IV, 112-113; ce que le comte de Brissac lui raconte sur son père le maréchal, IV, 70; sur Tavannes, V, 117-118; ce qui lui est raconté sur son frère Ardelay par Timoléon de Brissac, VI, 136; et sur son père par M. de Brouillac, X, 50, 51.

— Ce que lui dit le capitaine Miquel da Candio, sur Pierre Strozzi, II, 270; ce que M. de Carnavalet lui raconte sur une conversation de Henri II avec le grand écuyer de l'empereur, III, 274-276.

— Ce que Catherine de Médicis lui raconte sur François de Bonnivet et Henri II, 289-290; VI, 104-105; ce qu'il lui entend dire sur la cour de François Ier, VII, 400; sur le savoir de Renée de France, VIII, 108; sur l'échec des conférences de Talcy, VII, 358; sur Montbrun, IV, 33; sur le costume des veuves, IX, 637; sur la fuite du duc d'Alençon, VII, 360; sur la rupture des conférences de Cognac et de la trêve de Maillezais, 356, 362; ce qu'il lui dit sur Matignon, V, 163; ce qu'elle lui dit sur la vieillesse, 396-397; il l'entend jurer qu'elle n'emploierait plus d'ambassadeur de robe longue, III, 97. ce qu'elle lui dit sur ses droits au royaume de Portugal, VII, 337; sur l'éloquence de Marguerite de Valois, VIII, 42.

— Ce que lui dit la nourrice de Charles IX, V, 256 ; ce que la belle Châteauneuf lui raconte du séjour de l'impératrice Marie d'Autriche à Marseille, IX, 605-606 ; ce qu'il entend raconter à Cipierre au sujet d'un appel fait par lui, VI, 379 ; et sur sa rencontre avec Mme de Burie, III, 403 ; ce qu'il entend raconter à Coligny sur Charles-Quint, I, 12 et suiv. ; sur le baron de Mirembeau et la police en temps de guerre, IV, 23, 322 ; ce que lui racontent Cossains sur les capitaines du Piémont, VI, 105 ; et Clermont-Tallart sur les débauches de deux grandes dames, IX, 197-198 ; de Cros lui fait le récit de la bataille de Langside, VII, 424.

— Ce que Dampville lui raconte sur le voyage de F. de Vendôme en Écosse, VI, 116 ; ce qu'il a appris du duc de Savoie Emmanuel-Philibert, au sujet de la prise de La Goulette par L'Ouchaly, II, 60 ; ce que lui raconte d'Estourneau sur les ministres du colloque de Poissy, IV, 364 ; ce que M. d'Estrées lui raconte sur son père, X, 33. Jacques Ferron, son maître d'armes, lui raconte le duel de Vitteaux et de Milhau, VI, 328-329 ; ce que le duc de Ferrare lui dit sur les reitres, IV, 204 ; ce qu'il a entendu dire à Mme de Fontaine-Chalandray, sur les carroux en Flandre, I, 31 ; sur le comte d'Egmont, II, 163-164 ; sur les fêtes de Bins, III, 265 ; récit que lui fait le capitaine Grille de la mort de d'Essé, I, 392-393 ; ce qu'il lui entend dire sur l'accueil fait par François Ier à Taix, ramenant les troupes du Piémont, VI, 14 ; ce qu'il entend dire à du Guast sur Bonnivet, VI, 110-111.

— Ce qu'il entend dire au duc François de Guise sur le siège d'Yvoi, I, 305 ; sur Annebaut, III, 212 ; sur Vassé et Monluc, IV, 94 ; sur le rôle de l'infanterie et de la cavalerie, I, 208-209 ; sur la Renaudie, 226 ; sur M. de la Brosse, V, 47 ; sur les accords de querelles, VI, 368 ; sur le duel de Mastas et d'Apchon, 379 ; entend le jeune Henri de Guise jurer de venger la mort de son père, V, 247 ; son entretien avec lui sur l'emploi des arquebusiers, I, 338-341 ; ce que lui raconte la duchesse de Guise sur le combat de Neufchâtel, III, 230.

— Ce qu'il a entendu dire à Henri II sur l'impératrice Marie d'Autriche, IX, 604 ; histoire singulière d'une veuve que Henri III raconte à Brantôme 664-665 ; ce qu'il entend dire à ce prince sur Maximilien II, I, 89 ; sur les pensions payées par Philippe II à Constantinople, V, 59 ; sur Romegas, 235 ; ce qu'Henri IV lui dit sur la mort de Tavannes, 122.

— Ce qu'il entend raconter par La Chapelle des Ursins sur le siège de Sienne, I, 296 ; sur Henri II et les Siennoises, IX, 417 ; ce qu'il a ouï dire au baron de La Garde sur Soliman au siège de Vienne, I, 322 ; sur Dragut, II, 64 ; sur Barberousse et le comte d'Enghien au siège de Nice, III, 219 ; sur un panache de plumes de phénix, IV, 142-143 ; sur l'alliance de François Ier et de Soliman, V, 63 ; ce que lui raconte Landereau sur une de ses courses, VII, 161-162 ; ce que lui dit La Noue sur le siège de Lusignan, IV, 59 ; sur les guerres civiles, 300 ; sur la Saint-Barthélemy, VII, 363 ; mot de François Ier que lui raconte Lansac, IV, 74 ; ce que celui-ci

Brantôme (suite)
lui dit des ordres de Saint-Michel et du Saint-Esprit, V, 111; sur les langues, VII, 71, 74.
— Ce que lui raconte Ph. Strozzi sur sa jeunesse et son éducation, VI, 85; sur le mariage de son père, 163; sur la manière dont il a amené des troupes à Paris, VII, 287-288; sur la Saint-Barthélemy, 363. Ce que lui raconte Lansac le jeune sur la mort du duc d'Albe, I, 304; sur une pierre de foudre à l'Escurial, IV, 143; ce que Largebaston lui dit de l'éloquence de Marguerite de Navarre, VIII, 42. Lavernan lui raconte la blessure de F. de Guise, IV, 264; ce que La Vigne lui raconte sur la conjuration d'Amboise, III, 234; IV, 290, 291.
— Ce que Lignerolles lui raconte de la mort d'Élisabeth reine d'Espagne, VIII, 8; ce que Mlle de Limeuil lui raconte sur la vengeance qu'elle tira du prince de Condé, IX, 511; il entend le cardinal de Lorraine approuver la confession d'Augsbourg, IV, 276; anecdote qu'il lui entend raconter sur son entrée à Venise, IX, 297; ce qu'il entend dire au cardinal de Lorraine sur P. Pascal et les historiographes de Henri II, III, 283-285; ce qu'il lui entend dire à Charles IX, V, 278.
— Ce que M. de Marconnay lui dit sur les chiens de chasse de Henri II, III, 277; ce que Marguerite de Valois lui conte sur son mépris des grandeurs, VII, 176-177; sur sa réconciliation avec Biron, VIII, 79-80; discours remarquables qu'il lui a entendu faire, 42. Ce qu'il entend dire à Monluc sur Pierre de Navarre, I, 157; sur l'origine du mot couronnel, V, 299; sur les *soldados viejos*, 316 et suiv.; sur La Chastaigneraie,

VI, 276; ce qu'il entend dire au connétable de Montmorency sur les généraux d'armée, IV, 3; sur les ambassadeurs en Turquie; sur les alliances nécessaires de la France, 55-57; ce que feu M. de Montpensier lui disait de Henri de Condé, 354; ce que Montpezat lui conte sur l'empereur Ferdinand, I, 85.
— Ce que de Mouy lui dit sur Ph. Strozzi, VII, 288; entend le duc de Nevers se plaindre de l'incapacité de Matignon, V, 166; sa conversation avec lui au sujet des couronnels, 297; ce que M. de Noailles évêque de Dax lui raconte sur L'Ouchaly, II, 63; sur une esclave chypriote, V, 67; ce qu'Ambroise Paré lui dit sur la mort de Charles IX, V, 270; ce que Pibrac lui dit sur les alliances des maisons de France et de Navarre, VIII, 57; sur les discours des rois, IX, 624; ce que lui dit le maréchal de Raiz au sujet de son rôle dans l'armée du duc de Guise, V, 140; entend citer par lui le livre de la *Chasse du cerf*, de Charles IX, V, 286; ce que M. de Randan lui raconte sur un tour joué à une fille de la reine, IX, 272.
— Récit que lui fait Mlle de Raré de la mort de Marie Stuart, VII, 440; ce que lui raconte J. Ph. de Rhingrave qui le traitait de neveu, VI, 222; ce qu'il entend dire à Ronsard et à Daurat, sur la traduction grecque de César par P. Strozzi, II, 241; sur des vers faussement attribués à Marie Stuart, VII, 406; sur Madeleine de France, reine d'Écosse, VIII, 126-127; ce que M. de Rostaing lui raconte sur le dauphin Henri et son frère Charles, III, 184-185.
— Il entend raconter beaucoup de choses à Saint-Martin, IV, 117; ce que Salviati lui di sur

la délivrance d'Alvaro de Sande, I, 327, 328; ce que lui dit M. de Sansac sur Pierre Strozzi, II, 241; aventure amoureuse que lui raconte le chevalier de Sanzay, IX, 64-66; ce qu'il entend raconter à Théligny sur des soldats huguenots venus de Metz à Orléans, VII, 290; ce que Christophe de Thou lui dit des droits de Catherine de Médicis au royaume de Portugal, VII, 337; ce que M. d'Uzès lui raconte sur un grand seigneur étranger, 91-93; ce que lui raconte le capitaine Valfrenière sur Alvaro de Sande, I, 326; ce que lui raconte Vieilleville sur le duel de Jarnac et de La Chastaigneraie, VI, 280-282; ce que lui dit Vigenère sur le duc de Nevers, IV, 377.

— Son horreur des soulèvements populaires, V, 191; sa réprobation de la Saint-Barthélemy, III, 314.

— Ce qu'il entend dire aux vieux sur son père, X, 40, 43, note; anecdote sur Louis XI et son fou, que lui raconte un vieux chanoine de Paris, II, 332-333; ce qu'il a entendu dire à aucuns anciens sur Louis XI, IX, 471; et sur les valets de chambre des rois et des princes du sang, V, 166; aux anciens de la cour sur M. de Lorges, IX, 390; sur le duc d'Albany, 478; à de vieilles gens sur l'entrée à Paris de François Ier et de Claude de Guise, III, 231; à un grand personnage sur l'entrevue de Savone, I, 127; conte que lui fait sur M. de Grignaux un vieux gentilhomme, son voisin, VII, 198; entend des seigneurs et des dames appeler François Ier *Grand-Colas*, I, 129; ce qu'il a ouï conter à de vieux mortespayes du château de Lusignan sur le prince d'Orange, I, 244; ce qu'une personne d'honneur lui raconte sur François Ier et le sieur de Buzambourg, IX, 474; ce qu'il a entendu raconter à une personne grande sur la générosité de François Ier envers les serviteurs du connétable de Bourbon, VII, 240-241; ce qu'il entend dire à des capitaines sur la capitulation de P. Colonna à Carignan, III, 217; sur Vassé et Montmas, IV, 97; sur Lautrec, 240, 241; sur la bataille de Renty, VI, 22, 23; à des gens de la cour de Henri II sur le duc de Saxe, I, 23.

— Ce qu'il a ouï dire sur le projet de Charles-Quint de se faire pape, I, 54; sur sa conduite au moment de son abdication, 58, note 4; sur l'archevêque de Tolède, 61; sur une rencontre en mer de J. A. Doria et de L'Ouchali, II, 47; sur une proposition d'André Doria à Charles-Quint, 33; ce qu'il entend raconter à un gentilhomme de son frère sur l'assemblée où Charles-Quint se démit de la couronne, IX, 619-620; ce que lui racontent des mariniers et des soldats sur Dragut, II, 56; ce qu'il entend dire sur les suites de la bataille de Lépante, 122.

— Aveux qu'il entend faire à des huguenots sur leur participation à la conjuration d'Amboise, IV, 363; ce qu'un grand lui raconte sur une affaire entre Andelot et la reine mère, VI, 56, 57; ce que lui raconte sur Briquemault un ancien page de celui-ci, IV, 358; ce qu'un gentilhomme lui raconte de sa rencontre avec la duchesse de Guise, II, 407; de sa querelle avec une fille de la reine, IX, 488; ce qu'il apprit d'un chef ligueur sur une réunion de chefs de la Ligue à Bourg-surMer, V, 146.

Brantôme (suite)

— Ce qu'il a entendu dire à une dame sur les amours de Louis XII, III, 243; sur la douleur de François Ier à la prise de Saint-Dizier, 160-161; sur le comte de Saint-Paul, 203; sur un trait de Charles-Quint en France, 121; à une honnête dame de la cour sur l'empoisonnement du dauphin François, 176-177; sur un entretien de François Ier avec Montmorency, Brion et Montchenu, 194; ce qu'une grande dame de la cour lui raconte sur le duc d'Albe, I, 94-95; sur Montpezat, III, 149-151; ce qu'il entend raconter à une dame de grande qualité sur le mariage du cardinal du Bellay, IX, 677, 678, 680; ce que des seigneurs et des dames du temps de François Ier lui ont raconté sur son mécontentement contre Claude de Guise, III, 229; ce qu'une dame de par le monde lui raconte sur le voyage de Charles-Quint en France, III, 158; sur Charles IX, 185; entend dire à une princesse que Marguerite de Valois sauva son mari à la Saint-Barthélemy, VIII, 58.

— Ce qu'il a entendu dire à de grands capitaines sur la conduite de la guerre, II, 72; sur les défis, IV, 181; sur les blessures, V, 329; sur les fous et les bouffons, I, 205, note 3, 206; sur les offenses qu'on doit cacher, IX, 473 et suiv.; ce que lui dit un grand prince sur l'ordre de Saint-Michel, V, 101; ce qu'un grand prince lui dit sur les femmes, VII, 171-172; ce qu'il entend dire à un grand sur les cardinaux, II, 365; ce qu'il entend dire dans sa jeunesse sur les filles de la cour de France, IX, 183; ce qu'il entend dire à la cour au sujet de la mort du capitaine Perrot, IV, 41; ce qu'un galant homme lui raconte de Raimond Lulle, IX, 260; ce qu'une dame lui dit à propos d'une comédie italienne de Fiesque, 407; ce qu'il a entendu dire à un homme de justice sur les lieutenants de roi et les gouverneurs de province et de ville, III, 49.

— Ce qu'il a ouï dire à des docteurs sur les dispenses d'abstinence, I, 173; sur Judas, V, 261; ce qu'un très grand médecin lui dit sur l'organisme du corps, IX, 211; ce que les médecins lui disent sur l'amour des vieilles, 683; ce qu'il a entendu dire à des philosophes sur l'influence des noms, I, 87; sur les mourants, IX, 465; ce que lui dit un vieux philosophe sur la légèreté de l'air, VII, 160; ce qu'il entend dire sur la mort à un grand théologien, V, 148; ce que des magiciens subtils lui disent sur le diable, IX, 237.

— Ce qu'il dit à Coligny sur les massacres de paysans périgourdins ordonnés par celui-ci, VI, 18, 19; questions à lui adressées au sujet du portrait des deux filles d'Élisabeth d'Espagne, IX, 155; sa conversation avec une dame et un cavalier sur un passage de Tite-Live, 167-168; sa conversation avec son cousin Matignon partant pour la Guyenne, V, 159, 160; sa conversation avec Fr. de La Rochefoucauld sur le duc Henri de Guise; ce qu'il en dit à Mayenne, VI, 200, 201; dicton sur Meillant et Milan à lui expliqué par aucuns seigneurs et dames, III, 27, note 1.

— Anecdote qu'un moine espagnol lui raconte sur le pape Alexandre VI, VII, 67; ce que deux capitaines espagnols lui disent à Paris sur la beauté de Marguerite de Valois, VII, 174-176; ce qu'un Espagnol lui dit sur les désirs amoureux, IX, 328-329; sa conversation avec deux soldats espagnols au Louvre, VII, 7-8; ce que les Espagnols lui disent de l'*Invincible Armada*, VII, 40, 41; ce que lui racontent des soldats français et espagnols sur le sac d'Anvers, II, 186; ce qu'il a entendu raconter à un grand seigneur espagnol sur la mort de don Carlos, II, 101-103; ce que des soldats et capitaines espagnols lui racontent sur la goutte de Charles-Quint, I, 23, note 3; sur son couronnement à Bologne, 39, note, 41, 42; ce qu'il a entendu dire à de vieux capitaines espagnols sur la bataille de Renty, III, 270; ce que lui dit un vieux capitaine espagnol sur Emmanuel Philibert, II, 151; ce qu'un soldat espagnol lui dit de Philippe II, VII, 108; ce que de grands capitaines italiens lui ont appris sur les duels, VI, 376-377; ce qu'il entend raconter à un Italien sur Mustapha et Sinan-pacha, II, 65.

— Histoire du mariage de la veuve d'un de ses oncles, IX, 673; ce que lui dit une de ses parentes, veuve et grande dame, IX, 700; mésaventure arrivée à un de ses parents au siège de Poitiers, VII, 281-282; sa cousine germaine (Mlle de Maumont) aimée du Dauphin François, III, 174.

— Ses explications sur la manière dont il a composé ses livres, V, 294, 295; ce qu'il dit des historiettes qu'il raconte, IV, 40; de sa façon d'écrire, V, 336, 337; de ses digressions, 347; s'excuse sur l'imbécillité de sa plume, II, 189, note; son apologie de son livre des Dames, IX, 577; sa traduction d'une harangue de Lucain, IV, 208; ses maîtres en poésie, X, 394-395; ses vers sur Anne de Bretagne, VII, 331; sur Catherine de Médicis, 402, 448; sur Élisabeth, reine d'Espagne, VIII, 21; sur Marguerite de Valois, 85; sur les femmes, IX, 230; prend congé des Muses, 87.

Brantôme. Son erreur sur Apis, IX, 298-299; sur les femmes d'Argos, I, 303, note; sur un passage de Platon, X, 16, note 1; sur Denys l'Ancien, I, 164; sur Clélie, 239, note 2; sur la courtisane Flora (erreur empruntée aux *Epîtres* de Guevarra), X, 6, note 1; sur l'entrevue de Scipion et d'Annibal, I, 13; sur Scipion l'Africain, IX, 296, note 1; sur Scipion Émilien, VI, 512; sur Jules César, I, 17, note 2; sur un plaidoyer de Cicéron, IX, 26; sur Ovide à propos d'Ajax, VII, 43; sur Octavie, femme de Néron, IX, 34; sur la femme de Lucain, X, 6, note 1; sur un hémistiche de Stace, II, 143; sur le cheval de Seius, IX, 188, note; sur Adrien et Marc-Aurèle, Faustine et Commode, 116, note 1; 118, note 1; sur Nicéphore, qu'il cite à tort, V, 11.

— Brantôme. Ses erreurs dans les généalogies des maisons, de Bourdeille et de Montberon, X, 59, note 4; 60, notes 1, 2, 3; 98, note 2; 99, note 2; 104, note 2; son erreur sur Amyot, V, 282, note 1; sur un comte d'Armagnac, II, 371, note 4; sur Robert d'Artois et sa sœur, I, 290, note 3; VIII, 152-153, 162, 170; sur un prétendu fils du maréchal d'Aubigny, II, 370, note 2; sur Baudoin Ier, roi de Jérusalem, IX, 25, note; sur la reine Claude, III, 172, note 1; sur Philippe de Commines, II, 294, note 7; sur un évêque d'Évreux, 341; sur le duc d'Estouteville, III, 205, note; sur François Ier, V, 317; sur

Brantôme (suite)

François Ier et Charles-Quint, VI, 458, note 1; sur la fille du grand maître Galiot, III, 76; sur Gourdan, IV, 216; sur Jean sans Peur, IX, 472, note; sur la mort de François de Lorraine, comte de Lambesc, III, 226, note 1; sur saint Louis, V, 262; sur Maligny, IV, 340, note 1; à propos de la mort de Marie Stuart, II, 84; sur le nombre des filles du connétable de Montmorency, III, 349, note 3.

— Son erreur sur le duc d'Albe, II, 178, note 2; sur son âge, I, 112, note 5; 302; et sur sa statue, I, 107, note 2; 108, note 2; sur la mort de Sanche d'Avila, II, 187, note 1; sur la mort de Barberousse, 70, note 2; sur Bajazet et Constantin Dracosès, 218; sur les Borgia, 204, note 3; sur le couronnement de Charles-Quint, I, 33, note 1; sur Prospero Colonna, II, 427; sur le prétendu second mariage de Vittoria Colonna, IX, 670-671, (Voy. Napoleone Orsini); sur le joyau de Cortez, I, 52, note 5; sur Jannetin Doria et sur San-Fiorenzo, II, 42, notes 2 et 3; sur Eugène IV, 348; sur le cardinal Farnèse, 349, note 2; sur Khair-Eddin, dit Ariaden, dont il fait deux personnages, V, 398, 403; sur Don Juan, II, 139; sur le comte P. Ernest de Mansfeld, I, 309, note 4; sur Marguerite d'Autriche, IX, 206, note 1; sur un personnage du *Morgante Maggiore*, V, 394; sur le prince d'Orange, I, 238, note 1; sur Pescaire, 184, note 1; sur le comte palatin Philippe II, 323, notes 1 et 3; II, 431; sur Mustapha-pacha, 64, note 3; sur Robert roi de Naples, VIII, 148; sur Rustem-Pacha, II, 58; sur la princesse de Salerne, 24, note 2; sur Sarmento, 69, note 3; sur Laurence Strozzi, 277; sur le lieu de la mort de J.-J. Trivulce, 221, note 2; sur Antoine Trivulce, 226, note 3; sur la mort de Chiappino Vitelli, 187, note 3.

— Son erreur sur l'*Apologie du prince d'Orange*, I, 60; sur le château de Dampierre, I, 146; sur l'ordre de la Jarretière, V, 33, note 4; au sujet de la statue de saint Georges donnée par Charles le Téméraire à l'église de Saint-Lambert, à Liège, I, 165, note 4; sur la bataille de Nancy, II, 125; sur le siège de Perpignan, 42, note 2; sur le concile de Pise, I, 142, note 4; sur le livre de Régnier de la Planche, III, 228, note 1; sur le siège de Vienne par Soliman, I, 321, note 2; II, 41.

Brantôme, ses mauvaises citations de Virgile, II, 143, 330; de Bourdigné, II, 325, note 3; de P. Jove, 23, note 3; de Paradin, I, 300, 301; VI, 109; erreurs à lui reprochées par Marguerite de Valois, VIII, 111; sa calomnie sur les protestants, IX, 161-162.

— Sommaire de ses œuvres donné par lui-même, I, 1, et suiv.; description de ses manuscrits, et recommandation de les imprimer, X, 126 et suiv.; un de ses manuscrits confié à Quinet et perdu à la mort de celui-ci, X, 49, note. — *Les Vies des grands capitaines étrangers*, I et II; — *Les Vies des grands capitaines françois*, II, 283-424; III, IV et V; — *Discours sur les couronnels de l'infanterie de France*, V et VI. — *Discours sur les duels*, VI, 233-500. — *Discours d'aucunes rodomontades et gentilles rencontres et parolles espaignoles*, VII, 1-177. — *Sermens et juremens espaignols*, VII, 179-201. — *M. de La Noue*, VII, 203-265. — *Dis-*

cours d'aucunes retraictes de guerre, VII, 267-303. — Des Dames. Première partie. Discours sur la reine Anne de Bretagne, VII, 307-331; Discours sur la reyne, mère de nos roys derniers, Catherine de Médicis, 332-403; Discours sur la reyne d'Escosse, 403-453; Discours sur la reyne d'Hespaigne, Elizabet de France, VIII, 1-21; Discours sur la reyne de France et de Navarre, Marguerite, 22-85; Discours sur Mesdames, filles de la noble maison de France, 86-147; Discours sur les deux reynes Jehannes de Hierusalem, Scicille et Naples, 148-204. — Des Dames. Seconde partie. Discours sur les dames qui font l'amour et leurs maris cocus, IX, 3-231; Discours sur le sujet qui contente le plus en amours, 232-305; Autre discours sur la beauté de la belle jambe, 306-327; Discours sur l'amour des dames vieilles, 328-735; Discours sur ce que les belles et honnestes dames ayment les vaillants hommes, 376-467; Discours sur ce qu'il ne faut jamais mal parler des Dames, 468-529; Discours sur les femmes mariées, les vefves et les filles, 530-727. — Traductions de Lucain, X, 1-21. — Fragment de la vie de François de Bourdeille, père de Brantôme, 30-57. — Oraison funèbre de feu Mme de Bourdeille, 59-73. — Tombeau (en vers) de Mme de Bourdeille, 75-77; autre Tombeau (en prose) de Mme de Bourdeille, 77-80. — Épitaphe ou Tombeau (en vers) de Mme d'Aubeterre, 81-85; autre Tombeau (en prose) pour la même, 87. — Nombre et roolle de mes nepveux, petitz-nepveux, ou arrière-petitz-nepveux à la mode de Bretagne, 88-107. — Testament et codicilles de Brantôme, 120-154. — Poésies inédites de Brantôme, publiées par M. le docteur Galy, 401-501.

— Brantôme se proposait d'écrire les vies de Henri III, du duc d'Anjou, de Henri de Guise, du prince de Parme, de Biron (le décapité), du prince Maurice, IV, 129, 197; V, 145, 156; VII, 141; de Henri IV, III, 81; V, 145, 156; VII, 157; VIII, 60. Son recueil projeté d'une centaine de harangues militaires, VII, 119; il avait le dessein d'écrire des discours sur le parallèle de huit grands capitaines, II, 140; sur les stratagèmes militaires, 241; il comptait parler longuement de Drake, 71.

— Le Laboureur est le premier qui ait publié des extraits de ses écrits, VII, 380, note 1.

— Opuscule composé pour Brantôme par un de ses serviteurs, X, 107-120.

Brassard inventé par Caize pour le duel de Jarnac, VI, 273.

Brassaut. Voy. Bressaut.

Brave, nom donné par les courtisanes de Rome à l'amant qu'elles prennent pour les défendre, IX, 402.

Bray (de), trésorier. Procès pour cause d'impuissance à lui intenté par sa femme; sonnet à ce sujet, IX, 97-98.

Brebant (P. de). Voy. Clignet.

Brederode (Henri, comte de), principal auteur de la révolte des Flandres, II, 153.

Brégerac, Brégerat, Voy. Bergerac.

Bremian. Voy. Bremien.

Bremien (N. de Grillet, seigneur de), encourt la colère de Henri III, VI, 383.

Brennus, ses expéditions, VII, 334; — I, 318.

Brescia, surprise par les Vénitiens, II, 412, 413; reprise par les Français, III, 11, 164; IV, 242.

Bresignels, soldats d'Alviano, II, 191.

Bressaut (René de la Rouvraye,

Bressaut (suite) sieur de), capitaine huguenot, singulière chaîne qu'il portait, I, 354; tué à Bourg-sur-Mer, 326. — II, 81; V, 46.

Bresse, acquise par Henri IV, VI, 153.

Bresse (seigneur de). Voy. Philippe de Savoie.

Bressuire, acheté par Ph. Strozzi, VI, 91.

Bressuire (Jacques de Beaumont, seigneur de), sénéchal de Poitou, lettres que lui écrit Louis XI, II, 333-350.

Bressuire (Louise de Beaumont de), première femme d'André de Vivonne, grand-père de Brantôme, II, 333.

Bretagne (duché de), donné à Claude de France, VIII, 106; son revenu, IV, 273.

Bretagne (soulèvement des paysans de), pendant la Ligue, V, 191.

Bretagne (noblesse de). Martigues l'emmène à la guerre hors de la province, VI, 50.

Bretagne, roi d'armes, VII, 321, 324.

Bretin (Filbert), sa traduction de Lucien, citée, IX, 196, notes 1 et 3; 197, note 1.

Breton (prêtre), aumônier du cardinal de Lenoncourt, habile lutteur, VI, 237.

Bretons, leur habileté à la lutte, VI, 141, 237, 273.

Bretons (gentilshommes), formant la garde d'Anne de Bretagne, VII, 315.

Breton (le chevalier), Piémontais, sa vaillance; tue un de ses ennemis en Piémont et se réfugie en France, VI, 179; assiste Bussy dans un combat contre Saint-Phal, 183; envoyé par François d'Anjou près d'Elisabeth; ce qu'il raconte à Brantôme sur le prince Casimir, IV, 203-204.

Breuil (du), gentilhomme élevé par Brantôme; accident qui lui arrive au siège de La Rochelle, VI, 66; sonnet à lui adressé par Brantôme, X, 455.

Brevet, lieutenant de Busq, l'appelle en duel, VI, 410-412.

Brezay. Voy. Brezé.

Brezé (Jacques de), comte de Maulevrier, ce qu'il dit à Louis XI sur sa chapelle, I, 136; II, appendice, 426.

Brezé (Louis de), comte de Maulevrier, grand sénéchal de Normandie, mari de Diane de Poitiers, III, 171, 191, note 3.

Brezé (Françoise de), comtesse de de Maulevrier, femme de Robert IV de la Marck, III, 191; son fils, 192.

Brezé (Artus de Maillé, seigneur de), capitaine des archers de la garde du roi, fait étriller les pages et les laquais, IV, 371. — V, 179; VI, 40.

Brezé. Voy. Aumale, Bouillon.

Briagne, capitaine, assassiné par un de ses anciens soldats, qu'il avait insulté, VI, 482-484.

Briançon (François du Lude, seigneur de), X, 92.

Briante. Voy. Monstier (du).

Brichanteau (Jean de), seigneur de Saint-Martin de Nigelles, capitaine, premier arquebusier du roi, IV, 36. — Voy. Saint-Martin.

Brichanteau. Voy. Beauvais-Nangis.

Brice (Germain), son poème latin sur le combat de la *Cordelière* et du *Régent*, traduit par Choque, VII, 315, note 2.

Briçonnet (Guillaume), cardinal de Saint-Malo, ministre de Charles VIII, II, 365.

Briçonnet (Pierre), général des finances en Languedoc, envoyé à Alexandre VI, par Charles VIII, II, 295.

Brief recueil de l'assassinat du prince d'Orange, utilisé par Brantôme, II, 167, note 3.

Brienne (Gautier de), vaincu et

fait prisonnier dans le royaume de Naples ; sa mort, III, 144.

Brienne (Mme de), dicton sur son perroquet, VII, 74.

Briet, ou Pierre Guyon, agent du prince d'Orange, II, 169 ; pendu, 170.

Briève histoire de la prinse d'Anvers, citée, II, 186, note 4.

Brigand, nom donné aux soldats, pourquoi, V, 301. Voy. Bandoulier.

Brigand espagnol. Voy. Roques (Antonio).

Brigandine, armure à lames articulées, II, 303 ; V, 301.

Brignoles (Var). Attentat qui s'y commet contre Espernon, VI, 99-100.

Brignolle, capitaine, V, 407.

Brilhac ou Brillac (Charles de), maître d'hôtel de Charles VIII, ambassadeur à Gênes, II, 293, 321, note 2.

Brilhac (René de). Voy. Argy.

Brimeu. Voy. Humbercourt.

Brion (maison de). Voy. Chabot.

Brion (Philippe Chabot, comte de Charny et de Busançois, seigneur de), amiral de France, notice sur lui, III, 193-201 ; comment il devient amiral de France ; défend Marseille contre le connétable de Bourbon, 194-195 ; se distingue à Pavie ; amiral et lieutenant général en Piémont ; entravé dans ses succès par le cardinal Jean de Lorraine ; faute qu'il commet à ce sujet, et mécontentement du roi, 196-197, 200 ; est arrêté comme coupable de concussion, condamné et gracié ; singulier effet physiologique produit sur lui par la peur ; ses deux fils Charny et Brion, 200-201 ; son procès, III, 86 ; favori de François Ier, 117, son luxe, 154, 155 ; ses filles, X, 476, note 4. — III, 209 ; V, 205.

Brion (Françoise de Longwy, femme de l'amiral Chabot, seigneur de), VII, 381 ; sa beauté dans sa vieillesse, IX, 352.

Brion (François de), marquis de Mirebeau, fils de l'amiral Brion, III, 201.

Brion (Jacques Chabot, seigneur de Jarnac et de), III, 184, note.

Brion-Chabot (Françoise de), mariée au seigneur de Barbesieux, X, 476, note 4. Voy. Barbesieux.

Brion-Chabot (Antoinette de), femme du maréchal d'Aumont, VII, 387 ; X, 476, note 4.

Brion-Chabot (Anne de), mariée au seigneur de Piennes, X, 476, note 4.

Brion (Mlle de), sonnet à elle adressé par Brantôme, X, 476.

Brion, gentilhomme huguenot, pris à Bourges, quitte le parti protestant, s'attache à Guise et est tué au siège de Rouen, V, 419-421.

Brion (baron de), supprimez la note 3 de la p. 130 (t. VI) et au lieu de Brion, lisez : Biron. Voy. ce nom, p. 43, col. 2.

Briquec, gentilhomme, anecdote sur lui, II, appendice, 435.

Briquemault (François de), seigneur de Beauvais, capitaine protestant, supplicié après la Saint-Barthélemy ; son éloge ; chargé par Coligny de reconnaître Calais, IV, 213-214 ; Charles IX assiste à son supplice, V, 258 ; maréchal général de camp des huguenots, son éloge ; regrets de sa mort, IV, 357 ; ce qu'il dit à Condé sur son ambition, 358. — IV, 72.

Brisembourg (Jeanne de Gontaut, dame de), femme de Jean de Caumont, seigneur de Montpouillant, IV, 27, note, 29.

Brissac (René de Cossé, seigneur de), père du premier maréchal de Brissac, IV, 61, note 3.

Brissac (Charlotte Gouffier, femme de René de Cossé, seigneur de),

Brissac (suite) gouvernante des enfants de France, élève le dauphin François, III, 178; IV, 61, 62.

Brissac (Charles de Cossé, comte de), maréchal de France, notice, IV, 61-83. Ses ancêtres, 61; élevé avec les enfants de France dont sa mère était gouvernante, 61; favori et écuyer du dauphin François; regrets qu'il eut de sa mort, cause de sa fortune; ses charges; son échec à Vitry, 63, 64; mémoires sur lui par Boyvin du Villars, 64; est nommé maréchal de France, 65; ses conquêtes en Piémont, 65-67; fait lever le siège de Santia au duc d'Albe; son échec devant Coni, 68; prend Valence; la bataille de Saint-Quentin l'arrête dans ses succès, 69; ce qu'il dit à Brantôme après la paix; est bien accueilli de François II, 70, 74; est nommé gouverneur de Picardie puis de l'Ile-de-France et de Paris, 70; commande l'armée devant Orléans après la mort de Guise, 71.

— Habiles capitaines qu'il avait sous ses ordres, 72-73; respects qu'il se faisait rendre, 73-74; sa passion pour le jeu des échecs, 74; Brantôme le voit à la cour à Rambouillet; comment accueilli, 75; comment il se faisait appeler en Piémont, 79; atteint de la goutte; ses promenades avec Catherine de Médicis; sa mort, 79, 80; sa femme, Charlotte d'Esquetot; comment il la traitait, 80, 81; sa maîtresse la señora Novidalle, 81, 82; ses violons; ses filles et son fils naturels, 82, 83; appelé le *petit Cossé*, à cause de sa taille, 83.

— Favori du dauphin François, III, 178; succède au prince de Melfe à l'armée de Piémont; conseil que lui donnent les Biragues, II, 238; discipline qu'il établit dans son armée, II, 229; VI, 390; respecté des soldats, VIII, 132; son regret de la mort de Bonnivet, son cousin germain, et de son remplacement par le vidame de Chartres, VI, 113, note 1; sa ruse pour empêcher ses soldats de suivre le duc de Nemours, VI, 174; refuse son secours au maréchal Strozzi, II, 279; comment il aide Salvoyson à prendre Casal, IV, 108 et suiv.; contribue à la prise de Verceil; butin qu'il y fait, IV, 105-106; assiège Coni, V, 326; tour qu'il joue au duc d'Aumale, au siège de Volpiano, I, 311-313; envoie du Piémont à la reine Baltazarini une troupe de violons, IX, 663; accorde Bourdeille et Cobios, VI, 344; refuse le combat à Vassé et à Montmas, IV, 95; sauve le capitaine Saint-Martin, IV, 117; rappelé du Piémont, V, 72.

— Ce que Brantôme lui entend dire de la paix de Cateau-Cambrésis, IV, 112-113; grand maître de l'artillerie, III, 76; capitaine du château d'Angers et de Falaise, 408; couronnel de l'infanterie française, puis couronnel général de la cavalerie légère, V, 315. Pourquoi il donne à son fils le prénom de Timoléon, VI, 125; ses discussions avec la maréchale sur son éducation; ses filles; ses recommandations à son fils au sujet du duc de Guise, 126, 127; sa maîtresse en Piémont; sa fille naturelle, VI, 157, 158 (voy. Beaulieu); son amour pour les dames, cause de sa mort; épigramme à ce sujet, IV, 391.

— I, 98, 171; II, 423; IV, 283; V, 14, 124, 212, 351, 388; VI, 413, 414.

Brissac (Charlotte le Picart d'Esquetot, dame d'Estelan, maréchale de), femme du précédent; ses discussions avec son mari pour l'éducation de leurs enfants; ses deux filles, VI, 126, 127; VII, 382; comment traitée par son mari, IV, 80-81.

Brissac (Timoléon de Cossé, comte de), fils aîné du maréchal, est nommé, malgré sa jeunesse, couronnel général des bandes de Piémont; son prénom de Timoléon, VI, 124, 125; il a pour précepteur Buchanan et pour gouverneur Sigongnes; contestations entre son père et sa mère au sujet de son éducation; ses sœurs; ses premières armes, 126, 127; il s'attache à F. de Guise; enfant d'honneur de Charles IX; sa vaillance au siège de Rouen; prend part à la tentative de Nemours sur Lyon, 128, 129; fait avec Brantôme le voyage de Malte; part qu'il prend à la seconde guerre civile, 129, 130; défait les huguenots à St-Florent; combat à Jarnac; sa cruauté, 130, 131.

— Prédiction de Coligny sur lui; sa mort au siège de Mucidan, 133-134; son ambition; veut se battre avec Ardelay, au sujet de l'enseigne blanche du régiment de celui-ci, 135-137; ses démêlés pour le même sujet avec le comte de Tende, qu'il fait appeler en duel, et avec Sarlabous le jeune, 137-140; sa beauté; surnommé *pigeon*; son adresse à tous les exercices, 140; sa grâce en dansant; danses que lui fait exécuter un jour Charles IX et auxquelles assiste Brantôme, 141, 142; son goût pour l'étude; son amour pour une princesse veuve; pour une grande dame de Guyenne (la vicomtesse de Bourdeille), 142.

— Son éloge; mot d'un gentilhomme sur lui et Bussy, 143, 144; sa part glorieuse aux combats de Mensignac et de Jaseneuil, V, 427, 431; sa rivalité avec Tavannes; ce qu'il en dit à Brantôme et à quelques autres; V, 117-118; ce que Tavannes disait de lui à Monsieur (Henri III), 118; son amitié pour Montesquiou, IV, 347; ce qu'il raconte à Brantôme, sur son père le maréchal, IV, 70; n'aimait pas les affaires d'État; ses voyages; son orgueil, VI, 152; ses troupes de Piémont, 154; comparé à Bussy, VI, 181; son éloge, VII, 31, 32; son voyage à Malte avec Brantôme, II, 45; V, 232, 406; sa mort, VI, 58; ce qu'en disaient ses soldats, 59; sonnet à lui adressé par Brantôme, X, 406; IV, 87; V, 349; VI, 80.

Brissac (Charles II de Cossé, comte puis premier duc de), fils du maréchal de Brissac, maréchal de France; succède, quoique enfant, à son frère aîné Timoléon dans la charge de couronnel des bandes du Piémont, VI, 58, 144; accompagne Strozzi dans son expédition de Portugal; sa vaillance au combat de la Tercère; apporte le premier à la cour les nouvelles de la défaite; réflexions à ce sujet; est défendu à la cour par le duc de Guise et par Brantôme, 145-147; sa vaillance; malheureux en guerre; gouverneur de Poitiers pour la Ligue, est blessé dans un combat contre Malicorne, 147, 148; est créé par la Ligue maréchal de France et gouverneur de Paris qu'il livre à Henri IV, par qui il avait été fait prisonnier à Falaise; mot sur lui de Mme de Montpensier à Henri IV et réflexions à ce sujet, 149-150; son esprit et son savoir; parle au nom de la noblesse aux seconds états de Blois; réflexions à ce sujet, 150, 151; était d'humeur plus douce que son

Brissac (suite) frère; conserve toujours le titre de couronnel des bandes du Piémont, 152, 153, 158; gouverneur du château d'Angers, IV, 61; VI, 487, note 1; V, 351; VI, 88, 89; VII, 388.

Brissac (Judith d'Acigné, première femme de Charles II de Cossé, duc de), sa beauté, VI, 183; VII, 388.

Brissac (Diane et Jeanne de Cossé, dlles de), filles du premier maréchal de Brissac, VII, 394. Voy. Mansfeld, Saint-Luc.

Brissac. Voy. Cossé.

Broderie rapportée d'Italie par Louis d'Ars, II, 392.

Brodeurs de Milan, renommés, IX, 128.

Brosse. Voy. Bretagne, Étampes, Penthièvre.

Brou (église de), bâtie par Marguerite d'Autriche; ses tombeaux visitée par Brantôme, IX, 207, 614.

Brouage (prise de) par les huguenots, IV, 39; par le duc de Mayenne, V, 142.

Brouage (expédition préparée à) par Strozzi et Brantôme, pour aller vers les iles du Pérou, IV, 297-298; III, 314; plaintes de Brantôme à ce sujet, II, 110.

Brouillac (de), exploit du père de Brantôme qu'il raconte à celui-ci, X, 50.

Brouilly, écuyer de François de Guise, V, 375.

Brouilly (Mlle de), VII, 395.

Brûlart (Pierre), VII, 391, note 3.

Brûlart (Mme), Marguerite Chevalier, femme de Pierre Brûlart, VII, 391.

Brûle-banc (capitaine), surnom donné au connétable de Montmorency par les huguenots, III, 297.

Brumet (Julien), II, 295.

Brunet. Voy. Panat.

Brunswick, crainte que cette maison inspire à Charles-Quint, VIII, 151.

Brunswick (Othon de), quatrième mari de Jeanne Ire de Naples; est défait et pris par Charles de Durazzo, VIII, 148, note 1, 151, 162, 164. — III, 204, note 1.

Brunswick-Lunebourg (Henri le jeune, duc de), méfiance qu'il inspire à Charles-Quint, III, 203-204.

Brusquet, fou de Henri II; récit des tours que lui et Pierre Strozzi se jouent mutuellement, II, 244-260; était avare, 246; il présente sa femme à Catherine de Médicis; scène plaisante qui en résulte, 253-255; est emprisonné par l'inquisition, 257; accompagne le cardinal de Lorraine à Rome; faux bruit de sa mort, 258; éloge de son esprit, 260; ses commencements; pratique la médecine au camp d'Avignon, 260; recette plaisante qu'il donne à un ambassadeur de Venise, 260; condamné à être pendu par Montmorency; est sauvé par le dauphin qui l'attache à sa personne, 261-262; il obtient la poste de Paris et devient riche, 262-263; ses filouteries, 263; ses aventures à Bruxelles où il avait été emmené par le cardinal de Lorraine; il plaît à Philippe II, 264-265; tours qu'il joue à Paris au bouffon de celui-ci, 265-266; lettre plaisante qu'il écrit à ce prince, à ce sujet, 266; accusé d'être huguenot et d'infidélité dans ses fonctions, il est chassé de la cour et ruiné; sa lettre à Ph. Strozzi, 267; sa mort, 268. Deux opuscules inconnus de lui, VIII, *appendice*, 205-209: *Advertissement au roy de France* (MDLXVIII et non MDLVIII), 205-208; *Épître aux magnifiques seigneurs de Ge-*

Brusquet (suite). *nève*, 208-209; ses infirmités; et ses malheurs, 207 *in fine*; ses vers sur la paix de Longjumeau, 208; ses titres, 209; erreur de Dreux du Radier sur la date de sa mort, 206; est l'un des personnages de la *Comédie facétieuse*, de Jacques Bienvenu, 209.

Brusquet (*N*. femme de), sa plaisante entrevue avec Catherine de Médicis, II, 253-255; on la remarie sur le faux bruit de la mort de Brusquet, 258-259. — VIII, 207, 209.

Brutus, fils de César, IX, 507; son ingratitude envers César; sa destinée, VII, 251, 252; sa vision, II, 240; Lorenzino de de Médicis lui est comparé, II, 14. — IV, 322; VII, 232.

Bruxelles. Charles-Quint s'y démet de ses États, IX, 618-619; obsèques qui lui sont faites dans cette ville, I, 65-70.

Bu (Guillaume de), sa belle mort à la bataille de Nicopolis, VII, 303.

Buccanan. Voy. Buchanan.

Bucentaure, III, 254.

Buchanan (Georges), précepteur de Timoléon de Brissac; sa haine pour Marie Stuart, VI, 126; son ingratitude envers cette princesse qui lui avait sauvé la vie; son pamphlet contre elle, VII, 421-422.

Buchon, cité, VIII, 159, note 4.

Budé (G.), gardien de la bibliothèque du roi à Fontainebleau, III, 94.

Bueil. Voy. Fontaine-Guérin et Sancerre.

Buffets d'argent donnés par Ferdinand I à Montpezat et à Vieilleville, I, 84; V, 54.

Bulle de Jules II, conservée dans le trésor de la maison de Bourdeille, X, 43.

Buno, ou Bunou, Beauceron, vaillant capitaine; sa défense du château de Crémone, III, 63, 64; IV, 73; son costume bizarre, V, 304.

Bunou. Voy. Buno.

Buons (des). Voy. Bivons.

Burdella ou Bourdeille (Jean, comte de), de la maison de Bourdeille, établi dans le royaume de Naples; son origine; accueil qu'il fait à Rome à Brantôme et à son frère Ardelay, V, 391-393.

Bure. Voy. Buren.

Burée (Jean de la Fillolie, seigneur de), capitaine périgourdin; apporte au duc de Guise une enseigne blanche qu'il avait gagnée à la bataille de Dreux; ce que le duc lui dit à ce sujet; détails sur lui; sa mort, VI, 229-231.

Buren (Maximilien d'Egmont, comte de), notice sur lui, I, 313-319; a été un grand brûleur; sa belle mort, 314-319. — I, 55, note 2.

Buren (Floris d'Egmont, comte de), I, 316.

Burgensis (Louis), sieur de Montgauguier, VII, 387.

Burgos (cardinal de). Voy. Pacheco.

Burie (Charles de Coucy de), notice sur lui, III, 395-397; couronnel de l'infanterie dans l'expédition de Naples sous Lautrec, 395; éloge que fait du Bellay de son habileté dans l'artillerie et l'art des mines; lieutenant de roi en Guyenne; soupçonné de calvinisme, 396.

— Sa pauvreté; son éloge, III, 397; anecdotes sur sa femme, 401-404; prend et perd Casal; est mené prisonnier à Milan, IV, 111; le père de Brantôme lui donne son premier cheval de guerre, III, 396; X, 51; son mariage avec une fille de la maison de Belleville; son surnom de *castron*, ibid. — III, 394; V, 319.

Burie (Mme de), de la maison de Languilliers-Belleville, femme du précédent, cousine germaine du père de Brantôme; ses naïvetés, 401; anecdote d'elle et de Cipierre, 402-404.

Burlan ou Théligny (Mlle de), VII, 393.

Busa. Voy. Birsa.

Busançois. Voy. Brion.

Busbek, ses lettres citées, II, appendice, 431.

Busq (N. de), capitaine de la garde du roi; est appelé en duel par son lieutenant Brevet, VI, 410-411; sa mort au combat naval de la Tercère, V, 352, 353.

Busserade. Voy. Espic.

Bussy (Claude de), mari d'Antoinette de Dinteville, VII, 393, note 8.

Bussy d'Amboise (Louis de Clermont de), créé mestre de camp par Charles IX; son éloge; est blessé au siège de Lusignan, V, 361; est le premier couronnel de Monsieur; ses projets violents contre Turenne à propos de l'enseigne blanche, à Moulins, VI, 176-178; comparé au comte de Brissac, 144, 181; son humeur batailleuse; sa querelle et ses combats avec Saint-Phal, 182-185, 383-384; tentative d'assassinat à laquelle il échappe, 185-187; ses menaces; est averti d'avoir à quitter la cour; brillante escorte qui l'accompagne hors de Paris, 187-189; ne revient à la cour qu'au bout de quelques années; ses querelles avec Quélus, par qui il est attaqué, malgré les défenses du roi auquel il demande justice; 190, 501; son orgueil; son humeur querelleuse; est assassiné par Monsoreau, 191; IX, 11, note 1, 187, 189, note; ses épitaphes, VI, 192; sa vaillance aux sièges de Bins, de Fontenay, de Lusignan et de Saint-Lô, 193; essaye de faire révolter son régiment qui veut tuer et piller les reitres, IV, 34; fait grâce de la vie au capitaine Page qu'il envoie à Marguerite de Valois, 35, 36; sa ressemblance avec la Chastaigneraie, V, 87; son amour des querelles, VII, 27; ses démêlés avec Lavardin qui avait cherché à l'assassiner; leur accommodement par M. du Lude, VI, 198-200; son duel et sa réconciliation avec La Ferté, 347-348, 511; ses querelles avec Philibert de Gramont, 393-397; avec Oraison qui va le chercher en Flandre, 427-429; son démêlé avec Henri de Guise à qui il donne satisfaction; il le raconte à Brantôme, son parent et ami intime, 468-471; ses amours; ses exploits, IX, 398; amant de Marguerite de Valois, 401; son mot sur une dame âgée qui faisait encore l'amour, 707-708. — V, 16; VI, 29, 315; IX, 503, note 1.

Bussy-Leclerc, ligueur, I, 221.

Bussy. Voy. Oudart.

Busto, capitaine espagnol, tué au siège de Pizzighitone, VI, 64-65.

Buzambourg (N. de), de Saintonge, gentilhomme servant de François Ier, danger qu'il court pour une plaisanterie sur les dames de la *petite bande*, IX, 474.

Buzardo, Buzarto. Voy. Basurto.

Cabagnes. Voy. Cavagnes.

Cabanes, le jeune, Auvergnat, capitaine de la garde du roi, V, 346; VII, 288. Cf. Cabannes.

Cabanes. Voy. Gordes.

Cabannes, capitaine, VI, 37. Cf. Cabanes.

Cabarets (peintures dans les), IX, 313.

Cabazzole, Provençal, tué au siège de Rouen, II, 395.

Cabezzucco, surnom donné par

Cabezzucco (suite).
les Italiens à Charles VIII, II, 321.

Cabinet d'armes de Pierre Strozzi, 20, 243-244; de du Guast, VI, 206; de Brantôme, X, 145-146.

Cabinet du duc de Savoie, à Verceil, pillé, IV, 105-106.

Cabrera (Louis Henriquez de), amiral de Castille, comment il reçoit la nouvelle de la Saint-Barthélemy, IV, 304 et suiv.

Cabrian, médecin de Ferdinand de Gonzague, puis du duc de Nevers; est connu de Brantôme; ses bonnes fortunes, IX, 569.

Cabriane (Mlle de), VII, 392.

Cabrières et Mérindol (massacre des Vaudois à), IV, 139, note 2, 143, 144; VI, 41.

Cachenez, nom donné d'abord au touret de nez, X, 376.

Cadavres de cardinaux, brûlés, II, 199-200.

Cadenas de chasteté apportés à la foire de Saint-Germain; anecdotes à ce sujet, IX, 133-134.

Cadenet. Voy. Souillelas.

Cadillan, capitaine de la garde du roi, V, 347; VII, 288.

Caen (bailli de). Voy. Silly.

Caen (baillis et gouverneurs de). Voy. Beziers.

Cæsare de Capua (Giulio), conspire contre Jacques de Bourbon; son supplice, VIII, 185.

Cagnin. Voy. Gonzague.

Cahors pris par le roi de Navarre, I, 273; VII, 362.

Caillat, maître de l'artillerie en Piémont, IV, 72.

Caillette, surnom donné à Antoine de Navarre, IV, 366, note 2.

Cairedins. Voy. Barberousse.

Caize, Italien, maître d'armes de Jarnac, invente un brassard pour lui, VI, 273.

Cajasso (Jean-Galéas de San-Severino, comte de), fils du duc de Somma, lui succède dans sa charge de cour onnel de l'infanterie italienne; assiste au siège de La Rochelle comme maréchal de camp; son éloge, VI, 213; réfugié en France, VII, 235; sauve au risque de sa vie Théligny qu'il avait fait prisonnier; sa mort en Dauphiné, 258.

Cajetan (Thomas de Vio, dit), cardinal, cité, IX, 192.

Calabre. Brantôme y voit le lieu de naissance et les parents de l'Ouchaly, II, 63.

Calabre (Jean d'Anjou, duc de Lorraine et de), I, 210; lettre de Louis XI sur lui, II, 339.

Calabre (Nicolas d'Anjou, duc de), II, 339, note 3.

Calais. Coligny a la première idée du siège de cette ville et l'envoie reconnaître par Briquemault; elle est prise par F. de Guise, IV, 213 et suiv.; VI, 26, 174; ses gouverneurs, 216-218; anecdote du duc de Guise et de Saint-Estèfe lors de sa prise, V, 378, 379.

Calais. Dicton des Anglais et prédiction de Merlin sur cette ville, IV, 215, 216; vaillamment défendu par Jean de Vienne, 216; pris et repris plusieurs fois, 216, 218; menacé par les huguenots, V, 414; pris par les Espagnols, VII, 140.

Calatrava. Commanderie de cet ordre située en France, donnée à Bellegarde, V, 196.

Caleçons (introduction de l'usage des), X, 202; comment les femmes les portaient, IX, 219, 285; de toile d'or et d'argent, IX, 307.

Calepio (Angelo), sa relation de la conquête de Chypre, V, 385.

Caligula, sa conduite envers ses deux femmes, IX, 29; ses amours avec ses sœurs qu'il maltraite, 90; son amour pour Cesonnia, 333-334; ses débauches, 352.

Callais, capitaine de Strozzi, VI, 80.

Callat (N. de), lieutenant de M. d'Estrées, son éloge, sa mort, III, 80.

Calmet (dom), cité, II, 125, note.

Calvete de Estrella (Juan Christoval), sa relation du voyage de Philippe II en Flandre, II, 91.

Calvin, I, 324.

Calvinistes. Voy. Huguenots.

Cambrai, pris par les Espagnols, IV, 387-388; VII, 140; IX, 459-460; pillage de ses reliques, II, appendice, 435.

Cambrai (Ligue de), I, 79, note 2.

Cambrai (Paix de), I, 78, note; IX, 207.

Camille, personnage de l'*Énéide*, son histoire, IX, 379-380.

Camille (le segnor), V, 46.

Camolia (combat de), IV, 50.

Camp. Voy. Amiens, Avignon, Jalon, Marolles, Valenciennes.

Camp clos. Voy. Combat, Duel.

Campagnol, capitaine royaliste, gouverneur de Bourg-sur-Mer, V, 169.

Camper. Voy. Comper.

Campet (Pierre), baron de Saujon, capitaine huguenot; son combat singulier devant La Rochelle avec Biron, qui le fait prisonnier; est envoyé à Niort d'où il se sauve, V, 150, 151.

Campo-Basso (Nicolas de), trahit Charles le Téméraire, I, 306.

Canaples (Jean de Créquy, prince de Poix, seigneur de), notice sur lui, III, 71-72; sa force prodigieuse et son adresse, dicton à ce sujet, 72; capitaine des cent gentilshommes de Henri II, II, 304.

Canaples (Mme de), tour que lui joue le duc d'Albany, IX, 477.

Canarien (mot d'un soldat), VII, 22-23.

Canaries (danse des), apportée par le grand prieur, F. de Lorraine, IV, 371, note 2; VI, 141, 142.

Canciani, ses *Leges barbarorum antiquæ*, citées, VI, 234, note 1.

Candale (Pierre de Foix, comte de), VII, 320.

Candale (Charles de Foix, ou son frère Jean, et non Gaston, comte de), sa querelle avec la Chastaigneraie; comment terminée, à l'assaut de Pavie, VI, 403-404; sa mort au siège de Naples, 405; III, 32.

Candale (Gaston de Foix, comte de). Voy. l'article précédent.

Candale (Henri de Foix, comte de), son mariage avec Anne de Maigneletz est cassé, X, 90, note 3. — III, 349, note 3.

Candale (Mme de). Marie de Montmorency, femme du précédent, VII, 385.

Candale (Marguerite de). Voy. Espernon.

Candaule (le roi), son histoire, IX, 66-67.

Candie, protégée contre les Turcs par Charles IX, V, 65-66.

Candio ou Condio (Miquel da), capitaine, II, 269-270.

Cane (Facin), premier mari de Béatrix de Tende, IX, 336.

Cange (du), cité, I, 72, note 3.

Canican (seigneur de), II, 297.

Canillac (Jean de Beaufort, marquis de), V, 349.

Canillac (Jean-Timoléon de Beaufort, marquis de), fait prisonnière Marguerite de Valois et la conduit à Usson; elle le rend amoureux d'elle et le chasse du château, VIII, 71-72. — V, 349; VIII, 211.

Canillac (François de), seigneur de Mastres, X, 100, note 1.

Canillac (Henri de), seigneur de Pont-du-Château, X, 100, note 1.

Canillac (J. de Montboissier, seigneur de Pont-du-Château, vicomte de la Motte-), mari de Jeanne de Maumont, dame de

Canillac (suite). La Roche, X, 99, note 2 ; ses enfants, 100.

Canillac (J. Claude, vicomte de la Motte-), X, 100, note 1.

Canillac (Gabriel de), seigneur d'Hauterive, X, 100, note 1.

Canillac (Marie de), femme de Maximilien de Lamer, seigneur de Mathas, X, 100, note 1.

Canillac (Françoise de), femme de *N.* de Fossan, X, 100, note 1.

Canisy (Henri de Carbonnel, seigneur de), mestre de camp, V, 364.

Cannes (belle retraite d'une troupe de soldats romains à), VII, 284-285. — (vaincus de), comment reçus à Canouse, VIII, 111-115.

Canon (perfectionnement de la fonte du), III, 78. Voy. Artillerie.

Canonnade (sur l'emploi du mot), VI, 21.

Canonniers de d'Estrées, III, 78.

Cantara (canal de la) ; Dragut y est enfermé par Doria, II, 55.

Cantron, fils de M. de Longueval, donné en ôtage lors de la capitulation de Saint-Dizier, III, 239.

Capaccio (Bernard, comte de), II ; 20, note 1. Voy. Villamarina.

Capanée, IX, 72.

Capella (Galeazzo Flavio), ses *Commentaires*, cités, I, 294.

Capella, secrétaire du cardinal d'Este, pendu pour un livre obscène, IX, 44-45.

Capello, commandeur de la flotte vénitienne ; sa rencontre avec André Doria, II, 47, note 2.

Capitaine, beau nom, II, 418 ; réflexions sur ce titre, V, 306, 307, 313, 366 ; VI, 166, 167, 411.

Capitaine de gens de pied ; ce que Montmas dit de cette charge à Henri II, V, 322.

Capitaine de la garde du roi, charge honorable, V, 353.

Capitaine des mulets, II, 300-301.

Capitaine, ne peut être dit vaillant qu'après sa mort, II, 194.

Capitaine (un), peut-il être appelé en duel par un de ses soldats, ou par un de ses lieutenants ? VI, 410-412.

Capitaines (nomination des), VI, 56, 57.

Capitaines et sergent-major, VI, 6-10.

Capitaines destinés d'abord à l'Église (histoire de), IX, 671 et suiv.

Capitaines ayant été laquais, V, 370 et suiv.

Capitaines qui n'ont jamais été blessés, V, 325 et suiv.

Capitaines (grands), réflexions sur leurs échecs, II, 400.

Capitaines (grands), ne profitant pas de leur victoire, II, 122.

Capitaines (regrets sur la mort des grands), IV, 71.

Capitaine, aventure d'un capitaine avec Brantôme au siège de La Rochelle, VI, 167-169.

Capitaine (aventure d'un) bravache et poltron, IV, 12-14.

Capitaine du Piémont (rodomontade d'un), VII, 47-48.

Capitaines espagnols (énumération de), I, 330-343.

Capitaines italiens (énumération de), II, 1-7.

Capitaine brûle-banc, surnom donné par les huguenots au connétable de Montmorency, III, 297.

Capitaine muet, surnom donné au prince de Condé par les conjurés d'Amboise, IV, 340.

Capitaines étrangers (*Vies des grands*), I, 8-356 ; II, 1-282.

Capitaines françois (*Vies des grands*), 413 ; IV, II, 283-424 ; III, 1-390 ; V, 1-435.

Capitaineries des châteaux royaux, III, 408 et suiv.

Capitolinus (J.), cité, V, 370, note 2; IX, 34, note 3; 117, note 2; 118, note 1.

Capitulations (réflexions sur les), IV, 52 et suiv.

Capitulation de Saint-Dizier (texte de la), III, 235 et suiv.

Capitulation d'Atella, violée par Ferdinand II, V, 2.

Capitulation de Côme, violée par les Espagnols, II, 381; VI, 423.

Capitulation de Saint-Jean-d'Angely, violée par les catholiques malgré leurs chefs, V, 154.

Capitulations violées par Louis de Bourbon, duc de Montpensier, V, 10.

Capitulation de Gilbert de Montpensier à Naples, violée par lui, V, 3.

Capoue, ruinée par les Romains, IX, 166.

Capoue (prieur de). Voy. Strozzi (Léon).

Cappon (Jehan), IV, 129.

Cappue. Voy. Capoue.

Capua (Cæsare de). Voy. Cæsare.

Carabins, arquebusiers à cheval, I, 106.

Carabins espagnols, V, 41.

Caracalla, épouse sa belle-mère Julia, IX, 334-336.

Caracce ou Caratte (Mlle de), VII, 394.

Caraccioli (Jean), comte d'Avellino, grand sénéchal de Naples, favori de la reine Jeanne II; ce que celle-ci lui dit de Louis d'Anjou et d'Alfonse d'Aragon, VIII, 190; ses commencements; sa peur des souris; ses amours avec la reine, 196-197; son tombeau à Naples; sa mort, 202-203. — II, 227.

Caraccioli (Jean-Antoine), fils du prince de Melfe, évêque de Troyes; se fait huguenot; sa dispute à ce sujet avec le cardinal de Ferrare, II, 238-239; lève deux régiments d'écoliers et de moines contre Charles-Quint, 239; sa lettre sur la mort de Henri II, III, 272, note 1.

Caraccioli (Camille), fille du prince de Melfe, femme de Claude de Pestels, X, 94, note 3.

Caraccioli. Voy. Melfe.

Carachaly, corsaire turc, s'échappe à la bataille de Lépante, II, 120.

Caraffa (Spinello), II, 3.

Caraffa (Diomède), II, 259.

Caraffa (Carlo), cardinal, légat en France, est parrain de Victoire de France, fille de Henri II; vient en France pour pousser le roi à la guerre contre l'Espagne, VIII, 138-139; I, 109; IV, 210.

Caraffa (le comte), tué dans un combat à la barrière par Moncha, IV, 173-174.

Caraffa. Voy. Malitia, Paul IV.

Caravajal ou Caravanjal (dom Francisque), notice sur lui, I, 152-153; blâmé pour sa conduite à la bataille de Ravenne, 152; prend part à la révolte de G. Pizarre au Pérou; son supplice, VII, 98; son mot insultant à Centeno, 100; sa cruauté, ibid., note 4, 101; avait combattu sous Gonsalve de Cordoue et à Ravenne; sa maison rasée, sa renommée, 101-102. — I, 333.

Caravajal, sergent-major de Naples; dîne avec Brantôme à Velletri; ses plaisanteries sur l'extrême-onction, VII, 187-188.

Caravajal (dom), commandant des troupes espagnoles au siège d'Orléans, VII, 90-91.

Caravajal. Voy. Carvajal.

Caravanantes (El), capitaine espagnol, I, 332.

Carbonnel. Voy. Canisy.

Carbonnières. Voy. La Chapelle-Biron.

Carces (N. de Pontevez, comte de), lieutenant général du grand prieur, son éloge, IV, 157-158.

Cardaillac (Hector de), mari de Marguerite de Lévis, X, 94, note 2.
Carderera (M.), son *Iconografia española*, citée, I, 88, note 1.
Cardinal, grandeur de cette dignité, IX, 483.
Cardinal assistant à un duel, VI, 396.
Cardinal, cause de la défaite et de la mort de Louis II de Hongrie, IX, 610-611.
Cardinaux, mis à mort par Urbain VI qui fait brûler leurs corps et transporte leurs os avec lui dans ses voyages, II, 199-200.
Cardinaux (liste des) assistant à une procession générale sous François Ier; leur train, III, 131 et suiv.
Cardinaux exorciseurs à Rome et M. de Grignaux, II, 224, note 1; VII, 197-198.
Cardinaux, leur immixtion dans la politique, regrettable, II, 365.
Cardinaux mariés. Voy. Châtillon, Bellay (du).
Cardinalat, grand honneur pour une maison, III, 378.
Cardona (Raymond II de), vice-roi de Naples, notice sur lui, I, 137-138; sa fuite à la bataille de Ravenne, 137; sa mort devant Gaëte, 138; combat à Vicence, II, 192; ses gens sont défaits devant Cassano par Montmorency, III, 336; envoyé en Italie par Ferdinand, V, 317.
Cardona (Dom Raymone de), mestre de camp espagnol à la bataille de Cérisoles, I, 333.
Cardona (Hugo de), tué par François Ier à Pavie, III, 141.
Cardonne (Jean-François de), premier maître d'hôtel de Charles VIII et son ambassade à Florence, II, 293.
Carême (anecdotes sur la dispense de), I, 171-172; IX, 474 et suiv.

Carême, sa violation par une femme; comment punie, IX, 582-583.
Carême singulier fait à la cour, à Fontainebleau, III, 296.
Carême (dicton sur le), VII, 49.
Carency. Voy. Cars (des).
Carentan, pris par Montgommery, V, 162.
Carignan, sa prise par le comte d'Enghien, III, 217-218.
Carinan, cheval de Bayard, III, 224-225.
Carlat. Marguerite de Valois s'y réfugie et est obligée d'en sortir, VIII, 71.
Carles (Lancelot de), évêque de Riez; sa lettre sur la mort de Fr. de Guise, IV, 236; V, 379; grand danseur de gaillarde, III, 134.
Carlos (Don), prince d'Espagne, fils de Philippe II, notice sur lui, II, 101 à 108; il est mis à mort par l'ordre de son père qu'il voulait faire mourir, 101-103; résolution du conseil à ce sujet, 102, 103; veut aller en Flandre, 103-104; ses extravagances et ses méchancetés, 104-107; son livre satirique contre son père à qui il reproche de lui avoir enlevé Elisabeth qu'on lui destinait, 104, 105; son gouverneur, 104; enfants d'honneur qu'il avait avec lui, 106; son mépris des femmes; insultes qu'il leur fait en public, 106; son respect pour la reine Elisabeth, 105, 106; est soupçonné d'hérésie et de s'entendre avec les protestants; livre fait sur ses bizarreries; son précepteur Bossulus, 107; confidence qu'il fait à Don Juan qui le trahit; sa querelle avec lui, 107, 108; filleul de Charles-Quint, qui veut le voir avant d'entrer au couvent; opinion de Brantôme sur lui, 108; son portrait, *ibid.* Son éloge; Elisabeth de France lui est promise, VIII,

4; sa colère contre son père qui l'avait prise pour lui; son affection pour elle; causes de sa mort, 5; Brantôme lui est présenté, VIII, 12. — VII, 13.

Carmagnola, prise par Bellegarde, V, 195, 202.

Carmagnola (François comte de), sa fille répudiée par Sigismond Malatesta, II, 205.

Carmain (Hugues ou Jean de Veze, vicomte de), VI, 449.

Carmain. Voy. Negrepelisse.

Carman. Voy. Carinan.

Carman, Carmen. Voy. Kerman.

Carmes (église des), à Naples, bâtie par la mère de Conradin, VII, 442.

Carnavalet (François de Kernovenoy ou), premier écuyer de Henri II, ce qu'il raconte à Brantôme, III, 274-276; gouverneur de Henri III; savait par cœur les *Commentaires* de César, V, 301; cheval qu'il avait dressé, prix qu'il en refuse, IX, 348; ses deux femmes, VII, 387, note 2; jeu de mots sur son nom, III, 85; VIII, 206. — II, 170, note 2.

Carnavalet (mesdames de). Voy. La Baume et Vueil.

Carouges. Voy. Carrouges.

Caroux ou Carroux (défense par Charles Quint de faire), I, 30.

Carouzat, mot de bateleur, V, 171.

Carpi (comté de), donné par Charles-Quint à Prosper Colonne, I, 226.

Carraciol. Voy. Caraccioli et Melfe.

Carranza (Barthélemy de), archevêque de Tolède, persécuté par l'inquisition, I, 61.

Carraque, navire vénitien, pris par Sore; sa destinée, IV, 38-39.

Carrouges (seigneur de), son combat en champ clos contre Le Gris, VI, 243-244, 289, 386; IX, 402.

Carrouges (Tanneguy Le Veneur, seigneur de), comte de Tillières, ses plaintes à la reine mère au sujet de la faveur de Matignon; élevé par François de Guise, V, 163-165.

Cars (François des), seigneur de La Vauguyon, complice du connétable de Bourbon, VII, 241.

Cars (Jean des), prince de Carency, comte de La Vauguyon, fils du précédent, maréchal de Bourbonnais, notice sur lui, V, 179-180; sa vaillance au siège de Chartres, 179; mal récompensé de ses services, 180; favori de Henri II dauphin; sa disgrâce, IV, 288; envoyé par Antoine de Navarre vers le pape, IV, 365; blâmé à cause de la mort de Dampierre, V, 90; apporte à la cour les nouvelles de la défaite de Saint-Quentin, VI, 145, 146; favori d'Antoine de Navarre; obtient la moitié de la compagnie de Thermes, V, 196; VI, 49; contribue à la délivrance de Mme de Nemours, IX, 445.

Cars (Claude des), seigneur de la Vauguyon, prince de Carency, fils du précédent, tué en duel par Biron, VI, 315-316.

Cars (des). Voy. Saint-Bonnet.

Cartels. Les chevaliers de l'ordre de Saint-Michel ne peuvent en envoyer ni en recevoir, IV, 146; VI, 463 et suiv. — (teneur de), VI, 294, 295, 512. — (affiches et envoi de), 306, 307. — (porteur de), comment traité, 432.

Cartel envoyé par Vandenesse à Pescaire, II, 381.

Cartel. Voy. Appel, Combat, Défi, Duel.

Carthaginoises, leur héroïsme, IX, 422-423.

Cartons de Jules Romain, au musée du Louvre, III, 119, note 1.

Carvajal (Bernardin de), cardinal, excommunié et dégradé par

Jules II, réhabilité par Léon X, I, 142-144.
Cas de conscience, IX, 52.
Casal, pris par Salvoyson et Brissac, IV, 64, 67, 107-110; rendu à la paix; pris et perdu par Burie, 110-111.
Casal (dames de), VI, 157.
Casale (Jean de), général de la comtesse de Forli, sa faute, IX, 431.
Caseneuve. Voy. Gordes.
Casimir (le prince Jean), troisième fils de Frédéric III, comte palatin, notice sur lui, I, 324-326; élevé à la cour de France; vient au secours des protestants de France, son triomphe en Allemagne, 324-325; son armée dispersée par don Juan, II, 128; repoussé par le prince de Parme, IV, 200, 201; lettre que lui écrit Elisabeth d'Angleterre qui lui fait mauvais accueil, 202-204; pousse cette princesse à la mort de Marie Stuart, VII, 447.
Casque. Voy. Chapeau de fer, Morion.
Cassagnet. Voy. Saint-Orens, Tilladet.
Cassandre, nom supposé d'une maîtresse de Ronsard, IX, 257; X, 409.
Cassano, assiégé par Lautrec, III 335.
Cassière. Voy. La Cassière.
Cassius, IV, 322; VII, 232.
Castaldo (le marquis Jean-Baptiste), lieutenant général de Hongrie, fait assassiner le cardinal Martinosius, I, 333; fait prisonnier La Palice à la bataille de Pavie, II, 378, 379; mestre de camp général de l'armée impériale, VII, 11.
— III, 260, 262.
Castel-Bayart, son appel, VI, 512.
Castellamare, pris par Dragut, II, 51.
Castellan (Dante), son combat contre Bertinello Ballandin, VI, 252-254.
Castellan (Honoré), médecin de la reine mère, connu de Brantôme; ses bonnes fortunes, IX, 569.
Castellane. Voy. Altoviti.
Castellanne (Mme de), de Milan, fille de la princesse de Macédoine et gouvernante de Christine de Danemark qui la fait venir près d'elle; secourue par Catherine de Médicis, IX, 632-633.
Castellanus (P. Duchâtel dit), évêque de Tulle, III, 93.
Castellet (Le), près de Valenza, pris par Salvoyson, IV, 99.
Castelnau (Michel de), seigneur de Mauvissière, ambassadeur en Angleterre, III, 291; trompe le duc de Savoie pour la pierre philosophale; vend un cheval d'Espagne à Poltrot, IV, 255.
Castelnau (Marguerite de), femme de François de La Queille, III, 73, note 3.
Castelnau, de Bigorre, tué en sauvant la vie à Charles duc d'Orléans, III, 180-181.
Castelnau, frère du précédent, pris et décapité lors de la conjuration d'Amboise; discussion à ce sujet, III, 182-183, 234; IV, 265-266; son neveu Bonnegarde veut le venger, 266-267.
Castelnau, de Languedoc, capitaine, tué en duel par Dalon, VI, 361.
Castelnau (Gui de). Voy. Clermont-Lodève.
Castelnau. Voy. Caumont.
Castelnaudary, le parlement de Toulouse y est transféré, III, 302.
Castel-Nuovo, à Naples, assiégé et pris par Charles VIII qui y donne un banquet, II, 291, 321; trêve qui y est faite et violée par Gilbert de Montpensier, V, 3.

Castelpers, gentilhomme catholique, tué à l'assaut de Rouen, IV, 239; V, 374; ce que Bellegarde lui raconte, VI, 470.
Castelpers. Voy. Pannat.
Castilla (Juan de), capitaine espagnol, I, 332.
Castillan (duel d'un seigneur), VII, 122.
Castillans. Voy. Espagnols.
Castillano, capitaine espagnol, I, 333.
Castille (connétable de). Voy. Tolède (Don Pedro de) et Velasco.
Castille (amiral de). Voy. Cabrera.
Castille (Philippe), receveur des décimes, comment il s'enrichit, IV, 334.
Castille. Voy. Isabelle.
Castillo, capitaine espagnol, I, 332.
Castillo (Jac. de), son traité sur le duel, VI, 249, note 2.
Castillon, en Périgord, (bataille de), VII, 36.
Castillon (siège de), V, 365.
Castillon (Alain de Foix, vicomte de), X, 60, note 3.
Castres. Voy. Castro.
Castriota (Hernando), tué par François Ier à Pavie, III, 141.
Castro (Horace Farnèse, duc de), premier mari de Diane d'Angoulême, VIII, 143; sa défense de Parme, V, 100; couronnel de la cavalerie légère, VI, 159; tué au siège de Hesdin, III, 191, 351. — III, 257, 350, note 1.
Castro (duchesse de). Voy. Angoulême (Diane d').
Castromoro, lisez et voyez Castro-Nuovo.
Castro-Novo. Voy. Castro-Nuovo.
Castro-Nuovo, sur le golfe de Cattaro, pris par les Espagnols, I, 334; II, appendice, 431; repris par Barberousse, 69, 70; VII, 14. — VII, 151.
Castrovillari. Voy. Spinelli.

Casuel des rois de France, III, 247.
Cataigne. Voy. Catane.
Catane, aventure qui y arrive à Brantôme, VII, 84-86.
Cateau-Cambrésis (paix de), part qu'y prend Christine de Danemark, IX, 626-627. — I, 121, note 2; II, 45, 76, 264; III, 271, 282; IV, 70, 112-113, 370; V, 72; VIII, 129 et suiv.
Câtelet (le), sa prise par les Espagnols, II, 74; IV, 22.
Catherine de Sienne (sainte), IX, 582.
Catherine de Médicis. Discours sur elle, VII, 332-403; regrets que sa vie n'ait point été écrite, 332; origines fabuleuses de sa maison, 334-337; illustration de la maison de Boulogne à laquelle appartenait sa mère, 337-338; ses prétentions au trône de Portugal; expédition qu'elle envoie sous Strozzi pour les soutenir, 337-338; comtés et seigneuries qu'elle apporte en mariage; sa dot; ses meubles, ses pierreries et ses joyaux; perles qu'elle donne à Marie Stuart, 338-339; avantages que son mariage avec le fils de François Ier procure à celui-ci; sa devise grecque; mot de Charles-Quint sur elle, 338-340; affection qu'elle inspire à François Ier et à Henri II qui refuse de la répudier, 341; sa longue stérilité; ses enfants; mot de son mari sur elle; beauté de son corps et de sa main, 342.
— Ses habillements; sa visite à Lyon au peintre Corneille qui avait fait son portrait et celui de ses filles; ce qu'elle en dit au duc de Nemours, 342-344; son amour pour la danse, la chasse et l'équitation; obtient de François Ier de faire partie de la *petite bande*; ses chutes; est trépanée, 344-345; tirait de l'ar-

Catherine de Médicis (suite). balète; inventait des jeux; jouait à la paume; fait jouer à Blois la *Sofonisba*; son goût pour les comédies et les tragi-comédies, 346-347; son habileté aux ouvrages de soie; à quelle occasion elle appelait quelqu'un *mon ami*; ce que lui en dit Boisfévrier, 347; son esprit et son intelligence; est régente pendant la guerre d'Allemagne; réfutation d'un libelle contre elle; services qu'elle rend durant cette guerre, 347-348; sa douleur à la mort de son mari; devise qu'elle prend à cette occasion, 349-351; habileté qu'elle déploie pour se faire nommer régente malgré le roi de Navarre, 351, 352; apaise à Fontainebleau la querelle de celui-ci avec le duc de Guise, 352-354; raconte à Brantôme comment elle a fait rompre la trêve à Maillezais, 354-356.

— Accusée d'avoir été la première cause des guerres civiles; menacée de mort par le maréchal de Saint-André, est sauvée par le duc de Guise; implore le secours des protestants, 356-358; peine qu'elle se donne pour les conférences de Talcy, 358; captivité qu'elle fait subir à Monsieur et à Henri de Navarre, 359; ses négociations avec le premier; ce qu'elle en dit à Brantôme, 360; ses projets de retraite; sa conduite aux états de Blois, 361; son amour de la paix; ce qu'en disait le peuple, 362-363; accusée du massacre de la Saint-Barthélemy, 363-364; son courage et son ardeur aux sièges de Rouen et du Havre; montait bien à cheval, 364-366; accusée d'être Espagnole, 366; défendait les duels; querelles qu'elle arrange à la cour, 366-368; ses gracieusetés envers la noblesse, 369; ses dettes; ses dépenses en fêtes et en bâtiments, 368-373; protégeait les artisans et surtout les maçons et les architectes; aimait les savants; se moquait des libelles faits contre elle; les protestants avaient donné son nom à une couleuvrine; pourquoi, 373, 374; IX, 580.

— Elle aimait à lire; sa grande correspondance, 374; parlait bien français; ses allocutions aux parlements; abolit une confrérie à Bordeaux, 375-376; respectée du duc de Savoie et du duc de Lorraine; était bonne chrétienne et fort dévote, 376; aimait la musique; sa cour; belles filles de sa suite, 377-378; énumération des dames et demoiselles qui composaient sa cour, 380-396; leur luxe dans les fêtes et les processions, 396-399; ses habillements; suite de dames qui l'accompagnaient dans ses voyages; voulait imiter François Ier, 398-400; conversation de Biron et de Henri IV au sujet de sa cour; haine de celui-ci contre sa belle-mère, 400; elle meurt à Blois de chagrin du meurtre des Guises; reproches que lui fait le cardinal de Bourbon; ce qu'elle dit à Henri III à ce sujet, 401; ses obsèques; quatrain sur elle, 402.

— Elle avait été promise au prince d'Orange, I, 242; manque de mourir en accouchant de deux jumelles, VIII, 140; elle apprend à monter à cheval « à l'étrier, sur l'arçon », IX, 622; son entrée avec Henri II, à Lyon, III, 250 et suiv.; épie dans leurs amours celui-ci et Diane de Poitiers, IX, 283-285; Italiens qu'elle introduit à la cour, X, 158; son serviteur Jean-Baptiste, VII, 91; son affection pour le maréchal Strozzi, son cousin, II, 270; VI, 163;

Catherine de Médicis (suite).

elle le fait nommer général dans la guerre de Sienne, II, 278; veut lui faire lire la Bible, IV, 139; achète sa bibliothèque, II, 242; ses lettres à Henri II et au connétable de Montmorency au sujet de Léon Strozzi, IV, 401-403; lettre que celui-ci lui adresse, 396; son amour pour F. de Vendôme; sa couleur favorite, III, 255; VI, 117, 122; ce qu'elle dit à propos du siège de Sienne, I, 296-297; veut en vain empêcher Henri II de jouter contre Montgommery, III, 272; ce qu'elle disait de Henri II à Brantôme, III, 289-290.

— Elle refuse de se remarier, IX, 591; change les noms de ses trois derniers fils, V, 292; son entente avec le duc François de Guise; joue Montpensier et le cardinal de Bourbon, V, 14; réconcilie Condé et Guise, IV, 268; VI, 452; son affection pour le connétable de Montmorency, III, 348; crainte et honorée de Charles IX dont elle retient l'ardeur guerrière; réponse qu'il lui fait lors de son sacre à Reims; sa préférence pour Henri III, V, 250-253; désire le colloque de Poissy, pourquoi; sa querelle à ce sujet avec le cardinal de Tournon qui se repent d'avoir contribué à son mariage, V, 287, 288; Saint-André veut la faire noyer, V, 39; ses craintes à la mort d'Antoine de Bourbon; rassurée par F. de Guise, IV, 367, 368; récit que celui-ci lui fait de la bataille de Dreux, IV, 248-250; influence de sa présence aux armées, IX, 428.

— Son séjour à Lyon et en Provence, V, 127; VIII, 135; ce qu'elle répond aux plaintes de d'Andelot sur la nomination des capitaines, VI, 56; excite son fils Henri contre Condé, IV, 344, 345; veut faire prendre le prince Louis de Condé à Noyers, V, 115, note 1; son amitié pour Tavannes, 117; remèdes qu'elle envoie à sa fille Élisabeth, VIII, 6; crainte qu'elle lui inspirait, 13; fait, à sa requête, grâce à Pompadour l'aîné, 13-14; ce qu'elle dit à Brantôme au sujet du mariage de Charles IX avec Jeanne d'Autriche, IX, 608; ce qu'elle dit au sujet du mariage de Marguerite avec Henri de Navarre, VIII, 45; sa déclamation contre la loi salique, 46-47; sa perfidie envers Coligny, IV, 300-302; décide le roi à la Saint-Barthélemy, V, 255; lettre contre Biron qu'elle fait écrire à Henri III par Gadagne, V, 136; annonce à Charles IX la prise de Montgommery, 272; son festin aux ambassadeurs polonais, VIII, 33-34; désignée pour régente par Charles IX mourant, V, 268, 269; sa colère au sujet des funérailles de ce prince, VII, 326; loue son oraison funèbre par Muret, V, 291.

— Elle abolit une confrérie à Bordeaux, III, 382-383; son séjour à Cognac avec sa fille Marguerite, VIII, 31-32; sa visite aux ruines de Lusignan; ce qu'elle en dit, V, 17-18; persuade à Henri III de devenir l'amant de la femme de Henri de Condé, IX, 111; rappelle le duc de Nevers poursuivant le duc d'Anjou, IV, 386; fait faire des obsèques à Cosme de Médicis, II, 19; accueil qu'elle fait à Beaulieu, envoyé des Marseillais, VII, 130; sa conversation sur Matignon avec Brantôme, V, 161; avec Carrouges, 163-165; son affection pour Matignon, 165, 167; sa confiance dans le maréchal de Biron, 148; son entrevue à Montluel avec le duc de Savoie et

Catherine de Médicis (suite). Bellegarde, qui meurt de poison, 203; son mot à Marguerite de Valois sur un de ses amants, IX, 713-714; son éloge du savoir de Renée de France, VIII, 108; ce qu'elle dit de Marie Stuart à la tête de son armée, VII, 423; ses regrets sur elle, 425; ce que Brantôme lui entend dire d'un portrait de cette princesse, 407; mot naïf que lui dit la maréchale de Cossé, III, 49.

— Son entretien sur le siège de Malte avec le commandeur de la Roche et autres, V, 217-219; ce que Brantôme lui entend dire sur le costume des veuves, IX, 637; ce qu'elle dit à Brantôme de l'ordre du Saint-Esprit, V, 105; sur Ph. Strozzi, VI, 86; sur la vieillesse, V, 397. Surnom qu'elle donne à Lesdiguières, 186; ne veut plus envoyer d'ambassadeur de robe longue, III, 97; ses droits sur le royaume de Portugal, II, 81; lègue le comté d'Auvergne à Charles de Valois, VIII, 72, note 4.

— Comment elle savait tenir son rang; ce qu'elle dit sur l'orgueil de Christine de Danemark, à Reims, IX, 630-631; sa colère contre Matha et contre Gersay, 485, 486; contre un gentilhomme qui s'était querellé avec une des filles de sa suite, 487-488; n'aimait pas les femmes se mêlant des affaires d'État, 449-450; sa sévérité à l'égard des faiseurs de pasquins; se moquait des médisances débitées contre elle, 484; aimait à connaître les histoires scandaleuses des dames de sa cour et à les réprimander, 498; fait examiner Françoise de Rohan soupçonnée d'être grosse, 489-490. Ronsard lui dédie ses vers sur la *Promesse*; pourquoi, V, 125, 126; nouvelles composées par elle, VIII, 125-126; ses devises autographes, VII, *Appendice*, 453.

— Troupe de violons que lui envoie le maréchal de Brissac, IX, 663; fête qu'elle donne à Fontainebleau, V, 276, 277; comédie italienne qu'elle fait jouer à Paris, IX, 467; chantres de sa chapelle, VII, 376; scène entre elle et la femme de Brusquet, II, 253-254; son médecin Castellan, IX, 569; est en horreur au peuple, II, 361, note 4; parlait peu italien avec ceux de sa nation dans les grandes affaires, VII, 75; ses longues promenades à pied, IV, 79-80; sa belle jambe, IX, 306-307; sa maladie à Saint-Cloud, IV, 297; son infirmité, IX, 181; erreur à son sujet, X, 421, note 1. — II, 28; III, 279-280, 403; IV, 23, 84-85, 91, 331; V, 6, 7, 47, 141, 240, 375; VI, 54, 90; VII, 208; IX, 475, 504.

Catherine d'Aragon, femme de Henri VIII, enterrée dans l'église de Petersborough, VII, 439.

Catherine d'Autriche, sœur de Charles-Quint, femme de Jean III roi de Portugal, et grand-mère du roi Sébastien; Brantôme la voit à Lisbonne, IV, 362.

Catherine d'Autriche, fille de Ferdinand Ier; mot qu'on lui prêtait sur son mari François duc de Mantoue, IX, 361.

Catherine d'Autriche, fille de Philippe II, femme de Charles-Emmanuel duc de Savoie, VIII, 15; IX, 362.

Catherine de Foix, reine de Navarre, ce qu'elle répond à La Palisse envoyé près d'elle par Louis XII, IX, 447-448.

Catherine de France, fille de Charles VI, mariée à Henri V d'Angleterre, VIII, 51, 52.

Catherine de France, fille de Charles VII, première femme de Charles-le-Téméraire, VIII, 87.
Catholiques (mariages de femmes catholiques avec des huguenots), IX, 669.
Catilina, sa conjuration découverte par Fulvia, IX, 28; sa harangue, VII, 116; sa mort, V, 266. — IX, 506. Voy. Salluste.
Caton le censeur, III, 311-312; IX, 296, note 1.
Caton d'Utique, son aventure avec César, III, 38, 39; IX, 506.
Cattaro (golfe de), VII, 151.
Catulus, bat les Cimbres, IV, 51.
Caucan, roi des Avarois, son histoire, IX, 381.
Caudebec pris par le prince de Parme, VII, 295.
Caulaincourt, capitaine huguenot, VI, 176.
Caumont (François de), ses plaintes contre Monluc au duc F. de Guise qui le malmène, IV, 26 et suiv.; est blessé et plus tard assassiné par Hautefort, 31.
Caumont (Armand de), tué à la Saint-Barthélemy, IV, 26, note 2.
Caumont (Jean de), seigneur de Montpouillan et de Feuillet, IV, 27, note, 29.
Caumont (François de), seigneur de Castelnau, frère cadet de François, second mari de Mme de la Châtaigneraie, dame de la Force, IV, 26, note 2; est tué à la Saint-Barthélemy, 29, 30.
Caumont (Geoffroi de), frère de François, abbé de Clairac et d'Uzerche; épouse la maréchale de Saint-André, IV, 26, note 2, 29; IX, 673. — V, 31.
Caumont (Jacques Nompar de), duc de la Force, maréchal de France, échappe au massacre de la Saint-Barthélemy, IV, 26, note 2, 30; sa harangue à Henri IV pour son beau-frère Biron, V, 264, 265.
Caumont. Voy. Lauzun.
Caunis. Voy. Coni.
Caunus (fable de), IX, 572.
Caussade. Voy. Saint-Megrin.
Cavagnes (Armand de), calviniste, chancelier de Navarre; Charles IX assiste à son supplice, V, 258.
Cavalerie (rôle de la) dans les batailles, IV, 208-209. Cf. Armée.
Cavalerie légère des Français, des Vénitiens et des Espagnols, II, 410; les grands seigneurs commençaient par y servir, III, 398.
Cavalerie. Voy. Albanais, Couronnels.
Cavour. Voy. Raconis.
Cayet (Palma), cité, VI, 204, note 4.
Caylus. Voy. Quélus.
Cayradin. Voy. Khair-Eddin.
Cecchino. Voy. Bibbona.
Cécile, femme de Tancrède, se remarie au fils du comte de Tripoli, IX, 74.
Ceinture garnie de pierreries, permise aux veuves, IX, 638.
Celestina, tragi-comédie : bon mot d'un Espagnol à propos de cette pièce, VII, 166.
Célestins de Paris (sépultures aux), III, 75, note 4.
Célibataires, frappés d'un impôt à Sparte, IX, 695.
Cellini (Benvenuto), cité, I, 268.
Cénal (Robert), évêque d'Avranches, sa *Gallica historia*, citée, VIII, 49.
Cenette (marquis de), sa réponse à une bravade de son écuyer, VII, 126.
Cent Nouvelles nouvelles (les), citées, IX, 168, note 3.
Cental, de Mane (F. Bouliers de), évêque de Fréjus, IX, 677.
Cental (les deux frères), de la maison de Bouliers, IV, 72.
Centale, ville du marquisat de Saluces, prise par Bellegarde,

V, 195; fortifiée par d'Anselme, 204.
Centenaire (soldat espagnol), V, 372.
Centeno (Diego), rachète au bourreau les habits de Gonzalo Pizarre qu'il fait enterrer à Cusco, VII, 97-98.
Centurion, Génois, V, 126.
Cepy, Chepy ou Chipy. Voy. Espic.
Cercamp (abbaye de), II, 76.
Cercamp (conférences de), VI, 27; VIII, 46; IX, 626.
Cercueil de bronze de Philippe II, II, 94, 96.
Cèré ou Ceri. Voy. Renzo.
Cerealis, refusé en mariage par Marcella, IX, 652.
Cérémonial François (le), par Théodore Godefroy, cité, III, 250, note 2.
Cérémonial. Voy. Entrées, Fêtes, Funérailles.
Cérémonies de l'Église, II, 349.
Cérès (fêtes de), à Athènes, IX, 688.
Cerf, dans les fossés d'un château; anecdote, VI, 325.
Cerf (particularité relative au), IX, 22.
Cerfs dans la forêt de Saint-Germain; anecdote, IX, 492.
Cerignole (bataille de), II, 372.
Cérisoles (bataille de), décrite par Monluc; peinte dans un tableau fait pour Henri VIII, III, 216; IV, 5. — I, 212, 213, 216, 234, 292, 333, 341, 347, 348, 352; II, 17, 26, 362, 429. *Relations*, ibid.; *Appendice*, 428; III, 220, 221; V, 32; VI, 2-6, 102, 119, 502; VII, 14, 94.
Cersay. Voy. Sarzay.
Certau ou Certean (mesdemoiselles de), VII, 394; IX, 720.
Cervellon (G.). Voy. Serbellone.
Cerveillon. Voy. Cerviglione.
Cerviglione (Filippo), II, 2.
César (J.), erreur de Brantôme à son sujet, I, 17; parallèle de lui et de Charles-Quint, 19; à la bataille de Pharsale, I, 111, 112; IV, 336; V, 376; chanson des soldats sur lui, I, 258; IX, 27, 728; X, 16; sa mort, II, 168, note 1; son mot sur la violation de la foi donnée, 217; quelle était suivant lui, la mort la plus heureuse, 326; sa courtoisie, III, 398; ses exploits, IV, 207-208; — et Labienus, V, 180, 181; sa clémence, 262; permettait tout à ses soldats, 378; en Gaule, 412; ses regrets sur la mort de Pompée, VI, 121. — et Cesius Sceva, VII, 105; ses harangues à ses soldats, 116; ingratitude de Brutus envers lui, VII, 251, 252; sa conduite envers sa femme Pompeia; ses débauches, IX, 26-27; ses vices, 179; amant d'Eunoé, 294-295; ses amours avec Servilia sœur de Caton, IX 506-507; histoire fabuleuse de son siège de Larignum, 587. — et Cléopâtre, 682; harangue que lui fait celle-ci; ses amours avec elle; festin qu'elle lui donne; danger qu'il court en Égypte, X, 18-29. Ses *Commentaires* traduits en grec par Pierre Strozzi, II, 241; sus par cœur par Carnavalet, V, 300; cités, I, 35, 62, note 1, 64, 177, note 1, 192, 257; II, 6, note 3; II, 240; III, 48, 213; V, 299, 307; VI, 119, 402, 405; VII, 6, 232; IX, 185, 352, 399, 441, 590.
César de Naples. Voy. Maggi.
Cesare. Voy. Cæsare.
Césarion, fils de César et de Cléopâtre, X, 28.
Cesonnia, aimée de Caligula; sa mort, IX, 333-334.
Ceton (Mlle de), VII, 393.
Cevedio, capitaine espagnol, I, 333.
Chabanais. Voy. Vendôme.
Chabannes (le petit), X, 133.
Chabannes. Voy. Châtillon,

Dampmartin, La Palisse, Tende et Vandenesse.
Chabot (Jeanne), femme de René d'Anglure puis de Cl. de la Chastre, maréchal de France, cache longtemps son second mariage, IX, 676.
Chabot (Antoinette), première femme du maréchal d'Aumont, V, 176, note.
Chabot Voy. Barbezieux, Brion, Charny, Jarnac, Piennes.
Chaîne d'or de 2000 écus donnée par le duc de Savoie à Alluye, V, 81.
Chaine de diamants et de rubis, donnée par Marie de Portugal au grand prieur de Lorraine qui met souvent ce bijou en gage pour mille écus, IX, 721.
Chaise en natte de Flandre, V, 333.
Chaligny (Henri de Lorraine comte de), pris par Chicot, II, 267, note 2.
Chalon (maison de), I, 238, 245. Voy. Nassau, Orange.
Chalon (Antoine de), évêque d'Autun. ambassadeur de Charles VIII à Rome, II, 294.
Chambaret. Voy. Chambret.
Chamberlan (milord), III, 68.
Chambes (Hélène de), femme de Ph. de Commines, II, 294, note 7.
Chambes (Jeanne de), dame de Beaumont, II, 296, note 6.
Chambes. Voy. Monsoreau.
Chamborant. Voy. Droux.
Chambord (château de), sa magnificence, III, 125 ; visite qu'y fait Brantôme ; ce que le concierge lui raconte et lui montre au sujet des maîtresses de François Ier, IX, 714-716.
Chambourg. Voy. Chambord.
Chambre du roi (combat dans la), VI, 381-382.
Chambre de la reine, on s'y asseyait par terre quand la reine y était, IX, 485.
Chambre (femmes et filles de), leur rôle dans les amours de leurs maîtresses, IX, 545-551.
Chambre (gentilshommes de la). Voy. Gentilshommes.
Chambret, assassiné à Bordeaux par Pompadour l'aîné, VIII, 13.
Chambret (Louis de Pierre-Buffière, sieur de), lieutenant général du Limousin, défend Saint-Yrieix contre la Ligue, IV, 209 ; VI, 201.
Chamois, mestre de camp, V, 364.
Champ de bataille, la plus glorieuse sépulture pour un homme de guerre, II, 407, 408.
Champagne, ses blés, VII, 372.
Champagne (gouverneur de). Voy. Albret.
Champagne (grand prieur de). Voy. Scève.
Champ clos. Voy. Combat et Duel.
Champeaux (église de), V, 400, 402.
Champier (Symphorien), ses Gestes du preulx chevalier Bayard (1524, 4°); cités, II, 355, note 1, 381, note, 384, note 2, 387, 430, 436.
Champigny, château pris par les protestants, V, 10, note 2.
Champlivaut (René de Viau, seigneur de), son duel avec Bonneval, VI, 354.
Champniers, en Angoumois, revenu de sa cure, IV, 225.
Champoly (Loire). Poncenat y est battu par Montsalez, IV, 86 ; V, 183, 184.
Champouilly. Voy. Champoly.
Champoulin. Voy. Champoly.
Chanay, son mariage avec Marguerite de Clermont-Tallart, abbesse de Saint-Honorat de Tarascon, IX, 337.
Chandeliers (hôtel des Trois-), à Paris, V, 342.
Chandelle de N.-D. de Mont-Serrat ; anecdotes, IX, 591-592.

Chandenier (François de Rochechouart, seigneur de), II, 297.

Chanet le brodeur, ligueur, I, 221.

Changy (dlle de), est chassée d'auprès de la reine Louise de Lorraine, sa maîtresse, par Henri III, IX, 639.

Chanoines, mauvais garçons, III, 109.

Chanoines de Saint-Pierre à Rome, leur conduite indigne à l'égard d'un chevalier vaincu qui leur avait été donné, VI, 251; VIII, 178, 179.

Chanson des soldats romains sur César, I, 258; IX, 27, 728.

Chanson du franc-archer de Bagnolet, par Villon, V, 302.

Chansons des aventuriers et des soldats : sur le connétable de Bourbon, I, 247, 257, 268, 285; sur le prince d'Orange, 268-269; sur le siège de Metz, II, 272; IV, 191; sur La Trémoille, 399, 400; sur la bataille de Marignan, III, 137; sur Renzo de Ceri et le siège de Marseille, 195-196; sur Mouvans, V, 426; sur la reine de Hongrie, IX, 506.

Chansons des soldats huguenots, IV, 356; des pages sur Antoine de Bourbon, IV, 371, note 2; sur le prince de Condé, IV, 339; sur les protonotaires, III, 47; sur Mlle de Maumont, maîtresse du dauphin François, fils de François Ier, III, 174; IV, 62; X, 100; sur le mariage d'Élisabeth de France, VIII, 2, note; sur Marie Stuart, VII, 408; de Marie Stuart sur elle-même, VII, 410-412; de Marguerite de Valois, VIII, 82, note 1; sur les dames de la cour de Henri III, IX, 516; sur les femmes, IX, 133; sur les cocus, IX, 209, 229.

Chanson espagnole (vieille), VII, 162-163; sur Bourbon, I, 284, 285.

Chanson italienne du prince de Salerne, II, 25.

Chanson (*Le temps n'est plus*), citée, IX, 665.

Chansonnier huguenot, édité par M. H. Bordier, cité, VI, 128, note.

Chantegeline, village près de Périgueux. Mouvans y est tué, V, 426.

Chantemerle. Voy. La Clayette.

Chantemesle (Odart d'Illiers, seigneur de), gouverneur du Perche, V, 126.

Chantérac (Guillaume de la Cropte de), capitaine sous les ordres de Givry; huguenot; sa mort et son éloge, VI, 170.

Chantérac (marquis A. de), cité, VI, 170, note 1; son édition des Mémoires de Bassompierre, citée, 462, note 2.

Chantérat (G. de). Voy. Chantérac.

Chantlivaut. Voy. Champlivaut.

Chantres favoris de Charles IX, V, 285.

Chantres de la chapelle de Catherine de Médicis, VII, 376.

Chantres. Voy. Chapelle.

Chanvallon (Jacques de Harlay, seigneur), duelliste, VI, 29; amant de Marguerite de Valois, VIII, 69, note.

Chape destinée au pape par Anne de Bretagne, VII, 318.

Chapeau à la guelfe, VIII, 143; à plumes, I, 45, note 1; de taffetas, II, 160; VII, 90; des dames, VII, 399; de François Ier gardé à Pavie, IV, 98; de paille porté par un roi; mot à ce sujet, V, 80.

Chapeau de fer porté aux sièges par Brantôme, X, 146.

Chapelle de Louis XI, I, 136; II, appendice, 426; de François Ier, III, 120; de Catherine de Médicis, VII, 376.

Chapelle (Sainte-), à Paris, vol de reliques qui y est commis, II, 361, 362.

Chapin ou Chiappino Vitelli.
Voy. Vitelli.
Chapitres (désordres dans la tenue des), III, 109.
Chappes. Voy. Aumont.
Chappuis (Ant.), sa traduction de Muzio, VI, 302, note 1 ; sa traduction de la *Fiametta* de Boccace, VIII, 153, note 2.
Charansonnet, de Savoie, (Mlle de), sa mort à Tours ; sa vertu, IX, 719. — VII, 394 ; X, 426.
Charbonnière (forêt), I, 37.
Charbonnière (de), capitaine huguenot, V, 435.
Charbonnière, périgourdin, arquebusier huguenot, son adresse ; tue au siège de Mucidan Brissac et Pompadour ; est pris ; Brantôme essaye en vain de le faire échapper ; il est pendu par ordre du duc d'Anjou, VI, 134, 135.
Charbonniers dans l'armée de Charles VIII, II, 298.
Chardons (salades de), IX, 223.
Charency. Voy. Guières.
Charenton. Revue des troupes du comte de Rhingrave passée près de son pont, VI, 221-222.
Charité. Voy. La Charité.
Charité (tableau de la), IX, 160.
Charité en amour (sur la), anecdote, IX, 160-162.
Charlemagne, sa guerre contre les Saxons, I, 20 ; pardonne à son fils Pépin le Bossu, II, 101 ; son couronnement à Rome, II, 219 ; V, 241-243 ; comparé à Auguste, 243, 244, 249 ; ses relations avec Haroun-el-Reschid, 248 ; ses lois sur les combats en champ clos, VI, 234 ; est défait avec ses douze pairs, VII, 115 ; son expédition contre Didier, 335 ; sa cour, 378 ; secouru par Yvon de Bourdeille, X, 65 ; ses pairs et ses paladins, ibid. — I, 69 ; II, 287, 354.
Charles le Gros, répudie sa femme Richarde, VIII, 89.
Charles IV, trompé par sa femme Blanche de Bourgogne, VIII, 57 ; IX, 24.
Charles V, guerre qu'il fait aux Anglais sans sortir de son cabinet, II, 71-72 ; son mariage avec Jeanne de Bourbon ; donne la Bourgogne à son frère Philippe, III, 241-242 ; VIII, 50-51. — VIII, 162.
Charles VI, son amour pour la duchesse de Berry et Valentine de Milan ; sa mascarade à l'hôtel de Nesle, III, 242 ; sa vision, V, 273 ; nomme connétable le comte d'Armagnac, VI, 448. — VIII, 52, 55.
Charles VII proclamé bâtard par Henri V, II, 358 ; son ordonnance sur le parlement, III, 131 ; ses amours avec Agnès Sorel et autres, 242, 243 ; gracie Blanche d'Aurebruche, IX, 76 ; influence exercée sur lui par Agnès Sorel, 393-394 ; refuse de reconnaître une fille de celle-ci, 717. — V, 262.
Charles VIII, notice sur lui, II, 282-328 ; sa petite taille et son grand courage ; comment élevé par Louis XI, 284-285 ; son expédition d'Italie ; emprunte et met en gage les pierreries de la duchesse de Savoie et de la marquise de Montferrat, 285-286 ; brave l'excommunication du pape et fait une entrée triomphale à Rome, 286-288 ; entre à Naples, dont il assiège et prend les châteaux, 288 ; visite que lui fait le prince de Tarente dans une tranchée, 289, 321, note 2 ; son entrée triomphale à Naples, 289-292, 321, note 2 ; créé par le pape empereur de Constantinople, 290, 322, note ; banquet qu'il donne dans Castel-Nuovo, 291 ; ambassades qu'il avait envoyées en Italie avant son départ, 293-295 ; dénombrement de son armée et de sa flotte, 295-300 ; mulets qu'il prend à Grenoble,

300; énumération des gens de sa suite, 301; son guide en Italie, 302; son entrée à Florence, 303-304; ses archers des toiles; ses favoris; son retour en France, 305; ses neuf preux, 306; son costume et ses exploits à la bataille de Fornoue, 307-311; espion que les Vénitiens envoient dans son camp, 314-316; sa harangue avant la bataille, 316-318; son retour en France; éloge que faisait de lui François Ier, 319; dénigré par Guichardin, 319-320; son effigie en bronze doré à Saint-Denis; gentilhomme périgourdin qui lui ressemblait; ses projets quand il mourut; surnommé *cabezzucco* par les Italiens, 320-321; assiège et prend Castel-Nuovo et le château de l'OEuf, 321, note 2; terreur qu'il inspirait; ambassade que lui envoie Bajazet, 322-323; sa mort, 323-324; bruits divers à ce sujet, 326; son éloge par Faustus Andrelinus, 325; seuls mots latins que Louis XI lui fit apprendre, 325, 328; ambassade qu'il reçut d'Italie avant son départ, 325; blâmé d'avoir livré les Pisans aux Florentins, 326-327; trompé par Maximilien I, 78; trahit les Pisans, 119.

— Il comble de biens les Colonna qui le trahissent, I, 138-139; est trahi par Borgia, II, 217; par Ferdinand V, 117; vainqueur à Fornoue, *ibid.*, II, 74; sa devise, 330, note; son ambition, 359; son épée rendue à Louis XII par les Vénitiens, 361; ses favoris, 422; gouverné par le cardinal de Saint-Malo, 365; ses ambassadeurs gens d'épée, III, 104; son entrée à Rome, V, 306; à Sienne, IX, 418; fiancé à Marguerite de Flandre, VIII, 36; IX, 614; renonce à son projet de mariage avec Marguerite de Flandre et épouse Anne de Bretagne, VII, 309; sa conquête de Naples, 235-236; sa douleur à la mort de son fils Charles-Orland, 312; son expédition de Naples, *ibid.*; regretté de la reine Anne, 313; élevé par sa sœur Anne de Beaujeu, VIII, 99; fait mettre en liberté Louis d'Orléans, 101; spectacle que lui donne à Poggio-Reale la fille de la princesse de Melfi, 141; sa bonté; son amour des plaisirs est cause de la perte du royaume de Naples et de sa mort, IX, 471; entrée magnifique que lui fait faire à Turin Blanche de Montferrat qui met pour lui ses joyaux en gage, 634-636. — I, 149; III, 28, 65; V, 305. Voy. Fornoue.

Charles IX, notice sur lui, V, 239-296; sa mort prématurée; son horoscope par Nostradamus, 240; son éducation, 241; les guerres civiles arrêtent le développement de sa grandeur, *ibid.*; son ardeur dans la première guerre civile; sa réponse à quelqu'un qui lui demandait la charge de connétable, 251; son dépit quand sa mère lui donne son frère Henri pour lieutenant général, et refuse de lui laisser commander l'armée; ce qu'il dit au poète Daurat, 251; sa jalousie contre son frère; sa réponse à la reine lors de son sacre; son mot à M. de Cipierre, 252; se vante de sa dissimulation à la Saint-Barthélemy; le maréchal de Raiz, dont la mère était sa gouvernante, lui fait perdre le fruit de l'éducation de M. de Cipierre, et lui apprend à jurer et à fausser sa foi, 254, 255; comment il fut amené à consentir à la Saint-Barthélemy; cruauté qu'il y déploie; tire des coups d'arquebuse sur les huguenots; ne

Charles IX (suite).
sauve qu'Ambroise Paré; son amitié pour sa nourrice qui était huguenote; laisse massacrer le comte de La Rochefoucauld qui était son favori et qu'il regrette, 255-257; ce qu'il dit en voyant le cadavre de Coligny à Montfaucon; assiste au supplice de Briquemault et de Cavagnes; sa cruauté, 257-258; son changement de caractère et de physionomie après le massacre, 258, 259.

Il devait pardonner à l'amiral et ne pas lui manquer de foi, V, 259, 261; sa haine contre les huguenots, depuis la journée de Meaux, 266; sa douleur lors de leur prise d'armes du mardi gras; ses projets de guerre contre eux; fait emprisonner son frère, le roi de Navarre, Montmorency et Cossé, 267; ses regrets de l'absence de son frère Henri; détails sur sa mort; son testament; sa prière à son frère François; fait prêter par les assistants serment d'obéissance à sa mère et de fidélité au roi de Pologne; ses recommandations au vicomte d'Auchy et à Toquenot, 269, 270. Ouverture de son corps; ce qu'Ambroise Paré dit à Strozzi et à Brantôme sur la cause de sa mort; vers à ce sujet; on le croit empoisonné; détails sur sa maladie; son premier médecin, M. Mazille, 270, 271; ses discours avant sa mort; sa réponse à sa mère au sujet de Montgommery; comète qui présage sa mort; prodige qui lui arrive dans la forêt de Lyons, 272, 273; ce qu'il dit à une dame au sujet des femmes; ses maîtresses; mot de Marie Touchet sur le portrait de la reine Élisabeth; son fils naturel, 274, 275; bruits sur la cause de sa mort, 275; sa passion pour la chasse et les exercices violents; son adresse à cheval; son combat contre son maître d'armes dans une fête à Fontainebleau, 276-278; aimait à forger et à faire de la fausse monnaie; ce que le cardinal de Lorraine lui dit à ce sujet, 278; fait venir à la cour une bande de filous, 278-280; ses poésies; sa passion pour le jeu de paume; son aversion pour le séjour dans les maisons; ses poètes favoris; comment il les récompensait; son éloquence; leçons qu'il reçoit de Cipierre et d'Amyot; sa harangue au parlement, 282-284; chantait au lutrin; son chantre favori; ses faits et dits méritaient d'être recueillis, 285; son livre *de la Chasse du cerf*, 285-286; malheurs arrivés sous son règne, 287-290; sa libéralité, 289; aliène les biens ecclésiastiques; sa devise; regrets causés par sa mort; son oraison funèbre prononcée à Rome par Muret, 290, 291; s'appelait d'abord Maximilien, 292.

— Faiblesse de son autorité à la mort de François II, IV, 227-228; sa lettre de cachet au parlement pour arrêter les poursuites contre les conjurés d'Amboise, 363; son sacre à Reims, IX, 630; comment sa mère lui faisait connaître les gentilshommes de son royaume, VII, 368; son précepteur Amyot, III, 287; son train de maison quand il était duc d'Orléans, II, 212; sa table, III, 122; passe en revue au pont de Charenton les troupes du comte de Rhingrave, détails à ce sujet, VI, 221, 222; son voyage à travers la France, V, 127; VI, 56; VIII, 136; IX, 87; son entrée dans les villes de Provence, III, 381; accorde des gardes au cardinal Ch. de Lorraine, 355.

Création d'un régiment pour sa garde, V, 341 et suiv. ; il le disperse aux frontières, 347, 348; le casse après la paix de La Rochelle, puis le rétablit, 352; veut introduire le mousquet dans ses troupes, VI, 82, 83 ; respects du duc d'Albe pour lui à Bayonne, I, 113-115; fait grâce au baron de Bournazel condamné à mort, IX, 443 ; sa colère contre Vitteaux, assassin de Gonnelieu, VI, 330; il le gracie, 333; désavoue l'expédition en Flandre de Genlis, 486; ce qu'il dit de la bataille de Gemmingen, VII, 143; les protestants veulent l'enlever à Meaux, I, 340; IV, 169-171; VII, 288 ; profits qu'il tire des guerres civiles, IV, 330 et suiv. ; va aux bains de Bourbon-l'Archambault, VII, 367; son traité avec les Suisses, V, 69.

— Son entretien avec Brantôme et le chevalier de Scève au sujet de la marine, II, 29-30; obtient de Soliman la liberté d'Alvaro de Sande, I, 322-323; fait conclure la paix entre Venise et la Turquie, II, 121; son intervention sauve Candie d'une attaque des Turcs, V, 65-66; reçoit une ambassade turque à Bayonne, 69; fait chanter un *Te Deum* pour la victoire de Lépante, II, 118; sa trahison envers les huguenots, I, 122; fait assassiner Coligny par Maurevel, IV, 300-301; sa perfidie après cet attentat, 301, 302; décide Cossains à prendre part à la Saint-Barthélemy, VI, 69; fait grâce de la vie à Henri de Navarre à la Saint-Barthélemy, VIII, 58-59; reçoit des leçons de natation de Piles qu'il laisse tuer, deux jours après, à la Saint-Barthélemy, V, 434; sa conversation avec Tavannes après le massacre, 120-121 ; veut faire la guerre au maréchal Damville, III, 364; envoie La Noue à La Rochelle, IX, 446; ce qu'il dit de Cossains en apprenant sa mort, VI, 70 ; recommande en mourant Tungener à sa mère, 227; combien regretté de sa femme, IX, 595 et suiv. ; visites qu'elle lui faisait pendant sa maladie, 596; ses maîtresses; son caractère emporté, 596-597; incidents arrivés à ses funérailles; mot à ce sujet de Marguerite de Valois, VII, 325-328.

— Sa courtoisie envers les dames; ses amours, IX, 493-494 ; n'aimait point les médisants ; ce qu'il disait de sa cour ; sa mort, 495-496; son affection pour sa sœur naturelle Diane d'Angoulême, VIII, 144; Jeanne d'Autriche, fille de Charles-Quint, aurait désiré l'épouser, IX, 608-610; ce que Brantôme lui entend dire sur un portrait de Marie Stuart, VII, 407; sa passion pour elle, 413-414; son amitié pour La Chastre, V, 182; fait danser devant lui le comte de Brissac; son mot à ce sujet, VI, 141-142; se fait raconter l'histoire de Carrouges et de Legris, 244 ; ses joutes sur l'eau à Paris, IV, 347; fait donner par Philippe II une commanderie de Calatrava à Bellegarde, V, 196 ; bon accueil qu'il fait au commandeur de La Roche, envoyé de Malte, 217-219.

— Bonnet qu'il portait à cheval, I, 44; cheval qu'il achète à F. de Carnavalet, IX, 348; faisait travailler le maître artiller, V, 301; son livre sur la chasse, X, 112; son billet autographe sur un exemplaire de la *Sofonisba*, III, 257, note 2; *Advertissement* à lui adressé par Brusquet (imprimé en MDLXVIII et non MDLVIII), VIII, *Appendice*, 205-208. — I, 171; II, 349; III, 372; IV, 327; V, 26, 27, 52, 205, 230; VI, 54, 55.

Charles de France (*Histoire des neuf rois*) par Belleforest, V, 240.
Charles-Quint, notice sur lui, I, 10-74 ; son testament, 11, note; appelé Charles-qui-triche, 12 ; ce qu'il dit à Coligny des grands capitaines de son temps, 13 ; tourmenté par la goutte, 14, 15, 23 ; quand il se mit pour la première fois à la tête de ses armées, 16, note 3, 17 et suiv. ; son parallèle avec César, 19 ; avec Charlemagne, 20, 69 ; sa guerre contre les protestants, 20, 21 ; sa devise, 19, note 4, 26, 101 ; sa tromperie envers le landgrave de Hesse, 22 ; appelé *Charles de Gand*, 23 ; quatrain sur lui, 24 ; défait à Renty, 23, note 3, 25 ; sa retraite au couvent de Yuste ; ses paroles à la nouvelle de la bataille de Saint-Quentin, 25 ; son ambition, 26 ; ce qu'il dit à des seigneurs français, 27, 28 ; sa défense de faire *carroux*, 30, 31 ; saluait les gibets, 32 ; aimait le jour de saint Mathias ; ses habitudes à table et en amour, 32, note 2, 33 ; aimait la langue française, 33, 34 ; fait traduire en latin Ph. de Commines, 34 ; sa confiance en lui-même, 35, ce qu'il dit en venant assiéger Metz, 36 ; veut se faire roi de toute la Gaule Belgique, 37 et suiv., 56, note ; son couronnement et son entrée à Bologne, 39, note, 42 et suiv. ; son bonnet, au musée de Cluny, 44, note 5 ; veut se faire couronner empereur du Nouveau Monde, 48 ; pense à devenir pape, 53 ; se fait religieux, 54 et suiv. ; ses exploits, 56 et suiv. ; son abdication, ses conseils à son fils, 58 et suiv. ; sa mort ; conduite de son fils à son égard ; l'inquisition veut le faire déterrer, 60 ; comparaison de sa grandeur et de celle de Rome, 62 ; ses *Commentaires*, 11, note, 64 ; ses obsèques à Bruxelles, 65-70 ; à Rôme, 70 ; à Paris, 71 ; son expédition d'Alger, 71 et suiv. ; vers contre lui, 73 ; sa conduite avec son frère Ferdinand, 86, 88 ; son caractère, 87 ; se repent d'avoir résigné l'empire à son frère, 88 ; détails sur son voyage et ses amours en France, 95 et suiv. ; enfant naturel qu'il y laisse, 96, note, 97.

— Ce qu'il disait des langues espagnole, italienne et française, I, 6 ; ses lettres et son testament, II, note ; sa mauvaise foi, 120 ; sa cupidité, 166 ; accusé d'avoir fait mourir Pierre de Navarre, 159 ; sa tolérance envers ses lansquenets, 167 ; publie l'*Interim* d'Augsbourg ; son confesseur lui refuse l'absolution ; s'empare de Plaisance et veut en faire autant de Parme, 168-169 ; marie sa fille naturelle Marguerite à Octave Farnèse, duc de Parme, 169 ; sa conduite envers le connétable de Bourbon, le duc de Savoie et le marquis de Saluces, 169-170 ; récompense quelques serviteurs du connétable, 170 ; ligue formée en Italie contre lui, 189 et suiv. ; projet de mariage entre lui et Renée de France, 250 ; va voir René de Nassau mourant, 246 ; II, *appendice*, 429, 430 ; prend Dueren d'assaut, I, 246 ; ce qui lui arrive avec le marquis del Gouast dans son expédition de Tunis, 201-202 ; dîne avec André Doria et le marquis del Gouast, 211 ; sa préférence pour les Flamands et les Bourguignons, 219, note ; 224, 225, 319 ; son gouverneur M. de Chièvres veut l'accorder avec François Ier, 218, note, 223 ; plaintes que lui fait Pescaire, 225-230 ; comble de biens Charles de Lannoy, 231 ; s'attache le prince d'Orange, 240 ; ses tromperies envers le connétable de Bourbon, 259-260 ; sommes qu'il lui devait, 371-374 ; sa courtoisie envers la sœur de celui-ci, Mme de Montpensier, 290-291 ; sa conduite envers le marquis de Marignan, 301 ; son entrée à Bologne, 42 et suiv., 359.

— Assiste aux sièges de Dueren et de Saint-Dizier, II, 4 et suiv., 7 ; refuse sa fille naturelle Marguerite à Cosme de Médicis, 24 ; prend à son service André Doria, 29, 30, 39 ; son entrevue à Aigues-Mortes avec François Ier ; proposition que lui fait Doria, 32, 33 ; son expédition de la Goulette, 36 ; son expédition d'Alger, 42 ; conclut la paix à Crépy, 75 ; III, 162 ; sa retraite au couvent de Yuste, II, 86, 87 ; appelé *Fray Carlo* de *Santo-Hieronimo* par les soldats, 88 ; ne veut point laisser commander les armées à son fils, 91 ; son fouet de discipline, 95 ; son crucifix, 98 ; parrain de Don Carlos qu'il veut voir avant d'entrer au couvent, II, 108 ; son fils naturel Don Juan d'Autriche, comment il le fait élever, 108, 109, 139-140 ; son affection pour sa belle-sœur Béatrix, duchesse de Savoie ; conseil qu'il donne à son mari, 141, 142 ; anecdotes sur lui et le marquis de Villena, 144 ; sauf-conduit qu'il accorde, pour venir à son couronnement, à Fr. M. Sforce ; restitue le duché de Milan à ce prince et lui fait épouser Christine de Danemark, 216-217 ; refuse de payer la rançon du prince de Melfe, 227 ; sa conduite envers le connétable de Bourbon et ses adhérents, 234 ; joie que lui cause sa mort, 235 ; son invasion en France, 239.

— Il choisit des gens d'épée pour ambassadeurs, III, 95 ; insulte François Ier à Rome, 99 et suiv. ; faute qu'il commet en envoyant Granvelle à Paris, 103 ; fait trancher la tête à Maraviglia, 156 ; ses reproches de mauvaise foi à François Ier, 156 ; sa dureté envers lui, 157 ; ce qu'il dit de ses projets à des dames, pendant son voyage, en France, 158 ; mensonges qu'il écrit à ses ambassadeurs sur le roi, 159 ; il le loue à Coligny, 160 ; son hypocrisie, 162 ; son droit prétendu sur le duché de Milan, 167 ; mauvais accueil qu'il fait à l'ambassadeur de France, Vély, 168 ; refuse de céder le duché de Milan et offre les Pays-Bas pour le duc d'Orléans, 169-170 ; faute qu'il commet dans le traité de Madrid, 170-172 ; son voyage en France ; va dîner à la table du connétable de Montmorency, II, 211 ; III, 120, 121 ; VII, 26-27, 75 ; son amitié pour Charles, fils de François Ier ; ses promesses et ses projets à son égard, III, 184-185 ; sa haine pour la maison de la Mark, 191 ; sa méfiance du duc de Brunswick, 203-204 ; ratifie la capitulation de Saint-Dizier, 239 ; les Allemands appellent contre lui Henri II à leur secours, 267 ; haï de Henri II ; sa défaite et sa fuite à Renty, 269-270 ; obligé de conclure une trêve avec Henri II, 270 ; ses écuries inférieures à celles de Henri II, 275 ; estime qu'il faisait du connétable de Montmorency, 336 ; son entretien avec la Roche-du-Maine, 404, 405.

— Au siège de Metz, IV, 192 ; battu à Renty, 195 ; visite le trésor de Saint-Denis, 333, et le château de Lusignan, V, 18-19 ; se sert de soldats hérétiques dans ses guerres, 60 ; s'humilie devant le Grand-Seigneur pour la prise d'Africa et de Monastir, 61 ; ses griefs et ses plaintes

Charles-Quint (suite).
publiques contre François Ier, 62; ne secourt point Rhodes, 221; donne Malte aux chevaliers de Saint-Jean, 226; regrette les arbalétriers à cheval, 308; son mot au capitaine Villandrado à la journée de Diña, VI, 6; défend Ferdinand de Gonzague contre le conseil d'Espagne, 41, 42; aimait peu les soldats italiens; les regrette au siège de Saint-Dizier, 162; ses menaces publiques à Rome contre François Ier; Sampietro propose au cardinal du Bellay de l'assassiner, 215-217; fait décapiter Vogelsberg, 220; cause de ses succès contre les protestants, 226; donne une chaîne d'or à Sourdeval, 342; pardonne au comte de Feria et au marquis de Villane, 382-383; échange des défis avec François Ier, 455-458; reçoit l'ordre de la Toison d'or à son berceau, 476.

— Sa devise, VII, 10; ce qu'il disait de ses arquebusiers espagnols, 11; son débarquement en Espagne, après son abdication, 12-13; ses paroles au siège de Metz, 14-15; ce que lui dit un soldat sur les cheveux de son frère Ferdinand; injurié par un soldat dans une revue, 33-34; comment il récompense quelques-uns de ses soldats, 45-46; ce que disaient de lui des soldats espagnols, 58, 59; surnommé *fornero* par les soldats espagnols, 60-61; réponse que lui fait Assan-agas qu'il assiégeait dans Alger, 62; ses insultes et ses menaces à François Ier dans une assemblée à Rome, 61; sa réponse aux ambassadeurs français qui le priaient de n'y point parler espagnol, 72; ses revers en Provence, 61-62; savait cinq langues, 72-73; son amour pour les soldats espagnols, 88; donne une pension à Luys de la Sanna, 103, 104; sa réponse menaçante aux plaintes des Milanais, 150; bon accueil qu'il fait aux serviteurs du connétable de Bourbon, 243-244; assiège inutilement Landrecies; ses bravades, 277, 278 et suiv.; Anne de Bretagne voulait lui faire épouser sa fille Claude, 329; ses craintes au sujet du mariage de Catherine de Médicis, 339-340; sa recommandation à P. Jove pour ses exploits futurs, 332.

— Son ambition, VIII, 84; Renée de France lui est promise, 108; reproches que lui fait Marguerite d'Angoulême sur sa dureté envers François Ier prisonnier; son projet de la faire arrêter en Espagne, 120-121; Louise, fille de François Ier, lui est promise, 127; ses craintes sur la maison de Brunswick, 151; cadeau qui lui est fait aux fêtes de Bins, IX, 315 et suiv.; surnommé *El padre de los soldados*, 428; nomme sa sœur Marie gouvernante des Pays-Bas; confiance qu'il avait en elle, IX, 614-616; fêtes qu'elle lui donne à Bins, 616-618; discours qu'elle lui adresse en quittant sa charge; elle le suit dans sa retraite et meurt la même année, 618-620. — I, 162, 248, 302, 353; II, 40, 42, 43, 71, 350; III, 119, 139, 142, 190, 211; IV, 170; V, 110, 239, 240; VI, 13; VII, 91, 302.

Charles de France, duc de Berry puis de Guyenne, frère de Louis XI, qui le fait empoisonner; prière de celui-ci à ce sujet, II, 329-331; lettre de Louis XI sur lui, 339.

Charles Orland, fils de Charles VIII et d'Anne de Bretagne, sa mort, VII, 312.

Charles le Téméraire, duc de

Bourgogne, donne une statue de saint Georges à l'église de Saint-Lambert à Liège, I, 165-166; son entrevue avec Louis XI à Conflans, 210; trahi par Campo-Basso, 306; sa défaite à Nancy, II, 125; ambassade de Bessarion près de lui, 348; refuse de faire la paix avec Louis XI, III, 164; fait livrer le connétable de Saint-Pol à ce prince, V, 79; ses défaites, 110; reçoit à son baptême l'ordre de la Toison d'or, V, 109; VI, 476; demande en vain le titre de roi à l'empereur Frédéric III, V, 292; retient prisonnier Louis XI à Péronne, VI, 487; fait bâtir la forteresse de Limbourg, VII, 225; mari de Catherine de France, VIII, 86; fait prisonnière Yolande, duchesse de Savoie, 87, note 2; assiège et prend dans Roye Paule de Penthièvre, comtesse de Nevers, IX, 431; sa mort, 625. — I, 35, 87, 341; III, 161, 185; IX, 395.

Charles Ier d'Anjou, roi de Naples, IX, 395; fait décapiter Conradin et le duc d'Autriche, V, 24; VII, 442-443, 448; reproches que lui en fait Pierre d'Aragon; combat assigné entre eux à Bordeaux, 444-445; VI, 453; sa cruauté envers les partisans de Conradin; ses malheurs; son défi à P. d'Aragon; sa mort; ce que des Napolitains en disent à Brantôme, V, 24, 25; VI, 386, 387; sa vengeance contre Henri, infant de Castille, VII, 252.

Charles Ier d'Anjou (et non Louis, comme le dit Brantôme), mari de Béatrix de Provence, VIII, 48, 149.

Charles II d'Anjou, fils de Charles Ier, prince de Salerne, est défait et pris par Roger de Loria, V, 25; VII, 445; est condamné à mort; la reine Constance l'envoie en Catalogne; sa délivrance, VII, 446-447.

Charles ou Louis d'Anjou, le pape lui accorde les trésors des églises du royaume de Naples, IV, 329.

Charles II, duc de Lorraine et de Bar, étant enfant est enlevé à sa mère par Henri II pour être élevé à sa cour, IX, 622 et suiv.; son respect pour Catherine de Médicis, 376; contribue à la délivrance de La Noue, 212, 217 et suiv.; l'accuse d'ingratitude pour avoir défendu contre lui Mlle de Bouillon, et refusé de la marier à Charles de Vaudémont, 223-224. — I, 253; V, 293.

Charles III, duc de Lorraine, I, 324-325.

Charles I, duc de Savoie, mari de Blanche de Montferrat, IX, 633, note.

Charles II, duc de Savoie, cheval qu'il donne à Charles VIII, II, 307. — IX, 633.

Charles III, duc de Savoie, abandonné par Charles-Quint, I, 170; II, 234; bagues qui lui sont engagées par le connétable de Bourbon, I, 372; conseil qu'il reçoit de Charles-Quint, II, 141; chassé de ses Etats par les Français, 142; se retire à Nice, 143; contes que l'on fait sur lui, 151; veut assiéger Genève, III, 88; on lui mène Marguerite de France au château de Nice, VIII, 129. — IV, 183; IX, 483; X, 103.

Charles III, duc de Savoie (et non Charles-Emmanuel), I, 95, note 4, 120; II, 426.

Charles-Emmanuel, duc de Savoie, s'empare du marquisat de Saluces qu'il est forcé d'échanger contre la Bresse, II, 147-148, 150; VI, 153; VIII, 133; force son frère bâtard Philippe à se battre de nouveau contre Créqui; son voyage à la cour de

Charles-Emmanuel (suite). France, VI, 357, 358; son mariage avec Catherine d'Autriche, IX, 362; livre qui lui est dédié, 664.

Charles-Emmanuel, duc de Savoie, I, 95, note 4, 120; II, 426. *Errata.* Voy. Charles III de Savoie.

Charles Martel refuse d'être roi, II, 388; s'allie à Eudon d'Aquitaine, V, 260, 261. — IV, 230; IX, 437.

Charles Martel, fils de la reine Jeanne Ire de Naples, VIII, 160, note 4.

Charles. Voy. Carlos, Gueldre et Orléans.

Charleval-sur-Andelle, maison de plaisance de Charles IX, V, 273.

Charlotte de Savoie, reine de France, seconde femme de Louis XI; comment traitée et recommandée par lui à son fils, IX, 470.

Charlotte de France, fille de François Ier et de Claude de France, VIII, 126.

Charlus (J.-L. de Lévis, comte de), mari de Diane de Daillon du Lude, X, 91, note 4; 99, note 3.

Charlus (Claude de Lévis, baron de), mari de Jeanne de Maumont, X, 99.

Charlus (Jeanne-Gabrielle de Lévis de), VII, 393, note 2.

Charlus (Jean de Lévis, seigneur de), chevalier de l'ordre de Malte, IV, 159.

Charlut (du). Voy. Charlus.

Charny (Léon Chabot, comte de), fils de l'amiral Brion, grand écuyer de France, lieutenant général au gouvernement de Bourgogne, III, 200-201. — VI, 107.

Charny (Claude Gouffier, comtesse de), III, 200, note 3.

Charny (Philiberte de Luxembourg, comtesse de), I, 238, note 1.

Charolais (comte de). Voy. Charles le Téméraire.

Charrière, ses *Négociations dans le Levant*, citées, V, 57, note 1, 64, note 1.

Charrion, capitaine gascon, VII, 288.

Charrou, mestre de camp, VI, 68.

Charry (Jacques Prévôt, seigneur de), favorisé par le duc F. de Guise; emporte le faubourg d'Orléans; loué par Monluc, V, 338; créé mestre de camp du régiment français pour la garde du roi; ses démêlés avec Andelot, 341; il est assassiné par du Chastelier-Portaut, 28, note, 342-346; son altercation au sujet de Monluc avec F. de Caumont, IV, 28. — VI, 75.

Chartier (Alain), baiser que lui donne Marguerite d'Écosse, VIII, 171-172.

Chartres (siège de), par les huguenots, VI, 137; par Henri IV, III, 401; V, 179; VI, 204.

Chartres (paix de), II, 180; IV, 87; V, 115, 350.

Chartres (sépulture d'Ardelay, frère de Brantôme, dans l'église de), V, 363.

Chartres (chemise de N.-D. de), VI, 305.

Chartres (vidames de). Voy. Ferrières, Vendôme.

Chartreuse de Pavie, III, 167.

Chassaing (Estienne du), juge à Brantôme, X, 152.

Chasse. Voy. Chiens de chasse.

Chasses de Louis XI, II, 338; de Henri II, III, 276.

Chasse remarquable, X, 109, 110.

Chasse (arquebuses de Pignerol pour la), VI, 73.

Chasse du Cerf (la), par Charles IX, V, 285-286.

Chasse de Diane, à l'entrée de Henri II à Lyon, III, 253.

Chastaigner, Chasteignier. Voy. Beaulieu et Chasteigner.

Chastaigneraie. Voy. La Chastairaie.

Chastain (Guillaume de Bonneval, seigneur de), VII, 319.
Chasteigner de la Rocheposay (Jeanne). Voy. Schomberg.
Chasteigner. Voy. Abain.
Chastel (Tanneguy du), seigneur de Bellière, assiège et prend les d'Armagnac, II, 219; III, 183.
Chastelard (Pierre de Boscosel de), gentilhomme dauphinois, petit-neveu de Bayard; protestant; son éloge, VII, 449; attaché à Damville; accompagne Marie Stuart en Écosse, 416; 450; son amour et ses vers pour elle, ibid.; revient en France; sa liaison avec Brantôme; retourne en Écosse; compromet par sa conduite Marie Stuart qui lui pardonne une fois et finit par le livrer à la justice; sa condamnation et sa mort courageuse, 452-453.
Chastelier-Portaut (du), seigneur de La Tour, gentilhomme de Poitou, protestant, assassine Charry; est pris et tué à Jarnac, III, 331; IV, 28, note; V, 341-346; confident de Soubise, IV, 254.
Chasteliers (M. des). René de Daillon du Lude, d'abord évêque de Luçon; puis abbé de N.-D. des Chasteliers à Poitiers, et évêque de Bayeux, X, 92.
Chastenay (Joachim de), VII, 393, note 8.
Chastes (Aymar de), commandeur de Malte, livre Dieppe à Henri IV; colère de Mme de Joyeuse contre lui, IX, 644.
Chasteté (maladie causée par la), IX, 538.
Chate. Voy. Chastes.
Château-Trompette, comment livré à Matignon, V, 161, 162.
Châteaux bâtis par Catherine de Médicis, VII, 373.
Châteaux royaux (capitaineries de), III, 408 et suiv.
Chastillon. Voy. Castillon et Châtillon.

Châteaubriand (Jean de Laval, seigneur de), VII, 320.
Châteaubriand (Françoise de Foix, dame de), femme du précédent, maîtresse de François Ier et de Bonnivet; aventure qui leur arrive à tous les trois, II, 222; IX, 711-713; préserve de disgrâce ses frères Lautrec et Lescun, III, 57; tour que lui joue le duc d'Albany, IX, 477; François Ier lui fait redemander les joyaux qu'il lui avait donnés; ce qu'il en advient, IX, 512-513.
Châteaubriand (Philippe de), seigneur des Roches-Baritaud, donne sa maison de Châteaubriand au connétable A. de Montmorency, pour avoir l'ordre de Saint-Michel, III, 340; V, 92.
Châteaubriand (Mme de). Voy. Roannais (Mme de).
Châteaudun (combat de), IV, 314-315.
Châteaudun. Voy. Craon.
Château-Morand (sieur de), cadeau qu'il reçoit de Bajazet, V, 387.
Châteauneuf (Renée de Rieux, dite la belle), maîtresse de Henri III; courtisée par le comte d'Aremberg, Strozzi et Brantôme; épouse Philippe Altoviti, II, 181; sa beauté; ressemblait à Anne de Bretagne, VII, 309; méchant procédé de Henri III à son égard, IX, 509; ce qu'elle raconte à Brantôme sur le séjour de l'impératrice Marie d'Autriche à Marseille, 605-606; vers sur sa beauté, X, 433; sonnet de Brantôme sur elle, 435. — VII, 394.
Châteauneuf (René de Rieux, seigneur de Sourdéac, dit le jeune), gouverneur de Brest, sert au siège de La Rochelle, V, 333; VI, 63; grand ami de Brantôme; tue en duel La Chenaie-Raillé, oncle de sa femme;

Châteauneuf (suite).
441-443; sa femme Suzanne de Saint-Melaine, dame de Bourg-l'Evêque, 441, note 1.
Châteauneuf-de-Randon, assiégé par du Guesclin, II, 200-201.
Château-Neuf. Voy. Castel-Nuovo.
Châteauroux (Charles de la Tour-Landry, comte de), mari d'Elisabeth de Vivonne, X, 89, note.
Châteauroux (Mme de), femme du maréchal d'Aumont. Voy. Aumont.
Châteauroux. Voy. Aumont.
Châteauvilain. Voy. Adjacet et Atrie.
Châtellerault (prise de), VI, 230.
Châtellerault (duché de), donné en apanage à Mme d'Angoulême; revient à la maison de Montpensier, V, 7; VIII, 140. — III, 62.
Châtellerault (duc de). Voy. Bourbon (François de), p. 50, col. 2.
Châtillon (Gui II de), vend les comtés de Dunois et de Blois à Louis d'Orléans, IX, 106, note.
Châtillon (Jean III de), père du maréchal de Châtillon, II, 421, note 2.
Châtillon (Jacques II, seigneur de Coligny et de), fils de Jean de Châtillon, notice, II, 421-422; il est blessé mortellement au siège de Ravenne, et meurt à Ferrare, 421; favori de Charles VIII; ses dignités, épouse l'héritière de la maison de Dampmartin, 422; II, 305; IX, 677, note 2, 678.
Châtillon (Anne de Chabannes, première femme de Jacques II de), dame d'honneur de Marguerite d'Angoulême, II, 422.
Châtillon (Blanche de Tournon, seconde femme de Jacques II de); elle se remarie avec le cardinal du Bellay, IX, 677, 678; dame d'honneur de Marguerite d'Angoulême, rôle qu'elle joue dans une nou-

velle de l'*Heptaméron*, 678-680.
Châtillon (Gaspard Ier de Coligny, seigneur de), maréchal de France, père de l'amiral Coligny, III, 187-189; son éloge; sa mort, 187; ses enfants; 187-189. — I, 13, note 2; II, 295, 414, 421; III, 299, note 3.
Châtillon (Louise de Montmorency, femme de Gaspard Ier de Coligny, seigneur de), tour que lui joue le duc d'Albany, IX, 477.
Châtillon (Odet de Coligny, cardinal de), frère de Coligny, évêque-comte de Beauvais, son éloge, III, 187-188; embrasse le calvinisme; combat vaillamment à la bataille de Saint-Denis; meurt en Angleterre; son mariage, 188; se faisait appeler le comte de Beauvais; était l'aîné de sa famille à laquelle il faisait du bien, 189; malgré son mariage et son changement de religion, il conserve son habit de cardinal; pourquoi, IX, 680; sa colère contre les conjurateurs d'Amboise, IV, 290-291. — III, 132.
Châtillon (Élisabeth de Hauteville, dame de Loré, femme du cardinal de), IX, 680.
Châtillon (François de Coligny, seigneur de), amiral de Guyenne, fils de Coligny; son portrait et son éloge; réfugié à Bâle après la mort de son père, 202, 203; sa blessure au siège de Chartres, sa mort, VI, 204, 205; son éloge; sa belle retraite après la capitulation de Dhona, VII, 292; épouse Marguerite d'Ailly, X, 105, note 3.
Châtillon (Gaspard III de Coligny, seigneur de), fils de François de Châtillon, X, 105, note 3, 106.
Châtillon (amiral de). Voy. Coligny.
Châtillon. Voy. Boisrogues.
Châtrés (amour de femmes pour des), IX, 139. Voy. Eunuques.

Chaumont (Charles d'Amboise seigneur de), grand maître, maréchal et amiral de France, lieutenant général en Italie, notice, III, 2-5; favorisé par son oncle le cardinal d'Amboise, 3; fautes qu'il commet en Italie, 3; sa campagne heureuse contre les Suisses, 4; ce qu'un maître de poste de Novare en dit à Brantôme; son avarice, 5; fait construire le château de Meillant du fruit de ses rapines, 27; accorde le combat en champ clos à Parme à deux Espagnols, VI, 262-263. — I, 218, note, 224; II, 295; III, 67.

Chaumont. Voy. La Guiche.

Chaunoy (Marie de). Voy. Cheronne.

Chaussée. Voy. La Chaussée.

Chausses des aventuriers, V, 303, 304; de don Juan, valant 5000 ducats, I, 318; coupées au genou au moment d'un assaut, V, 304; de soie, IX, 311; à la martingale, II, 404.

Chaussure des femmes, IX, 311-312.

Chaussure. Voy. Botte, Bottine, Brodequin, Filet, Eschapin, Patin, Soulier.

Chavigny (François Le Roy, seigneur de), comte de Clinchamp, notice sur lui, V, 178-180; ses services; devient aveugle, ce qui l'empêche d'être maréchal de France; capitaine des archers de la garde, 179; gouverneur de Blaye, III, 412; arrête Condé à Orléans, IV, 341; son éloge, V, 13, 15; capitaine des gardes de François II, VI, 40. — IV, 72.

Chelèque, Allemand, l'un des auteurs du massacre de Vassy, IV, 235-236.

Chemans (O. B. R. Errault, seigneur de), IV, 94.

Chemerault (Méry de Barbezières, seigneur de), Henri III lui fait cadeau des ruines de Lusignan dont il se bâtit une maison à Marigny, V, 17-18; son mariage avec Claude de l'Aubespine, VI, 188.

Chemeraut (Geoffroy de Barbezières, seigneur de), mari de Catherine de Marigny, X, 48, note 3.

Chemillé. Voy. Montespedon.

Chemins de poste (grands) en France, II, 262-263.

Chemins jonchus (dicton sur les), IX, 266.

Cheminées garnies de branches et de feuilles en été, IX, 712.

Chemise des aventuriers, V, 302-303.

Chemise de N.-D. de Chartres; il est permis d'en porter dans les duels, VI, 305.

Chemise (duels en), VI, 420; chemise de Saladin, anecdote, II, 202.

Chenonceaux (château de), VII, 373. — (Bibliothèque de Catherine de Médicis à), II, 242.

Chepy ou Chipy. Voy. Espic.

Chère (bonne) que l'on fait en France, III, 123.

Cheronne (Jean de), VII, 396, note 4.

Cheronne (Marie de Chaunoy de), VII, 396, note 4.

Cherusbery. Voy. Shrewsbury.

Chesneau (J.), sa relation des ambassades d'Aramon, V, 65, note.

Cheval. Influence d'un cheval sur son cavalier, IV, 174-175.

Cheval de guerre (réflexions sur le), IV, 175, 179-180.

Cheval de guerre (premier), donné par le père de Brantôme à divers gentilshommes, III, 396; X, 51, 52.

Cheval de l'homme d'armes (dicton espagnol sur le), IV, 179.

Cheval du Règne, cheval du royaume de Naples, I, 27, note 3, 45, note 3, 72, note 3.

Cheval vert, pris sur les Parthes, par Septime-Sévère, V, 249; —

Cheval vert (suite).
au poil blanc, cheval vicieux,
I, 4.
Cheval de Seius (proverbe latin sur le), IX, 188, note 1.
Cheval que Taix fait tuer le jour de la bataille de Cérisoles, VI, 3, 12. (Voy. Spartacus). — à qui Biron coupe le naseau, V, 155; — dressé par Carnavalet, prix qu'il en refuse, IX, 348.
Cheval (duels à), VI, 418 et suiv.
Chevaux de Henri II, III, 274-276; — de Dampville, III, 370.
Chevaux, comment dressés, X, 39; particularité sur des chevaux nés dans les haras, IX, 154; — (énumération de diverses espèces de), VI, 287.
Chevaux remarquables (de quelques), IX, 347-349. Voy. encore Carinan, Réal, Savoie.
Chevaux de poste (prix des), II, 263.
Chevaux. Voy. Écurie, Haras.
Chevaux-Marins (queue de), II, 244.
Chevalerie (éloge de la), VI, 476-477; ses abus, II, 313.
Chevalerie (ordres de), leur création et leur avilissement, VI, 466-467. Voyez-les à leur nom.
Chevalerie (chevalier de), VI, 476-477.
Chevalerie (romans de), confiance qu'ils méritent, X, 65.
Chevalier (sur le nom de), VI, 476-477.
Chevaliers créés par Charles VIII avant la bataille de Fornoue, II, 311; par Lautrec à la bataille de la Bicoque, 312; ce que disait M. de Lansac des chevaliers créés ainsi, 311-313.
Chevaliers errants, IV, 179; VI, 250 et suiv.; X, 61.
Chevalier blanc, surnom d'Antoine d'Arces, V, 309.
Chevalier sans reproche, nom donné par François Ier à la sénéchale de Poitou, grand'mère de Brantôme, IX, 679.

Chevalier sans reproche (grand), surnom de d'Aubigny, II, 370.
Chevalier sans peur et sans reproche, surnom de Bayard, II, 386; et de La Trémoille, 393.
Chevalier. Voy. Chanoines de Saint-Pierre.
Chevalier (Marguerite). Voy. Brûlart (Mme).
Chevelure. Voy. Cheveux.
Cheveux, comment portés par la mariée, II, 253; grands et longs en fenestre, VII, 34. Voy. Coiffure.
Chevreul (Henri), ses éditions du livre de *la Chasse*, de Charles IX, V, 286, note 1.
Chevreuse (comté de), IV, 272.
Chevrotin (gants de), III, 354.
Chezada (Ludovic), capitaine espagnol, I, 333.
Chiaramonte (Francesco), colonel napolitain au service de France, I, 251-252.
Chiavenna (prise du château de), par le marquis de Marignan, I, 291-292.
Chievoza, capitaine espagnol, I, 333.
Chicot, bouffon, de Henri III, II, 267; assassine le comte de la Rochefoucauld à la Saint-Barthélemy, V, 257; insulte publique qu'il fait à une dame de la cour au sujet de son lecteur, IX, 573-574.
Chien (particularité relative au), IX, 22; sa semence, V, 177.
Chien employé par les Espagnols à la poursuite des Indiens, X, 111.
Chien de chasse représenté dans une peinture du château de Veuvre; son histoire, X, 109-111.
Chien (épitaphe latine d'un), par du Bellay, IX, 528.
Chiens de chasse de Henri II, III, 276-277.
Chiens de chasse envoyés à Henri VIII, par le père de Brantôme, et dont celui-ci retrouve

la race en Angleterre, X, 54-57.

Chiens (ordre du Saint-Esprit donné en échange de), V, 104-105.

Chiens (petits), de Lyon, V, 104, 105 et note. Suivant Henri Estienne (*Dialogues*, p. 168), les petits chiens des dames venaient de Malte et de Lyon.

Chiens montrés par Lycurgue aux Lacédémoniens, II, 285.

Chien de Montargis (légende du), X, 111.

Chien du jardinier (fable du), IX, 142, 295.

Chien de Meraudet (fable du loup et du), X, 120.

Chiens. Voy. Dogues.

Chièvres (Guillaume de Croy, seigneur de), notice sur lui, I, 216-224; est choisi par Louis XII pour gouverneur de Charles-Quint, 35, 50, 216, note 4, 219; comment il l'élève, 217, note, 219; nommé vice-roi en Espagne où ses extorsions sont cause de la révolte des *Comuneros*, 217, note, 219-220; II, 19; veut accorder François Ier et Charles-Quint; sa mort, 218, note, 223. — III, 54; V, 74.

Chiffre secret, VI, 465.

Chilpéric Ier, son hérésie, VIII, 51.

Chimay, pris par Henri II, II, 237; III, 268; IV, 18.

Chinon, patrie de Rabelais, dicton sur cette ville, III, 413.

Chinon (château de), pris par les huguenots, repris par son gouverneur la Roche-du-Maine, III, 406; ses différents capitaines, 409 et suiv.

Chinon (entrée de César Borgia à), II, 207-211; III, 69, note 4.

Chio (des femmes de), IX, 323; — (coutumes singulières à), 695-696.

Chiomara, femme du roi gaulois Ortiagon, son histoire, IX, 293.

Chippy ou Chepy. Voy. Espic.

Chirurgiens (procédés de certains), IX, 687.

Chirurgiens. Voy. Doublet, Paré, Saint-Christophle, Saint-Juste d'Allègre, Sorlin.

Chissay ou Chissey, tué en duel par Pomperant; rondeau de Marot à ce sujet, I, 256, 257; V, 263; VII, 241.

Chocques. Voy. La Mothe des Noyers, VII, 243.

Choiseul. Voy. Beaupré, Lanques.

Chombert. Voy. Schomberg.

Choque (P.), sa traduction du poème de Germain Brice, publiée par A. Jal, VII, 315, note 2.

Chorges (Hautes-Alpes), pris par Espernon, VI, 94.

Chources. Voy. Malicorne.

Chrétien (Florent), ses accusations contre Ronsard, X, 395.

Chrétiens doivent toujours être prêts à la mort, V, 148; ne peuvent prendre un infidèle pour arbitre, VI, 303.

Chrétienne. Voy. Christine.

Christiern II, roi de Danemark, VII, 244, note 1.

Christine de Danemark, nièce de Charles-Quint; veuve de François Sforce duc de Milan, épouse François duc de Lorraine; tient dans les Pays-Bas la cour de Philippe II; sa beauté; donne pour les habillements le ton à sa cour et à celle de France, IX, 621; beauté de sa main; son adresse à cheval; beaux chevaux que lui voit Brantôme; aimée de la reine de Hongrie sa tante, 622; sa douleur quand Henri II lui fait enlever son fils; se retire en Flandre, 622-626; part qu'elle prend à la paix de Câteau-Cambrésis, 626; confiance de Philippe II en elle; refuse d'épouser François de Guise, 627; son entrevue avec la femme de ce prince, 628; son orgueil; accueil qu'elle fait à la

Christine (suite).
reine d'Écosse (Marie Stuart et non sa mère), 629; ce qu'en disait Catherine de Médicis; son entrée à Reims pour le sacre de Charles IX; refuse d'aller en Danemark après la mort de son frère Christiern III; se retire à Tortone; sa charité; sa gouvernante Mme Castellanne, 630-633; ses deux maris; sa sagesse, 633. — II, 217; VII, 244, note 1.

Christine de Lorraine, femme de Ferdinand Ier de Médicis; anecdote sur son mariage, IX, 182.

Christo (Habito de). Voy. Habito.

Chronique manuscrite sur la conquête de Naples, citée par Brantôme, II, 293-305.

Chronique Bergomèse. Voy. Jacques de Pergame.

Chronique de Savoye. Voy. Paradin (G.).

Chronique scandaleuse, citée, II, 332, note 5.

Chypre, sa conquête par les Turcs, II, 64-65; V, 66, 385; IX, 138.

Chypre (coutume des filles de), IX, 697.

Chypriote (esclave), achetée à Constantinople par l'évêque de Dax, V, 67; — (belle mort d'une dame), IV, 152-153; IX, 138.

Cicala ou Cigala (vicomte de), capitaine génois, II, 36; Dragut lui enlève une galère, 51.

Cicéron, ses lettres inférieures à celles de Marguerite de Navarre, VIII, 43; erreur de Brantôme sur un de ses plaidoyers, IX, 26, note 2. — cité, I, 164.

Cicéron (Quintus), erreur de Brantôme sur lui, VI, 402, note 2.

Cierra, cri de guerre des Espagnols, I, 269, note 1.

Cigala ou Cigalla. Voy. Cicala.

Cigongne. Voy. Sigongnes.

Cimbres (guerre des), IV, 51.

Cipières (René de), fils de Claude de Savoie; huguenot; fait la guerre à son frère le comte de Sommerive; est assassiné à Fréjus par le baron des Arcs, III, 382.

Cipierre, Cypierre ou Sipierre (Philibert de Marcilly, seigneur de), lieutenant du prince de La Roche-sur-Yon, V, 9; gouverneur de Charles IX; heureuse influence qu'il exerce sur lui; ses leçons; son éloge, V, 26, 27, 240, 252, 254, 255, 289; IX, 493; décide le légat au siège d'Orléans à dispenser les soldats de l'abstinence, I, 171, 173; avait en partie la charge de l'écurie de Henri II, III, 274; sa rencontre avec Mme de Burie, 402-403; prisonnier en Italie, 307; VI, 22; la *Sofonisba* jouée à ses noces à Blois, VII, 346; parlait trois langues, V, 282; raconte à Brantôme le duel de Jean de Turin et de San-Petro Corso, VI, 346; danger qu'il court pour avoir appelé en duel Andouins de la part de Gourdon; son éloge, 379-380. — V, 289, 340; IX, 443.

Cipierre (le jeune), tué au siège du Petit-Lict, VI, 37.

Cipierre (Mme de), Louise de Halluin, femme de Philibert (et non Gilbert) de Marcilly, seineur de Cipierre, VII, 386.

Cipierre (Catherine de Marcilly, dlle de). Voy. Ragny.

Cipsa, Pisan, blessé au siège de Florence, II, 3.

Circoncision des femmes, usitée en Perse, IX, 269.

Cireuil. Voy. Sireuil.

Civita-Castellana, fortifié par César Borgia, II, 205.

Civitella (roy. de Naples), assiégée par le duc de Guise, VI, 173.

Clairac (abbé de). Voy. Caumont Geoffroi de).

Claire. Voy. Sainte-Claire.

Clairon d'argent, II, 210.

Clan. Voy. La Roche-Andry.

Classé (N. de), fils d'Antoine Vassé, blessé mortellement dans un combat à la barrière, IV, 173, 174, 176.

Claude répudie sa femme Plautia Urgulanilla, IX, 29; fait mourir Messaline, 30-31.

Claude, reine de France, fille de Louis XII et d'Anne de Bretagne, femme de François Ier, notice sur elle, VIII, 106-107; aimée de ses parents; est déclarée duchesse de Bretagne et de Milan; projet de la marier à Charles-Quint, 106; maladie que lui donne son mari; rudoyée par Louise de Savoie; sa douceur; ses enfants; regrets de sa mort; miracles qu'on lui attribue, 107; son mariage avec François d'Angoulême; deuil porté le jour de leurs noces; sa mère voulait la marier à Charles d'Autriche, VII, 329, 330; III, 167; était sans crédit, III, 172. — II, 368.

Claude de France, seconde fille de Henri II et de Catherine de Médicis, femme de Charles II duc de Lorraine, notice sur elle, VIII, 137-139; sa beauté; son savoir; regrettée de ses sujets et de son mari; ses enfants; meurt en accouchant de deux jumeaux; tristesse que cause sa mort à la cour de France, 137-138, 140; le roi lui fait don de toutes les amendes de Guyenne; ce qu'elle dit à Mme de Dampierre en lui en accordant une; son habileté dans les affaires, 138-139; son mariage avec le duc de Lorraine, VIII, 3; son portrait par Claude Corneille, VII, 343. — II, 264; VII, 380; VIII, 55.

Claude (la), maîtresse de Henri IV, VI, 462, note 2.

Claudia Quinta, dame romaine; son histoire, IX, 213.

Claudie Quintienne. Voy. Claudia Quinta.

Claudio, comte milanais; son combat contre quatre soldats, VI, 349-352; VII, 133-134.

Claudius. Voy. Clodius.

Clausse (Jeanne). Voy. Lezigny.

Clausse. Voy. Marchaumont.

Clef maîtresse du palais des rois d'Espagne, II, 98.

Clélie, I, 239.

Clémence (divers exemples de), V, 262 et suiv.; — (mot d'Isabelle de Castille sur la), VIII, 81.

Clément VI, lisez Clément VII (Robert de Genève), VIII, 167, note 2.

Clément VII, (Robert de Genève), anti-pape; harangue que lui fait à Avignon Jeanne Ire de Naples qui lui donne cette ville, VIII, 160 et suiv., 166-168.

Clément VII (J. de Médicis), ce que lui dit le marquis de Pescaire lorsqu'il était légat; ses intrigues auprès de celui-ci, 189-194; parjure, 120; promet Catherine de Médicis au prince d'Orange, I, 242; délivré par François Ier, III, 84; son entrevue à Marseille avec lui, VII, 75; anecdote à ce sujet, IX, 475-478; promesse qu'il lui fait au sujet du mariage de Catherine de Médicis, 340; demande que Lautrec soit le chef de la ligue contre l'empereur, III, 60; se réjouit de la mort de Hugues de Moncade, I, 237; II, 429. — I, 39, note; 41 et suiv.; 262, 263, 272, 288; II, 216; VI, 15; VII, 336.

Clément VIII, IV, 386-387.

Cléomène (anecdote d'Agiatis et de), IX, 692, 695.

Cléopâtre, sa harangue à César; ses amours avec lui; festin qu'elle lui donne, X, 18 et suiv.; ses amours, sa mort, VI, 424; IX, 245-248, 427, 437, 682; sa perle, I, 52. — V, 243.

Cléopâtre, tragédie de Jodelle, III, 289.

Clérat. Voy. Clairac.
Clerc des vivres, commissaire des vivres, V, 141.
Clercs de la Basoche. Voy. Basoche.
Clergé, ses mœurs corrompues, III, 106 et suiv., 113; 130 et suiv.; son ignorance, VII, 73.
Clergé. Voy. Église (gens d').
Clerice (la signora), maîtresse de Bonnivet, III, 68.
Clermont (Jean de), seigneur de Chantilly, maréchal de France, sa querelle avec Andrehan, II, 373.
Clermont (François de), seigneur de Traves, second mari d'Hélène Gouffier, III, 165, note 1.
Clermont (Henri de), comte de Tonnerre, mari de Diane de La Mark, VII, 384, note 6. Voy. La Mark.
Clermont (M. de), capitaine en Piémont, IV, 72; battu par les Espagnols, 114.
Clermont (Claude-Catherine de), femme : 1° de Jean d'Annebaut; 2° d'Albert de Gondi, maréchal de Raiz; cousine germaine de Brantôme, VII, 385. Voy. Raiz.
Clermont (Diane de). Voy. Montlaur.
Clermont (Charlotte de). Voy. Manou.
Clermont (Louise de), femme de Jacques de Montberon, X, 59.
Clermont d'Amboise (les deux frères de), Georges et Hubert, frères de Bussy, V, 407.
Clermont d'Amboise (Georges de), huguenot, pris à Jarnac, IV, 349; VII, 388, note 4.
Clermont d'Amboise (Mme de). Voy. Clutin (Marie).
Clermont-Gallerande (René de), vice-amiral de France, II, 207.
Clermont-Lodève (Gui de Castelnau, seigneur de), premier mari d'Aldonce de Bernuy, VII, 391, note 3.

Clermont-Lodève (Alexandre, baron de Castelnau et de), mari de Charlotte-Catherine de Lauzun, X, 92, note 1, 93.
Clermont-Tallart, gentilhomme de cette maison décapité pour meurtre, III, 89, 90.
Clermont-Tallart (Claude, vicomte de), folie que son ami Brantôme l'empêche de faire; est tué à Moncontour, IX, 391-392; va à Malte et à Rome avec Brantôme, V, 406, 407, 410, 411; accompagne le duc de Guise en Hongrie, 405; sonnets à lui adressés par Brantôme, X, 430-432.
Clermont-Tallart (Henri, comte de), frère du précédent; abbé de Bonport, puis capitaine, tué au siège de La Rochelle, IX, 672; compagnon d'études du duc d'Anjou; est témoin des débauches de deux dames à Toulouse et les raconte à Brantôme, 197-198; X, 430, note 3.
Clermont-Tallart (Marguerite de), abbesse de Tarascon; son mariage avec Chanay, IX, 337.
Clermont. Voy. Bussy, Dampierre, Entragues, Mareuil, Montoison, Piles, Saint-Georges, Traves, Uzès.
Cléry (N.-D. de), le duc F. de Guise y fait un pélerinage, IV, 227. Voy. Notre-Dame.
Clèves (éloge de la maison de), IV, 376.
Clèves (Jean III, duc de), II, 142, note 3.
Clèves (Guillaume, duc de), est chassé de ses États par Charles-Quint qui lui pardonne, I, 352-353; II, 142; son mariage avec Jeanne d'Albret, VIII, 90, 117; — I, 246, note 3.
Clèves (Catherine de), comtesse d'Eu, fille de François de Clèves duc de Nevers, femme d'Ant. de Croy, prince de Porcien, puis de Henri de Lorraine, duc

de Guise, IV, 376, note 3; par qui élevée, VI, 493, 494. — VII, 384. Voy. Guise.

Clèves (Marguerite de Bourbon, femme de François duc de), IV, 373.

Clèves. Voy. Condé, Guise, Nevers, Orléans, Porcien, Ravestein.

Clignet (Pierre Brebant, dit), épouse Marie de Namur, IX, 106, note.

Clinchamp. Voy. Chavigny.

Clodia, femme de Lucullus, III, 38.

Clodius (P.), excite les soldats contre Lucullus, III, 38; ses amours avec la femme de César, IX, 26-27.

Cloridan, VIII, 155.

Clotaire II, fils de Frédégonde, VIII, 54.

Clotilde, femme de Clovis, VIII, 51.

Clovis II, VIII, 54.

Cluny. Voy. Musée.

Clupée. Voy. Clypea.

Cluseau ou Cluzeau (François Blanchard de), mestre de camp; sert à quinze ans au siège de La Rochelle; sa vaillance, V, 365. — Voy. Cluzeau.

Clutin (Pierre), président aux enquêtes, III, 96, note 3.

Clutin (Henri), seigneur d'Oysel et de Villeparisis, ambassadeur de France en Angleterre où il l'emporte dans une question de préséance sur l'ambassadeur d'Espagne; lieutenant du roi en Écosse, III, 96, 97; ambassadeur de France à Rome, V, 409, 410. — VII, 387, note 6.

Clutin (Marie), fille de Henri Clutin, seigneur de Villeparisis et d'Oisel, femme 1° de Claude de l'Aubespine; 2° de Georges, seigneur de Clermont d'Amboise, VII, 388, note 4.

Cluvia (Faucula), courtisane de Capoue, IX, 166-168.

Cluzeau, de Sarlat, capitaine, contribue à la prise de Casal qu'il raconte à Brantôme, IV, 108, 110. — Cf. Cluseau.

Clypea, Clupée ou Al-Kibia, ville de Barbarie, I, 67, note 3; II, 425.

Cobios, capitaine gascon, son duel avec le capitaine Bourdeille, VI, 343. — IV, 73.

Coche attelé, donné par Ferdnand I à Vieilleville, V, 55, note 1.

Coche de Christine de Danemark au sacre de Charles IX, à Reims, IX, 630.

Coches, II, 262.

Cocodrillo (le capitan), IV, 10.

Coconas (Annibal, comte de). Monsieur, au siège de La Rochelle, tient conseil dans sa tente, VI, 64; son supplice, I, 349, note 2; V, 271; VII, 359; amant de la duchesse de Nevers qui fait embaumer sa tête, IX, 122, note 2. — III, 362, 363.

Cocu, origine de ce mot, IX, 63.

Cocus, leurs diverses espèces, IX, 4-5, 85 et suiv., 143-144; qui se font par vengeance, IX, 110 et suiv. — (anecdotes diverses sur les), 114 et suiv.; — débonnaires (anecdotes sur les), 115 et suiv.; faciles à reconnaître, 148; en herbe et en gerbe, 88 et suiv.; — (mot d'un prédicateur sur les), 209-210; — (chansons sur les), 209, 229; — (en quelle saison il se fait le plus de), 217 et suiv.

Cocuage se loge partout, IX, 183 et suiv.; ce qu'en écrit Marguerite de Valois, 214-217.

Cocqueville (François de), capitaine; sa défaite et son supplice, IV, 87-88.

Coello (Juana), femme d'Antonio Perez, II, 97.

Coesme. Voy. Conti, Lucé.

Cœur (le), chez l'homme et chez le lion, II, 381.

Cœuvres. Voy. Estrées.

Coffre d'Allemagne, X, 129.

Cognac (ligue de), I, 293.
Cognac (voyage de Marguerite de Valois à), VIII, 31-32.
Cognac ou Coignac (bataille de). Voy. Jarnac.
Cohen, sa *Description des monnaies impériales*, citée, IX, 31.
Coiffe de N.-D. donnée à l'église de Champeaux puis à l'église de Saint-Front à Périgueux; procès à ce sujet, V, 400, 402.
Coiffures de Ferdinand le Catholique et de l'empereur Ferdinand, I, 87; des hommes, IV, 76; de veuve, VI, 433, note 3; de Marguerite de Valois, VIII, 33-35, 37; de Jeanne Ire de Naples, 174; des dames, imitée des médailles et statues antiques, IX, 254; de nuit, pour les femmes, 279; de Jeanne, fille de Charles-Quint, 607; à la lorraine, son origine, 621.
Coiffures.- Voy. Barbe, Bonnet, Chapeau, Cheveux, Escoffion, Perruque, Poudre.
Coignat. Voy. Cognac.
Col-Dieu, juron de Matignon, V, 160.
Colas (le grand ou le bonhomme), surnom de François Ier, I, 129.
Cole, Ferrarais; son habileté à la lutte; vient à la cour de France, VI, 141.
Colete, femme de chambre d'Anne de Beaujeu qu'elle sert dans ses amours et qui l'enrichit, VIII, 104, note 1; 105, note 1.
Colette (sœur), réformatrice de l'ordre de Sainte-Claire, VIII, 189.
Coligny (Gaspard II de), seigneur de Châtillon-sur-Loire, amiral de France, dit l'amiral de Châtillon; notice sur lui, IV, 285-337; parallèle de lui et du duc François de Guise; leur intimité pendant leur jeunesse, 286; conseil honnête qu'il lui donne; son démêlé avec lui après la bataille de Renty, 287; il contribue à faire aimer le duc par Henri II, 288-290; il avertit Mme de Guise d'un complot contre son mari; ne prend point part à la conspiration d'Amboise, 290, 291; son différend à Fontainebleau avec le duc de Guise au sujet de la requête des protestants, 291; son influence toute-puissante après la mort de François II, 291-292; organise la première guerre civile, 292-293; son entretien avec Strozzi sur la grandeur de la France, 294; son zèle religieux; sa loyauté dans les guerres civiles, 295-297; son entretien avec Brantôme et Strozzi sur ses projets de guerre en Flandre, 297-298; regrets sur sa mort, qui fut un malheur pour la France, 297-298; but de son ambition, 299; ses représentations au roi pour faire la guerre à l'Espagne, 299; ce qu'il en dit à Brantôme son parent; détestait la guerre civile; Charles IX ordonne son assassinat à Maurevel qui ne fait que le blesser; les menaces des huguenots font décider leur massacre, 301; il est pansé par Amb. Paré, 301-302; et visité par Charles IX et Catherine de Médicis qui lui promettent de le venger, 302; récit de sa mort, 302-303; outrages faits à son corps; sa tête est portée au pape ou au roi d'Espagne, 303-304; comment la nouvelle de sa mort et du massacre est reçue en Espagne et à Rome, 303-307; ses relations avec Soliman; son épitaphe en vers grecs, 307-308; mort de Besme son meurtrier, 308-309; mot du duc d'Albe sur lui, 311.
— Sa vaillance, son habileté; batailles qu'il a livrées, IV, 310-314; détruit un convoi près de Châteaudun, 314-315; ses exploits; son humeur guerrière; est couronnel fort jeune; me-

nacé d'être assassiné; son mot à ce sujet à l'Italien Jean-Baptiste; sa réconciliation avec les Guises; sa confiance en Charles IX, 316-318; son habileté à mener les reitres et à se relever de ses défaites; comparé à Brutus et à Cassius, 319-323; vengeances qu'il tire des gens de Toulouse, 322; ses expéditions en Languedoc, en Roussillon et en Dauphiné, 323; comment il se faisait respecter de ses soldats; son altercation avec le jeune Genlis, 323-324; discipline parmi ses troupes; trouble que sa mort amène dans le parti protestant, 325; ce que le comte Palatin dit à Henri III en lui montrant son portrait, 326, 411 et suiv.; sa vaillance au siège de Poitiers, 327; comparaison de lui et du duc de Guise; son instruction; ses mémoires brûlés par le maréchal de Raiz, 327-328; son apologie à propos des guerres civiles, 328 et suiv.; ses regrets d'employer les reitres, 336-337.

— Fils du maréchal de Châtillon, III, 187; sa pauvreté, 189; ses ébattements de jeunesse; comparaison de lui et de Tavannes, V, 122, 123; contribue au ravitaillement de Marienbourg, IV, 375; donne douze enseignes de ses troupes à Valleron pour la guerre de Sienne, VI, 164, 165; envoyé à Charles-Quint par Henri II, I, 12 et suiv.; son entretien avec le comte d'Egmont, II, 78; son entreprise manquée sur Douai; prend et pille Lens, IV, 211; est le premier auteur de l'entreprise sur Calais, 213 et suiv.; est créé couronnel général des bandes françaises en France, VI, 14, 15; ses belles ordonnances sur l'infanterie et leur résultat, 16; sa rigueur dans la discipline; fait capituler Boulogne, 17; ses terribles représailles contre les Anglais; ce qu'il en dit à Brantôme, 18; ses massacres de paysans en Périgord; ce qu'il en dit à Brantôme; est réputé cruel, 18, 19; gloire qu'il acquiert à Renty et dans l'expédition d'Allemagne; succède à Annebaut dans la charge d'amiral, 20, 22, 23; est le premier à avoir deux enseignes couronnelles blanches; cède sa charge de couronnel à son frère Andelot, 24; fait rompre la trêve de Vauxcelles; est assiégé et pris dans Saint-Quentin, 26; II, 74; invitation qu'il adresse à ses soldats pendant le siège de cette ville, V, 372, 373.

— Il a planté l'Évangile en France, IV, 360; sa requête à François II, au nom des réformés, VI, 121; combat à Dreux, IV, 245 et suiv.; Poltrot lui est envoyé par Soubise, IV, 252, 254; accusation dirigée contre lui au sujet de l'assassinat du duc de Guise; ses Apologies; avertit le duc que l'on complotait sa mort; demande à être confronté à Poltrot; ses paroles imprudentes, 252 et suiv.; accusé du meurtre du duc de Guise, V, 248; accusé par Guise de l'avoir fait assassiner; est massacré à l'instigation de la veuve de celui-ci, IX, 442; n'assiste point au siège du Havre, VI, 54, 55; vient trouver le roi à Saint-Germain au sujet du passage de l'armée du duc d'Albe sur les frontières de France, VII, 359; sa fuite avec Condé, de Noyers à la Rochelle, V, 50, 116-117; essaye d'enlever Charles IX à Meaux, I, 340; blessé à Moncontour, II, 177.

Coligny. Éloge de sa conduite après les batailles de Dreux et de Jarnac, III, 16; ses belles

Coligny (suite)
retraites après ses défaites, VII, 292-293; ne se sert pas de corps de réserve, II, 352; son autorité sur les huguenots après la mort de Condé, IV, 354, 355; appelle La Noue près de lui, VII, 204; est attiré à la cour; sa blessure, V, 253; ce que Charles IX dit devant son cadavre à Montfaucon, 257, 258; le roi aurait dû lui pardonner; services qu'il aurait pu rendre à la France, 259 et suiv.; ce qu'il dit à son assassin Besme, 65; auteurs et causes de sa mort, VII, 363-364; son courage et sa piété, II, 280-281.

Coligny. Ce que Brantôme lui entend raconter sur la mort d'Andouin, VII, 278; sa colère contre Mirembeau, IV, 24; s'oppose avec succès à la vente des biens de l'ordre de Malte, V, 238; la duchesse de Savoie contribue à le faire jouir de ses biens de Savoie, VIII, 135; sa prédiction sur Timoléon de Brissac, VI, 133; son esprit familier, IV, 97; mot d'un seigneur sur lui, 342; dicton italien sur son cure-dent, 339; parent par alliance de Brantôme, II, 166; ses deux femmes, *ibid.*, note 1; IV, 214; X, 103; ses enfants, *ibid.*; VI, 202-204; marie sa fille à Théligny, II, 421. — II, 165; III, 48; IV, 38, 243, 358; V, 15, 414, 428, 429; VI, 422; VII, 286; VIII, 208.

Coligny (Charlotte de Laval, première femme de l'amiral de), sa petitesse, VI, 203. — II, 166, note 1; IV, 214; VII, 382.

Coligny (Jacqueline de Montbel, comtesse d'Entremonts, veuve de Claude de Batarnay, comte du Bouchage, seconde femme de l'amiral de), joue le rôle de Pomone dans les fêtes de Bins, II, 166, note 1; IX, 315-316.

Coligny (Louise de), fille de l'amiral, femme de Charles de Théligny, puis quatrième femme de Guillaume prince d'Orange, II, 175, note, 176, 421; X, 105, note 3, 106.

Coligny (Henri, comte de), X, 105-106.

Coligny. Voy. Andelot, Châtillon, Laval.

Colin, fou de M. d'Étampes; sa mort plaisante, IX, 464-465.

Collation (mets d'une), V, 152.

Collections de livres, d'armes, de machines, etc., du maréchal Strozzi, II, 243 et suiv.

Collège royal fondé par François Ier, III, 93; ses professeurs sous Henri II, 285-287.

Collège de Navarre, IV, 270.

Collenuccio (Pandolfo), son *Compendio dell' istoria del regno di Napoli*, trad. par Sauvage, cité, I, 182, 270; II, 200, 215, 227, 306; III, 144, note 1; IV, 329; V, 24; VI, 304, 425, note 1, 453, 454; VII, 441 et suiv.; VIII, 95, 149 et suiv.; 158 et suiv., 162, 166, 182, note 1, 183, 191, 192, 193, 197, note 1; 201, note 1, 203, note 1; IX, 337, note, 355, 423.

Collier à toutes bêtes, nom donné au collier de l'ordre de Saint-Michel, I, 84. — Voy. Michel (Saint).

Collier de perles orientales, IX, 634.

Collier d'acier à pointes, employé dans un duel, VI, 294.

Collincourt. Voy. Caulaincourt.

Colonel, Colonelle. Voy. Couronnel, Couronnelle.

Collonne. Voy. Colonna.

Colloque. Voy. Poissy.

Colomb (Christophe), découvre l'Amérique, I, 50, 125.

Colonna (les), II, 1; IV, 210; leur devise, I, 216, note 2; ennemis des Français, I, 138.

Colonna (Ascanio), II, 2.

Colonna (Camille), seigneur de Zagarolo, commande les Italiens à l'expédition d'Alger, II, 5, 7.

Colonna (Fabricio), notice sur lui, I, 138-145; se révolte avec son cousin Prospero contre les Français, I, 139; blessé et pris à la bataille de Ravenne, 139, 156; est sauvé par le duc de Ferrare, 139; est pris dans Capoue par les Français qui ne veulent pas le livrer aux Borgia, *ibid.*; est battu à Soriano par C. des Ursins et Vitellozo, 140; sauve avec Prospero le duc de Ferrare à Rome, 141-142; est un des interlocuteurs du dialogue *Dell' arte della guerra*, de Machiavel, 144-145; sa conduite à la bataille de Ravenne, 150; quitte le parti de Charles VIII pour celui de Ferdinaud, VII, 236. — II, 3, note 3; III, 40.

Colonna (Prospero), notice sur lui, I, 145-151; se révolte contre les Français, 145; est élu chef général de la ligue formée contre eux; blâmé pour sa conduite à la bataille de Ravenne; est pris dans Villafranca; comment accueilli par François Ier, *ibid.*; II, 403, 427; est enfermé au château de Montégut, I, 146; s'empare du château de Milan, 147; est cause de la mort de son neveu Marc-Antoine Colonna, 148, 364; son habileté dans l'art de fortifier les places, 148-149; ses querelles avec le marquis de Pescaire, 149, 180; quitte le parti de Charles VIII pour celui de Ferdinand, VII, 236; combat à Vicence, II, 192; compare le duché de Milan à une oie grasse, IV, 332. — III, 26, 50.

Colonna (Marc-Antoine), fils du prince de Salerne, tué au siège du château de Milan (1522), I, 148, 364. — II, 199.

Colonna (François), II, 4.
Colonna (Marcello), II, 5.
Colonna (Marco-Antonio), duc de Paliano, lieutenant de la ligue contre les Turcs; sa conduite à la bataille de Lépante, II, 113 et suiv.; son triomphe à Rome après cette victoire, 123.
Colonna (Martio), II, 2.
Colonna (Pierre), capitule dans Carignan, III, 217-218; IV, 55.
Colonna (Sciarra), blessé au siège de Florence, II, 3.
Colonna (Stefano), commande les Italiens au siège de Düren, II, 5.
Colonna (Vittoria), femme du marquis de Pescaire, son éloge; livre que lui dédie son mari, I, 149, 197; n'assiste pas à sa mort, 199; conseils qu'elle lui donne, IX, 435-437; sa douleur à sa mort; erreur de Brantôme sur son prétendu second mariage avec Napoleone Orsini, abbé de Farfa, IX, 670, 671, 673, 675 (voy. l'article suivant). Cf. Pescaire.
Colonna (Claude), fille de Jules Colonna et de Marie Conti. C'est elle qu'épousa Napoleone Orsini et non pas Vittoria Colonna, comme le prétend à tort Brantôme, IX, 670-671.
Columne ou Columno. Voy. Colonna.
Combat. Interprétation des huit vers qui se lisent dans les vitres de la grande salle du château de Brantôme, X, 107-120.
Combats de nuit, dangereux, VI, 395, 396.
Combat naval des Génois contre Alfonse Ier roi de Naples, II, 37, 38; près de Naples gagné par Philipin Doria, II, 30, 37; livré par le grand prieur près de Rhodes, IV, 151-153; de La Garde contre les Espagnols, IV, 144-145; devant La Rochelle, IV, 89-90; de la Ter-

Combat naval (suite).
cère, V, 353. Voy. Cordelière (la).
Combats judiciaires. Voy. Duels.
Combats à outrance, défendus par divers rois de France, VI, 390-391.
Combats et duels autorisés par l'Eglise, VI, 386.
Combats à la barrière, I, 348; au Louvre, V, 303, 304; entre Français et Espagnols près d'Asti, IV, 172-176; près de Monervina, 176-182; au faubourg Saint-Germain, IV, 162-163. Voy. Classé, Duels.
Combat singulier chez les Romains, VI, 400 et suiv.; de Bayard et de Sotto Mayor, II, 387; de Madruzzo et de La Molle à Cérisoles, I, 347-348; II, appendice, 432; de Lorges et de Vaudray devant Mézières, I, 349; offert par Nemours au vice-roi de Naples, VI, 446 et suiv.; de F. de Bourdeille contre un Espagnol, X, 50; au siège de La Rochelle, entre Biron et Campet, V, 150, 151.
Combat singulier (refus d'autoriser un), par Henri II et Brissac, IV, 95.
Combat de vingt Anglais contre vingt Français près d'Argentan, VI, 312; de treize Français contre treize Espagnols, IV, 177; VI, 263, 310, 311, 317, 421; VII, 124, 125; du duc de Nemours et de trois Français contre le marquis de Pescaire et trois Espagnols, III, 172; IV, 407; du comte Claudio contre quatre soldats, VI, 350-352; VII, 133-134; de trois contre trois. Voy. Biron et Mignons; d'un gentilhomme napolitain contre trois gentilshommes qu'il tue, VI, 318-319.
Combats en champ clos chez diverses nations, VI, 233 et suiv.; abolis par le concile de Trente, VI, 302 et suiv.; dépenses énormes auxquelles l'assailli (le défendeur) entraînait son adversaire, VI, 287 et suiv.; de six Florentins, VI, 252-254; vus à Rome par Brantôme, VI, 284-286; demandé par Bussy contre Saint-Phal, refusé par Henri III et accordé à Sedan par le duc de Bouillon, VI, 185.
Combat en champ clos. Voy. Azevedo, Bayard, Chaumont, Fandilles, La Chastaigneraie, Romero. Cf. Duels.
Combats à la mazza, usités à Naples, blâmés, VI, 308-309. — au pistolet, VI, 299.
Combat de lions, devant François Ier, IX, 390.
Combat dans la chambre de Henri III, VI, 381-382.
Combat de galères à Lyon, pour l'entrée de Henri II, III, 254-256.
Combats sur l'eau. Voy. Joutes.
Combaut (Robert de), seigneur d'Arcis-sur-Aube, second mari de Mlle de Rouhet, X, 96; épigramme sur lui, 405, note 5; premier maître d'hôtel de Henri III qui le nomme chevalier du Saint-Esprit; pasquin à ce sujet, V, 105-106. — V, 60.
Combes (les), seigneurie de Périgord appartenant à la maison d'Authon, V, 399; vendue à un greffier de Bordeaux, 401, 402.
Comborcier ou Combourcier, capitaine huguenot; sa mort à la bataille de Dreux, V, 414.
Côme assiégé et pris par Pescaire, VI, 422, 423; sa capitulation violée par les Espagnols, II, 381.
Côme de Médicis. Voy. Médicis.
Comédie, l'auteur d'une comédie jouait ordinairement dans sa pièce, IX, 554.
Comédie (amour de Catherine de Médicis pour la), VII, 346-347.

Comédies, inventées en Italie et mises en vogue par Léon X, III, 256-257.
Comédie tirée de l'Arioste, jouée à Fontainebleau, VII, 370.
Comédie italienne de Cornelio Fiasco, jouée à l'hôtel de Reims, à Paris, IX, 407.
Comédie italienne (personnages de la). Voy. Pantalon, Zani.
Comédie du *Paradis d'Amour*, jouée dans la salle de Bourbon, et par qui, IX, 553-554.
Comédie facétieuse du voyage de frère Fecisti en Provence vers Nostradamus, par Jacques Bienvenu, VIII, 209.
Comédiens (défenses faites par Louis XII aux), IX, 472.
Comédiens, leurs amours avec deux filles de la cour, IX, 575.
Comédiens italiens que le cardinal de Ferrare fait venir et jouer à Lyon, III, 256; à Paris; histoire de l'un d'eux, VI, 211, 212.
Comédiens de la cour (les), pamphlet en vers, cité, VI, 126, note 3.
Cometarum omnium catalogus, cité, IX, 452, note 2.
Comètes (apparition de), pour la mort de Charles IX, V, 272; pour la mort de Paul III et de Marguerite d'Angoulême, VIII, 123; pour la mort de Louise de Savoie, IX, 452.
Commendador (El gran). Voy. Zuniga.
Commendataires (abbés), III, 110 et suiv.
Commentaires de César. Voy. César.
Commentaires de Charles-Quint, I, 11, note, 18, note 1, 19, note 1.
Commentaires des guerres de la Gaule Belgique, par F. de Rabutin, cités, I, 25, note 1, 320, note 1; III, 268, note 2.
Commerce, V, 34-35; de l'épicerie, I, 57, note.

Commines (Philippe de), seigneur d'Argenton, ambassadeur de Charles VIII à Venise, II, 294; blâme les entrevues des grands, I, 212 et *errata*, II, 428; ses *Mémoires*, traduits en latin par ordre de Charles V, I, 34; — ses *Mémoires*, cités; I, 118, 341; II, 286, note 3, 292, note 2; 294, note 7; 296, note 6; 307, note 1; 309, 323, 324, 326, note 1, 328, 346, 351, 353, 359, note 2; 402, note 8; III, 164, note 2, 170; V, 2, 79, notes 4 et 5, 306, 368; VII, 309, 312; VIII, 88.
Comminges (Jean d'Armagnac, comte de), VI, 449.
Commissaires des guerres, grands larrons, III, 345; leurs vols sur la paye des soldats, IX, 277.
Commode, erreur de Brantôme sur lui, IX, 118, note.
Commun, nom collectif sous lequel on comprenait les bas officiers de la maison du roi, II, 301.
Communes de Bretagne, soulevées par Mercœur pendant la ligue, V, 191.
Compagnie. Celle d'un maréchal de France était de cent hommes d'armes, II, 238.
Compagnies de gens de pied; comment Salvoyson forme la sienne, IV, 106.
Compagnies d'ordonnance, très belles sous Louis XII, II, 367.
Compagnie du duc de Savoie, au siège de La Rochelle; son costume, II, 146.
Compendio dell' istoria di Napoli. Voy. Collenuccio.
Comper (château de), en Bretagne; assiégé par le maréchal d'Aumont qui y est blessé mortellement, V, 175, note 1.
Compère, nom que Henri II donnait à Anne de Montmorency, III, 346; IX, 348; et Henri IV, à Henri de Montmorency, 367.

Compères, nom donné aux Suisses alliés de la France, I, 340.
Compère (Le), cheval donné par le connétable à Henri II, puis par Condé à Avaret, IX, 348.
Compiègne. Voy. Flavy.
Complexion singulière de quelques vaillants hommes, II, 404.
Complies (jeu de mots sur les), IX, 359.
Comptes du monde advantureux (les), cités, IX, 703, 705.
Comte-Dauphin. Voyez Gilbert de Montpensier.
Comtés, communs en Italie, I, 294.
Comuneros (insurrection des), I, 164, 220-223.
Conards de Rouen, III, 256.
Concile. Voy. Pise, Trente.
Concordat de François Ier avec Léon X, III, 105 et suiv.
Concressaut (Alexandre de Menipeny, seigneur de), chevalier d'honneur de Marie d'Angleterre, femme de Louis XII, VII, 319.
Condat, en Périgord, II, 201.
Condé (Louis de Bourbon, prince de), notice sur lui, IV, 337-361; colonel de l'infanterie en Piémont; mot que lui dit à ce sujet la princesse de La Roche-sur-Yon, 338; son esprit; chanson sur lui; sa petitesse; sa galanterie, 339; son rôle dans la conspiration d'Amboise; son surnom; quitte la cour, y revient et est emprisonné, 340-342; son ambition; chef des protestants dans la guerre civile, 342; monnaie qu'il fait battre à son effigie; fait faire par le roi une levée de Suisses, 343; demande la lieutenance générale du royaume; ce que lui en dit Monsieur (Henri III), 344-345; haine contre lui de ce prince qui veut le faire prendre à Noyers, 345-346. Sa mort à la bataille de Jarnac, 346-347; son corps est porté sur une ânesse à Jarnac et rendu à son beau-frère M. de Longueville, 348. Son épitaphe; batailles qu'il a perdues; est pris à Dreux; bon traitement qu'il reçoit du duc de Guise, 349-350; qui le donne à Damville pour l'échanger contre le connétable, 350-351; ses enfants, 353; conséquences de sa mort, 354; ce que Briquemault lui dit sur son ambition, 358; services qu'il rend à la religion réformée, 360; couronnel général des bandes du Piémont, VI, 120, 123; pourquoi Brantôme n'écrit pas son éloge; est nommé, grâce à Coligny, gouverneur de Picardie; le comte de Brissac lui succède dans sa charge de couronnel, 124, 125; le cardinal de Lorraine veut le marier à Mlle de Guise ou à la reine d'Écosse, 356-357; est un des tenants dans un tournoi à Fontainebleau, V, 276; grondé par son oncle le connétable de Montmorency, III, 299; son arrestation, I, 121, 310; ce qu'en dit Renée de France, VIII, 113-114; son innocence proclamée par l'édit de juillet 1561, IV, 364; bruits à la cour sur ses projets de défi au duc Fr. de Guise, VI, 450, 452; sa querelle et sa réconciliation avec lui, IV, 268; bat monnaie avec les richesses de l'église de Saint-Martin de Tours, IV, 328, 329; pille le haras de Meung-sur-Loire, IX, 348; Catherine de Médicis le force d'aller au siège du Havre avec les huguenots, VI, 54; VII, 364; vient trouver Charles IX à Saint-Germain au sujet du passage de l'armée du duc d'Albe sur la frontière de France, VII, 359; sa fuite de Noyers à La Rochelle; ses lettres au maréchal de Vieilleville, VII, 239-240; V, 50-52; recommence la guerre civile, 52, et

tente d'enlever le roi à Meaux, I, 340 ; tentative inutile de Tavannes pour le surprendre dans le château de Noyers dont il pille les meubles, V, 115-117; assiège Paris, VI, 46, 47; livre la bataille de Saint-Denis, III, 353; joint les reitres à Mouzon, V, 115; son corps est mis sur une ânesse, VI, 283, note ; blâme le prince de Porcien de son ingratitude envers la maison de Guise, 493, 494 ; il est abandonné par son lieutenant Sainte-Foy, VII, 248; ses amours avec Mlle de Limeuil, III, 299; IX, 87, note ; lui fait redemander les bijoux qu'il lui avait donnés ; vengeance qu'elle en tire, 510-511. — I, 107; II, 165; III, 193; IV, 118, 276, 291, 367; V, 15, 41, 184, 428, 429, 432; VI, 121; VII, 247, 248, 286, 352.

Condé (Henri de Bourbon, marquis de Conti, puis prince de), fils du précédent, meurt empoisonné ; son éloge; son portrait; était sourd, IV, 353, 354 ; proscrit et épargné à la Saint-Barthélemy, IV, 305; VIII, 58; repousse les propositions de paix de la reine mère, VII, 354, 362 ; son mariage projeté avec Catherine d'Albon, V, 31 ; son défi aux ducs de Guise et de Mayenne, VI, 459; force Mercœur à quitter le faubourg des Loges, V, 192; ses deux femmes, maîtresses de Henri III, IX, 111, notes 1 et 2, 112, 497; donne une rondelle à Brantôme, X, 146; pousse Élisabeth à la mort de Marie Stuart, VII, 447; ses démêlés avec Mme de Bourdeille, belle-sœur de Brantôme, IX, 429-430; X, 72 ; ce qu'il dit d'une blessure de Crillon, V, 335, 336. — I, 324.

Condé. Éléonore de Roye, première femme de Louis prince de Condé, petite-nièce du connétable de Montmorency, III, 299; IV, 342, note 1 ; 344; VII, 381.

Condé (Françoise d'Orléans-Longueville, seconde femme de Louis, prince de), sa beauté; était boiteuse ; ses beaux yeux, VII, 309; IX, 357; se sauve de Noyers avec son mari ; Tavannes vole ses robes et sa femme s'en pare à la cour, V, 116-117; elle fait redemander par son mari les bijoux qu'il avait donnés à Mlle de Limeuil; vengeance que celle-ci en tire, IX, 510-511; danse, quoique veuve, avec M. de Vaudemont, au sacre de Henri III, IX, 637; refuse de se remarier, 646. — VII, 384.

Condé (Marie de Clèves, fille de François duc de Nevers, première femme de Henri Ier prince de), maîtresse de Henri III, qui voulait la faire divorcer et l'épouser, IX, 111, note 2; 112, 497, 509; — IV, 376, note 3, 379; VII, 384.

Condé (Charlotte-Catherine de La Trémoille, seconde femme de Henri Ier prince de). Comment elle devint maîtresse de Henri III, IX, 111, note 1, 497.

Condé (*Mémoires de*), cités, VI, 494.

Condio. Voy. Candio.

Condom (évêque de). Voyez Monluc.

Confesseur du roi. Voy. Petit.

Confesseurs de Charles-Quint, I, 168, 169.

Confession de Marie-Stuart, VII, 426-427.

Confessions singulières de mourants, IX, 465-466.

Confiscation, n'a pas lieu en Guyenne et est remplacée par les amendes, VIII, 138.

Conflans (traité de), I, 210.

Conflans. Voy. Ouchy.

Confrérie contre les huguenots établie à Bordeaux par le mar-

Confrérie (suite).
quis de Villars et cassée par Catherine de Médicis, III, 382-383; VII, 375-376.
Coni, sièges de cette ville par les Français, IV, 68; V, 83, 326; VI, 119, 215, 239.
Connétable (office de), II, 292; V, 185.
Connétable (charge de), demandée à Charles IX après la mort de Montmorency, V, 250.
Connétable de Castille. Voy. Tolède, Vasco.
Connor. Voy. Gonnor.
Conquêtes (mot d'Alphonse II sur les), VII, 115. — Perdues par les Français, VI, 155.
Conquista de Africa, par Diego de Fuentès, citée, II, 44, note 2; 48; appendice, 434.
Conquista del reyno de Navarra, de Luys Correa, citée, I, 130; VII, 109, note 1; 111-116, 154-155.
Conquista de Sena, citée, II, 48, note 3; VII, 137-138.
Conradin, son expédition contre Charles d'Anjou, sa défaite et son supplice, V, 24; VII, 441 et suiv., 252.
Conseil du roi (assemblée générale du), en 1567, IV, 343.
Conseil privé, III, 131.
Conseillers décorés de l'ordre de Saint-Michel, V, 92-93.
Constance, reine de Sicile, femme de l'empereur Henri VI, prise par des corsaires, VIII, 95; fait ses couches publiquement, IX, 336-337.
Constance, reine de Sicile, fille de Mainfroi et femme de Pierre d'Aragon, fait grâce de la vie à Charles II d'Anjou, VII, 446-447.
Constant. Voy. Fontpertuis.
Constantin, fait mourir Licinius, VIII, 181; sa prétendue donation au pape Sylvestre, III, 112.
Constantin Dracosès, dernier empereur de Constantinople, II, 218, note 2.
Constantin, Grec, trahit Maximilien Ier, I, 80.
Constantin, gentil soldat; l'un des meurtriers de Charry et de La Tourette, V, 343; bien accueilli à Calais par F. de Guise; suit Andelot aux guerres civiles, 344.
Constantinople (prise de), par les Turcs, II, 218; terreur dans cette ville après la bataille de Lépante, 122.
Constantinople (Charles VIII créé par le pape empereur de), II, 290.
Consuls romains, leurs harangues, VII, 117.
Contanho ou La Coustancie. Voy. Petit (Pierre).
Conte (la présidente), de Bordeaux, sa beauté dans la vieillesse, IX, 359.
Contenan. Voy. Rance.
Contes d'Eutrapel, par Noël du Fail, seigneur de La Hérissaye, cités, X, 161.
Contes. Voy. Comptes.
Conti (Ferri de Mailly, baron de), notice, III, 1, 2; sa mort dans un combat contre les Suisses, *Ibid.*
Conti (François de Bourbon, prince de), V, 206, note 3.
Conti (Louis de Bourbon, prince de), mari de Marguerite-Louise de Guise), VII, 396, note 5.
Conti (Jeanne de Bonnestable, dame de Lucé et de Coesme, femme de Louis de Montafié, puis première femme de François de Bourbon, prince de), ses noces, V, 206; VI, 443, note 3; VII, 385, 396.
Conti. Voy. Condé (Henri de).
Contrôleurs des guerres, grands larrons, III, 345.
Conversation en amour (de la), IX, 245 et suiv.
Conversion de saint Paul (faire la), dicton, VII, 92.

Coq et le Renard (le), fable, IX, 89.

Coquetterie des femmes (sur la), IX, 126 et suiv.

Coqueville. Voy. Cocqueville.

Coquilles portées au bras par les soldats romains, V, 96.

Corbane, sa réponse à Pierre l'Hermite, VI, 408-409.

Corbeaux (dicton sur les), IV, 154.

Corbeil, défendu par Saint-André contre les huguenots, V 36; VI, 170.

Corbera, capitaine espagnol, I, 233, 330.

Corbinelli (Madeleine), femme d'Antoine de Gondi, V, 254, note 2.

Corbis demande à Scipion de combattre Orsua, VI, 400.

Corbozon. Voy. Courbouzon.

Corcelets de Milan, gravés, VI, 79.

Corde en or, pour pendre le pape, VI, 15. — Voy. Cordon.

Cordelier. Le premier luthérien supplicié en France était un cordelier, III, 87, note 2.

Cordelier, aventure d'un cordelier confesseur d'Anne de Bretagne et amoureux de Louise de Bourdeille, tante de Brantôme, VII, 190-193; X, 35-36.

Cordelier de Bordeaux, prononce l'oraison funèbre de Mme de Bourdeille, X, 58.

Cordelier (message singulier d'un), IX, 131.

Cordelier espagnol (mot d'un) au roi de Portugal, VII, 123.

Cordelier portugais, ce qu'il dit en chaire des Castillans, VII, 123.

Cordeliers (église des), à Angers et à Blois, VII, 350, 351; à Paris, brûlée, VI, 227; VII, 192; X, 34.

Cordeliers (anecdotes diverses sur les), VII, 190-194.

Cordeliers (scène plaisante entre le maréchal Strozzi et deux), II, 255-258; sa réponse à deux cordeliers, VII, 65-66.

Cordelière. Anne de Bretagne est la première qui en ait entouré ses armoiries, VII, 330.

Cordelière (Marie-la-), vaisseau construit par les ordres d'Anne de Bretagne; son combat et son incendie; poème de Germain Brice à ce sujet, VII, 315.

Cordes (des). Voy. Querdes (des).

Cordon d'or servant à étrangler André de Hongrie, VIII, 149.

Cordona. Voy. Cardena.

Cordonero (Francisco), son aventure, VII, 48, 49.

Cordonna, Cordonne. Voy. Cardona.

Cordonnier (anecdote de Don Carlos et de son), II, 105; conversation de Brantôme avec un cordonnier de Turin. Voy. Blaise. Aventure d'un cordonnier et d'une grande dame, IX, 285.

Cordoue. Voy. Cordova.

Cordoue (Gonsalve de). Voy. Cordova.

Cordova (Dom Consalvo Hernandez de), notice sur lui, I, 130-136; lieutenant général de Ferdinand à Naples, surnommé le *grand capitaine*, 130; battu par Aubigny, 131; sa devise, 132; est emmené en Espagne par Ferdinand; assiste à l'entrevue de Savone et soupe avec les deux rois, 133; sa victoire sur les bords du Garigliano, 133-134; honneurs qui lui sont rendus à sa mort, 135-136; sa guerre contre les Français dans le royaume de Naples, et pour les Florentins, II, 197-198; X, 40; vainqueur à Cérignole, II, 372; capitulation honorable qu'il accorde à Louis d'Ars, 392; sa trahison envers César Borgia, qu'il fait arrêter malgré un sauf-conduit, II, 214-215; III, 182; mots divers de lui, VII, 124, 125, 126. — VI, 311.

Cordova (Dom Consalvo-Hernandez de), petit-fils du précédent. Il fait élever à Naples un tombeau à Lautrec et un mausolée à Pierre de Navarre, I, 160; III, 33-35.

Cordova (Bernardino), capitaine espagnol, I, 331.

Cordova. Voy. Feria, Sessa.

Corfou (archevêque de). Voy. Jean.

Coriolan, VII, 232, 237.

Coriph. Voy. Mecque.

Corisande (la belle). Voy. Guiche.

Corne. Voy. Licorne.

Cornes (autel formé par des), à Délos, IX, 216.

Corneille (Claude), peintre de Lyon; avait peint tous les personnages de la cour de France; visite que lui fait Catherine de Médicis, VII, 343.

Cornejo (Dom Diego de), mestre de camp espagnol, I, 153.

Cornificia, maîtresse de Pertinax, IX, 34.

Coro, capitaine; sa femme est prise et mise en liberté par Philippe Strozzi, IV, 132.

Coron, pris par André Doria, II. — 34, 41.

Corps (de l'organisme du), IX, 211-212.

Corpus paræmiographorum græcorum, cité, VI, 398, note.

Correa (L. de), son *Historia de la conquista del reyno de Navarra*, citée, I, 130; VII, 109, note 1, 111-116, 154, 155; IX, 447.

Correspondance littéraire (la), citée, I, 70, note 1.

Corsaires, VI, 88. Voy. Beaulieu, Landereau.

Corsaires (dictons sur les), I, 311; II, 35; IV, 154.

Corsaires barbaresques, III, 347.

Corse, se met sous la protection de Henri II, III, 270; sa conquête, IV, 2.

Corses. Leur vaillance, VI, 286; leur régiment en France, 218, 219.

Corses à Rome (combat de deux soldats), VI, 285-286.

Corsègue. Voy. Corse.

Corso (Bernardino). Son action héroïque à Saint-Florent, IV, 48.

Corso (Jacobeto), II, 3.

Corso (Jean-Baptiste), arrêté et mis à mort par Léon Strozzi, IV, 392 et suiv.

Corso. Voy. Ornano et Sampietro.

Cortez (F.). Ses joyaux, I, 52, 53, 57, note.; sa conquête du Mexique, VII, 142-143.

Corvats, Croates, cavalerie légère des Vénitiens, II, 410.

Corvinus. Voy. Valerius.

Cosi-Sancta (histoire de), IX, 104.

Cosme de Médicis. Voy. Médicis.

Cosmographie, prise pour une terre, VII, 128.

Cossa, favori du roi René, IV, 83.

Cossains ou Cosseins, Gascon, de la maison de Cassagnet, haï d'abord de Monluc qui finit par lui faire épouser sa belle-sœur; suit Martigues au siège du Petit-Leit; est blessé à la prise de Blois; dicton sur lui; est un des grands massacreurs à la Saint-Barthélemy où il s'enrichit; sa tristesse et ses remords au siège de La Rochelle où Brantôme lui prédit qu'il mourrait, VI, 68, 69; il y est blessé mortellement; ce que Charles IX dit de lui en apprenant sa mort, 70, 71; refuse de rendre Lecco, III, 52; est l'un des assassins de Coligny; danger qu'il fait éviter à Brantôme au siège de La Rochelle, V, 334-335; capitaine puis mestre de camp de la garde de Charles IX, 346, 348; sa mort, 351; II, 396. — V, 288; VI, 37, 105-106, 168.

Cossé (origines de la maison de), IV, 61, 83.

Cossé (petit), surnom donné au

maréchal de Brissac et au maréchal de Cossé, IV, 83.

Cossé (Artus de), seigneur de Gonnor, dit le *maréchal de Cossé*, frère (et non fils) du maréchal de Brissac, notice sur lui, IV, 83-94; sa petite taille; bon capitaine, 83; gouverneur de Metz et de Marienbourg; surnommé *maréchal des bouteilles;* est nommé surintendant des finances, où il fait bien ses affaires; bévue commise à ce sujet par sa première femme, 84-85; sa seconde femme; vers latin sur son nom de Gonnor; est créé maréchal de France, 85; blâmé pour n'avoir pas attaqué les huguenots à Notre-Dame-de-l'Épine, 85-87; défait les troupes de Cocqueville, 87; protège la Picardie contre le prince d'Orange, 88-89; se distingue à Jarnac, à Moncontour, à Arnay-le-Duc et à La Rochelle, 89-90; est mis à la Bastille et délivré par Monsieur que le roi lui défend de suivre en Flandre, 91; sa maladie, sa mort, 91; visite que lui font Ph. Strozzi et Brantôme à Blois, 91-92; son mot plaisant à Monsieur, 92-93; sa conversation à Malte avec J. André Doria, II, 45; surintendant des finances, ses dilapidations; mot de sa femme à ce sujet, III, 49; son arrestation; ce qu'il dit du maréchal de Montmorency, III, 362-363; V, 267; VI, 189. — II, 292; V, 200.

Cossé (Françoise du Bouchet, première femme du maréchal de), de la maison de Puygreffier; plaisante bévue qu'elle commet en remerciant la reine mère, III, 49, 50; IV, 84-85.

Cossé (Nicole Le Roi, seconde femme du maréchal de), sénéchale d'Agenais, IV, 85.

Cossé (Philippe de), évêque de Coutances, IV, 83.

Cossé (Artus de), évêque de Coutances, fils naturel du maréchal de Brissac, IV, 83.

Cossé (Angélique de), abbesse d'Estival, fille naturelle du maréchal de Brissac, IV, 80.

Cossé (Diane de), femme de Charles de Mansfeld, I, 308.

Cossé (Renée de), femme de Charles de Montmorency, seigneur de Méru, VII, 389, note 6.

Cossé. Voy. Brissac, Saint-Luc.

Cosseins. Voy. Cossains.

Costume des légionnaires romains, VII, 8-9.

Costume de Charles VIII à son entrée à Naples, II, 289-292, 321, note 2; à la bataille de Fornoue, II, 307.

Costume des archers de Charles VIII, II, 290, note 2, 303.

Costume des gentilshommes à la grand'manche, de Charles VIII, II, 304.

Costume de César Borgia et de ses gens à son entrée à Chinon, II, 208-210.

Costume des soldats de Bonnivet (richesse du), VI, 106-108.

Costume de la compagnie du duc de Savoie, II, 146.

Costume des soldats de la garde du roi de Navarre (Henri IV), IV, 382-383.

Costume bizarre du capitaine suisse Tuggener, V, 307.

Costume des forçats de la galère *la Réale,* IV, 148, 149.

Costume des gentilshommes et des dames aux noces de F. de Bourdeille, X, 47.

Costume de F. de Guise, IV, 233; de la Roche-du-Maine, III, 405; de Gonzalo Pizarre à la bataille de Xaquixaguana, VII, 96.

Costume d'un gentilhomme espagnol au siège d'Orléans, VII, 89-91.

Costume d'échevin, IX, 276.

Costume des dames françaises (anciens), VIII, 31.
Costume de Catherine de Médicis, VII, 343; de Christine de Danemark au sacre de Charles IX, IX, 630.
Costume de la comtesse d'Escaldasor, IX, 28-30.
Costume de la reine Jeanne Ire de Naples, VIII, 173-174.
Costume de Marie Stuart, VII, 407, 423; de Mme de Montferrat à l'entrée de Charles VIII à Turin, IX, 634 et suiv.
Costume des veuves à différentes époques, IX, 607, 636-638.
Costume de bourgeoise, IV, 160.
Costume. Voy. Aiguillettes (fers d'), Bas, Broderie, Caleçon, Chausses, Chemise, Coiffure, Collet, Cotte d'armes, Deuil, Écharpe, Fourrure, Fraise, Garniture, Habillement, Manchon, Mante, Manteau, Plume, Robe, Ruban.
Cotel (le président), envoyé en Guyenne par Henri II; sa rigueur, II, 231.
Cotgrave, son *Dictionnaire*, cité, X, 202.
Cothurno (Barthélemy), cardinal, mis à mort par Urbain VI, II, 199, note 4.
Cotta (Aurunculeius), lieutenant de César, II, 6.
Cotte d'armes, II, 307; — du duc de Nemours, VI, 446.
Couches publiques de la reine Constance, IX, 336-337.
Couleur jaune, symbole de la trahison, I, 288.
Couleurs (sur différentes), X, 437, note 3.
Couleurs d'un amant, portées par sa maîtresse, IX, 80.
Couleurs portées par les veuves, IX, 636-637.
Couleurs de Henri II et de Diane de Poitiers, IX, 319; de Catherine de Médicis, III, 255; VI, 117; d'Anne de Vivonne, mère de Brantôme, X, 47; de la maison de Bourdeille (blanc, noir et rouge), 48.
Coulevrine, dite *la vache*, à La Rochelle, IV, 284; des huguenots appelée la *Reine-mère*, pourquoi; enterrée à Villenoxe; VII, 373-374; IX, 580.
Coullaud. Voy. Hauteclaire.
Coulonges (Madeleine de), femme de Jean de Maumont, X, 99.
Coulonges. Voy. Bourdez.
Coupe d'or donnée par Hélène à un temple de Minerve, IX, 264.
Coupe d'argent du duc d'Anjou, couverte de figures obscènes; anecdotes à ce sujet, IX, 45-49.
Coupe magique de Renaud de Montauban, IX, 50.
Cour (réflexions sur la), V, 82.
Cour, son influence sur les mœurs; son éloge, III, 128 et suiv.
Cour de France (mauvaise réputation des femmes de la), IX, 181 et suiv.
Cour des derniers rois, remplie de pasquins et de médisances, IX, 469 et suiv.
Cour de François Ier, III, 122; elle réglait à cette époque le langage de la France, X, 158 et suiv.
Cour de Henri II, III, 279-280; VIII, 379.
Cour de Catherine de Médicis, VIII, 377 et suiv., 400.
Cour de Charles IX, IX, 495-496.
Cour (énumération des filles de la), VII, 392 et suiv.
Couradin-Bascha, général de Soliman, II, 55.
Courbouzon ou Corbozon (Jacques de Montgommery, seigneur de), second frère de Montgommery, huguenot, pris à Jarnac, IV, 349; ami de Brantôme, 360; sa vaillance, V, 328; enseigne de Ph. Strozzi, se fait huguenot, VI, 68; attaché au prince de Condé; est pris à Jarnac;

s'attache à Monsieur; pourquoi, VII, 247-248.
Courcelles (Eléonore de), femme Jean de Châtillon, II, 421, note 2.
Cournault (Ch.), cité, II, 125, note.
Couronnes obsidionale, civique, et murale, *castrense*, et de laurier, chez les Romains, V, 100, 101.
Couronne murale disputée au siège de Düren, II, 6.
Couronne d'épines de la Sainte-Chapelle, volée à Paris, II, 362.
Couronneau (*N*. de), capitaine huguenot, V, 435.
Couronnel, étymologies et orthographes diverses de ce nom; son origine, V, 298, 299, 306, 312, 313 et suiv.
Couronnels de l'infanterie de France (Discours sur les), V, 296-435; VI, 1-231.
Couronnels de l'infanterie, n'avaient pas de gendarmes sous Henri II, V, 85.
Couronnel, quel est son poste le jour d'une bataille, VI, 2.
Couronnel général, charge érigée en office de la couronne, VI 57.
Couronnel général de l'infanterie de France au royaume de Naples, VI, 173.
Couronnels du Piémont, VI, 104 et suiv., 124 et suiv.
Couronnels de l'infanterie italienne au service de France, VI, 212-219.
Couronnels allemands au service de France, VI, 219 et suiv.
Couronnels des Suisses au service de France, VI, 227, 228.
Couronnels de François d'Alençon, VI, 177, 193.
Couronnels de Henri de Navarre, VI, 194, 200.
Couronnel de la Ligue, VI, 205.
Couronnel général des Albanais, II, 410.

Couronnelle (compagnie), II, 342.
Couronnement de Charles-Quint, à Bologne, I, 41 et suivantes, 359.
Courrier de Philippe II, IV, 304.
Courses à la bague. Voy. Bague.
Courtisans, leur conscience, II, 358; leur valeur, VI, 29; 30; leur langage ridiculisé par H Estienne, X, 158-159, et critiqué par Ronsard, 159-160.
Courtisane enterrée dans l'église de N.-D. del Popolo à Rome; son épitaphe, IX, 342.
Courtisane à Rome (aventure de Brantôme avec une), IX, 146.
Courtisanes (mariages de), IX, 146.
Courtisanes au sac de Rome par l'armée de Bourbon, I, 274.
Courtisanes suivant les armées, I, 106; Philippe Strozzi en fait noyer 800 aux Ponts-de-Cé, VI, 132; — dans l'armée espagnole, VII, 87.
Courtisane espagnole (mot d'une), à deux cavaliers qui se battaient pour elle, IX, 331.
Courtisanes italiennes, leur dicton sur les vieilles poules, IX, 333; romaines, ce qu'elles racontent à Brantôme, IX, 93; prennent un *brave* pour les défendre, IX, 401-402; mots de plusieurs d'entre elles, IX, 163, 712.
Courtisane romaine, allant se faire religieuse (anecdote d'une), IX, 688-689.
Courtisane. Voy. Grecque (la).
Courtoisie de Metz, IV, 190.
Courtoisies faites dans les duels, VI, 340 et suiv.
Cousan (Claude de Lévis, seigneur de), mari d'Hilaire de Montpezat; son fils, X, 94.
Cousan (Pierre de Lévis, baron de), X, 94, note 1.
Cousan (Jeanne de Lévis de), femme de F. de La Beraudière, seigneur de L'Isle-Rouet, X, 95, note 3.
Cousture (de). Voy. Coutures.

Coutances (évêques de). Voy. Cossé (Ph. et Artus de).
Coutancie (la). Voy. P. Petit.
Coutras (château de), sa beauté, III, 35, 56.
Coutras. Entrevue dans cette ville de François d'Anjou, du roi et de la reine de Navarre, V, 142.
Coutras (bataille de), III, 141; IV, 10, 348; V, 160; VI, 196.
Coutume des vendangeurs napolitains, IX, 526-527.
Coutume singulière des lansquenets, VI, 221, 502.
Coutume désastreuse dans les sièges, VI, 225.
Coutures (Pierre de Beaupoil de Sainte-Aulaire, seigneur de Celles et de ou des), mari de Catherine de Laurière, dame de Lanmary, X, 98, note 4.
Coutures (Antoine de Sainte-Aulaire, seigneur des), X, 96, note 2.
Coutures (Marc-Antoine des), X, 97 et 98, note 4.
Coutures (M. des), X, 139.
Coutures (Claude des), femme de N. de La Martonie de Puiguillon, X, 97, 98, note 4, 99.
Couzan. Voy. Cousan.
Couzoges (Mlle de), fille du président Chr. de Roffignac, femme de N. de Penacon, X, 101.
Cozeau (le capitaine), oncle de Ph. de Gondras, X, 111.
Cracovie (évêque de). Voy. Konarski.
Cran. Voy. Craon.
Crâne. Femme condamnée à boire dans le crâne de son amant, IX, 38.
Craon (Béatrix de), X, 59.
Craon (Guillaume de), vicomte de Châteaudun, X, 59.
Crassus (Marcus), défait par les Parthes, V, 248; VI, 397.
Crassus (Publius), fils de Marcus Crassus, lui amène en Syrie des troupes de la Gaule, V, 412.
Crayon. Voy. Portrait.

Créaton (temple de), IX, 216.
Crécy (bataille de), II, 73; VI, 298.
Crémone, rendue aux Espagnols par Lescun, II, 8; III, 28, 50-52, 70.
Crémone (défense glorieuse des soldats français au château de), III, 63; ils sont secourus par Pontdormy, 70.
Crémone. Brantôme y passe, VII, 21, 22.
Crépy (paix de), II, 75, 366; III, 162-164.
Créquy (Charles de), ses duels avec Philippe bâtard de Savoie, VI, 357-358, 360.
Créquy. Voy Canaples, Pontdormy.
Cressol. Voy. Crussol.
Crevecœur (Louise de), III, 351, note 2.
Crevecœur. Voy. Querdes.
Cri de guerre des Espagnols, I, 269, note 1.
Crillon (L. de Balbe de Berton de), assiste à la bataille de Lépante, et d'après son récit on en publie une relation, II, 110, 111, note 1; ses nombreuses blessures, V, 328; blessé à l'œil devant La Rochelle, II, 396; V, 335-336; est nommé mestre de camp de la garde de Henri III, 361; duelliste, VI, 29; tue en duel un capitaine, 385; ami de Bussy, 384; porte de sa part un appel à Saint-Phal, 183; va à son secours une nuit à Paris, 187; comment il le fait sortir de la ville, 188, 189; son amitié pour Barthelomé, 181; sa querelle avec Entraguet apaisée par Catherine de Médicis, VII, 367-368. — V, 16.
Crimignolla. Voy. Carmagnola.
Criq (de). Voy. Escri.
Crispinus. Voy. Quintus.
Crissé (Mme de), tante de Brantôme, gouvernante d'Élisabeth, fille de Charles IX, VIII, 146.
Crissol. Voy. Crussol.

Croates, II, 410, note 4.
Croatie, son nom en langue croate, II, 410, note 4.
Croï. Voy. Croy.
Croisades, IX, 450; femmes y suivant leurs maris; abus qui en résultaient, IX, 433-434.
Croissant (ordre du), son institution et sa devise, V, 114.
Croix sur la route de Paris à Saint-Denis, VII, 322, 326.
Croix (bois de la vraie), porté par François Ier, le préserve des coups, III, 146; volé à la Sainte-Chapelle, II, 362.
Croix de l'ordre du Saint-Esprit, V, 102.
Croix blanche des Français, VII, 242; — rouge des Espagnols, VII, 242.
Cropte ou Crotte (la). Voy. La Cropte.
Croq (de ou du), capitaine gascon, I, 237.
Cros (de), gentilhomme d'Auvergne, intendant de Marie Stuart, raconte la bataille de Langside à Catherine de Médicis et à Brantôme, VII, 424.
Croze ou Crose (Jean de), capitaine huguenot, décapité à Rouen, V, 321, 418.
Croy. Voy. Arschot, Chièvres, Porcien, Reux, Seninghem.
Crucifix d'or à l'abbaye de Saint-Denis, IV, 333.
Crucifix de Charles-Quint, II, 98.
Crussol (Jacques de), capitaine des archers de Charles VIII, II, 298, 303.
Crussol. Voy. Acier, Beaudiné, Lévis, Uzès.
Cuaço, capitaine espagnol, I, 269-270.
Cuir bouilli (habillement de), VI, 241.
Cuisine, était l'endroit où l'on fouettait les pages, les gens de la maison, etc., II, 266; VI, 432; VII, 193; IX, 602.
Cuisine. Voy. Aliments, Drogues, Parfum, Pâté, Salade.

Culant (Charles de), II, 345, note 1. — Voy. Belleville.
Cumaraggia (Melchior), capitaine espagnol, I, 331.
Cuña (don Anthonio de), capitaine espagnol, I, 332.
Cuña (dom Vasco de), capitaine espagnol, I, 332.
Curé de Médiane (plaisante aventure du), I, 221-222, 369.
Curé de Saint-Eustache (anecdote sur le), V, 152; anecdote d'un curé et d'une carpe, III, 283.
Curé prêchant contre les sorciers (anecdote d'un), V, 153.
Curé (anecdote d'une poule donnée à un), VII, 194.
Cure-dent de Coligny (dicton italien sur le); où il le mettait, IV, 339.
Curiaces (combat des), IV, 182; VI, 313, 400, 405, 406.
Curilla, capitaine espagnol, I, 330.
Curiosités (cabinet de) du maréchal Strozzi, II, 243-244. — Voy. Cabinet.
Curiosités biographiques, citées, IX, 434, note 1.
Cursol. Voy. Crussol.
Cusado, capitaine espagnol, I, 330.
Cuzco (et non Lima), appelé la *Ville des rois*, VII, 97, note 1, 98.
Cuyraces. Voy. Curiaces.
Cuzano, capitaine espagnol, I, 330.
Cygne (chant du), VIII, 125.
Cymay. Voy. Chimay.
Cymbales, usitées dans les armées d'Allemagne; données à Antoine de Navarre par le duc de Saxe, II, 209.
Cypierre. Voy. Cipierre.
Cypre. Voy. Chypre.
Cyrène, courtisane, IX, 44.
Cyrus et Thomyris, IX, 39.

Dacis (Pyrolamo), capitaine espagnol, I, 332.

Dacs, Dax, VII, 288.
Daillon (maison de), II, 415-147.
Daillon (Françoise de), femme de Jacques Ier de Rohan qui veut la tuer; comment échappe à la mort, IX, 18-19.
Daillon (Louise de), femme d'André de Vivonne, sénéchal de Poitou, grand-mère de Brantôme. Voy. Vivonne.
Daillon. Voy. La Cropte, La Fayette, Lude, Malicorne, Matignon, Ruffec, Sancerre.
Daist (Jehan). Voy. Este.
Daix (maréchal). Voy. Hesse.
Dalmatie (seigneur de), comment il punit sa femme adultère, IX, 38.
Dalon, ou d'Allons, capitaine Saintongeois, tué en duel par Castelnau, VI, 361.
Damas. Voy. Ragny.
Dames (des), Ire partie, VII, 307-453; VIII, 1, 204. — IIe partie, IX, 1-727.
Dames. *Discours sur les dames qui font l'amour et leurs maris cocus*, IX, 3-231. — *Discours sur l'amour des dames vieilles*, 328-375. — *Discours sur ce que les belles et honnestes dames ayment les vaillants hommes, et les braves hommes ayment les dames courageuses*, 376-467. — *Discours sur ce qu'il ne faut jamais parler mal des dames, et la conséquence qui en vient*, 468-529.
Dames. Les chevaliers sont tenus de combattre pour elles, VI, 248; IX, 402; on doit soutenir leur honneur, VI, 290, 291; heureuse influence de l'amour qu'elles inspirent, 29; calomniées et vilipendées par vengeance, IX, 499-500; respect des Espagnols pour elles, 525-526.
Dames qui épousent de petits compagnons, VIII, 157; qui épousent leur page, IX, 593.
Dames. Grande cour des dames dressée par Anne de Bretagne, VII, 314.
Dames de la cour de François Ier, III, 118, 127 et suiv.; de la cour de Catherine de Médicis, VII, 377-397; de la cour de Henri III représentées dans un livre obscène, IX, 516-517.
Dames (grandes). L'impudicité leur est permise, VIII, 194-195; achetant le livre de l'Arétin, IX, 51.
Dames de la cour, leurs débauches, VI, 142, 143.
Dames prisonnières (anecdotes sur des), IV, 132.
Dames (mort courageuse de plusieurs), IX, 451-462.
Dame (aventure d'une) et d'un très grand prince, VIII, 97-98.
Dame (mot d'une) à un gentilhomme amoureux d'elle, VIII, 198.
Dame fréquentant l'Académie (mot sur une), IX, 709.
Dame d'honneur (charge et privilège de la), II, 236; IV, 338.
Dames. Voy. Femmes.
Damfron. Voy. Domfront.
Damoiselles. Voy. Servantes.
Dampierre, en Poitou, (château de), pris par Condé, I, 146.
Dampierre (Claude de Clermont, seigneur de), mari de Jeanne de Vivonne, oncle de Brantôme; son ingratitude envers le dauphin Henri dont il était le favori et qui le chasse de la cour, IV, 288; V, 32; tué devant Ardres, III, 388; V, 90. — V, 87, note 1.
Dampierre (Jeanne de Vivonne, femme de Claude de Clermont, seigneur de), tante de Brantôme; recherchée en mariage par Essé, III, 388; accuse Tavannes de la mort de son mari, V, 90; son éloge; était un vrai registre de la cour; Henri III la nomme dame d'honneur de sa femme; Brantôme a fait grand usage de ses souvenirs, VII,

331; aimée de Marguerite duchesse de Savoie, VIII, 134; obtient de Claude de France duchesse de Lorraine une amende de Guyenne, 138; sauve à la Saint-Barthélemy Lavardin qui la paye d'ingratitude, VI, 198; donne Espanes au duc de Savoie; aimée de la duchesse de Savoie, 148; lettre que lui écrit Sampietro; service qu'elle lui rend; son caractère, 217, 218; essaye inutilement de réconcilier Marguerite de Valois avec du Guast, VIII, 62-65; son aversion pour Matignon qu'elle poursuit de ses moqueries; ce qu'elle lui reprochait sur son père; la reine les réconcilie, V, 166; son mauvais procédé envers Brantôme, 207; son aversion pour Fr. de Bourdeille évêque de Périgueux, X, 138; rapporte l'éloge de Charles VIII par François Ier, II, 319; ce qu'elle raconte à Brantôme au sujet de François Ier et des Guises, IV, 272; sur Bussy d'Amboise, V, 87; sur Essé, X, 52; sur Gabriel des Bernardières, 138. son portrait au Sépulcre d'Anville, X, 48. — III, 116; V, 197; X, 89.

Dampierre (le jeune), tué à Hesdin, I, 27 et suiv.

Dampierre (Claude Catherine de Clermont, dame de), cousine germaine de Brantôme. Voy. Raiz.

Dampierre (Philippe-Emmanuel de Gondi, seigneur de), général des galères, X, 90.

Dampmartin (Jean de Chabannes, comte de), sa fille unique, II, 422, note 2.

Dampmartin (Philippe de Boulainvilliers, comte de), I, 251; défend Péronne, III, 191.

Dampville ou Damville. Voy. Montmorency (Henri Ier et Charles de).

Dampvilliers, pris par Henri II, III, 268.

Danaé, IX, 147.

Danès (P.), lecteur au Collège royal, précepteur de François II, III, 287.

Danezius. Voy. Danès.

Danois, leurs lois sur les combats en champ clos, VI, 234.

Danse, permise puis défendue aux veuves, IX, 637.

Danses (apprenneurs de), IX, 575.

Danses des chambrières et des esclaves mores à Malte, IX, 302.

Danse des Canaries apportée à la cour par le grand prieur, F. de Lorraine, IV, 371, note 2.

Danses des jeunes filles romaines et de Périgord, IX, 415.

Danses diverses à la cour, IV, 163, 164; VI, 141, 142; VIII, 73-74. — Voy. Brissac, Branle de la torche, Flambeaux, Gaillarde, Pavane, Pazzemezzo.

Dante. Voy. Castellan.

Danville. Voy. Anville.

Danville. Voy. Montmorency (Henri Ier et Charles de).

Dardois ou d'Ardois, Basque, secrétaire d'Anne de Montmorency, III, 337; est arrêté à Bayonne, VII, 374.

Dariolette, personnage de l'*Amadis*, entremetteuse, VIII, 104, note 1; IX, 554.

Darius II, fils d'Artaxercès Mnémon, son histoire, IX, 355.

Darius III, ses meurtriers punis par Alexandre, VI, 135.

Darnley (H. Stuart, lord), épouse Marie Stuart; sa mort, VII, 421.

Daubray, VIII, 208.

Dauphin (le). Voy. François duc d'Orléans, Henri II, et François II.

Dauphin (le roi-). Voy. François II.

Dauphin (petit ou roi-), surnoms donnés par la reine mère à Lesdiguières, V, 186.

Dauphin (prince-); dauphine (princesse-). Voy. Montpensier.
Dauphine (la reine-). Voy. Marie Stuart.
Dauphiné (parlement de), honneurs funèbres qu'il rend à Bayard, II, 385.
Dauphiné (gouverneur de). Voy. Daillon.
Daurat. Voy. Dorat.
David (Pierre), huguenot, prêcheur d'Antoine de Navarre qui le mène à la cour; son abjuration; Brantôme l'entend prêcher à Poitiers, IV, 361.
David. Voy. Rizzio.
Davila (Mlle), Chypriote, sœur de l'historien Davila, fille de la suite de Catherine de Médicis, VII, 394.
Dax ou Dacqs (évêque de). Voy. Fr. de Noailles.
Débauches de dames de la cour, VI, 142-143.
Décimes (fraudes dans l'établissement des), IV, 333-334.
Déclaration d'amnistie de Henri IV, VII, 135.
Dédicaces de Brantôme à la reine Marguerite, I, 1, 5, 8; VII, 1-4; à François duc d'Alençon, IX, 1.
Dédicace à Brantôme des Mémoires de Marguerite de Valois, VIII, 209-212.
Dedoyat. Voy. Doyac.
Défaite des Suisses (la), chanson. Voy. *Bataille de Marignan*.
Défaite des Provençaux. Voy. Provençaux.
Défis (danger des), IV, 181.
Défis de Marc-Antoine à Octave, d'Amé de Savoie à Humbert, dauphin de Viennois, VI, 406-408; de Vandenesse à Pescaire, 422-424; de René d'Anjou à Alphonse d'Aragon, 425, 426; de Louis d'Orléans à Henri IV d'Angleterre, 426, 427; de François d'Alençon à don Juan d'Autriche, 427-429; des comtes de Foix et d'Armagnac, VI, 448; du comte de Foix au connétable d'Armagnac, 449; de Henri de Navarre et de Condé aux ducs de Guise et de Mayenne, 449-450; d'Antoine de Navarre à François de Guise, 450; de Frédéric-Marie vicomte de Milan à Robert de Naples, et de Frédéric, roi de Sicile à Robert, 454-455; de François Ier et de Charles-Quint, 455-458; de Langey au marquis del Gouast, du connétable de Montmorency au connétable de Castille, 460, 461; III, 328, note 1; de Charles d'Anjou à Pierre d'Aragon, V, 25; de Scipion Vimercato à Louis de Birague, VI, 464, note 1.
Défi. Voy. Appel, Combat, Duel.
Dégradation du capitaine Franget, II, 415.
Déguisement des femmes (sur le), IX, 313-314.
Delle, voy. Tavannes.
Délos (autel à), formé de cornes, IX, 216.
Delphe, Delft, II, 169.
Démentis en l'air, IX, 494, 495.
Démon. Voy. Diable, Esprit.
Demps. Voy. Jacob.
Denia (Fr. G. de Sandoval, marquis de), duc de Lerme, II, 98.
Denis (Ferdinand), cité, I, 53, note.
Denise, femme de chambre de Catherine de Médicis; bonne chanteuse; son rapport sur le projet du duc de Nemours d'emmener hors de la cour Monsieur (Henri III), IV, 168.
Denisot (Nicolas), III, 287.
Denonville. Voy. Hémard.
Dents (herbe guérissant le mal de), VIII, 13.
Denys l'Ancien, enlève un manteau à une statue de Jupiter, I, 164.
Dernelle, capitaine huguenot, tué au siège de Rouen, V, 417.
Dés jeu de), VII, 200.

Deschamps, capitaine huguenot, V, 435.
Des Marais, capitaine huguenot; pendu malgré une capitulation, V, 10.
Despériers (Bonaventure), ses *Nouvelles*, citées, X, 371.
Despert de Bonneville, II, 296.
Desportes, sonnet qu'il compose pour la maîtresse de Brantôme, X, 397, 446; dîne avec celui-ci chez du Guast, IX, 113. — III, 287.
Desrey, sa traduction de Robert Gaguin, citée, II, 293, note 2; 294, note 7.
Des Roches, gentilhomme du Périgord, ami de Brantôme; visite qu'il fait avec lui au château de Chambord, IX, 715. — X, 129. Voy. Roches.
Desroye, capitaine du château de Blaye, III, 412.
Dessé. Voy. Essé.
Dessin. Voy. Portrait.
Deudon, paladin, VIII, 56.
Deuil (manière de porter le), IX, 122.
Deuil porté par Louis XII et sa cour à la mort d'Anne de Bretagne; il n'est pas quitté le jour du mariage de sa fille avec François d'Angoulême, VII, 328-329; comment porté par Catherine de Médicis, VII, 398-399; par Marie Stuart, 408.
Deuil. Voy. Veuves.
Deuilly (Olry du Châtelet, baron de), huguenot, mari de Jeanne de Scepeaux, V, 50, note 1.
Deux-Ponts (Wolfgang duc de Bavière et de), vient au secours des huguenots; sa mort, VI, 224; s'empare de La Charité, IV, 356; mène une armée en Guyenne, IV, 88; Brantôme le reçoit chez lui, II, 165; sa mort, *Ibid.*, note 4.
Devia. Voy. Denia.
Devin, prédit la mort de Henri II, III, 280-282.
Devin grec, vu par Brantôme à Florence; sa prédiction à Cosme de Médicis, II, 12, 13; ce qu'il prédit à Brantôme, X, 413.
Devins italiens, emprisonnés, V, 271.
Devise de Catherine de Médicis devenue veuve, VII, 349, 351; sa devise grecque, 339; ses devises autographes, 453.
Devise de Marguerite d'Angoulême, VIII, 115; devises qu'elle compose et pour qui, 126; IX, 512.
Devises d'Anconne, V, 431; de René d'Anjou, IV, 260; de César Borgia, II, 206; de Charles VIII, II, 330, note; de Charles IX, V, 290; de Charles-Quint, I, 19, note 4; 26, 37, note 2; 101; VII, 10; des Colonna, I, 216, note 2; de Gonsalve de Cordoue, I, 132; d'André Doria, II, 36; d'Emmanuel Philibert, II, 143; du marquis del Gouast, I, 215-216, 385; du baron de La Garde, IV, 148; de Robert de la Mark, III, 190; d'Antoine de Lève, I, 163; IX, 129, note 2; de Louis XII, II, 366, 367; de Marguerite de France, duchesse de Savoie, VIII, 128; de Marguerite de Flandre, IX, 614; du connétable Anne de Montmorency, III, 367; de Diane de Poitiers, 248; de Pescaire, VII, 36; de Saint-André, V, 45; des dames de Sienne, IX, 412-413; de Trivulce, IX, 129, note 2; de Valentine de Milan, VII, 350.
Devises de l'ordre de l'Annonciade, V, 113; de l'ordre du Croissant, 114; de l'ordre de Saint-Michel, 96; de l'ordre de la Toison d'or, 97, 108, 109.
Devise d'un cavalier espagnol, VII, 162; d'une représentation allégorique de la France à Rome, V, 295, 296.
Devises d'armes et d'amours (Dia-

Devises (suite).
logue des), trad. de P. Jove par Vasquin Philieul, IX, 129, note 2.
Devises héroïques, de Cl. Paradin, VIII, 115, note 1; 128, note 2.
Dhona (baron de), grande armée qu'il amène en France; ses ravages en Bourgogne et en Lorraine; battu à Montargis et à Auneau par le duc de Guise; est forcé de traiter avec le roi, VII, 291-292, 295-300; II, 209; III, 193; IV, 197-200. — V, 44.
Diable (offrande au), III, 190.
Diable, ce que des magiciens en disent à Brantôme, IX, 237. Voy. Exorcisme, Sermon.
Diables combattant pour les chrétiens à Malte, V, 217; craignent les épées; comment Trivulce mourant s'y prend pour les écarter, II, 223-224; exorcisés à Rome, 224, note 1; VII, X, 197-198.
Diablotins de Rabelais, I, 39, note, 41.
Dialogue de l'ortografe e prononciacion françoese, par J. Peletier, cité, X, 165-167.
Dialogues du nouveau langage françois italianizé (Deux), par H. Estienne, cités, X, 158 et suiv. 185-187, 191, 202, 204-205, 208, 210, 221, 236, 237, 248, 251, 257, 259, 261, 266, 271, 301, 323, 324, 331, 332, 368, 376, 379, 384, 386, 387.
Dialogue. Voy. Devises d'armes.
Diamants et joyaux du connétable de Bourbon, I, 371-374.
Diamants (boutons de), gravés, IX, 108.
Diane (chasse de), fête à Lyon, III, 253.
Diane (dames de la cour portant le nom de), X, 427, note 1.
Diane. Voy. Angoulême, Poitiers.
Dictionnaire de Trévoux, cité, VI, 141, note 1; X, 385.
Dictons sur les Anglais en France, IV, 219; sur l'expulsion des Anglais de France, IV, 429; sur l'Autriche, I, 12; sur Bayard et sur Montmoreau, II, 384, 391; sur le perroquet de Mme de Brienne, VII, 74; des Anglais sur Calais, IV, 215; sur Mme de Châteaubriand, Milan et Meuillan, III, 27; sur Chinon, 413; sur la Durance, III, 380; des Flamands et des Bourguignons sur l'amour des Français pour la guerre, VI, 120; de François Ier sur les Guises, IV, 271; sur les dames ferraraises, IX, 361; sur les galères, III, 254; sur les huguenots, VII, 264; sur Hercule, VI, 397; sur le coup de Jarnac, VI, 505; sur d'Imbercourt, II, 404-405.
Dictons sur la Chastaigneraie, Vieilleville et Bourdillon, V, 54; sur les chevaliers de Malte, 8; sur les Mantouans, IX, 361; sur les concussions de Matignon, V, 171; sur les statues des mignons de Henri III, VI, 481; sur les patenôtres du connétable de Montmorency, III, 294-295; sur Montoiron, guidon de Montpensier, V, 11; sur la compagnie de Montpensier, 8-9; sur le juge de Montravel en Périgord, II, 346-347; sur le duc de Nevers, IV, 384-385; sur la conversion de saint Paul, VII, 92; sur le secours de Pise, IV, 212; sur Paris, Milan, Rome et Pise, II, 16; sur Thermes et Ossun, IV, 5; sur le combat en champ clos de Julien Romero, VI, 262, note; VII, 84; sur le cheval de Séius, IX, 188, note 1; des Provençaux sur le comte de Tende, III, 381; sur le bonnet de Mlle de Traves, 165.
Dictons sur l'effet de l'amour des vieilles, IX, 683; sur l'impuissance des désirs amoureux, 175; sur la semence de chien, V, 177; sur la chèvre attachée,

VI, 148; sur les chemins jonchus, IX, 266; sur les bons chevaux, 73, 349; sur le corbeau, IV, 154; sur les corsaires, I, 311; II, 35; IV, 151; sur l'été, IX, 220; sur la première fournée et la première pinte, 409; sur les vieux fours, 681; sur la femme battue par son mari, 545; sur la femme mécontente de son mari, 563; sur le mal de la furette, 79; sur la flûte, 155; sur le gant de Vendôme, III, 354; sur l'herbe de pré, IX, 544; sur l'homme qui porte lance et la femme, IV, 9; sur les beaux hommes et les belles femmes, IX, 171; sur la justice et le carême, VII, 49; sur les lévriers, IX, 33; sur les lois et les belles femmes, 591; sur le mariage, 700.

Dictons sur les oisons de mars, V, 107; sur la danse de Martin, IV, 57; V, 332; sur les gens qui mettent la main à la pâte, V, 236; sur les paillards, IX, 271; sur le petit pied, 312; sur la reine folle, 234; sur le soldat sans guerre, VII, 67; sur le soleil du samedi, IX, 22; sur les veuves, 694; sur le vieux gendarme, 410.

Dictons italiens sur la rage d'amour, IX, 91; sur la bouche baisée, 86; sur les femmes de mauvaise conduite, 187; sur le renard, I, 21; sur les lois, 31; sur les soldats gascons, VI, 209; sur la vache, IX, 101.

Dicton des courtisanes italiennes sur les vieilles poules, IX, 333.

Dictons espagnols sur le cheval de l'homme d'armes, IV, 179; sur le jeune diable, I, 63; sur les femmes habiles, IX, 641; sur la première pensée d'une femme mariée, 563; sur la nature des femmes, 684; sur les filles qui parlent latin, 572; sur la garde des filles et des vignes, 581; sur la prise de la Goulette, II, 126; sur la noblesse, VI, 475; sur le renard, I, 21; sur le renard et les femmes amoureuses, IX, 714; sur les raffinés de Ségovie, 554.

Dictons. Voy. Proverbes.

Dictys de Crète, cité, X, 465, note.

Didier, roi des Lombards, VII, 335.

Didon calomniée par Virgile, VIII, 182; ses amours avec Enée, IX, 380-381. — VII, 417; IX, 654.

Dieppe livré à Henri IV par le commandeur de Chastes, IX, 644; des navires flamands y sont saisis, V, 35; Brantôme y est festiné par Valfrenière, I, 326-327.

Diète d'Augsbourg, I, 82.

Difformités et infirmités secrètes de certaines femmes, anecdotes à ce sujet, IX, 258-279, 719.

Digne (évêque de). Voy. Le Mignon.

Digon ou Dijon, héraut de Charles VIII, II, 301.

Digon. Voy. Dijon.

Dijon (traité de) avec les Suisses, II, 399-400. — (tombeaux des ducs de Bourgogne à), IX, 613. — (Mère Sotte de), III, 256, note 3.

Dijon (bailli de). Voy. Bessey.

Dijon. Voy. Dijon.

Dina (bataille de), VI, 6.

Dinant (Belgique), pris par François Ier; anecdote relative à sa capitulation, VII, 76 et suiv.; pris par le duc de Nevers, IV, 374.

Dîner donné par Philippe II à Bruxelles, II, 264.

Dîner de Marguerite d'Angoulême, II, 235-236.

Dîner que Brantôme fait chez du Guast, IX, 113-114. Cf. Brantôme, p. 66, col. 2.

Dîner. Voy. Repas.

Dinteville (Gaucher de), premier

Dinteville (suite). maître d'hôtel de François Ier, ambassadeur à Sienne, II, 294.

Dinteville (Agnès de), femme de Joachim de Chastenay, VII, 393, note 8.

Dinteville (Antoinette de), femme de Claude de Bussy, VII, 393, note 8.

Dinteville (Renée de), abbesse de Remiremont, VII, 393, note 8.

Diodore de Sicile, cité, IX, 299, note.

Diogène, son mot cynique, IX, 235.

Dion Cassius, cité, IX, 723, note 1.

Discipline militaire; divers exemples et réflexions à ce sujet, V, 377 et suiv.; établie en Piémont par Langey, le prince de Melfe et Brissac, anecdotes à ce sujet, II, 229-230; VI, 389, 390; dans l'infanterie, VI, 16, 17; des soldats espagnols, VII, 145.

Discipline militaire (Traité de la), par Guillaume du Bellay, III, 211.

Discipline. Voy. Fouet.

Discours de Brantôme. Voy. plus haut, p. 74, col. 2; 75, col. 1.

Discours sur la blessure du prince d'Orange, cité, I, 60, note 1.

Discours merveilleux de la vie, actions et déportemens de la reine Catherine de Médicis, cité, VII, 333.

Discrétion en amour (de la), réflexions et anecdotes, IX, 501 et suiv.

Dispense du maigre accordée aux soldats, lors du siège d'Orléans, I, 172-173; accordée par Jules II au père de Brantôme, X, 43.

Dissimulation enseignée par Louis XI à Charles VIII, II, 325-328.

Distique latin sur un moine et une religieuse, IX, 52.

Divolé ou Divoley (Henri), inquisiteur, II, 257.

Divorce de Louis VII, IX, 25.

Divorce pour cause d'impuissance, VIII, 92, 95-96.

Divorce satyrique, pamphlet de d'Aubigné contre Marguerite de Valois, VIII, 82, note 1.

Dizimieu (César de), bailli de Viennois, sa trahison envers M. de Nemours, IV, 127-128.

Djem, Dschem ou Zizim, frère de Bajazet II, empoisonné par Alexandre VI, II, 203.

Djerbah ou Dscherbe, île sur la côte de la Tunisie, appelée par les Européens Zerbi ou les Gerbes, II, 49; bataille qui y est livrée, I, 327; II, 58, 83; V, 383; VI, 172; VIII, 132.

Docteur subtil (le), IX, 137.

Doctor, cheval donné par Damville à sa belle-sœur Diane d'Angoulême, VIII, 142.

Dodieu. Voy. Vely.

Dogues d'Angleterre, VI, 164. Voy. Chiens.

Doineau. Voy. Doyneau et Sainte-Soline.

Dol (évêque de). Voy. Espinay.

Dolu (Jean), envoyé de France à Constantinople, V, 57.

Domestiques, doivent rendre leurs comptes quand ils quittent leurs maîtres, IV, 128.

Domfront pris par Montgommery qui y est assiégé et pris, V, 162; III, 293.

Domitia Longina, ses amours avec un batelier; répudiée par Domitien, IX, 34.

Domitien répudie sa femme Domitia Longina, IX, 34.

Dompmartin. Voy. Havré.

Dompteurs des princes, surnom que se donnaient les Suisses, III, 138.

Domrin, gentilhomme flamand, assiège inutilement Saint-Riquier, IX, 421.

Don (sur le titre de), en Espagne, I, 231, 335.

Dona. Voy. Dhona.

Donations aux églises, III, 111 et suiv.

Donation de Constantin au pape Sylvestre (prétendue), III, 112.

Donato (Louis), cardinal, mis à à mort par Urbain VI, II, 200.

Done. Voy. Dhona.

Dorat ou Daurat (Jean), *Auratus*, ses vers latins sur le duc François de Guise, IV, 261 et suiv.; l'un des poètes favoris de Charles IX, V, 251, 282; raconte dans un dîner à Brantôme et à du Guast l'histoire de la matrone d'Ephèse, IX, 662, 664. — II, 241; III, 286.

Doreur à Paris, VI, 79.

Doria (André), notice sur lui, II, 29 à 43; il sert d'abord fidèlement François Ier, 30; mécontenté par lui se laisse gagner par le marquis del Gouast et passe au service de l'empereur, 30, 31; fait révolter Gênes qui lui élève une statue, 31; comment accueilli par le roi à l'entrevue d'Aigues-Mortes, 32-33; ce que, dit-on, il propose à Charles-Quint, 33; ses exploits dans les mers du Levant et de Barbarie; il s'empare de la ville d'Afrique, 33-34; est blâmé pour sa conduite au combat de Sainte-Maure; est soupçonné d'intelligence avec Barberousse, 35-36; est secondé par ses parents Philippin et Antonio Doria, 36; devise que portait son étendard lors de l'expédition contre la Goulette, 36, 37; causes de son mécontentement contre François Ier, 38-39; donne la liberté à Dragut qui lui fait essuyer une défaite, 39-41; prend Coron et Patras; son éloge, 40-41; secourt Saint-Florent; sa belle conduite devant Alger, 42-43; meurt fort vieux, 43; sa rencontre en pleine mer avec Capello, 47, note 2; poursuit et prend Dragut auquel il rend la liberté moyennant rançon, 49-50; s'empare de la ville d'Afrique, 53; est poursuivi par Dragut qui lui prend cinq galères, 55; il l'enferme dans le canal de la Cantara, d'où celui-ci parvient à s'échapper, 55, 56; anecdote sur lui et Charles-Quint, I, 211; fait prisonnier Hugues de Moncade, 235; assiste au couronnement de Charles-Quint; erreur de Brantôme à ce sujet, II, 431; prend Saint-Florent, IV, 48; blâmé pour sa conduite envers François Ier, 125; sa galère, 147; visite que lui fait le grand prieur à Gênes, 153; fautes qu'il commet à Sainte-Maure et à Castel-Nuovo, 154-155.—II, 68.

Doria (Pagan), frère d'André Doria, défend la Goulette contre les Turcs, II, 61, 62.

Doria (Jeannetin), neveu d'André Doria, secourt Perpignan, II, 41, 42; erreur de Brantôme à son sujet, 42, note 2; secourt Saint-Florent, 42; sa conduite lors de l'expédition d'Alger, 42, 43; sa galère *la Tempérance*; prend une galère à Dragut, 43, 49. — I, 334.

Doria (Jean-André), fils de Jeannetin Doria (et non d'André Doria, comme il a été dit, II, 43, note 4); notice sur lui, II, 43-44; son éloge; général de l'armée de mer du roi d'Espagne, 43, 47; s'empare du Pignon de Bellys, 44; vient au secours de Malte, 45; anecdote sur lui et Brissac; ce que lui dit Brantôme, 45-46; son amour du jeu; anecdote de lui et du capitaine La Roue, 46-47; sa rencontre en mer avec L'Ouchali, 47, 48; sa conduite à la bataille de Lépante, 47, 113 et suiv. — II, 433.

Doria (Philippin), neveu d'André Doria; sa victoire navale

Doria (suite).
sur les Espagnols près de Naples, I, 235, 237, 267, 319; II, 30-37, 40; refuse à Lautrec les prisonniers qu'il mène à son oncle, à Gênes, 38-39. — I, 267; II, 41.
Doria (Antonio), II, 36.
Doria (les), II, 2.
Dorie, Dorio. Voy. Doria.
Dorlan. Voy Doullens.
Dormans (défaite des reîtres à), III, 376.
Dortrel, Dordrecht, II, 172.
Dosne, Dosné. Voy. Dhona.
Douai, attaqué en vain par Coligny, IV, 211; VI, 25.
Douaire de Marie Stuart, VII, 413.
Doublet, chirurgien du duc de Nemours, son habileté; sa méthode curative, V, 45.
Doublons à deux têtes, I, 217, note, 219.
Douineau. Voy. Doyneau.
Doullens. Villars y est défait, IV, 387. — IV, 89.
Doyac (Jean de), secrétaire de Louis XI, II, 339.
Doyneau, seigneur de l'Isle, lieutenant général en Poitou, III, 178.
Dragon, comment il se forme, II, 206.
Dragut ou Thorgud, corsaire turc, notice sur lui, II, 48-58; sa naissance; Barberousse le prend à son service, 48, et appendice, 433; et lui donne plusieurs navires, 48; sa capture de galères vénitiennes; sa flottille; ses courses, 49; il est pris en Corse par André Doria; ce qu'il dit au grand maître Parisot; il se rachète pour mille écus, 50; il recommence ses courses; s'empare d'une galère du vicomte de Cigalla et d'une galère de Malte, 51; est poursuivi en vain par A. Doria; comment il s'empare de la ville d'Afrique, que Doria lui enlève, 52-53; il fait sa paix avec Soliman, 54; ses exploits; il est enfermé dans le canal de la Cantara par Doria; par quel stratagème il lui échappe, 55-57; il contribue à la victoire des Gerbes; est tué devant Malte, 58; comparaison de lui et de L'Ouchaly, 59, 62, 63; est moins cruel que celui-ci; aime les Français, *ibid.*; sert sous les ordres du baron de La Garde, 64; poursuivi par Doria, 34; est mis en liberté par lui pour 3,000 écus; ses ravages dans la Méditerranée; bat André Doria auquel il prend cinq galères, 39, 40; capture la galère *la Tempérance*, 43; s'empare de l'île des Gerbes, 83, note 3; craignait le connétable A. de Montmorency, III, 347; prend part au siège de Malte, V, 227, 229. — Erreur corrigée à son sujet, II, appendice, 433, 434. — V, 61, 158.
Drake (François), amiral anglais, disperse *l'Invincible armada*, VII, 41-42; — II, 71.
Drap. Voy. Drake.
Draps de lit en taffetas noir; à quel usage, IX, 254.
Draps de Ségovie, IX, 554.
Drapeaux. Voy. Enseignes.
Dreux (particularités relatives à la bataille de), V, 36-39, 47-48; VI, 229-230; harangue de Guise à ses soldats, VII, 118; retour offensif des huguenots le soir de la bataille, 293; fuyards à cette bataille, IV, 7 et suiv.; récit qu'en fait publiquement le duc de Guise à Catherine de Médicis, 247 et suiv.; — II, 395; III, 226, 297, 298, 335; IV, 245-250, 349 et suiv., 313; V, 414; VI, 47, 48, 54, 172, 226; IX, 348, 371, 397.
Dreux du Radier, son erreur sur la date de la mort de Brusquet, VIII, 206; cité, III, 343.

Drogman de Soliman. Voy. Genus-bey.
Drogues employées en cuisine, IX, 223; échauffantes, 337.
Droit d'aînesse en Espagne, I, 86.
Droux ou Drou (Pierre de Chamborant, seigneur de), capitaine des Suisses de François d'Alençon et son chambellan, VI, 187; envoie un cartel à La Chastre, 434.
Drusille, passion qu'elle inspire à son frère Caligula, IX, 90.
Dscherbe. Voy. Djerbah.
Dubois. Voy. Sylvius.
Duboulay, cité, II, 107.
Du Breuil. Voy. Breuil.
Duc (Philippe), dame de Blère, Piémontaise, maîtresse de Henri II, et mère de la duchesse d'Angoulême, son mariage avec un gentilhomme italien, VI, 496; VIII, 140, note 1.
Ducats à deux têtes, I, 50.
Duchâtel. Voy. Castellanus.
Duchesne (Léger), professeur au Collège royal, III, 286.
Duels (*Discours sur les*), VI, 233-500; origine des duels et des combats en champ-clos; lois diverses à ce sujet, 234; combat de d'Aguerre et de Fandilles, 235-240, 502; de Mahuot et de Jacotin Plouvier, 240-243; de Carrouges et de Legris, 243; de Mandozze et du comte de Pancalier, 243-244, 290; d'Ingelgerius et de Gontran, 244-248; de six Florentins, VI, 252-254; de deux Espagnols devant Scipion l'Africain, 253-254, 480; de Sainte-Croix et d'Azevedo, 254-261; de Sarzay et de Veniers; de Romero et d'un autre Espagnol, 261-262; de Peralte et d'Aldano, 262-263; de Bayard et d'Alonzo de Sotto-Major, 263-269; de Jarnac et de La Chastaigneraie, 269, 272-276, 280-282, 287-288, 369-371, 503; d'un capitaine italien et de Prouillan, 278-280; de L'Isle-Marivaut et de Marolles, 282-284; de soldats romains et de soldats corses, 284-286; d'un Gascon et d'un Italien, à l'arbalète, 298; de trois Français contre trois Espagnols, 312; des *Mignons*, 312-314; de la Fautrière et d'Aubanye, 314-315; de Biron, de Lognac et de Genissac, contre Carency, Estissac et La Bastie, 315-317; d'un seigneur napolitain contre trois, 318-319; d'un Normand et de Refuge, 319-320; de Maignelais et de Livarot, 320-322; de la Vilatte et de Saligny contre Matecolom et Esparézat, 322-323; de Romefort et de Fredaignes (ou Fredaigues), 323-324; de Turenne et de Rozan, 324-325, 509-511; de Milhau et de Vitteaux, 326-330; du comte Martinengo, 336-340; de Sourdeval et d'un gentilhomme français, 340-342; de Dussac et de Hautefort; de Bourdeille et de Cobios; de deux capitaines du Piémont, 342-344; de Sampietro Corso et de J. de Turin, 345, 346; de Bussy et de la Ferté, 347, 511; de Grandpré et de Givry, 348; d'un gentilhomme auvergnat et de Leviston, 349-350; du comte Claudio contre quatre soldats, 350-352; de Saint-Mégrin et de Troïle Ursin, 352-354; de Champlivaut et de Bonneval, 354-355; de Fourquevaux et de La Chapelle-Biron; de Rollet; de Saint-Gouard et de la Chastaigneraie, 355-357; de Créquy et de Philippin de Savoie, 357-359; de Castelnau et de Dalon, 361-362; de deux soldats de Brissac, 373; de Matas et d'Apchon, 377; de Des Bordes et de Genlis, 380; d'Ingrande, de Gerzay, de Refuge, de Crillon, du comte de

Duels (suite).

Brissac, du comte de Tende, 137, 385 ; du capitaine La Hyre, 396 ; de Gensac et d'Avarey, 398-399 ; de Maisonfleur et d'un soldat, 412 ; d'un soldat et d'un tambour, 415-416 ; de Sourdéac et de la Chenaie-Raillé, 441-442.

Duels de Pompérant contre Chissay, et contre Lorges I, 256-257 ; de Damville et de Longueville, III, 372 ; de Hautefort et de Perelongue, IV, 16 et suiv. ; de Bayard et de Sotto-Maior, 177 ; de Jarnac et de la Chastaigneraie, V, 82-83, 87 ; VI, 503-509 ; de deux soldats de l'armée de Piémont, V, 82 ; de Charry et du frère de Chastelier-Portaut, 342 ; de La Chasse et de Riolas, VI, 108-109 ; de l'espagnol Artiagues, 114 ; de Brissac et de Sommerive, 137, 138 ; de Bussy et de Saint-Phal, 182-185 ; de Saint-Sulpice et du vicomte de Tours, X, 102.

Duels à l'arquebuse, VI, 298-299 ; aux flambeaux, 396 ; au rasoir, au poison, 417 ; à cheval, 418 et suiv. ; en chemise, 420.

Duels dans l'armée de Piémont, sous Bonnivet, VI, 108, 109 ; de capitaines et de soldats, VI, 410 et suiv. ; d'Espagnols ; anecdoctes, VII, 127-128 ; en Castille, 122.

Duels. Leur apologie, VI, 384 et suiv. ; ce qu'en dit Birague aux Etats de Blois, 384 ; blâmés par les Turcs, les Grecs et les Romains, VI, 399, 400 ; autorisés par l'Eglise, 386 ; défendus par Henri II et le concile de Trente, 367, 373 ; défendus à la cour par Catherine de Médicis, VII, 366-368.

Duels en pays étrangers, VI, 372-373 ; en pays des infidèles, défendus, 373 ; —(appels pour), défendus en lieu de respect, 379.

Duels (manifestes et affiches pour les), VI, 287, 306, 307.

Duels (choix des armes et du lieu, et des précautions à prendre dans les), VI, 294-297, 304, 325, 326, 339, 359, 360, 416-421 ; le port des reliques y est permis ; sortilèges et amulettes, 304, 305.

Duels (abus et supercheries dans les), VI, 287, 289, 292-295, 297, 299 et suiv. ; 304, 305, 323, 324, 327, 329 ; de l'utilité des seconds, 310, 327.

Duels (valets envoyés à la place de leurs maîtres dans les), VII, 121-122.

Duels et combats en champ clos (du sort des vaincus dans les), VI, 233 et suiv. ; 249 et suiv. ; 253-254, 256 et suiv. ; 376 et suiv. Le vaincu à qui son adversaire a accordé la vie, peut-il lui redemander le combat ? 355 et suiv. ; divers actes de courtoisie, VI, 340 et suiv. ; 356, 362 et suiv.

Duel, un fils peut y appeler son père, VI 374 ; — peut-il être refusé par les chevaliers de l'ordre ? 466 et suiv. ; préférable à l'assassinat, 444.

Duel (texte d'un appel pour un), V, 357.

Duel (traités divers relatifs au), VI, 249, note 2 ; 302, 500, note 1.

Duels, III, 281 ; IV, 95, 146 ; V, 198 ; VI, 29.

Duels. Voy. Accords, Appels, Combats.

Duellistes (docteurs), docteurs ayant traité des duels, VI, 309.

Dueren, pris par Charles-Quint, I, 246 ; II, 4, 5 ; VI, 162.

Duetechum (J. et Lucas), auteurs de la *Pompe funèbre* de Charles-Quint, I, 65, note 2.

Du Fargis. Voy. Fargis.

Dugdale (W.), son *The Baronage of England*, cité, II, 271, note 2.

Du Guast. Voy. Guast.

Dulys. Voy. Deuilly.
Dumas, homme d'affaires de Henri de Bourdeille et de sa mère, X, 134, 136.
Dunkerque, pris par Thermes, IV, 3.
Dunois (comté de), vendu par Gui II de Châtillon à Louis d'Orléans, IX, 106, note.
Dunois (Jean, comte de Longueville et de), son éloge, III, 6 ; son origine, IX, 68 ; — VII, 229.
Dupée, I, 67. *Lisez :* Clupée. Voy. ce nom.
Dupinet, sa traduction de Pline l'Ancien, citée, IX, 246, note 2.
Du Plessis. Voy. Acigné et Plessis (du).
Dupol, capitaine allemand, fait prisonnier Gautier de Brienne, III, 144.
Du Prat. Voy. Nantouillet, Prat, Thiern, Vitteaux.
Du Préau. Voy. Préau.
Dupuy (collection), citée, II, 92, note 1, 101, note 2 ; III, 316.
Durance (dicton sur la), III, 380.
Duras (le cadet de), Georges de Durfort, cadet de Jean de Durfort, seigneur de Duras, V, 309.
Duras (Jean — et non Jacques — de Durfort, vicomte de), fait un appel à Turenne de la part de son frère Jacques, comte de Rozan ; accusation de guet-apens portée contre eux par Turenne, VI, 324-325 ; pièce à ce sujet ; *Appendice*, 509-511 ; donne asile à Vitteaux, assassin du baron de Soupez, VI, 330 ; ramène Marguerite de Valois en Guyenne, VIII, 39. — VII, 395, note 4.
Duras (Barbe Cauchon de Maupas, femme de Symphorien de Durfort, seigneur de), arrêtée à Palaiseau, VIII, 68, note 5 ; exactions qu'au nom de Marguerite de Valois, sa maîtresse, elle commet à Agen d'où toutes deux sont chassées, 70.
Duras. Voy. Durazzo, Gramont, Livarot.
Durazzo (Charles de), dit Charles de la Paix, défait Othon de Brunswick, mari de Jeanne de Naples, et fait mettre à mort celle-ci, VIII, 148, note 1, 151-152, 162-163, 167, 168 ; pourquoi surnommé Charles de la Paix, 162, note 5 ; devient roi de Naples et de Hongrie ; est assassiné, 165.
Duren. Voy. Dueren.
Duret, médecin à Paris, IX, 97.
Duretal, ou Durtal, (Maine-et-Loire) château du maréchal de Vieilleville, V, 31, 71.
Duretal (Claude d'Espinay, comte de), mari de Jeanne de Bourdeille, VII, 392, note 7.
Duretal (Jeanne de Bourdeille, fille d'André de Bourdeille, femme de Claude d'Espinay, comte de), VII, 392 ; X, 69 ; héritière de son oncle Brantôme qui lui laisse le château de Richemont, 141, 144-145, 146, 149 ; est chargée par lui de faire imprimer ses manuscrits, 127 ; est son exécutrice testamentaire, 153. — IX, 456, note 2, 457, 458.
Durfort. Voy. Duras, Rozan.
Dussat, ou Dussac. Voy. Jurignat.

Eau bénite (mot d'un malade sur l'), VII, 196-197 ; ses vertus, 197-199.
Eberard ou Ebrard. Voy. Saint-Sulpice.
Eboli (Ruy-Gomez de Silva, prince d'), II, 130, note 2 ; gouverneur de don Carlos dont il dévoile les projets à Philippe II, 104, 105, 107 ; son origine ; ses enfants ; comblé de biens par Philippe II, amant de sa femme, 137 ; cause de l'affec-

Eboli (suite).
tion du roi pour lui, 137-138.
— III, 44.
Eboli (Anne de Mendoza, princesse d'), femme du précédent, maîtresse de Philippe II; ses amours avec Antonio Perez, II, 97, note 2; 105, 130 et suiv.; 136; IX, 716; fils qu'elle a du roi; sa fille, II, 137.
Ecclésiastiques (biens), leur vente, V, 238. Voy. Église.
Ecclésiastiques embrassant la réforme. Voy. Caraccioli (J. A.), Châtillon.
Ecgfrid, roi d'Angleterre, mari d'Aedilthryda, VIII, 91, note 2.
Écharpes brodées, IX, 108, 109.
Échecs (passion de Bonnivet et de Brissac pour les), IV, 74.
Échilles (d'), accompagne le duc de Guise en Hongrie, V, 405.
Éclaron (Haute-Marne). François de Guise y avait un haras, VII, 301.
Écoliers. Défense que Louis XII leur fait à propos de leurs jeux, VII, 316; IX, 472.
Écoliers (régiment d'), levé par J. Caraccioli, II, 239.
Écossais, langue barbare; comment parlée par Marie Stuart, VII, 407.
Écossais, grande chasse qu'ils organisent pour F. de Vendôme, VI, 116; leur repas de viande crue, 117.
Écossais (archers), II, 291, note; — de la garde, VI, 183.
Écosse, pays barbare, VIII, 127; son soleil, VII, 408, 409.
Écosse, sa guerre civile, IX, 371; attaquée par les Anglais et défendue par Henri II, VII, 404. — (expédition des Français en), III, 249, 388, 390, 394; IV, 1, 101.
Écosse (voyage de F. de Vendôme et de Brantôme en), VI, 116-117. — Voyez de plus l'article Brantôme, p. 60 col. 1.

Écosse (reine d'). Voy. Marie de Lorraine et Marie Stuart.
Ecquetot. Voy. Esquetot.
Écriture secrète, VI, 465.
Écrivains huguenots, leur éloge, VI, 124.
Écrivains modernes (critique des), V, 312, 313.
Écu. Les nobles seuls pouvaient avoir des écus la pointe en bas, VI, 241.
Écuries de Charles-Quint et de Henri II, III, 274, 275; du grand prieur, IV, 162. Voy. Chevaux, Haras.
Écuyers (grands et premiers), leur devoir dans les batailles, II, 309-310.
Écuyer d'écurie du dauphin, importance de cette charge, V, 71.
Écuyer de Louis duc d'Orléans, tué en le défendant, III, 226.
Écuyer (grand). Voy. Charny, Urfé.
Edilfrude. Voy. Aedilthryda.
Edimbourg (entrée de Marie Stuart à), VII, 419.
Édits d'Amboise, III, 299, note 2; de juillet 1561 et du 17 janvier 1562, IV, 292, 364; sur les mariages secrets, III, 352.
Édit perpétuel, signé par don Juan avec les États, II, 128.
Édouard Ier roi d'Angleterre, juge du combat entre Charles d'Anjou et Pierre d'Aragon, VI, 453.
Édouard II, roi d'Angleterre, sa captivité, sa mort, IX, 432-433.
Édouard III, roi d'Angleterre, accueille Robert d'Artois et Denis de Morbecq, I, 289-290; son mot sur Charles V, II, 72; fait emprisonner sa mère Isabelle de France, IX, 432-433.
Édouard IV, roi d'Angleterre, sa victoire à Barnet, V, 300; pourquoi Louis XI l'empêche de venir à Paris, IX, 469. — III, 164.
Édouard VI, roi d'Angleterre, sa paix avec Henri II, III, 266; l'or-

dre de S.-Michel lui est porté par Saint-André auquel il donne l'ordre de la Jarretière ainsi qu'à Henri II, V, 33; parrain de Henri III, V, 292; festin que lui donne François de Vendôme; son amitié pour lui, VI, 115, 116; offres qu'il fait à Salvoyson, IV, 101. — I, 99.

Édouard VI, roi d'Angleterre, I, 99, note 4, *lisez:* Philippe II d'Espagne.

Édouard, comte de Savoie, est battu à Varey par Guigues XIII; fait prisonnier, il est délivré par Bocsozel, VII, 255-256.

Éducation (influence de l'), II, 285; V, 123.

Effigie d'Anne de Bretagne à ses obsèques, VII, 322.

Effigies virorum bellica virtute illustrium, par P. Jove, cité, III, 36.

Église (cérémonies de l'), II, 349.

Église (gens d'), leurs mœurs corrompues, III, 105 et suiv.; 113, 130 et suiv.; profit qu'ils tirent des guerres civiles; leur avarice et leurs fraudes dans la vente de leurs biens et l'établissement des décimes, IV, 332-334.

Église (gens d'), au parlement, et au conseil du roi, III, 131; devenus de vaillants capitaines, IX, 671, 672.

Églises, enrichies des dépouilles des gentilshommes, III, 111-113; leurs trésors pillés et mis en circulation pendant les guerres civiles, IV, 328 et suiv.

Églises (biens des), les rois peuvent en disposer, III, 106 et suiv.; les gentilshommes peuvent en posséder, 110 et suiv.; aliénés sous Charles IX, IV, 330; V, 237, 238, 289, 290.

Église. Voy. Lyon.

Egmont (Lamoral, comte d'), notice sur lui, II, 151-154; ses victoires de Saint-Quentin et de Gravelines, 152; ce qu'Emmanuel-Philibert en dit à Brantôme, 153; sa présomption; son arrestation à Bruxelles par le capitaine Salines, 154; sa condamnation, son supplice, 155-156; relation de sa mort et de celle du comte de Horn envoyée à Charles IX par Mondoucet, 156-162; douleur que cause sa mort, 162; son éloge; ce qu'en dit à Brantôme Mme de Fontaines, 163-164; son voyage à Paris puis en Espagne; entretiens qu'il a avec Coligny, avec Philippe II, II, 78; et avec don Carlos, 103, 104; ses victoires de Gravelines, IV, 3, et de Saint-Quentin, 195. — II, 177; III, 334; VII, 279; IX, 483.

Egmont (Philippe, comte d'), fils du précédent, pris à Anvers par les Espagnols, II, 186; surpris dans Ninove par La Noue; son éloge; est tué à la bataille d'Ivry, VII, 211; est échangé contre La Noue, 212, note 2, 220.

Egmont (Sabine de Bavière, femme de Lamoral, comte d'), II, 151, note 1; sa visite à la comtesse d'Aremberg, 162-163.

Egmont (Marie d'), mère de la reine Louise femme de Henri III, VII, 220, note 1.

Egmont (Anne d'), première femme de Guillaume Ier, prince d'Orange, II, 175, note.

Egmont. Voy. Buren.

Égypte (fête en), en l'honneur d'Apis, IX, 298.

Égypte (soudan d'), forcé de lever le siège de Rhodes, V, 218, 219. (Il y a ici une erreur de Brantôme. Il faut remplacer ce soudan d'Égypte par le renégat Misach Paléologue, pacha de Bajazet).

Égyptiens, comment punissaient

Égyptiens (suite).
l'ingratitude, VII, 250; leur loi contre le suicide, IV, 25.

Ehoulmes. Voy. Oulmes.

Elbe (épisode du passage de l'), par l'armée de Charles-Quint, VII, 44-46.

Elbeuf (René de Lorraine, marquis d'), général des galères, IV, 146; colonel général des Suisses, VI, 228; son gouverneur; sa dureté envers le chevalier de Tenance; ses enfants, IV, 280; la *Sofonisba* est jouée à ses noces à Blois (en 1554 et non en 1559, comme il est dit dans la note 2), VII, 346; accompagne sa nièce Marie Stuart en Écosse, VII, 415. — IV, 275; V, 41.

Elbeuf (Charles de Lorraine, marquis, puis duc d'), fils de René de Lorraine, emprisonné à Blois, et mis à rançon, IV, 280.

Elbeuf (Louise de Rieux, femme de René de Lorraine, marquis d'), IV, 280; VII, 381.

Élection des évêques, abbés et prieurs; abus qui s'y commettaient, III, 106-107.

Élections par les gens de guerre, I, 241.

Elefantina. Voy. Elephantis.

Éléonore de Guyenne, répudiée par Louis VII, VIII, 48; IX, 25-26, 433.

Éléonore, reine de Navarre, femme de Gaston IV, comte de Foix, III, 55.

Éléonore, seconde femme de François Ier, sœur de Charles-Quint, I, 31, 208; promise par Charles-Quint au connétable de Bourbon, 260; son corps difforme, IX, 272; sa visite à Dijon aux tombeaux des ducs de Bourgogne, qu'elle fait ouvrir; ce qu'elle dit de la grande bouche de Marie de Bourgogne, 612-613; accompagne Charles-Quint dans sa retraite; maltraitée par François Ier, 620-621; éventail qui lui est donné aux fêtes de Bins, 316. — II, 163; III, 161; IX, 477, 525.

Elepantho (l'). Voy. Lépante.

Éléphant envoyé à Charlemagne, V, 248.

Éléphantis, ses livres obscènes, IX, 44.

Élie (le prophète), appelé conseiller d'état par un prélat, V, 313.

Élisabeth de Hongrie (sainte), X, 452.

Élisabeth d'Autriche, fille de Maximilien II, femme de Charles IX; son éloge; ses agréments; ses vertus; parlait toujours en espagnol; sa piété, IX, 593-594; ses prières la nuit et ses regrets après la mort de son mari, 594-596; visites qu'elle lui faisait pendant sa maladie; résignation avec laquelle elle supportait ses infidélités, 596-597; touchantes paroles qu'elle dit à une de ses dames qui regrettait qu'elle n'eût point de fils, 597; comment elle apprend le massacre de la Saint-Barthélemy; sa douleur; ce que son père lui dit de la France quand elle le quitta, 598-599; bruit de son mariage avec Henri III, revenant de Pologne, 599-600; se retire en Autriche; ses disputes avec un jésuite qui voulait lui persuader d'épouser Philippe II, 601-602; regrets sur sa mort, 602; sa tendre amitié pour Marguerite de Valois à qui elle abandonne une partie de ses revenus; livre de dévotion et histoire de France de son temps composés par elle et envoyés à Marguerite, 693; ce qu'après sa mort sa mère dit d'elle à Lansac, 694; sa cour, VII, 377, 383; sa fille Marie-Élisabeth, VIII, 145-147; — I,

26, note 6; II, 182; IV, 158; V, 55, note 1; 275.

Élisabeth de France, fille de Henri II, reine d'Espagne par son mariage avec Philippe II; discours sur elle, VIII, 1-21; réflexions sur son nom, 2; réjouissances à sa naissance et à son baptême où elle a pour parrain Henri VIII; mot de Henri II sur elle, 3; est promise à don Carlos puis mariée à Philippe II; ce qu'en dit le duc d'Albe, 4; passion qu'elle inspire à don Carlos; son portrait; a la petite vérole, 5-6; sa grâce; amour qu'elle inspire aux Espagnols; ses surnoms, 6; sa grave maladie; douleur et joie du peuple à cette occasion; est vue alors par Brantôme à qui elle fait un excellent accueil, 7, 11-13; ses visites aux églises; ce que Lignerolles raconte à Brantôme de la douleur causée par sa mort, 8; sa fermeté en mourant; bruits sur sa mort; ce que Philippe II lui dit à leur première entrevue; son affection pour la France, 9-10; son entrée à Bayonne, 11; crainte que lui inspirait sa mère dont elle obtient la grâce de Pompadour, 13-14; sa mort fatale à la France; ses filles, 14-15; vers sur son mariage; détails sur sa remise entre les mains des Espagnols, 16-18; son instruction; son précepteur; parlait bien espagnol; faisait venir des livres de France, 18; son luxe en habillements; son tailleur; dons qu'elle fait faire par son mari aux dames qui l'avaient suivie en Espagne, 19; sonnet à sa louange; son épitaphe, 20-21; écrits divers relatifs à cette princesse, I, note 1; sa naissance, VII, 542; son portrait, 343; sa chevelure, VIII, 35; son éloge, 137; destinée à don Carlos, aimée et honorée par lui, II, 105, 106; fêtes pour son mariage avec Philippe II, III, 271; ses noces, IV, 224; VI, 488; sa suite de dames et de filles, VII, 196; bon accueil qu'elle fait à Brantôme en Espagne, V, 197; VIII, 12 et suiv.; IX, 606-607; fait avoir une commanderie de Calatrava à Bellegarde; sa conversation à ce sujet avec Brantôme, V, 197; comment était servie en Espagne; bague qu'elle donne à sa *coupière* Anne de Bourbon. (Voy. Nevers), IX, 514; anecdote de son bouffon Legat, 526; particularités sur son entrevue à Bayonne avec la famille royale de France, I, 113-115; VI, 437 et suiv.; VII, 158, 160-161, 170-175; empoisonnée par son mari; pourquoi, IX, 23; question faite à Brantôme à propos du portrait de ses deux filles, IX, 155. — I, 327; VII, 366, 380; VIII, 55.

Élisabeth de France (Marie-), fille de Charles IX et d'Élisabeth d'Autriche, notice sur elle, VIII, 145-147; sa gentillesse, 145; refuse d'avoir pour compagnon son frère naturel Charles de Valois, ibid., note, 2; méchant accueil qu'elle fait un jour à Henri III; sa gouvernante, Mme de Crissé; son esprit; regrets et bruits sur sa mort, 146-147.

Élisabeth de France, fille de Philippe le Long, épouse Guigues XIII, dauphin de Viennois, VII, 256.

Élisabeth, reine d'Angleterre, fête qu'elle donne à des Français; son éloge; blâmée de la mort de Marie Stuart, III, 290-291; ce que Brantôme lui entend dire sur le désir qu'elle avait eu de

Elisabeth (suite).
voir Henri II, *ibid.* ; IX, 386; sa lettre au prince Casimir, auquel elle fait mauvais accueil, IV, 202-204; argent qu'elle donne aux huguenots, 244; tente inutilement de corrompre Gourdan, gouverneur de Calais, 217; projet de son mariage avec Henri III, 148; bon accueil qu'elle fait au grand-prieur, 163-164; on veut la marier avec M. de Nemours, IX, 386-388; sa jalousie contre Marie Stuart, VII, 424, 425; blâmée pour la mort de cette princesse; elle y est poussée par les protestants d'Allemagne et d'Angleterre, 447; ce qu'elle lui fait dire en lui faisant signifier son arrêt de mort, 448; vue deux fois par Brantôme; sa beauté; son éloge; blâmée pour la mort de Marie Stuart, IX, 363-364; sa difformité secrète, 268, 719. — VI, 54.

Élisabeth, mère de Marie de Hongrie, fait assassiner Charles de Durazzo, VIII, 165, note 2.

Elisabeth de Portugal, femme de Charles-Quint, incident de son entrée à Tolède, IX, 525. — I, 170, note 1; VI, 383; VIII, 12.

Éliseda (Ruy Gomez de Silva, marquis de la), II, 137, note 4.

Émaux. Voy. Plaques.

Embaumement, V, 182.

Emblèmes d'Alciat, cités, X, 417.

Embrun, pris par Lesdiguières, V, 186.

Émeraude de F. Cortez, I, 52.

Émérillon de guerre, surnom de Montoison, II, 410.

Émeute à Bordeaux pour la gabelle, IX, 675-676.

Emmanuel-Philibert, prince de Piémont, puis duc de Savoie, notice sur lui, II, 141-151; neveu de Charles-Quint dont il était chéri, et pour des raisons secrètes, 141, 143; commandement qu'il lui donne, 144; grandes sommes qu'il tire des prisonniers faits à Thérouanne, à Hesdin et à Saint-Quentin; recouvre ses états à la paix de Cateau-Cambrésis, 145; avait deux compagnies soldées, l'une par le roi de France, l'autre par le roi d'Espagne, 145-146; obtient de Henri III par ses cajoleries la restitution de Pignerol et de Savigliano, 146-147; milice qu'il envoie au roi pour le siège de Livron, 147; ses intrigues avec le maréchal de Bellegarde au sujet du marquisat de Saluces, 147, 148; son entreprise sur Metz; sa réponse à M. de Septfontaines, 149; habile et peu scrupuleux, 150; sa conduite dans les armées de l'empereur; sa maladie; sa mort; forgeait des canons d'arquebuses; il montre sa forge à Brantôme, 151; refuse d'être le général de la ligue contre les Turcs, II, 109, 110; partisan de l'Espagne, VIII, 133; va voir à Lyon Charles IX et Catherine de Médicis, 135; son respect pour celle-ci, VII, 376; pillage de son cabinet à Verceil, IV, 105-106; commande l'avant-garde à la bataille de Mühlberg, I, 99; gagne la bataille de Saint-Quentin, III, 332; ce qu'il dit à la cour de France sur la flotte des Indes, I, 51; assiste aux obsèques de Charles-Quint, à Bruxelles, 66; cheval qu'il donne à Henri II, IX, 349; fin et corrompu; obtient de Charles IX la restitution des places du Piémont, V, 72 et suiv.; détourne Henri III de passer par Milan au retour de Pologne; pourquoi, IX, 70-71; accompagne ce prince à Lyon; donne à dîner à Brantôme et à

Strozzi auxquels il conte la prise de la Goulette, et fait l'éloge des soldats espagnols, II, 60; VII, 16-17, 18; ce qu'il leur raconte des soldats espagnols et d'Antoine de Lève à Pavie, 19-20; ses intrigues avec Bellegarde pour le marquisat de Saluces, V, 202-204; son amitié pour lui; son entrevue avec Catherine de Médicis à Montluel, 203; son mot sur le duc de Nevers après cette bataille, IV, 373-374; assiste aux fêtes de Bins, IX, 617; battu par Lesdiguières, V, 186; ce qu'il dit à Brantôme sur le comte d'Egmont, et la révolte de Flandre, 153-154; son entretien avec lui au sujet de leur parenté, X, 103; son amitié pour son cousin le duc de Nemours, IV, 167-168. — I, 25, note 6; II, 152; III, 260, 262, 263, 351; V, 42.

Empereurs romains, sujets à être cocus, IX, 26; ont épargné leurs femmes débauchées, IX, 20-31, 34-35.

Empereurs d'Allemagne peuvent se faire couronner trois fois, I, 80, note 4; ont-ils le droit d'ériger des royaumes? 38, note 2,40.

Empoisonnement d'un esclave par Cléopâtre, IX, 246.

Empoisonnement de femmes par leurs maris, IX, 20 et suiv.

Empoisonnement du dauphin François, III, 175-177, 445-447; d'Élisabeth, reine d'Espagne, IX, 23; de don Juan et de Jeanne d'Albret, II, 130; de Charles IX, V, 271; de Robert de La Mark, duc de Bouillon, III, 191-192.

Empoisonnement de Mercœur, de Nemours, et de Bellegarde, V, 194, 203; de Brantôme et de sa nièce, la vicomtesse d'Aubeterre, IX, 455, 458; d'un abbé de Brantôme, III, 116.

Empoisonnements singuliers de Ladislas et d'une dame de France, VIII, 201; IX, 25.

Empoisonneurs (conseil donné par un curé aux), V, 153.

Énée aux enfers, II, 223; ses amours avec Didon, IX, 380-381. — VII, 417.

Énéide, citée. Voy. Virgile.

Enfants, différences entre les enfants venant du mari et ceux qui viennent de l'amant, IX, 153 et suiv.

Enfants adultérins (des), IX, 135 et suiv.

Enfants de France, appelés Messieurs, III, 349.

Enfants d'honneur des rois, V, 86.

Enfants perdus, à la bataille de Cérisoles, VI, 2, 5; dans la troupe de Salvoyson, IV, 115.

Enfants de la Matte. Voy. Matte.

Enfer, comment représenté par les peintres, VI, 86; VII, 67.

Enghien (François de Bourbon comte d'), notice sur lui, III, 215-220; lieutenant de roi en Piémont; sa victoire à Cérisoles; envoie au roi une montre prise dans le butin, 216; s'empare de Carignan et de Pierre Colonna, 217-218; assiège Nice avec Barberousse qui lui fait grand honneur, 219; sa mort malheureuse, 220; lève le siège de Nice, I, 202; sa victoire à Cérisoles, 203 et suiv., 341; V, 32. — IV, 372; V, 42.

Enghien (Jean de Bourbon-Vendôme, non pas duc, comme il été dit par erreur, mais comte d'), frère du précédent; premier mari de Marie de Bourbon, duchesse d'Estouteville, III, 204, note 3; est tué à la bataille de Saint-Quentin; avait d'abord été évêque, 202; IV, 372; IX, 671-672. — I, 310.

Enghien. Voy. Bourbon (p. 51, col. 1) et Nevers.

Engubio (Virginie Accorambona d'), femme de F. Peretti assassiné par Bracciano qu'elle épouse; est assassinée avec son frère Flaminio, IX, 14, note 1.

Enseigne bleue du capitaine La Rouvraye, V, 421.

Enseigne couronnelle blanche, créée par Coligny, VI, 24.

Enseigne blanche. Coligny donne à Valleron permission de l'arborer hors de France, VI, 165.

Enseigne blanche (démêlés de Brissac, Andelay, Strozzi, Sommerive, Sarlabous, au sujet de l'), VI, 136-140.

Enseigne blanche portée par Turenne; projets violents de Bussy à ce sujet, VI, 177-178.

Enseigne blanche prise par Burée à la bataille de Dreux; paroles du duc de Guise à ce sujet, VI, 229, 230.

Enseignes blanches de Martinengo, V, 363.

Enseignes romaines prises par les Parthes, V, 248.

Ensorcellement, V, 271.

Entommeures (frère Jehan des), VI, 242.

Entragues (François de Balsac, seigneur d'), marié, 1° à Jacqueline de Rohan; 2° à Marie Touchet, père de la marquise de Verneuil, VII, 389.

Entragues, dit Entraguet (Charles de Balsac d'), blesse à mort Quélus dans le duel des mignons, VI, 312-314; son beau-frère le duc de Lenox contribue à apaiser la colère de Henri III, II, 370, 371; sa querelle avec Crillon arrangée par Catherine de Médicis, VII, 367. — VI, 29.

Entragues (Charles de Clermont d'), frère des précédents, accompagne le duc de Guise en Hongrie, V, 405; danse avec Marguerite de Valois à Lyon,
VIII, 74, note 2; sa femme Hélène Bon. Voy. Bon. — IV, 232; VIII, 389, note 3.

Entragues (Mme d'). Voy. Touchet (Marie).

Entragues. Voy. Rohan.

Entraguet. Voy. Entragues.

Entrée des rois à Paris, IV, 231; VII, 397.

Entrée de Charles VIII à Florence, II, 303-304; à Naples, 289-292, 321, note 2; à Rome, 286-288; V, 306; à Sienne, IX, 418-419; à Turin, 634.

Entrée de François Ier à Milan, II, 321; de Henri II à Paris, 304; à Lyon, III, 250 et suiv., 318 et suiv.; de la reine Élisabeth à Bayonne, VIII, 2, note 2; 12; de la reine Marguerite de Valois à Bordeaux, 41; de Marie Stuart à Édimbourg, VII, 419; de Jacques de Bourbon à Pontarlier, VIII, 189; de César Borgia à Chinon, II, 207-211; III, 69, note 4; de Christine de Danemark à Reims, IX, 630.

Entrée de Charles-Quint à Bologne, I, 39, note, 41 et suiv. 359 et suiv.

Entremont (N. d'), seigneur dauphinois, délivre, à la bataille de Varey, Édouard de Savoie, VII, 255.

Entremonts (Jacqueline de Montbel, comtesse d'). Voy. Coligny (Mme de).

Entrevue de Charles IX et d'Élisabeth reine d'Espagne, à Bayonne, I, 112-115. Voy. Bayonne et Elisabeth.

Entrevue de Catherine de Médicis et du duc de Savoie à Montluel, V, 203.

Entrevue de Scipion et d'Annibal, IX, 628.

Entrevue à Conflans, de Louis XI et de Charles le Téméraire, I, 210.

Entrevue de Ferdinand V et de

Louis XII à Savone, I, 126, 127, 133, 135.

Entrevues de François Ier avec Henri VIII, à Ardres, X, 53-54; avec Clément VII, à Marseille, IX, 475-478; avec Paul III, à Nice, *ibid.*; avec Charles-Quint à Aigues-Mortes, II, 32-33.

Entrevues des grands (danger et inutilité des), I, 212.

Entrevues de Henri de Navarre avec Catherine de Médicis à Cognac, I, 146; de Henri et de Marguerite de Navarre avec François d'Alençon à Coutras, V, 142.

Épagneuls. Voy. Chiens de chasse.

Épée portée sous le bras par les sergents, II, 151.

Épée bâtarde, épée large et courte, usitée chez les Suisses, VI, 236.

Épée de Charles VIII rendue à Louis XII par les Vénitiens, II; 361.

Épée argentée donnée à Brantôme par H. de Guise, X, 145.

Épées cassantes forgées pour un duel, VI, 296, 297; de provision dans les duels, VI, 359.

Épées (rodomontades sur des), VII, 46-48.

Épée. Voy. Espadon.

Épernay (siège d'), où Biron est tué, V, 148.

Épernon ou Espernon, seigneurie, VI, 100.

Épernon ou Espernon (Jean-Louis de Nogaret, duc d'), devient couronnel général par la cession de Strozzi, VI, 92; sa grande faveur; est appelé *Monsieur* à la cour; livres pour ou contre lui; anecdotes à ce sujet, 92, 93; s'empare de Sorges; sa vaine tentative sur Marseille, 94, 95; construit une citadelle devant Aix; est gravement blessé, 95-96; son esprit familier; haine qu'il inspire; entreprise contre lui à Angoulême, 97; ses démêlés avec Longueville au sujet de prisonniers qu'il avait faits près de Montreuil, 97-98; IV, 351, 352; blessé à Pierrefonds; et par un cerf; attentat contre lui à Brignolles, VI, 99, 100; ses richesses, ses gouvernements; ce que M. de Montpensier lui dit à propos du gouvernement de Normandie, 100-101; avantages qu'il tire de sa charge de couronnel général qu'il fait ériger en office de la couronne; il refuse à Henri IV de s'en démettre; son pouvoir absolu sur ses troupes; son éloge, 101-104; VI, 57, 201, 202; neveu du maréchal de Bellegarde, est envoyé inutilement auprès de lui pour le marquisat de Saluces, V, 203; est fait couronnel du Piémont, VI, 158; sa faveur; veut en vain devenir gouverneur de Calais, IV, 217; Henri III lui donne le marquis d'Elbeuf pour en tirer rançon, IV, 280; son altercation avec le curé Poncet, II, 328, note 1; V, 437; son voyage auprès de Henri de Navarre; bon accueil qu'il reçoit de la reine Marguerite, VIII, 65-67; comment il reçoit à la Bastide Matignon sous lequel il avait servi au siège de la Fère, V, 167-168; ses démêlés avec lui au sujet de Bourg-sur-Mer, dont il s'était emparé, et qu'Henri IV l'oblige à lui rendre, 168-171; son voyage en Provence; ce qu'Henri IV en dit à Matignon, V, 170, 171; ses démêlés avec le vicomte d'Aubeterre qui l'avait appelé en duel; à qui il enlève plusieurs places et que Brantôme réconcilie avec lui; secours qu'il amène à Henri IV, VI, 429-434; défié par Maumont, VI, 429; sa querelle avec Ornano, 462; sa faveur; honore son père et sa mère, V, 214, 215; son

Épernon (suite). amour pour la veuve de F. de Carnavalet qui refuse de l'épouser, IX, 648-649; avis qu'il donne à Brantôme, V, 206, 207; son opinion sur le nombre des mestres de camp, V, 366. — V, 187, 361, 363. Sa *Vie* par Girard, citée, VIII, 65, note 2;

Épernon (Marguerite de Foix, comtesse de Candale, duchesse d'), femme du précédent; sa mort courageuse, IX, 454. — VI, 202; VII, 385.

Éperons (journée des), I, 75, note, 79; II, 363, 420; VII, 281.

Éperons de François Ier prisonnier (anecdote sur les), VII, 32.

Éphèse (temple d'), III, 176.

Éphèse (histoire de la Matrone d'), racontée par J. Dorat et Beaujoyeux, à Brantôme et à du Guast, IX, 660-664.

Épicerie (commerce de l'), I, 57, note.

Épigramme sur la mort du maréchal de Brissac, IV, 391; sur Combaut, X, 405, note 5.

Épinay (Charles d'), évêque de Dol; son dîner chez du Guast avec Brantôme, Ronsard, etc.; son quatrain impromptu, IX, 113.

Épinay (Antoine d'), second mari de Jeanne de Scepeaux, V, 50, note 1.

Épinay. Voy. Duretal, Saint-Luc.

Épinay. Voy. Épinoi.

Épines (couronne d') de la Sainte-Chapelle. Voy. Couronne.

Épinoi (Iolande de Barbançon, femme de Hugues de Melun, prince d'), III, 265.

Épistre du seigneur de Brusquet aux magnifiques et honnorés seigneurs syndicz et conseil de Genève, VIII, *Appendice,* 208-209.

Épistres des princes, recueillies par Ruscelli, trad. par Belleforest, citées, I, 64; II, 233, note 2; *Appendice,* 435; III, 27, note 1; 272, note 1.

Épitaphes d'Anne de Bretagne, VII, 331; de Bonnivet par J. du Bellay, VI, 112; d'Antoine de Bourbon, IV, 367; du connétable de Bourbon, I, 254, 288, 370; de Brantôme, X, 122-123; de Bussy, VI, 191, 192; de Caraccioli, VIII, 201; de Coligny en vers grecs, IV, 308; de Louis de Condé, 349; d'Elisabeth reine d'Espagne, VIII, 21; de Froehlich, aux cordeliers de Paris, VI, 227; de Humbercourt, II, 407; de Ladislas, VIII, 200; de Langey, III, 214, 215; de Lautrec, à Naples, III, 33; d'Antonio Caraffa Malitia, VIII, 191-192; de Monluc, II, 225; de Pierre de Navarre, I, 160; de Pescaire, par Arioste, 199-200; de Philippe le Bon, V, 437; de Sigongnes, VI, 126, note 3; du maréchal Strozzi, II, 274; de Léon Strozzi par J. du Bellay, IV, 134-135; de Thony par Ronsard, III, 343; de Trivulce, II, 225; de Chiappino Vitelli, 187, note 3.

Épitaphe d'une courtisane dans l'église de N.-D. del Popolo, à Rome, IX, 342.

Épitaphe composée par une dame qui se tue après avoir tué son mari, IX, 656.

Épitaphes sur Marguerite d'Angoulême (recueil d'), VIII, 122.

Épitaphes composées par Fr. de Guise, VI, 172.

Épitre. Voy. Épistre.

Épouvante de la Frise, surnom de La Maurie, V, 364.

Époux. Voy. Mari, Mariage, Mariés.

Équitation. Voy. Chevaux.

Ériez. Voy. Riez.

Ermite ou Hermite (Tristan l'). Voy. Tristan.

Érostrate, III, 176.
Errasso, capitaine espagnol, II, 157.
Errea, capitaine espagnol, I, 330.
Errora, capitaine espagnol, I, 331.
Ervault. Voy. Hervault.
Esbarbatz, nom donné par Salvoyson à ses jeunes soldats, IV, 115.
Escaldasor (comtesse d'), son histoire avec Lescun, IX, 128-130.
Escalier du Palais de justice, à Paris, monté à cheval, par Nemours, IV, 161.
Escarling, Scarlino (Toscane), Léon Strozzi y est tué, IV, 121.
Escars (d'). Voy. Cars.
Eschallard. Voy. La Boulaye.
Eschapin, chausson en cuir, IV, 243.
Eschauffesoleil (Hippolyte Florimonde, marquise d'). Voy. Escaldasor.
Esclairon. Voy. Éclaron.
Esclave, ce que Brantôme entend dire à un Espagnol qui maltraitait un esclave, IV, 194.
Esclave. Voy. Chypriote.
Esclaves deviennent libres en mettant le pied en France, IV, 193-194.
Esclaves turcs et mores échappés des galères de Gênes, comment accueillis à la cour, IV, 194.
Esclaves chrétiens vendus à Constantinople, V, 67.
Esclaves châtrés par les Turcs, IX, 139.
Esclaves, en Espagne, marqués au visage, VI, 304, 305.
Escoffion, partie de la coiffure d'une femme, IV, 105 ; VIII, 174.
Escot. Voy. Arschot.
Escoubleau (Jean d'), seigneur de La Chapelle, I, 26, note 5.
Escoubleau. Voy. Sourdis.
Escovedo, secrétaire de don Juan ; Ant. Perez le fait assassiner, II, 130 et suiv.
Escri-Longueval (Claude de Bossut, seigneur d'), mari de Gabrielle de Gondi, X, 90, note 2.
Escuranis (d'), médecin de Marguerite d'Angoulême, VIII, 123.
Escurial (pierre de foudre gravée, à l'), IV, 143 ; ce qu'a coûté ce palais, II, 90. — III, 125.
Esguillettes. Voy. Aiguillettes.
Esmandreville. Voy. Mandreville.
Ésope, cité, I, 47 ; IX, 89.
Espadon, nom donné en Italie à la grande épée, II, 301.
Espagne (droit d'aînesse en), I, 86.
—(coutume singulière en), IX, 93.
Espagne (guerre avec l'), V, 73.
Espagne (Conseil d'), ses poursuites contre Ferdinand de Gonzague, VI, 41, 42.
Espagne (voyage de Brantôme en). Voy. l'article Brantôme, p. 61.
Espagne (ambassadeur français en). Voy. Saint-Sulpice.
Espagne (ambassadeur d') à Rome, sa conduite insolente I, 70 ; à Paris, veut faire assassiner La Noue, VII, 262.
Espagne (reine d'). Voy. Élisabeth de France.
Espagne (princesse d'). Voy. Jeanne.
Espagnol (combat singulier d'un), contre F. de Bourdeille, X, 50.
Espagnol. Voy. Andaloux, Théologal.
Espagnole (langue), répandue parmi les Français, IX, 251 ; observations sur la connaissance qu'en avait Brantôme, VII, 2, note.
Espagnole (vieille chanson), VII, 162-163.
Espagnole (armée), nombreux soldats français qui s'y trouvaient, VI, 211.

Espagnoles (troupes), en France; à la bataille de Dreux, IV, 248; pendant les guerres de religion, 335; VII, 107, 108; à Paris, comment traitées par Henri IV, 153, 154.

Espagnoles (sur les dames), IX, 191; anecdotes diverses sur elles, VII, 101, 160, 162 et suiv.; IX, 219, 228, 229, 273, 304, 591. (Voy. Courtisane); anecdotes de nouvelles mariées et de veuves, IX, 554, 561-562, 674, 675; ce qu'une dame espagnole dit à Brantôme sur les désirs amoureux, sur l'amour des veuves, des femmes mariées et des filles, IX, 328-329, 530 et suiv.

Espagnols. (*Discours - d'aucunes rodomontades et gentilles rencontres et parolles espagnoles*, VII, 1-17; *Serments et jurements espagnols*, 179-201.

Espagnols. Leur éloge; leurs exploits dans les Indes, en Italie, en Flandre, en Allemagne, en Afrique, VII, 9-15; leurs conquêtes et leurs cruautés en Amérique, I, 48, 49; savent garder leurs conquêtes, IV, 114; n'avouent jamais être vaincus, VII, 119; leur défaite à Asti et à Ponte-di-Stura, III, 369; IV, 114; VII, 204; battus sur mer par le baron de La Garde, IV, 144-145; leurs pertes dans diverses batailles, VII, 14-15; leur entreprise sur Blaye, X, 64; qui ils appellent *adventureros* et *soldados viejos*, V, 303, 316-319; leur insurrection contre M. de Chièvres, V, 73-74; jalousie entre eux et les Italiens, II, 4-5.

Espagnols estiment plus les gens de pied que les gens de cheval, IV, 209; leur infanterie et leurs arquebusiers, I, 335, 336, 337; VII, 11; haïssent les traîtres, I, 347, note; leur cupidité; leur amour de la bonne chère; leur avarice, VII, 59, 86; leur sobriété, anecdotes à ce sujet; leur luxe d'habillements, 135-138; leur orgueil; leur caractère vantard et rusé, III, 215; IV, 176, 179; VII, 15; leur respect pour les dames, IX, 525-526; subtils en reparties, 49, 50, 166; leur admiration pour la fête donnée à Bayonne par Catherine de Médicis, VII, 370.

Espagnols (couronnels chez les), V, 315, 319, 320.

Espagnols, application qu'ils font du titre de capitaine, VI, 166.

Espagnols (soldats), V, 318-320; VII, 204; leur éloge par le duc de Savoie, VII, 16-17; estimés par Ph. Strozzi, VI, 87; leur discipline, cause de leurs exploits, VII, 143, 145; comment traités quand ils deviennent vieux, V, 383, 384; comment ils font leurs séditions, VII, 145-147; leur révolte à la Goulette et en Sicile, sous Ferdinand de Gonzague qui les trompe; comment il les châtie, 147-153; leur révolte dans le Milanais, comment punie, 151; VI, 41, 42; leur révolte à Alost; comment ils se la font pardonner, VII, 151; ils vont joindre les Espagnols assiégés dans la citadelle d'Anvers, II, 184-186; leur révolte à Madrid et en Flandre, 89, 90; ce qu'ils disent à Charles-Quint au siège de Metz, VII, 15; surnom qu'ils lui donnent, 60, 61; assiégés dans Sienne; leur fanfaronnade, VII, 137-138; moquerie qu'ils échangent avec les Français, III, 162-163; ce qu'ils disaient de Marguerite de Valois, VIII, 27; surnommés *soldats de la pagnotte*, VII, 60; leurs chausses à la martingale,

II, 404; comment les femmes publiques étaient traitées par eux, VI, 133; soldat centenaire espagnol, V, 372.

Espagnols (soldats), de l'armée du duc d'Albe; leur vaillance et leur luxe, VII, 87-88.

Espagnols (soldats), forcent le comte d'Aremberg à combattre; châtiés par le duc d'Albe, II, 179.

Espagnols. 400 soldats espagnols de la garnison de la Goulette se font musulmans, VII, 16-17.

Espagnols au service de France (capitaines). Voy. Peralte, Romero.

Espagnols (anecdotes diverses sur des capitaines et des soldats), I, 32; VI, 425; VII, 18-31, 33 et suiv., 51, 88, 89, 99; ce que des capitaines et des soldats disent à Brantôme sur les défis de Charles-Quint et de François Ier, VI, 457-458; sur les soldats de leur nation, VII, 7, 8; sur Charles-Quint, 88; sur Philippe, II, 108.

Espagnols (dictons de soldats et de gentilshommes), II, 150; VI, 475.

Espagnols. Combat de deux Espagnols devant Scipion l'Africain, VI, 253; combat de treize Espagnols contre treize Français, IV, 176 et suiv.; VI, 310-311, 317; VII, 124-125.

Espagnols. Anecdotes diverses de moines, de prédicateur, de médecin et de juge espagnols, VII, 50, 51, 99, 100, 123, 187; de mendiants espagnols, VII, 54-58, 128, 188, 189.

Espagnols (amoureux), anecdotes, VII, 189-190.

Espagnols. Éloge de leurs livres, de leur pain et de leur vin, V, 296.

Espagnols, marquent les esclaves au visage, VI, 305; emploient des chiens à la poursuite des Indiens, X, 111.

Espagnols, comment traités par un prédicateur portugais, VII, 123; haine des Portugais contre eux, 124.

Espagnols, anecdotes sur leurs duels, VII, 127-128.

Espan ou Espaon (d'), lieutenant de roi en Champagne, attaque inutilement une troupe de huguenots, VII, 289-290.

Espanes, dit le jeune Bougouin, capitaine de chevau-légers, est blessé mortellement devant Poitiers, VI, 148-149.

Espanvilliers (Vienne), maison appartenant à Essé, III, 390.

Esparbez de Lussan (F. d'), maréchal de France sous le nom d'Aubeterre, mari d'Hippolyte Bouchard, X, 84, note 1.

Esparbez. Voy. Lussan.

Esparça (Auriquez ou Anriquez de), capitaine espagnol, I, 331.

Esparézat, son duel à Rome, VI, 322-323.

Esparre ou Espare. Voy. Lesparre.

Espaux (d'), huguenot, va à Malte et à Rome avec Brantôme, V, 407, 410.

Espejo de cavallerios, de P. Reynosa, cité, X, 66, note.

Espernon. Voy. Épernon.

Espiart, capitaine provençal, sa mort, V, 204.

Espic, Espy ou Espuy (Paul de Busserade, baron d'), grand maître de l'artillerie; notice sur lui, II, 422, 423; sa mort à Ferrare; son fils ou petit-fils, *Ibid.* — II, 296; V, 309.

Espic (*N.* baron d'), fils ou petit-fils du précédent, mestre de camp en Piémont, tué à l'assaut de Coni, II, 423; IV, 116. — IV, 73; V, 321.

Espinac (Pierre d'), fait arrêter le duc Charles de Nemours à Lyon, IV, 183, note 5.

Espinay. Voy. Épinay.
Espinoi. Voy. Épinoi.
Espinola. Voy. Spinola.
Espinosa (Léon), capitaine espagnol, VII, 139.
Espion vénitien au camp de Charles VIII, II, 314-316.
Espions, grand usage qu'en faisait Langey, III, 213-214. — IV, 106.
Esprit (ordre du Saint-), son institution par Henri III; description de sa croix; chiffres mis sur le grand ordre, V, 102; anecdotes sur cet ordre, sur les preuves de noblesse exigées, et sur la création des chevaliers, 102-107; son institution blâmée par Catherine de Médicis, 105; railleries sur certains chevaliers; chevalier fouetté par des pages, 106-108; comparaison de cet ordre avec l'ordre de Saint-Michel, 111-112; son avilissement, VI, 467.
Esprit familier d'Antoine de Lève, I, 175; de César Borgia, II, 218; de Langey, III, 213; de Salvoyson, de Coligny, IV, 97, 100; du cardinal de Lorraine, 277; de Matignon, V, 171; d'Espernon, VI, 97, 100.
Espruc (Juan d'), capitaine espagnol, I, 331.
Espuy, Espy. Voy. Espic.
Esquetot ou Ecquetot (Charlotte d'). Voy. Brissac (maréchale de).
Essarts (des), sa traduction d'*Amadis*, citée, VIII, 29.
Essé (André de Montalembert seigneur d'), notice sur lui, III, 383-395; son éloge; ce que François Ier disait de lui, 383; sa glorieuse défense de Landrecies, 384-385; gentilhomme de la chambre; réflexions à ce sujet, 385-386; lieutenant de M. de Montpensier, puis capitaine d'une compagnie en Écosse, 386. Élevé page par André de Vivonne, il est emmené par lui à l'expédition de Charles VIII en Italie; visite qu'il fait à la sénéchale de Poitou, 387-388; demande en mariage Mme de Dampierre; envoyé lieutenant général en Écosse, 388; ce qu'il disait aux seigneurs placés sous ses ordres; son affabilité, son serment habituel; son mot à l'approche des ennemis, 389; ses exploits en Écosse; ce qu'il dit à ce sujet; maladie qui le force à revenir en France; sa femme, 390, 400; le roi l'envoie défendre Thérouanne contre l'empereur; ses adieux à ses amis, 391; ce qu'il dit au roi en partant; il est tué sur la brèche; ce que de Grille raconte sur sa mort à Brantôme, 392-393; secourt le capitaine Ferrières, 393; son éloge; partie de jeu qu'il fait avec la reine d'Écosse, 394-395; compagnon de François Ier dans les courses à la bague, V, 85; son premier cheval de guerre lui est donné par F. de Bourdeille qui l'avait surnommé Landrecies; page du grand-père de Brantôme; son respect pour la femme de celui-ci, X, 51, 52; son expédition en Écosse; sa mort, III, 249, 350. — IV, 1.
Essé (Catherine d'Illiers des Adrets, femme d'André de Montalembert, seigneur d'), III, 390, 400.
Essé (N. de Montalembert d'), fils unique des précédents, tué à la défaite des Provençaux, III, 401; V, 427.
Essorillement (peine de l'), anecdotes, VII, 88-89.
Estampes. Voy. Etampes.
Estang (Mlles d'), VII, 394.
Estauges. Voy. Estoges.
Este (maison d'), son attachement à la France, III, 40, 41, 44,

45 ; regrets de Brantôme sur son extinction, 45, 46 ; son ancienneté, I, 182 ; II, 428.

Este (Louis d'), cardinal, archevêque d'Auch, protecteur des affaires de France à Rome, III, 41 ; affection pour lui des rois Charles IX et Henri III ses neveux, 43 ; sa magnificence et sa bonté, 43 ; sa générosité au jeu avec le cardinal Ferdinand de Médicis; ce qu'il dit au sujet d'un vol d'argenterie commis chez lui par des chevaliers de Malte, 43 ; et à son pourvoyeur au sujet d'une lamproie, 44 ; sa réponse à une menace du pape, 45.— I, 143 ; II, 368.

Este (César d'), duc de Modène et de Reggio, cède Ferrare au pape, III, 46.

Este (Francisque d'), lieutenant de Henri II en Toscane, frère du cardinal de Ferrare ; duel aux flambeaux auquel il préside, VI, 396. — IV, 63.

Este (Genefve d'), empoisonnée par son mari Sigismond Malatesta, II, 205-206.

Este (Léonore d'), fille d'Alfonse II d'Este et de Renée de France ; d'où lui vint son nom, VIII, 109.— II, 368.

Este. Voy. Ferrare, Mantoue, Urbin.

Este. (Jean d'), emmène Ph. Strozzi en Piémont ; sa trahison et sa mort, VI, 84.

Estelan (Charlotte d'). Voy. Brissac (maréchale de).

Esternay (Jean Regnier, sieur d'), capitaine huguenot, IV, 357 ; donné en ôtage lors de la capitulation de Saint-Dizier, III, 239.

Estienne (Robert), III, 93, note 3, 287.

Estienne (Henri), ses *Deux Dialogues du nouveau langage françois italianizé*, cités, X, 158 et suiv. ; 185, 186, 187, 191, 202, 203, 204, 205, 208, 210, 221, 236, 237, 248, 251, 257, 259, 261, 266, 271, 301, 323, 324, 331, 332, 368, 376, 379, 384, 386, 387.

Estissac. Voy. Madaillan.

Estissac (N. d'), lieutenant du château de Blaye, III, 411.

Estissac (Louis, baron d'), mari d'Anne de Daillon du Lude, X, 93, 101, 102, note 1.

Estissac (Louis de Madaillan, seigneur de Lesparre, baron d'), premier mari de Louise de La Béraudière, dlle de Rouet, X, 96, note 1, 405, note 5.

Estissac (Charles d'), tué en duel, VI, 315.

Estissac (Jeanne d'), femme de François de Vendôme, vidame de Chartres, VI, 123 ; X, 102, note 1.

Estissac (Suzanne d'), femme, 1° de Jacques, seigneur de Balaguier et de Montsalez; 2° d'Antoine de Lévis, comte de Quélus, X, 101, 102, note 1.

Estissac (Charlotte d'), femme du comte de Lauzun, X, 92.

Estoges ou Estauges (N. d'Anglure, seigneur d'), son éloge ; tué à Trélon, VI, 20, 21. — I, 27 et suiv. ; III, 389 ; IV, 73.

Eston (Adam), évêque de Londres, cardinal, emprisonné par Urbain VI, II, 199, note 4.

Estourneau (d'), voisin et ami de Brantôme, maître d'hôtel de Henri IV, va chercher à l'étranger des ministres pour le colloque de Poissy, IV, 364 ; X, 418, note 2.

Estouteville ou de Touteville (Jacques d'), prévôt de Paris, II, 300.

Estouteville (François de Bourbon, duc d'), fils du comte de Saint-Pol, erreur de Brantôme à son sujet, III, 205, note.

Estouteville (Marie de Bourbon

Estouteville (suite). duchesse d'). Voy. Bourbon.
Estouteville. Voy. Villebon.
Estradiots, cavalerie légère des Vénitiens, à Fornoue, II, 410.
Estrange (l'). Voy. Lestrange.
Estrac. Voy. Astarac.
Estrées (Jean d'), seigneur de Valieu et de Cœuvres, grand maître de l'artillerie, notice sur lui, III, 77-81; sa vaillance et son habileté; a donné le premier les belles fontes d'artillerie; loué par M. de Guise au sujet du siège d'Yvoi; dressait ses canonniers; ses commissaires, 79; bien que huguenot sert le roi au siège de Rouen (1562); nourri page de la reine Anne avec le père de Brantôme, F. de Bourdeille, dont il raconte les tours à Brantôme, 79; X, 33; son fils, III, 80, 81; ce que F. de Guise, dit de lui, VI, 26.
Estrées (Antoine d'), marquis de Cœuvres, grand maître de l'artillerie, fils du précédent, III, 79, 81; sa femme Françoise Babou, VII, 388.
Estrées (Diane d'), seconde femme de Balagny, VII, 395; IX, 460, note, 461.
Estrées (Gabrielle d'), VII, 395; IX, 461; X, 115.
Estres (Françoise de Volvire de Ruffec, dame des), femme de François de Sainte-Aulaire; leurs enfants, X, 98.
Estres (Gabriel de Sainte-Aulaire, seigneur des), X, 98.
Estrozze. Voy. Strozzi.
Estrozzians, partisans des Strozzi. Voy. Strozzi.
Estuer (Jean d'), seigneur de Lisleau, X, 60, note 2.
Estuer (Marguerite d'), femme d'Eustache de Montberon, X, 60, note 2.
Estuer Voy. Saint-Mégrin.
Étampes (duché d'), donné au prince Casimir, I, 324,

Étampes (Jean de Brosses, dit de Bretagne, duc d'), oncle de Martigues, VI, 36; colonel des Suisses au camp de Perpignan, 228; marié par François Ier à sa maîtresse Anne de Pisseleu, III, 244; choisi par La Chastaigneraie pour l'un de ses confidents dans son duel avec Jarnac, VI, 276.
Étampes (Anne de Pisseleu, dite Mlle d'Heilly, duchesse d'), maîtresse de François Ier, mariée par lui à Jean de Brosses, III, 244; protège son beau-frère Jarnac, VI, 270; fait redemander par François Ier les joyaux qu'il avait donnés à Mme de Châteaubriand; ce qu'il en advient, IX, 512-513; son mot sur le veuvage, 676.— II, 270; V, 386.
Étampes (Jacques d'), son fou Colin, IX, 464-465.
États (assemblée des), à Bruxelles, pour l'abdication de Charles-Quint, I, 58; IX, 618.
États généraux à Blois (premiers), demandés par les huguenots; tourment contre eux, VII, 361. —VI, 151, 384; VIII, 35; IX, 450. — (seconds), VI, 150.
États généraux à Orléans, VI, 151; VII, 351, 352.
États. Voy. Notables.
Été (de l'amour en), IX, 219-221; — (dicton sur l'), IX, 220.
Étendard des chrétiens à la bataille de Lépante, II, 120.
Étienne (ordre de Saint-), institué par Cosme de Médicis, II, 18.
Étiquette, anecdotes à ce sujet, III, 301-303; IX, 480, 485.
Étoges, Étauges. Voy. Estoges.
Étoile (ordre de l'), institué par Jean II, V, 95.
Étrennes données par Marguerite de Valois et par la reine Louise, VIII, 76.
Étuves. Voy. Bains.
Eu (comte d'). Voy. Nevers.

Eu (comtesse d'). Voy. Clèves (Catherine de).
Eudon, duc d'Aquitaine, son histoire, V, 260, 261.
Eugène IV, pape, II, 348.
Eunoé, femme de Bogud roi de Mauritanie, IX, 294-295.
Eunuques (des), IX, 139; chassés par Alexandre Sévère, IX, 134.
Euripide, cité, IX, 72, note.
Eusèbe de Césarée, cité, VII, 440; IX, 138, note 2.
Eutrapel (Contes d'), par Noël du Fail, seigneur de La Hérissaye, cités, X, 161.
Évadné, femme de Capanée; sa mort, IX, 72.
Évangile, expliqué à François II par le cardinal de Lorraine et à Charles IX par Amyot, V, 284.
Évangile (bastion de l'), à La Rochelle, V, 324; VI, 206.
Éventail donné par Marguerite de Valois à la reine Louise, VIII, 76.
Éventail avec miroir donné à la reine Éléonore, IX, 316.
Évêque de France allant au concile de Trente sans argent et sans latin, VII, 73; IX, 636.
Évêque, ambassadeur en Turquie, VI, 340.
Évêques. Abus dans leurs élections, III, 106 et suiv.; leurs mœurs corrompues, *ibid.*, 130 et suiv.; ignorance de quelques-uns, VII, 73.
Évêques soupçonnés d'être de la Réforme, IV, 46.
Évreux (évêque d'). Voy. Héberge.
Évreux. Voy. Blanche, Saint-Sauveur.
Excommunication de Charles VIII par Alexandre VI, II, 287; de Jean d'Albret, I, 129.
Exorcismes à Rome, II, 224, note 1; VII, 197-198.
Extravagantes, ce que c'est, V, 347.
Extrême-onction, VII, 188.

Ex-voto de Françoise de Daillon à Saint-Jean-des-Mauvrets, IX, 18; à N.-D. de Lorette au sujet d'un soldat gascon, VI, 209, 210.

F. F. F, signification de ces trois F, IX, 241.
Fabas. Voy. Favas.
Fabius Maximus, I, 15; IV, 6.
Fables d'Ésope, citées, I, 47; IX, 89.
Fable du berger, du cerf et des chasseurs, IV, 254, 431; des cerfs conduits par un lion, 72; du chien du jardinier, IX, 142; du coq et du renard, 89; de la femme au pot au lait, V, 121; du loup et du chien de Meraudet, X, 120; du renard et du lion malade, V, 162.
Fables de l'antiquité, leur influence corruptrice sur les jeunes filles, IX, 571-572.
Facéties et mots subtils (les), cités, VIII, 104, note 2.
Faenza. Voy. Astor.
Faïences, dites de Henri II, III, 274, note 1.
Fail (Noël du), seigneur de La Hérissaye, ses *Contes d'Eutrapel*, cités, X, 161; ses *Ruses de Ragot*, citées, II, 267, note 1.
Faix. Voy. Fez.
Falaise, pris par les troupes royales, VI, 149.
Falugi (C.), son poëme sur la mort de Jannin de Médicis, II, 7, note 3.
Famagouste, prise par les Turcs, II, 65; V, 385.
Fandilles ou Fendilles, son combat en champ clos contre d'Aguerre, VI, 115, 235-240; pièce à ce sujet, 502, 503; sa mort à l'assaut de Coni, 239.
Fano (Bartolomeo de), II, 3.
Fantassin, pourquoi le soldat est ainsi nommé, V, 367.

Faon, Voy. Phaon.
Farce. Voy. Basoche, La Farce.
Farces jouées à l'hôtel de Bourgogne, IV, 10.
Fard d'Espagne, IX, 660.
Farfa (abbé de). Voy. Orsini (Napoleone).
Farfadet, V, 171.
Fargis (Philippe d'Angennes, seigneur du), dit le jeune Rambouillet, sa querelle avec de Rosne, VI, 326; VII, 390, note 3; sa femme Jeanne de Halluin, *ibid*.
Fargy. Voy. Fargis.
Farnèse (le cardinal Alexandre), petit-fils de Paul III, envoyé près de François Ier et de Charles-Quint, II, 349-350; III, 132.
Farnèse (Fabio), chevalier de Malte, raconte son histoire à Brantôme, à Malte, VI, 288.
Farnèse (Victoria), femme de Gui Ubaldo de la Rovère, duc d'Urbin, II, 24.
Farnèse. Voy. Castro, Parme.
Fargue. Voy. La Mothe-Pujols.
Farouzat, carouzat, mots de bateleur, V, 171.
Fatalité attachée à certaines villes, IV, 68, 69.
Fatio de Pise, sa bravoure au siège de Düren, II, 6.
Fatum (monsieur le), I, 85, note.
Faucheuse (Mlle de). Voy. Fosseuse.
Fauconnerie de l'amiral Brion, III, 154.
Faucons de Tunis, III, 347.
Faucula. Voy. Cluvia.
Faure (Jean ou Jourdain), dit Versois, grand aumônier du duc de Guyenne et abbé de Saint-Jean d'Angély, sa mort, II, 331. — III, 107.
Faussaire, pendu, III, 310. Voy. Faux, Saint-Martin.
Fausta. Voy. Livia.
Faustine, femme de Marc-Aurèle; ses débauches; comment on cherche à la guérir de son amour pour un gladiateur, IX, 117, 118.
Faustine, courtisane de Rome; son aventure avec Brantôme, IV, 146.
Faustus. Voy. Andrelinus.
Fauvelet du Toc, son *Histoire des secrétaires d'État*, III, 337, note 2.
Faux fabriqués par Mornat, III, 310.
Faux titres de noblesse, V, 102-103.
Faux visages, masques, V, 307.
Favas ou Fabas, capitaine, tué à Metz, V, 321.
Favas (Jean de), capitaine protestant, se distingue à la bataille de Coutras, VI, 37, 196.
Favoris de cour et des rois (des), I, 230, 231; III, 3, 155, 156, 340; V, 205. Cf. Mignons.
Favoris de Charles VIII, II, 422; de François Ier, III, 153-155; vers sur eux, 117.
Favyn, son *Histoire de Navarre*, citée, I, 226, note 6.
Fay (Jacques du), écuyer de Tournaisis, pris à la bataille de Nicopolis, V, 386.
Fay (le bâtard du), guidon de Pierrepont à la bataille de Ravenne, III, 71; se distingue au combat de la Bastide, II, 409.
Fay (du). Voy. Saint-Jean.
Fayolles (combat dans la forêt de), V, 428.
Fecisti (frère), VIII, 209. Voy. *Comédie facétieuse*.
Fédéric. Voy. Frédéric.
Félix V. Voy. Amé.
Félix (le comte), défait par Claude de Guise, III, 230.
Felsinus, Gaulois, fondateur de Florence, VII, 334, 335.
Femmes vertueuses, leur éloge, IX, 210.
Femmes chastes, leur orgueil et leurs défauts, IV, 172-174.
Femmes orgueilleuses et glorieu-

ses. Réflexions et anecdotes sur elles, IX, 583 et suiv.

Femmes. Leur coquetterie et leur finesse, X, 81, 126 et suiv.; 725; comparées au singe et à certaines espèces de bois, IX, 33, 577-578.

Femmes dévotes (des), IX, 502, 583.

Femmes hypocrites, IX, 212.

Femmes de la cour de France, leur mauvaise réputation, IX, 181 et suiv.; liberté de leur langage, 245, 249 et suiv.

Femmes. Bons contes qu'elles se disent entre elles, IX, 524.

Femmes, chapitre non achevé de Brantôme sur leurs ruses, IX, 142; mot d'Anne de Beaujeu sur elles, VIII, 105; vers de Jean de Meüng et de Brantôme, et chanson sur elles, IX, 133, 209, 230; vers italiens contre la chasteté qui leur est imposée, 192; distique latin sur le gouvernement des États par elles, VIII, 154, note.

Femmes (sur les grandes et les petites), IX, 31-33.

Femmes (défauts corporels de certaines), anecdotes à ce sujet, IX, 258-279.

Femmes se mêlant des affaires d'État, peu aimées des rois; anecdote à ce sujet, IX, 449-450.

Femmes enclines à la vengeance, IX, 496.

Femmes excitant leurs enfants à la vengeance, IX, 442, 444-445.

Femmes mariées, les veuves et les filles (Discours sur les), IX, 530-727.

Femme mariée (dicton espagnol sur la première pensée d'une), IX, 563.

Femmes habiles ont toujours un héritier, suivant les Espagnols, IX, 645.

Femmes mariées (propos divers de), sur leurs maris, IX, 540 et suiv.

Femmes, quand se disent-elles bien traitées par leurs maris, IV, 80-81.

Femmes mariées, débauchées avec leurs maris, IV, 41-43.

Femmes mariées à des hommes laids, VII, 169.

Femmes pensant à se remarier du vivant de leurs maris, IX, 654-655.

Femmes livrées par leurs maris en échange de l'ordre de Saint-Michel, V, 92.

Femmes adultères, comment punies, IX, 20 et suiv.; 36 et suiv.; épargnées par leurs maris, 25 et suiv., 34, 35.

Femmes, empoisonnées ou tuées par leurs maris, IX, 20 et suiv.; 125-126, 508, 509.

Femmes. Peuvent-elles prévenir leurs maris qui veulent les faire périr? IX, 75-76.

Femmes battues ou fouettées par leurs maris, IV, 80; IX, 21, 114, 674; dicton à ce sujet, 545.

Femmes (réflexions et anecdotes sur les amours des), IX, 78-88.

Femme, pour être bien aimée doit bien parler, IX, 248.

Femmes amoureuses (dicton espagnol sur le renard et les), IX, 714.

Femmes se faisant lever, chausser et coucher par des hommes, IX, 308, 309.

Femmes ayant pour amants leurs secrétaires et leurs valets, IX, 573, 574, 703-704, 714.

Femme se trahissant en dormant, IX, 466.

Femmes qui prennent des amants laids, IX, 150 et suiv.

Femmes employées par leurs amants à découvrir les secrets de leurs maris, IX, 28.

Femme portant les couleurs de son amant, IX, 80.

Femmes dissimulant leur douleur de la mort de leurs amants, IX, 122-123.

Femmes gagnant leurs procès; comment, IX, 184 et suiv.
Femmes éprouvant leurs amants, IX, 388-393.
Femmes, doivent être libérales envers leurs amants, IX, 143.
Femmes. Humeur singulière de certaines femmes dans leurs amours, IX, 56 et suiv.
Femmes. Scrupules de quelques femmes avec leurs amants, IX, 168-170.
Femmes qui se repentent, IX, 130 et suiv.
Femmes laides (sur les amours des), IX, 170 et suiv.
Femmes qui ont conservé leur beauté dans la vieillesse, IX, 356 et suiv.
Femmes (de l'amour des) entre elles, IX, 193-208.
Femmes qui ont plusieurs enfants (nom donné par les Italiens aux), IX, 363.
Femmes (vieilles), leurs amours, IX, 175, 328-375.
Femmes, ne doivent pas être mises à rançon, IV, 132-134.
Femme violée par deux légions, IX, 39.
Femmes violées (anecdotes sur des), IX, 39-40.
Femmes (sur la violence faite aux), pendant la guerre, IX, 294.
Femmes huguenotes, comment traitées par Montpensier, V, 10.
Femmes devenues veuves ou violées à la Saint-Barthélemy; anecdotes, IX, 665 et suiv.
Femmes. On regardait comme malséant pour elles de savoir les lettres et les arts libéraux, VII, 405.
Femme fréquentant l'Académie; anecdote, IX, 709.
Femmes guerrières, IX, 411-412.
Femmes d'Argos repoussant une attaque des Lacédémoniens, IX, 303, note.
Femmes. Héroïsme des femmes pendant les sièges de Sienne, de Pavie, de la Rochelle, de Rhodes, de Saint-Riquier, de Péronne, de Sancerre, de Vitré, de Carthage, IX, 412-423.
Femmes suivant leurs maris à la croisade; abus qui en résultaient, IX, 433-434.
Femmes, circoncises en Perse, IX, 269.
Femmes cadenassées, IX, 133.
Femmes (vieilles), servant à la garde des jeunes en Espagne; anecdotes à ce sujet, IX, 140 et suiv.
Femme. Plainte singulière d'une femme de Saragosse à Alfonse d'Avignon, IX, 556-557.
Femmes, consultées par les Germains dans leurs affaires, VIII, 55.
Femme à Rome ayant eu vingt-deux maris (histoire d'une), IX, 685-686.
Femme rompant l'abstinence; comment punie, IX, 582-583.
Femmes. Leurs chaussures, IX, 311, 312, 324.
Femme au pot au lait (fable de la), V, 121.
Femmes de mauvaise vie dans l'armée française; Strozzi en fait noyer huit cents aux Ponts-de-Cé, VI, 132; comment traitées dans l'armée espagnole, 133.
Femmes peintes, mises aux cheminées des hôtelleries et des cabarets, IX, 313.
Femmes de chambre. Voy. Chambre.
Femmes. Voy. Dames.
Fendilles. Voy. Fandilles.
Fenestre (cheveux longs et grands en), VII, 34.
Féquières. Voy. Feuquières.
Ferdinand Ier, empereur d'Allemagne, notice sur lui, I, 81-89. Les protestants le prennent pour arbitre; Paul IV veut s'opposer à son élection, 81;

ambassade que lui envoient Henri II et François II, 82, 84. Malheureux en guerre par ses lieutenants, 85; sa conduite avec Charles-Quint, 86 et suiv.; son caractère, 87; comment il portait ses cheveux, 88; sa cavalerie à la bataille de Pavie, III, 142; fait assassiner le cardinal Georges Martinosius, I, 333; cadeaux qu'il fait à Vieilleville, ambassadeur de France, V, 54, 55; anecdote sur la longueur de ses cheveux, VII, 34. — I, 322; IX, 614.

Ferdinand V, roi d'Aragon, notice sur lui, I, 116-129; ses trahisons envers Charles VIII, Frédéric III, roi de Naples, et Louis XII, 117, 118; son avarice, 124; ses guerres contre les Maures, 124-125; sa femme Isabelle, *ibid.*; son avènement au trône, durée de son règne, 125; perd Juan son fils unique et sa fille Jeanne; épouse Germaine de Foix, 126; son entrevue à Savone avec Louis XII, son parallèle avec lui, 125, 127; sa mort, 128; appelé *Jean Gipon* par les Français, 128; s'empare du royaume de Navarre, 129; sa conduite envers Gonsalve de Cordoue, 132, 133, 135, 136; ce qu'il dit à Louis d'Ars et à Bayard, 135; envoie Pierre de Navarre en Barbarie, 156; refuse de payer sa rançon, 157; II, 228; fait arrêter César Borgia, malgré un sauf-conduit, II, 215-217; sa mauvaise foi, 362; fait mettre par écrit les noms des soldats qui avaient combattu à Vicence, VII, 40; ce qu'il dit un jour à un hidalgo, VII, 34; comment il portait ses cheveux, *ibid.;* 88, note 1. — I, 50, 87; II, 83; V, 316, 317; VII, 32; VIII, 9.

Ferdinand II, roi de Naples, chassé par Charles VIII, II, 288; son mariage avec sa tante Jeanne, IX, 89.

Fère (de), V, 46.

Feria (comte ou duc de), danger qu'il court en Flandre, VI, 382, 383; IX, 525.

Feria (Gomez Suarez de Figueroa, duc de), II, 138.

Feria (L. Balth. de Figueroa de Cordova, duc de), ambassadeur de Philippe II à Paris, pendant la Ligue, III, 104.

Fermontier. Voy. Foresmontiers.

Fernand (Don). Voy. Gonzague (Ferdinand de).

Fernel (J.), premier médecin de Henri II, III, 295; VI, 21.

Fernèze. Voy. Farnèse.

Ferramonte, l'un des personnages du *Filocolo* de Boccace, IX, 533.

Ferraraise (princesse), Anne d'Este fille d'Hercule II, duc de Ferrare et de Renée de France. Voy. Guise (Mme de).

Ferraraises (dicton sur les dames), IX, 361.

Ferrare, convoitée par Jules II, I, 140; II, 427; cédée au pape par le duc de Modène, III, 46; tombeau de Montoison, II, 409; combat dans cette ville d'Azevedo et de Sainte-Croix, VI, 254-261; Brantôme y voit Cornelio Bentivoglio, I, 298.

Ferrare (ambassadeur de), V, 246.

Ferrare (Alphonse I d'Este, duc de), notice sur lui, III, 40-46; fait soigner Lautrec blessé, 39; services que rend son artillerie à la bataille de Ravenne, 40; son rôle dans le combat d'Azevedo et de Sainte-Croix, VI, 256, 257, 259. Voyez la suite à l'article Alphonse Ier.

Ferrare (Alphonse II d'Este, duc de), douceur de son gouvernement, III, 41; son éloge; sert fidèlement Henri II et l'empe-

Ferrare (suite)
reur Maximilien II son beau-frère; accueille Henri III revenant de Pologne, 42; son attachement à la France, VI, 175; ce qu'il dit à Brantôme sur les reitres et les Turcs, IV, 204. — VIII, 109.— Voy. la suite à l'article Alphonse II.

Ferrare (Hercule II d'Este, duc de), mari de Renée de France, I, 182; III, 41; VIII, 108, 109.

Ferrare (Nicolas III d'Este, seigneur de), sa fille est empoisonnée par Sigismond Malatesta, II, 205-206.

Ferrare (Barbe d'Autriche, femme d'Alphonse II, duc de). Voy. Barbe.

Ferrare (Lucrèce Borgia, seconde femme d'Alphonse Iᵉʳ, duc de), son éloge; amour qu'elle inspire au duc de Nemours; assiste au combat d'Azevedo et de Sainte-Croix, VI, 254-261; VIII, 109. — II, 409; III, 40, 41.

Ferrare (Renée de France, femme d'Hercule II, duc de), fille de Louis XII, notice sur elle, VIII, 108-114; sa bonté; son savoir dans les sciences et en astrologie; promise à Charles-Quint; est mariée au duc Hercule II de Ferrare; soupçonnée de luthéranisme; son ressentiment contre les papes, 108; était contrefaite; ses enfants, 109; comment élève ses filles; aimée de ses sujets; sa charité envers les Français et les soldats du duc de Guise, 110-111; donne asile à Montargis à de nombreux protestants, 112-113; ses plaintes au duc de Guise sur l'arrestation du prince de Condé, 113-144; projet de mariage entre elle et Charles-Quint, I, 250; filleule de J.-J. Trivulce, II, 226; ses enfants, 368; sa dot, IV, 273; sa gouvernante,
VII, 193; son amitié pour la mère de Brantôme, IX, 339.

Ferrare (Hippolyte d'Este, dit le cardinal de), tragicomédie qu'il fait jouer à Lyon pour l'entrée de Henri II, III, 256-257; légat du pape en France, accorde dispense du maigre aux soldats devant Orléans, I, 172-173; sa dispute avec J. Caraccioli, évêque de Troyes, II, 239; l'un des créateurs de Pie IV, VII, 338; son mot à Arioste, V, 77, note 2; assiste à un duel aux flambeaux, VI, 396; fête à laquelle il assiste à Sienne, IX, 322, 413-414. — II, 278; III, 41, 132; IV, 2.

Ferretti ou Ferretto (Jul.), son traité sur le duel, VI, 249, note 2.

Ferrier (Arnaud du), président aux enquêtes, ambassadeur au concile de Trente et à Venise; allait faire des leçons publiques à Padoue, III, 102.

Ferrières (maison de), enrichie par un abbé de Saint-Jean d'Angély, III, 107.

Ferrières (Jean de), seigneur de Sauvebœuf, gentilhomme de Périgord, tué devant Valenciennes, V, 213; VI, 169.

Ferrières (le capitaine), du Périgord, tué à Thérouanne, III, 393.

Ferrières (Jean de), seigneur de Maligny, vidame de Chartres, livre le Havre aux Anglais, VI, 54.

Ferrières (Edme de), dit le jeune Maligny, se sauve en Suisse après la conspiration d'Amboise; sa mort, IV, 340.

Ferrières (Catherine de), femme de François de Pons, gouvernante de Renée de France, VII, 192-193.

Ferron (Jacques), maître d'armes de Brantôme; assiste au duel de Vitteaux et de Milhau qu'il

lui raconte; sa mort à Sainte-Bazeille, VI, 328-329.
Ferron. Voy. Le Ferron.
Ferrucci (François), capitaine florentin, sa mort, I, 243.
Fervaques (Guillaume de Hautemer, sieur de), comte de Grancey, maréchal de France, IV, 347; second de Bussy dans sa querelle avec Oraison, VI, 427-428.
Festin donné par F. de Vendôme à Édouard VI et à sa cour, VI, 115, 116; aux Polonais par Catherine de Médicis, VIII, 33-34.
Festin. Voy. Banquet, Repas.
Fête en Égypte, en l'honneur d'Apis, IX, 298.
Fêtes de Cérès, IX, 688.
Fêtes à la cour de France, V, 276-278; VII, 369-373, 397-398; IX, 616; à Lyon pour l'entrée de Henri II et de Catherine de Médicis, III, 250 et suiv.
Fêtes données à Philippe II par la reine de Hongrie, à Bins, II, 91; III, 265; VII, 52; IX, 314 et suiv., 615-618.
Fêtes. Voy. Festins, Noces.
Fête-Dieu à Malte (procession de la), V, 234.
Fête Saint-Antoine. Voy. Saint-Antoine.
Fétis, son erreur sur Baltazarini, IX, 663, note 1.
Feu apparaissant à Charles IX à la chasse, V, 272, 273.
Feu, lieutenant de la Tour Blanche, ce qu'il raconte à Brantôme sur La Souche, X, 56-57.
Feuillet (seigneur de). Voy. Caumont (Jean de).
Feuquières (Jean de Pas, seigneur de), mission dont il est chargé près de la femme de Coligny, IV, 214.
Fez (roi de), ambassadeur que lui envoie Antoine de Navarre, IV, 362. — V, 69.

Fiametta, ouvrage de Boccace, traduit par Nourry et par Chappuis, VIII, 153, note 2, 170, 171.
Fiancée du roi de Garbe (la), nouvelle, citée, IX, 86, note.
Fiasco. Voy. Fiesque.
Fieramosca (César), II, 2.
Fiesque (Scipion de), comte de Lavagne; son éloge; ses honneurs, IV, 158; marié à Alphonsine Strozzi, II, 277; VI, 89; VII, 385.
Fiesque (Cornelio de), vaillant capitaine de galères, IV, 158; sa comédie italienne, IX, 407.
Fièvre (plaisante amulette contre la), V, 192.
Figarot. Voy. Figuarol.
Fignères, faute d'impression; lisez: *Lignères*. Voy. ce nom.
Figuarol (Lopez de), gouverneur espagnol de Casal, est fait prisonnier, IV, 107, 109-110.
Figueroa. Voy. Feria.
Filènes. Voy. Philenis.
Filet blanc (chaussure de), usitée à Florence, IX, 311.
Fille de neuf ans devenue grosse, IX, 578.
Filles de Chypre (coutumes des), IX, 697.
Filles à Sparte, mariées sans dot, IX, 698.
Filles (impôt à Chio sur les veuves et les), IX, 695-696.
Filles, usage de les couronner de fleurs après leur mort, IX, 654.
Filles (Discours sur les femmes mariées, les veuves et les), IX, 530-727.
Filles (sur les amours des), IX, 551 et suiv.
Filles, sont plus constantes en amour que les femmes; pourquoi, IX, 575 et suiv.
Filles qui aiment à folâtrer et à chasser, IX, 584-586.
Filles corrompues par leurs précepteurs et leurs lectures, IX, 571-573.
Filles. Amour des filles pour des

Filles (suite).
joueurs d'instruments, des peintres, des comédiens, etc., IX, 574-578.
Filles. Anecdotes sur les amours des filles avec leurs valets, IX, 563-566.
Filles (dicton espagnol sur la garde des vignes et des), IX, 581.
Filles qui parlent latin (dicton espagnol sur les), IX, 572.
Filles (causes du célibat de certaines), IX, 722.
Filles de la cour de France (énumération des), VII, 392 et suiv.
Filles de la cour, avaient chacune un valet, IX, 461.
Filles de la cour qui n'ont jamais voulu se marier, IX, 718-720.
Fille de la cour jouant dans une comédie de son invention, IX, 554.
Filles de la cour. Voy. Virginité.
Filles de chambre. Voy. Chambre, Servante.
Filleuls, tiennent de l'humeur de leurs parrains, I, 87, note.
Filocopo (Il), de Boccace, cité, IX, 532 et suiv.
Filou pendu à Paris, sa mort plaisante, IX, 463-464.
Filous. Charles IX en fait venir une bande à une réunion de la cour; envoyés à l'armée, V, 278-280. Cf. Enfants de la Matte.
Fils (un) peut appeler son père en duel, VI, 374.
Fils ne valent jamais leurs pères, II, 417; qui ne vengent pas la mort de leurs parents, V, 244 et suiv.; examinant le cadavre de leur mère, IX, 352-353.
Finances, leur état prospère à la mort de François Ier, III, 240; leur détresse à la mort de Henri II, IV, 223-224.
Financiers (vols des), IV, 333-334.
Fiorenzolle. Voy. Firenzuola.
Firenzuola (Agnolo), son *Dialogo*

delle bellezze delle donne, trad. par Pallet, cité, IX, 205.
Fises ou Fizes. Voy. Sauves.
Flamands, leur dicton sur les Français, VI, 120.
Flambeaux (danse aux), VIII, 74; — (duel aux), VI, 396.
Flamin (Mme), de la maison écossaise de Leviston, maîtresse de Henri II; devient mère de Henri d'Angoulême; ce qu'elle disait à ce sujet, VI, 349, note 1; VII, 393; IX, 490-491; X, 473.
Flaminio, frère de la femme de Peretti, est assassiné à Padoue, IX, 14, note 1.
Flandre, Charles-Quint offre de la céder au duc d'Orléans, III, 169-170; soumise par les Espagnols, VII, 11; sa révolte contre Philippe II; ce qu'Emmanuel-Philibert en dit à Brantôme, II, 84 et suiv., 153.
Flandre (entreprises et projets des Français sur la), II, 76-77; IV, 298.
Flandre (tapisseries de), III, 119. — (peintures de), IX, 313. — (natte de), V, 333.
Flandre (comte de). Voy. Robert III.
Flandre (comtesse de). Voy. Marguerite.
Flaugeat, huguenot, V, 150.
Flavia Sulpitiana, femme de Pertinax; ses amours avec un chanteur, IX, 34.
Flavy (N. de), capitaine de Compiègne, trahit Jeanne d'Arc; est assassiné par sa femme, IX, 76.
Flays. Voy. Flers.
Fleix (Vienne), maison du marquis de Trans; la paix y est signée entre Henri III et Henri de Navarre, V, 143.
Flers (Henri de Pellevé, baron de), cousin du cardinal de Pellevé; son éloge; sa querelle avec Matignon, V, 165.

Fleurance. Voy. Florence.
Fleuranges, Floranges. Voy. La Mark.
Fleurs (couronne de), mise aux jeunes filles mortes, IX, 654.
Flocquet, capitaine, commandant l'infanterie sous Louis XI, V, 306.
Floquet, son histoire des *Conards* de Rouen, citée, III, 256, note 3.
Flora, courtisane romaine, son histoire, jeux en son honneur, IX, 299-302, 350, 426. Les fables que Brantôme a débitées sur elle sont tirées des *Epistolas* de Guevara, X, 6, note.
Floranges. Voy. La Mark.
Floraux (jeux), IX, 300, note, 301.
Florence fondée par le Gaulois Felsinus, VII, 335 ; entrée qu'y fait Charles VIII, II, 303-304 ; assiégée par le prince d'Orange, I, 239, 242-244, 329 ; II, 2-3 ; VI, 252 ; tableaux qu'y voit Brantôme, I, 297 ; chaussure qu'on y porte, IX, 311.
Florence (devin grec à), II, 13 ; X, 413. Voy. Devin.
Florence. Voy. Florentins et Cosme de Médicis.
Florent. Voy. Chrétien.
Florentins (combat de quatre), au siège de Florence, VI, 252-254, 259.
Florentins, parjures, I, 119 ; font empoisonner Ladislas, VIII, 201.
Floride (la), I, 48.
Flotte de Charles VIII, II, 300.
Flotte espagnole des Indes, I, 51.
Flottes qu'Annibal et Dragut font transporter par terre, II, 55-57.
Fochin. Voy. Fouquelin.
Fodringhaye. Voy. Fotheringay.
Fognano (défaite du marquis de Marignan à), I, 295.
Foi (la), doit être toujours gardée, même aux rebelles et aux hérétiques, I, 118 et suiv., II, 177-178, 217, 220.

Foi violée. Voy. Hérétiques.
Foire Saint-Germain ; engins singuliers qu'y apporte un quinquailleur ; ce qui en advient, IX, 133-134.
Foissy. Voy. Foyssy.
Foix (généalogie de la maison de), III, 54 et suiv.
Foix (Roger-Bernard, comte de), son défi à Bernard VI, comte d'Armagnac, VI, 448.
Foix (Jean de Grailli, comte de), sa querelle et sa paix avec le connétable d'Armagnac, VI, 448-449.
Foix (Gaston II, comte de), obtient de Philippe de Valois l'ordre de faire enfermer sa mère Jeanne, IX, 24.
Foix (Gaston IV, comte de), III, 55.
Foix (Gaston de), prince de Viane, III, 55.
Foix (Jean, comte de), vicomte de Narbonne, beau-frère de Louis XII, et père de Gaston de Nemours, II, 295, 322, note ; III, 55.
Foix (Gaston de), duc de Nemours. Voy. Nemours.
Foix (Paul de), archevêque de Toulouse, ambassadeur à Rome, III, 98.
Foix (Marie d'Orléans, femme de Jean, comte de), sœur de Louis XII, II, 295, note 3.
Foix (Germaine de), femme de Ferdinand V, reine d'Espagne, son orgueil ; son arrogance à l'entrevue de Savone, VI, 448 ; VIII, 9-10. — I, 126, 127 ; III, 39, 55.
Foix (Jeanne ou Françoise de), femme du marquis de Villars, X, 60, note 3.
Foix, voy. Candale, Castillon, Catherine, Épernon, Lautrec, Lescun, Lesparre, Nemours, Tende, Trans.
Folembray (Aisne), château royal, détruit par ordre de Marie de

Folembray (suite). Hongrie, gouvernante des Pays-Bas, IX, 615.
Folie d'Anvers, nom donné à la tentative du duc d'Anjou sur Anvers, V, 144, note 2.
Folle de la reine de Navarre. Voy. Sevin.
Fondi, pris d'assaut par Barberousse, VIII, 94.
Fonsègue. Voy. Surgères.
Fontainebleau (château de), sa magnificence, III, 124; sa bibliothèque, 94; sa destruction jurée par Marie de Hongrie, IX, 618; fêtes et tournoi, V, 276; VII, 370; combat en champ clos, VI, 262; VII, 83, 84; assemblée des notables, IV, 291; jeu de la glissade, III, 278; scènes diverses qui s'y passent, II, 277; III, 296, 313; IV, 361; VII, 187, 352, 354.
Fontainebleau (Hercule de bronze à), anecdote à son sujet, IX, 580.
Fontaines-Chalandray (Claude de Blosset, dite la belle Torcy, femme de Louis III de Montberon, baron de), I, 31, 90; sa beauté et son éloge; ce qu'elle raconte à Brantôme sur le comte d'Egmont, II, 163-164; sur les fêtes de Bins, III, 265; VII, 52; IX, 317, 616; sur la reine Eléonore, 272; sur Christine de Lorraine, 622, 624.
Fontaines-Chalandray (Louis IV de Montberon, baron de), fils de la précédente, mari d'Héliette de Vivonne, I, 31, note 7; X, 89.
Fontaines-Guérin (Jean de Bueil, seigneur de), lieutenant des gens d'armes du duc de Montpensier, V, 8; favori de François II; sa mort, VI, 381; sa femme Anne de Bueil, VII, 390, note 8.
Fontarabie, prise par Bonnivet, III, 227; défendue glorieusement par du Lude, et délivrée par la Palice. II, 413, 414; V, 100; est rendue lâchement par le capitaine Franget qui succède à du Lude et qui est dégradé, II, 414-415; IV, 22.
Fontenay, seigneurie appartenant au duc d'Épernon, VI, 100.
Fontenay (baron de), VI, 503.
Fontenay. Voy. Frontenay.
Fontenay-le-Comte, pris par Montpensier, V, 15; VI, 193; attaqué inutilement par Mercœur, V, 192, 193.
Fontenille (Paule Viguier, baronne de), dite la belle *Paule;* sa beauté; livre sur elle, IX, 359.
Fonterrailles. Voy. Fontrailles.
Fontpertuis (L. de Constant, seigneur de), X, 473, note 4.
Fontpertuis (Suzanne de Constant de), VII, 393; X, 473.
Fontrailles (*N.* d'Astarac seigneur de), notice sur lui, II, 410, 411; aimé de Louis XII; colonel général des Albanais, 410; combat à la Bastide, 408, 411; ses enfants, 411. — II, 418; V, 265.
Fontrailles (Michel d'Astarac, baron de Marestang et de), capitaine calviniste, blessé à Jarnac, II, 411.
Fontevaux, Fontevrault, X, 48.
Forcadel (Etienne), son Tombeau de Henri II en vers latins, III, 273.
Forcas. Voy. Fossan.
Forcatel. Voy. Forcadel.
Forçats sur les galères habillés de velours, IX, 365.
Forcellini, cité, VI, 397, note 2.
Forcez, capitaine de la garde de Charles IX, V, 346, 348.
Forestmontiers (Somme), abbaye de Bénédictins, où meurt Charles, duc d'Orléans, fils de François Ier, III, 179.
Forêt charbonnière (la), I, 37.
Forez (bailli du). Voy. Urfé.

Forge d'Emmanuel-Philibert, II, 151, 153; de Charles IX, V, 278.
Forget (Pierre), seigneur de Fresnes, II, 82.
Forian, capitaine de la garde de Charles IX, V, 352.
Forli (Romagne), assiégé et pris par César Borgia, IX, 430-431.
Forli (Catherine, comtesse de), assiégée et prise par César Borgia; vers en son honneur, IV, 430-431.
Fornas, capitaine espagnol, IV, 99.
Fornero, surnom donné à Charles-Quint par les soldats espagnols, VII, 60.
Fornoue (bataille de), II, 306-318, 351-354, 410; IV, 376; tableau représentant cette bataille, II, 310.
Fors (Charles Poussart, seigneur de), mari d'Esther de Pons, dame du Vigean, X, 94, note 4.
Forteguerra (Tarsia), chef d'une troupe des dames de Sienne; sa devise, IX, 412, 413, note 1.
Forteguerra (Laudomia), aimée de Marguerite d'Autriche, IX, 205-206; livre qui lui est dédié, 205, note 5.
Fortenguerre. Voy. Forteguerra.
Fortification des places, I, 148; V, 226; IX, 431.
Fortune (réflexions sur la), II, 363, 401; comparée à une femme, III, 12, 270; est ennemie des beautés humaines, VIII, 23.
Fortune et Vénus (La), tableau, VIII, 195.
Fossan (N. de), mari de Françoise de Canillac, X, 100, note 1.
Fossano (prise de) par les Espagnols, I, 176; III, 151, 404; VII, 61; combat devant cette ville, III, 212, 369.
Fossés (des), gouverneur de Henri de Guise, V, 405.
Fosseuse (Françoise de Montmorency de Fosseux, dite la), VII, 395.
Fotheringay, château d'Angleterre où fut enfermée et décapitée Marie Stuart, VII, 425.
Fou du duc de Guyenne et de Louis XI; ce qu'il entend dire à celui-ci sur la mort du duc, II, 330-332.
Fous du connétable de Montmorency, du cardinal de Ferrare, de Louis XII et de François Ier, III, 342, 343. — Voy. Bouffon, Brusquet, Colin, Legat, Le Greffier, Moreto, Sevin.
Fous et de Jules III (anecdotes de), V, 153.
Fou (du), maison de Poitou, son antiquité; est agrandie par Louis XI, et ses successeurs, X, 31, 32, 93.
Fou (Ylaire ou Hilaire du), femme de François Ier de Bourdeille et grand-mère de Brantôme, X, 31, 93; devenue veuve, marie son fils François, 45; ses parentés, 93.
Fou (Yvon du), père de la maréchale de Montpezat, X, 93; son frère puîné, 94.
Fou (Lyette du), fille d'Yvon du Fou, est mariée par François Ier, à Antoine des Prez, seigneur de Montpezat, maréchal de France, III, 151; X, 32, 93.
Fou (Madeleine du), femme 1° de René de Montheron, baron d'Archiac, 2° du baron de Mirambeau; sa fille, X, 94, note 4.
Fou (Marie du), mariée en secondes noces à Charles Eschallard, seigneur de La Boulaye, X, 95, note 1.
Fou (du). Voy. Vigean (du).
Foucault. Voy. Biron (p. 43, col. 2).
Fouchaud (Mlle de), VII, 395.
Foucher (Françoise). Voy. Thenies.
Foudre (pierre de), IV, 143.

Foudre de l'Italie, surnom de Gaston de Nemours, III, 8.

Fouet donné aux femmes et aux hommes; anecdotes, IX, 284-287; aux pages, III, 342; X, 33; à un cordelier, VI, 432; X, 36; à un jésuite, IX, 602; se donnait dans la cuisine, VI, 432. — (donner le) était un des passe-temps de Charles IX, V, 256, 257.

Fouet de discipline de Charles-Quint; II, 95.

Fougade à Brignolles, dirigée contre Epernon, VI, 99-100.

Fouilloux (Jacques du), son traité de Vénerie, III, 213; X, 112. — Voyez Le Fouilloux.

Foulques le Réchin, comte d'Anjou; sa femme Bertrade lui est enlevée par Philippe I*er*, IX, 74, note 1.

Fouquelin (Antoine), sa *Rhétorique françoise*, VII, 405.

Fourly. Voy. Frœhlich.

Fournier de la Villate (Martial), abbé de Saint-Jean d'Angély, III, 107, note 2.

Fourquefaux. Voy. Fourquevaux.

Fourquevaux (Claude de), tué en duel par La Chapelle-Biro, VI, 355-356.

Fourrure de loup-cervier, portée par Catherine de Médicis, VII, 343.

Foussan. Voy. Fossano.

Foyssy, pourvoyeur de M. de Nemours, puis capitaine, et décoré de l'ordre de Saint-Michel, V, 92.

Fradeaux (*N.* de). X, 98.

Fraise, costume, V, 428.

Fraizet (du). Voy. Froissac.

Framsberg. Voy. Frundsberg.

Français. Leur éloge, X, 109; leur impatience, VI, 383; leur habitude de jurer, VII, 199, 200; leur adoration servile pour leurs rois, 269; leur humeur aventureuse, V, 405; quelle est leur force, III, 149; leur amour de la guerre; dicton à ce sujet des Bourguignons et des Flamands, V, 384, 385; VI, 120; VIII, 132; leurs exploits, VII, 4; se conduisent mal dans leurs conquêtes, V, 145; ne savent pas les garder, IV, 113-114; VI, 155; leurs amours les ont fait chasser d'Italie, VI, 156-157; leur habitude de combattre à la débandade, VII, 297; leur coutume de retourner en leur pays, V, 400; ils sont les meilleurs maîtres dans la théorie et la pratique du duel, VI, 377; ce que les Espagnols disent de leurs habillements et de leur table, VII, 136.

Français, nom donné pendant les croisades à tous les soldats d'Occident, VI, 208.

Français (soldats), mot de Paul IV sur eux, VI, 162; répandus par le monde, V, 382 et suiv.; prenant du service dans l'armée espagnole, VI, 171, 172, 211, 212; 1500 d'entre eux s'engagent au service de l'Espagne, après la cession du Piémont; ils sont exterminés à la bataille des Gerbes, V, 382 et suiv.; VIII, 132—Au service du comte de Nassau, II, 179; allant rejoindre le prince d'Orange, 164-165; au siège d'Anvers, 185, 186; moqueries qu'ils échangent avec les Espagnols, III, 162-163.

Français. Combat de vingt Français contre vingt Anglais, VI, 312; de treize Français contre treize Espagnols, près de Monervine, VI, 310-311, 317; VII, 124, 125.

Français, ayant cherché et trouvé fortune hors de France, V, 385 et suiv.

Français (prisonniers), massacrés en Sicile, VII, 447-448.

Français (soldats), soldats des

pays de la langue d'oui, VI, 209.

Français (aventures de deux), pris à la bataille de Nicopolis, V, 386, 387.

Français (gentilshommes), à Rome, anecdote, I, 70.

Français jouant le rôle de capitan espagnol dans la troupe des *Gelosi*, VI, 211, 212.

Françaises, leur galanterie ; liberté dont elles jouissent, IX, 191-192. Voy. Dames, Femmes, Filles.

Française (langue). Voy. Langue.

Francavilla (Diego Hurtado de Mendoza, duc de), père de la princesse d'Eboli, II, 137.

France, terre de franchise, IV, 193-194.

France, sa richesse, VII, 370 ; rapidité avec laquelle elle répare ses ruines ; comparée à une oie grasse, IV, 331 et suiv. ; nécessité de son alliance avec les Suisses et les Turcs, V, 55, 56, 59-69 ; ce que Maximilien II dit de l'état de ce pays à sa fille Élisabeth, quand elle partit pour aller épouser Charles IX, IX, 598-599 ; représentée sous la forme de Pallas à Rome ; sa devise ; est incomparable en tout, V, 295, 296.

France (Histoire manuscrite de), citée par Brantôme, VII, 317.

France. Livre sur l'histoire de France composé par la reine Élisabeth d'Autriche, IX, 603.

France (*Discours sur mesdames filles de la noble maison de*), VIII, 86-147.

France. Les filles de la maison de France, appelées reines, VIII, 52 ; le surnom de France n'appartient qu'aux filles de France, VIII, 114.

France protestante (la), de MM. Haag, citée, III, 59, note 2.

France. Voy. Cour, Langue, Lois.

Franceschi (Giovanni), sa vie de Cosme de Médicis, II, 11, note 2.

Franche-Comté (expédition de Henri IV en), VII, 140.

Francimans, Français, VII, 200.

Francisco ou Francisque, tireur ou maître d'armes, à Rome, VI, 323, 417.

François Ier, notice sur lui, III, 82-173, surnommé le Grand à cause de la grandeur de sa taille et de ses mérites ; était bon chrétien ; jurait : foi de gentilhomme ; quatrain à ce sujet, 83 ; était bon catholique et ennemi de l'hérésie de Luther ; prête serment d'obédience à Léon X, après sa victoire de Marignan, 83 ; est cause de la délivrance de Clément VII, en formant une ligue contre l'empereur ; n'était pas usurpateur du bien d'autrui ; n'était pas tyran de son peuple ; pardonne aux Rochellois révoltés ; disgracie ses favoris sans les punir, 84-85 ; fait faire leur procès à l'amiral Chabot de Brion et au chancelier Poyet, 86 ; était grand justicier ; persécute rigoureusement les Luthériens, 87 ; protège Genève contre le duc de Savoie ; blâmé à ce sujet ; loué par Bèze ; songe à renoncer à l'obédience du pape après son entrevue avec Henri VIII, marie son fils avec la nièce du pape, 88 ; sa colère contre le connétable de Bourbon, 89 ; fait exécuter un gentilhomme de sa cour, de la maison de Clermont-Tallart, 89, 90 ; sa miséricorde envers les partisans du connétable de Bourbon ; fait mourir un peu légèrement Semblançay ; anecdote à ce sujet, 90-91.

Il était amateur des lettres et des savants ; sa table était une vraie école de science ; est appelé le père et le restaurateur des lettres ; crée le Collège royal,

François I*er* (suite).

92-93 ; recherche les savants par toute l'Europe et les fait voyager à ses dépens pour ramasser des livres et des manuscrits ; réunit une belle bibliothèque à Fontainebleau ; est blâmé d'avoir pour les ambassades préféré les gens de plume et de robe longue aux gens d'épée, 94-104 ; est insulté par Charles-Quint à Rome, 99-101 ; sa libéralité ; motifs qui le poussent à conclure le Concordat avec Léon X, 105 et suiv. ; sa libéralité envers ses favoris ; son legs à l'amiral d'Annebaut, 117 ; connaissait les généalogies des gentilshommes de son royaume ; ses cadeaux de robes aux dames ; sa somptuosité en bâtiments et en meubles, 118, 119 ; ses tapisseries, 118, 119 ; magnificence de sa table et de celle du grand maître ; anecdote à ce sujet, 120-122 ; blâmé pour la somptuosité de sa cour, 122 ; fait bâtir Fontainebleau, Chambord et d'autres édifices, 124-126 ; blâmé pour avoir introduit à sa cour les assemblées de dames et l'affluence des gens d'église, 127 et suiv. ; son mot sur l'influence des dames, III, 130. Espérances qu'il donnait de lui, III, 136 ; son entrée triomphante à Paris ; son sacre ; aimé de la noblesse, 136 ; sa victoire à Marignan, 137 et suiv. ; veut se faire élire empereur, 139 ; ses exploits et sa prise à la bataille de Pavie, 140 et suiv. ; anagramme de son nom de François de Valois, 141 ; récit de sa captivité, 144 et suiv ; refuse de suivre les avis de sa mère et de la Trémoille, 148-149 ; son aventure avec Montpezat dont il paye la rançon, qu'il attache à sa personne et comble de bienfaits,

149 et suiv. ; son séjour chez le grand-père de Brantôme, le sénéchal de Poitou, et son entretien avec lui sur la noblesse, 153-156 ; sa libéralité envers ses favoris, 155 ; les Espagnols lui reprochent d'avoir manqué de foi dans l'exécution du traité de Madrid et l'invasion de la Savoie, 156 ; tient fidèlement sa parole à l'empereur lors du voyage de celui-ci en France ; mauvaise foi et dureté de Charles envers son prisonnier, 157, 158 ; il loue François I*er* à Coligny, 160 ; désespoir du roi à la nouvelle de la prise de Saint-Dizier ; ce qu'il dit à la reine ; son mot sur la peur des Parisiens, 161 ; signe la paix avec l'empereur, 163-164 ; fait la guerre à Henri VIII ; est touché de sa mort, 164 ; sa mort ; mot à ce sujet, 164-165 ; ses droits sur le duché de Milan, qui lui est promis par l'empereur, 165-170 ; donne ses deux fils aînés en ôtages par le traité de Madrid, 171 ; ses recommandations au lit de mort à son fils Henri ; ses obsèques, 173.

Sa naissance, VIII, 123 ; sa mort, II, 324 ; assiste au siège de Pampelune, VII, 108 ; son mariage avec la fille de Louis XII, à laquelle il donne une maladie honteuse, VII, 329 ; VIII, 107 ; regrettait son mariage avec Eléonore, IX, 621 ; son confesseur, VII, 324, note 5 ; se laisse appeler monsieur par le duc de Vendôme, III, 202-203.

— Il était surnommé *grand Colas*, le *bonhomme Colas* et *François au grand nez*, I, 129 ; X, 112 ; son train de maison, II, 212-213 ; ses tapisseries, V, 31 ; imité par Catherine de Médicis, VII, 400 ; sachant quatre langues, préférait la langue française à toute autre, VII, 71 ;

n'en parlait point d'autre devant les souverains étrangers, 74, 75; ses connaissances généalogiques, VII, 368; sa tendresse pour sa sœur Marguerite; ce qu'il en dit à Montmorency, VIII, 116, 117; douleur de celle-ci à sa mort, 119; menace H. d'Albret pour sa conduite envers elle, VIII, 56; avantages qu'il retire du mariage de son fils avec Catherine de Médicis, VII, 339-340; son affection pour elle, VII, 341; l'admet dans la *petite bande*; ses parties de chasse, 344-345; sa douleur de la mort du Dauphin François, III, 177; son affection pour son troisième fils Charles, qui lui ressemblait, 179-180; sa colère au sujet d'une escapade de lui à Amboise, 180-181; apaise la jalousie du dauphin Henri contre lui, 184; fait mener sa fille Marguerite, à Nice, à Charles; III duc de Savoie, VIII, 129. Sa joie à la naissance d'Élisabeth, 3; anecdote sur un de ses fils, IX, 273; trésor qu'il laisse en mourant, III, 240-241.

Ses amours; sa maladie; ses maîtresses: Mme d'Étampes et Mme de Châteaubriand, III, 243, 245; II, 222; ses amours, étant comte d'Angoulême, avec Marie d'Angleterre femme de Louis XII; remontrance que lui font à ce sujet le chevalier de Grignaux et Louise de Savoie, IX, 640-641; protège ses maîtresses contre leurs maris, 19; son aventure plaisante avec Bonnivet et Mme de Châteaubriand, 711-713; fait redemander à Mme de Châteaubriand les joyaux qu'il lui avait donnés; ce qu'il en advient, 512-513; sa plaisante aventure avec une de ses maîtresses, 479-480; son fils naturel Villeconnin,
137-138, 728; phrase sur les femmes écrite par lui au côté d'une fenêtre de Chambord; infidélité de ses maîtresses, 715-716; faisait respecter les dames de sa cour; sa colère contre ceux qui en médisaient; anecdotes à ce sujet, 474-475; voulait que les gentilshommes de sa cour eussent des maîtresses; sa curiosité à cet égard, 479-480; liberté qu'il voulait en sa cour, 637.

Il avait eu pour gouverneur M. de Boisy qui veut l'accorder avec Charles-Quint, I, 218, note, 223; ses reproches à celui-ci, 16, note 5, 7, 18, note, 24, 169; refuse de consentir à son assassinat, VI, 216, 217; leurs défis, 455, 458; insulté par lui, VII, 61; ses griefs contre lui; V, 61, 62; apologie de son alliance avec Soliman; services qu'elle rendit à la chrétienté, II, 31, 32; IV, 141; V, 63-68; VI, 304; comment il accueille Prospero Colonna prisonnier, I, 145; II, 427; créé chevalier par Bayard après Marignan, II, 313; IV, 60; VI, 478; son entrée à Milan, II, 321; ses armements pour secourir Rhodes, V, 61, 221; chasse Pescaire de Provence, VII, 269; cause secrète de son expédition à Milan, III, 68; est défait et pris à Pavie, III, 72, 415; VII, 32; causes, suivant lui, de la perte de la bataille, II, 9; ce qu'il en dit au marquis del Gouast, VII, 69-70; son entretien avec le marquis de Pescaire, I, 186-188; servi par le connétable de Bourbon le soir de la bataille, III, 388; tapisserie représentant sa défaite, 617-618; son chapeau à Pavie, IV, 98; est emmené en Espagne, I, 212, 225-229, 231-232, 331; VII, 58, 59; danger auquel il

François Ier (suite).

échappe à Alicante, I, 233; sa maladie pendant sa prison où sa sœur va le visiter, III, 119; incident sur la délivrance de ses enfants, VI, 460-461; viole le traité de Madrid, I, 120, 260; ce qu'il dit sur les défaites de Lautrec, III, 61; sa jalousie de la prise de Pavie par celui-ci, III, 36; il lui fait faire des obsèques magnifiques à Paris, I, 135; ravitaille Landrecies; sa belle retraite; ses bravades vis-à-vis de Charles-Quint, III, 216; VII, 277-278. Montre que lui envoie le comte d'Enghien après la bataille de Cérisoles, 216, 217; regrette ce prince, 220; louanges qu'il donne aux femmes de Saint-Riquier et de Péronne, IX, 422; son arrivée à Paris après la perte de Saint-Dizier, III, 231; son mot sur l'effroi des Parisiens, VI, 13; VII, 302; au camp de Jallon, VI, 13, 14; ce qu'il promet, étant comte d'Angoulême, à Montmorency, Brion et Monchenu, III, 194; attache à son service Pierre de Navarre, I, 158; sa jalousie contre le connétable de Bourbon, I, 285-287; ses prétentions sur ses biens, V, 6; ce qu'il dit de sa mort, II, 235; son ingratitude envers Trivulce, II, 221-222; comble de biens le prince de Melfe et sa famille, II, 228; son amitié pour L. de la Trémoille, II, 400; pour Léon Strozzi, IV, 123; son amitié pour la Chastaigneraie, dont il était parrain; ses courses de bague, V, 85; ses mauvais procédés envers André Doria, II, 30, 31; son entrevue à Aigues-Mortes avec Charles-Quint; ce qu'il y dit à André Doria; danger qu'il y court, 32, 33; refuse de se servir du prince d'Orange, 32; son mécontentement contre Claude de Guise, III, 228, 229; ses changements de favoris, V, 205; lègue cent mille francs à l'amiral Annebaut qu'il donne pour conseil à son fils Henri réprimandé au sujet de Montmorency, III, 117, 210; son indulgence et sa bonté envers les serviteurs et les complices du connétable de Bourbon; ce qu'il en disait, V, 263; VII, 240 et suiv.; fait grâce à Brion, III, 200; son aventure avec G. de Furstenberg qui avait projeté de l'assassiner, I, 350, 351; VI, 470-472.

Ses mots sur Louis XI, II, 346; sur les nobles mécontents, I, 289; V, 211; VI, 496; sur la princesse de la Roche-sur-Yon, III, 207; sur les gens disgraciés et rappelés, 210; sur Prévôt de Sansac, Essé et la Chastaigneraie, 383; sur les grands arrivant de l'armée à la cour, IV, 74, 75; sur Burie, 111; sur les injures, VI, 400; sur les femmes, les chevaux et les lévriers, IX, 296; ce qu'il dit au sujet des avantages de l'état de couronnel, VI, 102, 103; combats en champ clos qu'il autorise, VI, 261, 262; VII, 83, 84; refuse d'autoriser celui de La Chastaigneraie et de Jarnac, II, 270; VI, 370, 504; sa colère contre Cipierre qui avait appelé Andouins, VI, 379-380; son éloge de Charles VIII, II, 319; du maréchal Strozzi, 269; ses égards pour Marguerite de Flandre, gouvernante des Pays-Bas, IX, 614; son entrevue avec le marquis del Gouast, I, 208-210; anecdote sur ses entrevues à Marseille avec Clément VII, et à Nice avec Paul III, IX, 475-478; son entretien avec l'ambassadeur de Clément VII sur le changement de religion dans un état, IV, 294; sa rigueur contre les hérétiques; s'allie aux protestants d'Allemagne, VIII, 116.

Sa mère défend à Fr. de Bourdeille de jouter contre lui, X, 53; son entretien avec lui revenant de la cour de Henri VIII, 55-56; nomme la grand'mère de Brantôme dame d'honneur de sa sœur, II, 422; son entretien avec le grand écuyer Galiot, accusé de concussion, III, 73-74; ce qu'il dit à La Palisse sur la charge de grand maître de France, I, 218, note; VII, 209-210; ce que lui dit Théode Bedene, V, 238; refuse de recevoir en France Lorenzino de Médicis, II, 13; poussait le cardinal Jean de Lorraine au libertinage, IX, 482; est trompé par lui, II, 365; ce qu'il racontait de Humbercourt, 404; sa réprimande à un chevalier de Saint-Michel qui avait caché le collier de l'ordre pendant une bataille, V, 99; veut faire décapiter le capitaine Franget, II, 415; ses reproches à Lescun, III, 57; anecdote de lui et d'un Italien, VII, 129; passe un carême à Meudon, IX, 474; fait combattre des lions, 390; maître Gonin fait apparaître des femmes devant lui, 298; chronique sur Louis XI qu'il ne veut pas laisser imprimer, II, 332. — I, 189; II, 18, 74, 349, 350, 413, 414, 432, 433; III, 190, 208; VI, 15; VII, 154, 320, 321; VIII, 84, 96.

François II, sa naissance; anecdote à ce sujet, VII, 341, 342; VIII, 3; son précepteur Danès, III, 287; filleul de François Ier; son chagrin de ne pas être mené à la campagne de Saint-Quentin; rancune qu'il en garde au connétable; va au camp d'Amiens; son ardeur guerrière, V, 293, 294; son mariage avec Marie Stuart, VII, 409; appelé Roi-Dauphin; sa mort, 410; IV, 226; son éloge; n'aimait point les médisants; mène la cour voir les cerfs dans la forêt de Saint-Germain; anecdote; sa fidélité conjugale, IX, 491-493; sa table, III, 122; ses favoris, VI, 381; mot à lui attribué sur les Guises, IV, 271; ce que Mme de Dampierre lui entend dire sur eux, 272; accorde des gardes au cardinal Charles de Lorraine, III, 355; nombreuse promotion de chevaliers de Saint-Michel qu'il fait à Poissy, IX, 593; favorise le projet de mariage du duc de Nemours avec Élisabeth d'Angleterre, 387; sa conduite envers le prince de Condé, I, 121; fait délivrer Martigues arrêté par ordre du Parlement, VI, 39, 40; défend le combat à Loué et à Bueil, VI, 371; fait accorder la querelle de Maugiron et de Rance, VI, 367-369; recommande au parlement la duchesse de Montpensier, V, 7. — I, 83, 253; III, 71; IV, 342; V, 205; VI, 121, 122, 378.

François (le petit roi). Voy. François II.

François de France, dauphin, fils aîné de François Ier et de Claude de France, notice sur lui, III, 173-179; son caractère; chanson sur sa maîtresse, Mlle de Maumont, qui était cousine germaine de Brantôme, 174; IV, 62, 66; X, 100; comment il est empoisonné, III, 176-177; regrets que cause sa mort, 177; son éloge; avait été élevé par Mme de Brissac, et avait eu le grand-père de Brantôme pour gouverneur, 178; comparaison de lui et de son frère

François (suite).
    Charles ; leur portrait ; ressemblait à son père, 179-180 ; son baptême, I, 240 ; sa mort, 249-250 ; cause de sa mort ; procès-verbal de l'autopsie de son corps, III, 446-448.
François II, duc de Bretagne, accueille Louis d'Orléans fugitif, VIII, 100-101.
François I*er*, duc de Lorraine, VII, 244, note 1.
Francqueville. Voy. Francavilla.
Francs-Archers. Voy. Archers.
Franget, lieutenant du maréchal de Chastillon, gouverneur de Fontarabie qu'il rend lâchement aux Espagnols, II, 414 ; il est dégradé, 415 ; IV, 22 ; VII, 52.
Franquezo, capitaine espagnol, I, 332.
Frater Fecisti. Voy. Fecisti.
Fraternel (amour), rien ne l'égale, IX, 416.
Fratino (El), capitaine de Pavie, sauve la vie à Pescaire au siège de Pizzighitone, VII, 64-65.
Fraxinelles (Robinet de), un des neuf preux de Charles VIII à Fornoue, II, 310, note 2.
Fraxineus (J.). Voy. Froissac.
Fredaignes. Voy. Fredaigues.
Fredaigues (et non Fredaignes), huguenot, tue en duel Romefort ; est tué à Saint-Yrieix, VI, 202, 323-325.
Frédégonde, éloge de sa régence, VIII, 54.
Frédéric I*er*, dit Barberousse, empereur d'Allemagne (conte sur), I, 41, 47, note 2.
Frédéric II, empereur d'Allemagne, construit la citadelle *Victoria* devant Parme, VI, 95, 96.
Frédéric III, empereur d'Allemagne, refuse le titre de roi à Charles le Téméraire, V, 292. — II, 295.
Frédéric I*er*, roi de Sicile, défie Robert de Naples et est excommunié par Jean XXII, VI, 454-455.
Frédéric III, prince de Tarente, puis roi de Naples ; sa visite à Charles VIII, II, 289, 321, note 2 ; vendu à Louis XII par son neveu Ferdinand V, I, 117.
Frédéric II, comte palatin, lisez : Philippe II, I, 85, note 2.
Frédéric III, comte palatin du Rhin, duc de Bavière, secourt les huguenots de France, I, 323 ; gendre de Guillaume I*er* prince d'Orange, II, 175, note ; son entretien à Heidelberg avec Henri III au sujet de Coligny, IV, 326 ; son récit, en allemand, de cet entretien, 411 et suiv.
Frédéric de Castille, désigné pour héritier par Conradin au moment de son supplice, VII, 443.
Frédéric-Marie. Voy. Visconti.
Frégose (Aurelio), l'un des confidents de La Chastaigneraie dans son duel avec Jarnac, VI, 276.
Frégose (César), agent de François I*er*, assassiné, I, 120, 205-207, 213, 209 ; III, 214 ; VI, 459 ; sa querelle avec Cagnin de Gonzague, 463. — III, 156.
Frégose (Galeas), comte de Muret, ses menées à Gênes, II, 77.
Frégose (Paul-Baptiste), lieutenant de Nemours puis de Damville, tué à Fossano, III, 369-370. — V, 41 ; VI, 159.
Freneze. Voy. Farnèse.
Fresne (de), Fresse (du). Voy. Froissac.
Fréville, capitaine, ami de Brantôme, savait l'allemand ; ses assassinats ; est sauvé par Brantôme, VII, 131-133.
Frias (duc de), connétable de Castille, voy. Velasco.
Friol. Voy. Frioul.
Frioul, sa conquête par Maximilien I*er*, V, 312.

Frise (Épouvante de la), surnom donné à La Maurie, V, 364.

Frœhlich ou Furly (Guillaume), couronnel suisse au service de la France; son tombeau aux Cordeliers de Paris, VI, 46, 227. — IV, 72.

Froissac (Jean de Monstiers de), évêque de Bayonne, partisan de la réforme, IV, 46.

Froissart, son récit de la vie de Jeanne de Naples, VIII, 158-164; cité, V, 305, 386, 387; VI, 210, 243; VII, 37, 303; IX, 429, note 1, 432 note 3.

Fronsac (château de), III, 56; X, 69.

Fronsberg. Voy. Frundsberg.

Frontenay (Jean de Rohan, seigneur de), colonel des troupes protestantes du Dauphiné, perd son enseigne blanche à la bataille de Dreux, VI, 230; accord de sa querelle avec Querman, VI, 365-366. — V, 413.

Frundsberg (Georges de), colonel allemand, notice sur lui, I, 353-355; chaine d'or qu'il portait pour étrangler le pape, 354; VI, 15.

Fuentès (Diego de), sa *Conquista de Africa*, citée, I, 298, note 1; II, 34, note 1, 434.

Fulgosius (Baptista), ses *Factorum dictorumque memorabilium, lib. IX*, cités, IX, 96.

Fulvia, courtisane, découvre la conjuration de Catilina, IX, 28.

Fulvia, femme de Clodius, puis de Marc-Antoine, IX, 437.

Fumel (François, baron de), mari de Jeanne de Lauzun, tué à Jarnac, X, 92, note 1, 93.

Fumel (Charles de Belleville, baron de), assiste aux funérailles de Charles IX, VII, 326.

Fumel (Mlle de), dotée par Philippe II, VIII, 19.

Funérailles des princes chrétiens et des empereurs romains, II, 202.

Funérailles (magnificence des), permise, II, 202.

Funérailles d'Anne de Bretagne (relation des), VIII, 318-324.

Funérailles de Gaston de Nemours, I, 184; III, 16-18; de Bayard, II, 385; du chancelier Birague, V, 77; de Catherine de Médicis, VII, 401; de Charles IX, VII, 325-328; de François Ier et de ses fils, III, 172-173; de Henri II, III, 294; d'Isabeau de Bavière, VII, 328; de Don Juan, I, 318; de Lautrec, 135.

Funérailles (ordre prescrit par Brantôme pour ses), X, 124.

Funérailles (livre sur les). Voyez Guichard.

Funérailles. Voy. Obsèques, Pompe funèbre.

Furetière, son *Dictionnaire*, cité, X, 157.

Furette (mal de la), dicton, IX, 79.

Furly. Voy. Forli, Froehlich.

Furstemberg (le comte Guillaume de), notice sur lui, I, 349-352; grand pillard, 349; s'attache à François Ier contre lequel il conspire; passe au service de l'empereur, 350; est pris et mis à la Bastille, 350-351; est haï des Français, 352; note sur lui, II, appendice, 432, 433; défait par Claude de Guise, III, 230; son aventure avec François Ier qu'il avait formé le projet d'assassiner, VI, 470-472.

Furstemberg (Wolfang, Wolfgang ou Vulcan de), tué à la bataille de Cérisoles, I, 351-352.

Fusberg, capitaine suisse, IV, 99.

Fuscus, sa mort, V, 325.

Fusées, fabriquées par le maître artiller, V, 301.

Fustemberg. Voy. Furstemberg.

Fuyards à la bataille de Dreux (anecdotes sur les), IV, 7 et suiv. — à la bataille de Coutras, 10, 11.

Gabelle (révolte en Guyenne pour la), II, 231; III, 249, note 4, 250, 304.
Gaboches ou Gavaiches, commandant de la garnison de Viterbe, II, 305.
Gabriel, héraut de Charles VIII, II, 301.
Gachard, cité, I, 11, note.
Gadagne (l'abbé de), homme de confiance de Catherine de Médicis; lettre qu'elle lui fait écrire contre Biron, V, 136.
Gaëte (tombeau du connétable de Bourbon à), visite qu'y fait Brantôme, I, 281-289; VI, 305.
Gage de bataille (jet de), VI, 245, 246, 248.
Gaguin, sa chronique, citée, II, 289, note 2, 290.
Gaignières (Recueils de), cités, III, 75, note 3; IV, 139, note 4.
Gaignon (Marie de). Voy. Saint-Bohaire.
Gaillard, son *Histoire de François Ier*, citée, III, 92, note 1.
Gaillarde, genre de danse, VI, 141, 142; IX, 489.
Galand ou Galland Torticolis (P.), professeur au Collège Royal, III, 285.
Galatée, mariée à Hercule; les Gaulois en descendent, VIII, 48.
Galatys, Voy. Gallaty.
Galba, IX, 301.
Galéas. Voy. Jean-Galéas et Visconti.
Galéas-Marie. Voy. Sforce.
Galeazzo, de Mantoue, chevalier errant; son histoire avec Jeanne de Naples, VI, 250-251; VIII, 175 et suiv.
Galères (réflexions sur l'emploi des), IV, 124. — (construction de), IX, 343. — (description de diverses), IV, 147-148. — étaient peintes en rouge, III, 254.
Galères (généraux et officiers des), IV, 139, 157-159.
Galères possédées par la France, sous le règne de Charles IX, II, 29.
Galères du grand prieur, F. de Lorraine, IV, 157; IX, 364-365; de Cosme de Médicis, de Léon Strozzi, II, 18.
Galère quatrirème d'André Doria, II, 36. — capitainesse de Ph. Doria, 43.
Galères (prisonniers français mis aux), VIII, 16.
Galères à Lyon (combat de), pour l'entrée de Henri II, III, 253.
Galiego (Gusman) et son frère Luys, capitaines espagnols, I, 330.
Galion de Cosme de Médicis, portant 200 canons, II, 18, 19.
Galiot. Voy. Genouillac.
Galland. Voy. Galand.
Gallarato (vins empoisonnés à), III, 5.
Gallaty (Gaspar), colonel des suisses au service de la France; son éloge, VI, 227.
Galles (Edouard, prince de), dit le Prince-Noir, refuse de souper avec le roi Jean le soir de la bataille de Poitiers, III, 388. — VI, 210; VIII, 162.
Gallia christiana, citée, III, 107, note, 113, notes 2 et 3, 116, notes 2 et 3; X, 124 note 1, 126, note 1.
Gallindo, capitaine espagnol, I, 334.
Galliot. Voy. Genouillac.
Galon. Voy. Jalons.
Galopin, notaire de Brantôme, X, 130, 147.
Galtero (Don), VII, 47.
Galy (docteur E.), sa publication des Poésies inédites de Brantôme, X, 389-501.
Gamaches. Voy. Rouault.
Ganay. Voy. Gannay.
Gandia (Pierre-Louis Borgia, duc de), fils aîné d'Alexandre VI, II, 204, note 3.
Gandia (Jean Borgia, duc de), second fils d'Alexandre VI,

assassiné par son frère César Borgia, II, 204.

Gannay ou Gagnay (Jean de), seigneur de Persan, chancelier de France, ambassadeur de Charles VIII à Rome, II, 294.

Gant jeté par Conradin au moment de son supplice et porté à Pierre d'Aragon, VII, 443.

Gant ramassé au milieu de lions, IX, 390-391.

Gant (histoire d'un), IX, 287-289.

Gant de mailles. Voy. Main gauchère.

Gants de chevrotin de Vendôme, III, 354.

Gantelet ensanglanté, envoyé pour marque de défi, VI, 425.

Gantois, leur révolte, III, 158; mettent à mort Humbercourt et Hugonet, II, 402.

Garcilasso de la Vega, ses *Commentarios reales*, cités, VII, 98, note 2; 100, note 4.

Garde du roi (création de la), V, 341 et suiv. Elle est dispersée dans les garnisons des frontières, 347; cassée après la paix de La Rochelle, puis rétablie, 352 et suiv.

Garde bretonne d'Anne de Bretagne, VII, 315.

Garde donnée au cardinal de Lorraine, III, 355; au chancelier de l'Hospital, V, 349.

Garde. Voy. La Garde.

Gargantua. Voy. Rabelais.

Gariel (H.), cité, I, 239, note 1.

Garigliano (défaite des Français sur les bords du), I, 133-134; Brantôme visite le champ de bataille, ibid. — II, 387; III, 163; IV, 208-209; X, 40.

Garillan. Voy. Garigliano.

Garnache (dame de la). Voy. Rohan (Françoise de).

Garnier (Robert), auteur tragique, III, 288.

Garnitures d'habillement, X, 47.

Garrido de Villena, son *Verdadero sucesos de la batalla de Roncesvalles*, cité, X, 66, note.

Garriers, mestre de camp, V, 351.

Garsie (Don), ambassadeur d'Alfonse V d'Aragon près du pape; son intrigue avec Caraffa Malitia, VIII, 191.

Gascogne (dicton sur la multitude des capitaines de la), V, 366.

Gascon (soldat), devenu bascha, V, 385.

Gascon (soldat), aimant mieux être pendu que de se marier, VII, 89.

Gascon (soldat), son bon mot au moment d'être décapité, VII, 98.

Gascon (soldat), au siège de La Rochelle, anecdote, IV, 37-40.

Gascon espagnolisé, vu par Brantôme à Madrid, VII, 20.

Gascon (aventure d'un gentilhomme), à Naples, IV, 372-373.

Gascons, habiles archers et arbalétriers, V, 298, 302; leur habitude de jurer, VII, 200; mot de Henri VIII sur eux, X, 57; établis en Lorraine, VI, 235.

Gascons (soldats), leur éloge, VI, 162, 163; demandés par les Polonais à Henri III, 206, 208; leurs pilleries; dicton et ex-voto en Italie à ce sujet, 209, 210; enrôlés par Pierre le Cruel, 210; fort aimés par Henri IV, 211; mot du marquis del Gouast sur eux, VII, 93.

Gascons, nom donné indistinctement à tous les soldats français, VI, 208-211.

Gaspard, excellent armurier de Milan; arquebuses qu'il forge pour Strozzi qui lui rend visite et lui en fait vendre un grand nombre, VI, 75-76.

Gastines (l'abbé de), pendu par les huguenots, IV, 366, note 1.

Gâtinais (comtesse de), femme d'Ingelgerius, son histoire, VI, 245-248.

Gauchère (main). Voy. Main.
Gaucourt (L. de), I, 239, note 1.
Gaulois, issus de Galatée et d'Hercule, VIII, 48; leur vaillance et leurs exploits, II, 317; V, 412; mot de Tite-Live (lisez Salluste) sur eux, VII, 113. — IV, 54.
Gaurico (Luca), astrologue, sa prédiction sur la mort de Henri II, III, 280-283.
Gautier. Voy. Brienne.
Gauville (François de), gentilhomme de la chambre du duc d'Anjou, sa querelle avec Saint-Luc, dans la chambre du duc à Anvers, VI, 382; son habileté dans l'escrime; second d'Oraison dans sa querelle avec Bussy, 427-429; appelle Saint-Luc en duel, 434.
Gavaiches. Voy. Gaboches.
Gavaston. Voy. *Histoire tragique*.
Gayandos (Don Pascual de), sa *Biblioteca*, citée, IX, 142, note 2.
Gayasse ou Gayazze. Voy. Cajasso.
Gayette. Voy. Gaëte.
Gazau, frère du fou Thony, III, 342.
Gazette des Beaux-Arts, citée, X, 281.
Géant (lansquenet), massacré par un nain devant Soliman, VII, 111.
Geargey. Voy. Gersay.
Gelbes, Gerbes. Voy. Djerbah.
Gelosi (I), comédiens italiens à Paris; histoire de l'un d'eux, VI, 211, 212.
Gemblours (victoire de Don Juan à), II, 128-129.
Gemmingen, victoire qu'y remporte (21 juillet 1568) le duc d'Albe sur L. de Nassau, VII, 143.
Gendarme (dicton sur le vieux), IX, 410.
Gendarmerie française, sa réputation, II, 367; sa supériorité, 410.

Gendarmerie. Voy. Cavalerie.
Général d'armée (un) doit-il accepter un combat singulier? VI, 422, 428, 429.
Généraux d'armée, comment doivent combattre, V, 299, 300.
Gênes, son importance pour la domination de l'Italie, II, 29; André Doria la fait révolter contre la France; elle lui élève une statue, 31; entreprises des Français sur cette ville, 77; prise par Louis XII, II, 360; V, 309; par les Espagnols, I, 160, 329; V, 5; Robert de Naples y est assiégé par Mathieu Visconti, VI, 454, 455.
Gênes, ambassadeur de Charles VIII à Gênes, Voy. Brillac.
Gênes. Voy. Génois.
Genétaires, cavalerie légère des Espagnols, I, 152, 153; II, 410.
Genève, protégée par François Ier, III, 87, 88; par Henri III, II, 149; menacée par le duc d'Albe, secourue par Mouvans, V, 424-425; arrivée dans cette ville des débris de l'armée de Dhona, VII, 291; séjours qu'y fait Brantôme; personnes qu'il y voit, IV, 251; IX, 568-569; Maligny périt dans ses sables mouvants, IV, 340.
Genève (*Epître aux magnifiques seigneurs de*), par Brusquet, VIII, 208, 209.
Genève (Robert de). Voy. Clément VII, antipape.
Geneviefve. Voy. Genièvre.
Genevois (comte de). Voy. Nemours (Philippe, duc de).
Génevois. Voy. Génois.
Genièvre (la belle), ses aventures, VI, 249, 290, 391; IX, 160, 402, 539.
Genissac (Bertrand de Pierre-Buffières, seigneur de), capitaine huguenot, son duel, V, 364, 406; VI, 315-316.
Genlis (Jacques de Hangest, seigneur de), sa conversation avec

M. de Chièvres, I, 217, note.
Genlis (François de Hangest, seigneur de), capitaine huguenot, se jette dans la Seine pour complaire à sa maîtresse et manque de se noyer; sa mort en Allemagne, IX, 392.
Genlis, dit *le Jeune* (Jean de Hangest, seigneur d'Ivoy, puis de), capitaine huguenot, mestre de camp de Condé, malmené par Coligny; est défait et pris en Flandre, sa mort, IV, 324; V, 419; VI, 486; son attaque contre les faubourgs de Paris, VI, 46; VII, 300; son duel avec des Bordes, VI, 380, 381. — II, 81; IV, 77, 88, 357; IX, 268.
Génois, parjures, I, 119; leur victoire navale sur Alphonse Ier, roi de Naples, près de Ponza, II, 37-38; leur lutte contre Sampietro, VI, 217. Cf. Gênes.
Génois (marchands), ce qu'ils racontent à Brantôme sur des usages de Scio, IX, 695-696.
Génois, à la bataille de Crécy (arbalétriers), VI, 298.
Génois, capitaine de galères sous le grand prieur; son blasphème; ce qui faillit en arriver, VII, 200-201.
Genouillac (Jacques Ricard de), dit Galiot, seigneur d'Acier, maître de l'artillerie, grand écuyer de France, sénéchal d'Armagnac, III, 72-77; un des preux de Charles VIII à Fornoue, 72; II, 310, note 2; s'oppose à la bataille de Pavie, III, 72; est nommé grand écuyer; sa justification près du roi; ses deux femmes, 73, 74; son tombeau aux Célestins, 75; ses enfants, 76; ce qu'il dit à son fils partant pour la bataille de Cérisoles, 76. — II, 305, 422; V, 89; VI, 221.
Genouillac (François de), seigneur d'Acier, fils du précédent, tué à Cérisoles, III, 76.

Genouillac (Jeanne de), fille de Jacques de Genouillac, épouse en premières noces de Charles Crussol, vicomte d'Uzès, et en secondes, de Philippe de Rhingrave, III, 76; VI, 220, 221.
Genouillac. Voy. Vaillac.
Gensac, Genzac ou Janssac, sa querelle avec Avaret; sa rodomontade, VI, 398. — V, 407, 411.
Gentil (président), pendu à Montfaucon, III, 92.
Gentilshommes. Quels sont ceux à qui l'on peut donner le titre de seigneur, VI, 150; réflexions sur eux et leur destinée, V, 368; VII, 236-237; devenus vieux, doivent se retirer de la cour, II, 87; on doit leur donner des biens ecclésiastiques, III, 110 et suiv.; les églises se sont enrichies de leurs dépouilles, 112; leur mépris pour les lettres, III, 48; fautes qu'ils commettent en se mettant de la Ligue, III, 115.
Gentilhomme français mécontent, à craindre; comment, suivant le connétable, on pouvait l'apaiser; ce qu'en disait François Ier, I, 288, 289; V, 211.
Gentilhomme français offensé (mot d'un), VI, 496.
Gentilshommes (les cent) de Charles VIII et d'Anne de Bretagne; leur costume, II, 297, 298, 304; VII, 315.
Gentilhomme de la chambre (premier), grandeur de cette charge, V, 32.
Gentilhomme de la chambre, état honoré jadis, V, 124.
Gentilshommes, valets de chambre des rois et des princes du sang, V, 166.
Gentilhomme français (aventure d'un), à Rome, IX, 178.
Genus-bey (Younis, dit), polonais, truchement de Soliman II, I, 33, note 2, 34.
Genville. Voy. Joinville.

Geny (saint). Voy. Janvier (saint).

Geoffroy à la Grand'Dent, représenté sur le portail de la grande tour de Lusignan, V, 20.

Geoffroy, provençal, capitaine de galères, IV, 365.

Geoffroy, frère cadet et l'un des héritiers de Salvoyson, IV, 106.

Geôlières (amour des), pour leur prisonniers, IX, 163 et suiv.

Georges (saint), fêté par les Turcs, I, 22, note 4; II, 111; V, 228.

Georges (statue de saint), donnée par Charles le Téméraire à l'église de Saint-Lambert à Liège, I, 165-166.

Gérard (Balthasar), assassine le prince d'Orange; récit de son supplice, II, 170 et suiv.

Gérard Roussel. Voy. Roussel.

Géraud. Voy. Armagnac.

Gerbes (île des). Voy. Djerbah.

Gergeay. Voy. Gerzay.

Germaine. Voy. Foix.

Germains, leur considération pour les femmes, VIII, 55.

Germiny (Jacques de), baron de Germoles, ambassadeur de France à Constantinople, V, 57.

Germoles. Voy. Germiny.

Gerzay, Gersay, Gergeay ou Gergey, mestre de camp, crève dans un tournoi un œil à Saint-Jean, III, 71; danger qu'il court pour avoir appelé Ivoy, VI, 380, 301; tue Ingrande en duel, 385; IX, 393; méchant tour qu'il joue à une fille de la reine, 485; son aventure avec Mlle de Piennes; il est tué au siège de Rouen (1562), V, 417; VI, 380; IX, 392-393; vers sur lui, X, 471. — V, 363.

Gesne (comte de), capitaine en Piémont, IV, 72.

Géta, tué par Caracalla, IX, 335.

Getano, de Grenado, capitaine espagnol, I, 332.

Getta. Voy. Cotta.

Ghiacetti (L. di). Voy. Adjacet.

Gibets; ce qu'en disait Isabelle de Castille; salués par Charles-Quint et les soldats espagnols, I, 32.

Gié (Pierre, vicomte de Rohan, dit le maréchal de), notice sur lui, II, 350-352; sa conduite à la bataille de Fornoue, 351-354; lettre de Louis XI sur lui, 336; fait saisir sur la Loire les bateaux chargés des meubles de la reine Anne de Bretagne, VII, 310; VIII, 80; est banni de la cour; sa maison du Verger; est condamné par le parlement de Toulouse pour ses concussions, 311. — II, 299.

Gié. Voy. Rohan.

Gilandrade. Voy. Villandrade.

Gillebert (P.), poète latin, IX, 133, note 1.

Gipon (Jean), surnom de Ferdinand V, I, 128.

Girard (frère). Voy. Roussel.

Girard, son *Histoire de la vie du duc d'Espernon*, citée, VIII, 65, note 2; VI, 92, note 1, 97, note 4, 99, note 3, 462, note 1.

Girolata (La), port de Corse où Dragut est défait et pris par Doria, II, 50.

Giron (Pedro), l'un des chefs de *Comuneros*, I, 220.

Giron (Madeleine de), fille de la comtesse d'Iraigne, amenée par Élisabeth à l'entrevue de Bayonne; sa beauté et son arrogance, VII, 158, 159, note 2, 160-161; son mariage; manque d'être prise sur mer par Landreau, 160-162.

Gironde, lieutenant et l'un des héritiers de Salvoyson, IV, 106.

Girry (Jean), prêtre, X, 152.

Giry (Jean), greffier à Brantôme, X. 152.

Giudice (Martin del), cardinal, mis à mort par Urbain VI, II, 199, note 4.

Giustiniani (Lorenzo), cité, I, 371.

Giustiniani. Voy. Lanfranco.
Givry (ancienneté de la maison de), V, 6.
Givry (Claude de Longwy, cardinal de), III, 132.
Givry (René d'Anglure, seigneur de), couronnel de l'infanterie française en Toscane; son éloge; ses capitaines et son enseigne couronnelle, VI, 169-171; est tué à Dreux; son épitaphe par François de Guise; éloge de son fils, 172.
Givry (Anne d'Anglure de), fils de René; son éloge; mestre de camp de la cavalerie légère, VI, 172; son duel avec Grandpré, 348; sa querelle avec le comte de Soissons, 473-474; sa mort, IX, 676, note. — IV, 77; V, 212; IX, 268.
Gladiateurs (combats de), à Lyon lors de l'entrée de Henri II; III, 250-253.
Glesquin. Voy. Guesclin.
Glissade, un des exercices favoris de Henri II, III, 278.
Goas, Gouas ou Gouast. Brantôme mentionne trois capitaines de ce nom, sans les distinguer par leurs prénoms. L'un, probablement l'aîné, mestre de camp de la garde du roi, V, 348; un des massacreurs et pillards de la Saint-Barthélemy, VI, 71; reçoit à l'assaut de La Rochelle sa première blessure et en meurt. V, 326; VI, 62, 63. — VII, 288.
    Le second fut tué à la défaite de Cocqueville, laissant un fils gouverneur d'Antibes, IV, 87.
    Le troisième, capitaine de la garde du roi, mestre de camp en Béarn où il fut massacré, V, 353.
Gobin (le), surnom de François, duc de Mantoue, IX, 361.
Godefroy (Th.), son *Cérémonial*, cité, II, 292, note 4; III, 250, note 2.
Godefroy (Denis), son *Histoire de Charles VIII*, citée, II, 293, note 2.
Godefroy (collection), à la bibliothèque de l'Institut, citée, II, 149, note 1.
Gogna, capitaine gascon, ami du connétable de Bourbon, I, 267, 330.
Gomara (F. Lopez de), son *Historia general de las Indias*, citée, I, 52, note 5.
Gomberville. Ses *Mémoires du duc de Nevers*, cités, IX, 122, note 2.
Gomez. Voy. Eboli.
Gondi (détails sur la famille de), V, 253, 254.
Gondi (Antoine de), grand-père du maréchal, meunier près de Florence, V, 253, 254.
Gondi (Antoine de), seigneur du Perron, père du maréchal de Raiz; son origine; sa femme Marie-Catherine de Pierre-Vive, dame du Perron; métier qu'elle faisait à la cour; gouvernante des enfants de Henri II, V, 254.
Gondi (Jean-Baptiste de), italien francisé, excuses qu'il fait à Coligny, IV, 317.
Gondi (Pierre de), cardinal, évêque de Paris, II, 118.
Gondi (Henri de), dit le cardinal de Raiz, évêque de Paris, X, 90.
Gondi (Jean-François de), abbé de Saint-Albin, premier archevêque de Paris, X, 90.
Gondi (Charles de). Voy. La Tour.
Gondi (Albert de). Voy. Raiz.
Gondi (Marie de), femme de Nicolas Grillet, VIII, 92, note 1.
Gondi (Claude-Marguerite de), voy. Maignelets.
Gondi (Gabrielle de). Voy. Escri-Longueval.
Gondi (Hippolyte de). Voy. Ragny.
Gondi. Voy. Belle-Isle, Dampierre, Vassé.
Gondras (Philibert des Serpens, seigneur de), marié à Margue-

Gondras (suite).
rite de La Guiche; son château
de Veuvre, X, 109; neveu du
capitaine Cozeau, 111.
Gondrin. Voy. Pardaillan.
Gonnelieu (Nicolas de), tue le
jeune frère de Vitteaux, est
assassiné par celui-ci, VI, 331.
Gonnin (maître), faiseur de tours
du temps de Brantôme; son
grand-père fait apparaître des
femmes à François Ier, IX, 298.
Ses tours, V, 171.
Gonnor. Voy. Cossé.
Gonnor; vers latin et jeu de mots
sur ce nom, III, 85; IV, 85;
VIII, 205, 206.
Gonsalve ou Gonzalve. Voy. Cordova.
Gontaut (Claude de), femme de
J. de Bourdeille des Bernardières, X, 96, note 2.
Gontaut (Jean II de), seigneur
de Saint-Geniès, mari de Françoise d'Andaux, X, 96, note 2.
Gontaut. Voy. Biron et Saint-Blancard.
Gontery ou Gouthery (de), prêtre, secrétaire du chancelier de
Birague, meurt pauvre à Turin,
V, 77, 115, note 1.
Gontran, son combat contre Ingelgerius, VI, 245-248.
Gonty, Voy. Rouly.
Gonzagues (les), II, 1.
Gonzague (Ferdinand de), fils de
François de Gonzague, marquis
de Mantoue, vice-roi de Sicile,
notice sur lui, I, 247-250; succède au prince d'Orange comme
général de l'armée impériale,
247; colonel général de la cavalerie légère; fait prisonnier
Montejan et Boisy; lieutenant général dans les guerres
de France et de Flandre, 248;
fait piller au sac de Rome la
maison de son oncle, le cardinal de Mantoue, 249, 303; est
accusé d'avoir empoisonné le
dauphin François, 249-250;
son traité avec le comte de
Sancerre pour la capitulation
de Saint-Dizier, III, 235 et
suiv.; disgracié pour sa rigueur,
239; essaye inutilement d'attirer au service d'Espagne son
petit-neveu Louis de Gonzague,
IV, 379-380; est accusé de la
mort de P. L. Farnèse, IX, 65;
fait assassiner des soldats de
Brissac; lève le siège de Parme,
66, 67; comment il châtie,
après s'être parjuré, une révolte de soldats espagnols; mécontentement qu'il excite à la
cour d'Espagne; ce que Brantôme en entend dire, VII,
147-153; poursuivi par le conseil d'Espagne; sauvé par Charles-Quint, VI, 41, 42; ce qu'il
dit au sujet de combat à refuser par un chevalier de l'ordre, VI, 466; son médecin
Cabrian, IX, 569. — I, 28,
note 2, 94, 245; II, 152; VII,
280.
Gonzague (Octavio), accompagne
don Juan en Flandre, II, 127.
Gonzague (Cagnin de), sa querelle avec César Frégose; détails
sur son manifeste contre lui,
VI, 463.
Gonzague (Julia ou Livia de),
femme d'Ascanio Colonna, sa
beauté; manque d'être enlevée
à Fondi par Barberousse; tombe
entre les mains de brigands,
VIII, 93-94.
Gonzague (Clère, Clérisse ou
Claire de), femme de Gilbert
de Montpensier, V, 3, note 2.
Voy. Montpensier.
Gonzague. Voyez Mantoue et Nevers.
Gonzague (le), cheval du haras
de Mantoue, IX, 347.
Gonzalo. Voy. Gonsalve.
Gordes (Bertrand-Raimbauld de
Simiane, baron de Caseneuve
et de), lieutenant général en
Dauphiné, V, 415, 424, 425.
Gordes, dit Gourdillon (J. A. de
Simiane, seigneur de Cabanes

et de), a les deux jambes emportées au siège de Rouen, V, 415, 416.

Gordes (de), IV, 72.

Goths, veulent brûler la bibliothèque d'Athènes, III, 47, 48.

Gotterelle (la belle), femme d'un avocat de Poitiers ; ses débauches avec les écoliers protestants, IX, 162-163.

Gouas, Gouast. Voy. Goas.

Gouast (Alphonse d'Avalos marchesel Vasto ou del), notice sur lui, I, 200-216 ; cousin du marquis de Pescaire, lui succède comme lieutenant général des armées de Charles V en Italie, 200 ; lieutenant général dans l'expédition de Tunis, fait retirer l'empereur du champ de bataille, ibid. ; fait lever le siège de Nice, 202 ; ses fanfaronnades avant la bataille de Cérisoles, où il est battu, 203-206, 212, 213, 216 ; ce que dit un bouffon sur lui, 205 ; fait assassiner Frégose et Rincon, 206-207, 212 ; son entrevue en Piémont avec François Ier, 208-210 ; sa mort, 212 ; sa femme et ses enfants, 213 ; ses devises, 215, 216 ; danger qu'il court au siège de Milan, 366 ; son cousin le marquis de Pescaire le fait son héritier et lui recommande sa femme et ses soldats, 196-199 ; ce que lui dit Pescaire à la bataille de Pavie, VII, 68 ; sa conduite et sa conversation avec François Ier prisonnier, 69 ; III, 145 et suiv., étant prisonnier, gagne André Doria au service de l'empereur, II, 26, 30, 38, note 1 ; fait assassiner Frégose et Rincon, II, 280 ; III, 214 ; défié par Langey, VI, 459-460 ; avis qu'il donne à Charles V, sur Perpignan, II, 42 ; comment il châtie la révolte des soldats espagnols dans le Milanais, VII, 151 ; échange des ambassadeurs avec Montejan ; son entreprise sur Turin, III, 206 ; ce qu'il dit à ses soldats sur les Gascons à la bataille de Cérisoles, qu'il livre pour sauver Carignan, III, 218 ; VII, 93 ; menottes qu'il avait fait préparer pour les futurs vaincus de Cérisoles, II, 428, montre prise dans ses bagages ; mot à ce sujet ; mot de son bouffon, III, 216-217 ; fait pendre le soldat qui avait tué François de Saluces, VI, 135 ; ses enfants, voy. Avalos. — I, 94, 236, 247, 267, 272, 302, 334 ; II, 4, 17, 228, note 3 ; IV, 170 ; V, 315, 319, 320 ; VI, 162.

Gouast (Marie d'Aragon, marquise del), femme du précédent ; récit d'une visite que lui fait à Naples le grand prieur de Lorraine que suivait Brantôme, et de l'accueil qu'elle lui fait, IX, 364-371 ; comment elle reçoit Brantôme à un nouveau voyage ; fait la fortune d'un gentilhomme gascon ; ses enfants, 372-375.

Gouast (Antoinette del), fille de la marquise del Gouast, mariée à Horace de Lannoi, prince de Sulmone, IX, 368, note 2.

Gouast (Béatrix del), fille de la marquise del Gouast, mariée à Alphonse de Guevara, comte de Potenza, IX, 368, note 2.

Gouffier (Hélène), femme de Louis de Vendôme, III, 165, note 1.

Gouffier (Claude). Voy. Charny.

Gouffier. Voy. Boisy, Bonnivet, Brissac, Roannais.

Goujats d'armée, II, 385 ; pépinière de bons soldats, IV, 150.

Goujet (l'abbé), sa *Bibliothèque françoise*, citée, V, 280, note 2.

Goulette (la), prise par Charles-Quint, I, 153, 334 ; II, 3, 4, 36 ; les soldats espagnols s'y révoltent, VII, 147 ; prise par les Turcs, II, 34, 60-62, 64, 65, 83, 85 ; VII, 15-16 ; dicton espagnol à ce sujet, II, 126.

Gounellieu. Voy. Gonnelieu.
Gourdan (Girard de Mauléon de), nommé gouverneur de Calais, IV, 216; erreur de Brantôme à son sujet. *Ibid.*, note 2; sa réponse à Élisabeth qui voulait le corrompre; refuse à Henri III de céder à Espernon son gouvernement, qu'il laisse à son neveu F. de Saint-Paul de Bidossans, 217-218. — IV, 73; V, 414.
Gourdillon, surnom du baron de Gordes, V, 415. Voy. Gordes.
Gourdon (de), capitaine, IV, 72.
Gourgue (Ogier de), général des finances, administrateur des biens de l'infante Marie de Portugal en France, IX, 720.
Gournay (de), précepteur de Henri III, IX, 198.
Goutery ou Gouthery. Voy. Gontery.
Goutte (mot de Lucien sur la), IV, 171.
Gouvernante des dames et filles d'Élisabeth de France (mot sur une), VII, 196.
Gouvernantes de femmes; anecdotes à ce sujet, IX, 140 et suiv.
Gouvernet (René de la Tour du Pin, seigneur de), lieutenant de Lesdiguières, V, 188.
Gouverneurs de province (droits et devoirs des), V, 169, 170.
Gouverneurs de provinces, nommaient jadis les capitaines des places de leur gouvernement, III, 410-412; leurs concussions, 49; VII, 311.
Goville. Voy. Gauville.
Goyon, surnom de Matignon, V, 166.
Goyon (Gilonne de), demoiselle de Torigny, VII, 393. Voy. Torigny.
Gozzo (île de), prise par les Turcs, II, 39, 55.
Grâces (les trois), surnom donné aux dames de Nevers, de Guise et de Condé, IV, 379.

Grailli. Voy. Foix.
Grammont (le baron de), à la bataille de Ravenne, V, 312.
Gramont (Antoine d'Aure, vicomte d'Aster, baron de), l'un des chefs du parti huguenot; troupes qu'il amène à Orléans, V, 413; VI, 170; au siège de Paris, 47; mari d'Hélène de Clermont, III, 165, note 1. — II, 411; V, 346; VI, 230.
Gramont (Gabriel, cardinal de), évêque de Tarbes, III, 132.
Gramont (Philibert de), sa querelle avec Bussy; sa mort au siège de La Fère, VI, 393-395.
Gramont (Marguerite d'Aure de), femme de Jean de Durfort, seigneur de Duras, VII, 395.
Gramont (Catherine de), femme de François de Caumont, comte de Lauzun; est cause d'une querelle entre le comte de Soissons et Givry, VI, 473-474.
Gramont. Voy. Andouins.
Grand bâtard de Bourgogne (Antoine dit le), fils naturel de Philippe le Bon, II, 299.
Grandchamp (Guillaume de Grandrie, seigneur de), ambassadeur à Constantinople, robe magnifique qu'il donne à Marguerite de Valois, VIII, 37; était bigame, *ibid.*, note 2; accompagne Soliman en Hongrie, V, 406. — V, 57.
Grand Colas, surnom de François Ier, I, 129.
Grand écuyer. Voy. Bellegarde.
Grand de France (anecdote sur un), I, 175-176.
Grands, leurs alliances étrangères, VII, 333; leur insatiabilité, I, 170. Les petits ne doivent pas s'attaquer à eux, VI, 487.
Grands et grandes (les), ont peu de constance dans leurs amitiés, IX, 449.
Grands hommes. Voy. Hommes.
Grand maître (charge de), ce que François Ier en dit à La Palisse,

VII, 209-210. — I, 218, note, 224.
Grands maîtres de l'artillerie. Voy. Artillerie.
Grandmont. Voy. Gramont.
Grandpré (Robert de Joyeuse, comte de), son duel avec Givry, VI, 348.
Grandpré (Roger de Joyeuse, comte de), mestre de camp, V, 363.
Grand prieur de France. Voy. Lorraine (François de); Valois (Charles de).
Granson (bataille de), V, 110.
Grantmont. Voy. Gramont.
Granvelle (Nicolas Perrenot, seigneur de), chancelier de Charles-Quint, sa ruse pour faire capituler Saint-Dizier, VI, 465; envoyé à Paris, III, 103; pasquin italien sur lui, II, 126. — VII, 150.
Granvelle (Antoine Perrenot de), fils du précédent, évêque d'Arras, cardinal; visite le comte de Bure mourant, I, 314-317; ce qu'il dit au cardinal de Lorraine sur la loi salique, VIII, 46-47, 50. — IX, 483.
Graveline (bataille de), II, 75, 76, 152; IV, 3, 207, 220; VI, 120, 146; X, 64.
Gravelines. Combat qu'y livre Biron, V, 144.
Gravera, capitaine espagnol, I, 330.
Gray ou Grey (mylord), défend Guines contre le duc de Guise, y est pris et est donné à Strozzi; sa rançon, II, 271; IV, 219. — V, 90.
Grec (traduction en) des Commentaires de César par Pierre Strozzi, II, 241.
Grec. Brantôme l'entendait comme le haut-allemand, II, 241, 242.
Grec (devin). Voy. Devin.
Grèce, projet du grand maître La Valette de la faire révolter, V, 229.
Grecque (la), courtisane à Rome;

vient en France, son histoire, IX, 53-54; son mot sur le libertinage, 56.
Grecques (femmes), ardentes en amour; proverbe italien sur elles, IX, 191.
Greffier de Bordeaux, devenu président à Rouen, V, 402.
Greffier. Voy. Le Greffier.
Grégoire de Tours, son opposition à Chilpéric Ier, VIII, 51. — X, 457, note 1.
Grégoire XI, VIII, 159.
Grégoire XIII, concède les bénéfices d'Irlande aux gentilshommes catholiques, III, 115; mande Romegas à Rome, V, 235, 236.
Grégorio, Génois, sa bravoure au siège de Düren, II, 6.
Grelot. Voy. Groslot.
Gremian (N. du Pleix, seigneur de), capitaine catholique; respect que lui portait son fils Antoine, VII, 264. Voy. l'article suivant.
Gremian (Antoine du Pleix, seigneur de), capitaine protestant, prend Aigues-Mortes; son respect pour son père qui combattait dans l'armée catholique, VII, 263-264.
Grémonville. Voy. Archant (l').
Grenade (conquête de), par don Juan d'Autriche, II, 189; VII, 156.
Grenelles (rue des), à Paris (rue de Grenelle-Saint-Honoré), VI, 186.
Grenoble, pris par Lesdiguières, V, 186; son parlement, 424.
Gresignat ou Grézignat (Jean de Bourdeille, seigneur de Saint Just et de), oncle de Brantôme, part qu'il prend aux fêtes de noces de F. de Bourdeille, son frère; marié à Anne Joubert, X, 47.
Grey. Voy. Gray.
Griffon, paladin, VIII, 56.
Griffon, valet de chambre favori de Henri II, l'escortait la nuit

Griffon (suite).
quand il allait voir sa maîtresse, IX, 711.
Grignan. Voy. Adhémar.
Grignaux. Voy. Grignols.
Grignols ou Grignaux (Jean de Taleyrand, seigneur de), gentilhomme de Périgord, chevalier d'honneur d'Anne de Bretagne ; parent du père de Brantôme qu'il mène aux guerres de Naples ; ambassadeur à Rome ; son aventure avec des cardinaux exorciseurs, II, 224, note 1 ; VII, 197-199 ; savait les langues étrangères ; tour qu'il veut jouer à Anne de Bretagne ; colère de celle-ci, 317.
Grille (Honoré des Martins, dit le capitaine), huguenot ; sénéchal de Beaucaire, III, 392 ; sa victoire à Saint-Gilles ; ami de Brantôme, V, 350 ; ce qu'il raconte à Brantôme sur l'accueil fait par François Ier aux capitaines de Taix, VI, 14 ; son éloge ; savait bien l'espagnol ; mot du marquis del Gouast qu'il raconte à Brantôme, VII, 93-94.
Grillet (Nicolas), seigneur de Pomiers et de Bassey, époux de Marie de Gondi, VIII, 92.
Grillet (Isabelle). Voy. Montjouan.
Grillon. Voy. Crillon.
Grison fidèle, surnom du prince de la Roche-sur Yon, V, 29.
Grisons, abandonnent l'armée de Lescun ; leur lâcheté à Cérisoles, I, 292.
Gritti (Andrea), capitaine vénitien, puis doge, surprend Padoue, I, 79, note 4 ; enlève Brescia aux Français, II, 412, 413.
Grity. Voy. Gritti.
Grognet. Voy. Vassé.
Groslot (Jérôme), calviniste, bailli d'Orléans, contribue à livrer cette ville à La Noue, VII, 205.

Grossesse d'une fille de neuf ans, IX, 578.
Grosseto (Toscane), séditions des soldats français dans cette ville, V, 383 ; VI, 172.
Grotte de Pausilippe, III, 126.
Gruffy, écuyer de l'écurie de François Ier, son aventure mystérieuse avec une dame de la cour, IX, 239-243.
Gruget, son édition de *l'Heptaméron*, VIII, 125, note 2.
Gruriens, soldats tirés du pays de Gruyères, défaits à Cérisoles, I, 333 ; leur défection à Pavie, III, 139.
Gua (du). Voy. Guast.
Guadeloup (N.-D. de), VIII, 8.
Guast ou du Gua (Louis Berenger du), est blessé au siège de La Rochelle, devient mestre de camp de la garde de Henri III, V, 351, 352 ; est nommé par ce prince couronnel général des troupes qu'il devait emmener en Pologne ; son cabinet d'armes ; déjoue les intrigues de Bellegarde contre lui, VI, 206, 207 ; ce qu'il dit à Brantôme de la faveur de celui-ci, V, 200 ; chargé par Henri III de conclure son mariage avec Louise de Vaudemont, IX, 600 ; grand ami de Brantôme ; beau-frère de Lesdiguières ; sa belle réponse à Henri III au sujet de celui-ci, V, 188-189 ; dîner qu'il fait avec Brantôme et Dorat qui leur raconte l'histoire de la matrone d'Ephèse ; application qu'il en fait à une dame de la cour, IX, 662-664 ; dîner qu'il donne à des savants et où assiste Brantôme, 113 ; ses amours, *ibid.* ; sa conversation avec lui sur le livre *de la Beauté* de Firenzuola, 205-206 ; ce qu'il dit sur le mariage à Brantôme qui voulait le marier, 190 ; ce qu'il dit d'un homme vaillant, IV, 318 ; ses querelles avec Méru et avec Anguervua-

gues, V, 358-360; offense Marguerite de Valois qui refuse de lui pardonner; sa haine contre lui, V, 358; VIII, 62-65; est assassiné par Vitteaux; son éloge, V, 354-358; VI, 333-335; joie que sa mort cause à Marguerite, VIII, 77, 78. — IV, 326; V, 150; IX, 503, note 1.

Guast (N. de Bérenger du), frère aîné du précédent; ce qu'il dit à Brantôme sur Bonnivet, VI, 110-111; sur l'héritage de son frère, V, 356.

Guast (Claudine de Bérenger du), sœur des précédents, femme de Lesdiguières, V, 188.

Guast (del). Voy. Gouast.

Gueldre (Charles duc de), III, 225.

Gueldre (Philippe de), duchesse de Lorraine, III, 224, note 2; 225, note 2.

Guéméné (Louis VI de Rohan, prince de), comte de Montbazon, aveugle; mot de Randan sur lui, VI, 33.

Guéméné (Louis de Rohan, prince de), fils du précédent, VII, 387, note 5.

Guéméné Voy. Lenoncourt.

Guérin (Jean), maître d'hôtel de Louis XI, II, 340.

Guérin, avocat général au parlement d'Aix, exécuté, IV, 144, note.

Guerre (de). Voy. Aguerre.

Guerre (la), comparée à un marché, V, 336; comment il faut la faire, II, 72.

Guerre (de l'amour de la), V, 159; VII, 65.

Guerre (de la hardiesse à la), IV, 6 et suiv.

Guerre (des horreurs de la), VI, 18, 19; IX, 294.

Guerre (maximes de), VII, 295-296.

Guerre (termes de), nouvellement introduits, X, 161-162.

Guerre (des hypocrites de), II, 397; V, 329.

Guerre (bonne), demandée par les Anglais à Coligny dans la guerre de Boulogne, VI, 18.

Guerre (cri de) des Espagnols, I, 269, note 1.

Guerre civile (apologie et avantages de la), IV, 328 et suiv.; arrive souvent sous les jeunes rois, V, 240; la plus cruelle de toutes, V, 384.

Guerres civiles en France, IV, 292 et suiv.; Catherine de Médicis accusée à tort d'en être l'auteur, VII, 356 et suivantes.

Guerre civile (mémoires de Coligny sur la), IV, 327.

Guerres (commissaires des), grands larrons, III, 345; IX, 277.

Guerre ou bataille des protestants. Voy. Mühlberg.

Guerre (gens de), doivent se recommander à Dieu, II, 415; doivent être savants, IV, 104.

Guerre présents à la cour (bandon contre les gens de), IV, 223.

Guerre du plat pays (gens de), VI, 22.

Guerre. Voy. Armée, Blessés, Prisonniers, Rançon.

Guerre ou des Guerres (Barthélemy de), châtelain de Moulins, l'un des complices du connétable de Bourbon; sa fortune; Brantôme le voit à Naples, II, 234, 235; VII, 243, note 3, 244.

Guerres (des). Voy. Aguerre.

Guesbriant (François Le Felle, seigneur de), sa promesse de mariage à Françoise de Rohan, IV, 406.

Guesclin (Bertrand du), renvoyé à la guerre par sa femme Tiphaine, IX, 394; son expédition en Espagne, IV, 299; sa mort; honneur rendu à son corps, II, 200-201. — VI, 210.

Guessard (F.), son édition des Mémoires et des lettres de Marguerite de Valois, citée, VIII, 22, note 1, 57, note 3.

Guet (chevalier du), V, 96.

Guet-d'Amours, VI, 458.

Gueux, nom des révoltés flamands, I, 102; II, 153; VII, 87, 88.

Guevara (J. de), mestre de camp du terze de Lombardie, I, 21.

Guevara (Antoine de), ses *Epistolas familiares*, citées, I, 164, 222; Brantôme leur emprunte ses contes sur la courtisane Flora, X, 6, note.

Guevara (Alphonse de), comte de Potenza, IX, 368, note 2.

Guichard, son livre des *Funérailles*, cité, IX, 664.

Guichardin, harangues qu'il fait prononcer à Nemours, lors de la bataille de Ravenne, VII, 117; son injustice envers Charles VIII, II, 319-320; son témoignage invoqué à tort par Brantôme, VIII, 109; — cité, I, 131, 150, 151, 153, 161, 235, note 4, 243, 249, note 3; 291, note 4; 293, note 2, 392, 354; II, 2, notes 3 et 8; 195, note 1; 197, note 1; 198, note 2; 199, note 3; 203, 215, note 1; 227, note 4; 359, note 2; 365, 381, note 2; 392, note 1; 409, 419, note 1; 427; III, 4, 29, note 1; 40, 56, 57, 58, note 1, 58, note 1; 203, note 1; 204, note 2; V, 4.

Guiche (Diane d'Andouins, comtesse de), dite la belle Corisande, IV, 239; VI, 394, note 1.

Guiche. Voy. La Guiche.

Guichenon, cité, V, 113, note 3.

Guidon de cent hommes d'armes, comment cette charge se donnait jadis, V, 124.

Guidon d'une compagnie s'enveloppant de son drapeau, V, 84.

Guidon de Montpensier (dicton sur Montoiron), V, 11.

Guières (Antoine des), seigneur de Charency, l'un des complices du connétable de Bourbon, VII, 243, note 3.

Guiffrey. Voy. Boutières.

Guiffrey (Georges), son erreur, III, 445.

Guigues XIII, dauphin de Viennois, défait à Varey Édouard comte de Savoie, VII, 255; épouse Élisabeth de France, fille de Philippe le Long, 256.

Guillaume (saint), duc d'Aquitaine, sa retraite en un couvent, II, 87.

Guillaume, comte de Hainaut, son mariage projeté avec Marie de France, VIII, 53.

Guillaume, précepteur de Marguerite, comtesse de Flandre, en a deux enfants, IX, 573.

Guillaume de Tyr, son *Histoire des Croisades*, traduite par G. du Préau, citée, II, 193; IX, 25, note, 74, note 1.

Guillaume de Lyon (le grand), capitaine des mulets de Charles VIII, II, 300.

Guillaume. Voy. Clèves.

Guignonnes. Voy. Quignones.

Guilledine, jument anglaise, envoyée par Henri VIII au père de Brantôme, X, 56. Voy. le Lexique.

Guillot le songeur, IX, 142, note 2.

Guimenay. Voy. Guéméné.

Guindeo (Alvaro), capitaine espagnol, I, 334.

Guinegate (victoires de Maximilien à), I, 75, note, 79.

Guines, pris par les Français, II, 271; IV, 219; VI, 174; pris par les Espagnols, VII, 140.

Guinot de Loizières. Voy. Lauzière.

Guionnière. Voy. La Guyonnière.

Guise, séjour qu'y fait Brantôme, avec le duc F. de Guise, IV, 231-234.

Guise (maison de), services qu'elle a rendus à la France, IV, 272 et suiv.; sources de ses richesses, *ibid*.

Guises (mot attribué à François Ier sur les), IV, 271, 272.

Guise (maison de), ingratitude des gens de cette maison, V, 209.

Guises (les), oncles de Marie Stuart, la décident à retourner en Écosse, VII, 413.

Guise (Claude de Lorraine, duc de), notice sur lui, III, 225-231; est blessé à Marignan, 225-226; sa conduite à Mouson et à Fontarabie; défait les Anglais près de Hesdin, 227-228; est nommé gouverneur de Bourgogne et de Champagne, 228; défait près de Saverne les paysans révoltés; est blâmé par la régente, 229; défait près de Neufchâtel Guillaume de Furstemberg et le comte Félix, 230; donné pour chef au duc d'Orléans dans la conquête du Luxembourg, 230; son entrée à Paris avec le roi après la prise de Saint-Dizier, 231; couronnel de lansquenets à Marignan, V, 314; sa campagne contre les paysans révoltés d'Allemagne, blâmée par Louise de Savoie, 169; sa querelle avec le comte de Sancerre, VI, 465-466. — III, 171, 183, 337; IV, 326.

Guise (François de Lorraine, duc de), fils du précédent, notice sur lui, IV, 187-281; est surnommé le Grand, 188; ses exploits; sa glorieuse défense de Metz; sa générosité envers les assiégeants malades, 188-192; sa courtoisie envers Louis d'Avila à qui il refuse de rendre un esclave, 192-195; est le principal auteur de la victoire de Renty, 195; sa conversation sur l'infanterie et sa cavalerie, 208; accusé à tort d'avoir rompu la trêve de Vaucelles, 210-211; son échec à Douai; prend Lens, 211; conduit une armée au secours du pape; la ramène en France après la bataille de Saint-Quentin; vers de l'Hospital à ce sujet, 212-213; s'empare de Calais dont il fait donner le gouvernement à Gourdan, 213-218; de Guines, de Ham et de la comté d'Oye; de Thionville, 219; sa querelle au camp d'Amiens, avec le baron de Lutzelbourg, 220-222; sauvé de la disgrâce par la mort de Henri II; sa faveur sous François II, 222 et suiv.; sauve la vie à la Renaudie accusé de faux, 225-226; fait échouer la conspiration d'Amboise, 226; sa modération et sa puissance à la mort de François II; va en pèlerinage à Cléry, 226-229; bruits divers sur son expédition d'Italie; est appelé vice-roi, 229-230; son peu d'ambition; son geste habituel, 231. — Il se retire à Guise; rappelé subitement à Paris par Charles IX et sa mère, 230-232; son départ; son arrivée à Paris; son costume, 232-234; quitte la cour après le colloque de Poissy, 234; est rappelé dès le commencement des troubles; ce qu'il raconte devant Brantôme du massacre de Vassy; est surnommé boucher de Vassy; sa confession au lit de mort à ce sujet, 234-236; ses exploits contre les huguenots; sa vaillance au siège de Rouen, 237-240; parallèle de lui et de Lautrec, 240-241; gagne la bataille de Dreux, 244-247; récit qu'il en fait à la Reine, 247-250; va assiéger Orléans; est assassiné par Poltrot, 250-258; regrets de sa mort vengée à la Saint-Barthélemy; ses obsèques, 259-260; vers sur lui, 260-263; ses premiers exploits; ses blessures, 263-264; ce que lui dit Mazères chargé de l'assassiner à Amboise, 265; sa conduite avec Bonnegarde qui menaçait de le tuer, 266-267; sa querelle avec Condé, 267-269; réparation qu'il fait à Saint-Phal qu'il avait frappé, 269-270; dettes qu'il laisse à sa mort;

Guise (suite).
accusé à tort d'avoir pillé les finances de la France ; dicton sur les Guises attribué à François Ier ; son mot sur eux ; leurs services, 270-274 ; frères du duc, 275 et suiv ; Guise à la bataille de Renty, VI, 22, 23 ; prend Thionville, IV, 4 ; V, 71 ; et assiste à la mort du maréchal Strozzi, II, 273, note 2, 274 ; blessé à l'assaut de Linars, IV, 371 ; ce que Brantôme lui entend conter sur le siège d'Yvoy, I, 305 ; sa défense de Metz, I, 36, 84, 91, note 2, 347, note ; II, 272 ; IV, 22, 56 ; VI, 225 ; VII, 118 ; sa générosité à ce siège envers les Impériaux, VII, 154-155.

— Son expédition en Italie, I, 101, 102 ; VI, 25, 172-174 ; VIII, 110 ; s'empare de Calais, VI, 26 ; est un des tenants du tournoi de Henri II ; sa livrée, III, 271 ; grand maître de France, I, 218, note, 224 ; VI, 381, 490 ; parallèle de lui et de Coligny, IV, 285, 327 ; leur intimité pendant leur jeunesse, 286, 288 ; causes de leur brouille, 287 ; Coligny le fait aimer de Henri II, 288, 290 ; et avertir la duchesse d'un complot dirigé contre lui, 290 ; leur altercation à Fontainebleau, 291 ; VI, 121 ; ses regrets sur la prison de François de Vendôme, ibid. ; il se retire de la cour, IV, 168 ; forme le triumvirat avec Montmorency et Saint-André, III, 297 ; s'oppose à la mort de Catherine de Médicis proposée par le maréchal de Saint-André, VII, 357 ; rivalité entre lui et Antoine de Bourbon, IV, 366 et suiv. ; sa querelle à Fontainebleau avec lui ; comment apaisée par Catherine de Médicis, VII, 352-354 ; est défié par lui, VI, 450 ; comment il traite Monluc qui voulait le faire battre avec ce prince, III, 198, 199 ; VI, 450-452 ; rassure Catherine de Médicis après la mort d'Antoine de Bourbon, IV, 368 ; son entente avec elle ; son pouvoir, V, 14 ; son beau combat contre les protestants sous les murs de Paris ; ce que Brantôme lui entend dire aux fuyards, VI, 46, 47 ; VII, 300-301 ; cheval qu'il montait ce jour-là, et qu'il fit monter à la bataille de Dreux par son écuyer qui y fut tué ; son bai *Samson* ; son haras, 301-302 ; IX, 348 ; pour rassurer les Parisiens, leur répète un mot de François Ier, 302 ; aux sièges de Rouen et de Bourges ; prisonniers qu'il sauve de la mort, II, 395 ; V, 416-418, 420, 421 ; sa conduite à l'égard de ses soldats ; à l'égard de Sainte-Colombe lors de l'assaut donné à Rouen, V, 373-376 ; réponse que lui fait Catherine de Médicis qu'il voulait empêcher, au siège de Rouen, de s'exposer au feu, VII, 365.

— Sa victoire à Dreux, III, 226 ; V, 37-39, 414 ; VI, 47, 48 ; VII, 118. (Voy. Mareuil) ; sa conversation avec le capitaine Burée le soir de la bataille, VI, 229-230 ; sa générosité envers le prince de Condé prisonnier, IV, 349 et suiv. ; écrit au roi et à la reine mère le récit de la bataille, 350 ; ce qu'il dit à la reine mère sur le connétable de Montmorency à la bataille de Dreux ; son entretien avec lui le matin de la bataille, III, 298 ; ce qu'il dit à Strozzi sur Andelot, au siège d'Orléans, VI, 55 ; récit d'un de ses soupers au siège d'Orléans, IV, 77-78 ; anecdote de lui et d'un Espagnol, de la maison de Mendozze, au siège d'Orléans, VII, 89-91 ; son assassinat par Poltrot, V, 247, 248 ; ce qu'il dit à sa femme après avoir été blessé, IX, 442 ; refuse de se laisser guérir par Saint-Juste d'Allègre, V. 46 ; désigne en mourant son frère, le duc d'Aumale, pour commander l'armée, IV, 283 ; regretté par des soldats huguenots d'Orléans, VII, 66-67.

— Sa rigueur dans la discipline militaire ; son aventure à (Calais) avec Saint-Estèfe ; fait pendre deux soldats et s'en accuse à son lit de mort, V, 378-380 ; ce que Brantôme lui entend dire sur les corps de réserves, II, 351-353 ; fait venir des arquebuses de Milan ; son mot à ce sujet, au siège de Rouen, VI, 74 ; sa création de mestres de camp, V, 337 ; ses projets contre l'Angleterre, VII, 67 ; sa courtoisie, III, 398 ; son respect pour la justice, VI, 39, 40 ; son horreur pour les soulèvements populaires, V, 191 ; veut épouser Christine de Danemark qui le refuse ; pourquoi, IX, 627 ; ce qu'il disait, à propos du cardinal son frère et de Paul IV, des guerres entreprises sur la foi d'un prêtre, 612 ; son aventure avec un capitaine qui voulait le tuer, IV, 266 ; VI, 470 ; son mot sur Vassé et Monluc, IV, 94 ; il défend celui-ci contre Caumont, 26, 31 ; ce que Renée de France lui dit sur l'arrestation de Condé, VIII, 113-114 ; fait Tavannes son lieutenant en Bourgogne, V, 90 ; justice qu'il lui rend pour sa conduite à la bataille de Renty, 91 ; est le parrain de La Chastaigneraie dans son duel avec Jarnac, VI, 273, 274, 280, 281 ; son intervention dans la querelle de Randan et de Montberon, 479-480 ; accorde la querelle de Maugiron et de Rance ; ce qu'il dit de la manière dont doivent se faire les accords, 367-369 ; accommode la querelle de Lagot et de Sarlabous, V, 340 ; ce que Brantôme lui entend dire sur le duel de Mastas et d'Apchon, VI, 379 ; fait faire en latin le *Tombeau* du comte de Randan, 33, et celui de La Chastaigneraie, 272 ; ses regrets et ses épitaphes sur M. de Givry et d'autres enterrés à Dreux, VI, 172 ; son éloge de J. d'Estrées, III, 77, 78 ; amitié qu'il portait à J. de la Brosse, V, 47-49 ; à Timoléon de Brissac et à sa sœur Jeanne, VI, 127, 128 ; amitié de La Rochefoucauld pour lui, V, 200-201 ; anecdote de lui et de Constantin, V, 344 ; lettre à lui adressée par La Garde, IV, 144 ; pousse son frère le grand prieur à épouser Marie de Portugal, IX, 721-722. — I, 14, 171, 295 ; III, 183, 198, 269 ; IV, 8, 9, 79, 163, 164, 375 ; V, 31 ; VI, 108, 124-126, 422.

Errata. IV, 226, note 1 et IX, 721, note 1 ; Henri de Guise, *lisez* : François de Guise.

Guise (Henri de Lorraine, prince de Joinville, puis duc de), fils aîné du précédent ; accompagne son père dans un combat sous les murs de Paris, VII, 301 ; sert sous son oncle Alphonse II de Ferrare, I, 91 ; anecdote sur lui à l'entrevue de Bayonne, III, 371 ; va guerroyer en Hongrie contre Soliman, V, 405 ; est blessé à Moncontour, IV, 201 ; jure après la mort de son père de le venger, V, 247, 248 ; et il y est excité par sa mère, IX, 442 ; sa réconciliation avec Coligny, IV, 317 ; part qu'il prend à la mort de celui-ci, 260, 302-303 ; son rôle à la Saint-Barthélemy, IV, 38 ; prend part au siège de La Rochelle, 36 et suiv. ; V, 335 ; ses relations d'amitié et ses conversations, pendant ce siège, avec Brantôme

Guise (suite).
qui lui prête un mousquet et à qui il donne une épée argentée, 329-331; VI, 81, 82; X, 145; son intimité à ce siège avec le duc d'Anjou (Henri III); vers qu'il fait sur lui et montre à Brantôme, IX, 280-281; est auteur de la prise de La Fère, V, 167; ses victoires sur Thoré et le baron de Dhôna, II, 209; III, 376; IV, 197-199; V, 44, 139-141, 180, 181; VII, 291, 295-300, 302; est blessé à Dormans, III, 376; ses ravages en Allemagne et dans le comté de Montbéliard, IV, 199; lettre qu'il écrit au prince de Parme, 200; mot de celui-ci sur lui, 293.
— Grand maître de France, I, 218, note, 224; son urbanité dans cette charge, VI, 490; son mariage projeté avec Catherine d'Albon, V, 31; sa querelle de préséance avec Montpensier, 20-22; défié par Henri de Navarre et le prince de Condé, VI, 450; bonnet qu'il portait à cheval, I, 44; nom qu'il donnait à Mme de Randan, IX, 648; manque de se noyer dans la Seine, IV, 78; son alliance avec le prince Casimir et Charles III, duc de Lorraine, I, 325; mot d'un gentilhomme sur les galanteries de sa femme qui l'appelait le *nomper du monde*, IX, 148, 645; contribue à la délivrance de La Noue, VII, 212, 217 et suiv.; sa conversation à ce sujet avec Brantôme, 226-228; sauve les enfants de La Noue à la Saint-Barthélemy, sa sagesse, 228; fait connaître Saint-Mégrin à Henri III, VI, 480; son amitié pour Brantôme; le prie de l'aider à défendre avec lui Charles de Brissac, 146, 147; veut se l'attacher au commencement de la Ligue, V, 209; ses conversations avec lui sur l'emploi des arquebusiers, I, 338-340; sur les reîtres, IV, 201; sur ses dettes, 270; sur Saint-Phal, 270, 271; sur Ph. Strozzi, VI, 89; sur les femmes, VII, 171-172; son démêlé avec Bussy qui lui donne satisfaction; tous deux le racontent à Brantôme, VI, 468-470; plaintes que lui fait Brantôme sur Aubeterre, IV, 259; sa vie projetée par Brantôme, IV, 197, 274; V, 294; son assassinat à Blois; regrets de sa mort, III, 46; IV, 200; V, 147; VII, 401; IX, 438, 440 et suiv.; sa mort n'a pas été vengée, IV, 260; malédictions sur ses assassins, VII, 300. — I, 173; III, 193, note 3; IV, 184-185, 187, 239, 309, 310; V, 23, 115, 327; VI, 491; VII, 448; IX, 189, note, 406, note 1.

Errata, IV, 226, note 1 et IX, 721, note 1 : Henri de Guise, *lisez :* François de Guise.

Guise (Louis de Lorraine, cardinal de), archevêque de Sens, élevé au collège de Navarre, IV, 270; son amour des plaisirs; son habileté; mot de François II sur lui, 279; son voyage à Rome, IX, 364; l'un des créateurs de Pie IV, VII, 338. — I, 253; IV, 153, 156, 275; V, 246.

Guise (Maximilien de Lorraine), fils de François duc de Guise, IV, 274.

Guise (Antoine de), fils de François de Guise, IV, 274.

Guise (*N*. Paris de), fils de François de Guise, mort jeune; est tenu sur les fonts par la ville de Paris; Brantôme assiste à son baptême, IV, 274.

Guise (Charles de Lorraine, duc de), fils de Henri, duc de Guise, grand maître de France, I, 218, note, 224; reconnaît Henri IV, IV, 185; son éloge, 274.

Guise (Claude de), bâtard du duc Claude de Guise, abbé de Saint-Nicaise et de Cluny ; pamphlet contre lui, IV, 279, note 1. Voy. Légende.

Guise (Antoinette de Bourbon, femme de Claude de Lorraine, duc de), son éloge, VI, 493-494 ; ce qu'elle raconte à Brantôme sur le combat de Neufchâtel, III, 230. — III, 271 ; IV, 273.

Guise. Anne d'Este, fille de Renée, duchesse de Ferrare, et femme 1° de François de Lorraine, duc de Guise ; 2° de Jacques de Savoie, duc de Nemours ; sa beauté et sa bonté ; comparaison d'elle et de Marie Stuart ; ressemblait à son grand-père Louis XII ; comment Brantôme l'appelait ; ses deux maris, IX, 360-361 ; assiste aux noces de Joyeuse, et du duc de Savoie, 362 ; son éloge ; son entrevue avec Christine de Danemark, IX, 627-628 ; sa bonté, 629 ; avertie par Coligny d'un complot contre son mari, IV, 290 ; admirée des Espagnols à Bayonne, 187-188. Entretien que Brantôme a sur elle à Bayonne avec un Espagnol, VII, 116-117 ; son aventure avec un gentilhomme, II, 405-407 ; accusée, dans le *Tigre*, d'adultère avec son beau-frère le cardinal de Lorraine, IX, 493 ; pasquin sur elle, 494-495 ; ses amours avec le duc de Nemours, IX, 226, 388, note 1 ; se remarie avec lui, IV, 166, note, 186-187 ; arrêtée à Blois après le meurtre de ses fils ; sa tendresse pour eux et son désespoir de leur mort ; est transférée à Amboise, 439-441 ; ce que lui dit le duc de Guise blessé par Poltrot ; excite ses enfants à venger leur père sur Coligny, 442 ; est envoyée à Paris par Henri III, pour négocier avec les Parisiens, 445-446 ; son mot sur Paris à propos de la ligue, 447. — I, 91, note 2 ; II, 368 ; IV, 40, 78, 246, 247, 273 ; V, 11 ; VII, 381 ; VIII, 109.

Guise (Catherine de Clèves, femme d'abord d'Antoine de Croy, prince de Porcien, puis de Henri de Lorraine, duc de Guise), VII, 384 ; maîtresse de Saint-Mégrin, IX, 14-15 ; ses regrets de la mort de son mari, le duc de Guise ; lettres d'elle que voit Brantôme, 645 ; son entrevue avec Henri IV, IV, 197, 199-201. — IV, 270, 273, note 2. Voy. Clèves (Catherine de).

Guise (Louise-Marguerite de), fille de Henri de Guise, femme de Louis de Bourbon, prince de Conti, VII, 396 ; son mot à Henri IV, IV, 199.

Guise. Voy. Joinville, Montpensier et Nemours.

Guistelles de Hainaut (Jean), VI, 246.

Guitinières, Guittinières. Voy. Guytinières et Ribérac.

Gusman (Gabriel), jacobin, dit le *Moine de la paix*, fait faire la paix de Crépy entre François Ier et Charles-Quint, III, 162-163.

Gusman (Don Gaspard de), capitaine espagnol, I, 331.

Gusman (Dom Pedro de), I, 332.

Gusman ou Guzman (Don Juan de), chevalier de Malte ; sa querelle avec un Espagnol, VI, 302, 303. — VII, 51.

Gusmanes (les), qui les Espagnols appellent ainsi, I, 335 ; VII, 146.

Guy, gouverneur du fou Thony, III, 343.

Guychy, erreur de Brantôme, lisez : Quélus, X, 101, note 4.

Guyenne, féconde en gens de guerre, VII, 372 ; sa révolte au sujet de la gabelle, II, 231 ; III, 249, note 4, 250 ; VI, 106, 108. Les confiscations n'y ont

Guyenne (suite).
pas lieu; Henri III donne à sa sœur Claude, duchesse de Lorraine, toutes les amendes de ce pays, VIII, 138.
Guyenne (grande), II, 416.
Guyenne (chronique de), citée, I, 77.
Guyenne (lieutenant du roi en), X, 63.
Guyenne. Voy. Charles de France.
Guynay. Voy. Gannay.
Guyon (Pierre). Voy. Briet.
Guytinières (Geoffroy d'Aydie — et non d'Ardres — vicomte de Castillon, baron de), VII, 393, note 11; VIII, 13, note; X, 473, note 2.
Gygès. Son anneau magique; tue Candaule, IX, 66-67.
Gyrelate. Voy. Girolata.

Haag (MM.), leur *France protestante*, citée, III, 59, note 2.
Habillement des dames françaises, sur les anciennes tapisseries; changé par Isabeau de Bavière et Marguerite de Valois, VIII, 31; description de divers costumes de celle-ci, 32-38.
Habillement d'Elisabeth, reine d'Espagne, VIII, 7-8, 19; de la comtesse d'Escaldasor, IX, 128-129; des courtisans, IV, 76, 165; des pages, 162; de deuil de Catherine de Médicis, VII, 398; de cheval de Diane d'Angoulême, VIII, 143; en cuir bouilli, VI, 241.
Habillements donnés par les rois et reines aux dames de la cour, VII, 398.
Habillements pour voyager en poste, donnés par le roi, VI, 438.
Habillements. Voy. Costume.
Habito de Christo, ordre de chevalerie de Portugal, conféré à Brantôme par le roi Sébastien, X, 123.

Hacquebelac (galerie), à Rambouillet, II, 323, note 2.
Haguenau, VI, 20.
Haillan (du), son *Histoire de France*, citée, II, 201, 308, note 4; VIII, 50, note 2, 51, note 2; IX, 36, note 2.
Hainaut (Jean de), IX, 432.
Hainaut (comte et comtesse de). Voy. Guillaume, Richilde.
Halde (Pierre du), premier valet de chambre de Henri III; ami de Brantôme; son éloge, V, 208.
Hallancourt, Picard, homme d'armes de Humbercourt; son exploit, II, 403.
Hallebardiers, VII, 287.
Hallot (François de Montmorency, seigneur de), III, 377.
Hallwin, ou Halluin. Voy. Alluye, Cipierre, du Fargis, Maigneletz, Piennes.
Halot (Michel de Bourrouge, seigneur du), sa tentative sur le château d'Angers; son supplice, VI, 487.
Ham, pris par les Espagnols, II, 74; par le duc de Guise, IV, 219.
Hames. Voy. Ham.
Hammer (de), son *Histoire de l'empire Ottoman*, citée, I, 18, note 1, 28, note 2, 321, notes 2, 3; II, 58, notes 2 et 3, 114, note 3; 116, note 4, 118, note 1.
Hangest. Voy. Genlis.
Haramburе (Jean d'), capitaine huguenot, V, 422.
Harangues des chefs à leurs soldats, VII, 113-121.
Harangue de Charles VIII, avant la bataille de Fornoue, II, 316-317; de François Ier avant la bataille de Pavie, III, 140-141; prêtée à tort par Paradin à Henri II, IX, 624; de Montelon à ses soldats, I, 135; de F. de Guise le jour de l'assaut à Metz et à la bataille de Dreux, VII, 118-119; de Frédéric

d'Albe assiégé dans Pampelune, VII, 113-116.

Haras de Henri II, III, 274-275; de F. de Guise à Eclaron (Haute-Marne), VII, 301; IX, 348; du maréchal Strozzi à Seme, VI, 163.

Haras du roi à Meung-sur-Loire, pillé par Condé, IX, 347-348.

Harballestier. Voy. Arbalétriers.

Hardeck (le comte Hans d'), I, 321, note 3.

Hardelot (Pas-de-Calais). Belle retraite de du Biez vers cette localité, VII, 294.

Hardi, monnaie de billon frappée en Guyenne et valant trois deniers, VII, 98.

Hardiesse à la guerre (de la), IV, 6 et suiv.

Harlay. Voy. Chanvallon, Sancy.

Harnachement de cheval, II, 210, 211; brodé en perles de la haquenée d'Élisabeth d'Espagne à son entrée à Bayonne, VIII, 12.

Haro. Voy. Lopez.

Haroun-el-Reschid, envoie un éléphant à Charlemagne, V, 248.

Harpedane. Voy. Belleville.

Harquebuse, harquebusier. Voy. Arquebuse, Arquebusier.

Haulsimont. Voy. Anchimont.

Hauteclaire (Geoffroy de), dit Coullaud, maître des requêtes, VI, 43.

Hautefort (le capitaine), sa querelle avec Perclongue; sa folie, IV, 16 et suiv.; est tué devant Yvoy, 18; sa générosité dans ses trois duels avec Jurignat; son amitié pour son cousin, le capitaine Bourdeille; sa mort, VI, 342-343.

Hautefort, l'aîné, (Gilbert de), chevalier de l'ordre, sa querelle avec Lignerolles, VI, 439-441; accompagne le duc de Guise en Hongrie, V, 405; mestre de camp, IV, 73; V, 351, 363; VI, 59.

Hautefort (Edme de), capitaine ligueur, tué à Pontoise, IV, 16, note 1; sa querelle avec François de Caumont qu'il assassine, 31.

Hautemer. Voy. Fervaques.

Hauteville (Élisabeth de), dame de Loré, femme du cardinal de Châtillon, III, 188; IX, 680.

Hauteville. Voy. Loré.

Hauterive (d'). Voy. Canillac (Gabriel de).

Haut-Marché (Hélie de), dit Monserogallard, abbé commendataire de Saint-Sevrin, legs que lui fait Brantôme, X, 126.

Hautricourt. Voy. Autricourt.

Havre (le), livré aux Anglais, V, 418; est assiégé et repris, V, 250, 339; VI, 53, 55, 222; VII, 364-365.

Havré (Diane de Dompmartin, marquise d'), cause de la mort de don Juan, II, 129.

Héberge (Jean), évêque d'Évreux, abbé de Bourgueil, II, 340, 341.

Hector, son corps traîné par Achille, IV, 303; VI, 234; son combat avec Ajax, X, 417, note 1. — III, 192, 330; VI, 122; IX, 377, 378.

Heemskerck, graveur, I, 22, note 3.

Hégésias, philosophe, IV, 25.

Heigerloo (bataille d'), II, 162, note 2, 179.

Heilly (Jacques de), chevalier de Picardie, pris à la bataille de Nicopolis; ses aventures, V, 386, 387.

Heilly. Voy. Étampes et Pisseleu.

Heine (G.), ses *Briefe an Kaiser Karl V*, citées, I, 11, note.

Hélène obtient son pardon de Ménélas, IX, 17; son portrait par Zeuxis, 255; coupe d'or qu'elle offre au temple de Minerve, 264. — IX, 409.

Héliogabale, ce qu'il disait des amours de famille, IX, 34; ses débauches, 44; sa loi sur les veuves, 589; abolit les vœux

Héliogabale (suite).
des Vestales, 690; mots de lui, cités, 331, 542. — III, 127.
Helly. Voy. Heilly.
Hémard de Denonville (Charles), évêque de Mâcon, cardinal, ambassadeur à Rome, assiste à l'assemblée où François Ier est insulté par Charles-Quint, III, 99-101; sa requête à celui-ci; réponse qu'il en reçoit, VII, 70-73.
Hemeries (Jean de), gentilhomme normand, mari de Mlle d'Ayelle, VII, 394, note 11.
Henguan. Voy. Enghien.
Hennebon (siège de), par Charles de Blois, IX, 429; X, 72.
Hennin. Voy. Bossut.
Henri II.
I. Henri II, dauphin; il est donné en otage à Charles-Quint, III, 171; son mariage avec Catherine de Médicis, 88; son train de maison, II, 213; ses favoris, IV, 286; sa fierté à l'égard des favoris de son père, VIII, 68; est fait lieutenant général, III, 161; VI, 13; sa jalousie contre son frère Charles; son échec devant Perpignan; sa colère à ce sujet contre Montpezat, III, 151, 184, 208; son voyage en Piémont, I, 208, 209; François Ier lui donne l'amiral Annebaut pour conseil et le réprimande pour avoir demandé le rappel de Montmorency, III, 209.
II. Henri II, roi de France, notice sur lui, III, 240-294; trésor qu'il trouve au Louvre à son avènement, 240; ses armées, 245; ses amours avec Diane de Poitiers; quatrain à ce sujet; 245-246; don immense qu'il lui fait à son avènement, 247; aimait la guerre; sa vaillance; mot du connétable à ce sujet; expédition qu'il envoie en Écosse; son voyage en Savoie et en Piémont, 250; relation de son entrée à Lyon et des fêtes données à cette occasion, 250-257; portait pour couleurs le blanc et le noir à cause de Diane de Poitiers, 255-256; reprend Boulogne, fait la paix avec l'Angleterre et protège le duc de Parme, 266, 267; son expédition et ses conquêtes en Allemagne, 267-269; son expédition à Valencienne; sa haine contre l'empereur qui est défait à Renty, 269; il lui enlève Sienne et la Toscane et le force de conclure une trêve avantageuse, 270-271; il rompt cette trêve et est contraint de conclure une paix honteuse; sa livrée blanc et noir, 271; il est blessé dans un tournoi par Montgommery, et meurt de sa blessure, 271-273; son épitaphe par Forcadel; regrets que cause sa mort, 273; chéri des étrangers; sa passion pour l'exercice du cheval; ses haras, 274; beauté de ses écuries; ce qu'il dit sur ses pages au grand écuyer de l'empereur, 275-276; son amour de la guerre et de la chasse; ses deux races de chiens courants, 276-277; son habileté au jeu de paume, ses jeux et exercices, 277-280.
Il traitait bien sa noblesse, 278; crève l'œil à son écuyer Boucard; sa dévotion; sa cour; son règne comparé à celui d'Auguste, 279-280; prophétie sur sa mort; ce qu'il en dit au connétable de Montmorency, 280-283; puni de Dieu pour avoir autorisé le combat de la Chastaigneraie et de Jarnac, 281-282; était peu constant dans ses amitiés; rappelle Montmorency et Saint-André pour les opposer aux Guises et leur fait conclure la paix de Cateau-Cambrésis, 282; ses guerres mal racontées par les historiens;

son éloge par P. Pascal, 283-285 ; savants personnages et poètes qui vécurent sous son règne, 285-289 ; aimait les lettres et les savants ; don qu'il fait à Jodelle, 289 ; savait très bien l'espagnol ; son portrait ; était le meilleur sauteur de la cour ; sauve Bonnivet qui se noyait ; désir que la reine Élisabeth avait de le voir, 290-291 ; était grand capitaine ; ce que les huguenots disent de sa mort, 292 ; cri fait à ses funérailles, 294.

— Son alliance avec Soliman, VI, 304 ; son ambassade à la diète d'Augsbourg, I, 82, 83 ; nomme Catherine de Médicis régente pendant son expédition d'Allemagne, VII, 347 ; assiège et prend Yvoy, 305-307 ; enlève à la duchesse de Lorraine, Christine, son fils Charles II, pour le faire élever à sa cour ; plaintes inutiles de la duchesse à ce sujet ; apologie qu'il lui fait de sa conduite, IX, 622 et suiv. ; protection accordée par lui à Marie Stuart, au duc de Parme et à l'Allemagne, 625 ; secourt les Écossais contre les Anglais, VII, 404 ; traite doucement les Siennois, IV, 67 ; sa lettre aux Siennoises, IX, 417, 418 ; ses galères, II, 29, note 2 ; rompt la trêve de Vaucelles, abandonne les Siennois, les Toscans et les Corses, I, 121 ; accorde puis refuse au dauphin François de lui laisser faire la campagne de Saint-Quentin ; l'emmène au camp d'Amiens, V, 293, 294 ; désirait faire prisonnière Marie d'Autriche, IX, 428 ; obsèques qu'il fait faire à Charles-Quint, I, 71.

— Son affection pour Catherine de Médicis, qu'il refuse de répudier ; sa conformation singulière ; anecdote à ce sujet d'une dame lui demandant l'abbaye de Saint-Victor ; ses amours, VII, 341-342 ; son mot sur sa fille Élisabeth, VIII, 3 ; veut marier sa sœur Marguerite à Antoine de Bourbon ; lui fait épouser le duc de Savoie, VIII, 129-130 ; accorde à Antoine de Bourbon pour Henri de Navarre la main de Marguerite de Valois, VIII, 44 ; son respect pour les dames ; son aversion pour leurs détracteurs, IX, 484 ; son amour pour Diane de Poitiers, 682 ; anecdote sur lui et Diane de Poitiers, épiés par Catherine de Médicis, 283 ; ses précautions quand il allait, la nuit, voir sa maîtresse, 711 ; secret qu'il mettait dans ses amours ; a de Mme Flamin un fils qui fut Henri d'Angoulême, 490-491 ; sa maîtresse, Philippe Duc, VI, 496 ; sa fille naturelle Diane de France, VIII, 140, note 1, 141.

— Sa cour, VII, 379 ; ses chevaux le *Bai de la paix ; Le Compère ;* et le *Malheureux* sur lequel il fut blessé à mort, IX, 348-349 ; sa table, III, 122 ; ses couleurs (blanc et noir), IX, 319 ; fait venir en France la bande de violons du maréchal de Brissac, IV, 82 ; chantait au lutrin, V, 285 ; son excellente mémoire, VII, 368 ; savait bien le castillan, mais ne le parlait jamais avec les Espagnols, 75 ; était un des meilleurs sauteurs de sa cour ; ses luttes avec Bonnivet à qui il sauve la vie, VI, 104-105 (Voy. à la col. précéd.)

— Fidèle en amitiés, V, 205 ; son affection pour le connétable de Montmorency qu'il rappelle à la mort de son père, III, 345-346 ; son amitié pour La Noue, VII, 215 ; son amitié pour La Chastaigneraie, V, 83-85 ; VI, 15 ; son rôle dans la querelle et le combat de celui-ci et de Jarnac, VI, 262, 274, 275, 282, 503 et suiv. ; refuse le combat à

Henri II (suite).

Vassé et à Montmas, IV, 95; à d'Aguerre et à Fandilles, 236; sa défense des duels, 367; son entrée à Paris, II, 304; VI, 235; dans les villes du Piémont, 107; à Lyon, IX, 318 et suiv.; sa mascarade à Paris, IV, 161; chapeau et épée bénits qu'il reçoit de Paul IV, I, 108-109; se fait faire chevalier par du Biez, IV, 60; VI, 478; donne l'ordre de Saint-Michel à Tavannes après la bataille de Renty, II, 313; V, 91; envoie l'ordre de Saint-Michel à Édouard VI, qui lui envoie l'ordre de la Jarretière, V, 33; son éloge par Élisabeth d'Angleterre qui aurait désiré le voir, IX, 386; donne au bouffon de Philippe II une chaîne d'or qui est volée par Brusquet, II, 266; donne 1200 écus au capitaine Bourdeille, blessé, V, 45; donne l'abbaye de Brantôme à Brantôme, III, 113; et lui accorde une coupe de bois dans la forêt de Saint-Yrieix, X, 131; sa bonté envers Françoise de Rohan, soupçonnée d'être grosse, IX, 489; lettres à lui adressées par Léon Strozzi et Catherine de Médicis, IV, 399-402; ce que Montmas lui dit sur la charge de capitaine de gens de pied, V, 322; ses menaces à Romero, VII, 83; interroge Andelot sur la messe et le fait arrêter, VI, 26; sa blessure et sa mort, VII, 349; IX, 448; son tombeau à Saint-Denis, VII, 402. — I, 12, 13, 18, note, 22, 24, 29; II, 75, 76, 231; IV, 361, 374; V, 39; VIII, 84; IX, 475.

Henri le Grand. Voy. Henri II.

Henri III, duc d'Angoulême, puis d'Anjou, roi de Pologne, puis roi de France, appelé Monsieur jusqu'à son avènement. Filleul d'Édouard VI d'Angleterre, il porte d'abord les noms d'Alexandre-Édouard, V, 292; complot du duc de Nemours pour l'emmener en Lorraine, IV, 168; son train de maison quand il était duc d'Angoulême, II, 212; son combat en champ clos dans une fête à Fontainebleau (1563) contre son maître d'armes Silvie; n'aimait pas les exercices violents, V, 276-278; assiste à l'entrevue de Bayonne, VI, 437-438; fils préféré de Catherine qu'elle fait lieutenant général du royaume; jalousie de Charles IX, contre lui, V, 251-253; armée qu'il passe en revue à Troyes, VI, 79, 80; commande l'armée en Champagne, IV, 85-87; ses victoires à Jarnac et à Moncontour, V, 118-119; scène qu'il fait à Condé, IV, 344, 345; sa haine contre lui, cause de la mort du prince, 346, 347; va voir son cadavre; sa joie de sa mort, 348; ce qu'il dit à Corbozon pris à Jarnac et qui s'attache à son service, VII, 247-248; livre Robert Stuart au marquis de Villars, III, 330; veut empêcher Brissac d'aller au siège de Mucidan; fait pendre le soldat qui l'avait tué, VI, 134; ses violations de parole lors de la capitulation des villes d'Angoulême et de Saint-Jean-d'Angély, VI, 78, 79; refuse d'être le général de la ligue contre les Turcs, II, 109, 110; sa colère contre le maréchal de Biron, à propos du combat du Petit-Limoges, V, 128, 129; commande l'armée au siège de La Rochelle, V, 151; VI, 63-97; IX, 419; sa vaillance à ce siège et à celui de Saint-Jean-d'Angély, IV, 239; son intimité, étant duc d'Anjou, avec le duc Henri de Guise; vers de celui-ci sur lui, IX, 280-281; ses lettres menaçantes au cardinal de Lorraine,

V, 136; sa joute sur l'eau à Paris, IV, 347; son démêlé avec Besigny qu'il envoie appeler en duel, VI, 472-473; accommode un démêlé entre les comtes de Brissac et de Sommerive, VI, 138; son projet de mariage avec Élisabeth d'Angleterre, IV, 148; élu roi de Pologne; lève le siège de La Rochelle, V, 134; sa joie d'être roi de Pologne; ce qu'il en dit à Brantôme, 135; intrigues de Biron pour l'empêcher de faire la paix avec les Rochellois; scène que le prince lui fait à ce sujet, 136-138; il le reçoit froidement à son retour de Pologne, 139; puis favorablement après la paix de Fleix, 144; nomme du Gua couronnel général des troupes qu'il devait emmener en Pologne, VI, 206-208; son entretien à Heidelberg avec le comte palatin Frédéric III, au sujet de la mort de Coligny, IV, 326, 411-418.

— Il est désigné par Charles IX pour son successeur, V, 268, 269; ne passe pas par Milan au retour de Pologne, pourquoi, IX, 70-71; bruits sur son mariage avec sa belle-sœur Élisabeth, à son retour de Pologne, IX, 599; bon accueil qu'il reçoit de Maximilien II en revenant en France; dangers qu'il aurait courus en Allemagne, 599-600; voit à Blamont, Louise de Vaudémont qu'il fait demander en mariage par du Guast, 600; sacré à Reims, II, 292; III, 364; V, 20; IX, 326, 637; cède Pignerol et Savigliano au duc de Savoie; sa colère et ses menaces, à la nouvelle de la prise du marquisat de Saluces par le duc de Savoie, II, 146-148; V, 202, 203; VIII, 133-134; protège Genève contre lui, II, 148-149; fait la guerre à Damville qu'il haïssait, III, 364; VII, 254; comment il reçoit les gentilshommes qui abandonnent celui-ci, VII, 246; se moque des gentilshommes qui ne veulent pas suivre son frère François en Flandre, 247; sa haine contre Vitteaux, VI, 333; lettre qu'il écrit à Montbrun et réponse qu'il en reçoit; ordonne au parlement de Grenoble de le condamner, V, 423, 424; capitulation qu'il accorde aux reîtres, IV, 199; accueille Maurevel assassin de Mouy, VII, 254; devenu roi lui défend l'entrée de sa chambre, 255; lui accorde pour ses gens le privilège de porter un pétrinal; sa colère contre son meurtrier V, 247; l'un des auteurs de l'assassinat de Lignerolles, VI, 443; pousse René de Villequier à assassiner sa femme, IX, 12-13; envoie Bellièvre en Angleterre pour tenter de sauver la vie de Marie Stuart, 42; insouciance qu'on lui reproche à cet égard, VII, 425, 441.

— Belle réponse que lui fait du Guast au sujet de son beau-frère Lesdiguières, V, 188-189; accorde la vie à la Noue après les batailles de Jarnac et de Moncontour, à la prière de Martigues, VII, 215, 230; envoie Brantôme vers lui, 208; contribue à sa délivrance, et à quelles conditions, 218-219; le refuse d'abord à Brantôme, pourquoi, 220, 226-227; méchant accueil que lui fait un jour sa nièce Élisabeth, VIII, 146; envoie un héraut d'armes à un gentilhomme de Saintonge, VI, 435-436; mauvais accueil qu'il fait à sa sœur Marguerite revenue de Guyenne, VIII, 61; essaye inutilement d'obtenir d'elle le pardon de du Gua, 62-65; il la renvoie de la cour; affront qu'il lui fait faire; ce qu'il en

Henri III (suite).
écrit au roi de Navarre, 68, 69; il la fait chasser d'Agen, puis de Carlat, 70, 71; sa haine pour elle; bals où Brantôme les a vus danser ensemble, 26, 72-74; donne à sa sœur Claude toutes les amendes de la Guyenne, VIII, 138; son affection pour sa sœur naturelle Diane d'Angoulême qui lui porte 50,000 écus, après l'assassinat des Guises à Blois, et qui est désespérée de sa mort, VIII, 142.

— Il n'a jamais été blessé, V, 326; était bon maître, V, 205; tenait mieux sa parole que Charles IX; la viole à l'endroit du duc de Guise, 255.

Organisation de sa table, mot de Philippe II à ce sujet, III, 122-124; comment il chantait, V, 285; sa prédilection pour le 13 février, III, 364; beauté de sa main, VII, 343; son amour pour les petits chiens, V, 104-105; mot de lui, cité, IX, 144; son intelligence, 499; s'entendait en personnes mieux qu'homme de son royaume; éloge que Brantôme lui entend faire de Marie d'Autriche, femme de Maximilien II; réception qu'il lui fait faire à Marseille, IX, 604, 605; ce qu'il avait conté à Henri IV de la mort de Tavannes, V, 122; ce que Brantôme lui entend dire sur Romegas, V, 235; ce qu'il dit à Miossens envoyé du roi de Navarre, VII, 362; sa harangue aux premiers états de Blois, VIII, 35; ses scrupules au sujet des biens d'église, III, 111; fonde l'ordre du Saint-Esprit, V, 102 et suiv.; aimait Venise; ses entretiens avec les ambassadeurs de cette république, III, 102-103; fait faire des obsèques à Cosme de Médicis, II, 19; ce qu'il dit des Italiens qu'on veut chasser de France, IV, 102; loue l'exploit de Don Juan à Gemblours, II, 129; combat de gentilshommes dans sa chambre, VI, 381; bon accueil qu'il fait à des esclaves turcs réfugiés, IV, 194; ce que Brantôme lui entend dire sur les pensions payées par Philippe II aux ministres du Grand-Seigneur, V, 59.

— Il s'informait soigneusement de la vie des dames de sa cour; réprimandes qu'il leur faisait; contes que lui en disait Brantôme, IX, 498; tours qu'il leur jouait, 574; ses censures contre les dames, 471, 496; sa conduite indigne envers ses maîtresses, IX, 354; ses amours avec la belle Châteauneuf, IX, 509; ses aventures avec des dames de sa cour, 202, 334, 335, 384, 385, 497; ses amours avec les deux femmes du prince Henri de Condé, 111-112, 497, 509; il fait Mme de Dampierre dame d'honneur de la reine Louise, VII, 331; ôte à celle-ci ses filles de chambre et ses demoiselles, IX, 639; son mot sur une dame de sa cour, IX, 313; n'aimait pas les femmes qui se mêlaient d'affaires d'État, 449-450; presse en vain Mme de Carnavalet d'épouser Espernon, 648; introduit l'Académie à la cour, 709; histoire singulière d'une veuve qu'il raconte à Brantôme, 664-665.

— Son amitié pour Bellegarde qu'il emmène en Pologne et qui facilite son retour; il le comble de bienfaits, V, 198-200; le charge du siège de Livron, 201; le renvoie en Pologne, 202; son amitié pour le maréchal d'Aumont, V, 176; va le visiter, blessé, à l'hôtel du comte de Château-Vilain, 177; son amitié pour Ornano,

VI, 219; ses favoris et ses mignons, III, 156; V, 205, 289; ses plaintes sur leur luxe, II, 212, 213 ; ce qu'il dit à la mort de son favori du Guast, V, 356 ; fait arrêter Bussy et Saint-Phal ; leur défend de se battre et les force de s'accorder, VI, 184-186 ; son amour pour Quélus, 313 ; sa colère contre Bremian ; contre Bussy ; reproches qu'il fait à ce sujet à Brantôme dont il accepte les explications, 188, 383-384; lettre à lui adressée par Bussy, demandant le combat contre Quélus, VI, 501 ; il leur défend de se battre, 190 ; il est cause de la mort de Bussy, 191, note 2 ; assiste aux obsèques de Saint-Mégrin ; tombeaux et statues qu'il fait ériger à ses mignons, VI, 481 ; accusé à tort d'avoir été l'introducteur des appels en France, VI, 384-386 ; il oblige Ph. Strozzi à céder sa charge de colonel général à Espernon, 91 ; accorde la querelle de Montpensier et de Nevers, VI, 461 ; fait assassiner le duc et le cardinal de Guise, I, 122 ; ce que sa mère lui dit à ce sujet, VII, 401 ; fait arrêter Mme de Nemours qu'il envoie ensuite à Paris pour négocier avec la ligue, IX, 439-441, 445-446 ; son alliance avec Henri de Navarre ; échec que Mayenne lui fait essuyer à Tours, VII, 213; va assiéger Paris, sa mort, 214 ; son assassinat, II, 168 ; VI, 282 ; IX, 438; il était parrain de Henri de Bourdeille, neveu de Brantôme, V, 206 ; sa réponse au sujet des abbayes de Brantôme et de Valence, III, 115-116 ; brevet sur l'évêché de Périgueux donné par lui à Brantôme et à André de Bourdeille, X, 139-140; il manque de parole à Brantôme au sujet de la sénéchaussée de Périgord ; ce qui en advient, V, 206-211 ; Brantôme voulait écrire sa vie, IV, 129 ; V, 294 ; VI, 385; IX, 438, 499. — I, 173; IV, 333, 380, 381; V, 15, 52, 115, 116, 184, 185, 267, 283 ; VI, 90, 133, 429, 468, 496 ; IX, 360.

Henri IV. § 1. *Roi de Navarre.* Le plus riche prince de la France, V, 8 ; appelé *el Vandomillo* par les Espagnols, IV, 305 ; épouse Marguerite de Valois ; anecdotes, V, 130 ; VIII, 44-46 ; sauvé par elle à la Saint-Barthélemy, VIII, 58-59 ; assiste au siège de La Rochelle, IV, 382-384 ; ce qu'il y raconte à Brantôme et à Strozzi sur Biron, V, 139 ; reçoit de Brantôme au siège de La Rochelle la première arquebuse à mèche dont il se soit servi, VI, 8 ; ce qu'il dit à Brantôme sur la mort de Tavannes, V, 122 ; emprisonné après l'insurrection du Mardi gras, V, 267, 271 ; assiste à la mort de Charles IX, 268; et, entouré de gardes, à ses funérailles, VII, 326 ; sa captivité à la cour; mené à Lyon au devant de Henri III, VII, 359-360 ; créé chef du parti protestant ; son éloge ; est formé à la guerre par La Noue qu'il fait surintendant de sa maison, VII, 208-209 ; engage ses biens de Flandre pour la liberté de La Noue, VII, 219 ; ses couronnels, VI, 194, 200, 201 ; s'allie au maréchal Damville ; son amitié pour lui, III, 366-367 ; chasse Le Pin qui avait offensé la reine Marguerite ; VIII, 60 ; ses démêlés avec Henri III au sujet de cette princesse, 68 ; bon accueil que d'Espernon reçoit de lui et qu'il lui fait recevoir d'elle, 65-67 ; guerre que lui fait Biron en Guyenne ; ses plaintes sur celui-ci à Bourdeille, frère de Brantôme, V, 142-143 ; VIII, 78 ;

Henri IV (suite).
repousse les propositions de paix de la reine mère, VII, 354, 362; s'empare de Cahors, et envoie Miossens au roi, I, 273; VII, 362; s'offre à Montpensier contre Nevers, V, 23; ce qu'il disait de la lenteur de celui-ci, IV, 384; sa *Déclaration contre les calomnies* publiées contre lui; son défi, avec le prince de Condé, aux ducs de Guise et de Mayenne, VI, 449-450; vainqueur à Coutras, II, 74; III, 141; IV, 348; sa conduite envers Lavardin qu'il avait élevé et qui le quitta, VI, 195; sa maîtresse *N*. de Rebours, VIII, 80; sa nomination de chevalier du Saint-Esprit, V, 107. — V, 216, 217.

Henri IV. § 2. *Roi de France.*
— Il doit la couronne de France à la vertu de la reine Louise, IX, 642; service que lui rend Biron à son avènement, V, 147-148; secours que lui amène Espernon, VI, 432; il veut le réconcilier avec Aubeterre, 433; Dieppe lui est livré par le commandeur de Chastes, IX, 644; s'empare d'Alençon, V, 340; vainqueur à Ivry, II, 74, 352; son entretien avec Catherine de Clèves duchesse de Guise, IV, 197-199; sa déclaration d'amnistie, VII, 135; belle retraite devant lui du prince de Parme qui lui fait lever le siège de Paris; propos qu'ils échangent à ce sujet, VII, 140-141, 294-295; sa conversion; envoie le duc de Nevers à Rome, IV, 386-387.

— Paris lui est livré par le comte de Brissac que cinq ans auparavant il avait fait prisonnier à Falaise, VI, 149; ce que Mme de Montpensier lui en dit, 150; sa générosité envers les soldats espagnols à la prise de Paris; louanges qu'ils font de lui; VII, 153-154; abandonné par les huguenots dans sa guerre contre l'Espagne, V, 62-63; assiège Amiens, I, 147; ses réponses aux demandes des Espagnols qui capitulent, VII, 156-158; son combat à Fontaine-Française, II, 72, note 2; propos que lui tient un soldat espagnol au sujet de son expédition en Franche-Comté et de la perte de Cambrai, VII, 139-141; anecdocte de lui et de deux soldats prisonniers, au siège de La Fère, 135-136; ce qu'il dit des Suisses mutinés à ce siège, V, 70; termine le différend de Matignon et d'Espernon au sujet de Bourg-sur-Mer, 168-171; force Mercœur à faire la paix, 194; et le duc de Savoie à lui céder la Bresse, VI, 153.

— Loué pour avoir donné des biens ecclésiastiques à la noblesse qu'il favorisait, III, 102-113, 117; ses ordonnances au sujet des bénéfices, X, 139; la France lui doit son bonheur, IV, 372; son éloge, VIII, 46, 68, 83-84; subtil en réparties, VII, 157; sa bonne foi, I, 122; sa vaillance, IV, 239; sa bonté et sa clémence; sévit à regret contre Biron, 370; V, 262, 263; sa singulière infirmité, II, 404, note 2; sa moustache, VII, 142; sa table, III, 123; embellit Fontainebleau, 124; empêche la démolition du château d'Anet, 248; son entretien avec Biron sur son projet d'avoir une cour comme celle de Catherine de Médicis; sa haine contre cette princesse, VII, 400; a peu employé les troupes étrangères, IV, 337; son estime pour les Gascons, VI, 211; son aventure galante chez Zamet; sa colère contre Joinville, VI, 462, note 2; va dîner chez le connétable de Castille, I, 211; fait Ornano maréchal de France, VI, 219;

son mot sur le duc Charles de Nemours, IV, 185-186; appelait Mme de Bourdeille sa cousine, X, 68; aimait Brantôme, qui avait le projet d'écrire sa vie, II, 166; III, 81; IV, 183; V, 294; VII, 157. — I, 325; II, 150, note 2; III, 412; V, 108, 185, 377.

Henri II, roi de Navarre, fait prisonnier à Pavie; son évasion, I, 226, 227.

Henri II, roi d'Angleterre, VIII, 48.

Henri IV, roi d'Angleterre, défié par Louis d'Orléans, VI, 426-427.

Henri V, roi d'Angleterre, ce qu'il disait de Charles VII, II, 358; son mariage avec Catherine de France, VIII, 52.

Henri VIII, roi d'Angleterre, se fait luthérien, III, 83; son mariage avec Anne de Boleyn, qu'il fait décapiter, 88; IX, 24; fait faire un tableau de la bataille de Cérisoles, III, 216; est parrain d'Élisabeth de France, VIII, 3; son mot sur les Gascons, X, 57; est parjure, I, 123; son entrevue à Ardres avec François Ier, X, 53; emmène le père de Brantôme en Angleterre; dons qu'il lui fait, 54, 55; reçoit de lui des chiens de chasse, et lui envoie une guilledine, 56; sa mort, III, 164. — I, 78, 79, note 2; III, 69; IV, 367; V, 33; VI, 14; IX, 614.

Henri II de Transtamare, roi de Castille, VIII, 158-159.

Henri IV, roi de Castille, son impuissance; comment il se procure un héritier, IX, 96-97.

Henri, infant de Castille, comment traité par Charles d'Anjou, VII, 252.

Henri, cardinal, puis roi de Portugal, VII, 338.

Heptaméron (L'), de Marguerite de Navarre; ses différentes éditions, VIII, 125, note 2; comment il fut composé, 126; cité, III, 67, 68, note 1; VII, 452; IX, 6, note 1; 38, 84, 211, 236, 309, 388-389, 544, 575, 678, 703, 716, 717.

Hérauts de Charles VIII, II, 301.

Héraut, envoyé comme espion dans le camp de Charles VIII, à Fornoue, II, 314-315.

Héraut, envoyé par Henri III à un gentilhomme de Saintonge, VI, 435-436.

Herbe de pré tondue (dicton sur l'), IX, 544.

Herbe guérissant le mal de dents, VIII, 13.

Herculalina. Voy. Plantia.

Hercule, mari de Galatée et père des Gaulois, VIII, 48; dicton sur lui, VI, 397.

Hercule de bronze à Fontainebleau; anecdote à son sujet, IX, 580.

Heredia, chef des soldats espagnols révoltés en Sicile, VII, 147-148.

Hérésie abominable de certains juifs, IX, 180.

Hérétiques en France, V, 409; suivant le duc de Montpensier, on n'était pas obligé de leur garder sa foi, V, 9; comparés aux Turcs, V, 60.

Hérétiques, nom donné par Jules II à ses adversaires, IV, 362.

Herlin (Marc), promet de livrer Lyon aux catholiques; sa trahison, VI, 128, note.

Hermaphrodites (des), IX, 208.

Hermaphrodites (Isle des). Voy. *Isle*.

Hermine (croyance populaire sur l'), IX, 79.

Hernandes (Diego), capitaine espagnol, I, 331.

Hernandez. Voy. Boncalo.

Hernandille. Voy. Porto-Carrero.

Hérode, sa conduite avec sa femme Marianne, IX, 289; sa mort, II, 100, note.

Hérode (jurement d'un soldat sur), VII, 185.

Hérodote, cité, VI, 304, note ; IX, 66, note, 299, note.

Héroïnes diverses, IX, 411 et suiv.

Hervaut (Honorat Ysoré, baron d'), gouverneur de Blaye, III, 412. — VII, 389.

Hervaut (Mme d'), Madeleine Babou, femme d'Honorat Ysoré, baron d'Hervaut, VII, 389.

Hesdin (sièges et prises de), I, 27 ; III, 70, 191, 227 ; IV, 69.

Hespani, Italien, d'abord écuyer de Pierre Strozzi, passe au service de F. de Guise, VI, 163 ; est pris pour celui-ci et tué à la bataille de Dreux, VII, 302.

Hesse (Philippe, landgrave de), I, 20, note 2 ; trahison de Charles-Quint envers lui, 21, 22.

Hesse (Frédéric de Roltzhausen, maréchal de), amène des reitres au secours des protestants, VI, 54 ; VII, 300.

Heu. Voy. Eu.

Heures (livres d'), garnis de pierreries, IX, 638.

Hidalgo (mot d'un), au roi Ferdinand, VII, 34.

Hieronime, maître d'armes, VI, 417.

Hieronimo, de Ségovie, capitaine, I, 330.

Hieronimo (Fray), II, 327.

Hincmar, archevêque de Reims, le premier qui ait parlé de la prétendue donation de Constantin, III, 112.

Hirromberry, Basque, capitaine de la garde du roi, V, 346 ; VII, 288.

Histoire de la Terre Sainte. Voy. Guillaume de Tyr.

Histoire de l'Estat de France, par Regnier de la Planche, III, 228, 234, notes 2 et 3.

Histoire de notre temps, par Paradin, citée, III, 161, note 208.

Histoire des triomphes de l'église de Lyon, citée, IV, 33, note 3.

Histoire du petit Jehan de Saintré, citée, X, 372.

Histoire sanglante (l') de Louis XI, II, 320, note, 332 ; V, 262.

Histoire tragique de Pierre de Gaveston, citée, VI, 92.

Historiens ignorants, ne devraient pas parler de guerre, VI, 20-21.

Historiens latins et étrangers, supérieurs aux historiens français, II, 189, note.

Historiographes (bévues des), VI, 20, 21.

Historiographes de Henri II, III, 283.

Hiver (de l'amour en), IX, 225-227.

Hochberg (Philippe de), seigneur de Rothelin, maréchal de Bourgogne, II, 296, 299.

Hochstraet ou Hoochstraten (défaite de René de Nassau à), I, 246.

Hogenberg, ses gravures sur l'entrée de Charles-Quint à Bologne, I, 42, note, 43, note 3 ; sa *Pompe funèbre* de ce prince, 65, note 2.

Holà à l'armée de Piémont et dans les duels, IV, 95 ; VI, 108, 109, 359, 389.

Holingshed, ses *Chronicles of England,* citées, II, 271, note 2.

Holstein. Voy. Adolphe.

Holyrood (abbaye d'), VII, 419.

Homère, cité, VI, 234.

Hommenas (le bonhomme), personnage de Rabelais, II, 348. Voy. ce mot au Lexique.

Hommes. *Discours sur ce que les belles et honnêtes dames ayment les vaillants hommes et les braves hommes ayment les dames courageuses,* IX, 376-467.

Hommes de guerre, aimés des femmes, IX, 399-400.

Hommes (grands), leurs défauts, VII, 110.

Hongrie. Brantôme veut aller y faire la guerre, IX, 374 ; le duc Henri de Guise y va guerroyer contre Soliman, V, 405.

Hongrie (roi de). Voy. Louis.

Hongrie (reine de). Voy. Marie.

Honneur (réflexions sur l'), II,

217; est sujet à se casser, 393.
Honorat, son *Dictionnaire provençal*, cité, X, 282, 283, 377.
Hoochstraten. Voy. Hochstraet et Lalain.
Hôpitaux pour les filles pauvres, IX, 690.
Horace, cité, III, 352; VII, 232; IX, 333, 584.
Horaces (combat des), IV, 182; VI, 313, 400, 405, 406.
Horloges aux Turcs (dons d'), V, 58.
Horn (Philippe de Montmorency-Nivelles, comte de), arrêté à Bruxelles par le duc d'Albe, II, 154; relation de son supplice, 155 et suiv. — II, 177.
Horner (M.), bibliothécaire de Zurich, cité, VIII, 206.
Horoscope de Henri II, III, 280, 281; de Charles IX, par Nostradamus, V, 240.
Horry (Jean), abbé de Saint-Jean-d'Angély, III, 107, note 2.
Hortolan, sergent-major du régiment des gardes du roi; son différend avec Sarriou, VI, 8-10.
Hospital (Jean de l'), père du chancelier, III, 316-317.
Hospital (Michel de l'), chancelier de France; son éloge, III, 306 et suiv.; ami de Strozzi; scène à laquelle assiste Brantôme entre lui, un président et un conseiller auxquels il fait passer un examen, 307-308; comment il malmène le marquis de Trans, 308-309; anecdote de lui et d'un gentilhomme, 310, 311; grand orateur et historien, et grand poète latin; regrets sur sa mort, 311; scène entre lui et le cardinal de Lorraine au sujet du concile de Trente dont il empêche l'admission en France, 312-313; sa retraite au château de Vignay, 313; ce qu'il dit de la Saint-Barthélemy; son courage; ce qu'un de ses amis en raconte à Brantôme et à Strozzi, 314; comparaison de lui et de Thomas Morus; on le tenait pour huguenot; dicton à ce sujet, 315; son testament, où il raconte sa vie, 315-326; il aurait pris part à la conjuration d'Amboise, suivant A. d'Aubigné, 318, note 4; sa harangue au sujet des biens d'église, 109; ses vers latins sur le duc Fr. de Guise, IV, 212-213, 261; garde que, pour le protéger, le roi lui donne en Provence, V, 349-350; s'oppose à la grâce de Bournazel, IX, 443; ce qu'il dit à Catherine de Médicis sur les sièges de Rhodes et de Malte par les Turcs, V, 218-219; son testament sert de modèle à celui de Brantôme, X, 148. — VIII, 208.
Hospital (Adrien de l'), II, 296.
Hospital (l'). Voy. Simiers, Vitry.
Hostie. Voy. Ostie.
Hostilia. Voy. Orestilla.
Hôtel d'Anjou, à Paris, appartenant à du Guast, VI, 206.
Hôtel du connétable de Bourbon, à Paris, peint en jaune, I, 288.
Hôtel de Bourgogne (farces jouées à l'), IV, 10.
Hôtel de la Corne du Cerf, rue de Grenelle-Saint-Honoré, VI, 188.
Hôtel de Montmorency, à Paris, III, 339.
Hôtel des Trois Chandeliers, à Paris, V, 342.
Hôtel-Dieu de Paris, héritier de Brantôme, en quel cas, X, 142.
Hôtelleries (peintures dans les), IX, 313.
Hotman (F.), auteur du pamphlet *Le Tigre*, IX, 492, note 2.
Houdet. Voy. Odet.
Hozier (*Carrés* de d'), cités, X, 30, note.
Hugo (V.), cité, X, 176.
Hue le Despensier. Voy. Spenser.
Hugonet, chancelier de Marie de Bourgogne, mis à mort par les Gantois, II, 402.

Huguenot (Chansonnier). Voy. *Chansonnier.*

Huguenots. Courtoisie d'un gentilhomme huguenot envers la duchesse de Montpensier, IX, 438-439; leurs réunions secrètes, rue Saint-Jacques; calomnies à ce sujet, IX, 161-162; suppliciés, IV, 334; leurs révoltes, V, 52; ce qu'ils disent de la mort de Henri II, III, 292; Catherine de Médicis implore leur secours, VII, 357-358; leurs premières armées, comment composée, VII, 66-67, 288, 289; villes dont ils s'emparent à la première guerre civile, IV, 293; troupes étrangères dans leurs armées, IV, 335-337; leur belle armée sous les ordres de d'Acier; nombre de ses arquebusiers, V, 429, 430; bel exploit de cinquante soldats huguenots allant de Metz à Orléans, VII, 289-291.

Huguenots, démolissent l'église Sainte-Croix à Orléans; anecdote à ce sujet, VII, 290; viennent assiéger Paris; se retirent et sont battus à Dreux, IV, 244 et suiv. (Voy. Dreux); haï et persécutés par le connétable de Montmorency, III, 296-297; ce qu'il disait à ceux qu'il faisait pendre à Blois, 297; reconnaissent pour chef l'amiral après la mort de Condé, IV, 354 et suiv.; persuadent à Charles IX de renvoyer sa garde; recommencent la guerre civile, V, 348; leur attaque contre le roi à Meaux, IV, 169-171; V, 267; leur expédition en Lorraine, V, 127; défaits en Beauce par La Valette, 213; leur belle retraite après Moncontour, V, 118; leurs menaces après l'assassinat de Coligny par Maurevel, IV, 301; leur colère contre Biron après la Saint-Barthélemy, V, 130, 131; leur faiblesse après ce massacre, 162; leur prise d'armes à la journée du Mardi gras, 267; s'allient au maréchal Damville, III; 364 et suiv.; s'emparent de Chinon, 406; demandent la convocation des états généraux (de Blois) qui tournent contre eux, VII, 361; excitent Henri IV à faire la guerre à l'Espagne et l'abandonnent; leurs synodes pendant cette guerre, V, 62-63.

Huguenots (capitaines), leur vaillance et leur désintéressement, IV, 360, 361.

Huguenots, énumération de leurs principaux capitaines et de leurs mestres de camp, IV, 355-361, 412 et suiv.; V, 434, 435.

Huguenots, un seul d'entre eux, le duc de Bouillon, devient maréchal de France, V, 185.

Huguenots. Plusieurs d'entre eux regrettent Fr. de Guise, VII, 66-67; nombreux dans le service de l'artillerie, III, 79; leur coulevrine appelée la Reine mère, IX, 580; leur naturel; ce que Coligny en dit à Brantôme, IV, 300; prisonniers, comment traités par Montpensier, V, 10; accusés souvent à tort du pillage des églises, IV, 333 et suiv.; influence qu'ils ont eue sur le clergé, VII, 73; assistant à un singulier sermon du cardinal de Lorraine à Fontainebleau, IV, 277; VII, 187; tour fort sale qu'ils lui jouent, IV, 277, note 1.

Huguenots (nombreuses conversion de), IV, 307.

Huguenots (écoliers), à Poitiers; leurs aventures avec la belle Gotterelle, IX, 162-163.

Huguenots (chanson des soldats), IV, 356.

Huguenots, éloge de leurs écrivains, VI, 124.

Huguenots. Voy. Apothicaire, Hérétiques.

Huguenotes (dames), violées à la

Saint-Barthélemy, VIII, 93; devenues veuves par ce massacre; anecdotes, IX, 668 et suiv.

Huguenote. Mort d'une comtesse huguenote, veuve, au moment de son mariage avec un catholique, IX, 668.

Huguenotes. Voy. Gotterelle, La Rochefoucauld, Uzès.

Huisson, ses méfaits; lettre de Louis XI sur lui, II, 343.

Humbercourt (Gui de Brimeu, seigneur de), mis à mort par les Gantois, II, 402.

Humbercourt (Adrien de Brimeu, seigneur de), notice, II, 402-408; de qui il descendait, 402; il fait prisonnier P. Colonna dans Villafranca; est tué à Marignan, 403-404; son infirmité et ses habitudes singulières; dicton à ce sujet, 404-406; son tombeau, 407-408.

Humbert Ier, dauphin de Viennois, défié par Amédée V, comte de Savoie, VI, 407-408.

Humières (Jacques d'), lieutenant de la compagnie du dauphin, V, 84; gouverneur de Picardie, 414.

Humières (Charles d'), lieutenant de roi à Corbie, VI, 97, note 4.

Humières (Léonore d'), première femme de Guillaume de Montmorency, seigneur de Thoré, VII, 389, note 6.

Hunaudaye (La). Voy. La Hunaudaye.

Hurtaut, son *Dictionnaire de Paris*, cité, V, 437.

Hypocrites de guerre, II, 297; V, 329.

Icare (chute d'), VII, 160.

Iconografia española, de M. Carderera, citée, I, 88, note 1.

Ile du Palais, à Paris, lieu de rendez-vous pour les duels, V, 357; VI, 320.

Ile. Voy. Isle.

Iliade, citée, X, 417, note 1, 420, note 1.

Illiers. Voy. Adrets, Chantemesle.

Imbaut Rivoire, seigneur de Romagnieu, capitaine, V, 309.

Imbercourt (d'), capitaine, I, 146; VI, 265. — Voy. Humbercourt.

Imhof, ses *Genealogiæ viginti illustrium in Italia familiarum*, citées, II, 20, note 1, 276, note 4; ses *Genealogiæ viginti illustrium in Hispania familiarum*, citées, I, 45, note 5.

Impiété de P. Strozzi, II, 273, note 2, 282.

Impôt sur les veuves et les filles à Chio; sur les célibataires à Sparte, IX, 695-696.

Impôts sous Louis XII, II, 364; sous Henri III, VII, 369.

Imprimeurs (malédiction contre les), VI, 276.

Impromptus, faits à un dîner chez du Guast, IX, 113.

Impudicité, vice le moins blâmable chez une reine, VIII, 193; ce qu'un grand prince en disait devant Brantôme; est permise aux grandes dames, 194-195.

Impuissance (procès d'), intenté à de Bray par sa femme; sonnet à ce sujet, IX, 97-98.

Impuissants (maris), VIII, 91-92, 94 et suiv.

Incestes (des), IX, 88-91.

Indes (flotte des), Brantôme la voit arriver à Séville, I, 51.

Indiens, les Espagnols demandent qu'on ne les baptise plus, I, 49. Voy. Chien.

Indiscrétion en amour (de l'), réflexions et anecdotes, IX, 501 et suiv.

Indiscipline. Voy. Discipline.

Infantado (Inico Lopez Hurtado de Mendoza, duc de l'). Voy. Mendoza.

Infantasque. Voy. Infantado.

Infante (l'). Voy. Isabelle d'Autriche.

Infanterie (rôle de l'), dans les batailles, IV, 208-209.

Infanterie de France (Discours sur les couronnels de l'), V, 297-435.

Infanterie française, comment jadis elle était composée, V, 301 et suiv.; 307; comment organisée par François de Guise, 337. — (ordonnances sur l'), par Coligny, Langey et le prince de Melfe, VI, 16, 17.

Infanterie en Piémont (colonels d'), IV, 338.

Infanterie espagnole, I, 335-336.

Infidèle, ne peut être arbitre entre des chrétiens, VI, 303.

Infidèles (alliances de chrétiens avec les), VI, 304.

Infirmités et difformités secrètes de certaines femmes; anecdotes, IX, 258-279.

Ingeburge, femme de Philippe-Auguste, IX, 36.

Ingelgerius, comte d'Anjou, son combat contre Gontran, VI, 245-248.

Ingelmunster (Flandre). La Noue y est pris, VII, 211.

Ingénieur. Voy. Saint-Remy.

Ingénieurs, ce qu'ils disent des vieilles fortifications, V, 226.

Ingrande (Gui du Parc, baron d'), sa mort, III, 331.

Ingrande (baron d'), tué en duel la nuit par Gerzay, VI, 385, 396; IX, 393.

Ingratitude (sur l'), VII, 229 et suiv., 249 et suiv.

Ingratitude des Romains et des rois, VII, 232-233.

Ingrats (sur les), VII, 249; comment punis chez les Égyptiens et les Perses, 250; sont maudits de Dieu, 261.

Inigo (Fray), cordelier, ce qu'il dit un jour à des dames, VII, 193.

Injures (sur l'oubli des), V, 245.

Innocents (usage de donner les); ce que c'est, IX, 726, note 2.

Inquisition, Pie V l'empêche de poursuivre plusieurs Français à Rome, V, 409, 410.

Inquisition (horreur des Flamands pour l'), II, 85.

Inquisition à Naples, II, 20; VI, 303.

Inquisition (l') d'Espagne veut faire déterrer Charles-Quint, I, 60; persécute Barthélemy de Carranza, archevêque de Tolède, 91; fait brûler Alonzo Pimentel, 335.

Inscription antique (fausse), en l'honneur de Pompée, I, 69, 70.

Inscription de la statue d'André Doria, à Gênes, II, 31.

Inscriptions en l'honneur de Charles-Quint, I, 66 et suivantes.

Instruction sur le faict de la guerre, par G. du Bellay, seigneur de Langey, III, 213.

Instructions laissées en mourant par Philippe II à son fils, II, 95 et suiv.

Insurrection des *Comuneros,* I, 220-223.

Insurrection en Guyenne, II, 231.

Insurrections populaires (sur les), V, 191.

Intendant des finances. Voy. Marillac.

Interim d'Augsbourg, I, 168.

Invisibilion, V, 171.

Iorq. Voy. York.

Iraigne (comtesse d'), dame d'honneur de la reine Élisabeth d'Espagne, mère de Madeleine de Giron, VII, 158.

Irlande (bénéfices concédés par Grégoire VII aux gentilshommes d'), III, 115.

Irombery. Voy. Hirromberry.

Isabeau de Bavière, ses amours avec Louis d'Orléans, II, 358; tradition sur ses amours à l'hôtel de Nesle, IX, 243-244; introduit en France le luxe des habillements de dames, VIII, 31; sa régence, 52, note 1, 54; ses funérailles, VII, 328.

Isabelle de France, femme d'Édouard II, roi d'Angleterre; sa

guerre avec son mari ; sa captivité, IX, 432-433.
Isabelle, reine de Castille, femme de Ferdinand le Catholique, I, 11, note, 32, 49, 50, 124, 125 ; succède à son frère Henri IV, IX, 98, note 2 ; son mot sur ce qu'elle aimait à voir, 297 ; son mot sur la clémence, VIII, 81 ; sa liaison avec Anne de Bretagne, VII, 330. — V, 316.
Isabelle d'Autriche, sœur de Charles-Quint, reine de Danemark, VII, 244, note 1.
Isabelle de Lorraine, femme de René d'Anjou, VII, 350 ; conquiert pour lui le royaume de Naples, IX, 395.
Isabelle-Claire-Eugénie, fille d'Élisabeth et de Philippe II ; est élevée à la française par sa mère ; sa bonté pour les Français prisonniers, VIII, 15 ; elle en fait délivrer cent vingt sur les galères de Lisbonne ; mêlée aux affaires d'État ; ses prétentions au trône de France ; Brantôme espère faire sur elle un discours à part, 16 ; ses paroles et son soufflet au duc d'Arschot, II, 128 ; ce qu'elle raconte sur la naissance de Don Juan, 139, note 1 ; son éloge, IX, 428 ; don d'une bague que lui fait son père mourant, II, 95. — II, 97, 99. — (*Erratum :* ce n'est pas à l'infante Isabelle que Brantôme fut présenté à Madrid, comme il est dit à tort, t. VIII, p. 12, note, mais à sa tante Jeanne d'Autriche).
Isabelle. Voy. Élisabeth et Marie-Élisabeth.
Ischia, II, 51.
Isle (marquis d'). Voy. Nevers (Jacques de).
Isle-Adam. Voy. L'Isle-Adam.
Isle des hermaphrodites (l'), citée, IX, 49, note.
Isle-bourg. Voy. Édimbourg.
Isles (les deux), frères, capitaines en Piémont, IV, 73.

Isola-della-Scala, Gaston de Nemours y bat les Vénitiens, II, 419.
Isoré. Voy. Ysoré.
Italie (mot de Pescaire sur l'), I, 188.
Italie, cimetière des Français, dicton, IV, 212 ; VIII, 112.
Italie (amours des Français en), VI, 156-157.
Italie (comédiens d'), appelés à Lyon par le cardinal de Ferrare, III, 256.
Italie (voyages de Brantôme en). Voy. plus haut, article *Brantôme*, p. 58, 59 et 62.
Italien (anecdote de François Ier et d'un), VII, 129. — (anecdote d'un), à Marseille, IX, 251. — (duel de Prouillan et d'un capitaine), VI, 78-279. 2 — (gentilhomme), visite La Noue dans sa prison à Limbourg, VII, 225-227.
Italiens, leur finesse, III, 61 ; grands blasphémateurs, II, 194 ; VII, 185, note 3, 200 ; leurs subtilités dans les duels, VI, 299 ; les premiers vengeurs du monde *in ogni modo*, 329 ; créateurs des lois du duel ; leur cruauté, 376, 377 ; noms qu'ils donnent aux femmes qui ont plusieurs enfants, IX, 363 ; leurs historiens supérieurs à nos historiens et grands larrons de la gloire des Français, II, 189, note ; VIII, 149, 164 ; leur invasion à la cour de France, X, 158 et suiv.
Italiens (soldats), peu estimés de Pierre Strozzi et de Pescaire, VI, 161, 162 ; ce que dit François Ier de leur conduite à la bataille de Pavie, III, 148 ; leur vaillante conduite au siège de la Goulette par l'Ouchaly, VII, 17-18. — à l'entreprise d'Alger, III, 7. — employés par Damville dans sa cavalerie légère, III, 370. — Comment choisissent les sergents-majors.

taliens (suite).
　VI, 7. — (Enumération de capitaines), II, 4-7.
Italienne (langue), répandue parmi les Français, IX, 251.
Italiennes (épigramme de Bèze sur les), IX, 190.
Italles (les), l'Italie, II, 303.
Ivrée (prise d'), par le maréchal de Brissac, IV, 67.
Ivry (bataille d'), V, 363; VII, 211.

Jaalons (Marne), camp établi dans cette localité, II, 75, 366; III, 169; V, 90; VI, 13, 102.
Jacob, vieux juif romain, ce qu'il dit à Brantôme, II, 287, note 2.
Jacob Demps, capitaine de lansquenets; son attachement à la France; tué à Ravenne, V, 311; VI, 226. — I, 80.
Jacobin (tour qu'un cordelier joue à un), VII, 194. — (Nous avons oublié de dire que ce conte est tiré de Rabelais (l. III, ch. 23).
Jacqueline, dames de la cour de la France ayant ce prénom, X, 452, note 4.
Jacques II, roi de Majorque; sa mort, VIII, 158, note 1, 161.
Jacques V, roi d'Écosse; mari de Madeleine de France, VIII, 127; devenu veuf, épouse Marie de Lorraine dont il a Marie Stuart, VII, 403-404.
Jacques VI, roi d'Ecosse, fils de Marie Stuart, VII, 421; recommandations que lui fait faire celle-ci au moment de sa mort, 428, 432.
Jacques (le capitaine), Ferrarais, II, 269.
Jacques. Voy. Aragon, Bergame.
Jacques-Marie, un des chefs de la bande de violons de Brissac, IV, 82.
Jadretz. Voy. Adrets.
Jal (A.), sa publication de la traduction du poème de G. Brice par Choque, VII, 315, note 2; son *Dictionnaire*, cité sur Ambroise Paré, IV, 302, note 1.
Jallon, Jalon. Voy. Jaalons.
Jalousie et amour, sœur et frère d'une même naissance, IX, 500.
Jamais. Voy. Jamets.
Jambe. *Discours sur la beauté de la belle jambe et la vertu qu'elle a*, IX, 306-327.
Jamets pris par le duc de Nevers, IV, 374; assiégé par le duc de Lorraine, VII, 223.
Jametz, capitaine écossais, III, 226.
Janequin (Clément), met en musique la *Bataille de Marignan*, IX, 461, note 3.
Janissaires, sauvent des prisonniers chrétiens, en Hongrie, I, 345; comment portent la mèche d'arquebuse, VI, 73.
Janlis. Voy. Genlis.
Jannin. Voy. Médicis.
Janssac. Voy. Gensac.
Janvier (saint), miracle de son sang à Naples, II, 291.
Janvier (édit de), en faveur des protestants, IV, 292.
Jaquette ou cotte d'armes, II, 307.
Jarnac (bataille de), la nouvelle en est portée à Philippe II par Lignerolles, VIII, 8. — II, 411; IV, 313, 346; V, 182, 213, 214; VI, 130.
Jarnac (Charles Chabot, baron de), père de Gui Chabot de Jarnac, VI, 505.
Jarnac (Madeleine de Puy-Guyon, seconde femme de Charles Chabot, baron de), rôle qu'elle joue dans la querelle de son beau-fils Gui de Jarnac avec La Chastaigneraie, VI, 503-507.
Jarnac (Gui Chabot, baron de), aimé de Henri II, III, 282; ami de Monluc, IV, 44; sa querelle avec La Chastaigneraie, II, 270; III, 282; IV, 289; son duel avec lui en

champ clos, V, 82, 83, 87 ; VI, 260, 262, 269-277, 280-282, 360, 362, 363, 369-371, 399 ; sa dévotion aux approches du combat ; plus tard il se fait huguenot, 277 ; dépenses énormes auxquelles il oblige La Chastaigneraie, 287-288 ; ce que La Chastaigneraie voulait faire de son corps s'il l'avait vaincu, 234 ; pièces relatives à leur duel, 503-509.

Jarnac (coup de), dicton, VI, 505.

Jarnac. Voy. Brion, Pisseleu.

Jarretière (ordre de la), donné à Henri II et à Saint-André, V, 33 ; erreur de Brantôme sur son origine, *Ibid.*, note 4. — V, 113.

Jarretière (la), danse des jeunes filles de Périgord, IX, 415.

Jason, V, 109.

Jaubert, son *Glossaire de la France centrale*, cité, X, 291, 355.

Jaunay, capitaine, VI, 176.

Jaune (couleur), symbole de la trahison, I, 288.

Jauréguy (Jehan), assassin du prince d'Orange, sa mort, II, 167-168.

Jauvissaire ou Jauvissière, capitaine royaliste, défend Bourg-sur-Mer, V, 168.

Jayme. Voy. Jacques.

Jazeneuil (combat de), V, 128, 213, 430.

Jazeneuil (trêve de), entre Henri III et son frère, V, 16, 22.

Jean XXII, excommunie Frédéric Ier roi de Sicile, VI, 454-455.

Jean II, roi de France, institue à Saint-Ouen l'ordre de l'Étoile, V, 95 ; vaincu et pris à Poitiers, I, 290 ; II, 74, 308, 309 ; ses amours, III, 241 ; IX, 168. — III, 373, 388.

Jean III, roi de Portugal, *lisez* ; Dom Sébastien, IV, 362, note 3.

Jean Sans-Peur, comte de Nevers, puis duc de Bourgogne, pris à la bataille de Nicopolis, VII, 159 ; fait assassiner Louis d'Orléans ; pourquoi ; erreur de Brantôme à son sujet, IX, 472, 474 ; sa victoire sur les Liégeois, VI, 484. — V, 387.

Jean, fils de Marguerite de Flandre et de son précepteur Guillaume, IX, 573.

Jean, fils de Ferdinand le Catholique, I, 77, note 3.

Jean, archevêque de Corfou, cardinal, mis à mort par Urbain VI, II, 199, note 4.

Jean (bataille du roi). Voy. Poitiers (bataille de).

Jean. Voy. Albret, Aragon.

Jean-Baptiste, dit le *compère*, maître d'hôtel de Catherine de Médicis, VII, 91 ; appendice, 453.

Jean-Baptiste. Voy. Corso, Gondi.

Jean-Frédéric. Voy. Saxe.

Jean-Galéas Visconti, père de Valentine de Milan, investi du duché de Milan par Wenceslas ; ses conquêtes, III, 166 ; fait construire la Chartreuse de Pavie, 167.

Jean Gipon, surnom de Ferdidinand V, I, 128.

Jean-Jacques. Voy. Trivulce.

Jean-Marie. Voy. Visconti.

Jeanne de Bourbon, reine de France, femme de Charles V, III, 242 ; VIII, 51 ; X, 60, note 2.

Jeanne de Bourgogne, femme de Philippe le Long ; ses désordres, VIII, 57.

Jeanne de France, femme de Louis XII, notice sur elle, VIII, 88-99 ; fille de Louis XI, ses vertus ; mariée à Louis d'Orléans qui, devenu roi, la répudie ; sa retraite à Bourges, 88-89, 98 ; VII, 313 ; se donne à Dieu ; son éloge, VIII, 98-99 ; obtient de Charles VIII la liberté de son mari, 102.

Jeanne, héritière de Raymond VIII comte de Toulouse, VIII, 48.

Jeanne, comtesse de Flandre, siège parmi les pairs, VIII, 52.

Jeanne, fille de Henri II, sœur jumelle de Victoire de France, meurt en naissant, VIII, 139, note 2, 140.

Jeanne Ire, reine de Naples, notice sur elle, VIII, 148-182; succède à son grand-père Robert, 148; son histoire écrite par Collenuccio; elle fait étrangler son premier mari André de Hongrie, 149; lettre que lui écrit Louis de Hongrie; son second mari Louis de Tarente; elle fait trancher la tête à son troisième mari Jacques d'Aragon, 150-151; son quatrième mari Othon de Brunswick est défait et pris par Charles de Duras, 152-164; son entrevue avec celui-ci qui la fait mettre à mort, 152; sa harangue et sa donation au pape Clément VII (Robert de Genève), 160-164; vengeance de Dieu sur ses meurtriers, 164-165; sa sépulture à Naples, 166; récit de Bourdigné sur elle, 166-168; adopte Louis d'Anjou et cède Avignon au pape, 167; son éloge par Boccace, 168-170; ses portraits; son costume, 173-174; sa ressemblance avec une dame française que voit Brantôme, 174; son éloge par un écrivain espagnol, 174-175; son histoire avec Galeazzo de Mantoue, 175-179; VI, 249-251; parallèle de sa vie avec celle de de Marie Stuart, VIII, 179-182; fait étrangler son mari André de Hongrie avec un cordon d'or, VI, 15, 16 — III, 204; VI, 455; IX, 77.

Jeanne II, reine de Naples, fille de Charles III, dit de la Paix, et de Marguerite de Durazzo, notice sur elle, VIII, 182-204; succède à son frère Ladislas, 182; son premier mari Guillaume duc d'Autriche; ses amours avec Pandolfo Alopo; son second mari Jacques de Bourbon, 183; mauvais traitements qu'il lui fait subir, 184; sa ruse pour regagner sa confiance, 185; elle le fait arrêter, 186, 192, 193; elle adopte Alfonse d'Aragon, puis Louis d'Anjou, 189; sa mort et celle de celui-ci, 192; son testament en faveur de René d'Anjou, 192; son éloge par Olivier de la Marche, 192; son impudicité, suivant Collenuccio, 193; sa beauté; ses amours avec Jean Caraccioli, qu'elle fait assassiner, 196, 203; son tombeau à Naples, 199. — II, 227; IX, 423.

Jeanne la Folle, reine de Castille, mère de Charles-Quint et de Ferdinand Ier, I, 11, note, 86, 126.

Jeanne d'Autriche, sœur de Charles-Quint, femme de Jean III roi de Portugal, et mère de Dom Sébastien, III, 185; couvent qu'elle fonde en Espagne où elle se retire après son veuvage; Brantôme lui est présenté par la reine Élisabeth; son entretien avec lui; son costume, IX, 606-608; son désir d'épouser Charles IX; chagrin qu'elle éprouve en apprenant le mariage de ce prince; se retire du monde; son éloge, 608-610. — C'est à elle et non à sa nièce Isabelle (comme il est dit, VIII, 12, note 2) que Brantôme fut présenté; elle était désignée à la cour d'Espagne sous le nom de la princesse.

Jeanne, fille de Henri IV roi de Castille, I, 49, note 2; II, 425.

Jeanne, fille de Ferdinand Ier de Naples, épouse son neveu Ferdinand II, IX, 89, note 2.

Jeanne, prétendue fille de Henri IV de Castille, IX, 97, note.

Jeanne. Voy. Albret, Arc.

Jehan de Saintré (Histoire du petit), citée, IX, 704-706.

Jérôme (S.), son traité contre Vigilance, cité, V, 409; blâme les maris trop amoureux de leurs femmes, IX, 51, 54; ce qu'il dit des chaussures des femmes, 311; ses histoires de Martia et de Marcella, citées, 651-652; son traité *Adversus Jovinianum*, cité, 675, note 1; son *Epistola de Monogamia*, citée, 685, note.

Jérusalem (privilèges de), V, 64, note 1. — (siège de), IV, 163.

Jésuite espagnol, son propos sur la mort de la reine Élisabeth, femme de Philippe II; comment puni, VIII, 9.

Jésuite, envoyé près d'Élisabeth d'Autriche, devenue veuve, pour la décider à épouser Philippe II; ce qu'il en advient, IX, 601-602.

Jésuites, sont cause de la défaite et de la mort de Sébastien de Portugal, IX, 611.

Jésus-Christ et la femme adultère, IX, 22.

Jésus-Christ, sermons bizarres sur sa tentation, VII, 186-187.

Jetons (dicton sur les comptes de), III, 220.

Jeu d'amour (vieille rime du), IX, 231.

Jeu, I, 120; III, 394; VII, 200; IX, 367.

Jeu, parties de jeu de F. de Bourdeille et de Jules II, X, 41 et suiv. — Voy. Doria (J. A.); Marie de Lorraine.

Jeux divers de Henri II, III, 277 et suiv.

Jeux des clercs de la Basoche. Voy. Basoche.

Jeu. Voy. Balle, Ballon, Échecs, Palemaille, Renette du tablier.

Jeunesse (réflexions sur la), V, 367.

Jocan Belul. Voy. Pret Jocan.

Jodelle (Étienne), son *Épître* à Marguerite de France, duchesse de Savoie, VIII, 128, note 3; reçoit cinq cents écus de Henri II pour sa tragédie de *Cléopâtre*, III, 289. — III, 287; X, 401.

Joinville (Claude de Lorraine, prince de), fils de Henri de Guise, sa querelle avec le grand écuyer Roger de Bellegarde, VI, 462.

Jonas (le capitaine Maurice), chevalier de Rhodes, son supplice, I, 267; II, 31.

Jongeling (J.), sculpteur, I, 107, note 2.

Josèphe, ses *Antiquités judaïques*, citées, IX, 289.

Jouan (Abel), son *Voyage de Charles IX*, cité, VIII, 135, note 1.

Jouan. Voy. Juan.

Jouarre (abbesse de). Voy. Bourbon (Charlotte de).

Joubert (Anne), femme de Jean de Bourdeille, seigneur de Saint-Just et de Grésignat, X, 47.

Jourdain Faure. Voy. Faure.

Jour (François d'Anglure, baron de), couronnel des légionnaires de Champagne; détails sur lui; se fait huguenot, V, 323.

Journal des choses advenues à Paris, cité, IX, 440, note.

Journal d'un bourgeois de Paris sous François Ier, cité, II, 414, note 2.

Journée des éperons, VII, 281. Voy. Guinegate.

Journée de Meaux, V, 267; VII, 358.

Jours jovials (les), par Alessandro Alessandri, cités, IX, 298.

Joutes aux noces du duc de Joyeuse, IV, 185.

Joutes et tournois à l'entrue d'Ardres, X, 53, 54.

Joutes sur l'eau à Paris, IV, 347.

Joutes, III, 136. — Voy. Combat à la barrière, Tournoi.

Jove Paul), *Paolo Giovio*, livres de son *Histoire* perdus au sac de Rome, II, 372, note 2. Ses attaques contre le connétable Anne de Montmorency qui lui avait fait supprimer sa

Jove (suite).
pension, III, 84-86; ce que Charles-Quint lui recommande pour ses exploits futurs, VII, 332. — Son *Histoire*, citée, I, 39, note, 42, 72, 85, 151, 197, note 2; 201, 204, 216, note 2; 246; II, 3; notes 2, 3 et 5; 4, note 3; 6, note 2, 7, note 2; 12, 13 note 4; 17, notes 2 et 4; 21, note 3; 23, note 3; 31, note 4; 32, note 5; 35, 36, 37, 40, 41, note 1; 42, note 2; 47; note 2; 67, notes 1, 3 et 4; 68, note 1; 69, notes 1 et 3; 70, note 1; 195, note 1; 227, note 4; 228, note 3; 287, note 1; 294, note 7; 425, 426, 427, 429, 430, 431, 432; III, 32, note 1; 168, note 1; 169, notes 1 et 2; 172 note 3; 173; IV, 63, 111, note 1; 136, 138, note 3; V, 306, 308, 369, note, 398; VI, 252, 502; VII, 62 note 1; 63, note 1, 111, 118, 147, note 1; 150, notes 1 et 2; VIII, 93, note 3. — Sa *Vie* de Gonzalve de Cordoue, citée, II, 372, note 2. — Ses *Elogia virorum*, cités, II, 202, 324, note 2; VI, 499, note 2. — Son *Dialogo delle imprese militari ed amorose*, cité, IX, 129; ses *Effigies virorum*, citées, III, 36.

Joyeuse (Guillaume, vicomte de), maréchal de France, VII, 386.

Joyeuse (Anne, seigneur d'Arques, puis duc de), fils du précédent, amiral de France, l'un des mignons de Henri III, son luxe blâmé par le roi, II, 212-213; son altercation avec le prédicateur Poncet, 327, 328; V, 437; ses noces avec Marguerite de Lorraine, IV, 185; V, 144; VII, 220, 397; assiste Quélus dans une attaque contre Bussy, VI, 191, note 1; sa mort à la bataille de Coutras, III, 66; IV, 348; V, 160; IX, 644. — I, 44; V, 360.

Joyeuse (Henri comte du Bouchage, duc de), maréchal de France, frère du précédent, VII, 386; sa conversion; mot de Biron à ce sujet, VIII, 187-188.

Joyeuse (Marie de Batarnay, femme du maréchal Guillaume de Joyeuse, VII, 386.

Joyeuse (Marguerite de Lorraine, fille de Nicolas de Lorraine, — et non de Philippe-Emmanuel, comme il est dit par erreur — femme d'Anne, duc de), sa douleur à la mort de son mari; sa colère contre le commandeur de Chastes; était de la Ligue; porte le deuil de Henri III; se remarie à François de Luxembourg, duc de Piney, VII, 385; IX, 644-645.

Joyeuse (Catherine de la Valette, femme de Henri comte du Bouchage, puis duc de), VII, 386.

Joyeuse. Voy. Grandpré.

Juan d'Autriche (Don), fils naturel de Charles-Quint; notice sur lui, II, 108-140; son éloge; comparé au duc de Nemours; chasse les Mores de Grenade; est fait général de la Ligue contre les Turcs, 109-110; sa victoire à Lépante, 110-120; elle excite contre lui la jalousie des princes chrétiens, 121; son ambition, 125-126; blâmé pour la perte de la Goulette; pasquin à ce sujet, 126; il est envoyé en Flandre; son voyage à travers la France et son séjour à Paris, 126-127; il fait un traité avec les États; blâmé à ce sujet, 128; sa victoire à Gemblours, 129; Philippe II le fait empoisonner; causes de sa mort, 129-132; sa mère; sa naissance; son éducation, 139; ce que Brantôme en entend dire en Espagne; sa galanterie et sa grâce, 140; ses funérailles, I, 318.

— Il fait rentrer en grâce Jules Brancaccio, II, 28; renvoie les Espagnols de Flandre, 85; révèle à Philippe II les projets de don Carlos, 107, 108; sa dispute avec celui-ci, 108; défié par le duc d'Alençon, VI, 428, 429; son voyage en Morée, 473; éloge qu'un capitaine espagnol en fait à Brantôme, VII, 156; camisade qu'il donne aux troupes des États, 218; Brantôme lui est présenté par la reine Élisabeth, VIII, 12-13; va déguisé au bal du Louvre; ce qu'il dit de Marguerite de Valois, 26; réception qu'il lui fait à Namur, 27. — I, 116, 215, 279; IV, 243; VII, 24, 33.

Juan (Don), fils unique de Ferdinand V, I, 126.

Juan (Don), infant de Portugal, III, 185.

Juan ou Jouan (Don), commande 30 lances dans l'armée de Charles VIII, II, 296.

Juan, capitaine biscaïen, I, 331.

Juana (Dona), femme de F. Cortez, I, 52, note.

Juana. Voy. Jeanne.

Juba, roi de Numidie (et non de Bithynie, comme le dit Brantôme), IX, 295.

Jubellius, son combat contre Asellus, VI, 401.

Judas Iscariote, V, 261; VII, 450.

Juge espagnol (réponse d'un), que l'on comparait à Pilate, VII, 99.

Juge de Montravel (anecdote sur un), II, 346-347.

Juif romain. Voy. Jacob.

Juifs assiégés dans Jérusalem, IV, 163.

Juifs (hérésie abominable de certains), IX, 180.

Jule, maître d'armes milanais, VI, 140.

Jules II, cadeaux bénits qu'il envoie aux Suisses, I, 108; parjure, 119; secouru par le cardinal d'Amboise et M. de Chaumont, III, 5; ennemi de Louis XII, II, 362, 427; VII, 197, 198; ses menaces contre Alphonse duc de Ferrare, I, 140-142; assiège la Bastide; ses troupes y sont défaites, II, 408, 409; entre par la brèche dans la Mirandole, III, 29; sa bulle contre ses adversaires, IV, 362; VII, 155; aventure et familiarité incroyables avec lui de François de Bourdeille, père de Brantôme, X, 41 et suiv.; il lui accorde une bulle pour manger du beurre en carême, 43. — I, 79, note 2; II, 214, 365; III, 20; V, 317.

Jules III, ennemi de la France, I, 141, note; son mot sur Thermes, IV, 2; sa dureté envers les Siennois, 47; fait venir chez lui une bande de fous, V, 153.

Jules, écuyer du vidame de Chartres et du duc de Nemours, IV, 160.

Julia, fille d'Auguste; ses débauches et son exil, IX, 28-29; son mot sur ses amours, 170.

Julia, femme de Septime-Sévère, IX, 34-35; épouse son beau-fils Caracalla, 334-336.

Julian de Lorraine, II, 295, note 9.

Julien, valet de Mlle de Limeuil, lui joue sur le violon la *Défaite des Suisses*, au moment où elle allait mourir, IX, 461-462.

Juliers. Voy. Guillaume, Jean et Marie.

Jullon. Voy. Jaalons.

Julio Cæsare. Voy. Cæsare.

Juñaques de Palenza (Juan), capitaine espagnol, I, 332.

Juremens espagnols (*Serments et*), VII, 179-201.

Juremens, en usage chez tous les peuples, VII, 199-200.

Juremens habituels de divers personnages, II, 398. Voy Juron.

Jurer (de l'habitude de), V, 255.

Jurignat (*N.* de Dussat ou Dussac, dit), gentilhomme de Périgord, ses trois duels avec Hautefort, VI, 342-343. — V, 46.

Jurons de François I*er*, de Louis XI, Charles VIII et Louis XII, III, 82, 83; de Matignon, V, 160; de Lautrec, VII, 272.

Jurons. Voy. Blasphèmes, Jurements.

Jussac. Voy. Ambleville.

Justice respectée au temps passé, VI, 40-43.

Justice (dicton sur la), VII, 49.

Justice (gens de), malmenés par le connétable de Montmorency, III, 300-301; leur rigueur envers les huguenots, IV, 334.

Justice. Voy. Lit.

Justin, cité, IX, 378.

Juvénal, cité, IX, 30, 173, 195, note 2.

Kent (comte de), ce qu'il dit à Marie Stuart montée sur l'échafaud, VII, 432.

Kerbogha, sultan de Mossoul, assiège les croisés dans Antioche, II, 193.

Kerman (Jean de Plusquellec, dit de Carmen ou), accord de sa querelle avec Frontenay, VI, 365-366; son combat en champ clos contre Pusset, IV, 78; se noie dans la Seine, *Ibid.* — V, 407.

Kerman. Voy. Maillé.

Kernevenoy. Voy. Carnavalet.

Kervyn de Lettenhove, son édition des *Commentaires* de Charles-Quint, I, 11, note, 65.

Khair-Eddin, dit Ariaden, l'un des deux frères Barberousse, V, 398, 403. (Brantôme a fait de ce personnage deux frères : Cayradin et Ariaden). — Voy. Barberousse.

Kilidsch-Ali, surnom de L'Ouchaly, II, 58, note 3.

Klinquebert, Allemand, l'un des auteurs du massacre de Vassy, IV, 235-236.

Konarski (Adam), évêque de Posen (et non de Cracovie, comme le dit Brantôme), harangue Marguerite de Valois, VIII, 40.

Labadia (Amador de), capitaine espagnol, I, 333.

Labanoff (prince), ses *Lettres de Marie Stuart*, citées, VII, 412, note 2; 440, note 3.

La Barde de Saint-Crespin, dit Guillaume Mallety, ses procès contre Brantôme; son origine, X, 142-144.

La Barde (N. de), X, 89.

La Barthe. Voy. Thermes.

La Bastie (N. Abadie, seigneur de), tué en duel, VI, 315-316.

La Baume (Pierre de), évêque de Genève, I, 372.

La Baume (Claude de), cardinal, archevêque de Besançon, son éloge; repousse une tentative du prince d'Orange sur sa ville, II, 170.

La Baume (Françoise de), fille de J. de La Baume, comte de Montrevel, femme du maréchal de Tavannes. Voy. Tavannes.

La Baume (Françoise de), sœur de la maréchale de Tavannes, femme 1° de François de La Baume, baron du Mont-Saint-Sorlin; 2° de François de Carnavalet; son éloge, II, 170; VII, 387; refuse d'épouser Espernon, IX, 648, 649. Voy. Carnavalet.

La Béraudière (René de), seigneur de Sourches et de Rouet, marquis de l'Isle-Jourdain, mari non de L. de la Guiche, comme il a été dit par erreur mais de Madeleine du Fou, et père de la *belle Rouet*, X, 95, note 2, 96, note 1, 405 note 5. Voy. La Béraudière (Louise de.

La Béraudière (François de), seigneur de l'Isle-Rouet, fils du précédent, mari de Jeanne de Lévis, fille de Claude, baron de Cousans, X, 95 note 3.

La Béraudière (Louise de), demoiselle de Rouet ou Rouhet, dite *la belle Rouet*, fille de la suite de Catherine de Médicis, maîtresse d'Antoine de Navarre, puis femme ; 1° du baron d'Estissac ; 2° de Robert de Combaut, VII, 392 ; X, 96, note 1 ; 405, note 5 ; 412, note 4 ; 428 ; vers à elle adressés par Brantôme, X, 429, 478 ; vers sur elle, 405, note 5 ; 432, 433.

La Béraudière et de La Chastaigneraie (André, seigneur de), X, 89, note.

La Béraudière. Voy. Ursay.

La Berthe, dit le *gros*, mestre de camp du comte de Brissac qui l'envoie appeler en duel le comte de Sommerive, V, 349, 351 ; VI, 137, 138, 385.

Labienus, lieutenant de César qu'il abandonne dès le commencement de la guerre civile, V, 180, 181.

La Bigne. Voy. La Vigne.

La Boisière (*N.* de), beau-frère de Humières, VI, 97, note 4.

La Borde, dit Servart, son procès contre Brantôme, X, 136.

La Borne (Charles d'Aubusson, seigneur de), ses crimes dénoncés par sa femme ; son supplice, IX, 76-77.

La Borne (Jeanne de Montal, femme de Charles d'Aubusson, seigneur de), maltraitée à cause de ses galanteries par son mari, elle dénonce ses crimes et le fait envoyer au supplice, IX, 76-77.

La Borz ou la Boue-Saunier (*N.* de), X, 98, 139.

La Boulaye (Charles Eschallard, seigneur de), second mari de Marie du Fou, X, 95.

Labourage (le), doit être dédaigné par les anciens soldats, V, 381.

La Bourdaisière. Voy. Babou.

La Brelandière (Mlle de), gouvernante de Mme d'Angoulême, sa vertu, IX, 719.

La Bretesche (maison de), VII, 389.

La Bretesche (Mlle de). Voy. Villequier (Mme de).

La Brosse (Jacques de), notice sur lui, V, 47-49 ; le duc F. de Guise veut le faire faire maréchal de France ; douceur de son caractère ; propos qu'il échange avec Brantôme et Beaulieu le matin de la bataille de Dreux où il est tué ; son intimité avec le duc de Guise ; attaché à la personne de François II, 47-48 ; se met tard au métier de la guerre ; est gouverneur de François de Longueville, 49 ; placé comme conseiller près de François II, III, 399 ; sa conversation avec le duc Fr. de Guise, IV, 208 ; ce qu'il dit à Brantôme sur le courage, 318 ; commande au siège du Petit-Leit, VI, 38. — II, 351 ; IV, 248 ; V, 433.

La Brosse (Jacques de), fils du précédent ; son aventure avec le duc de Guise, IV, 266-267.

La Brosse-Mailly (*N.* de), donné par Henri II pour gouverneur au duc Charles II de Lorraine, II, 234, note 2 ; IX, 623.

La Brousse. Voy. La Brosse-Mailly.

La Burthe, Bordelais, sergent-major, tue au moment de la bataille de Cérisoles un gentilhomme qui lui désobéissait ; discussion à ce sujet, VI, 3.

Lacaille, son *Histoire de l'imprimerie*, citée, IX, 51, note 1.

La Cassaigne, Gascon, blessé mortellement au siège de La Rochelle, IV, 383, 384.

La Cassière (Jean Lévêque de), grand maître de Malte ; conspiration contre lui, V, 235. — III, 43.

La Cave, capitaine huguenot, tué en Gascogne, VI, 170.

Lacédémoniens, repoussés par les femmes d'Argos; erreur de Brantôme à ce sujet, IX, 303, note.

La Chambre, capitaine, amène des filous à Charles IX, V, 279-280; IV, 314.

La Chambre (François, comte de), mari d'Isabeau de la Roche-Andry, X, 105; sa créance sur Brantôme à qui il avait obligation de son premier mariage, X, 129.

La Chapelle (François Jouvenel des Ursins, seigneur de), ce qu'il raconte à la reine mère sur le siège de Sienne, I, 296-297; ce que Brantôme lui entend raconter sur Henri II et les Siennoises, IX, 417. — IV, 47.

La Chapelle, capitaine, tué près de Ferrare, VI, 176.

La Chapelle. Voy. Escoubleau.

La Chapelle-Biron (Charles ou Jean-Charles de Carbonnières, seigneur de), tue en duel Fourquevaux, VI, 355-356.

La Chapelle-Faucher, château près de Brantôme (Dordogne); massacre de paysans que Coligny y fait faire, VI, 19.

La Chapelle-Faucher (N. seigneur de), marié à Françoise de Bourdeille, sœur de Brantôme, X, 52.

La Chapelle-Montmoreau, voisin de Brantôme, l'un des complices du connétable de Bourbon; sa fortune en Espagne; ses frères; sa mort et son tombeau à Nancy; titres et papiers de sa maison, II, 234, 235; VII, 244-245.

La Charité, prise par les protestants, IV, 356; siège de cette ville par les catholiques, III, 399; V, 362; VI, 340.

La Chasnaye-Raillé. Voy. La Chenaie-Raillé.

La Chasse, capitaine provençal; richesse de l'habillement de ses soldats, VI, 106; son duel avec le capitaine Riolas, 108, 109, 414. — IV, 73.

La Chastaigneraie, La Chasteigneraie ou La Châtaigneraie (Charles de Vivonne, seigneur de), fils d'André de Vivonne, seigneur de la Chastaigneraie; sa querelle avec Candale terminée à l'assaut de Pavie, VI, 403-404; sa mort au siège de Naples, 405; III, 32.

La Chastaigneraie (François de Vivonne, seigneur de), frère cadet du précédent, oncle de Brantôme, notice sur lui, V, 82-89; gentilhomme de la chambre du roi; tué en duel par Jarnac, 82; duel à ce sujet entre deux soldats, 83; favori de Henri II; sa vaillance et ses blessures; guidon de la compagnie du dauphin, 83-84; favori de François Ier avec lequel il courait la bague, 85; son père, André de Vivonne, sénéchal de Poitou, l'avait donné comme enfant d'honneur à ce prince qui était son parrain; son adresse; avait ordinairement avec lui un tireur d'armes; sa libéralité; son caractère, 86; Bussy d'Amboise lui ressemblait; son adresse aux armes; poudres métalliques qu'on lui fait prendre dans son enfance; sa vigueur; ce que son père disait de lui, 87-88; aimé de deux grandes dames; sa fille, Mme de l'Archant, 88; ressemblait à son oncle le capitaine La Cropte, II, 418; ce qu'en disait François Ier, III, 383; ami de Monluc, qui le prend pour parrain de son fils Fabian, IV, 43-44; blessé au siège de Coni; son amitié pour Sampietro, VI, 215, 217, 273; son aventure galante racontée dans l'*Heptaméron*, IX, 238; son aventure avec la princesse de la Roche-sur-Yon, III, 207; son mot à un chevalier de l'ordre, IX, 105; vaillants capitaines qu'il avait eus pour pages, VI, 170-171; dicton sur lui, V, 54; regrets de sa mort; favori de Henri II; sert d'abord dans l'infanterie; fait fondre des balles d'or pour tuer Charles-Quint, IV, 288; VI, 15-16; cause de sa querelle avec Jarnac, IV, 289; repousse le conseil de P. Strozzi de faire assassiner son adversaire, II, 270; VI, 370; dépenses énormes auxquelles Jarnac l'oblige pour son duel, VI, 287, 288, 508; son combat avec Jarnac et sa mort, III, 281, 282; VI, 260, 262, 269-277, 280-282, 360, 362, 363, 369-371, 399; son tombeau en latin, 272; ce qu'il comptait faire du corps de Jarnac s'il l'avait vaincu, VI, 234; pièces relatives à son duel, VI, 503-509. — IV, 29, 95; VI, 238.

La Chastaigneraie (Charles II de Vivonne, seigneur d'Ardelay, baron de), son duel avec Saint-Gouard, VI, 356-357; sa querelle avec Pardaillan; est mené à la Bastille; remontrances que lui fait Catherine de Médicis, VII, 367; mari de Renée de Vivonne; leurs enfants, X, 89, note.

La Chastaigneraie (Louis de), fils du précédent, X, 89, note.

La Chastaigneraie (Charles de Vivonne, IIIe du nom, baron de), frère du précédent, X, 89, note.

La Chastaigneraie (Jean de Vivonne, seigneur de), frère du précédent, mestre de camp, tué à Ivry, V, 363.

La Chastaigneraie (Charles III ou bien Louis de), neveu de Brantôme, son créancier et son exécuteur testamentaire, X, 128, 146.

La Chastaigneraie (Mme de), dame de la Force, femme de François de Caumont, seigneur de Castelnau, tante de Brantôme, IV, 26, note 2; 29.

La Chastaigneraie (Renée de Vivonne, femme de Charles II de), argent prêté par elle à son cousin Brantôme, X, 128, 129.

La Chastaigneraie (Héliette de Vivonne, dlle de), fille de Charles II de La Chastaigneraie, VII, 394; sa sœur cadette, Élisabeth (et non Marie), 395.

La Chastaigneraie (Mlle de). Voy. Archant (l').

La Chastaigneraie. Voy. La Béraudière, Vivonne.

La Châtre ou la Chastre (Claude de), capitaine des gardes de Charles VIII, II, 303.

La Châtre (Gabriel de), fils de Claude, chambellan et maître d'hôtel du roi, II, 303; VII, 319.

La Châtre (Claude de), maréchal de France, notice sur lui, V, 180-182; estimé de Henri de Guise qui l'emmène dans sa campagne contre le baron de Dhona, 180; devient après la mort du duc un des principaux chefs de la ligue; se rallie à Henri IV; l'un des galants de la cour, 181; guidon de Saint-André à la bataille de Dreux, puis lieutenant de Montsalès; favori de Charles IX; gouverneur d'Orléans et de Berry; prend Sancerre, 182; son *Discours* sur la campagne du duc de Guise contre le baron de Dhona, VII, 296, note 2, 297-300; son rôle dans cette guerre 297, 299; parrain de Marolles dans son duel, VI, 283; appelé en duel par P. de Droux, 434; vers sur lui, X, 470. — V, 46. — Sa femme, voy. Chabot (Jeanne).

La Châtre (Jacques de), seigneur de Sillac, tué au combat de Mensignac, V, 427.

La Châtre (Claude de), seigneur de La Maisonfort, VII, 391, note 2; sa femme, Anne Robertet, 391.
La Châtre (Anne de), VII, 394.
La Châtre. Voy. Besigny, Nançay.
La Chaussée ou La Chaucée, capitaine des arquebusiers à cheval du cardinal de Lorraine, III, 355; VI, 492.
La Chaussée, capitaine, tué au Petit-Leit, VI, 37.
La Chémière, l'un des signataires de la capitulation de Saint-Dizier, III, 236, 238-239.
La Chenaie-Raillé, tué en duel par son neveu Sourdéac, VI, 441-442.
La Clayette (bâtard de), lieutenant de cent hommes d'armes du connétable de Bourbon, IV, 381; VI, 154.
La Clayette (Marc de Chantemerle, baron de), huguenot, gouverneur du Charolais, défend Mâcon contre le duc de Nevers, IV, 281; VI, 154.
La Cliète. Voy. La Clayette.
La Conquebourne (N. de), lieutenant de d'Aubigny, II, 303.
La Cornière, lieutenant du duc de Bouillon aux gardes suisses, soutient du Guast contre Méru, V, 359.
La Coste (le capitaine), IV, 35.
La Coste-Mézières (Gabriel de Rye de), gouverneur de la Marche, tué à Saint-Yrieix, VI, 202.
La Coustancie. Voy. Petit (Pierre).
La Cropte (François de Daillon, sieur de), frère de Jacques de Daillon; notice sur lui, II, 417-418; son caractère; lieutenant de la compagnie du marquis de Montferrat; gouverneur de Legnano, 417; sa mort glorieuse à Ravenne; ce qu'en racontait sa sœur; La Chastaignerie lui ressemblait, 418. — V, 309.
La Cropte. Voy. Chantérae.

La Cropte (Marguerite de), femme de Gilles de Limeuil, X, 457, note 1.
La Crotte. Voy. La Cropte.
La Curne de Sainte-Palaye, son Glossaire, cité, X, 254.
Ladislas, roi de Hongrie et de Naples, défait à Rocca-Secca par Louis II d'Anjou, II, 306; son mariage avec la duchesse Marie, IX, 355; meurt empoisonné; comment; son tombeau à Naples, VIII, 199-201; sa sœur Jeanne lui succède, 182.
L'Admirande. Voy. La Mirandole.
La Douze (Gabriel d'Abzac de), mari d'Antoinette Bernard de Peiramont, X, 97.
La Douze (Pierre d'Abzac, de), mari de Jeanne de Bourdeille, X, 97.
La Douze (François-Gabriel d'Abzac de), chevalier de Malte, lieutenant de Saint-Aubin, V, 237.
La Douze (Jeanne de), femme de F. de Lambertye, X, 97.
La Douze (Françoise de), femme de J. de Sireuil, X, 97.
Ladre et son barillet, IX, 201.
Lælius, ami de Scipion, V, 180.
La Farce, gouverneur du fou Thony, III, 343.
La Fautrière (N. de), gentilhomme d'Anjou, huguenot; tue en duel le cadet d'Aubanye, VI, 314-315.
La Faye (baron de), renégat à Constantinople, V, 388, 389.
La Fayette (N. de), son mot sur l'introduction du nom de Nonce, IV, 295.
La Fayette (Jacqueline de), femme de Gui de Daillon, comte du Lude, X, 91, 452, note 4. Voy. Lude.
La Fayette. Voy. Silly.
La Fère, fortifiée par l'amiral Annebaut, III, 211; prise par les huguenots, VII, 362; assiégée et prise par Matignon, V, 167; et par Henri IV, 70; VII, 135, 136, 140. — IV, 373.

La Ferté, son duel avec Bussy, VI, 347-348; acte de leur réconciliation, 511-512.

La Ferté-Gilbert. Voy. Monstier (J. du).

La Feuillade, maison de plaisance dépendant de la Tour-Blanche, X, 51, 52.

Laffranc. Voy. Lanfranc.

La Fin. Voy. Beauvais, La Nocle.

La Flesche, d'Anjou, blessé mortellement au siège de La Rochelle, IV, 383, 384.

La Font, faubourg de La Rochelle, II, 396; V, 330.

La Fontaine (Jean de), III, 262.

La Fontaine (J. de), cité, IX, 86, note 2; 664, note 1.

La Force. Voy. Caumont, La Chastaigneraie.

La Forest (Jean de), ambassadeur de France en Turquie, I, 82, notes 5 et 7; sa mort, II, 425.

La Foucaudie, commissaire d'artillerie, huguenot, III, 78.

La Freste-Besnard ou Bernard, terre appartenant à François de Guise; les paysans se soulèvent à la première guerre civile, V, 191.

La Garde (R. Escalin, baron de), dit le capitaine Poulin ou Polin, lieutenant général des galères, notice sur lui, IV, 139-150; appelé d'abord le capitaine Poulin; est poussé par Langey, 141; réussit dans une ambassade vers Soliman, qui met Barberousse sous ses ordres, pour l'expédition de Nice; ce qu'il racontait de ses voyages; va en vingt et un jours de Constantinople à Fontainebleau, 141-143; est créé général des galères; ses cruautés contre les Vaudois de Cabrières et de Mérindol le font emprisonner pendant trois ans; est remis général des galères, 143-144; sa lettre au duc de Guise, 144, note; son exploit contre des navires espagnols, 144-145; appelle en duel La Mole; perd et recouvre plusieurs fois sa charge, 145-146; empêche le secours de Montgommery d'entrer à La Rochelle, 146-147; galères qu'il fait construire; son éloge, 147; magnificence de ses préparatifs pour conduire le duc d'Anjou (Henri III) en Angleterre; sa devise, 148-149; ses héritiers; ses enfants naturels, 149, note 2; fait perdre un butin de douze mille écus à Brantôme; était sorti de bas lieu et s'en faisait gloire, 150; emprisonné trois ans pour les massacres de Mérindol et de Cabrières, VI, 41; ce que lui dit Soliman, I, 322; exhorte en vain Barberousse à attaquer Doria, II, 35; commande à L'Ouchaly dont il parle à Brantôme, II, 64; ce qu'il raconte à Brantôme sur le siège de Nice; comment il est reçu par Barberousse à qui il demande de la poudre, III, 219; ce qu'il dit à Brantôme : sur Dragut, II, 64; sur Soliman, III, 347; sa querelle avec La Mole l'aîné, VI, 466.

La Garde (Louis Escalin des Aimars, baron de), fils naturel du précédent, IV, 149, note 2.

La Garde, mestre de camp, V, 364, 365; VI, 483.

La Gardie (Pontus de), baron d'Eckholm, de la maison de Rive, sénateur et feld-maréchal de Suède; son origine; est ambassadeur de Suède en France, V, 389-391.

La Garnache, prise par le duc de de Nevers, IV, 385.

La Garnache. Voy. Rohan.

La Gasca (Pedro de), conseiller d'inquisition, envoyé au Pérou pour réprimer la révolte de Gonzalo Pizarre; sa victoire sur lui; il l'envoie au supplice, VII, 95-97.

La Gastine, lieutenant de Longueville, III, 372; VI, 440, 461.

Lagny, pris par le prince de Parme, VII, 140.

Lagot, capitaine; tué à la reprise de Poitiers; sa querelle avec Sarlabous l'aîné, V, 339, 340. — VI, 37.

Lagot, le jeune, gouverneur de Caen puis d'Alençon sous la Ligue, V, 340, 341.

La Goulette. Voy. Goulette.

La Grande (Mme). Voy. Saint-Bohaire.

La Grange (Jean de), lieutenant général de l'artillerie de Charles VIII, II, 298.

La Guerche. Voy. La Guierche.

La Guiche (Pierre de), envoyé par Montmorency au connétable de Castille, VI, 460-461.

La Guiche (Philibert de), seigneur de Chaumont, grand maitre de l'artillerie, III, 80, 81; à la cour d'Élisabeth d'Angleterre, 291; mari d'Antoinette du Lude, X, 91; — V, 349, 407; X, 109. — (*Erratum*, III, 80, note 3, ligne 2, effacez les mots : *maréchal de France*).

La Guiche (Louise de). *Erratum*. Lisez: Madeleine du Fou. X, 96, note 1, 405, note 5.

La Guiche. Voy. Saint-Géran.

La Guierche. Voy. Villequier.

La Guyonnière (*N. du Plantis*, seigneur de), VII, 392, note 6; sa femme, 392.

La Guyonnière, le jeune; son éloge, VI, 179; assiste Bussy dans un combat contre Saint-Phal, 183.

La Guyonnière (Mlle Cabriane de), fille de la suite de la reine, femme de Lignerolles; son mot au cardinal de Lorraine, IV, 278-279; sonnet à sa louange, X, 408. — X, 472.

La Haye (Jean de), baron de Couteaux, sa mort, VI, 80, note 1.

La Hérissaye (Noël du Fail, seigneur de). Voy. Fail.

La Hillière, gouverneur de Bayonne, V, 352.

La Hire (Étienne de Vignoles, dit), VII, 229.

La Hunaudaye (Pierre de Tournemine, seigneur de), huguenot, enseigne d'une compagnie couronnelle de d'Andelot, lieutenant de roi en Bretagne, V, 421.

La Hunaudaye (Françoise de Tournemine, dame de Raiz et de), femme de l'amiral Annebant, III, 210.

La Hyllère. Voy. La Hillière.

La Hyre, capitaine gascon; son duel aux flambeaux, en Toscane; sert dans l'armée de Condé; sa mort; ce qu'il raconte à Brantôme, VI, 396.

Laïs dédie son miroir à Vénus; épigrammes à ce sujet, IX, 647-648; son mot sur l'amour, 329. — IX, 300, 350, 578.

Lait de femme guérit Brantôme des suites d'un accident, VI, 165, 166.

Lalaing (Charles, comte de), envoyé à Henri II, par Charles-Quint, I, 12.

Lalaing (Philippe de), comte de Hoochstraten, III, 260.

Lalande (le capitaine), sa belle défense de Landrecies, III, 384; X, 52; est fait maitre d'hôtel du roi; son éloge, 385-386; est tué à Saint-Dizier, 235; VI, 167.

Lalande (J. de); son *Voyage en Italie*, cité, VIII, 200, note 1, 202, note 1.

La Lane, capitaine huguenot, V, 413.

Lallière (Jean de Vitry, sieur de), l'un des serviteurs du connétable de Bourbon, passe au service de Charles-Quint, II, 234, 235; VII, 243.

La Loue, capitaine huguenot, IV, 357.

La Magdeleine. Voy. Ragny (Mme de).

La Madeleine, devant Naples, (escarmouche à), I, 244.

La Maisonfleur (Heroet de), évêque de Digne, II, 25, note 3.

La Maisonfort. Voy. La Châtre.

La Marche (Olivier de), ses *Mémoires*, cités, VIII, 183; son récit de l'entrée de Jacques de Bourbon à Pontarlier, 186-189; son éloge de la reine Jeanne II, 192-193; son récit du duel de Mahuot et de Jacotin Plouvier, VI, 240-243.

La Marche (comte de). Voy. Bourbon (Jacques de).

La Marche. Voyez La Mark.

La Mark (Robert II de), duc de Bouillon, seigneur de Sedan, dit le *Sanglier des Ardennes*, notice sur lui, III, 189-190; cause première de la guerre entre François Ier et Charles-Quint; sa devise bizarre; sa vaillance à Novare, 190. — II, 296.

La Mark (Robert III de), seigneur de Sedan et de Floranges, duc de Bouillon, maréchal de France; notice sur lui, III, 190-191; sa vaillante défense de Péronne, 191. — I, 251.

La Mark (Robert IV de), duc de Bouillon, maréchal de France, fils du précédent, est pris dans Hesdin, III, 191; mis à rançon et empoisonné; sa femme Françoise de Brezé; son fils, 192; VI, 115; VII, 381; ambassadeur à Rome, IV, 166; permet à Sedan, le combat de d'Aguerre et de Fandilles, VI, 235-239; sa lettre à ce sujet, 503.

La Mark (Henri-Robert de), duc de Bouillon, fils du précédent, viole la trêve devant La Rochelle, IV, 284; permet le combat en champ clos, à Sedan, entre Saint-Phal et Bussy, VI, 185; se fait huguenot; sa mort, ses enfants, III, 192, 193; sa femme, Françoise de Bourbon, donne asile à Brusquet, VII, 384.

La Mark (Guillaume-Robert de), fils du précédent, duc de Bouillon, livré comme otage à Ferdinand II, V, 3, note 2; amène en France l'armée du baron de Dhona, III, 193; VII, 291; nomme La Noue son exécuteur testamentaire et le tuteur de sa sœur Charlotte, VII, 217 et suiv.; sa mort à Genève, 223.

La Mark (Jean, comte de), frère du précédent, III, 193; VII, 291.

La Mark (Charlotte de), hérite du duché de Bouillon de son frère Guillaume-Robert; son tuteur La Noue refuse de la marier à Charles de Vaudémont, et la défend contre le duc de Lorraine, VII, 217 et suiv., 224.

La Mark (Françoise de), première femme de René de Villequier, qui l'assassine, VII, 389, note 5; IX, 12-13.

La Mark (Diane de), femme : 1° de Jacques de Clèves duc de Nevers; 2° de Henri de Clermont, comte de Tonnerre; 3° de Jean Babou, comte de Sagonne, VII, 384.

La Mark (Antoinette de). Voy. Montmorency.

La Mark. Voy. Maulevrier, Nevers.

La Martonie. Voy. Puiguillon.

La Maurie, capitaine huguenot, dit l'*Épouvante de la Frise*, élevé par Brantôme, V, 364, 365.

Lamballe (Côtes-du-Nord), assiégé par La Noue qui y est tué, VII, 231.

Lambertye ou Lambertie (*N.* de), de Limousin, enseigne de La Rivière, V, 407.

Lambertye (François de), mari de Jeanne de La Douze, X, 97.

Lambesc. Voy. François de Lorraine.

La Meilleraye (Jean de Moy, seigneur de), vice-amiral de France, lieutenant-général au gouvernement de Normandie, V, 164.
Lamer. Voy. Mathas.
La Mésières. Voy. Taillevis.
Lamia, maîtresse de Démétrius; erreur de Brantôme sur elle, IX, 235, note 2 ; ce qu'elle disait sur la discrétion en amour, 529.
La Mirande. Voy. La Mirandole.
La Mirandole, sièges et prises de cette ville, III, 29, 399; V, 100; il y avait une garnison française commandée par Lendrevye; regrets sur sa perte, VI, 155.
La Mirandole (Pic de), son anecdote sur un homme qui se faisait fouetter, IX, 286.
La Mirandole (Fulvia Pica de), V, 11, 246. Voy. Randan.
La Mirandole (Sylvia Pica de). Voy. La Rochefoucauld.
La Mirandole (Mlle de), V, 11, 246.
La Mole (Joseph de Boniface de), tué en combat singulier, à Cérisoles, I, 348 ; II, appendice, 432 ; envoyé du maréchal de Montejean à Milan, III, 206.
La Mole (Jacques de Boniface, seigneur de), couronnel; son éloge, I, 349, note 2 ; VI, 175, 177.
La Mole (Joseph de Boniface, seigneur de), dit le *jeune*, fils de Jacques, sa grâce comme danseur, VI, 141 ; décapité à Paris, I, 349, note 2 ; VI, 175 ; Marguerite de Valois, dont il était l'amant, fait embaumer sa tête, IX, 122, note 2. — III, 362, 363; V, 271 ; VII, 359; IX, 189, note.
La Mole (*N.* de Boniface de), sa querelle avec le baron de La Garde, IV, 146; VI, 466. (Dans le premier passage, Brantôme l'appelle La Mole le *jeune* et dans le second La Mole l'*aîné*).

La Mole (les deux frères), capitaines en Piémont, IV, 73.
La Mollière. Voy. Apchon.
La Monnoye, cité, X, 371.
La Montoire (Pas-de-Calais), prise de son château, II, 335.
Lamoral (Marie-Christierne de), troisième femme de Charles de Mansfeld, I, 308, note 4.
La Morta (bataille de). Voy. Vicence.
La Mothe-au-Groin (Mlle de), dotée par Philippe II, VIII, 20.
La Mothe-des-Noyers (Charles Choques de), l'un des gentilshommes du connétable de Bourbon, exhorte en vain François Ier prisonnier à se rendre à celui-ci, III, 142 ; est battu par le duc de Guise, 230 ; passe au service de Charles-Quint, 234, note 2, 235 ; VII, 243.
La Mothe-Pujols (Jean Fargue, dit), capitaine huguenot, sert aux sièges du Petit-Leith et de Saint-Jean d'Angély; regretté de M. de Martigues, V, 433.
La Motte ou La Mothe. Voy. Canillac.
La Motte, lieutenant de Charry et l'un des capitaines de la garde du roi; sa mort à Lyon, V, 347.
La Motte, capitaine français, gouverneur de Gravelines pour les Espagnols, V, 144.
La Motte-Gondrin, lieutenant de roi en Dauphiné, tué à Valence, III, 304. — IV, 72; VI, 68.
La Motte-Longlée, résident du roi en Espagne, II, 82 et note 2.
Lampognano (Andrea), assassine Galeas-Marie Sforce, duc de Milan; exercice singulier auquel il se livrait, VI, 499.
Lampridius, cité, IX, 44, note 3 ; 134, note 2 ; cité à tort, 664.
La Mure (siège de), V, 363.
Lancelot de Carles. Voy. Carles.
Lances, peintes *en noir*, VI, 35.
Lancosne, capitaine; on lui donne

le régiment de Bussy, IV, 35.
Lancosne, le jeune, prend part à l'assaut de La Rochelle, VI, 63.
Landas (Antonio et Roberto de), III, 262.
Landereau. Voy. Landreau.
Landgrave. Voy. Hesse.
Landreau ou Landereau (Charles Rouault, seigneur de), lieutenant de roi au gouvernement de Poitou (1576), vice-amiral dans l'expédition de Strozzi à la Tercère, mestre de camp au siège de La Rochelle, V, 351; attaque le vaisseau qui portait Mlle de Giron, VII, 161-162.
Landrecies ou Landrecy, assiégé par Charles-Quint, III, 216, 384; VII, 277-278; X, 52. Dicton espagnol sur les tranchées de cette ville, III, 163.
Landrecies, surnom donné par F. de Bourdeille à d'Essé, X, 52.
Landriano (combat de), III, 204, 205.
Laneret (Mlle), bourgeoise de La Rochelle, épouse Sainte-Foy, VII, 249.
La Neufville, gentilhomme huguenot, sauvé par Tavannes à la Saint-Barthélemy, V, 120.
Lanfranco Giustiniani, porte à Venise la nouvelle de la victoire de Lépante, II, 120.
Langage des dames de la cour (liberté de), IX, 244-245.
Langage. La femme, pour être bien aimée, doit bien parler, IX, 248. Voy. Langue.
Langeay. Voy. Langey.
Langey (Guillaume du Bellay, seigneur de), notice sur lui, III, 212-215; son éloge; son livre sur l'art militaire; dépensait fort en espions; était si bien informé qu'on croyait qu'il avait un esprit familier, 213; avertissements qu'il donnait au roi; découvre le meurtre de Frégose et de Rincon; ses épitaphes, 214-215; sa sépulture à Saint-Julien du Mans; lieutenant du roi en Piémont; éloge de la maison du Bellay, 215; ses remontrances à César Frégose, VI, 463; accuse le marquis del Gouast de l'assassinat de Frégose et de Rincon, I, 207; son défi au marquis del Gouast, VI, 459-460; discipline qu'il établit en Piémont, II, 229; protège le baron de la Garde, IV, 141; son *Traité de la discipline militaire*, cité, I, 148; II, 149; III, 395; V, 299, 305. Ses *Mémoires*. Voy. Bellay (du). — III, 48; VII, 38.
Langres (évêque de). Voy. Amboise.
Langside (Écosse). Les troupes de Marie Stuart y sont défaites, VII, 424.
Langue française (prononciation de la), à l'époque de Brantôme, X, 164 et suiv.
Langue de la cour sous François Ier et ses successeurs, X, 158 et suiv.
Langue. Un roi ne doit parler que sa langue devant les étrangers, VII, 71.
Langue écossaise; comment parlée par Marie Stuart, VII, 407.
Langues (de la nécessité d'apprendre les), VII, 71, 73, 74.
Langues étrangères; usage qu'on doit en faire, VII, 74; il est nécessaire de les bien parler, 76.
Langues espagnole, italienne et française; ce que Charles-Quint en disait, I, 5.
Languedoc (gouverneurs de). Voy. Montmorency-Damville et Montpezat.
Languedoc (maréchal de). Voy. Briçonnet (P.).
Languilliers-Belleville (maison de), III, 401.
Lanmary (Jean de Laurière, seigneur de), X, 48, note 5.
Lanmary (Catherine de Laurière, dame de), femme de Pierre des Coutures, X, 98, note 4.

Lannoy (Charles de), seigneur de Sanzelles, vice-roi de Naples, généralissime des armées impériales en Italie; notice sur lui, I, 224-235; emmène François Ier en Espagne, 225-227, 230-234; est accusé de poltronnerie par le marquis de Pescaire, qui fait de lui des plaintes très vives à l'empereur, 225-229; haine des Espagnols contre lui, 230; est comblé d'honneurs et de biens par l'empereur qui le fait prince de Sulmone, 231; émeute de soldats contre lui à Alicante, 233; fuite de son fils à Cérisoles, 234; François Ier se rend à lui à Pavie, III, 142 et suiv.; son traité avec Clément VII, I, 263, 272; contribue au traité de Madrid, I, 252. — I, 153, 189, 372, 373; II, 27; VII, 275.

Lannoy (Philippe de), prince de Sulmone, fils du précédent; sa fuite à Cérisoles, I, 234; II, 429.

Lannoy (Horace de), prince de Sulmone, IX, 368, note 2.

La Nocle (N. de La Fin, sieur de) accompagne Soliman en Hongrie, V, 406.

La Nocle (Jean de La Fin, sieur de), remet le marquisat de Saluces sous l'autorité du roi, V, 204.

La Nocle. Voy. Beauvais.

La Noue (François de), dit *Bras de fer*, discours sur lui, VII, 203-265; ses commencements; il sert en Piémont sous Damville; se fait huguenot; est appelé par Coligny; son amour de l'étude; accompagne avec Brantôme Marie Stuart en Écosse, 203-204; s'empare d'Orléans, et passe la Loire, 204-205; est pris à Jarnac et à Moncontour; Henri III lui accorde la vie à la prière de Martigues, 206, 215, 250; défait Puy-Gaillard; s'empare de Luçon, sa générosité envers les troupes qui s'y trouvaient, 206; passe en Flandre, est pris dans Mons, 206-207; est envoyé par Charles IX, après la Saint-Barthélemy, à La Rochelle et encourage les habitants à la résistance, 207, 216; est blâmé pour n'avoir pas secouru Lusignan, 207-208; son intimité avec Brantôme; attire Monsieur hors de la cour, 208, 216; assiste et forme à la guerre le roi de Navarre qui le fait surintendant de sa maison, 209; est appelé par les révoltés des Pays-Bas qui le nomment leur maréchal général de camp, 209; sauve leur armée attaquée par Don Juan; prend la ville de Ninove et fait prisonnier le comte d'Egmont, 210-211; il est pris par le marquis de Richebourg qui le traite d'une manière indigne et il subit une longue captivité, 211, 212, 217, 219, 259; est visité dans sa prison par un gentilhomme italien, 224-226; par qui et comment il obtient sa liberté, 212, 219-223; il se retire à Genève, 219; sa *Déclaration*, citée, 217-219; défait à Senlis le duc d'Aumale, 213-214; son adresse à la paume; amitié de Henri II pour lui, 215; accusation d'ingratitude portée contre lui, au sujet de Henri II, de Henri III, du duc de Lorraine, et de Martigues, 214-230, 258; comment se justifie d'avoir soutenu la sœur du duc de Bouillon, sa pupille, contre le duc de Lorraine, 217, 222-225; services que lui rend M. de Guise qui sauve ses enfants à la Saint-Barthélemy, 224-228; sa mort au siège de Lamballe, ses pressentiments, 230-231; son ingratitude envers Brantôme, qui l'avait sauvé d'un guet-apens dressé par l'ambassadeur d'Espagne, 261-262; son éloge, son dévouement à sa religion, 263.

— Notice sur lui et sur Lesdiguières, V, 186-189; son éloge, IV, 356; combat à Dreux, V, 37; VI, 48; échangé contre Ph. Strozzi, VI, 61; son opinion sur les causes de la Saint-Barthélemy; blâme son beau-frère Téligny de ses bravades, VII, 363-364; mandé par Charles IX après la Saint-Barthélemy; avis que lui donne Longueville, V, 259; envoyé à La Rochelle; discours sur lui, V, 21; IX, 419-420, 446; son escarmouche à la Rochelle, II, 396; ses menées avec Monsieur au siège de cette ville, VII, 360; sa conduite lors du siège de Lusignan; il en parle à Brantôme, IV, 58, 59; sa vaillance à la bataille de Gemblours, sa lettre à Brantôme, II, 129; est pris à Mons par le duc d'Albe, II, 177-178; son dîner avec Brantôme et Biron, V, 136; ce qu'il dit à Brantôme sur les guerres civiles, IV, 300; donne à tort le titre de couronnel à des mestres de camp, V, 348; son *Discours* contre l'alliance des chrétiens avec les mahométans, V, 59, 60; fait prisonnier par les catholiques; Montpensier veut le faire pendre; il est sauvé par Martigues; combat en Poitou, V, 15; ses *Discours politiques et militaires*, cités, IV, 313, 314, 345; V, 123, 348, 381; sa *Déclaration pour la prise d'armes et la défense de Sedan et de Jamets*, citée, VII, 217 et suiv.; 229 et suiv. — II, 81; V, 365; VII, 291.

La Noue (Marguerite de Téligny, femme de François de), VII, 220.

La Noue (Odet de), seigneur de Téligny, fils de François de La Noue, est donné comme otage pour la délivrance de son père, VII, 218, 219.

Lanques (Jean de Choiseul, seigneur de), capitaine d'arquebusiers à cheval; son éloge, V, 41, 43.

Lanquetos, ou mieux Lanquetot, (les frères), capitaines, morts au siège de Rouen, V, 417.

Lansac (Louis de Saint-Gelais, seigneur de). C'est celui que Brantôme appelle souvent le *bonhomme Lansac*. — Il est fait prisonnier par des paysans en Italie, I, 300-301; ambassadeur au concile de Trente où il dispute la préséance à l'ambassadeur d'Espagne, III, 98, 99; capitaine du château de Blaye, 412; ce que Brantôme lui entend dire sur la langue dont un roi doit se servir et sur la connaissance des langues étrangères; ses nombreuses ambassades, VII, 71, 74, 76; mot de François Ier qu'il raconte à Brantôme, IV, 74, 75; vieux registres des antiquités de la cour; ce qu'il dit à Brantôme sur les ordres de Saint-Michel, du Saint-Esprit, de la Toison et de la Jarretière, V, 111, 113; fait livrer Lusignan aux catholiques par Mirembeau, VII, 63; ses deux femmes, VII, 388; note 2; X, 104, note 3. — III, 310; V, 149, 365; VIII, 208.

Lansac *le Jeune*. Gui de Saint-Gelais, fils du précédent; ce qu'il raconte à Brantôme sur la mort du duc d'Albe, I, 304, note 4; raconte à Brantôme ce que Philippe II lui avait dit sur Binet, VI, 212; querelle que lui cherche Ph. Strozzi, VI, 89; fait surprendre Bourg-sur-Mer par les ligueurs; ce qu'il en dit à Brantôme, V, 168; tient à Bourg-sur-Mer une réunion de chefs ligueurs, 146; ce que Marie d'Autriche lui dit en Espagne sur la mort de sa fille la reine Élisabeth, IX, 604; sa rencontre avec Brantôme, en revenant de Malte, d'un men-

Lansac (suite).
diant espagnol, VII, 54-56. — V, 16, 406, 411; VIII, 208; X, 104, note 3.

Lansac (Mme de). Jeanne de La Roche-Andry, première femme de L. de Saint-Gelais, seigneur de Lansac, VII, 388, note 2; X, 104, note 3, 106.

Lansac (Mme de). Gabrielle de Rochechouart, seconde femme de L. de Saint-Gelais, seigneur de Lansac, VII, 388, note 2.

Lansac *la Jeune* (Mme de). Antoinette Raffin, dite Poton, femme de Gui (et non de Louis) de Saint-Gelais, seigneur de Lansac, VII, 388, note 2.

Lansac. Voy. Saint-Gelais.

Lansquenets, leur coutume de baiser la terre et d'en jeter une poignée derrière l'épaule, au moment du combat, VI, 221, 502; leur démêlé avec Bayard au siège de Pampelune, III, 24, 25; leurs désordres dans Naples lors du siège de la ville par Lautrec, I, 355; VI, 225; ne sont bons qu'en rase campagne; leur malpropreté; leurs fautes à Dreux et à Moncontour; leur conduite à Ravenne et à Cérisoles, 226; mauvaises troupes dans une ville assiégée; Monluc s'en débarrasse au siège de Sienne, IV, 57; VI, 224.

Lansquenets de l'armée de Charles-Quint, I, 167; en France, VI, 220 et suiv. — et reîtres du comte de Rhingrave au service du roi, IV, 335, 336.

L'Antifaure, capitaine ligueur, surprend Bourg-sur-Mer, V, 168.

Lanz. Voy. Lens.

Lanz (C.), son édition de la *Correspondance* de Charles-Quint, I, 11, note.

Laouestine (*N.* de Bourgogne, dame de), III, 265.

Laouesten. Voy. Laouestine.

La Padule (Dom Antonio, marquis de), notice sur lui, I, 151; est blessé et pris à Ravenne; commande l'infanterie espagnole, *ibid.*, V, 315, 320; se sauve de prison, 365; sa mort, II, 427; s'empare de la forteresse de Trezzo, III, 22; sa réponse au duc de Nemours, VI, 447.

La Palice ou La Palisse (Jacques de Chabannes, seigneur de), notice sur lui, II, 375-380; son éloge; favori de Louis XII; lieutenant de roi en Italie et en Navarre; comment appelé par les Espagnols; son portrait, 375; son discours pour détourner François Ier de livrer la bataille de Pavie, 376, 377; sa vaillance et sa mort à cette bataille, 378, 379; combat avec les gens de pied à la bataille de la Bicoque, livrée malgré son avis, 379, 380; est envoyé par Louis XII au secours de Maximilien assiégeant Padoue, I, 79, 80; est chargé de reconquérir la Navarre; ce que lui dit la reine Catherine, IX, 447-448; délivre Fontarabie assiégée par les Espagnols, II, 414; assiste Bayard dans son combat contre Sotto-Major, VI, 264 et suiv.; est élu chef de l'armée après la mort de Gaston de Nemours, III, 14; ne sait pas profiter de la victoire de Ravenne, 15; échange la charge de grand maître contre celle de maréchal, ce que François Ier lui dit à ce sujet, I, 218, note; 223, 224; VII, 209-210; s'oppose à la bataille de Pavie où il combat vaillamment, III, 64, 142. — II, 295; III, 24, 25, 50; IV, 55; V, 312; VI, 423; VII, 108, 154; X, 39.

La Pezie, capitaine périgourdin, complice de l'assassinat de F. de Caumont, IV, 34.

La Pierre (Albert). Voy. Stein.

La Place (*N.* de), commande

40 lances dans l'armée de Charles VIII, II, 296.
La Platière. Voy. Bourdillon et Bordes.
La Popelinière (Lancelot Voisin de), son *Histoire de France*, citée, IV, 14, note ; critique des harangues qu'il met dans la bouche des généraux lors de la bataille de Dreux, VII, 118.
La Porte. Voy. Saint-Remy.
Laquais, leur combat, à Amboise, contre Charles d'Orléans, III, 180-181.
Laquais, devenus capitaines, V, 370.
Laquais vengeant son maître et pendu, VI, 322.
Laquais, Allaquais, ancien nom des soldats, V, 304, 305.
Laquais. Voy. Valets.
La Queille (François de), III, 73, note 3.
La Queille (Françoise de), seconde femme du grand écuyer Galiot, III, 73, note 3.
Lara (Don Georges Manrique de), IV, 174, 176.
La Rade, enseigne couronnelle du connétable de Bourbon, VI, 154.
La Ramée (la). Voy. Ramus.
La Ramière, capitaine huguenot, V, 434.
L'Archant. Voy. Archant (l').
Laredo (débarquement de Charles-Quint à), VII, 12-13.
La Renaudie, l'un des chefs de la conspiration d'Amboise ; poursuivi comme faussaire et sauvé par le duc François de Guise, III, 234 ; IV, 225-226.
La Renaudie (François de Sainte-Aulaire, seigneur de), X, 98.
Largebaston, premier président du parlement de Bordeaux, harangue Marguerite de Navarre ; ce qu'il dit à Brantôme de l'éloquence de cette princesse, VIII, 41-42..
Larignum, château assiégé par César, IX, 587.

La Rivière (*N*. vicomte de), l'un des signataires de la capitulation de Saint-Dizier, III, 236, 238-239.
La Rivière (Hardouin de Villier de), capitaine, mène à ses dépens une compagnie d'arquebusiers à Malte, V, 232, note 1 ; 407.
La Rivière (Daniel de), sieur du Puitailler ; sa querelle avec Pusset, IV, 76, 77 ; sa mort, 78 ; mestre de camp en Piémont, V, 351 ; VI, 58.
La Rivière-Puitailler (les deux), capitaines en Piémont, IV, 73.
Larix, anecdote sur la propriété de ce bois, IX, 587.
La Roche (*N*. de), lieutenant au château de Blaye, III, 411.
La Roche (*N*. de), commandeur de l'ordre de Malte, envoyé par le grand maître à Charles IX ; ses récits sur le siège de la ville par les Turcs, V, 217, 218, 229.
La Roche (Mme de), ses amours avec le capitaine Bourdeille, IX, 339-341.
La Roche (comte de). Voy. La Rochefoucauld.
La Roche. Voy. Maumont (Jeanne de).
La Roche-Abeille. Voy. La Roche-l'Abeille.
La Roche-Andry (Philippe baron de), mari de Jeanne de Beaumont, X, 104, note 3.
La Roche-Andry (Humbert de), seigneur de Clan ; mari d'Adrienne de Bourdeille, X, 104.
La Roche-Andry (Isabeau de), femme de François, comte de La Chambre, X, 105, note 1.
La Roche-Andry (Jeanne de), première femme de L. de Lansac. Voy. Lansac.
La Roche-Baron (*N*. de), donné en otage lors de la capitulation de Saint-Dizier, III, 239.
La Roche-du-Maine (Jacques Tiercelin, seigneur de), notice sur

La Roche-du-Maine (suite).
lui, III, 404-413; est pris à Pavie; appelé *Humeno Rocha* par les Espagnols; son entretien avec l'empereur, 404-405; Brantôme le voit à Amboise; son costume; leur conversation, 405-406; reprend sur les huguenots le château de Chinon dont il était gouverneur; son mot à ce sujet, 406; son éloge par Vallès pour sa vaillance à la bataille de Pavie où il est fait prisonnier, 406-408; il est pris à la bataille de Saint-Quentin où son fils est tué à ses côtés, 408; Chavigny lui succède dans la capitainerie de Chinon, 412; son juron, II, 398; III, 406.

La Rochefoucauld (maison de), ses alliances avec celles de Ferrare et de la Mirandole, VI, 200.

La Rochefoucauld (François III, comte de), dit le comte de La Roche, pris à la bataille de Saint-Quentin, sa rançon, II, 271; beau-frère de Louis de Condé; l'un des meilleurs capitaines des huguenots; son éloge; chanson sur lui, IV, 355-356; son esprit, VI, 34; son cheval casse la jambe au prince de Condé, au moment de la bataille de Jarnac, IV, 346; favori de Charles IX qui le laisse massacrer à la Saint-Barthélemy, V, 256, 257. — III, 389; IV, 77; V, 52; VII, 206; IX, 268.

La Rochefoucauld (François IV comte de), fils du précédent, couronnel de Henri roi de Navarre; son affection pour le duc Henri de Guise; sa conférence secrète avec Brantôme, VI, 200; est tué à Saint-Yrieix, 201-202, 324; IV, 209. — V, 210.

La Rochefoucauld (Sylvia Pica de la Mirandole, première femme de François III, comte de), VI, 200; VII, 383.

La Rochefoucauld (Charlotte de Roye, seconde femme de François III, comte de), I, 106; VII, 383; sa mort courageuse, IX, 453.

La Rochefoucauld (Marguerite de), seconde femme de Hardouin de Maillé, II, 344.

La Rochefoucauld. Voy. Barbezieux, Randan.

La Roche-Guyon (H. de Silly, comte de), X, 473, note 1.

La Roche-l'Abeille ou La Roche-l'Abélie (Haute-Vienne), les catholiques y sont battus, I, 105; II, 342; IV, 313; VI, 59-61.

Erratum. C'est Philippe et non Pierre Strozzi, mort depuis longtemps, qui fut pris à ce combat (IV, 313, note 4).

La Rochelle, voyages qu'y fait Brantôme, IV, 300; V, 21; VII, 208; La Noue y est envoyé par Charles IX, VII, 207, 216; IX, 446; projet de Tavannes sur cette ville après la Saint-Barthélemy, V, 121.

La Rochelle (siège de) par les catholiques, est commencé par Biron; est mal conduit; causes de sa levée; intrigues à ce sujet, V, 132-139. Montgommery ne peut faire entrer du secours dans la ville, IV, 89; l'armée royale y perd vingt ou vingt-deux mille hommes, IV, 90; VII, 207, 216; assaut donné à la ville et panique dans l'armée royale, IV, 382-384; VI, 62-67; incidents et particularités de ce siège: combat singulier de Biron, V, 150, 151; plaisant dialogue de deux soldats gascons, IV, 37-40.—(Voy. l'article *Brantôme*, p. 64, col. 1). — I, 277; II, 395-397; IV, 14, 59, 124, 147, 283-285; V, 323-324, 326-327, 330-336, 351, 421; VI, 69-71, 80-83, 197-198, 206, 213, 496; VII, 253-254; IX, 280, 419-421.

La Rochelle (paix de), V, 134.
La Rochelle (gouverneur de), X, 64.
La Rochelle (hôtel de Mérichon à), II, 337.
La Rochelle. Voy. Rochellois.
La Roche-Matignon, nom porté par le maréchal de Matignon, V, 163.
La Rocheposay. Voy. Abain et Schomberg (Mme de).
La Rochepot (Antoine de Silly, comte de), succède à Bussy comme couronnel du duc François d'Anjou ; sa vaillance lors de l'entreprise d'Anvers; est nommé gouverneur d'Anjou, VI, 193-194.
La Roche-sur-Yon, (Charles de Bourbon prince de), fils de Louise de Bourbon et de Louis de Bourbon, frère de Louis de Montpensier, V, 4-5 ; est nommé gouverneur d'Orléans, 9; notice sur lui, V, 26-30 ; était plus politique que passionné catholique ; principal gouverneur de Charles IX, 26 ; sa pauvreté ; devient riche par son mariage avec la veuve du maréchal de Montejean ; sa magnificence ; conduit la reine d'Espagne à Bayonne, 27-28 ; sa douleur à la mort de son fils le marquis de Beaupréau et sa colère contre le comte de Maulevrier ; cause de sa mort, 28-29 ; sa loyauté ; appelé le *grison fidèle* par sa maîtresse ; sa querelle avec Andelot, 29 ; sa prudence ; gouverneur de Paris après la bataille de Saint-Quentin, 30 ; épouse la maréchale de Montejean, III, 207; sa querelle avec Andelot, VI, 475-476, 479. — IX, 463.
La Roche-sur-Yon (Philippe de Montespedon, femme du maréchal de Montejean, puis de Charles de Bourbon, prince de), V, 27 ; est créée dame d'honneur de Catherine de Médicis, II, 277 ; son altercation à ce sujet avec Condé, IV, 338 ; sa vanité ; son aventure avec LaChastaigneraie, III, 207. — VII, 382.
La Roche-sur-Yon. Voy. Montpensier.
La Roche-Tesson, baronnie donnée à Jacques de Matignon pour prix de ses révélations sur le connétable de Bourbon, V, 166.
La Roue, capitaine poitevin, ami de Brantôme ; son aventure ; gagne au jeu J. André Doria, II, 46, 47.
La Rousselière. Voy. Rouault.
La Routte (N. de), capitaine dans l'armée de Henri de Guise, VII, 296 ; sa mort, V, 328.
La Rouvraye. Voy. Bressaut.
La Rovère. Voy. Urbin.
Larrez ou Larey, cordonnier, porte-enseigne des *Comuneros*, I, 221, 369.
La Sanna (Luys de), son action héroïque ; comment récompensé par Charles-Quint, VII, 102, 104.
Lascaris (Anne de), comtesse de Tende, femme de René légitimé de Savoie, comte de Villars, III, 378, note 1.
Laski (Albert), palatin de Siradie, ce qu'il dit de la beauté de Marguerite de Valois, VIII, 25-26.
La Souche, laquais de Fr. de Bourdeille, envoyé par lui mener des chiens à Henri VIII; dons qu'il reçoit de ce prince, X, 56-57.
Lasso (Pedro), l'un des chefs des *Comuneros*, I, 220.
La Solle, capitaine gascon, chef d'une sédition militaire à Grosseto, V, 383.
Lastours (Jeanne de), femme de Gabriel de Peiramont, X, 97.
Latin, Brantôme en savait un peu, II, 241, 242 ; ignorance de cette langue par les évêques du temps passé, VII, 73.

Latins (seuls mots) que Louis XI fit apprendre à Charles VIII, II, 325 et suiv.

La Torre (Mme de), dame espagnole, anecdote sur elle, VII, 169.

La Tour, Gascon, blessé mortellement au siège de La Rochelle, IV, 383, 384.

La Tour, gentilhomme de Gascogne, assassiné par Bournazel; sa veuve demande justice au roi; comment elle excitait son jeune fils à la vengeance, IX, 443-444.

La Tour (Charles de Gondi, baron de), frère du maréchal de Raiz, maître de la garde-robe de Charles IX, son éloge; sa mort, V, 259, 352; Charles IX mourant lui recommande Marie Touchet, 275; possesseur du château de Mézières, III, 298. — VII, 389, note 3.

La Tour (Mme de). Hélène Bon, femme en premières noces de Charles de Gondi, baron de la Tour, VII, 389. Voy. Bon (Hélène).

La Tour (Anne de), comtesse d'Auvergne, duchesse d'Albany, IX, 475, note 2.

La Tour (Madeleine de), de la maison de Boulogne, comtesse d'Auvergne et de Lauraguais, mère de Catherine de Médicis, VII, 332, note 1; 341.

La Tour (Antoinette de), de la maison de Limeuil, femme en secondes noces de Charles de La Mark, comte de Maulevrier, VII, 389, note 7.

La Tour. Voy. Bouillon, Limeuil, Turenne.

La Tour-Landry. Voy. Châteauroux.

La Tour du Pin. Voy. Gouvernet.

La Tourette, capitaine, assassiné avec Charry, V, 342, 343.

La Trappe, huguenot, enseigne de Condé qui l'envoie à Vieilleville; ami de Brantôme, V, 51; ce qu'il lui raconte; son éloge, VI, 396.

La Tremblay (Angoumois), terre du comte de La Rochefoucauld, VI, 138.

La Trémoille (Louis Ier, seigneur de). Le vicomté de Thouars est restitué à ses enfants, II, 401.

La Trémoille (Louis II, seigneur de), fils du précédent, gouverneur et lieutenant général de Bourgogne, notice sur lui, II, 393-402; son éloge; appelé chevalier sans peur et sans reproche; son *Panégyrique* par J. Bouchet, 361, note 3; 369, note 3; 393, note 3; surnommé *la Vray-corps-Dieu*; fait prisonnier, à Saint-Aubin du Cormier, le duc d'Orléans qui ne lui en garde pas rancune, 398, 399; battu à Novare par les Suisses avec lesquels il signe un traité que Louis XII a grand' peine à ratifier; chanson des aventuriers sur lui, 399-401; aimé de François Ier; est tué à la bataille de Pavie auprès du père de Brantôme qui y est blessé; son éloge dans le *Jardin d'honneur*, par Bouchet, 401; mort de son fils à la bataille de Marignan, 402; est ambassadeur de Charles VIII près de Maximilien, II, 294; est battu à Novare, II, 363; son conseil à François Ier, avant le siège de Pavie, III, 149; s'oppose à ce qu'on livre la bataille de Pavie, II, 375, 376, 378; III, 64; sa querelle avec un gentilhomme, VI, 481-482. — II, 296.

La Trémoille (Charles de), prince de Talmont, fils du précédent, tué à la bataille de Marignan, II, 402.

La Trémoille (François de), vicomte de Thouars, fils du précédent, I, 146.

La Trémoille (Charlotte-Brabantine de Nassau, femme de Claude de), II, 175, note, 176.

La Trémoille (Charlotte de). Voy. Condé.

La Tripaudière, sa querelle avec Jean de Bourdeille, VI, 413, 414.

Laudi. Voy. Lodi.

L'Aubespine. Voy. Aubespine.

Launay, gentilhomme du duc de Nevers, VI, 461, note 3.

Laurens (Ferri), III, 262.

Laurentio. Voy. Splenditeur.

L'Aurette. Voy. Lorette.

Laurière (Catherine de), femme de P. de Beaupoil de Sainte-Aulaire, X, 48, note 5.

Laurière. Voy. Lanmary.

Laurière, son *Glossaire*, cité, IX, 589.

Lausières. Voy. Lauzières et Thémines.

Lautrec (Odet de Foix, seigneur de), maréchal de France; notice sur lui, III, 22-39; escorte les prélats se rendant au concile de Pise, 22; perd le duché de Milan, 23; forcé par ses soldats de livrer la bataille de la Bicoque, 23, 26; reproche que lui adresse François Ier, 26; il est préservé de disgrâce par sa sœur, Mme de Châteaubriand; mot à ce sujet et sur le château de Milan, 27; ses fautes et celles de son frère M. de Lescun; se retire en Guyenne; est nommé lieutenant général de la ligue contre l'empereur; ses succès, 28; entre dans Pavie par la brèche; assiège Naples et meurt devant cette ville, 29-31; obsèques que lui fait faire le roi à Paris; tombeau qui lui est érigé à Naples par Gonsalve Ferdinand de Cordova, 33-35; son château de Coutras, 35, 36; appelé Démétrius Poliorcètes par les Italiens, 36; s'empare de Pavie, 29, 36; son éloge par les Espagnols, 37; sa présomption et son orgueil, 29, 37; son portrait; est blessé gravement à la bataille de Ravenne et soigné par le duc et la duchesse de Ferrare; sa haine contre les Espagnols, 39; sa race rabaissée par les Italiens; s'enrichit à Milan; son mariage avec la fille de M. d'Orval, 56; fait mourir Christophe Palavicino, 57, note 2; néglige les avis du roi et est surpris à Milan par Pescaire, 58; ses fautes militaires devant Parme, Troja, Naples, et à la Bicoque, 60; demandé par le pape et les Italiens pour être chef de la ligue contre l'empereur; ce qu'en dit François Ier, 60, 61; blessé à Ravenne, VII, 283; cause de la disgrâce de Trivulce, 221, 222; est disgrâcié à son tour, 223; couronnel des Gascons, V, 319; assiège Cassano, III, 335; surnommé le *second Démétrius*, comment il se conduisait à l'attaque des villes, IV, 240, 241; son opiniâtreté lui fait livrer la bataille de la Bicoque, I, 185; II, 379, 380; chevaliers créés par lui avant cette bataille, 312; réclame des prisonniers à Philippin Doria, II, 38; sa hauteur, cause de la défection d'André Doria, 39; habile retraite du prince d'Orange devant lui; sa jactance; son juron ordinaire, VII, 272-273; ne peut secourir le château de Milan, I, 147; VII, 24; assiège Naples, I, 159, 241, 355; VI, 225; sa mort, IX, 593; obsèques que lui fait faire François Ier, I, 135; sa sépulture à Naples, I, 160; sa lettre au baron d'Archiac qu'il nomme capitaine de Blaye, III, 411; bon accueil qu'il fait au père de Brantôme en Italie, X, 49. — I, 158, 159, 174, 237, 256, 281; II, 419; III, 50, 51, 61, 171, 203, 204, 231, 378; IV, 98; VI, 173, 403, 405; VII, 320; VIII, 151.

Lauzière (Guynot de), commandant de l'artillerie de Charles VIII, II, 298.

Lauzun (Gabriel-Nompar de Caumont, comte de), mari de Charlotte d'Estissac, X, 92.

Lauzun (N. de), mari de Marguerite de Bourdeille, grand'tante de Brantôme, X, 92.

Lauzun (François, comte de), X, 92, 153.

Lauzun (Jean Nompar de Caumont, baron de), mari de Françoise de Bourdeille, X, 104, note 2.

Lauzun (Jean de), X, 92, note 1.

Lauzun (Jacques de), X, 92, note 1.

Lauzun (Jeanne de), femme de François de Fumel, X, 92; note 1, 93.

Lauzun (Henrie de), femme du seigneur de Bourdez, X, 92, note 1, 93.

Lauzun (Charlotte-Catherine de), femme d'Alexandre de Clermont-Lodève, X, 92, note 1, 93.

Lavagne. Voy. Fiesque.

Laval (Gui XV, comte de), X, 105, note 3; lisez : Gui XVI.

Laval (Gui XVI, comte de), donné en otage par le traité de Madrid, III, 171; mari d'Antoinette de Daillon du Lude ; sa postérité, X, 105, note 3. — — VII, 326.

Laval (Louis de Sainte-Maure, comte de), tué à Orléans L. de Bueil, VI, 35. — V, 363.

Laval (René de), premier mari de Renée de Rohan, VII, 414, note 1.

Laval (Françoise de Dinan, dame de Châteaubriand et de), gouvernante d'Anne de Bretagne, VII, 310.

Laval (Claude de Rieux, comtesse de), femme de Fr. de Coligny, seigneur d'Andelot, III, 189.

Laval (Paul de Coligny, comte de), fils d'Andelot, II, 167.

Laval (Charlotte de). Voy. Coligny.

Laval (Françoise de). Voy. Lenoncourt (Mme de).

Laval. Voy. Châteaubriand, Loué, Montafilant, Rohan.

La Valette (Jean de Nogaret, seigneur de), beau-frère du maréchal de Bellegarde, et père du duc d'Espernon, notice sur lui, V, 212-215; son combat heureux en Piémont, 212; se distingue dans diverses occasions; mestre de camp de la cavalerie légère; sa compagnie de gens d'armes est presque détruite à Jarnac, 213, 214; est lieutenant de roi dans la moitié de la Guyenne; sa mort, 214; honoré par son fils le duc d'Espernon, 214, 215; cornette de Givry, VI, 169; mari de Jeanne de Saint-Lary, V, 203, note 2; combat à Jazeneuil, 431.

La Valette (Bernard de Nogaret, seigneur de), fils du précédent et frère aîné du duc d'Espernon, est nommé gouverneur du marquisat de Saluces, V, 205; sa victoire sur les Suisses, VI, 218 et note 2. — VI, 94.

La Valette (Mme de). Jeanne de Batarnay, femme de Bernard de Nogaret, seigneur de La Valette, VII. 386.

La Valette (Catherine de). Voyez du Bouchage.

La Valette le jeune. Voy. Épernon.

La Valette-Parisot (Jean de), grand maître de Malte, notice sur lui, V, 215-239; était gascon; grand capitaine, 215; siège glorieux qu'il soutient à Malte contre les Turcs, 215-217; ambassadeur qu'il envoie aux princes chrétiens après la levée du siège, 217; détails qu'il donne à Brantôme, 226 et suiv.; éloge qu'en fait Dragut; ses projets pour faire la guerre aux Turcs, 229, 232; refuse le chapeau de cardinal, 230, 231; secours qu'il espérait du roi d'Espagne et des Français, 232; magnifique hospitalité qu'il donne à Brantôme et à ses compagnons, 233, 408; envoyait en course deux galères qui lui appartenaient, 233-235; son portrait; avait été esclave chez les Turcs; savait plusieurs langues; fait construire une nouvelle ville à Malte (la cité La Valette), 239; ce qu'il dit à Dragut prisonnier, II, 50; ce que Brantôme lui entend dire sur celui-ci, 58. — I, 107; II, 45; V, 198; VI, 410. — Voy. Malte.

La Vallée, gentilhomme de la chambre du cardinal de Lorraine, fait sauver par le duc de Guise les enfants de son parent La Noue, pris à la Saint-Barthélemy, VII, 228.

Lavardin (Charles de Beaumanoir, seigneur de), calviniste, père du maréchal de France, est tué à la Saint-Barthélemy, VI, 193, note 3, 198.

Lavardin (Jean de Beaumanoir, marquis de), maréchal de France, blessé au siège de Saint-Lô, dans l'armée catholique, VI, 193; commence par être couronnel de Henri de Navarre qui l'avait élevé; se fait catholique et lui fait la guerre, 194, 195; Henri III lui donne sa grâce de l'assassinat de Randan; ravitaille Vitré; est fait maréchal de France; blâmé pour sa conduite à la bataille de Coutras, 195, 196; plus vaillant que sage; moqueries des huguenots sur lui, 197; son père est tué à la Saint-Barthélemy, et lui est sauvé par madame de Dampierre que plus tard il paye d'ingratitude; succède à d'Aumont comme maréchal de France, 198; son accommodement avec Bussy qu'il avait voulu assassiner, 198, 199; récit qu'il en fait dans la chambre de la reine mère à La Réole; la Rochefoucauld lui succède comme couronnel du roi de Navarre, 200; est sauvé par Tavannes à la Saint-Barthélemy, V, 120, note 1; refusé par Henri III de la charge de mestre de camp de sa garde; il s'attache au roi de Navarre, V, 360, 361, — VII, 390, note 9.

Lavardin (Mme de), Catherine de Negrepelisse, femme de Jean de Beaumanoir, marquis de Lavardin, VII, 390.

La Vasouzière, château de madame de Duretal, X, 144.

La Vauguyon, anecdote sur un gentilhomme de cette maison, VI, 323-324.

La Vauguyon. Voy. Cars (des).

Lavaur (évêque de). Voy. Mareuil (Pierre de).

Lavedan (Anne de Bourbon, vicomte de), couronnel des arquebusiers de Turenne, VI, 177.

Lavement des mains avant le repas, II, 249; III, 387; X, 52.

Lavernan (Nicole), chirurgien, panse F. de Guise, IV, 264.

La Vigne (Jean de), envoyé de France à Constantinople, V, 57; richesses qu'il y gagne; sa mort; fait Madame de Savoie son héritière, 68.

La Vigne ou La Bigne, valet ou secrétaire de la Renaudie; ce qu'il dit à Brantôme de la conjuration d'Amboise, III, 234; IV, 290, 291.

La Villate (N. de), tué dans un duel à Rome, VI, 322-323.

La Villate. Voy. Fournier.

Lays. Voy. Laïs.

Léaumond. Voy. Puy-Gaillard.

Le Bernet, son plaisant dialogue au siège de La Rochelle avec un soldat de la ville, IV, 36-39.

Le Blanc, son *Traité des monnoies*, cité, IV, 343, note.

Le Borgne. Voy. Monquel.

Le Charron, prévôt des marchands au moment de la Saint-Barthélemy, V, 119.
Lèche-écuelle de cour, surnom donné à Montpezat par F. de Bourdeille, III, 184.
Le Court, médecin, IX, 97.
Lectures (filles corrompues par leurs), IX, 571-573.
Le Ferron (Arn.), sa chronique citée, I, 226, note 6, 256, note 1.
Le Flaman, maître d'armes, VI, 417.
Le Fouillou, mestre de camp, neveu de Jean de la Haye, tué au siège de La Rochelle, V, 351; VI, 80.
Legat, bouffon de la reine Élisabeth en Espagne; fouetté pour un méchant mot, IX, 526.
Légat en Lombardie, I, 234.
Légats de Pie V et de Paul III, II, 349.
Légende sur Mélusine, V, 19-20; sur la maison de Bourdeille, 394.
Légende de Saint-Nicaise (La), ou *Légende de Domp Claude de Guyse*, citée, IV, 279; VI, 494.
Légionnaires romains, VII, 8-9.
Légions créées par François Ier, II, 147.
Legnano, pris sur les Vénitiens, II, 417.
Le Grand, médecin, sonnet où il est cité, IX, 97; histoires d'amour qu'il raconte à Vitteaux et à Brantôme, 570.
Le Greffier de L'Ory, fou de Henri II, son mot sur les tablettes de Biron, V, 149; sur Mastas, VI, 377-378; sur la jeunesse de la cour, IX, 387.
Le Gris, son combat en champ clos contre Carrouges, VI, 243-244.
Legros, médecin à Paris, IX, 97.
Le Houllet, mestre de camp, V, 363.
Le Houillez, mestre de camp, V, 363, note 2.

Leith ou Lith. Voy. Petit-Leith.
Le Laboureur, ce qu'il a écrit sur le différend de Brantôme et d'Aubeterre, IV, 259, note 1; est le premier qui ait publié des extraits de Brantôme, VII, 380, note 1; cité, II, 165, note 4; 170, note 2, 408, note 1; III, 315, note 2, 352; V, 57, 101, note 3; 102, note 2; 275, note 1; VI, 281, note 1; 503; VII, 387. note 2; 398, note 2; IX, 593, note 2.
Lellis (Carlo de), ses *Discorsi delle famiglie nobili del regno di Napoli*, cités, I, 134, note, 153, note 3.
Le Maistre, ce que lui écrit Louis XI, II, 340.
Le Mignon (Henri), évêque de Digne, grand aumônier de la reine de Navarre, IX, 667.
Lemnos (argile de), III, 175.
Lemoine. Voy. Sourdeval.
L'Endormy, médecin à Paris, IX, 97.
Lendrevye, capitaine, commande à la Mirandole, VI, 155.
Lenoncourt (Robert de), cardinal, archevêque d'Arles, III, 132, 133, note 1; VI, 237.
Lenoncourt (N. de), V, 46.
Lenoncourt (Mme de). Françoise de Laval, femme 1° de Henri de Lenoncourt, 2° de Louis de Rohan, prince de Guémené, VII, 387.
Lenox (Edme Stuart, duc de), seigneur d'Aubigny, petit-neveu (et non petit-fils) du maréchal d'Aubigny; vice-roi d'Écosse; sa belle conduite à l'égard de son beau-frère Charles d'Entragues, II, 370, 371.
Lens, pris et pillé par Coligny, IV, 211; VI, 25.
Leodegarius a Quercu. Voy. Duchesne.
Léon X, assiste, étant prisonnier aux funérailles de Gaston de Foix; est délivré, III, 17; sa conduite envers les cardinaux,

excommuniés par Jules II, I, 142-144; II, 427; son entrevue à Bologne avec François Ier, III, 83; son concordat avec lui, 105 et suiv.; mécontenté par Lescun déclare la guerre au roi, 57; parjure, I, 120; est le premier à mettre les comédies en vogue, III, 257; meurt de joie en apprenant les désastres des Français, IX, 462. — I, 256; II, 8; VII, 336, 369. — *Erratum* : IX, 462, note 1, lisez : Léon X au lieu de Léon XII.

Léon, capitaine, loué par les Espagnols, VII, 139.

Léonor. Voy. Éléonore.

Leonys (Don Diego), anecdote sur lui, VII, 29.

Leoux (Joachim, seigneur de), voy. Monluc.

Lépante (victoire navale des chrétiens sur les Turcs à), II, 50, 59, 80, 110 et suiv. Relations de cette bataille, III, note 1. — I, 116, 215; VII, 24.

Lépante. Brantôme est empêché par Strozzi de faire la campagne de Lépante, II, 110, 111.

Le Peloux ou Pelloux, seigneur de Gourdan, l'un des gentilshommes du connétable de Bourbon, le suit hors de France et passe au service de Charles-Quint, I, 95 et suiv.; II, 234, note 2, 235; VII, 243; accompagne celui-ci en France et le sert dans ses amours, I, 96, 97; son portrait, 373; mission dont il est chargé par Charles-Quint, III, 169; son frère, lieutenant de Brissac, I, 98. — III, 121.

Le Perron. Voy. Perron.

Le Picart (Charlotte). Voy. Brissac.

Lepide, II, 33, note 1.

Le Pin, secrétaire de Henri de Navarre, offense grièvement la reine Marguerite à Pau, VIII, 60-61.

Lerac. Voy. Leran.

Leran (Gabriel de Lévis, vicomte de), sauvé à la Saint-Barthélemy par Marguerite de Valois, VIII, 59.

Lerme. Voy. Denia.

Le Roi. Voy. Agénais.

Leroux, son *Dictionnaire comique*, cité, I, 260, note 5.

Le Roux de Lincy, son édition de l'*Heptaméron*, citée, I, 350, note 1; II, 432; VIII, 125, note 2; sa *Vie* d'Anne de Bretagne, VII, 308, note; son *Recueil de chants historiques*, cité, IX, 462, note 3; 506, note 1.

Le Roy. Voy. Chavigny; Saint-Laurans.

Le Rozier, fait prisonnier Condé à Jarnac, IV, 346.

Lescu. Voy. Lescun.

Lescun (Thomas de Foix, seigneur de), dit le *maréchal de Foix*, frère de Lautrec, notice sur lui, III, 47-53; il étudie à Pavie et devient protonotaire, 47; peu lettré, vaillant et brutal; sa barbarie et ses exactions font perdre le duché de Milan, 48, 50; sa vaillance à la bataille de la Bicoque, où il est blessé, 50; capitule dans Crémone; sa querelle avec Jannin de Médicis, 28, 50-52; est blessé mortellement à Pavie, 52; ce qu'il dit au marquis del Gouast au sujet de Bonnivet qu'il voulait tuer, 53; ce que les Italiens disent de lui; veut s'emparer par trahison de Reggio, 56; ses exactions et sa cruauté; reproches que lui fait le roi, qui est apaisé par Mme de Châteaubriand, 57; se sauve de Milan, 58; destiné d'abord à l'Église, IX, 671; sa colère contre les Grisons qui l'abandonnent, I, 292; sa capitulation à Crémone, II, 8; sa cupidité cause la révolte du Milanais, 419; son histoire avec la comtesse d'Escaldasor chez laquelle il meurt à Pavie, IX, 128-130. — IV, 55;

Lesdiguières (François de Bonne duc des Diguières ou de), maréchal de France et connétable, notice sur lui, V, 186-189; ses exploits en Dauphiné contre le duc de Savoie et Épernon; appelé *petit dauphin* ou *Roi dauphin* par la reine mère, 186, 187; adonné d'abord aux lettres; ses premières armes sous Mandelot et Montbrun; prend pour lieutenant Gouvernet; marié à la sœur de du Guast, lequel est prié en vain par Henri III de le gagner à la cause royale, 187-189; opposé en Provence à Épernon; son éloge, VI, 96, 97; ses exploits en Piémont, 158. — II, 145.

Lesparre (Gabriel d'Albret, baron de), lieutenant général au royaume de Naples, II, 300. Voy. Albret.

Lesparre (André de Foix, seigneur de), frère de Lautrec et de Lescun, notice sur lui, III, 54-61; sa guerre et sa défaite en Navarre; sa mort, 54. — I, 217, note, 222; V, 74.

Lesparre. Voy. Madaillan.

L'Espinasse (Pierre ou Jean), abbé de Brantôme, III, 113, note 3.

L'Estelle, capitaine, défait les huguenots à Maillezais, VII, 355.

L'Estoile, son *Journal*, cité, II, 328, note,1; 361, note 4; V, 247, note 2; 437; VI, 84, 191, notes 1 et 2, 195, note 1, 261, note; 282, note 2; 312, note 2; 316, note; 325, note 1; 326, note 4; 387, note 2; 393, note 2; 461, note 3; VIII, 68, note 5; IX, 11, note 2; 12, note 5; 49, note; 111, note 2; 446, note.

Lestrange, gentilhomme de Languedoc, envoyé par le grand prieur de France au vice-roi de Naples, IX, 365.

Le Tappe. Voy. Tappe.

Lettes. Voy. Montpezat.

Lettres (mépris des gentilshommes d'autrefois pour les); Louis XI les défend à son fils; leur éloge par Brantôme, III, 48.

Lettres (belles-), bon éméri pour faire bien reluire les armes, IV, 116.

Lettres (les) et les armes, mariées ensemble, font un beau lit de noces, V, 188.

Lettres de Louis XI à J. de Bressuire, II, 333-350.

Lettres d'Anne de Beaujeu à d'Archiac, III, 409, 410; comment elle et Marguerite duchesse de Savoie signaient leurs lettres, VIII, 103.

Lettres de Léon Strozzi à ses frères, IV, 129; à Catherine de Médicis et à Henri II, 392, 396, 399.

Lettres de Catherine de Médicis à Henri II et au connétable de Montmorency, au sujet de Léon Strozzi, IV, 393, 401-403.

Lettres du baron de La Garde, IV, 139, note 2.

Lettres du prince de Parme aux reitres, IV, 200, 202; d'Élisabeth d'Angleterre au prince Casimir, 203.

Lève ou Leyve (Antoine de), notice sur lui, I, 161-180; sa fuite à la bataille de Ravenne, 161; assiège Pavie, 162-163; lettre à lui écrite par l'Arétin, *ibid.*; sa devise, 163; enlève l'argent des églises pour payer ses soldats, 163-164; fait ses premières armes sous Emmanuel de Benavidès, 174; est accablé de maladies, 175; avait un esprit familier, *ibid.*; est singé par un grand de la cour de France, 175-176; prend Fossano, 176-177; donne le conseil à l'empereur d'envahir la Provence, 176-177; demande à être enterré à Saint-Denis en

France et est enterré à Saint-Denis de Milan, 177; II, 427. Ce que l'on disait de sa naissance, I, 177-178; son luxe; ses titres et honneurs; son fils, 178; Brantôme voit son portrait à Milan, 178-179; blâmé de la mort du duc de Milan, *ibid.*; son ambition d'être grand d'Espagne, *ibid.*, 181. — Son origine, V, 369; bat le marquis de Marignan à Carata, I, 293-294; défait le comte de Saint-Pol à Landriano, III, 204; les soldats espagnols refusent d'aller s'enfermer avec lui dans Pavie, VII, 18; comment il se débarrasse de soldats mutinés au siège de cette ville, VI, 224; moyen qu'il emploie à Milan pour se procurer de l'argent, VII, 59-60; découvre la ligue formée en Italie contre l'empereur; reçoit en garde J. Morone, I, 193-194; accusé d'avoir fait empoisonner le dauphin François, 249, 250; trompé par un espion du prince de Melfe pousse Charles-Quint à envahir la Provence, et meurt de chagrin, II, 228; VII, 61-62; sa devise, IX, 129, note 2; ses deux fils et sa fille, II, 178, note 2. — I, 42, 302-303, 355, 366; II, 216; III, 37; V, 314.

Lève (Don Sanche de), fils du précédent, général des galères de Sicile, I, 177, note 1. — (Je ne crois pas que ce soit le même que le don Sanche de Lève, mestre de camp du régiment de Naples et qui fut tué au siège de Maestricht, I, 105, 178, note 2; II, 187, note 1.)

Lève (Antoine de), autre fils d'Ant. de Lève, I, 178, note 2.

Lève. Voy. Leyva.

Le Veneur (Jean), cardinal, évêque de Lisieux, III, 132.

Le Veneur. Voy. Carrouges.

Lévêque. Voy. La Cassière.

Lévis (Jean de Crussol, seigneur de), capitaine huguenot, VI, 176.

Lévis. Voy. Charlus, Cousan, Lerau, Quélus, Ventadour.

Lévis (Anne de), femme de Jean de Castelpers, vicomte de Pannat, X, 94.

Lévis (Marguerite de), femme de Jacques d'Archiac, baron de Lonzac, III, 73, note 3; X, 60.

Lévis (Marguerite de), femme d'Hector de Cardaillac, X, 94, note 2.

Lévis (Jeanne de), femme de J.-Claude de Pestels, X, 94.

Leviston, capitaine écossais, s'empare de Montaigut; ses rapines; est tué en duel par un gentilhomme d'Auvergne, VI, 349-350.

Leviston (Mlle), VII, 393.

Le Voyer de Bonnefille (*N.*), VII, 392, note 6.

Lévrier (dicton sur le), IX, 33.

Lévy. Voy. Lévis.

Lexique des œuvres de Brantôme, X, 155-388.

Leyva ou Lève (Juan de), capitaine espagnol, I, 330.

Leyve. Voy. Lève.

Lezigny (Mme de). Jeanne Clausse, femme de Charles de Pierrevive, seigneur de Lezigny, VII, 390, note 5.

Lhuillier. Voy. Maisonfleur.

Liancourt (Charles du Plessis, seigneur de), X, 473, note 1; premier écuyer de Henri III, qui le nomme chevalier du Saint-Esprit; pasquin à ce sujet, V, 105-106.

Libelles contre Espernon, VI, 92, 93.

Libri (Guillaume), son exemplaire de la *Sofonisba*, III, 257, note 1.

Licinius, mis à mort par Constantin, VIII, 181.

Licite (marquis de), VI, 265.

Licorne (corne de), achetée 5000 écus, IX, 119; enlevée à Verceil par Brissac, IV, 105.

XI — 16

Licorne (anneau de), V, 249.

Liège. Sa révolte fomentée par Louis XI, VI, 487; saccagé par Charles le Téméraire, I, 165-166; ses bains. Voy. Spa.

Liégeois, battus par Jean sans Peur, VI, 484.

Lieutenance générale du royaume demandée par Condé, IV, 344.

Lieutenants de roi, leurs concussions, III, 49.

Lièvre. Les Mores n'en mangent point, VII, 101.

Lièvre marin (corne de), poison, V, 270, note 2, 271.

Lignago. Voy. Legnano.

Lignano (J. de), son traité sur le duel, VI, 249, note 2.

Ligne. Voy. Aremberg.

Lignebeuf (F. Martel de), X, 473, note 1.

Lignères (Antoine de), défend Chartres contre les protestants, VI, 137.

Lignerolles (Philibert, seigneur de), favori du duc de Nemours, envoyé à Élisabeth d'Angleterre, IX, 387, 388; envoyé en Espagne, voit mourir la reine Élisabeth; ce qu'il en dit à Brantôme, VIII, 8; sa querelle avec Montsalez et Hautefort, VI, 438-441; emprisonné, IV, 169; assassiné par Villequier et autres, *ibid.*, note 1; VI, 443-444. — IX, 503, note 1.

Lignerolles (Mme de). Voy. La Guyonnière.

Lignières. Voy. Lignères.

Ligny (Louis de Luxembourg, comte de), notice sur lui, II, 354-355; son mariage, 354; aimé de Charles VIII; cause de sa mort et de celle de sa femme, 355; revêt la livrée du roi à la bataille de Fornoue, 308; est un des preux du roi à cette bataille, 310, note 3; 322, note 1. — II, 296, 299, 321, note 2, 391; V, 79.

Ligny (Jean de Luxembourg, comte de), sa conduite à la bataille de Lépante; ses courtoisies envers Brantôme qui le voit à Malte, II, 115.

Ligourne, Livourne, IV, 157.

Ligue contre Charles VIII, II, 305.

Ligue en Italie contre Charles-Quint, I, 189.

Ligue contre les Turcs, II, 109 et suiv.

Ligue (commencements de la), V, 145, 146; ses couronnels, VI, 205; faute que commettent les gentilshommes en y prenant part, III, 115. — V, 210; IX, 447.

Ligue (Mémoires de la), cités, VI, 450, note.

Ligueurs, leurs trahisons envers le roi et leurs chefs, I, 194, 195; IV, 126 et suiv.

Lima. *Erratum:* VII, 97, note 1; remplacez ce nom par celui de Cuzco.

Limbourg, sa forteresse bâtie par Charles le Téméraire; La Noue y est enfermé, VII, 225-226.

Limeuil (maison de), VII, 389.

Limeuil. Gilles de la Tour, seigneur de Limeuil (et non Antoine de la Tour, vicomte de Turenne), père de Mlles de Limeuil, III, 299, note 4; VII, 393, note 1; X, 457, note 1.

Limeuil (N. de la Tour, dlle de), fille aînée du précédent, son aventure avec le connétable de Montmorency, III, 299, 300; meurt à la cour; se fait jouer la *Défaite des Suisses* au moment de mourir, IX, 461, 462; X, 457, note 1.

Limeuil (Isabelle de la Tour, dlle de), sœur de la précédente, son pasquin sur la cour; est châtiée par Catherine de Médicis, IX, 484; ses amours avec le prince de Condé qui lui fait redemander les bijoux qu'il lui avait donnés; vengeance qu'elle en tire et qu'elle raconte à Brantôme, 87, 88, 509, 511, 552 ; son mariage avec Sardini, leurs reproches réciproques, VII, 393, note 1 ; IX, 87, note 1 ; 461, note 2 ; 511, 512, 552 ; vers à elle adressés par Brantôme, X, 457, 473 ; sonnet sur elle à Maisonfleur, 474 ; pasquin sur elle ; vers de Ronsard pour elle, 457, note 1. — X, 452, note 2 ; 457, note 1.

Limeuil (Marguerite de la Tour, dlle de), sœur des précédentes, femme de J. d'Aubusson, seigneur de Villac, X, 457, note 1.

Limeuil (Mlles de), VII, 393.

Limoges. Voy. Petit-Limoges.

Limons de Provence, III, 382.

Limousins, mangeurs de raves, III, 286.

Linars. Voy. Lumes.

Lingard, son *Histoire d'Angleterre*, citée, VII, 420, note 1.

Lins ou Lines. Voy. Aremberg (J. d').

Linterne, maison de Scipion l'Africain, IV, 120.

Lion ne blanchit jamais, IX, 22.

Lion. Voy. Fable.

Lions (combat de), devant François Ier, IX, 390, 391.

Lions, surnom donné aux complices des assassinats de Vitteaux, V, 355.

Lipari, dévasté par Barberousse, II, 21. — VII, 149.

Lisbonne. Voy. art. Brantôme, p. 60, col. 2.

Lisle (dlle de), X, 136.

L'Isle ou L'Isle-Adam (Adrien de Villiers, seigneur de), maître d'hôtel de Charles VIII, ambassadeur à Pise, II, 294, 299.

L'Isle-Adam (Philippe de Villiers, seigneur de), grand maître de l'ordre de Saint-Jean ; sa défense de Rhodes contre les Turcs ; sa capitulation ; comment reçu par Soliman, V, 58, 217, 219-229.

L'Isle-Adam (Charles de Villiers de), abbé de Sainte-Geneviève, VII, 323.

L'Isle (de). Voy. Doyneau.

L'Isle (abbé de). Voy. Noailles (Gilles de).

L'Isle-Marivaut (Jean de), son combat singulier avec Claude de Marolles, VI, 282-284.

L'Isle-Rouet ou Rouhet. Voy. La Béraudière.

Lit (draps de). Voy. Draps.

Lit de justice, tenu par Charles IX, V, 283, note 1.

Lit ou Lict (Petit-). Voy. Petit-Leith.

Litta, ses *Famiglie celebri italiane*, citées, IX, 11, note 2 ; 207, note 3.

Littré, son *Dictionnaire*, cité, I, 21, note 2 ; X, 118, 157, 186, 200.

Livarot (Jean d'Arces, seigneur de), mestre de camp, V, 363.

Livarot (Jean de Duras, seigneur de), tue Schomberg dans le duel des *Mignons*, VI, 312-313 ; tué en duel par Maignelais, 319-322.

Livia Fausta, chef d'une troupe de dames siennoises ; sa devise, IX, 413.

Livourne (tempête dans le golfe de), causée par un blasphème, VII, 200-201.

Livre des marchands (le), par Regnier de la Planche, III, 228, note 1.

Livre satirique de Don Carlos sur son père, II, 104.

Livre à figures obscènes fait à Rome, IX, 524.

Livre à peintures satiriques et obscènes (histoire d'un), pr x qu'il avait coûté, IX, 516, 517.

Livres obscènes de l'Arétin, d'Élephantis, de Capella, IX, 43-45.

Livres d'heures garnis de pierreries, IX, 638.

Livrée de Louis XII, II, 208.

Livrées données par les rois et reines aux dames de la cour,

Livrées (suite).
VII, 398. — Voy. ce mot au Lexique.
Livret protestant, cité par Brantôme, VII, 68.
Livron (siège de), II, 147; V, 201.
Llorente, son *Histoire de l'inquisition d'Espagne*, citée, I, 61, note 1.
Loaysa (Garcias de), archevêque de Tolède, II, 931
Lobo. Voy. Lupon.
Loches, prison d'État, VIII, 71.
Lochlevin (château de), Marie Stuart y est enfermé et s'en échappe, VII, 422.
Lodi, pris par les Espagnols, III, 28.
Lodon, gentilhomme de Marguerite de Valois, arrêté à Palaiseau, VIII, 68, note 5.
Lodron (le comte Ludovic), notice sur lui, I, 343-346; sert le roi Ferdinand en Hongrie, 343; est fait prisonnier et mis à mort par les Turcs, 344; sa tête est portée à Soliman, 345; II, 432.
Lodron (Albéric de), colonel de lansquenets, I, 345.
Logis des rois, III, 410.
Lognac (*N*. de Montpezat, seigneur de), son duel, VI, 315-316.
Lois et les belles femmes (dicton sur les), IX, 591.
Lois de la France viennent, pour la plupart, des Romains, IX, 588.
Loi salique (digression sur la), VIII, 46-57. — V, 268.
Loire (passage de la), par les huguenots, VIII, 205-206.
Loizières. Voy. Lauzière.
Lollia Paulina, femme de Caligula, IX, 29.
Lomagne. Voy. Terride.
Lombards, leurs lois sur les combats en champ clos, VI, 234.
Lombraud, notaire royal; legs que lui fait Brantôme, X, 126, 151-152.

Lomellini, Génois, combat à Lépante, II, 116.
Londe, seigneurie de Philibert de Gondras, IX, 109.
Londres (voyage de Brantôme à). Voy. art. Brantôme, p. 60, col. 1.
Longina. Voy. Domitia.
Longjumeau ou de Chartres (paix de), dite *paix boiteuse* ou *Malassise*, pourquoi, V, 19, 130; vers de Brusquet sur cette paix, VIII, 208. — Voy. Paix.
Longlée. Voy. La Motte.
Longua (*N*. de), huguenot, son voyage à Constantinople, V, 406.
Longueval (Nicolas de Bossut, seigneur de), I, 353, note 1.
Longueval (Pierre de), fils du précédent, III, 239.
Longueville (François d'Orléans, comte de Dunois, duc de), gouverneur de Guyenne, grand chambellan de France, notice sur lui, III, 6-8; lieutenant de roi à Milan, 7; ses démêlés avec M. de Bourbon à l'armée de Navarre; est fait prisonnier à la journée des éperons; négocie la paix avec l'Angleterre, 8; VII, 281.
Longueville (Claude d'Orléans, duc de), fils aîné du précédent, VII, 269.
Longueville (Léonor d'Orléans, duc de), troisième mari de Marie de Bourbon, duchesse d'Estouteville, III, 204, note 3; sa courtoisie, VI, 99; son éloge; réclame le corps du prince de Condé, son beau-frère, IV, 348; sauvé par Guise à la Saint-Barthélemy, IV, 38; avis qu'il donne à La Noue au sujet de Charles IX, après ce massacre, V, 259; prend part à l'assaut de la Rochelle, IV, 383; sa querelle avec Damville, III, 372; VI, 461; sa querelle avec Espernon au sujet de prisonniers, IV, 351 et suiv.; VI,

98-99; son opinion sur certaines blessures, V, 335; prix qu'il offre d'un cheval à Fr. de Carnavalet, IX, 348; meurt empoisonné, III, 6, 7.

Longueville (Henri d'Orléans, duc de), fils du précédent; son éloge, sa mort par accident, III, 7; son gouverneur, V, 49; son mariage avec Catherine de Nevers, IV, 388-389; général des troupes qui défont Aumale devant Senlis, VII, 213, 214.

Longueville (Jacqueline de Rohan, femme de François d'Orléans duc de), ce qu'en dit Mlle de Limeuil, IX, 511.

Longueville (Antoinette d'Orléans-), femme de Charles de Gondi, marquis de Belle-Isle; se fait religieuse; son fils, X, 91 et note 1. — VII, 396.

Longueville (Catherine de Nevers, duchesse de), IV, 388.

Longueville (Eléonor d'Orléans-), femme du comte de Thorigny, X, 92.

Longueville (duchesse de). Voy. Bourbon (Marie de).

Longueville (Françoise d'Orléans-). Voy. Condé.

Longueville (Mme de). Voy. Marie de Lorraine, reine d'Écosse.

Longueville. Voy. Orléans et Saint-Paul.

Longvic ou Longwy. Voy. Brion, Givry, Montpensier.

Lonmelin. Voy. Lomellini.

Lonzac. Voy. Archiac.

Lopez (Juan), son Histoire d'Élisabeth reine d'Espagne, citée, VIII, 2, note.

Lopez de Haro (Alonzo), son *Nobiliario genealogico*, cité, I, 380, note.

Loppes (Anton), capitaine espagnol, I, 331.

Loré (Élisabeth de Hauteville, dame de). Voy. Hauteville.

Loredano (André), provéditeur, pris et tué à la bataille de Vicence, II, 194, 195.

Lorette (N.-D. de), VI, 209, 305.

Lorges (François de Montgommery, seigneur de), lieutenant du capitaine Bonnet à la bataille de Ravenne; sa mort dans le Frioul, V, 312; blesse Pompérant en duel, I, 257, note 1; son combat singulier au siège de Mézières, I, 349; va ramasser le gant de sa maitresse au milieu de lions, IX, 390.

Lorges (Jacques de Montgommery, seigneur de), frère cadet du précédent, capitaine des gardes écossaises du roi, V, 312; meurt âgé, 322; est chargé d'arrêter Andelot, VI, 26, 40; meurt de chagrin, III, 294.

Lorges. Voy. Courbouzon, Montgommery, Saint-Jean.

Loria (Roger de), défait et prend Charles, fils de Charles d'Anjou, VII, 445.

Lorraine (maison de), services que lui a rendus la France, IX, 625; extraite de grands rois, 721; sa rivalité avec la maison de Bouillon, VII, 224.

Lorraine. Expédition des huguenots en ce pays, IV, 171; V, 127; VI, 130.

Lorraine (passage des troupes espagnoles en), I, 104.

Lorraine (voyage en) de Marie Stuart, (et non de sa mère), I, 253; IX, 629.

Lorraine (François de), comte de Lambesc et d'Orgon, tué à Pavie, III, 226.

Lorraine (Jean, cardinal de), archevêque de Reims, de Narbonne et de Lyon, frère de Claude de Guise, III, 132; sa générosité, 133, 232; ses fautes lors de la guerre de Piémont, II, 365; III, 196, 197, 200; sa charité; mot d'un aveugle romain sur lui, IX, 481; était par sa libéralité grand séducteur de filles et de femmes, 481-482; sa conduite insolente envers la duchesse de Savoie

Lorraine (suite).
qui lui offrait sa main à baiser, 482-483. — III, 169.

Lorraine (François de), frère de François de Guise, grand prieur de France et général des galères, notice sur lui, IV, 150-164; ses premières armes; est fait général des galères, 150-151; son combat naval près de de Rhodes, 151-153; son entrevue à Gênes avec André Doria, 153-154; sa haine des protestants; mène les galères en Écosse; ses projets sur Rhodes, 155; gagne à la bataille de Dreux une pleurésie dont il meurt; son habileté comme marin, 155-157; énumération des officiers qu'il avait sous lui, 157-159; était bon homme de cheval; course de bagues à Amboise où il paraît déguisé en Égyptienne, 159-160; sa vaillance; sa grande écurie; son portrait; son adresse; sa magnificence; ses amours, 161-162; son combat à la barrière avec Avaray, 163; son éloge; était beau danseur; bon accueil que lui fait la reine Élisabeth; regrets de sa mort, 163-164; sa visite à Lisbonne, à Marie de Portugal, fille de la reine Éléonore; riche cadeau qu'il reçoit d'elle; est poussé par ses frères le duc François de Guise et le cardinal de Lorraine (et non Henri de Guise et Mayenne comme il est dit par erreur à la note 1, de la p. 721) à chercher à l'épouser, IX, 720-722;
— Il conduit avec ses galères à Civita-Vecchia le cardinal de Guise; il se rend à Naples; comment accueilli par le vice-roi qui lui gagne 20 mille écus au jeu, 364-365; relations qu'il entretient dans cette ville avec la marquise del Gouast; présents qu'il lui envoie par Beaulieu; détails sur sa mort donnés par Brantôme à cette dame, 365-371; accompagne sa nièce Marie Stuart en Écosse, VII, 415; lui accorde la grâce d'un galérien, 421; paraît à la cour d'Élisabeth d'Angleterre, III, 290; IX, 386; restaure le tombeau de son oncle le comte de Vaudémont à Naples, III, 232; tempête qu'il essuie dans le golfe de Livourne; sa cause, VII, 200-201; envoie des galères en course, IX, 462-463; apporte à la cour la danse des Canaries, IV, 371, note 2. — IV, 146, 275; V, 41, 246; VI, 450.

Lorraine (Charles, cardinal de), archevêque de Reims, frère de François de Guise; éloge de ses talents, IV, 275; agents qu'il entretenait partout; entendu en finances; brouillon, poltron et hypocrite; approuve en partie la Confession d'Augsbourg; son sermon à Fontainebleau où il commet une étrange bévue, 276-277; VII, 187; son rôle au concile de Trente; loué par Th. de Bèze qu'il loue à son tour, IV, 277; tour fort sale que lui jouent les huguenots, *ibid.*, note 1; son savoir et son éloquence; ses bonnes fortunes; insolent dans la prospérité, humble dans l'adversité; ce que lui en dit Mlle de la Guyonnière, 278-279; mort, dit-on, empoisonné, 279; reproches que lui faisait F. de Guise sur l'expédition d'Italie, IX, 612; comment il expliquait l'évangile à François II, V, 284; envoyé en Flandre, VI, 341-342; sa magnificence dans son ambassade à Bruxelles, III, 69; ce que le cardinal de Granvelle lui dit sur la loi salique, VIII, 46-47, 50; emmène Brusquet à Rome et à Bruxelles, II, 258, 263-264; anecdote sur son entrée à Venise qu'il raconte à

Brantôme, IX, 297-298; visites que lui fait Antoine de Navarre à Orléans, IV, 341, 342; convertit le ministre David, IV, 361; se retire de la cour après la mort de François II et reçoit à Vic les hommages de ses vassaux, I, 253; pourquoi il consent au colloque de Poissy; rôle qu'il y joue, V, 288.

— Il entre à Paris avec une escorte qui est dispersée par F. de Montmorency; démêlés et discussion à ce sujet, III, 354-362, VI, 491-493; veut faire épouser Marie Stuart au prince de Condé, III, 356-357; reproche que lui fait le cardinal Vitelli, 357; II, 189; son démêlé avec L'Hospital au sujet du concile de Trente, X, 312-313; ses conseils à son frère, IV, 228; avait l'âme barbouillée; sa poltronnerie; moqueries contre lui, 229; pasquin à lui adressé, III, 331; pamphlet *le Tigre* contre lui, IX, 492-493; est favorable au projet de son frère le grand prieur d'épouser Marie de Portugal, IX, 721-722 (c'est le *cardinal de Lorraine* et non *Mayenne* qu'il faut lire à la note 1, de la p. 720); reçoit le corps de Charles IX à Saint-Denis, VII, 326; essaye inutilement d'apaiser la querelle du Parlement avec Amyot; ce qu'il en dit à Brantôme, 327; ses intrigues pour empêcher la levée du siège de La Rochelle, V, 135, 136; sa querelle avec d'Auzances au sujet de la ville de Marsal, VI, 497-499; ce qu'il dit à Charles IX qui lui montrait la fausse monnaie qu'il avait fabriquée, V, 278; ce que Brantôme lui entend dire de P. Pascal et des historiographes de Henri II, III, 283-285; recommande la duchesse de Montpensier (Jacquette de Longwy) au parlement, V, 7; conte sur le sire de Rabodanges fait par lui à François II, IX, 593; dettes qu'il laisse en mourant, IV, 270-271. — III, 183, 337; IV, 222, 223, 224; V, 238; VI, 26, 38, 39, 40; VIII, 208.

Lorraine (Nicolas de), (et non Philippe-Emmanuel comme il est dit par erreur), comte de Vaudémont, duc de Mercœur, gendre de Henri III, et père de Mme de Joyeuse, IX, 644.

Lorraine (Isabelle de), femme de René d'Anjou. Voy. Isabelle.

Lorraine (Marguerite de), femme 1° d'Anne de Joyeuse, 2° de François de Luxembourg, duc de Piney. Voy. Joyeuse.

Lorraine (duc de). Voy. Charles II.

Lorraine. Voy. Antoine, Aumale, Bourbon, Charles II, Elbeuf, François, Guise, Marie, Mercœur, Montpensier, Vaudémont.

Los (J. de), sa chronique, citée, I, 166, note 1.

Losman, chantre de la chambre de Charles IX, et joueur de luth, VI, 141.

Losses (Jean de Beaulieu, seigneur de), maréchal de camp, V, 126.

Lost, Alost. Voy. ce nom.

Lot, mesure de liquide équivalant à deux pots de Paris, V, 56.

Loubens. Voy. Verdalle.

L'Ouchaly. Voy. Ouchaly.

Loué (Gilles de Laval, seigneur de), épouse, par dispense du pape, Renée de Rohan, veuve de son frère René de Laval, VII, 414.

Loué (Jean de Laval, seigneur de), assassine L. de Bueil, VI, 371-372.

Louis le Débonnaire, bannit ses sœurs, VII, 378.

Louis le Bègue, VI, 245-248.

Louis VII, loué pour avoir répudié Éléonore de Guyenne, IX, 25.

Louis VIII, V, 174.

Louis IX, pris par les Sarrasins, VII, 444; défend les combats à outrance, VI, 390; aïeul de Louis, duc de Montpensier, qui veut le prendre pour modèle, V, 1, 9, 24; erreur de Brantôme sur lui, V, 262. — V, 174.

Louis X, fait étrangler sa femme Marguerite de Bourgogne, VIII, 57; IX, 24; défend les combats à outrance, VI, 391.

Louis XI, notice sur lui, II, 328-350. Il fait empoisonner son frère le duc de Guyenne; anecdotes à ce sujet, 329-332; sa dissimulation envers le comte de Saint-Pol qu'il fait décapiter; histoire manuscrite de son règne, 332; ses lettres à M. de Bressuire trouvées par Brantôme dans le trésor de la maison de Bourdeille, 333; ses secrétaires; anecdote d'un scribe qu'il prend à son service, 334; texte de quinze lettres adressées par lui à M. de Bressuire, 335-345; sa vaillance et son habileté dans les affaires d'État; son éloge par François Ier; sa cruauté; met les rois hors de page, 346; sa signature, 347; récit de l'ambassade du cardinal Bessarion près de lui, 348-349; III, 303.

Sa conduite avec Marie de Bourgogne, I, 74, note, 76; refuse de la marier avec Charles d'Angoulême, 77; ses parjures, 119; son entrevue avec Charles le Téméraire à Conflans, 210; son costume, II, 211; viole la foi promise à Jacques de Nemours qu'il fait décapiter, II, 219; comment il fait élever son fils Charles VIII, II, 284; seuls mots latins qu'il lui fait apprendre, 325; III, 48; V, 253; sa conduite envers Mathieu de Bourbon, 311; gouverné par le cardinal Balue, 365; comment il le châtie, VII, 260; restitue le vicomté de Thouars aux La Trémoille, II, 401; fait décapiter Louis d'Armagnac, III, 183; ses amours, 242-243; barres d'argent données par lui à Saint-Martin de Tours, IV, 329; créateur de l'ordre de Saint-Michel; apostrophe que lui adresse Brantôme, V, 95, 96; ses changements fréquents de favoris, 205; son amour du sang, 262; comment il venge la mort de Ramonnet, 304; ses fourberies; comment pris à Péronne; son humiliation, VI, 487; donne à la maison de Médicis le droit d'avoir des fleurs de lis dans ses armes, VII, 334; fait fortifier le château d'Usson, VIII, 71; visite que lui fait sa sœur Yolande, duchesse de Savoie, VIII, 87-88; contes qu'il aimait à faire et à entendre sur les femmes; pourquoi il empêche le roi d'Angleterre de venir à Paris; conduite qu'il avait avec sa femme; recommandation qu'en mourant, il fait, à son sujet, à son fils, IX, 469, 470; anecdote de lui et de Jacques de Brezé, I, 136; II, 426; anecdote de lui, de Tristan l'Hermite et d'un moine, 132; son mot sur le collier du capitaine Maraffin, II, 206-207, 434, 435; sur un prélat ignorant, 242. — I, 35; II, 358; III, 161, 164, 185; IV, 272; V, 79.

Louis XII, notice sur lui, II, 357-369; succède sans opposition à Charles VIII; repousse l'amour d'Anne de Beaujeu, 357, 358; ses aventures avant de monter sur le trône, 358, 359; conquiert le Milanais; gagne la bataille d'Agnadel; prend Gênes; canonne Venise, 360; se fait rendre par les Vénitiens le cardinal Ascagne et l'épée de Charles VIII, 361;

ses guerres et ses malheurs, 362, 363 ; surnommé *père du peuple ;* sa vaillance à Agnadel ; sa beauté ; son portrait à Blois, 364 ; se laisse gouverner par le cardinal d'Amboise, 365 ; veut faire la guerre au Turc ; est très bien servi par ses lieutenants ; sa devise, 366 ; fait le serment de faire la guerre en personne ; sa belle gendarmerie, 367 ; ses filles ; son tombeau à Saint-Denis ; son dernier mariage, cause de sa mort ; son amour pour Anne de Bretagne ; sa querelle avec le sire d'Albret, 368-369 ; est forcé d'épouser Jeanne de France ; la répudie, VII, 313 ; VIII, 88, 89, 98, 99 ; IX, 36 ; causes de la haine que lui portait Anne de Beaujeu, VIII, 99-100 ; est obligé de sortir de Paris ; Orléans refuse de le recevoir ; se réfugie en Bretagne où il devient amoureux d'Anne, fille du duc ; est pris à Saint-Aubin-du-Cormier ; sa captivité, II, 398-400 ; V, 300 ; VII, 308 ; VIII, 100-101 ; est mis en liberté lors de l'expédition d'Italie, grâce aux prières de sa femme ; sa victoire à Rapallo, 101-102 ; VI, 228 ; troupes qu'il commande dans l'expédition de Charles VIII, II, 295, 298 ; assiégé dans Novare et délivré, 319, 354.

— Sa maladie à Blois, 310 ; joie qu'il montre à la mort du dauphin ; la reine le force de quitter la cour, 312 ; épouse Anne de Bretagne, honneur qu'il lui rendait, VII, 313, 314 ; défense qu'il fait à son sujet aux clercs de la basoche, 316 ; IX, 472 ; lui renvoyait toujours les ambassadeurs ; anecdote, VII, 316, 317 ; sa douleur à sa mort ; en fait porter le deuil à sa cour, 328, 329 ; son mariage avec Marie d'Angleterre, I, 128 ; III, 8 ; VII, 330 ; ses regrets de la mort de Gaston de Nemours, III, 20 ; son affection pour sa fille Claude qu'il fait épouser à François d'Angoulême, VII, 329 ; VIII, 106 ; sa mort ; son tombeau à Saint-Denis, VII, 330 ; son portrait dans le cabinet de Marguerite de Valois, IX, 360 ; sa statue équestre au château de Blois, 441 ; choisi comme curateur de Charles-Quint, I, 216, note 4, 217 (voy. Chièvres) ; ses guerres en Italie, V, 308 ; ses armées reconquièrent le royaume de Naples, VII, 236 ; son entrevue à Savone avec Ferdinand V, I, 127 ; VIII, 9 ; sa guerre contre Gênes et sa victoire à Agnadel, I, 79 ; II, 74, 190-192 ; V, 309 ; ses prétentions sur le duché de Milan, III, 166, 167 ; son traité avec Maximilien, au sujet du mariage de sa fille aînée Claude avec Charles-Quint, 167 ; traite doucement les Milanais, IV, 67 ; fait venir Catherine de Navarre près de lui, IX, 447 ; consent à rendre la liberté au marquis de Pescaire pris à Ravenne, I, 184 ; ses amours, III, 243 ; son respect pour les dames ; défense qu'il fait aux comédiens, IX, 471-472 ; sa livrée, II, 208 ; son manque de foi, I, 119 ; son confesseur, VII, 324, note 5 ; son amitié pour Louise de Bourdeille enfant, VII, 190 ; son mot sur ses favoris ; son amour pour le peuple, VII, 314 ; X, 63 ; mariage de sa mère avec le sire de Rabodanges, IX, 592-593. — I, 144 ; II, 410, 412 ; III, 65, 69, 194, 221 ; V, 205.

Louis II, duc d'Anjou, roi de Naples, sa victoire à Rocca-Secca sur Ladislas, II, 306.

Louis III, duc d'Anjou, dispute le royaume de Naples à Jeanne II qui finit par l'adopter ; ce qu'elle en dit à son favori

Louis III (suite). Caraccioli, VIII, 167, 189-190; son traité avec Alfonse V d'Aragon violé par celui-ci, 191; sa mort, 192. — V, 392.

Louis d'Anjou. Voy. Anjou (Charles d').

Louis Ier, roi de Hongrie, frère d'André de Hongrie; sa lettre à la reine Jeanne après la mort de celui-ci, VIII, 148, note 1, 150; envoie une armée contre elle et la fait étrangler, 151-152, 161.

Louis II, roi de Hongrie, époux de Marie, sœur de Charles-Quint, sa défaite et sa mort causées par un cardinal, IX, 610-611. — I, 58, note 3, 86, note.

Louis le More, duc de Milan. Voyez Sforza.

Louise de France, fille de François Ier; promise à Charles-Quint; sa mort, VIII, 126-127.

Louise de Vaudémont ou de Lorraine, reine de France, femme de Henri III, son mariage, IX, 600; sa cour, VII, 377; son éloge, VIII, 39; Brantôme la sollicite en vain pour La Noue, VII, 220-221; ses étrennes à Marguerite de Valois, VIII, 76; sa vertu, IX, 638; son mari lui ôte ses filles de chambre et ses demoiselles; comment elle reçoit les conseils étranges d'une de ses dames, 639; obligation que lui a Henri IV de ne pas les avoir suivis, 642; sa piété; sa vertu; soupçonnée de pencher pour la Ligue; sa maladie; sa mort; ce qu'elle ordonne au sujet de sa couronne, 642-644. — VII, 383.

Loup (fable du chien de Meraudet et du), X, 120.

Loup-cervier. Fourrure de loup-cervier portée par Catherine de Médicis, VII, 343.

Louviers. Voy. Maurevert.

Louvigny. Voy. Andouins.

Louvre (petit jeu de paume du), V, 207; combat à la barrière, 304.

Loyal Serviteur (le), son Histoire du chevalier Bayard, cité, I, 79, note 5, 135, 151; II, 191, 192, 197, 355, note 1, 374, 381, 384-390, 403, note 1, 408, note 2, 409, note 1; 413, note 1; 417, note 3; 418, note 1; 421, note 2, 423, note 1; 427; III, 2, note 1; 4, note 2; 13-14, 24, 25, 39, note 4, 71, note 3; 221, 224, note 1; IV, 177-180, 242, 243; V, 302, 309-311; VI, 255, note 1; 262, note 1; 263, note 2; 310, note; 444 et suiv.; 478, note 1; VII, 125, 185-186, 283, 284; X, 261.

Luc, luth, VIII, 143.

Lucain, traductions de divers passages de Lucain par Brantôme, X, 1-29; n'est pas traduit par les poètes français; préféré à Virgile; laisse inachevé son poème qui est terminé par sa femme Polla Argentaria, 6 et note, 8. — cité, I, 111, 112, 192; IV, 208, 336.

Lucas (Louis), ambassadeur de Charles VIII près de Louis le More, II, 294.

Luçay (dame de), courtisée par Randan que Lavardin assassine, VI, 195, note 1. — Cf. Lucé.

Luce (sainte), IX, 138.

Lucé (Jean de Coesmes, baron de), mestre de camp, tué au siège de Lusignan, V, 16, 361.

Lucé (Jeanne de Coesmes, dame de). Voy. Conti.

Lucien sa *Tragopodagra*, citée, IV, 171; ses *Dialogues des courtisanes*, et ses *Amours*, cités, IX, 195-197, 205, 250, note 2.

Lucinge (René de), seigneur des Alimes, ambassadeur en France, II, 148.

Luçon, pris par La Noue, VII, 206.

Lucques, tableau représentant le combat des Horaces vu par

Brantôme dans cette ville, VI, 406.

Lucquoise (canons d'arquebuse à la), VI, 72.

Lucrèce, opinion de saint Augustin sur elle, I, 276; blâmée, IX, 138, 294.

Lucrèce, dame siennoise prisonnière, IV, 132.

Lucullus, son orgueil; ses deux femmes, Clodia et Servilia, III, 38; somptuosité de sa table inférieure à celle de François Ier, III, 120 et suiv.; fait creuser la grotte de Pausilippe, 126. — II, 57; V, 31; VII, 232, 237.

Lude (Jean de Daillon, seigneur du), gouverneur de Dauphiné, défait des troupes bourguignonnes, II, 335; favori de Louis XI, 415.

Lude (Jacques de Daillon, seigneur du), notice sur lui, II, 412-417. Se distingue au combat de la Bastide; gouverneur de Brescia qui est surpris par les Vénitiens, 408-412; il se retire dans le château et est délivré par Gaston de Nemours, 413; sa vaillante défense de Fontarabie, ce qu'il en écrit à sa sœur la sénéchale de Poitou; est bien reçu du roi, 413-415; son éloge; son père; sa postérité, 416-417; sa défense de Fontarabie, IV, 22; V, 99-100. — III, 28, 396.

Lude (Jean de Daillon, premier comte du), fils de Jacques du Lude; gouverneur de Poitou, lieutenant général en Guyenne, son éloge, II, 416; ses enfants, X, 91, 92.

Lude (Guy de Daillon, comte du), gouverneur de Poitou; son éloge; guidon de M. de Nemours, II, 416; V, 15; VII, 390, note 6; demande inutilement à Vieilleville d'attaquer Condé, V, 50-51; accommode la querelle de Lavardin et de Bussy, VI, 199, 200; sa femme et ses enfants, X, 91. — VI, 107.

Lude (François de Daillon, comte du), marquis d'Illiers, sénéchal d'Anjou, fils du précédent, son éloge, II, 416; X, 91.

Lude (René de Daillon du), abbé des Chasteliers en Poitou, puis évêque de Bayeux, X, 92.

Lude (Anne de Daillon du), femme de Ph. de Volvire, marquis de Ruffec, X, 92.

Lude (Anne de Daillon du), femme de Louis d'Estissac, cousine germaine de la mère de Brantôme; ses enfants, X, 93, 101, 102, note 1.

Lude (Anne de Daillon du), femme de J. de Bueil, comte de Sancerre; sonnet à elle adressé par Brantôme, X, 91, 477.

Lude (Antoinette de Daillon du), femme de Gui XV comte de Laval, mère de Charlotte de Laval, première femme de Coligny, X, 105, note 3.

Lude (Antoinette de Daillon du), femme de Philibert de La Guiche, X, 91.

Lude (Diane de Daillon du), femme de Jean de Lévis, comte de Charlus, X, 91, 99, note 3.

Lude (Françoise — et non Anne — de Daillon du), femme de J. de Chources de Malicorne, X, 92.

Lude (Françoise de Daillon du), femme de Jacques de Matignon, maréchal de France, X, 92.

Lude (Mlle du), fille de Jean de Daillon, premier comte du Lude, meurt fille à la cour, X, 92.

Lude (Mme du), Jacqueline de La Fayette, femme de Guy de Daillon, comte du Lude, VII, 390.

Lude (du). Voy. Briançon, Daillon, Matignon, Sautré.

Ludovic (le comte). Voyez Nassau.

Ludoviq (le seigneur). Voy. Sforce (Louis).

Luitward, archichancelier de Charles le Gros, VIII, 89, note 1.

Lulle (Raymond), son aventure avec une dame de Majorque, IX, 258-260.

Lumes (Ardennes), assiégé par F. de Guise, IV, 263, 371.

Luna (Don Juan de), capitaine espagnol, I, 296, 334; II, 188, note 2.

Luna (Don Diego de), fils du précédent, I, 296.

Lune, son influence sur le teint, IX, 357.

Lune (Isabelle de), vieille courtisane de Rome, son amour pour une autre courtisane; ce qu'elle en dit à Brantôme, IX, 194.

Lunebourg. Voy. Brunswick.

Lunel (Marco-Antonio), capitaine espagnol; sa querelle avec Tamayo; comment elle finit, VI, 305-307.

Lunettes, VI, 302, note 5.

Lupé ou Luppé (le bâtard de), s'enrichit dans les guerres civiles, IV, 330; dicton sur lui, V, 279.

Lupon, soldat espagnol, sa force et sa hardiesse, VII, 25.

Luringe ou Lursinge (N. de), l'un des serviteurs du connétable de Bourbon, passe au service de Charles-Quint, II, 234, note 2, 235; VII, 243.

Lursinge. Voy. Lucinge et Luringe.

Lusignan, illustration de cette maison, V, 16, 20.

Lusignan (château de), bâti par Melusine qui y faisait des apparitions; sa beauté, V, 16-20; rendu par Sainte-Soline aux huguenots, 18; par Mirambeau aux catholiques; est assiégé et pris par Montpensier, IV, 24, 58-59; V, 15-20; VI, 193, 468, 497.; VII, 63, 64, 207, 208; il est détruit par Montpensier, et Charles IX en donne les matériaux à Chemerault, V, 15-20; il est visité par Charles-Quint, 18; Catherine de Médicis va voir ses ruines; ce qu'elle en dit, 17; servait de prison d'État, VIII, 71. — I, 240, 244.

Lusignano (Steffano), sa *Chorografia dell' isola di Cipro*, citée, X, 385, note.

Lussan (Pierre d'Esparbez de), grand prieur de Saint-Gilles, lieutenant de Romegas, V, 237; VI, 431.

Lussan (J. Paul d'Esparbez de), mestre de camp des bandes de Piémont, envoyé inutilement par Henri III pour secourir Carmagnole, V, 203; capitaine de la garde de Charles IX; gouverneur de Blaye, III, 412; V, 352; assiste à Bourg-sur-Mer à une réunion de chefs de la Ligue, V, 146. — V, 407.

Lussan. Voy. Esparbez.

Lussé. Voy. Lucé.

Lustrac (Marguerite de), veuve du maréchal de Saint-André, se remarie à Geoffroy, baron de Caumont. Voy. Caumont et Saint-André.

Luth (des joueurs de), IX, 575. Voy. Losman.

Luther (hérésie de), I, 324; III, 83, 87.

Luthéranisme, interdit par Soliman, IV, 294; répandu à la cour de France, IX, 680.

Luthériens, persécutés par François Ier, III, 87 (voy. Cordelier); ce qu'en disaient François Ier et Soliman, VIII, 116.

Luthériens (paysans). Voy. Bours.

Lutte, Lutteurs. Voy. Cole, Breton.

Lutteurs en Turquie, VI, 242.

Lutzelbourg (baron de), sa querelle avec le duc François de Guise, IV, 220-222.

Luxe d'habillement des femmes, IX, 482.

Luxe en habillements de la reine Élisabeth d'Espagne, VIII, 19.
Luxe des mignons de Henri III, II, 212-213.
Luxe des soldats, VI, 79-80, 106-108.
Luxe. Voy. Armes, Bijoux, Chausses, Coche, Collier, Costume, Éventail, Festins, Fêtes, Forçats, Galères, Habillement, Meubles, Noces, Robes, Table, Tapisseries.
Luxebourg. Voy. Lutzelbourg.
Luxembourg (conquête du), par Ch. d'Orléans, fils de François Ier, III, 183-184; IV, 263.
Luxembourg (François de), vicomte de Martigues, II, 299.
Luxembourg (Philippe, cardinal de), évêque du Mans, VII, 319, 323.
Luxembourg (François de), duc de Piney, second mari de Marguerite, duchesse de Joyeuse; IX, 644.
Luxembourg (Louise de), mère de l'amiral Brion, III, 194, note, 230.
Luxembourg (Marie de). Voy. Penthièvre.
Luxembourg. Voyez Charny, Ligny, Martigues, Mercœur, Roucy.
Luxure (recettes contre la), IX, 687.
Luzignano, en Toscane, livré par le comte Alto au marquis de Marignan, IV, 23.
Lycurgue. Anecdote sur lui, II, 285; son ordonnance sur les filles et les femmes, IX, 698-699. — II, 366.
Lyon. Tournois donnés par Charles VIII dans cette ville, IX, 471; fêtes au sujet de l'entrée de Henri II et de Catherine de Médicis, III, 250 et suiv.; IX, 318 et suiv.; tentative des catholiques pour reprendre cette ville tombée au pouvoir des protestants, VI, 128, 129; séjour qu'y font Charles IX et sa mère que le duc et la duchesse de Savoie viennent voir, VIII, 135, 136; Henri III s'y arrête en revenant de Pologne, VII, 131, 132 (Voy. l'article Brantôme, p. 64, col. 2).
Lyon (traité de), entre le duc de Savoie et Henri IV, VI, 153, note 1.
Lyon (Histoire des triomphes de l'église de), citée, IV, 33, note 3.
Lyon (gouverneurs de). Voy. Trivulce (J. J. et T.)
Lyon (petits chiens de). Voy. Chiens.
Lyon. Voy. Bonvisi, Corneille.
Lyoux. Voy. Léoux.

Macédoine (prince de), sa mort, IX, 631, note 1.
Macédoine (princesse de), dame d'honneur de Christine de Danemark, assiste au sacre de Charles IX, IX, 631. (*Erratum, ibid.*, note 1, au lieu de : *être de la maison de Castellanne*, lisez : *être mère de Mme de Castellanne*).
Machiavel, vénérable précepteur des princes et des grands, IX, 671; son opinion sur la renommée, VII, 102. — IX, 639. — Son livre *Dell' arte della guerra*, cité, I, 144; III, 213; IX, 430, note 2; son traité du *Prince*, cité, II, 203.
Mâcon, pris par le duc de Nevers, IV, 381; VI, 154.
Mâcon (évêque de). Voy. Hémard.
Maçons et architectes, protégés par Catherine de Médicis, VII, 373.
Macrobe, cité, IX, 170, note 2; 300, note.
Madaillan. Voy. Estissac.
Madame, titre donné aux femmes de chevaliers, IV, 312.
Madeleine de France, fille de Charles VII, princesse de Viane, III, 55.

Madeleine de France, fille de François Ier et de Claude de France, mariée à Jacques V roi d'Écosse; sa tristesse; sa mort prématurée, VIII, 127-128; fait la cour à Sourdis, favori de son père, VIII, 63-64. — VII, 404.

Madère (expédition de P. B. de Monluc, contre), IV, 40-41; V, 406; VI, 135.

Madon, rivière de Lorraine, VII, 298, 299.

Madre (la), nom donné par les soldats espagnols à Marie d'Autriche, IX, 428.

Madrid, séjour qu'y fait Brantôme, II, 89; VIII, 7 et suiv.; révolte de soldats dans cette ville, II, 89.

Madrid (traité de), I, 260; III, 156, 170 et suiv.

Madrid (château de), construit par François Ier, VI, 141; son bois, 468.

Madrigalejo (Estramadure), I, 128.

Madruzzo (Christophe), cardinal de Trente, I, 346; vu à Rome par Brantôme; fait condamner à mort Salvoyson, IV, 103-104.

Madruzzo (Alisprand), neveu du précédent, notice sur lui, I, 346-349; sa conduite à la bataille de Cérisoles, où il tue La Môle, 347, 348; II, 432; sa mort, 40.

Madruzzo (Jean Gaudence, baron de), I, 346, note 1.

Maëstricht (siège de), II, 187.

Mafalde, femme d'Alfonse II d'Aragon, VIII, 91, note 1.

Maffei de Volterra (Raphaël), ses *Commentarii urbani*, cités, VII, 336.

Magellan (Fernand), I, 57, note.

Maggi (César), dit César de Naples, notice sur lui, I, 309-313; ses entreprises sur Turin; gouverneur de Volpiano, y est assiégé et pris, 310-313; III, 220; IV, 55.

Magiciens, ce que des magiciens subtils disent du diable à Brantôme, IX, 237.

Magie. Voy. Sortilèges.

Magistrats (anecdotes de l'Hospital et de nouveaux), III, 307-308.

Magistrats. Voy. Présidents.

Magnelay. Voy. Maignelais.

Magny, seigneurie de Philibert de Gondras, X, 109.

Magny (Olivier de), poète, III, 287.

Mahdia (El). Voy. Affrica.

Mahomet (légende sur), IX, 290-291.

Mahomet II, assiège Rhodes, V, 221, 222. — II, 218, note 1.

Mahomet, pacha, fait tuer le comte de Lodron, I, 344.

Mahon, pris par Barberousse, II, 68.

Mahuot, son duel avec Jacotin Plouvier, VI, 240-243.

Maigne (comte de), son entreprise avortée sur Metz, V, 70.

Maignelais ou Maignelets (Antoine de Halluin, marquis de), fils du marquis de Piennes; son duel avec Livarot qu'il tue et dont le laquais l'assassine, VI, 29, 320-321.

Maignelais (Charles de Halluin, marquis de), X, 90, note 3. — *Erratum*, VII, 390, note 2, *Charles*, lisez : *Florimond*.

Maignelais (Florimond d'Halluin, marquis de), mari de Claude-Marguerite de Gondi, X, 90, note 2; leurs enfants, *ibid.*, note 3. Voy. l'article précédent.

Maignelais (Anne de), son mariage avec H. de Candale est cassé; elle épouse C. de Schomberg, X, 90, note 3.

Maigret (le capitaine), IV, 35.

Mail (jeu de), III, 277; boules de ce jeu fabriquées à Naples, VI, 242.

Maillé (Hardouin de), conseiller et chambellan du roi, sénéchal de Saintonge, II, 344.

Maillé (Charles de), comte de Kerman, VII, 392.
Maillé. Voy. Brezé.
Maillebois. Voy. O (d').
Mailles. Voy. Maleys.
Maillezais (défaite des huguenots à), VII, 355.
Maillezais (évêque de). Voy. Rouault.
Mailly (Jacqueline d'Astarac, femme d'Antoine de), dame d'honneur d'Anne de Bretagne, VII, 320.
Mailly (Madeleine de). Voy. Roye.
Mailly. Voy. Conti.
Main. Anecdote sur l'usage de baiser la main du roi, IX, 480.
Mains blanches (anecdote d'un gentilhomme aux), IX, 332.
Maine (Charles d'Anjou, comte du), beau-frère de Charles VII, II, 338.
Maine (duc du). Voy. Mayenne.
Mainfroy. Voy. Manfroy.
Maison du roi (privilèges de la), VI, 380-383.
Maison de François Ier et des princes de la famille royale, II, 212-214; de Charles VIII, 301.
Maisonfleur (Jérôme Lhuillier, seigneur de), huguenot, tué en duel par un de ses soldats, VI, 412; il quête pour faire enterrer le prince de Salerne, II, 25; anecdote de lui et d'un soldat espagnol au siège d'Orléans, VII, 20-21; vers à sa louange, X, 409; son élégie sur le départ de Marie Stuart, VII, 406, 415, 409, note 3; sonnets à lui adressés par Brantôme, 418, 421.
Maître d'armes, prêtre, VI, 236.
Maîtres d'armes, leurs conseils, leur fidélité et leur discrétion, VI, 294-296.
Maîtres d'armes italiens, IV, 162; V, 86.
Maîtres d'armes. Voy. Aymard, Bartholomée, Caize, Ferron, Francisque, Hieronime, Jule, Le Flaman, Patenostrier, Pompée, Silvie, Tape.
Maître de camp. Voy. Mestre de camp.
Maître d'hôtel (histoire d'un), IX, 546-547.
Maître d'hôtel de Biron, V, 152.
Maître de poste de Novare, III, 5; — de Medina del Campo, ce qu'il raconte à Brantôme sur C. Borgia, II, 218; — de Paris. Voy. Brusquet.
Maîtres ès arts; comment on les recevait à Paris, V, 104.
Maîtresses de rois de France, III, 242 et suiv., 247.
Maîtresses et servantes (anecdotes sur les), IX, 545-551.
Majorque (Infant de). Voy. Aragon (Jacques d').
Malanoy (château de), pris par l'archiduc Maximilien; anecdote à ce sujet, V, 304.
Malassise (paix). Voy. Longjumeau et Mesmes.
Malatesta (Sigismond), seigneur de Rimini; marié trois fois, répudie sa première femme et assassine les deux autres, II, 205.
Malatesta, capitaine italien, II, 3.
Malaunoy. Voy. Malanoy.
Male (Guillaume Van), traduit en latin les *Commentaires* de Charles-Quint, I, 64, note 1.
Malespina (marquis de), Espagnol, blesse mortellement le jeune Classé, IV, 173.
Malespina (la comtesse Hippolita de), contribue à la défense de Pavie, assiégé par François Ier, IX, 419.
Malespina (les), capitaines, II, 2.
Maleys ou Mailles (Auberjon de), fait prisonnier à Varey Édouard, comte de Savoie, qui est délivré par Bocsozel et Antremont, VII, 255.
Malezais. Voy. Maillezais.
Malheureux (le), cheval turc donné par le duc de Savoie à Henri II qui le montait le jour où il fut blessé à mort; est pris par

Malheureux (suite).
Condé qui le donne au capitaine Bourdet, IX, 349.
Malice. Voy. Militia.
Malicorne (Jean Chources de), défait les ligueurs devant Poitiers, VI, 148; sa femme Françoise (et non Anne) de Daillon du Lude, VII, 391; X, 91.
Maligny. Voy. Ferrières.
Malitia (Antonio Caraffa), ambassadeur de la reine Jeanne II près du pape; ses intrigues pour Alfonse V d'Aragon; son épitaphe latine, VIII, 191-192.
Mall'espine. Voy. Malespina.
Mallety, notaire en Périgord, son mariage, X, 143, 144. — Voy. La Barde.
Malonoy. Voy. Malanoy.
Malte, ravagée par Dragut, II, 39, 55.
Malte (siège de), par Soliman II, II, 58; V, 215 et suiv., 226 et suiv.; monument en l'honneur de ce siège proposé par un capitaine espagnol, II, 125.
Malte, sa nouvelle ville construite par La Valette, V, 239.
Malte (Fête-Dieu à), V, 231. — (danses à), IX, 302.
Malte (ordre de), IV, 151; Coligny s'oppose à la vente de ses biens, V, 238; portraits de ses grands maîtres, 231.
Malte (chevaliers de), leur éloge, V, 8, 237, 238; vol d'argenterie commis par quelques-uns d'entre eux chez le cardinal d'Este, III, 43.
Malte (galion de), II, 19; — (galère de), prise par Dragut, II, 51.
Malte. Énumération des gentilshommes qui allèrent au secours de Malte avec Brantôme, V, 406-411; incidents divers de leur voyage. Voy. art. Brantôme, p. 62. — II, 61; IV, 41; VI, 129; VII, 17; IX, 371.
Malyterne. Voy. Mélitène.
Manadaya, capitaine espagnol, I, 331.

Manaud. Voy. Menaud.
Manche (gentilshommes de la grand'), II, 297.
Manche (pièce d'argent pour la), dicton italien, V, 176.
Manche de maille, II, 269.
Manches fendues, portées par la reine d'Espagne Élisabeth, VIII, 19.
Manchon, IX, 108.
Mandelot (François de), gouverneur de Lyon, battu par Châtillon, VII, 292. — V, 188.
Mandesio, capitaine espagnol, I, 334.
Mandil, espèce de casaque, IV, 383.
Mandoça. Voy. Mendoza.
Mandozze, capitaine espagnol, I, 333.
Mandozze, son combat contre le comte de Pancallier, VI, 244, 289, 290.
Mandozze (Don Joan de), sa hâblerie, VII, 29.
Mandreville (Jean du Bosc, seigneur de), président à la cour des Aides, huguenot, décapité à Rouen, IV, 366.
Mandruzzo. Voy. Madruzzo.
Manes (Fr. de Bouliers ou Boliers de Cental de), évêque de Fréjus; attaché au cardinal du Bellay; ce qu'on lui raconte du mariage de celui-ci, IX, 677-678.
Manes (Gaspard de Bouliers ou Boliers, seigneur de), blessé mortellement dans un combat à la barrière, IV, 173.
Manfredi. Voy. Astor.
Manfroy, roi de Sicile, cruauté de Charles d'Anjou envers sa famille, V, 24.
Manifestes pour les duels, VI, 287, 306, 307, 463, note 2.
Manilius, cité à tort par Brantôme, IX, 302.
Manlius Torquatus, VI, 400.
Manne. Voy. Manes.
Manou (Mme de), Charlotte de Clermont, mariée en secondes

noces à Jean d'O, seigneur de Manou, VII, 386.

Manriques de Jara (Dom), capitaine espagnol, I, 331.

Mans (sépulture de Langey à Saint-Julien du), III, 215.

Mans (soulèvement des paysans du), V, 191.

Mans (cardinal du). Voy. Luxembourg.

Mansfeld (Pierre-Ernest, comte de), prince de l'Empire, gouverneur d'Yvoi, d'Avesnes, de Luxembourg, de Bruxelles ; notice sur lui, I, 304-309 ; assiégé dans Yvoi est forcé de capituler, 305-306, 355 ; est emprisonné à Vincennes, 308 ; sert Charles IX dans les guerres civiles ; est blessé à Moncontour ; son fils Charles, *ibid.* ; sa mort, 309.

Mansfeld (Charles, comte puis prince de), fils du précédent, sa science ; ses mariages ; tue sa seconde femme, la comtesse de Maure, I, 308 ; ses succès en Hongrie ; sa mort, 309 ; est l'un des assassins de Lignerolles, VI, 443. — I, 92, note, 93.

Mansfeld (Diane de Cossé, femme de Charles, comte de), fille du maréchal de Brissac ; son éloge, VI, 127. — III, 265.

Mansfeld (Mme de). Voy. Maure (comtesse de).

Mante à la mode d'Italie, IX, 362.

Manteau du maréchal Strozzi, II, 245 ; de Charles VIII, entrant à Rome, 289, note.

Mantelline, petit manteau, II, 304.

Mantes (bailli de). Voy. Sully.

Mantouans (dicton sur les), IX, 361.

Mantoue (Frédéric Ier de Gonzague, marquis de), I, 249, note 3.

Mantoue (François II de Gonzague, marquis de), I, 247, note.

Mantoue (Jean-François de Gonzague, dernier marquis de), parjure, I, 119.

Mantoue (Frédéric II de Gonzague, duc de), II, 10.

Mantoue (François de Gonzague, duc de), dit le *Gobin*, mot sur lui prêté à sa femme Catherine d'Autriche, IX, 361-362.

Mantoue (Sigismond de Gonzague, cardinal de), son palais à Rome pillé par son neveu, I, 249. Voy. Gonzague (Ferdinand de).

Mantoue (Élisabeth d'Este, marquise de), son palais à Rome est mis à rançon, I, 249, note 3.

Mantoue (un grand seigneur de). Voy. Nevers (Louis de Gonzague, duc de).

Mantoue. Voy. Gonzague.

Maquignon (dicton de), IX, 73.

Mara, de Salerne, capitaine, I, 330.

Maraffin, capitaine, mot de Louis XI sur sa chaîne d'or, II, 206-207, 435.

Maramaldo, Maramaus ou Maramao (Fabricio), capitaine de l'armée du prince d'Orange, fait égorger Ferrucci, I, 243.— I, 330.

Marans (siège de), V, 146.

Maravelia ou Maraviglia, agent de François Ier à Milan, décapité, I, 120 ; III, 156.

Maraville. Voy. Maravelia.

Marbre (boulets de bronze et de), au siège de Rhodes, V, 220.

Marc-Aurèle. Voy. Aurèle.

Marçaut (S.-Marsault, en Poitou?), prise de cette ville, V, 328.

Marcel, VIII, 208.

Marcel (G.), son *Histoire de la monarchie françoise*, citée, V, 503 et suiv.

Marcella, veuve romaine ; son histoire racontée par saint Jérôme, IX, 651, 652.

Marcellus (Marcus-Claudius), sa mémoire honorée par Annibal, III, 34 ; ses combats singuliers, VI, 400 ; temples qu'il bâtit à Syracuse, 477. — IV, 6.

Marcellus, neveu d'Auguste, vers de Virgile sur sa mort, IX, 518.
Marchandises (augmentation du prix des), IV, 335.
Marchands français, molestés par la reine de Hongrie, V, 34-35. — en Orient, V, 68.
Marchaumont (Côme Clausse, seigneur de), III, 337.
Marche (La). Voy. La Mark.
Marché comparé à la guerre, V, 336.
Marcia, son histoire, IX, 651.
Marciano (défaite de Pierre Strozzi par le marquis de Marignan à), I, 295; II, 278-280; IV, 23, 312; VI, 165-166; VII, 280.
Marcilly (Gilbert de). Voy. Cipierre.
Marcilly (Catherine de). Voy. Ragny (Mme de).
Marck (la). Voy. La Mark.
Marco-Antonio, chef du haras du roi; cheval qu'il montre à Brantôme, IX, 347-348.
Marconnay (J. ou P. de), lieutenant de venerie de Henri II, III, 277.
Mardi gras (prise d'armes des huguenots le) (23 février 1574), III, 362; V, 162, 267, 352; VII, 207, 359.
Maréchal de France (sur la dignité de), V, 184-185; VI, 198; à qui elle se donnait, V, 33; son avilissement, III, 152.
Maréchal de France, sa compagnie était de cent hommes d'armes, II, 238.
Maréchaux de France, leur nombre augmenté successivement; grandeur de leur charge; le duc de Bouillon est le seul huguenot maréchal, V, 185.
Maréchal des bouteilles, surnom du maréchal de Cossé, IV, 84.
Maréchal de Languedoc. Voy. Briçonnet (P.).
Maréchal de camp, remplace le grand maréchal des logis, II, 302.

Maréchal des logis de Charles VIII (grand), II, 302.
Maremma-di-Siena (défaite du marquis de Marignan à), I, 295.
Marennes (comte de). Voy. Pons.
Mareuil (maison de), VI, 496.
Mareuil (Pierre de), évêque de Lavaur, et abbé de Brantôme, X, 149-150.
Mareuil (N. de), gentilhomme de Bretagne, accord de sa querelle avec Ivoy; son mot à ce sujet à Montberon, VI, 366-367; sa vaillance à la bataille de Dreux; sa querelle avec Sainte-Colombe; est fait chevalier de Saint-Michel, VII, 106-107.
Mareuil (Guy de), X, 104; sa femme, Catherine de Clermont, meurt centenaire, IX, 358.
Mareuil (Gabrielle de), femme de Nicolas d'Anjou, marquis de Mézières, X, 103-104.
Mareuil (Marguerite de), V, 398, 399.
Mareuil (Madeleine de), femme de Louis de Montberon, III, 400, note 1.
Marfise, VII, 364; IX, 257, 545.
Marguerite (sainte), patronne de Robert de la Mark, III, 190.
Marguerite de Provence, femme de saint Louis, rudoyée par Blanche de Castille, VIII, 107.
Marguerite de Bourgogne, femme de Louis X qui la fait étrangler, VIII, 57; IX, 24.
Marguerite d'Écosse, femme de Louis XI; anecdote d'elle et d'Alain Chartier, VIII, 171-172.
Marguerite d'Angoulême, fille de Charles d'Orléans comte d'Angoulême et de Louise de Savoie; sœur de François Ier, mariée à Charles III duc d'Alençon puis à Henri d'Albret, roi de Navarre; notice sur elle, VIII, 114-126; portait le nom de Valois ou d'Orléans, 114; éloge de son esprit; s'adonnait aux lettres; son affection pour les

savants ; livres qui lui sont dédiés ; ses ouvrages ; sa dévotion ; sa devise, 115 ; soupçonnée de luthéranisme ; affection réciproque d'elle et de son frère, 116 ; conversation sur elle, de celui-ci avec Montmorency ; ce qu'elle en dit, 117 ; son habileté et son intelligence des affaires, 118 ; son voyage en Espagne pour visiter son frère prisonnier ; ses reproches à Charles-Quint et aux gens de son conseil ; danger qu'elle y court ; sa douleur à la mort de François Ier, 119-121 ; ses qualités ; regrets causés par sa mort ; ses épitaphes ; son mot sur la mort ; ce qu'elle dit quand on lui annonce qu'elle doit mourir, 122 ; sous quels signes elle et son frère étaient nés ; est frappée d'apoplexie ; sa mort chrétienne ; son séjour à Tusson, 123-124 ; ce qu'elle dit en assistant à la mort d'une de ses filles de chambre, 124-125 ; comment elle composait ses *Nouvelles;* son habileté à faire des devises, 125-126 ; son éloge ; savait l'espagnol et l'italien, VII, 75 ; devises composées par elle pour les joyaux donnés par François Ier à Mme de Châteaubriand, IX, 512 ; son train de maison, II, 214 ; son aventure avec Bonnivet, racontée dans l'*Heptaméron*, III, 67 ; VII, 452 ; IX, 678-679 ; maltraitée par son second mari Henri d'Albret, VIII, 58 ; mène sa nièce Marguerite de France à Charles III, duc de Savoie, au château de Nice, VIII, 129 ; louée par Bèze, III, 88 ; son éloge ; sa conversation avec le capitaine Bourdeille, IX, 339-341 ; a pour page le maréchal de Biron, V, 123 ; défroque et protège Jean de Monluc, et son prédicateur Gérard Roussel, IV, 45, 46 ; son affection pour le prince de Melfe, II, 235, 236 ; sa manière de procéder en amour, IX, 582 ; n'aimait pas à entendre prêcher sur la mort, IX, 451 ; son *Heptaméron*, cité, I, 350 ; II, 433 ; III, 68, note 1 ; VI, 471, note ; VII, 438. Sa *Marguerite.* Voy. l'article suivant. — III, 161, 258 ; IV, 362 ; V, 74 ; VII, 320 ; VIII, 42.

Marguerite de la Marguerite des princesses (*la*), par Marguerite d'Angoulême, VIII, 115.

Marguerite de France, fille de François Ier et de Claude de France, femme d'Emmanuel-Philibert, duc de Savoie, notice sur elle, VIII, 128-137 ; est surnommée la *Pallas de la France* ; sa devise, 128 ; son amour de l'étude ; protection qu'elle accorde aux savants ; refuse d'épouser M. de Vendôme ; est menée au château de Nice par sa tante Marguerite, 129 ; épouse le duc de Savoie à qui on restitue nos conquêtes en Piémont ; invectives grossières des soldats à ce sujet, 129-131 ; son affection pour la France, 133 ; sa générosité envers les Français ; son amitié pour la tante et la mère de Brantôme auquel elle veut donner 500 écus qu'il refuse ; sa charité, 134-135 ; sa douleur au sujet des guerres civiles de France ; ce qu'elle en dit à Lyon à des huguenots ; apprend à Brantôme le commencement des guerres civiles de Flandre ; grâce à elle, Coligny jouit de ses biens de Savoie, 135 ; regrets de ses sujets à sa mort ; accueil qu'elle fait un jour à Brantôme, 136-137 ; son *Tombeau* par Ronsard ; *Epître* à elle adressée par Jodelle, 128, note 3 ; fait la cour à Sourdis, favori de son père, VIII, 63, 64 ; ses amours, IX, 85, 86 ;

Marguerite (suite).
son affection pour la France, II, 146 ; protectrice de La Vigne qui la fait son héritière, V, 68 ; son mariage avec Emmanuel-Philibert, duc de Savoie, fête à ce sujet, III, 271, 318 ; naissance de son fils ; profits qu'elle en tire, V, 72, 73 ; recommande Brantôme à M. de Ligny, II, 115 ; nouvelles composées par elle, VIII, 125-126. — I, 51, note 1 ; II, 425 ; V, 39 ; VII, 380.

Marguerite de Valois, fille de Henri II, reine de France et de Navarre ; discours sur elle, VIII, 22-85 ; sa beauté, 23-25 ; effet qu'elle produit sur les ambassadeurs polonais, 25-26 ; ce qu'en dit don Juan en la voyant danser au Louvre, 26 ; son voyage à Spa ; comment reçue de don Juan ; admirée des soldats espagnols, des ambassadeurs turcs et étrangers, 26-28 ; ce qu'en disent un cavalier napolitain et un gentilhomme français, 28-29 ; vers de Ronsard à sa louange, 29-30 ; détails relatifs à son luxe d'habillement, à ses coiffures et à ses perruques, 31-38 ; son voyage à Cognac, 31 ; habillement qu'elle portait lors du festin des Polonais et dans lequel elle se fit peindre, 33-34 ; sonnet de Ronsard sur elle ; son portrait, 33-34 ; regrets de la cour quand elle part pour la Guyenne ; faux bruit de sa mort, 39-40.

— Son esprit et son éloquence ; ses harangues en diverses circonstances, 41-42 ; sa conversation ; beauté de ses lettres, 42-43 ; son mariage avec Henri de Navarre ; anecdotes à ce sujet, 44 et suiv., ses malheurs ; sa retraite à Usson, 55-56 ; son mauvais ménage avec son mari qu'elle sauve, ainsi que Leran, à la Saint-Barthélemy, 58-59 ; cause de sa brouille avec son mari ; elle est outragée par Le Pin à Pau, 60-61 ; son retour à la cour où elle est mal reçue ; sa haine contre du Guast ; ce qu'elle en dit à Mme de Dampierre, 61-65 ; bon accueil qu'elle fait à Espernon, 65-67 ; sa ressemblance avec Henri II ; sa fierté ; son renvoi de la cour avec affront, 67-68 ; est chassée d'Agen, puis de Carlat, 69-70 ; est faite prisonnière par Canillac qu'elle chasse d'Usson, 70-72 ; sa brouille avec Henri III, avec qui Brantôme la vit souvent danser, 73-74 ; sa libéralité ; ses étrennes à la reine Louise ; sa magnificence, 76-77 ; sa bonté ; sa joie à la mort de du Guast, 77-78 ; danger que Biron lui fait courir à Nérac ; elle lui pardonne, 78-80 ; sa bonté envers Mlle de Rebours, 80 ; sa dévotion ; son amour de la lecture ; ses écrits en vers et en prose, 28, note 1, 80-82 ; sa belle voix ; jouait du luth ; faisait chanter ses vers, 82 ; chanson composée par elle, ibid., note 1.

— Sa lettre à Brantôme, 82 ; ingratitude de la France à son égard, 84 ; vers sur elle, 85 ; son éloge, 139 ; date de sa naissance, IV, 190 ; son mariage projeté avec Sébastien de Portugal, IX, 607 ; son mariage avec Henri de Navarre, V, 130 ; son mot sur les querelles aux funérailles de Charles IX, VII, 325 ; son portrait par Cl. Corneille, VII, 343 ; sa ressemblance avec la vicomtesse d'Aubeterre, IX, 455 ; sa livrée, II, 208 ; avait le blanc pour couleur, X, 413, note 1 ; admirée par don Juan, II, 127 ; sa coiffure ; sa beauté, IX, 313-314 ; son influence sur la mode des coiffures et des habillements, IX, 254 ; affection réciproque d'elle et d'Élisabeth d'Autriche qui lui abandonne une partie de ses revenus ; elle tombe malade en apprenant sa mort; livres composés par cette princesse qui les lui envoie, IX, 603 ; sa beauté; son voyage aux eaux de Spa ; ce que deux capitaines espagnols disent d'elle à Brantôme, VII, 174-176 ; ses malheurs; dit à Brantôme qu'elle n'a pas d'ambition, 176-177 ; ses accusations d'ingratitude contre La Noue, VII, 214 et suiv. ; assiste à l'entrevue de Coutras, V, 142 ; raillerie que lui dit Catherine de Médicis sur un de ses amants, IX, 713-714 ; mort violente de plusieurs de ses amants ; est comparée au cheval de Séius, IX, 188 ; sa générosité envers ses amants, IX, 109 ; maîtresse de La Mole, dont elle fait embaumer la tête, IX, 122, note 2 ; ses amours avec Bussy, VI, 182, 192 ; IX, 401 ; il fait pour elle grâce de la vie au capitaine Page, IV, 35, 36 ; fait assassiner du Guast; pourquoi ; V, 355, note 1, 358. — Chassée d'Agen par Matignon, V, 173 ; Brantôme va la voir à Usson, VII, 2 ; X, 4 ; savait l'espagnol et l'italien ; usage qu'elle faisait de ces langues ; éloge de son esprit, VII, 2, 75 ; son mot sur César, X, 5 ; passion qu'elle avait inspirée à Brantôme, X, 394, 402, note 2 ; avait vu ses ouvrages et les estimait, X, 128 ; épitres dédicatoires qu'il lui adresse, I, 5, 8 ; VII, 1-4 ; X, 4 ; le remercie de ce qu'il avait dit sur les filles d'Elisabeth d'Espagne, IX, 155 ; dédicace de ses *Mémoires* adressée à Brantôme, VIII, 209-212 ; X, 395 ; ses *Mémoires*, cités, VIII, 26, note 1 ; 31, note 3 ; 59, note 3 ; 60, note 1 ; 61, note 3 ; ses stances sur l'hiver, IV, 226 ; ses lettres ; sa

Ruelle mal assortie, VIII, 22 note 1. — I, 328 ; V, 142, 389 ; VII, 383, 386, 398 ; X, 434, VIII, note 1.

Marguerite, fille de Marie, sœur de Jeanne Ire de Naples, et de Charles Ier de Durazzo, femme de Charles de Durazzo, dit *de la Paix*, VIII, 165, note 2.

Marguerite de Flandre, vicomtesse de Châteaudun, femme de Guillaume Ier de Craon, X, 59.

Marguerite, comtesse de Flandre, femme de Philippe le Hardi, duc de Bourgogne, III, 242 ; VIII, 51.

Marguerite de Bavière, femme de Jean sans Peur ; ses amours avec Louis d'Orléans, IX, 472.

Marguerite d'Autriche, fille de Maximilien Ier, tante de Charles-Quint, femme de Philibert le Beau, duc de Savoie, puis gouvernante des Pays-Bas, I, 77 ; fiancée à Charles VIII, VII, 309 ; IX, 36, note 3 ; ses mariages malheureux ; sa devise ; son tombeau à Brou ; égards de François Ier pour elle ; contribue à la paix de Cambrai, IX, 207, 614 ; erreur de Brantôme sur elle, 206, note 1.

Marguerite d'Autriche. Voy. Parme.

Marguerite de Bourbon, duchesse de Savoie. Voy. Bourbon, p. 51, col. 1.

Marguerite de Namur. Voy. Marie.

Marguerite de Lorraine. Voy. Joyeuse.

Mari (plainte singulière à Alfonse d'Aragon d'une femme de Saragosse sur son), IX, 556-557.

Mari à Rome, ayant eu 21 femmes, (histoire d'un), IX, 685-686.

Mari empoisonnant sa femme d'une façon singulière, VIII, 201.

Maris trompés (des), IX, 114 et suiv.

Maris empoisonnant ou tuant leurs femmes, I, 308, note; VIII, 201; IX, 20 et suiv., 125-126; battant leurs femmes, 114, 533, 545-551, 674; dicton à ce sujet, 545.

Maris jaloux, IX, 72 et suiv.; impuissants; anecdotes, 94, 96 et suiv.; imprudents ou complaisants, IX, 85 et suiv.; 115-120, 158-159; livrant leurs femmes pour avoir l'ordre de Saint-Michel, V, 92; sauvés, enrichis ou tués par leurs femmes, IX, 71-77, 101 et suiv., 729; se moquant des amants de leurs femmes, 187-188; corrompant leurs femmes, 42-43; faisant violence à leurs femmes, 289-290; trop amoureux de leurs femmes, appelés adultères par saint Jérôme, 51; adonnés à la sodomie, 176 et suiv.

Maris, aventures de plusieurs maris avec leurs femmes, IX, 68 et suiv.; indiscrétion de certains maris au sujet de leurs femmes, 528; quand les femmes se disent-elles bien traitées par leurs maris, IV, 80-81.

Maris (anecdotes sur les premiers et les seconds), IX, 691-695.

Mari. Voy. Femmes; Mariés.

Mariage, ce que du Guast en dit à Brantôme, IX, 190.

Mariage (usages divers relatifs au), IX, 93 et suiv.

Mariage (du libertinage et des cas de conscience dans le), IX, 41-43, 51-56.

Mariage des prêtres (du), IX, 54.

Mariage entre proches parents, IX, 699; entre beau-frère et belle-sœur, VII, 414; X, 94, note 1; sonnet de Brantôme à ce sujet, 429.

Mariage singulier de la femme de Brusquet, II, 258-259.

Mariage cassé sous François Ier, anecdote, VIII, 95-96.

Mariages à Sparte, IX, 698-699.

Mariages (anecdotes et réflexions sur divers), IX, 144 et suiv.

Mariages secrets (édit sur les), III, 352.

Mariages tenus secrets, IX, 676 et suiv.

Mariages entre catholiques et protestants, V, 50.

Mariages inégaux (des), VIII, 157.

Mariages honteux de grands personnages, IX, 85; — avec des courtisanes, fréquents en Espagne et en Italie, 145, 146.

Mariages cassés. Voy. Candale (Henri de); dissous par le pape, IX, 36, 37.

Mariages d'abbesse, de cardinaux. Voy. Abbesse, Châtillon, Du Bellay, Orange.

Marianne, femme d'Hérode, IX, 289.

Maricourt (Françoise de), troisième femme de Saint-Amand, IX, 686.

Maridor. Voy. Montsoreau.

Marie de France, fille de Charles V; son mariage projeté avec Guillaume de Hainaut, VIII, 53.

Marie d'Angleterre, son mariage avec Louis XII, I, 128; II, 368, 369; III, 8, note 3, 243; VII, 330; histoire de ses amours avec le comte d'Angoulême (François Ier); sa supposition de grossesse découverte par Louise de Savoie, IX, 640-642.

Marie Stuart, reine de France et d'Écosse, discours sur elle, VII, 403-453; sa naissance, 403; ses parents; emmenée en France étant enfant, 404; sa beauté, 405, 408; harangue latine qu'elle prononce à 14 ans; fait faire une *Rhétorique françoise* par Fouquelin, 405; son amour de l'étude et de la poésie; vers faits pour elle; vers qu'elle a composés, 406-407; on lui attribue à tort des vers sur son amour pour Bothwell, 406, 422; écrivait bien en prose; comment elle parlait l'écossais, 407; son portrait en costume écossais; ce qu'en disaient Charles IX et Catherine de Médicis; ses habillements divers; chanson faite sur elle; chantait et jouait du luth, 408; son mariage avec le dauphin François; est appelée *reine dauphine;* sa chanson sur son veuvage, 409-412; son retour en Écosse; élégie de Maisonfleur sur son départ, 413-414; relation de son voyage où Brantôme l'accompagne, 415-419; mot de Chastelard sur elle, 418; concert qu'on lui donne le soir de son arrivée, 419-420; danger que court son aumônier, 419-420; meurtre de son secrétaire David Rizzio; elle refuse d'épouser le roi de Navarre; son mariage avec Darnley qui est assassiné, 419-421.

— Sa bonté; demande la grâce d'un galérien, VII 421; calomnies de Buchanan contre elle, 421-422; livre de Belleforest en sa faveur; sa captivité au château de Lochlevin; sa délivrance; se met à la tête d'une armée; est trahie, 422-424; se réfugie en Angleterre où elle est emprisonnée; sa condamnation à mort, 424-425, 441; on lui refuse l'assistance de son aumônier; confession écrite qu'elle lui adresse, 426-427; lettre qu'elle écrit à diverses personnes, 427; distribue son argent, ses habits et ses habillements à ses serviteurs, 428; comment elle passe sa dernière nuit, 428-430; récit de son supplice, 430-438; sa sépulture, 438-439; tout ce qui avait servi à son supplice est brûlé, 439; démarches faites en vain par la cour de France pour la sauver, 425, 441; livre sur son exécution, 440; Élisabeth est poussée à la faire mourir par les protestants de France et d'Allemagne, 447; réponse que lui fait Marie, 448; vers sur sa mort, 448, 449; amour pour elle de Chastelard qui est envoyé au supplice, 449-453.

— Elle est secourue enfant par Henri II, IX, 625; perles que lui donne Catherine de Médicis, VII, 339; ses plaintes contre la justice, au sujet du vicomte de Martigues, VI, 39, 40; va avec ses oncles en Lorraine après son veuvage, I, 253; IX, 629 (il s'agit d'elle dans ce passage et non de sa mère, Marie de Lorraine, comme il est dit par erreur dans la note); son retour en Écosse, IV, 156; élégie de Maisonfleur sur son départ, X, 409, note 3; dans son voyage, elle est levée, couchée, chaussée et déchaussée par un de ses oncles, IX, 309-310; Brantôme et La Noue l'accompagnent en Ecosse, VII, 204; haine de Buchanan contre elle, VI, 126; ses amours avec Rizzio, IX, 152-153; X, 421, note 1; sa mort, I, 318; son éloge, IX, 491, 493; comparaison d'elle et de Mme de Nemours, 360; écrits sur elle, VII, 421, note 4; 422, note 2; 425, note 1; livre où elle est comparée à Jeanne Ire de Naples, VIII, 179-182; erreur de Brantôme à son sujet, II, 84. *Apollogie ou deffence de l'honorable sentence et très juste exécution de Marie Stuard,* citée, VIII, 179-182. — III, 290, 388; VII, 380.

Marie de Lorraine, fille de Claude de Guise, veuve du duc de Longueville, épouse Jacques V roi d'Écosse, dont elle a Marie Stuart, III, 388; V, 49; VII, 404; sa partie de jeu avec

Marie (suite).
Essé, III, 394 (*Erratum* : Marie de Lorraine, IX, 629, note 1 ; *lisez* : Marie Stuart).

Marie de Bourgogne, fille de Charles le Téméraire, femme de Maximilien Ier, I, 29, note 2 ; 74, note 1 ; son portrait, 76 ; ses enfants, 77 ; sa mort, 78 ; demande en vain aux Gantois la vie de Humbercourt et de Hugonet, II, 402 ; sa grande bouche ; ce qu'en dit la reine Éléonore, IX, 613.

Marie d'Autriche, sœur de Charles-Quint, veuve de Louis roi de Hongrie, I, 58, 208 ; IX, 610 ; sa beauté ; sa bouche autrichienne, 612, 613 ; nommée gouvernante des Pays-Bas par Charles-Quint, qui avait toute confiance en elle ; son habileté, 614-615 ; est la première à porter en France l'incendie ; fait brûler le château de Folembray, ce qui amène la destruction de son château de Bins, où elle avait donné de brillantes fêtes à son frère ; vengeance qu'elle en tire en Picardie ; avait le cœur dur et cruel, 615-618 ; son discours à l'empereur quand elle se démet de sa charge ; l'accompagne dans sa retraite ; sa mort, 618-620 ; chanson sur elle, cause de ses ravages en Picardie, IX, 506 ; hostilités de sa flotte contre les Français en pleine paix ; ses représailles contre les navires et les marchands français, V, 34 ; son éloge ; appelée *la madre* par les soldats espagnols ; pourquoi Henri II désirait la faire prisonnière, IX, 428 ; apprend à la duchesse Christine de Lorraine à aller à cheval « à l'étrier, sur l'arçon », 622 ; services qu'elle rend à son frère, VIII, 119 ; fêtes qu'elle donne à son frère et à Philippe II, II, 91 ; III, 259-266 ; IX, 314 et suiv. ; ce qu'elle dit au comte de Nassau, I, 252. — IX, 525.

Marie d'Autriche, fille de Charles-Quint et femme de l'empereur Maximilien II, veut engager sa fille Élisabeth devenue veuve à épouser Philippe II, IX, 601-602 ; ce qu'elle dit d'elle après sa mort, à Lansac, 604 ; appelée en Espagne par Philippe II ; éloge qu'Henri III faisait de sa capacité, 604 ; détails sur son séjour à Marseille, 605 ; sa retraite dans un couvent, 606. — I, 89, note 1 ; III, 185.

Marie, reine de Naples, veuve de Rammondelo de Balzo, est prise dans Tarente par Ladislas roi de Naples, qui l'épouse, IX, 355.

Marie de Portugal, fille de Jean III, première femme de Philippe II, II, 101, note 2 ; VIII, 5, note 1.

Marie de Portugal, fille de la reine Éléonore et d'Emmanuel, roi de Portugal ; ses biens en France, administrés par Gourgues ; Brantôme la voit plusieurs fois à Lisbonne, où elle est visitée souvent par le grand prieur de Lorraine qui projetait de la demander en mariage ; chaîne de pierreries dont elle lui fait cadeau ; regrets qu'elle éprouve de sa mort, IX, 720-722.

Marie Tudor, reine d'Angleterre, seconde femme de Philippe II, VIII, 4, note 1.

Marie, fille naturelle de Robert roi de Naples, tante de la reine Jeanne Ire ; est aimée de Boccace ; son supplice ; erreurs de Collenuccio et de Brantôme à son sujet, VIII, 152, 153, 170-173.

Marie, sœur cadette de Jeanne Ire de Naples, ses trois maris, VIII, 153, note 1.

Marie, duchesse de Juliers, meurt de chagrin, II, 142.

Marie d'Aragon, femme du marquis del Gouast, I, 213,

Marie de Namur, femme de Gui II de Châtillon, puis de Clignet, IX, 106, note.

Marie de Savoie, femme du connétable de Saint-Pol, II, 338, note 2.

Marie-Élisabeth de France, fille de Charles IX, V, 268. Voy. Élisabeth.

Marie, maîtresse de Ronsard, IX, 257.

Marie. Sonnet à elle adressé par Brantôme, X, 480.

Marie La Cordelière. Voy. Cordelière.

Mariés (anecdotes sur les nouveaux), IX, 92 et suiv., 98 et suiv., 503, 518 et suiv., 554, 557-562, 567, 693, 694.

Mariée, sa coiffure, II, 253.

Mariées (femmes). Voy. Femmes, Maris.

Marienbourg, ravitaillé par le duc de Nevers et Coligny, IV, 375, — IV, 84.

Mariette (Pierre). Catalogue de sa collection, cité, X, 398.

Marignan (bataille de), I, 254 ; II, 197 ; III, 136 et suiv., 224, 225-276, 332 ; V, 313 ; X, 44, 45.

Marignan (chanson sur la bataille de). Voyez *Bataille de Marignan*.

Marignan (Jean-Jacques de Médici, marquis de), notice sur lui, I, 291-304 ; s'empare du château de Mus, 291, du château de Chiavenna, 291-292, de Monguzzo, 293 ; est battu à Carata par Antoine de Lève, 293-294 ; s'attache à Charles-Quint qu'il sert à la guerre des protestants, au siège de Metz et à la guerre de Sienne, 294-295 ; défait Strozzi à Marciano, et assiège Sienne, 295-296 ; assaut qu'il donne à la lueur des torches, 296-297 ; sa courtoisie envers la garnison lors de la capitulation de la ville, 298-300 ; blâmé par l'empereur, meurt de chagrin et de la goutte, 301 ; danger qu'il court au siège de Saint-Dizier, 301-302 ; son éloge par le duc d'Albe, 303 ; son origine ; comment il s'empare du château de Mus, V, 369 ; assiste au siège de Saint-Dizier, 331 ; au siège de Metz, IV, 191 ; sa discussion avec Pierre Strozzi, 132-133 ; assiège et prend Sienne, 47 et suiv. ; sa réponse à Monluc au sujet de la capitulation de la ville, 53 ; fait peindre dans son château les batailles où il s'était trouvé, X, 112 ; — II, 17, 187 ; V, 320 ; VI, 160, 166.

Marigny, maison de Chemeraut, construite avec les matériaux du château de Lusignan, V, 17-18.

Marigny (Catherine de), femme de Geoffroy de Barbesières, seigneur de Chemeraut, X, 48, note 3.

Marigny (Jean de Vivonne, seigneur de), ses filles, X, 48, note 2.

Marigny (Françoise de), femme de Philippe de la Béraudière, seigneur d'Ursay, X, 48.

Marillac (Charles de), archevêque de Vienne, ambassadeur de Henri II à la diète d'Augsbourg, I, 82, 83 ; partisan de la réforme, IV, 46.

Marillac (Guillaume de), intendant des finances, envoyé à Limoges pour acheter les reitres de Coligny, IV, 320.

Marimont (château de), fête qui y est donnée à Philippe II par Marie de Hongrie, III, 259-266.

Marinde ou Marindre (Guillaume). Voy. Male.

Marine française sous François Ier, Henri II et Charles IX ; entretien à ce sujet de Brantôme avec Charles IX, II, 29-31.

Marine. Voy. Armée navale, Cordelière (la), Galères, Marins.

Marino (Hieronimo), ingénieur bolonais au service de France, l'un des signataires de la capitulation de Saint-Dizier, III, 236, 238-239.

Marins de La Rochelle. Voy. Arnauld, Landreau, Sore.

Marins, mauvais cavaliers, IV, 159.

Marius, sa guerre contre les Teutons et les Cimbres, IV, 49-51. — VII, 232.

Maroc (roi de), V, 69.

Marolles (camp de), II, 268.

Marolles (pucelles de), dicton, VIII, 93; IX, 95.

Marolles (Claude de), son duel avec l'Isle-Marivaut, VI, 282-284.

Marolles (l'abbé Michel de), ses *Mémoires*, cités, VI, 282, note 2.

Marot, son rondeau sur la mort de Chissay, cité, I, 256, note 1. (au second vers cité il faut lire *sous* au lieu de *sans*). — III, 288; X, 437, note 3.

Marouatte (le sieur de), plaintes de Brantôme sur lui; surnommé le *Petit brodequin*, X, 138-139.

Marquisats, communs en Italie, I, 294.

Marquise (la), galère du marquis d'Elbeuf, IV, 147.

Mars, dieu douteux, VII, 211; ses amours avec Vénus, IX, 377.

Marsal ou Marsaut (Meurthe); d'Auzances empêche le cardinal de Lorraine de s'en emparer, VI, 498-499.

Marsaut. Voy. Marçaut et Marsal.

Marseillais, envoient Beaulieu à la cour; cadeau qu'ils lui font à ce sujet, VII, 130.

Marseille (anecdote sur l'entrevue de Clément VII et de François Ier à), IX, 475-478.

Marseille, assiégée par le connétable de Bourbon et Pescaire, III, 64, 194; chanson des aventuriers à ce sujet, 195-196; VII, 269; assiégée par Charles-Quint, III, 221; VII, 62; tentative d'Espernon sur cette ville, VI, 94-95. Réception qui y est faite à l'impératrice Marie d'Autriche, IX, 604-606.

Marseille (procureur du roi à), son réquisitoire contre Léon Strozzi, IV, 392, 393-396.

Marseille (consuls de), leur certificat contre Léon Strozzi, IV, 392, 404.

Marseille (apostrophe de Brantôme à), VIII, 75.

Marsilly ou Marcilly. Voy. Cipierre.

Martel (Antoine). Voy. Bacqueville.

Martelli (Lodovico), son combat contre Juan Bombin, VI, 252-254.

Martia. Voy. Marcia.

Martial, ses *Épigrammes*, citées, VII, 26; IX, 44, note 1, 193, 205, 653.

Martigues (Sébastien de Luxembourg, duc de Penthièvre, vicomte de), fils de François II de Luxembourg, succède à Randan dans la charge de couronnel général de l'infanterie; se distingue au siège du Petit-Leith, VI, 36; ses capitaines, 37; sa fâcheuse affaire avec le Parlement au sujet d'un capitaine qu'il avait enlevé des mains des sergents, 39-41; sa belle conduite au siège de Paris par Condé, à la bataille de Dreux, et à Orléans, 47, 48; est forcé, à la paix, de quitter sa charge; anecdote à ce sujet, 48, 49; le roi lui défend toute querelle avec Andelot; est nommé gouverneur de Bretagne; défait Andelot; est tué à Saint-Jean d'Angély, 49, 50; sa parenté avec Brantôme, 51; était destiné d'abord à l'église, IX, 672; sert aux sièges du Petit-Leith et de Saint-Jean-d'Angély; sa conversation avec le capitaine La Mothe, V,

433, 434; son mot à un capitaine fuyard de la bataille de Dreux, IV, 8; échec qu'il éprouve sur la Loire, VII, 205; sa mésintelligence avec Timoléon de Brissac, VI, 152; obtient de Monsieur (Henri III), après Jarnac et Moncontour, la vie de La Noue qu'il appelait son *Breton*, et qui fait plus tard la guerre à ses enfants en Bretagne, V, 15; VII, 230; son rôle dans l'accord de la querelle de Frontenay et de Kerman, VI, 365-366; père de la duchesse de Mercœur, V, 194. — V, 14, 196, 427; VI, 68; VIII, 208; IX, 189, note.

Martigues (Marie de Beaucaire, dite Mlle de Villemontays, femme de Sébastien de Luxembourg, vicomte de), favorite de la reine d'Écosse, VII, 230, 383.

Martine, épée d'un capitaine du Piémont, VII, 48.

Martinengo (Gabriel de), ses exploits à la défense de Rhodes, V, 223; VI, 337.

Martinengo (le comte Sara de), assassine un gentilhomme de Brescia; s'enfuit en Piémont où il entre au service de la France, V, 362; VI, 336; fait avec Brantôme le voyage de Malte, 337-338; V, 407; ue en duel un Italien, 339; lève des troupes pour Venise dont il obtient sa grâce et passe en Dalmatie; sa mort au siège de la Charité, 362; VI, 339, 340.

Martinengo ou Martinengues (les), II, 2.

Martingale. Voy. Chausses.

Martinosius (le cardinal), assassiné par ordre de l'empereur Ferdinand, I, 333, note 1.

Martins (des). Voy. Grille.

Martres. Voy. Menaud.

Marty-Laveaux, son édition de du Bellay, citée, VII, 406, note 2.

Martyr (Pierre Vermigli, dit Pierre), assiste au colloque de Poissy, V, 288.

Martyre de la reyne d'Écosse (Le), cité, VII, 425 et suiv.

Mascarade de Charles VI à l'hôtel de Nesle, III, 242; — au château d'Amboise sous Charles VIII, VII, 312; — de Henri II, à Paris, IV, 161.

Masque pour les femmes (usage du), VIII, 36; IX, 236, 244, 245.

Massa (Ant.), son traité sur le duel, VI, 249.

Massacreur, un gentil chevalier ne doit l'être, V, 151.

Massès (Jean de Béon, seigneur de), lieutenant de des Cars, VI, 49; gouverneur d'Angoumois et Saintonge, V, 352.

Massinissa, VII, 431; IX, 248, 295.

Mastas. Voy. Matha.

Mastor, esclave d'Adrien, V, 325.

Mastres. Voy. Canillac (F. de).

Matas. Voy. Matha.

Mataud. Voy. Mathaud.

Matecolom, tue en duel Saligny à Rome, VI, 322-323.

Matha ou Mastas, château et baronnie appartenant à Mme de Bourdeille, belle-sœur de Brantôme, IX, 429, 430; X, 61.

Matha ou Mastas (Claude de Bourdeille, baron de), son humeur bizarre; son duel avec Apchon qui l'assassine, VI, 377-378.

Matha (N. de), cousin de Diane de Poitiers, sa querelle avec Mlle de Méray; est forcé de s'absenter de la cour, IX, 485.

Matha (Maximilien de Lamer, seigneur de), mari de Marie de Canillac, X, 100, note 1.

Matha (Yolande de), femme de Robert de Montberon, X, 59.

Matha ou Mastas. Voy. Saint-Bonnet.

Mathaud ou Mataud, secrétaire de Brantôme, auteur probable

Mathaud (suite).
de la facétie intitulée *Combat*, IV, 328, note 1; X, 107 et suiv., 164.
Mathaud (Jean), praticien, X, 152.
Mathaud (Jacques), X, 152.
Matheo (Hieronimo), I, 272.
Mathias (saint), sa fête était le jour favori de Charles-Quint, I, 32, note 2, 33.
Mathieu de Bourbon. Voy. Bourbon.
Mathurin (saint), invoqué contre la folie, V, 153; IX, 115.
Matignon (Jacques de), père du maréchal, premier valet de chambre et favori du connétable de Bourbon, le trahit, devient pannetier de François Ier; est mal reçu à la cour, V, 166; VII, 242-243.
Matignon (Jacques Goyon de), prince de Mortagne, comte de Thorigny, maréchal de France, notice sur lui, V, 159-175; fin Normand; succède en Guyenne au maréchal de Biron; conversation qu'il a à ce sujet avec Brantôme cousin de sa femme, 159-160; comment il s'y gouverne; sa lenteur; son juron; regrets qu'il laisse à sa mort; sa conduite pendant les guerres civiles, 160; conserve Bordeaux à Henri IV; force par ruse Vaillac à lui rendre le Château-Trompette, 161, 162; lieutenant général en Normandie; sa guerre contre Montgommery dont il finit par s'emparer; amitié pour lui de la reine mère qui veut l'envoyer en Guyenne; est appelé par quelques-uns La Roche-Matignon; plaintes sur lui de Carrouges à la reine, 163-165; ses démêlés avec le baron de Flers; sert de chevalier d'honneur à la reine mère; son infirmité; moqueries qu'en faisait Mme de Dampierre, qui l'appelait toujours Goyon, 165, 166; menacé par Monsieur; favori de la reine mère; maréchal de camp de M. de Nevers; son incapacité; est fait maréchal de France; assiège La Fère; était peu aimé, 167; mal reçu en Gascogne par d'Espernon; sa querelle avec lui au sujet de Bourg-sur-Mer, 168, 171; ce qu'Henri IV lui répond au sujet d'un conseil sur d'Espernon, 170, 171; doutes sur sa vaillance; passait pour avoir un esprit familier; ses concussions dans son gouvernement de Guyenne; dicton à ce sujet, 171; devient le plus riche gentilhomme de France; sa mort subite à souper, 172; chasse d'Agen Marguerite de Valois, 173-174; sa douleur à la mort de son fils aîné; était lent et musard; échoue au siège de Blaye, 174, 175; blâmé pour avoir fait massacrer Saint-Jean Lorges, V, 328; chasse d'Agen Marguerite de Valois, VIII, 70. — V, 159, 328; VI, 90, 100; VII, 391; X, 92.
Matignon (Françoise de Daillon du Lude, femme du maréchal de), cousine de Brantôme, V, 159; VII, 391; X, 92.
Matignon. Voy. Thorigny.
Matte (enfants de la), filous que Charles IX fait venir à un bal pour les voir à l'œuvre, V, 278.
Maugiron (Pierre ou Pyraud de), notice sur lui, II, 423-424; vaillant capitaine; ses fils et petits-fils; proches parents de Brantôme, *ibid.*; est tué à Ravenne, 374; V, 309, 312.
Maugiron (Laurent de), lieutenant de roi en Dauphiné, ses luttes contre les huguenots, II, 424; accord de sa querelle avec Rance, VI, 367-369. — IV, 72.
Maugiron (Louis de), tué par Ribérac dans le duel des *Mignons*, II, 424; VI, 313; ce

que le curé Poncet dit de sa mort, 387; son tombeau à Saint-Paul, 481.

Mauléon, pris par le duc de Nevers, IV, 385.

Mauléon (Étienne de Vincens, seigneur de), II, 297.

Mauléon (Giraud de), appelle en duel de la part de Gramont Bussy d'Amboise qui le défie, VI, 394, 395-397.

Maulevrier (Charles-Robert de La Mark, comte de), est la cause involontaire de la mort du marquis de Beaupréau dont le père veut le tuer, V, 27-28; sa vaillance au siège de Rouen et à Corbeil, III, 193. — III, 171, note 4; V, 257, 348; VII, 389, note 7.

Maulevrier (Regnaud de), X, 59.

Maulevrier (Mme de). Antoinette de La Tour, femme en secondes noces de Charles de La Mark, comte de Maulevrier, VII, 389, note 7.

Maulevrier. Voy. Brezé.

Maumont, maison du Limousin, III, 174.

Maumont (Jean de), mari de Madeleine de Coulonges, X, 99, note 2.

Maumont (Charles de), mari d'Anne de Bourdeille, tante de Brantôme, X, 36, 99.

Maumont (Jean de), érudit; mentionné par Ronsard; on lui attribue à tort les traductions d'Amyot, X, 100, note 2.

Maumont (N. de), capitaine, défie le duc d'Espernon, VI, 429; (Il fut tué en trahison en 1589, à la prise de Villebois par Espernon).

Maumont (N. de), maîtresse du dauphin François, fils de François Ier; chanson sur elle; épouse M. de Penacon; son fils, X, 100-101.

Maumont (N. dlle de), femme de N. de Montagnac, X, 101.

Maumont (Jeanne de), dame de La Roche, femme de J. de Canillac, X, 99, note 2; ses enfants, 100.

Maumont (Jeanne de), femme de Claude de Lévis, baron de Charlus, X, 99, note 2.

Maupas. Voy. Duras.

Maure (comtesse de), seconde femme de Charles de Mansfeld, est surprise par lui en adultère et tuée avec son amant, I, 308, note 3. (J'ai suivi dans ma note le récit de de Thou (liv. CXIV). Suivant le P. Anselme, ce serait sa première femme Diane de Cossé que Mansfeld aurait tuée avec son amant le comte de Maure).

Maure. Voy. More.

Maurevel, Maurevert ou Montravel (François Louviers, dit), surnommé le *Tueur du roi*, assassine de Mouy et est tué par le fils de celui-ci, IV, 300; V, 246, 247; VII, 254; comment reçu au camp de Monsieur; est envoyé chercher pour tuer Coligny, qu'il blesse, VII, 252-253; IV, 301; sa conduite au siège de La Rochelle où l'on fuyait sa compagnie; obtient une pension et le privilège de porter des armes au Louvre; Henri III lui défend l'entrée de sa chambre, VII, 253-254. — II, 165, note 1.

Maurice, capitaine, IV, 159.

Maurice (le comte). Voy. Orange.

Mauriquo (Dom Juan), capitaine espagnol, I, 332.

Mausolée de la reine Jeanne II de Naples et de Ladislas, à Saint-Jean de Carbonnara à Naples, VIII, 199-201.

Mauvissière, Mauvishière ou Mauvaisinière. Voy. Castelnau.

Maxence, empereur, IX, 138, note 2.

Maximilien Ier, archiduc d'Autriche, puis empereur d'Allemagne, notice sur lui, I, 74-80; son peu de bonne foi, 74, note 1,

Maximilien (suite).

78; son mariage avec Marie de Bourgogne, 74 (note 1) et suiv.; tient tête à Louis XI, 75; ses victoires à Guinegate, 75, note, 79; sa libéralité, 75, note, 80; ses enfants, 77; trompe Charles VIII et Louis XII, 75, note, 78; assiège Padoue, 79, 80; trahi par Constantin, n'est pas couronné empereur des Trois-Couronnes, 80; épouse par procureur Anne de Bretagne, à Nantes, VII, 308-309; parjure, I, 119; sa cupidité, 166; assiège Padoue, III, 221; fait pendre Ramonnet, V, 304. — II, 375; V, 110; VI, 226.

Maximilien II, empereur d'Allemagne, notice sur lui, I, 89-92; sa conduite envers Henri III, 89; parrain et beau-père de Charles IX, V, 292; ce qu'il dit de l'état de la France à sa fille Élisabeth quand elle le quitta, IX, 598-599; bon accueil qu'il fait à Henri III, revenant de Pologne, 599-600. — I, 88; IV, 204.

Maximilien, premier nom porté par Charles IX, V, 292.

Maximus (Claudius Pappienus), empereur romain, son origine, V, 370.

May (du), accompagne le duc de Guise en Hongrie, V, 405.

Mayenne (Charles de Lorraine, duc de), frère puîné du duc Henri de Guise, élevé au collège de Navarre, IV, 270; son voyage en Morée avec don Juan d'Autriche, VI, 347, 473; épouse Henriette de Savoie, X, 60, note 3; insolence envers lui de Saint-Mégrin qu'il fait assassiner, VI, 480; IX, 14, 15; Ornano avait formé le projet de le tuer, VI, 219; défié par Henri de Navarre et le prince de Condé, 450; s'empare de Brouage, V, 142; de Sainte-Bazeille, VI, 328; sa conversation avec sa mère qui lui portait, après l'assassinat de ses frères, des paroles de paix de la part de Henri III, IX, 445; emporte les faubourgs de Tours, VII, 213; est rappelé par les Parisiens après la bataille de Senlis, 214; soutient, contre Brantôme, Aubeterre qui le trahit, IV, 259. — III, 201; IV, 186, 239, 387; V, 160; VI, 147, 201, 283; IX, 406, note 1, 441, 644.

(*Erratum*, IX, 721, note 1; duc de Mayenne, *lisez* : le cardinal Charles de Lorraine).

Mayenne (Henri de Lorraine, duc de), fils du précédent, son mariage avec Marie de Nevers, IV, 389, note.

Mayleraye. Voy. Meilleraye.

Mazay, capitaine, VI, 176.

Mazères (le capitaine), l'un des principaux conjurés d'Amboise; son humeur; son voyage au Levant; est pris; ce qu'il dit au duc de Guise, IV, 264, 265; sa crainte des bonnets carrés, VI, 43; son vol d'oisons, II, 230.

Mazières. Voy. Mazères.

Mazin, capitaine, réfugié italien, II, 269; VII, 237.

Mazille, premier médecin de Charles IX, V, 271.

Mazza (combats à la), usités à Naples; blâmés par les docteurs duellistes; origine de ce mot, VI, 308-309, 355.

Meaux (journée de), IV, 169-171, 345; V, 266, 267, 348; VII, 285, 294, 358, 359.

Meaux (bailli de), II, 296, note 11. Voy. Montfaucon.

Mèche de l'arquebuse, comment on la portait, VI, 73.

Mecque (pèlerinages à la), VIII, 26.

Mecque (coriph ou shérif de la), V, 69.

Médailles d'impératrice, VIII, 33.

Médailles antiques, servant de modèles pour les coiffures, IX, 254.

Médecin. Amours d'une grande dame avec son médecin, IX, 543, 544; amours des médecins avec les femmes et les filles qu'ils soignent, 566-570; ce que les médecins disent à Brantôme sur l'amour des vieilles femmes, 683; vers de Ronsard sur le médecin qui soignait sa maitresse, 569; ce qu'un très grand médecin dit à Brantôme sur l'organisme du corps, 211; sonnet sur des médecins de Paris, 97; mot d'un médecin espagnol sur un évêque malade, VII, 50; anecdote d'un médecin espagnol, 167; un grand médecin de Naples indique au père de la Chastaigneraie l'emploi de poudres métalliques, V, 87; un médecin italien guérit la reine Élisabeth d'Espagne, VIII, 6, 7.

Médecins. Voy. Akakia, Bourgoing, Cabrian, Castellan, Duret, Escuranis, Lecourt, Legros, Legrand, L'Endormy, Mazille, Mercado, Piètre, Vigoureux.

Médecine. Voy. Remède.

Médiane (plaisante aventure du curé de), I, 221, 222, 369.

Medichino, Medici, Mediquin. Voyez Marignan.

Médicis (maison de), ses alliances avec la couronne de France; issue par les femmes de la maison de Boulogne; ses origines fabuleuses d'après le dire de Renaud de Beaune, archevêque de Bourges, VII, 333-336.

Médicis. Les femmes de cette maison sont lentes à concevoir, VII, 341.

Médicis (les), II, 1.

Médicis (Cosme Ier de), duc de Florence, puis grand duc de Toscane, notice sur lui, II, 10-19; fils de Jannin de Médicis; comment est fait duc de Florence, 11-13; son discours à sa mère; prédiction que lui fait un devin grec, 12, 13; guerres qu'il a à soutenir contre les Strozzi, 13, 17; vengeance qu'il tire du meurtre d'Alexandre Médicis, 13, 14; complots contre lui, 14, 15; ses démêlés avec son beau-père, Pedro de Tolède, 15; ses agrandissements; réunit à ses États Sienne et Pise, 15, 16; est créé grand-duc par Pie V; son revenu et ses richesses; ses enfants, 16; secours qu'il envoie au marquis del Gouast pour la bataille de Cerisoles, et au marquis de Marignan, 16, 17; protège les côtes de Toscane contre Barberousse, 17, 18; ses guerres contre les Turcs; institue l'ordre de Saint-Étienne, 18; son galion, 18, 19; obsèques que lui font faire à Paris Henri III et Catherine de Médicis, 19; IV, 137, 138; haine de Ph. Strozzi contre lui; *ibid.*; tableaux qu'il fait mettre à Saint-Jean, à Florence, I, 298; sa puissance; fondations faites par lui, VII, 336; veut épouser Marguerite d'Autriche, puis Victoria Farnèse, II, 23, 24; fait empoisonner sa femme, Éléonore de Tolède, IX, 11, note 2; menaces qu'il fait à son gendre le duc de Bracciano, 12. — II, 5, 7, 20, 278; IV, 47; V, 98; VII, 336; IX, 88, note 2. — Erreur de Brantôme: V, 298, Cosme de Médicis, *lisez* : François-Marie de Médicis.

Médicis (François-Marie de), fils et successeur de Cosme de Médicis, II, 16, note 3.

Médicis (François-Marie de) (et non Cosme, comme le dit Brantôme), fait assassiner à Paris le capitaine Bernardo, V, 298.

Médicis (Ferdinand Ier), cardinal, puis grand-duc de Toscane après la mort de son frère François-Marie, II, 16, note 3;

Médicis (suite).
anecdote d'une partie de jeu entre lui et le cardinal Louis d'Este, III, 44; anecdote sur son mariage avec Christine de Lorraine, IX, 182.
Médicis (Anemond de), VII, 335.
Médicis (Éverard de), VII, 335.
Médicis (Laurent Ier de), prince de Florence, VII, 336, 369.
Médicis (Laurent II de), duc d'Urbin, père de Catherine de Médicis, VII, 332, note 1, 341.
Médicis (Pierre de), fils de Cosme de Médicis et époux de Marie de Tolède, II, 16, note 3, 24, note 2.
Médicis (Jean de). Voy. Léon X.
Médicis (Jules de), cardinal, puis pape sous le nom de Clément VII, apaise une querelle entre Pescaire et Prospero Colonna, I, 364; lettre à lui adressée par Bibbiena, III, 27, note 1. Voy. Clément VII.
Médicis (Alexandre de), mari de Marguerite d'Autriche, II, 23; assassiné par Lorenzino de Médicis; sa mort vengée, 12-14; VI, 216; IX, 711.
Médicis (Lorenzino de), assassine son cousin Alexandre de Médicis, II, 12, 13; se retire en France, puis à Constantinople et à Venise où il est assassiné, 13, 14; VI, 216; IX, 711; est comparé à Brutus, II, 14.
Médicis (Jean de), père de Jannin de Médicis, II, 7, note 3.
Médicis (Jannin ou Jean de), notice sur lui, II, 7-10; sert sous le marquis de Pescaire, 7; neveu de Léon X, dont il fait prendre le deuil à ses troupes, qui portent, dès lors, le nom de *bandes noires;* quitte le service de Charles V et passe à celui de François Ier; sa révolte à Crémone contre Lescun, 8, 9; est blessé au siège de Pavie; son absence est regrettée par François Ier à la bataille de Pavie, 9; est de nouveau blessé à la jambe; son courage lorsqu'on la lui coupe, 9, 10; il meurt des suites de l'opération, 10. Sa colère contre Lescun au sujet de sa capitulation de Crémone, III, 51; son rôle dans un duel de San-Petro Corso et de Jehan de Turin, VI, 345, 346; ses bandes noires, VII, 272. — II, 1, 269; III, 57.
Médicis (Hippolyte de), cardinal, mène en Hongrie des troupes italiennes à Charles-Quint, II, 10, note 3; VI, 162.
Médicis (Laudamine de), femme du maréchal Strozzi; passion de son mari pour elle, VI, 163. — (*Erratum*, II, 269, note 2, Madeleine de Médicis, *lisez:* Laudamine de Médicis).
Médicis (Madeleine de), sœur de Laudamine de Médicis et femme de Robert Strozzi (et non du maréchal Strozzi comme il est dit par erreur), II, 269, note 2.
Médicis (Marie ou Isabelle de), fille de Côme Ier, tuée par son mari Paul-Jourdain des Ursins, duc de Bracciano, V, 97, note 3, 98; IX, 11, note 2, 12.
Médicis. Voy. Catherine, Marignan, Strozzi.
Medigim (le cardinal). Voyez Pie IV.
Medina-del-Campo. Ce que le maître de poste de cette ville raconte à Brantôme, II, 218.
Medina-Sidonia (Al. Perez de Gusman, duc de), commande l'*invincible armada*, II, 137.
Medina-Sidonia (Anna de Silva, duchesse de), II, 137, note 4.
Médor, personnage de l'Arioste, VIII, 155.
Medrano, capitaine espagnol, I, 330.
Mediquin. Voyez Marignan.
Meerbeck (Adrien de), son *Théâtre funèbre*, cité, I, 65, note 2.

Mehdijé. Voy. Africa.

Mehemet-pacha (Mohammed-Sokoli), premier vizir, II, 64.

Meigret (L.), traduit Salluste pour le connétable de Montmorency, III, 296.

Meillant (château de), construit par le grand maître de Chaumont; dicton à ce sujet, III, 27.

Meille (Jean de Foix, vicomte de), III, 380, note 1.

Melchior. Voy. Merchior.

Melfe, enseigne, de Salvoyson, hérite de lui, IV, 106.

Melfe, Melphe. Voy. Melfi.

Melfi (prise de) par Pierre de Navarre, I, 158; II, 227.

Melfi, Melphe ou Melfe (Jean Caraccioli, prince de), notice sur lui, II, 226-239, son origine; il est assiégé et pris à Melfi par Pierre de Navarre; l'empereur refuse de payer sa rançon, 227; il s'attache à François I*er*, qui le comble de biens; sert dans le duché de Luxembourg et en Provence qu'il défend contre l'empereur; faux avis qu'il donne à Antoine de Lève, 228; sédition militaire qu'il réprime à Arles; est créé maréchal de France et lieutenant général en Piémont; rétablit la discipline dans l'armée, 229, 230; sa clémence dans la punition d'une révolte à Périgueux, 231, 232; son portrait; bien traité par François I*er*, 232; et par Marguerite d'Angoulême, 235, 236; son amitié pour la grand'mère de Brantôme et pour le capitaine Bourdeille, 236, 237; sa mort; ce qu'en dit son successeur le maréchal de Brissac, 238; son fils, ibid.; est pris par Pierre de Navarre, I, 158; embrasse le parti de François I*er*; sa fidélité; ses dignités, VII, 233, 234; détourné par un faux avis Antoine de Lève d'assiéger Turin, et le pousse à l'invasion de la Provence, I, 176, 177; VII, 61; comment il réprime les querelles à l'armée de Piémont, VI, 389, 390; sa fille Camille, II, 28; X, 94, note 3. — III, 77, 212, note 5; VIII, 196.

Melfi (Trajano), tombeau qu'il fait ériger à Naples à son père Caraccioli, VIII, 202.

Melfi (Jeanne d'Aquaviva, princesse de), spectacle que donne sa fille à Charles VIII, à Poggio-Reale, VIII, 141-142.

Melfi. Voy. Caraccioli.

Mélitène (Gabriel, duc de), marie sa fille à Baudoin du Bourg, IX, 25, note.

Melphe. Voy. Melfi.

Melun (Hugues de), prince d'Espinoi; sa femme, III, 265, note 1.

Melun (Claude de), comtesse de Reux, III, 265.

Melun. Voy. Reux, Richebourg.

Mélusine, construit le château de Lusignan, V, 16; légende sur elle; ses apparitions, 19-20, 22.

Memmius (C.), Caligula lui enlève sa femme, IX, 29.

Mémoire (la), ne vient pas toujours au gîte comme l'on veut, VII, 265.

Mémoire. Voy. Carnavalet.

Mémoires de la Ligue, cités, VI, 92, note 2.

Menard, son *Histoire de Nîmes*, citée, VI, 14, note 1.

Menaud de Martres de Sainte-Colombe, évêque de Tarbes, achève à ses frais le château de Coutras, commencé par Lautrec, III, 35.

Mendez le libraire, capitaine des *Comuneros*, I, 221.

Mendiants espagnols (anecdotes de), VII, 54-58, 128, 188, 189.

Mendicité. Voy. au Lexique le mot *Passade*.

Mendoza (querelles des maisons de Tolède et de), II, 22.

Mendoza (Alvarès de), mari d'Anne de Tolède, II, 23, note 2.

Mendoza (Inico Lopez Hurtado de), duc de l'Infantado, son mot sur la Saint-Barthélemy. IV, 305, 306. — VIII, 17.

Mendoza (Bernardino de), général des galères de Sicile, comment il apaise une révolte des soldats espagnols à la Goulette, VII, 147. — I, 332.

Mendoza. Anecdote de F. de Guise et d'un jeune seigneur de la maison de Mendoza au siège d'Orléans, VII, 89-91.

Mendoza. Voy. Eboli, Francavilla, Mandozze, Mondejar.

Mendozze (histoire d'un seigneur de), IX, 383-384, 402.

Ménélas, pardonne à sa femme, IX, 17. — IX, 409.

Ménétriers à l'entrée de César Borgia à Chinon, II, 209, 210.

Menipeny. Voy. Concressaut.

Menottes que le marquis del Gouast avait fait préparer pour les futurs vaincus de Cérisoles, II, 428.

Mensignac (Dordogne), les protestants y sont défaits; cruautés de Coligny après ce combat, III, 401, note 2; V, 38, 426 et suiv.; VI, 18. — III, 401; V, 14, 15, 38, 426-429.

Mentebona, secrétaire de Clément VII, est envoyé près de Pescaire, I, 190-191; est assassiné, 194.

Mer des chroniques ou des *histoires* (la), citée, II, 289, note 2; 307, note 3; 315, note 1; 356, note 1.

Merail (André de). Voy. Amaral.

Meraudet (chien de), X, 120.

Méray (Mlle de), sa querelle avec Matha, IX, 485-486.

Mercado, capitaine espagnol, tué au siège de Pizzighitone, I, 330; VII, 65.

Mercado, médecin de la chambre de Philippe II, II, 93.

Mercenaires (soldats), ce qu'il faut en faire, IV, 208.

Merchior, Portugais, envoyé d'Antoine de Navarre vers le roi de Fez; comment il reçoit Brantôme à Lisbonne, IV, 362.

Mercœur (duc de). Voy. Lorraine (Nicolas de).

Mercœur (Philippe-Emmanuel de Lorraine, duc de), gouverneur de Bretagne, beau-frère de Henri III, notice sur lui, V, 189-194. Il a tenu le dernier contre Henri IV; assiège inutilement Vitré; fait soulever les paysans de Bretagne; réflexions à ce sujet, 190-191; met le siège devant Fontenay, et est obligé de se retirer; anecdote et vers à ce sujet; surnommé *M. de Recule* par les huguenots, 192, 193; comment il recrutait ses troupes; ses pillages, 193; éloge de sa femme, Marie de Luxembourg; fait une paix honorable avec Henri IV; va servir contre les Turcs en Hongrie où il meurt empoisonné par les Allemands, comme son cousin le duc de Nemours, 194; il est sollicité en vain par Brantôme pour La Noue, prisonnier, qui plus tard lui fait la guerre en Bretagne, 23; VII, 220, 230; assiège inutilement Vitré, VI, 195, 196; IX, 422. — I, 93.

Mercœur (Philippe-Emmanuel, duc de), IX, 644, note 1, *lisez*: Nicolas de Lorraine.

Mercœur (Marie de Luxembourg, duchesse de), fille de Sébastien de Luxembourg, vicomte de Martigues, et femme du précédent; ses qualités viriles; ressemble à son père, V, 194; VII, 230, 385; X, 105.

Mercure, en France (du nom de), I, 352.

Mercure. Voy. Mercœur.

Mère faisant faire à sa fille l'apprentissage du mariage, IX, 520.

Mères prostituant leurs filles, IX, 96.
Mère-Sotte de Dijon, III, 256, note 3.
Mergey (Jean de), ses *Mémoires*, cités, VI, 262, note.
Mérichon (*N*. de), Louis XI veut acquérir son hôtel à La Rochelle, II, 337.
Mérindol (massacres de), VI, 41.
Merlin (prédictions de), IV, 215.
Merlusine. Voy. Mélusine.
Méru (Charles de Montmorency, seigneur de), duc de Damville, colonel général des Suisses, amiral de France, notice sur lui, III, 374-375; glorieux et superbe, 374; homme de bon conseil; amitié que lui portaient les Suisses, 375. — VI, 389, note 6; sa femme Renée de Cossé, VII, 389.
Mesignac ou Messignac. Voy. Mensignac.
Mesmes (Henri de), seigneur de Roissy et de Malassise, l'un des négociateurs de la paix de Chartres, V, 130.
Mesnil, lieutenant de vénerie de Charles IX, qui lui dédie son livre de la chasse, V, 286.
Mesny (du), gouverneur de Montreuil, défait et pris par Espernon, IV, 352.
Messaline, femme de Claude, ses débauches et sa mort, IX, 30-31; sa statue trouvée à Bordeaux, 31-32; son histoire avec Lucius Vitellius, IX, 309.
Messène, Messéniens, erreur de Brantôme à ce sujet, IX, 303.
Messieurs, nom donné aux Enfants de France, III, 349.
Messine. Rencontre qu'y fait Brantôme, VII, 82-86.
Messire, titre que l'on donnait le plus souvent aux nobles, II, 373, 374.
Mestres de camp ou maistres de camp. Réflexions sur leur charge et sur leur nombre, V, 306, 309 et suiv., 321 et suiv., 364; doivent-ils être à cheval le jour d'une bataille? VI, 11, 12.
Mestres de camp (énumération de), V, 361 et suiv.
Mestres de camp sous Charles IX, V, 337 et suiv.
Mestres de camp huguenots, V, 412 et suiv.
Metella, femme de Sylla, IX, 505.
Métellus défié par Sertorius, VI, 401.
Methelin (île de), conquise par Ravenstein, II, 366; V, 399, 402, 403.
Métier mécanique (le), doit être dédaigné par les anciens soldats, V, 381, 383, 384.
Metz occupé par Henri II, III, 267, 336, 338; entreprises des Impériaux sur cette ville, II, 149; VI, 25; déjouées par Vieilleville, V, 70.
Metz (siège de), par Charles-Quint, I, 36, 83, 85, 102, 294-295, 301, 305, 347, note; II, 416; III, 268; IV, 22, 188-195, 374-375; V, 430; VI, 118, 119, 225; VII, 14, 15, 113, 118; générosité à ce siège, de F. de Guise à l'égard des ennemis, VII, 154-155; relation du siège, citée, VI, 30, note 1; chanson sur ce siège, II, 272.
Metz (mot de Charles-Quint au siège de), VII, 14-15.
Metz (protestantisme à), favorisé par Vieilleville, V, 50; pourquoi, 70.
Metz (mousquets et arquebuses fabriquées à) .VI 74, 82, 83.
Metz. Exploit de cinquante soldats huguenots de Metz, VII, 289-291.
Meubles rapportés d'Orient, V, 68; rapportés d'Italie par le grand-père de Brantôme, II, 320.
Meubles rares et exquis du maréchal de Saint-André; leur vente à l'encan, V, 30-31.
Meubles. Voy. Buffet, Chaise, Miroir, Tapisserie, Urinal.

Meudon, François Ier y passe un carême, IX, 474.

Meuillan. Voy. Meillant.

Meuillon, capitaine de la galère sur laquelle s'embarque Marie Stuart pour l'Écosse, VII, 415-416. Voy. Bon.

Meullon. Voy. Meuillon.

Meung-sur-Loire. Henri II y avait une écurie, qui est pillée par Condé, III, 274; IX, 347-348.

Meung (Jean de), son *Roman de la Rose*, cité; son histoire représentée sur une tapisserie du Louvre, IX, 209.

Meurtre. Est-il permis de prévenir un meurtre par un meurtre? IX, 75-76.

Meurtre involontaire puni de mort, VI, 160. Cf. Beaupréau.

Meurtres. Voy. Assassinats.

Meusnier. Voy. Querlon.

Mexique conquis par Fernand Cortez, VII, 142-143.

Mézières (siège de), par les Impériaux, I, 251, 349; II, 389, 390, note 2; III, 203, 205; V, 99, 314.

Mézières (Nicolas d'Anjou, marquis de), beau-père du duc de Montpensier, X, 103-104.

Mézières (Gabrielle de Mareuil, femme de Nicolas d'Anjou, marquise de), tante d'André de Bourdeille; sa belle vieillesse; IX, 358; le vicomte d'Aubeterre lui fait enlever le château de Villebois, VI, 430.

Mézières (Renée d'Anjou, marquise de). Voy. Montpensier.

Mézières-en-Drouais (Eure-et-Loir), château appartenant à Ch. de Gondi, seigneur de la Tour; Montmorency y loge, III, 298.

Mézières. Voy. Baubigny.

Michaut (Georges), héraut de Charles VIII, II, 300.

Michel (saint), pèse les âmes des chrétiens, VII, 334; son apparition sur le pont d'Orléans, V, 96. — II, 196.

Michel (Saint-), ordre de chevalerie, son histoire, sa grandeur et sa décadence, V, 91-115; ses privilèges, IV, 146; ses statuts, V, 97, note 2; 98, note 4; ses membres ne peuvent envoyer ni accepter de cartel, VI, 463 et suiv.; son avilissement, V, 92-94; VI, 467; obtenu par des femmes pour leurs maris, IX, 105; description du collier de l'ordre, V, 96, 97; il était défendu de le vendre ou de l'engager; Paul-Jourdain des Ursins le renvoie au roi, 97, 98; le petit ordre devait toujours être porté; chevaliers qui le cachèrent dans une bataille, 99; appelé collier à toutes bêtes, I, 84, note 1; comparaison de cet ordre, avec celui du Saint-Esprit, V, 111, 112; création de dix-huit chevaliers par François II, à Poissy, I, 84; IV, 94; IX, 593; autre création à Vincennes, V, 124. (Voy. Tavannes.) Chevalier de l'ordre, malmené par un gentilhomme, VI, 468.

Michel, capitaine aragonais, I, 334; II, appendice, 432.

Michel-Ange. Anecdote au sujet de son *Jugement dernier*, VII, 67, 453.

Michelet, ses *Origines du droit français*, citées, V, 399, note 3.

Mignard, capitaine, avait été laquais, V, 371; tué à la Roche-l'Abélie, VI, 60.

Mignet, son *Charles-Quint*, cité, I, 11, note; son *Antonio Perez*, cité, II, 130, note 2, 131, note 1; 134, note 2; 135, note 2; 136, note 5.

Mignons de Henri III, plaintes du roi sur leur luxe, II, 212-213; — leur duel, VI, 312-314; — III, 156; VI, 386. — Cf. Favoris.

Milan (duché de) ou Milanais;

droits des rois de France sur ce pays, III, 165-170; IV, 102; conquis par Louis XII, qui le donne à sa fille Claude, II, 360; VIII, 106; perdu par François Ier, V, 62; ses révoltes, II, 419; III, 50; conquis par les Espagnols, VII, 9; F. de Guise aurait pu le conquérir, VI, 173; comparé à une oie grasse par Prospero Colonna, IV, 332.

Milan, assiégé par les Suisses, III, 1, 2, 4; entrée qu'y fait François Ier, II, 289, 321; désordres qu'y commettent les soldats de Bourbon, I, 260, 261; comment Antoine de Lève s'y procure de l'argent, VII, 59-60; entreprise de Salvoyson sur cette ville, IV, 102-103; désordres et combats que Brantôme y voit, VI, 388; séjours qu'il y fait, voy. article Brantôme, p. 58, col. 2, et p. 63, col. 1.

Milan (excellence de la fabrication des arquebuses, des morions et des mousquets à), VI, 73-79, 82, 83; ses brodeurs, renommés, IX, 129; spadassins dans cette ville, VI, 388.

Milan (dicton sur), II, 16.

Milan (château de), pris par les Français, I, 158; par Prospero Colonna, 147; VII, 24-25. — VII, 88.

Milan (duc de). Voyez Sforce.

Milanais traités doucement par Louis XII, IV, 67; comment Charles-Quint reçoit leurs plaintes sur les pilleries de ses soldats, VII, 150.

Milanaises (aventure de dames) avec Salvoyson, IV, 118-120; avec Bonnivet, IX, 388, 389.

Milhau ou Millau. Voy. Alègre.

Millin, ses *Antiquités nationales*, citées, III, 75, note 4.

Milon de Crotone (anecdote sur), IX, 708, 709.

Milord (César), capitaine, IV, 174, 176.

Minadoi da Rovigo, son *Historia delle guerre di Persia*, citée, II, 65, 66, note.

Minard (le président), assassiné, III, 331.

Mine des assiégeants à La Rochelle, V, 334.

Miniatures (livre obscène avec), prix qu'il avait coûté, IX, 517, 524.

Minimes ou Bons-hommes, leur église près Paris fondée par Anne de Bretagne, VII, 324.

Ministre, nom odieux aux catholiques, IV, 361.

Minorque, pillée par Barberousse, II, 68.

Minut (G. de), son livre *de la Beauté*, cité, IX, 359, note 1.

Miolans (Jacques de), seigneur d'Anjou, gouverneur du Dauphiné, II, 297.

Miossens (Henri d'Albret, baron de), premier gentilhomme de Henri de Navarre, sauvé par Marguerite de Valois à la Saint-Barthélemy, VIII, 60, note; envoyé à Henri III par le roi de Navarre après la prise de Cahors, VII, 362. — V, 195.

Miossens (Antoine d'Albret, seigneur de), X, 473, note 1.

Mira. Voyez Mora.

Miracle arrivé à Naples, III, 31.

Miracles du monde (les sept), les sept merveilles, IX, 616.

Mirambeau ou Mirembeau (François de Pons, baron de), capitaine huguenot, rend Lusignan aux catholiques, IV, 24; VII, 63; second mari de Madeleine du Fou, X, 94, note 4.

Mirande (La). Voy. La Mirandole.

Miraumont (Madeleine de Saint-Nectaire, veuve de Guy de Saint-Exupéry, seigneur de), ses exploits pendant les guerres de religion, IX, 411, note 2.

Mirebeau, pris par le duc de Montpensier, V, 15; par les huguenots, VII, 215.

Mirebeau. Voy. Brion.
Mirembeau. Voy. Mirambeau.
Mirmidons, VII, 110.
Miroir dédié à Vénus par Laïs. Épigrammes à ce sujet, IX, 647.
Miroir avec portrait, IX, 516; avec pierreries, 638.
Misson, son *Nouveau voyage d'Italie*, cité, VIII, 202, note 1.
Modène. Voy. Este (César d').
Modes à la cour, IV, 76.
Modon. Voy. Madon.
Mœurs corrompues des évêques, abbés, moines, III, 106 et suiv. Voy. Clergé.
Mœurs des dames de la cour, III, 128 et suiv.
Mœurs infâmes de certaines femmes, IX, 193 et suiv.
Mohacz (bataille de), IX, 610, note.
Mohammed-Sokoli, premier ministre d'Amurat III, II, 64.
Moine, Louis XI et Tristan-l'Hermite (anecdote sur un), II, 132.
Moine, surnom donné par Henri de Guise à Mme de Randan, IX, 648.
Moine de la paix (Gabriel Gusman, dit le), III, 162, 163.
Moines (mœurs corrompues des), III, 106 et suiv.
Moines (régiment de), levé par J. Caraccioli, II, 239.
Moine. Voy. Bernardin.
Moïse (verge de), II, 196. — X, 430.
Molard ou Molart (Soffrey Alleman, sieur du), capitaine, combat à l'assaut de Brescia, IV, 243; est tué à Ravenne, V, 311. — V, 302; VI, 263.
Molière, cité, VIII, 193, note 3.
Molina, capitaine espagnol, son supplice, I, 334; II, appendice, 432.
Molinet, son épitaphe de Philippe le Bon, V, appendice, 437.
Mollard. Voy. Molard.
Moluques (découverte des), I, 57.

Monains ou Moneins, du Périgord, capitaine huguenot; sa vaillance au siège de Rouen où, blessé et pris, il est sauvé par le duc F. de Guise; périt à la Saint-Barthélemy, V, 416-418; prend part au siège du Havre, VI, 55. Ce qu'il dit à Brantôme des arquebusiers huguenots, V, 430. — Cf. Moneins.
Monastir (prise de), sur Dragut, V, 61. — I, 67, note 3.
Moncade (Hugues de), vice-roi de Naples et de Sicile, notice sur lui, I, 235-238; est fait prisonnier par André Doria, 235; II, 31; se distingue au siège de Naples; sa mort dans un combat naval près de Naples, I, 236-237, 241; pille la sacristie du Vatican, 237; II, appendice, 429.
Moncade (Hugues de), de la famille du précédent, sa mort dans l'expédition de l'*Armada*, I, 237-238.
Monceaux (château de), VII, 373.
Monceaux (Mme de). Voy. Estrées (Gabrielle d').
Moncha (Bertrand-Raimbaud de Simiane, seigneur de), tué dans un combat à la barrière le comte Caraffa, IV, 173-174.
Monchi (Renée du Quesnel, femme de Jean baron de), gouvernante de Mme de Lorraine; sa fille, Françoise de Maricourt, troisième femme de Saint-Amand; mot de Montpezat sur elle, IX, 686.
Monchi. Voy. Montcavrel, Senarpont.
Monçon (trêve de), I, 208.
Moncontour (bataille de), I, 296, 308; IV, 50, 313, 324; V, 129; VI, 61, 226.
Moncornet, I, 76, note 4.
Monde advantureux. Voy. *Comptes*.
Mondejar (Louis Hurtado de Mendoza, marquis de), II, 97.
Mondez. Voy. Mendez.
Mondevy. Voy. Mondovi.

Mondoucet (Claude de), maître d'hôtel du roi et son ambassadeur en Flandre ; sa relation du supplice d'Egmont et de Horn, II, 156 et suiv.

Mondovi (dames de), VI, 157.

Mondragon, capitaine, V, 323.

Moneins ou Monneins (Tristan de), lieutenant du roi de Navarre en Guyenne, est massacré à Bordeaux, III, 304 ; VI, 304, note 2 ; mot de sa femme en apprenant sa mort, IX, 675-676. — Cf. Monains.

Monervine (royaume de Naples), combat de treize Français contre treize Espagnols, près de cette ville, IV, 177-182 ; VI, 263, 310, 311, 317 ; VII, 124, 125.

Monestayre. Voy. Monastir.

Monestier, capitaine dauphinois, VI, 175.

Monguzzo (château de), pris par le marquis de Marignan, I, 293.

Monkerkeide (bataille de), II, 176, note 4 ; 178, note 2.

Monluc ou Montluc (Blaise de), maréchal de France, notice sur lui, IV, 26-32, 36-60. Ses *Commentaires* ; vaillant et bouillant ; sa querelle avec les Caumont ; est défendu par François de Guise, 26-31 ; s'enrichit à la guerre ; ne veut point l'extermination des huguenots ; pourquoi ; ses cruautés, 31 ; comparé au baron des Adrets, 31, 32 ; est nommé maréchal de France, 33 ; envoyé en Guyenne où il ne fait rien ; s'excuse sur sa vieillesse d'y faire la guerre, 34 ; sa mort ; sa vaillance ; blessure qu'il reçoit à Rabasteins : anecdote à ce sujet, 36-40 ; sert bien au siège de La Rochelle, 40 ; ses enfants ; leur destinée, 40-45 ; sa liaison avec la Chastaigneraie, puis avec Jarnac, 43-44 ; ses frères, 45-46 ; ses *Commentaires* jugés par un grand capitaine, 46-47 ; ses fautes au siège de Sienne ; discussion à ce sujet, 47-59 ; amitié qu'il avait pour Brantôme ; son éloquence militaire, 59 ; mestre de camp au siège de Boulogne et en Piémont, V, 321 ; couronnel au siège de Thionville et au camp d'Amiens, VI, 27. Il est créé maréchal de France, III, 399 ; combat à Cérisoles, I, 341 ; VI, 2, 5 ; son récit de cette bataille, III, 216 ; sa défense de Sienne, V, 100, 321 ; VI, 224 ; observations sur sa relation de ce siège, I, 296-301 ; commande l'assaut an siège de La Rochelle, VI, 62-65 ; amène des troupes françaises à Paul IV, V, 411 ; rabroué par le duc Fr. de Guise qu'il voulait faire battre avec Antoine de Navarre, III, 198-199 ; VI, 451, 452 ; est blessé à Rabasteins, IV, 243 ; ses fanfaronnades contre les hugueguenots, III, 59 ; donne à souper à Brantôme au siège de La Rochelle ; ce qu'il lui raconte sur les *soldados viejos*, V, 316 ; sur Lescun et la comtesse d'Escaldasor, IX, 130 ; ce que Brantôme lui entend dire sur Pierre de Navarre, I, 157 ; ce qu'il dit des retraites, VII, 279, 280 ; blâmé pour la manière dont il parle de la Chastaigneraie dont il était l'obligé, VI, 270, 271, 276 ; ôte une compagnie à Cossains auquel plus tard il fait épouser sa belle-sœur, 68 ; son épitaphe, II, 225 ; ses *Commentaires*, cités, I, 244, 327, 355 ; II, 411, 423 ; III, 395, 396 ; IV, 3, 4, 5, 26, note ; 27, 60, 72, 171, 219, 292 ; V, 325, 339, 414 ; VI, 14, 18, 71, 175, 209, 213, 231, 235, 422, 504 ; IX, 322, note ; 413, note 1 ; 416, note 1.

Monluc (Marc-Antoine de), fils

Monluc (suite).
    aîné du maréchal, sa mort, IV, 40.
Monluc (Pierre-Bertrand de), dit le capitaine Perrot, second fils du maréchal; sa vaillance; tué au siège de Madère; les Portugais violent sa sépulture; projets qu'il conte à Brantôme, IV, 40-42; V, 406; VI, 135, note 1; ses fils, 42.
Monluc (Blaise de), fils du précédent, tué à Ardres, IV, 42.
Monluc (Jean de), troisième fils du maréchal, chevalier de Malte, puis évêque de Condom, IV, 40, note 1; son éloge; ce que lui dit le grand maître quand il part de Malte; sa mort, 42, 43. — V, 363.
Monluc (Fabian de), dit Montesquiou, quatrième fils du maréchal, gouverneur de Pignerol, IV, 40, note 1, s'appelait d'abord François, à cause de son parrain la Chastaigneraie; pourquoi son père lui donne le nom de Fabian, 43, 44; sa vaillance; est blessé à Rabasteins; sa mort, 43, 44; ses enfants, 44, 45. — IV, 73; V, 349.
Monluc-Montesquiou (Adrien de), prince de Chabanais, comte de Cramail, fils aîné du précédent, son éloge, IV, 44.
Monluc-Montesquiou (Blaise de), seigneur de Pompignan, second fils de Fabian de Monluc; son éloge, sa mort en Hongrie, IV, 44, 45.
Monluc (Jean de), frère du maréchal, évêque de Valence et de Die; son caractère et son esprit; protégé par Marguerite d'Angoulême; ses ambassades; passe pour protestant, IV, 45-46; est envoyé en Angleterre, VI, 38.
Monluc (Joachim de), dit le jeune Monluc, seigneur de Léoux ou Lyoux, frère du maréchal, IV, 45; VI, 68; sa femme, *N*. de Fagez, devenue veuve, épouse Cossains, *ibid*.
Monluc (Charles de), petit-fils du maréchal, second mari de Marguerite de Montsalez, X, 101, 102.
Monluc (Suzanne de), dame de Montsalez, femme d'Antoine de Thémines, X, 102, note 1.
Monmerqué (M.), cité, VII, 1, note.
Monnaie (fausse), forgée par Charles IX, V, 278.
Monnaie d'argent frappée à l'effigie du prince de Condé, IV, 343.
Monnaie de Naples (maître de la). Voy. Moreau.
Monnaies (altération des), I, 50.
Monnaies. Voy. Doublon, Ducat, Hardi, Teston.
Monneins. Voy. Monains et Moneins.
Monquel (Le Borgne de), sa belle mort à la bataille de Nicopolis, VII, 303.
Mons, pris par Ludovic de Nassau, II, 81; par le duc d'Albe, 177.
Mons (chanoinesses de), IX, 724.
Mons (de), lieutenant de M. de Cipierre, tué en Toscane, V, 326.
Mons, dit le *Borgne*, capitaine, neveu du précédent, sa vaillance; sa mort au siège de La Rochelle, V, 327.
Monsalve de Valence, capitaine espagnol, I, 334.
Monserogallard. Voy. Haut-Marché.
Monsieur, François I*er* se laissait appeler ainsi par le duc de Vendôme, III, 202-203.
Monsieur, titre donné au frère aîné du roi (voy. Henri III et Fr. d'Anjou) et au premier prince du sang; observations à ce sujet, IV, 79; qui il faut appeler ainsi, VI, 167; on désignait ainsi Espernon à la cour, 92.

Monsieur (paix dite de), I, 324.
Monsoreau. Voy. Montsoreau.
Monstier (Jean du), seigneur de la Ferté-Gilbert et de Briante, bailli de Berry, II, 300.
Monstrelet, cité, V, 304, 305; VI, 426, note 2.
Mont, capitaine, IV, 129.
Montafié (Louis comte de), l'un des assassins de Lignerolles, VI, 443.
Montafié (Jeanne de Coesme, femme de Louis, comte de), devient veuve et épouse Fr. de Bourbon, prince de Conti, VI, 443, note 3.
Montafilant (Pierre de Laval, seigneur de), VII, 320.
Montagnac (Jean de), premier mari de Jeanne de Beinac, X, 101, note 3.
Montagnès (Berardo), capitaine espagnol, I, 332.
Montagu (château de), livré à Louis XI, II, 345.
Montagu. Voy. Belleville.
Montagut. Voy. Montaigu.
Montaiglon (A. de), cité, VII, 405, note 1.
Montaigne (Michel de), créé chevalier de l'ordre de Saint-Michel, V, 92-93; ses *Essais*, cités, *Ibid.*, note; VI, 499.
Montaigu, château de M. de La Trémoille, passe à la princesse de Condé; est rasé par le maréchal de Raiz, I, 146.
Montaigu, en Poitou, pris par le duc de Nevers, IV, 385.
Montaigu, en Combrailles, pris par Leviston, VI, 349.
Montal (*N*. de), sa mort dans un combat contre la dame de Miraumont, IX, 411.
Montal (Rose de), dotée par Philippe II, VIII, 20; épouse Fr. des Cars, X, 427. — VII, 394.
Montal (Jeanne de). Voy. La Borne.
Montalcino (Toscane). IV, 58.
Montalembert. Voy. Essé.

Montalembert (comte de), cité, III, 383, note 2.
Montanus (Ferrarus), cité, VIII, 50.
Montargis, Guise y défait Dhona, VII, 291; asile que Renée de France y donne aux réformés, VIII, 112.
Montargis (légende du chien de), X, 111.
Montauban (projet de Tavannes sur), V, 121.
Montbandon. Voy. Montbardon.
Montbardon, Monbardon (et par erreur Montlandon) (*N*. de), gentilhomme attaché au connétable de Bourbon, I, 373; II, 234-235; passe au service de Charles-Quint, VII, 243; devient gouverneur du duc de Lorraine, Charles II, IX, 623.
Montbas (François Barthon, vicomte de), second mari de Jeanne de Beinac, X, 101, note 3.
Montbel. Voy. Coligny.
Montberon, prise par les Anglais du château de Montberon que son seigneur leur reprend; richesses qu'une abbesse y avait apportées, X, 62.
Montberon (baronnie de), la première de l'Angoumois, III, 372, 373.
Montberon en Angoumois (illustration de la maison de), III, 373; VI, 495, 496; X, 58 et suiv.
Montberon (Robert de), X, 59.
Montberon (Jacques de), X, 59.
Montberon (Adrien de), X, 60.
Montberon (Eustache de), mari de Marguerite d'Estuer, II, 76, note 1; X, 60.
Montberon (Jacques de), maréchal de France, X, 62.
Montberon (Adrian de), blessé à Fornoue, X, 63; lieutenant de roi en Guyenne et gouverneur de La Rochelle; bon conseil qu'il donne à Louis XII, *ibid.* — II, 76, note 1; III, 373.

Montberon (François de), fils du précédent, gouverneur de Blaye, III, 410, 411; X, 63; repousse une entreprise des Anglais et des Espagnols; ses enfants, 64. — II, 76, note 1.

Montberon (François de), mari de Louise de Clermont, X, 59.

Montberon (François de), mari de Jeanne de Vendôme, X, 60.

Montberon (François de), mari de Françoise de Montpezat, père de René de Montberon, II, 75, note 7; X, 60, note 3.

Montberon (René de), tué à Gravelines, X, 61, 64.

Montberon (Frédégonde de), citée dans les romans du roi Artus, X, 61, 62, 69.

Montberon (Jacquette de), femme d'André de Bourdeille. Voy. Bourdeille (Mme de).

Montberon (Jeanne ou Louise de), VII, 393.

Montberon (Louise de). Voy. Sansac (Mme de).

Montberon (Gabriel de Montmorency, baron de), fils du connétable A. de Montmorency; notice sur lui, III, 372-374; sa beauté; sa vaillance; pris à la bataille de Saint-Quentin, 373; il est tué à la bataille de Dreux; était glorieux et superbe, 374; mot que lui dit Mareuil qu'il voulait accorder avec Ivoy, VI, 366, 367; sa querelle avec Randan, 478-481.

Montberon. Voy. Archiac, Auzances, Canillac, Fontaines-Chalandray, Thors.

Montbrison (cruautés du baron des Adrets à), IV, 33.

Montbron. Voy. Montberon.

Montbrun (Charles du Puy de), gentilhomme dauphinois et protestant; ses exploits; arrête le baron des Adrets; défait les Suisses en Dauphiné; fait à Henri III une bravade qui lui coûte la vie; est pris dans un combat et mené à Grenoble où il est exécuté, V, 423, 424. — IV, 33; IX, 423, note 4; V, 188.

Montcade. Voy. Moncade.

Montcaré. Voy. Montcavrel.

Montcassin (abbé de), sauve la vie à Henri de Castille, VII, 252.

Montcavray. Voy. Montcavrel.

Montcavrel (sire de), sa mort à Nicopolis; mort de son fils, VII, 37.

Montcavrel (Jean de Monchi, seigneur de), capitaine sous Louis XII, V, 309.

Montchenu (Marin de), favori de François Ier, III, 153; son entretien avec ce prince, Montmorency et Brion, 194.

Montchenu (Marie de), deuxième femme d'Ant. de Pons, X, 473, note 1.

Montdalard. Voy. Mondejar.

Mont-de-Marsan, pris par les huguenots, VII, 362.

Montdragon, Navarrais, l'un des chefs des soldats espagnols révoltés en Sicile, I, 332; VII, 148.

Montecalvo (Piémont), pris par le maréchal de Brissac, IV, 25.

Montecuculi (Sébastien, comte de), accusé d'avoir empoisonné le dauphin François; son supplice, I, 249, note 4; III, 176 et suiv.

Montégut (château de), Prospero Colonna y est enfermé, I, 146.

Monteil. Voy. Adhémar.

Montejean ou Montejan (René de), gouverneur de Piémont, maréchal de France; notice sur lui, III, 206-212; sa vanité; échange des ambassades avec le marquis del Gouast; blâmé à ce sujet par François Ier, 206; vanité de sa femme, 207; est défait et pris à Brignolles, I, 248; VII, 280. — V, 314.

Montejean (Philippe de Montespedon, dame de Beaupréau, femme du maréchal de). Voy. La Roche-sur-Yon.

Monteleone (Hector Pignatello, duc de), sa harangue, I, 134; II, 426.

Montelon. Voy. Monteleone.

Montemurlo (bataille de), II, 13, note 2.

Monte-Rotondo (duel de Prouillan et d'un italien, à), VI, 278-279.

Monterud (Innocent Tripier de), gouverneur d'Orléans, V, 127.

Montesdoça, capitaine espagnol, VI, 306.

Montespan (Antoine-Armand de Pardaillan et de Gondrin, marquis de), sa conduite loyale envers M. de Nemours, IV, 126-127; sa querelle avec Ornano, VI, 437.

Montespedon (Joachim de), baron de Chemillé, seigneur de Baupréau, père de la maréchale de Montejean, III, 207. — Voy. Montejean.

Montesquieu. Voy. Montesquiou.

Montesquiou (Joseph-François, baron de), sénéchal de Béarn, capitaine des Suisses de Monsieur, assassine le prince de Condé à Jarnac, IV, 346, 347; son histoire; ami de Brantôme qui lui avait sauvé la vie; est tué devant Saint-Jean-d'Angély, 347, 348; va à Malte avec Brantôme, V, 407.

Montesquiou. Voy. Monluc.

Montevis, Mondovi, II, 237.

Montezuma, I, 53, 56, note; VII, 143.

Montfalconnet (N. de), lettre que lui écrit Charles III de Savoie, II, 141.

Montfaucon (Gabriel de), bailli de Meaux, II, 296.

Montferrat (le), pris par Brissac, IV, 67; rendu à tort à la paix de Câteau-Cambrésis, IV, 112-113.

Montferrat (Guillaume VIII, marquis de), II, 417.

Montferrat (Boniface V, marquis de), II, 286, note 2.

Montferrat (Adélaïde de), seconde femme de Baudouin Ier, roi de Jérusalem, IX, 25, note.

Montferrat (Blanche de), femme de Charles Ier duc de Savoie; son éloge; accueil magnifique qu'elle fait à Turin à Charles VIII, pour qui elle met en gage ses joyaux; digression sur son costume de veuve, II, 286; IX, 633-638.

Montferrat (Marie de Servie, marquise de), met en gage ses bagues pour Charles VIII, II, 286.

Montferrand (Charles de), lieutenant de roi à Bordeaux, VI, 170.

Montfort (Jeanne de Flandre, femme de Jean comte de Montfort; sa vaillance au siège de Hennebon, IX, 429; X, 72; était un des ancêtres de Mme de Bourdeille, belle-sœur de Brantôme, IX, 430.

Montgauguier. Voy. Burgensis.

Montgommery (Gabriel, comte de), fils de Jacques de Montgommery, seigneur de Lorges (voy. Lorges), huguenot, blesse mortellement Henri II dans un tournoi, III, 272, 273; blâmé pour sa conduite après ce malheur; défend contre l'armée royale Rouen où il fait venir les Anglais, 292, 293; surnommé le *Dompteur de la Gascogne*; ses exploits en Guienne, III, 59; IV, 163, 321, 358; ses défauts et ses qualités d'homme de guerre; comment il se sauve du siège de Rouen, 359; ses frères, 360; échappe à la Saint-Barthélemy, IV, 305; sa tentative inutile pour secourir La Rochelle, 89, 90, 124, 147; sa vaillance; ses succès en Normandie contre Matignon, qui finit par le défaire et le prendre; joie de Catherine de Médicis à cette nouvelle, V, 162, 272; son supplice; ce que Brantôme entend Catherine de Médicis dire à ce sujet, III,

Montgommery (suite). 292-293; sa vaillance, 294. — V, 421; VII, 207; IX, 423, note 4.

Montgommery (N. de), seigneur de Lorges, frère du précédent, huguenot, IV, 360. — V, 328.

Montgommery. Voy. Courbouzon, Lorges et Saint-Jean.

Montgulio. Voy. Monguzzo.

Monticello, en Corse, (siège de), VI, 214.

Montigean. Voy. Montejean.

Montinas. Voy. Montmas.

Montjoie, roi d'armes, VII, 321.

Montjouan (Mme de), fait casser son mariage pour cause d'impuissance de son mari et épouse le comte de Raconis, VIII, 92.

Montlandon. Voy. Montbardon.

Montlaur (Mme de), Diane de Clermont, femme de Flory-Louis, seigneur de Montlaur, VII, 386.

Montlhéry (bataille de), I, 341; II, 346; III, 161.

Montlor. Voy. Montlaur.

Montlouel. Voy. Montluel.

Montluc. Voy. Monluc.

Montluel (Ain), Catherine de Médicis y a une entrevue avec le duc de Savoie, V, 203.

Montmas, vaillant capitaine; sa querelle avec Vassé, accommodée par Henri II, IV, 95-97; est fait mestre de camp de l'infanterie française, 96; ce qu'il dit à Henri II au sujet de sa compagnie, V, 310, et sur la charge de capitaine de gens de pied, 321, 322. — IV, 73.

Montmaur (Bernard d'Astarac, vicomte de), huguenot; notice sur lui, II, 411; bon capitaine, tué à la Saint-Barthélemy, *ibid.*; envoyé par Antoine de Navarre vers le roi de Fez, IV, 362. — V, 413.

Montmédy, pris par Henri II, III, 268.

Montmélian, Saint-Martin de Lisle en est nommé gouverneur, X, 53.

Montmirel ou Montmirail (Gui de), abbé de Saint-Magloire, VII, 323.

Montmor. Voy. Montmaur.

Montmoreau (N. de), de la maison de Mareuil, notice sur lui, II, 391-393; dicton sur lui et sur Bayard; est tué à Pavie, 391.

Montmorency (Guillaume de), père du connétable Anne, III, 340, 341; sa lettre au grand père maternel de Brantôme, 349. — III, 171, note 5.

Montmorency (Anne de), grand maître et connétable de France, notice sur lui, III, 294-350; filleul d'Anne de Bretagne, 294; illustration de sa maison, sa dévotion; dicton sur ses patenôtres, 295; blâmé pour s'être fait traduire la conjuration de Catilina, de Salluste, par L. Meigret; sa haine contre les huguenots, 296; forme un triumvirat avec le duc de Guise et le maréchal de Saint-André; chasse les ministres de leurs prêches; est appelé le capitaine *brûle-banc* par les huguenots; sa cruauté contre eux à la prise de Blois, 297; est pris à la bataille de Dreux où il avait voulu combattre quoique malade; son mot à M. de Guise, 298; gronde sévèrement ses neveux; était grand rabroueur; son aventure avec Mlle de Limeuil, 299-300; comment il traitait ses capitaines et les gens de justice, 300; son aventure avec un président, 301; comment il traite les habitants de Bordeaux révoltés à cause de la gabelle, 303-304; ses injures à des jurats et des conseillers de Bordeaux au sujet d'un navire qu'il fait mettre en pièces, 305; ses rabrouements et son humeur impérieuse, 306; sa colère lors de la journée de Meaux, 325 ; est blessé mortellement à la bataille de Saint-Denis ; ses derniers moments, 327-329 ; son défi au connétable de Castille, 328, note 1 ; batailles auxquelles il avait assisté, 332-335 ; pris à Pavie, à Saint-Quentin et à Dreux ; 333-335 ; bon mot d'une grande dame sur lui, 334 ; son premier exploit sous Lautrec en Lombardie, 335 ; estimé grand capitaine par Charles-Quint, qui admire la prise de Metz ; appelé *Nestor des Français*, 336 ; son habileté dans les affaires d'État et de finance ; son ardeur au travail ; aimait la chasse et surtout celle des oiseaux, 337, 338, 347 ; son secrétaire Dardois, 337 ; ses richesses, 338-340 ; on lui doit la prise de Metz, la conservation de la Provence et la conquête du Piémont, 338-339.

Ses exploits représentés dans une galerie de son hôtel, à Paris, III, 339 ; réflexions sur les richesses des favoris des rois ; ses châteaux ; don de sa maison que lui fait Ph. de Châteaubriand pour avoir l'ordre, 340 ; V, 92 ; ce que Brantôme lui entend raconter sur ce que son père lui donna quand il partit pour l'Italie ; réflexions à ce sujet, III, 341 ; aimait à rire ; son fou Thony, 342, 343 ; était grand justicier ; ses belles ordonnances pour la guerre et la gendarmerie, 344-345 ; amitié que lui portait Henri II ; François Ier l'exile et en mourant prie son fils de ne point le rappeler ; rébus des gens d'Arras sur lui ; Henri II l'appelait son compère, 346 ; considération dont il jouissait près des princes de la chrétienté ; présents de chevaux, de chiens et d'oiseaux que lui faisaient Soliman, Barberousse, Dragut et autres corsaires, 347 ; regretté de la reine mère ; jeûnoit tous les vendredis soirs ; sa femme Madeleine de Savoie, 348 ; lettre de son père au sénéchal de Poitou, grand-père de Brantôme, 349 ; ses enfants, 349-350 ; il fait casser le mariage secret de Mlle de Piennes avec son fils François qu'il force d'épouser Diane d'Angoulême, III, 351, 352 ; VI, 112 ; VIII, 143 ; réforme le luxe des soldats, VI, 107, 108.

On l'appelait à la cour le *Camus de Montmorency* ; son entretien avec François Ier, Brion et Monchenu, III, 194 ; emmène Annebaut au siège de Mézières, III, 205 ; son défi au connétable de Castille, lors de la délivrance des enfants de France, VI, 460, 461 ; favori de François Ier, III, 117 ; conseil qu'il lui donne au sujet de la Flandre, 170 ; contribue à la disgrâce de Taix, VI, 14 ; dénonce à François Ier sa sœur la reine de Navarre comme hérétique ; rancune que lui en garde celle-ci ; porte à l'église Jeanne d'Albret le jour de son mariage avec le duc de Clèves ; sa disgrâce, VIII, 117-118 ; exilé par François Ier qui refuse de le rappeler, III, 209-210 ; son gouvernement de Languedoc est donné à Montpezat, 151 ; est tout puissant sous Henri II, 210-211 ; proposition qu'il fait au sujet du duel de Jarnac, VI, 281, note 1 ; ce qu'il dit à Henri II qui s'exposait trop, III, 249 ; rejette avec menace les propositions de Romero, lors de la capitulation de Dinant, VII, 77 et suiv., 83, 84 ; lettres à lui adressées par Léon Strozzi et par Catherine de Médicis au sujet de celui-ci, IV, 140, note, 393, 403 ; apaise le mécontentement du roi contre Claude de

Montmorency (suite).

Guise, III, 228-229; empêche le dauphin François de faire la campagne de Saint-Quentin, V, 293.

— Il fait sortir son neveu Andelot de prison, VI, 27; ses fautes et sa défaite à la bataille de Saint-Quentin où il est pris, I, 13, 25, note 6; VII, 279, 299; sa conversation avec Henri II au sujet d'une prédiction sur la mort de ce prince, III, 280-283; pris à Saint-Quentin et peu regretté de Henri II qui le rappelle pour l'opposer aux Guises, 282; son aversion pour les Guises; sa disgrâce à la mort de Henri II, IV, 222-223; peu miséricordieux pour les huguenots, IV, 236; est pris à Dreux, IV, 244 et suiv.; réponse que lui fait Catherine de Médicis qu'il voulait empêcher, au siège de Rouen, de s'exposer au feu, VII, 365; présente au conseil du roi une monnaie d'argent à l'effigie de Condé, IV, 343; assiste à l'entrevue de Bayonne, I, 113, 116, note 3; part qu'il prend à la querelle d'Antoine de Navarre et du duc de Guise, VII, 352-354; défend un duel, IV, 17; accorde Montsalez et Lignerolles, VI, 440; accorde la querelle d'Andelot et du prince de La Roche-sur-Yon, VI, 475; sa colère contre Randan en querelle avec son fils Montberon; il est apaisé par les remontrances de F. de Guise, 478-480; son différend avec Philippe Strozzi au sujet de deux capitaines de la garde du roi, VI, 710; ses promenades avec Catherine de Médicis, IV, 80; ce que Brantôme lui entend dire sur les généraux d'armée, IV, 3; son secrétaire Dardois est arrêté, VII, 374.

— Son entretien avec Mansfeld capitulant à Yvoi, I, 306; ce qu'il disait des alliances de la France avec les Suisses et les Turcs, V, 55-56, 59-60; ne fait pas de différence entre le Turc et l'hérétique, 60; ce que Brantôme lui entend dire sur le titre de seigneur, VI, 150; comment, suivant lui, on pouvait apaiser un gentilhomme mécontent, V, 211; ce qu'il dit sur les sièges de Rhodes et de Malte par les Turcs, V, 219, 229; aide à la délivrance de Sanzay esclave à Alger, IX, 66; acquiert la baronnie de Montberon, III, 372; refuse le service de 2,000 reîtres, IV, 196; anecdote au sujet du maréchal de Raiz, III, 371; décoré de l'ordre de la jarretière, V, 33; ne veut faire d'église aucun de ses enfants, III, 377-378; sa devise; sa fidélité au roi, 367; est diffamé par P. Jove dont il avait fait supprimer la pension, 85, 86; est loué par Ronsard, II, 390. — I, 209, 218, note, 224, 303; III, 171, note 5, 198, 205, 273, 383; IV, 22, 52, 79, 227, 228, 350, 351, 370; V, 37, 200, 205; VI, 57, 100, 457; VII, 271; VIII, 208.

Montmorency (François, duc de), fils aîné du connétable, grand maître et maréchal de France, notice sur lui, III, 350-363. Sa vaillante défense de Thérouane où il est fait prisonnier, 350; ses études dans sa prison, 251; son amour pour mademoiselle de Piennes, contrarié par son père qui l'envoie à l'armée d'Italie, 351-352; se distingue au siège d'Ostie, et au retour épouse Diane d'Angoulême veuve du duc de Castro, 352; contribue à la victoire de Saint-Denis; est créé gouverneur de l'Ile-de-France et de Paris; sa bonne administration; affront qu'il fait au cardinal de

Lorraine entrant à Paris avec une escorte armée; discussion à ce sujet, 354-361 ; il est arrêté avec le maréchal de Cossé par suite des intrigues du cardinal et d'une dame de la cour; dangers qu'il court, 362, 365 ; il est délivré par l'intervention de François d'Alençon, 362, 366 ; était l'un des proscrits de la Saint-Barthélemy ; son éloge, 363 ; capitule dans Thérouane, IV, 55 ; est emmené prisonnier en Flandre, VI, 488 ; sa querelle comme grand maître de France avec le prince de Porcien, 489-491 ; ses démêlés avec le cardinal de Lorraine qu'il avait attaqué à son entrée à Paris, 491-494 ; ses amours avec Mlle de Piennes qu'il épouse en secret; son père, après avoir fait rompre le mariage, le force d'épouser Diane d'Angoulême, VI, 112 ; VIII. 143-144 ; IX, 87 ; est emprisonné à Vincennces, IV, 90 ; V, 267; VI, 189, — I, 218, note, 224; II, 292.

Montmorency. Henri, comte de Damville (Dampville, Danville ou d'Anville), puis duc de Montmorency, frère puîné du précédent, maréchal et connétable de France, notice sur lui, III, 363-372 ; Charles IX veut le faire arrêter en Languedoc et envoyer une armée contre lui, 363 ; menacé par Henri III, qu'excitait Birague, il s'allie aux huguenots et prend Aigues-Mortes, 364 ; il est empoisonné, et sur le bruit de sa mort son gouvernement de Languedoc est donné à M. de Nevers ; sa guérison sauve son frère François, 365 ; quitte les huguenots pour s'allier à Monsieur ; envoie à la cour sa femme qui est bien reçue du roi, 366 ; il s'allie de nouveau aux huguenots et contracte une étroite amitié avec Henri IV, qui l'appelait son compère, 367 ; proscrit à la Saint-Barthélemy ; sage capitaine ; couronnel de la cavalerie légère du Piémont, 368 ; défait les Espagnols à Ponte-di-Stura ; son escarmouche devant Fossano, 369-370 ; avait toujours des Italiens et des Albanais dans sa cavalerie légère ; très bon homme de guerre et habile cavalier, 370 ; courait fort bien la bague ; sa mauvaise vue ; son adresse dans les combats à l'épée ; renverse le maréchal de Raiz dans un ballet à cheval ; anecdote à ce sujet; 371 ; sa querelle avec M. de Longueville qu'il avait renversé dans une course de bagues, 372 ; est mêlé à la querelle de Vimercat et de Birague, VI, 464 ; fête que lui donne Élisabeth d'Angleterre, III, 290 ; IX, 386 ; sa conversation avec cette princesse sur Henri II, III, 290-291 ; ce qu'il raconte à Brantôme sur le voyage de F. de Vendôme en Écosse, VI, 116 ; amiral de France pendant la première guerre civile ; il présente le prince de Condé qui s'était rendu à lui à Dreux au duc de Guise ; celui-ci le lui remet le lendemain ; réflexions à ce sujet, IV, 350, 351 ; sa galanterie envers Madeleine de Giron, VII, 160 ; ce qu'il dit à ses serviteurs et gentilshommes au moment de prendre les armes contre le roi ; ce qui en résulte, 245, 246 ; sa vaine attaque sur Vienne, IV, 184 ; son *Advis* sur la querelle du vicomte de Turenne et du baron de Rozan, VI, 510-511 ; lettre que lui adresse Perez, II, 136, note 5 ; sa querelle avec Longueville, VI, 461 ; colonel général des Suisses, VI, 228. — II, 293 ; III, 212 ; IV, 72 ; V,

Montmorency (suite).
41. Sa femme. Voy. Angoulême (Diane d').

Montmorency (Charles de), seigneur de Méru puis duc de Damville. Voy. Méru.

Montmorency (Louise de), sœur du connétable Anne et femme : 1° de Charles de Roye, 2° de Gaspard I de Coligny, I, 13, note 2; III, 299, note 3; IV, 342, note 1, 344.

Montmorency (Madeleine de Savoie, femme du connétable Anne de), sa prédilection pour son fils Thoré à qui elle envoie de l'argent en Allemagne, III, 375; désirait qu'un de ses fils fût d'église, 378. — VII, 382.

Montmorency (Éléonore de), femme de François vicomte de Turenne fille du connétable Anne, III, 349, note 3.

Montmorency (Jeanne de), fille du connétable Anne et femme de L. de la Trémouille duc de Thouars, III, 349, note 3.

Montmorency (Catherine de), fille du connétable Anne, femme de Gilbert de Lévis, duc de Ventadour, III, 349, note 3.

Montmorency (Marie de), fille du connétable Anne, femme de H. de Foix, comte de Candale, III, 349, note 3.

Montmorency (Anne de), fille du connétable Anne, abbesse de la Trinité de Caen, III, 349, note 3.

Montmorency (Louise de), fille du connétable Anne, abbesse de Gercy, III, 349, note 3.

Montmorency (Madeleine de), abbesse de la Trinité de Caen, après sa sœur Anne, III, 349, note 3.

Montmorency. Voy. Bours, Candale, Fosseuse, Hallot, Méru, Montberon, Thoré.

Montoiron (Charles Turpin, seigneur de), guidon de Montpensier qui l'employait à violer les femmes huguenotes, V, 10-11; bien accueilli à la cour, 12; sa femme Diane Babou, VII, 389, note 2

Montoison (Philibert de Clermont, seigneur de), chambellan de Charles VIII et de Louis XII, notice sur lui, II, 408-410; son éloge; Dauphinois comme Bayard dont il fut le compagnon; prend part au combat de la Bastide; sa mort et ses obsèques, 409; appelé *émerillon de guerre*, 410. — II, 295.

Montpensier (Gillibert ou Gilbert comte de), dit le *comte-Dauphin*, vice-roi de Naples et duc de Sessa; sa capitulation honteuse à Atella; sa mort, V, 2; viole sa foi; ses enfants, 3. — II, 307, note 4, 322, note.

Montpensier (Louis de Bourbon, comte de), fils du précédent; sa mort au siège de Naples, V, 3, note 2, 4.

Montpensier (Louis II de Bourbon, duc de), notice sur lui, V, 1-26; descend de saint Louis qu'il s'efforce d'imiter; ses deux femmes, 1; petit-fils de Gilbert de Montpensier, 2; ses parents; est le premier qui porte le titre de duc, 4-5; ce qu'il retire de la succession du connétable de Bourbon, 6-7; richesses qu'il laisse à sa mort; comparé aux chevaliers de Malte; reste longtemps sans grades ni honneurs; sa compagnie de gens d'armes; ce qu'il en disait; il est pris à la bataille de Saint-Quentin; est nommé, par François II, gouverneur de Touraine et d'Anjou; lieutenant de roi, lors de la première guerre civile; sa haine contre les protestants auxquels il ne garde jamais la foi jurée, 9; fait exécuter le capitaine Des Marais, 10; traitements qu'il faisait subir aux hommes et aux femmes; son guidon; anecdotes à ce sujet, 10, 11; lieutenant de roi en Guyenne; son ambition déçue à la mort d'Antoine de Navarre; est nommé chef du Conseil avec le cardinal de Bourbon; ses charges aux seconds et aux troisièmes troubles, 14; sa jonction avec Monsieur; ses cruautés envers les huguenots à Mirebeau; veut faire périr La Noue; est lieutenant de roi aux quatrièmes guerres; prend Lusignan qu'il fait démolir, 15 et suiv.; est forcé de renoncer à ses prétentions contre le duc de Guise, son beau-frère, au sujet de la préséance au sacre de Henri III, 20-22; refuse de marcher contre le duc d'Alençon; son alliance avec celui-ci et les huguenots qui le soutiennent dans une querelle contre le duc de Nevers, et avec lesquels il fait faire la paix, 23-24; sa postérité, 25-26; était avare, 28; et moins sage que son frère, 30; l'entrée d'Angoulême lui est refusée par Ruffec, III, 359-360; embrasse la querelle du cardinal de Lorraine contre le maréchal de Montmorency, 361; s'empare de Lusignan, VII, 63, 64; voulait la mort de La Noue fait prisonnier, 215; ne peut empêcher les protestants de passer la Loire, 205; son éloge; son caractère violent; maltraite de paroles Auzances et en fait ses excuses, VI, 495-496; jette un flambeau à la tête de René de Serré, 497; sa querelle avec le duc de Nevers, 461; lieutenant général en Guyenne, V, 163; ce qu'il disait du prince Henri de Condé, IV, 354. — IV, 87, 171; V, 142, 427; VI, 493. — C'est probablement Louis de Montpensier que désigne Brantôme dans l'anecdote dont le héros est « un grand prince de par le monde » (IX, 518). En effet, né en 1513, devenu veuf en 1561, il se remaria en 1570 avec Catherine de Lorraine, fille de François de Guise.

Montpensier (François de Bourbon, duc de), fils du précédent, dit le *Prince-Dauphin*, épouse Renée d'Anjou, marquise de Mézières, VI, 496; son éloge. V, 25; nommé gouverneur de Normandie; son mot à Espernon, VI, 101; son alliance avec la maison de Bourdeille, X, 103, 104. — V, 399, note 1.

Montpensier (Henri de Bourbon, duc de), fils du précédent, son éloge, V, 26, 399, note 1.

Montpensier (Louise de Bourbon, comtesse de), femme 1° d'André de Chauvigny, seigneur de Château-Raoul; 2° de Louis de Bourbon, prince de La Roche-sur-Yon; Charles-Quint lui offre ses services, I, 290, 291; mère du duc Louis II de Montpensier, V, 1, note; visitée par la cour à Champigny, 5.

Montpensier (Jacquette ou Jacqueline de Longwic, première femme de Louis II de Bourbon, duc de), maîtresse du duc d'Orléans, sa faveur à la cour; recommandée au Parlement par François II et le cardinal de Lorraine, V, 1, note, 6, 7; son influence sur Catherine de Médicis, VII, 352. — V, 399, note 1; VII, 381.

Montpensier (Renée d'Anjou, marquise de Mézières, femme de François de Bourbon, duc de), VI, 496; on avait voulu la marier au duc de Mayenne, 498. — V, 399, note 1; VII, 385; IX, 358, note 1; X, 103, 104.

Montpensier (Catherine-Marie de Lorraine, dite Mlle de Guise, seconde femme de Louis II de

Montpensier (suite).

Bourbon, duc de), ses regrets de la mort de son mari, IX, 645-646; son rôle dans la Ligue, IX, 437; anime les Parisiens à la vengeance après l'assassinat des Guises; son aventure avec un gentilhomme huguenot, 438-439; haine de Diane d'Angoulême contre elle, au sujet de l'assassinat de Henri III, VIII, 145; son mot à Henri IV sur le comte de Brissac, VI, 150. — III, 356; V, 1, note; VII, 384.

Montpensier. Voy. Gonzague.

Montpezat en Agénois (maison de), III, 152.

Montpezat en Quercy (maison de), III, 152.

Montpezat (Antoine de Lettes, seigneur des Prez et de), pris à Pavie, sert François Ier prisonnier qui paye sa rançon et le charge de missions importantes, III, 149-151; il lui fait épouser Lyette du Fou, 151; X, 32, 93; se trouve aux sièges de Naples et de Fossano, III, 151; IV, 55; est fait maréchal de France et gouverneur de Languedoc; est cause du siège de Perpignan; colère du dauphin contre lui à ce sujet; sa mort, III, 151, 184; est envoyé comme ôtage en Angleterre; contes que fait sur lui à Brantôme une grande dame de la cour, 152; appelé *lèche-escuelle* de cour par F. de Bourdeille, 184; lieutenant de roi à Marseille, 221; cousin du père de Brantôme; mission qu'il donne à Saint-Martin de Lisle, X, 52.

Montpezat (Melchior des Prez de), fils du maréchal de Montpezat, mari de la marquise de Villars; ses enfants, X, 93; est envoyé en ambassade près de Ferdinand Ier, I, 83; n'est point nommé chevalier de l'ordre à Poissy, 84; proche parent de Brantôme, 85; refuse l'entrée de Poitiers à Antoine de Navarre, III, 198; gouverneur et sénéchal du Poitou; est créé chevalier de l'ordre; colère de Biron à ce sujet, V, 124, 125; son mot sur la troisième femme de Saint-Amand, IX, 686. — III, 389; IV, 221; IX, 268; X, 60, note 3.

Montpezat (Henri de), X, 93, note 1.

Montpezat (Baltazarde de), épouse successivement les deux frères, Antoine et Jean de Lévis, barons de Quélus, X, 94, note 1.

Montpezat (Hilaire de), femme de Claude de Lévis, seigneur de Cousans, X, 94, note 1.

Montpezat (Jeanne de), femme de François de Montberon; leurs enfants, II, 75, note 7; X, 64.

Montpezat (Françoise de), femme 1° de Alain de Foix, vicomte de Castillon; 2° de François de Montberon, X, 60, note 3.

Montpezat. Voy. Lognac.

Montpouillan. Voy. Caumont.

Montraveau le jeune, assassiné par Vitteaux, VI, 335.

Montravel (anecdote sur un juge de), II, 346, 347.

Montravel. Voy. Maurevel.

Montre prise à Cérisoles [et envoyée à François Ier par le comte d'Enghien; mot de Mme de Nevers à ce sujet, III, 216, 217.

Montres, revues de troupes (ordonnances sur les), III, 345.

Montreau, fort près de Boulogne, VII, 293.

Montrésor (comte de). Voy. Bourdeille (Claude de).

Montreuil. Voy. Monterud.

Montrevel (François de la Baume, comte de), lieutenant de la compagnie du duc de Savoie payée par le roi de France, II, 145; premier mari de Mme de Carnavalet, IX, 648-649.

Mont-Saint-Quentin, près Péronne, V, 422.

Montsalez ou Montsalès (Jacques de Balaguier, seigneur de), notice sur lui, V, 182-186; sa vaillance; grand persécuteur des huguenots; atteint d'une maladie mortelle, il est tué à Jarnac, 182-183; aimé du roi et de la reine; son activité; bat les huguenots à Champoulin; était fort querelleur, 183, 184; obtient la compagnie d'Annebaut tué à Dreux et en donne la lieutenance à La Chastre, V, 182; sa victoire sur Poncenat, IV, 86; demande inutilement à Vieilleville d'attaquer Condé, V, 50, 51; sa querelle avec Lignerolles, VI, 439-440; sa mort à Jarnac, 443; premier mari de Suzanne d'Estissac, X, 101, 102, note 1. — V, 46.

Montsalez (Marguerite de), femme 1° d'Eberard de Saint-Sulpice, 2° de Charles de Monluc; ses enfants, X, 101, 102, note 1.

Montsalez. Voy. Monluc.

Mont-Serrat (N.-D. de), invoquée pour le mal d'enfant, IX, 591.

Montsoreau ou Monsoreau (Jean de Chambes, seigneur de), beau-frère de Commines, ambassadeur de Charles VIII, II, 294.

Montsoreau (Charles de Chambes, comte de), chambellan et grand veneur du duc d'Anjou, fait assassiner Bussy l'amant de sa femme, VI, 191, note 2; IX, 11, note 1.

Montsoreau (Françoise de Maridor, femme de Charles de Chambes, comte de), ses amours avec Bussy, VI, 191, note 2.

Montsoreau, cadet de la maison de Berneuil, qui serait, suivant une tradition, l'un des frères Barberousse; ses aventures, V, 399-405.

Monumenta pietatis et litteraria, cités, IV, 326 note, 411 et suiv.

Mora ou Mira (Christophe de), II, 98.

Morat (bataille de), V, 110.

Morbeq (Denis de), chevalier d'Artois, réfugié en Angleterre, I, 290; sauve le roi Jean à Poitiers, II, 309.

More ou Maure (esclave), tue Alphonse d'Avalos, marquis de Pescaire, I, 182. — amant d'une dame napolitaine, IX, 704.

More (femme), maîtresse de F. de Vendôme, VI, 123.

Mores, V, 303; VII, 59. — chassés de Grenade, II, 109; viandes qu'ils ne mangent point, VII, 101; leurs danses à Malte, IX, 302.

Moreau, maître de la monnaie de Naples, II, 322, note.

Moreau, cheval du haras de Meung-sur-Loire, son histoire, IX, 347, 348.

Morée (expédition de), II, 122.

Moreruela, capitaine espagnol, I, 331.

Moret, Calabrais, capitaine à l'armée de Piémont, II, 269; IV, 72; VI, 110.

Moret (le), cheval noir du duc F. de Guise, IV, 233.

Moreto ou Moret, de Florence, bouffon, II, 260, 267.

Morfia, fille du prince de Mélitène, femme de Baudoin du Bourg, IX, 25, note.

Morgan (roman de). Voy. Morgante Maggiore.

Morgante Maggiore (Il), de Pulci, cité, V, 393, 394; X, 65.

Morguante, capitaine espagnol, I, 332.

Morion doré, II, 269. — avec dague, VI, 225; couvert de velours vert, V, 416.

Morions gravés et dorés, de Milan et de Paris, leur prix, VI, 79; dix mille soldats en portaient dans l'armée de Monsieur, 80.

Mornat, secrétaire de la chancellerie, faussaire, III, 510.

Morone (Jérôme), secrétaire du duc de Milan, l'un des organisateurs de la ligue contre Charles-Quint, I, 189 et suiv.; est arrêté, 193-194; IX, 435, 436; et délivré par le connétable de Bourbon, I, 189, note 2; 194, 225. — II, 32.

Mort imprévue, la meilleure suivant César, II, 326; V, 148. — subite, châtiment de Dieu, 174; — (nul remède à la), 173; — sur le champ de bataille, heureuse, 183.

Mort (idées de Marguerite d'Angoulême sur la), VIII, 124, 125; — (prédications sur la), IX, 451.

Morts singulières et plaisantes (de quelques), IX, 461-467; de Mlle de Limeuil, 461; du pape Léon X, 462; du capitaine Panier, 463; d'un voleur, 463, 464; de Colin, fou de M. d'Estampes, 465; d'une dame de qualité, 465; d'un gentilhomme; de Mme de Mortemert, 466.

Mort plaisante d'une dame, IX, 669.

Mort courageuse de diverses dames, IX, 451-462.

Mort de grands personnages fatale à ceux qui la donnent, IV, 311.

Mort (peine de) ne doit pas être appliquée légèrement, V, 261. Voy. Supplice.

Morta (la). Voy. Vicence.

Mort-bois, ce qu'on appelle ainsi, IX, 147, note 1.

Mortemart. Voy. Mortemert, Rochechouart.

Mortemer. Voy. Mortimer.

Mortemert (Mme de), son avarice; sa mort singulière, IX, 466, 467. (Brantôme en écrivant ce nom Mortemart, probablement d'après la prononciation en usage, nous a induit en erreur, et il faut effacer la note 1 de la page 466).

Mortes-payes, I, 244.

Mortier de veille, ce que c'était, IX, 595, note.

Mortimer (Roger de), amant de la reine d'Angleterre Isabelle, IX, 433.

Morus (Thomas), comparé à l'Hospital, III, 315.

Morvilliers (Jean de), évêque d'Orléans, ambassadeur à Rome, II, 20; III, 95.

Moskowa (prince de la), cité, IX, 462, note.

Mossi (Antonio), sa vie de Jannin de Médicis, II, 7, note 3.

Mots français perdus (énumération de), X, 162-164.

Mots nouveaux (introduction de), X, 161 et suiv.

Mots ayant changé de genre, X, 167; de sens, *ibid*.

Mots (bons), souvent dangereux, IX, 451.

Mouchoir jeté dans la Seine (anecdote d'un), IX, 392.

Moulins. Séjour qu'y fait la cour. Voy. l'article Brantôme, p. 61, col. 2.

Moulins (combat en champ clos à), VI, 261; démêlés près de cette ville entre Turenne et Bussy au sujet de l'enseigne blanche, 176-178.

Mourants (confessions singulières de), IX, 465-468.

Mouron. Voy. Morone.

Mouson (prise de), III, 227.

Mousquet (premier usage du), I, 103; son introduction dans l'armée française, VI, 80-83.

Mousquetaires espagnols, I, 103, 104; VI, 82.

Moustache de Henri IV, VII, 142.

Moustaches de la barbe, VII, 30.

Mouvans (Paul de Richien, seigneur de), capitaine protestant, arrête des Adrets, V, 423; va défendre Genève; forts qu'il bâtit sur les bords du Rhône, 425; chanson faite à ce sujet; ses bravades, sa défaite et sa mort à Mensignac, 426-429;

III, 401; l'un des complices du meurtre de Charry, V, 342-343. — IV, 33.

Mouvement perpétuel (du), IX, 709-710.

Mouy. Voy. Vaudrey.

Moy ou Mouy. Voy. La Meilleraye.

Moyan. Voy. Meillant.

Mucidan (siège de), où est tué Brissac, VI, 133-135.

Muesinde-Ali, capitan-pacha, sa mort à la bataille de Lépante, II, 116.

Mühlberg (bataille de), I, 20, note 4, 21; gravure à ce sujet, 22, 326. — VI, 6, note 2.

Mule, comparaison d'une mule et d'une veuve, VII, 167.

Mulet de Brusquet servi dans un repas, II, 252.

Mulets (capitaine des), II, 300, 301.

Mun (Jean de). Voy. Meung.

Muns (de), maître de camp sous Timoléon de Brissac; est donné pour garde au chancelier de L'Hospital en Provence, V, 349, 350. — IV, 73; VI, 154.

Muns ou Mus. Voy. Marignan.

Muns. Voy. Meung-sur-Loire.

Muret (Marc-Antoine), savant Limousin, III, 286; son oraison funèbre de Charles IX, 290, 291.

Muret, voyez Fregose.

Mus (château de), I, 291. Voy. Marignan.

Musa. Voy. Nuza.

Musc employé en cuisine, II, 249.

Musée de Cluny. On y conserve un bonnet de Charles-Quint, I, 44, note 5.

Musiciens dans l'armée de Charles VIII, II, 301, 303.

Musiciens et chantres. Voy. Jacques-Marie, Janequin, Julien, Losman, Ménétriers, Saint-Laurans.

Musique (instruments de). Voy. Clairon, Cymbales, Rebec, Saquebute, Tabourin, Trompette, Vielle, Violons.

Musique de ballet, VII, 371; — de la chapelle de Catherine de Médicis, 376.

Musique. Voy. Aubade, Chapelle, Chantres; *Recueil de morceaux*.

Mustapha-Bascha, capitaine général des Turcs devant Rhodes, disgracié, V, 222.

Mustapha-Lala, pacha, commande les Turcs au siège de Malte, VII, 58, note 2; ses querelles avec Sinan-pacha, 58, note 2, 64, 65, 66. — Erreur de Brantôme à son sujet, 64, note 3.

Mutio (Camillo), II, 2.

Mutio. Voy. Muzio.

Muzio, son livre sur le duel, VI, 302.

Nabuchodonosor, I, 56, note.

Nagera. Voy. Najara.

Nagler, son *Neues allgemeines Künstler-Lexicon*, cité, I, 107, note 2.

Nain (combat d'un) contre un lansquenet géant devant Soliman, VII, 111.

Naissance (influence d'une belle), V, 123.

Najara (Manrique de Lara, duc de), sa réponse au héraut de Jean d'Albret, VII, 112. — II, 96.

Nançay ou Nansay (Gaspard de la Châtre, seigneur de), capitaine des gardes, second de Lignerolles dans sa querelle avec Hautefort, VI, 440; sauve Leran à la Saint-Barthélemy, VIII, 59, note 3. — VII, 386.

Nançay (le jeune). Voy. Besigny.

Nançay (Gabrielle de Batarnay, femme de Gaspard de la Châtre, seigneur de), VII, 386.

Nancy, visite que Henri II y reçoit de la duchesse Christine de Lorraine, IX, 623 et suiv.

Nancy (monument de la victoire des Lorrains sur Charles le

Nancy (suite).
 Téméraire, à), II, 125. — (église des cordeliers à), VII, 244.
Nansau, Nanzau. Voy. Nassau.
Nanteuil (Gaspard de Schomberg, comte de), VII, 387, note 6.
Nanteuil-le-Haudouin (comté de), ses divers possesseurs, IV, 271, 272.
Nanthilde, régente pendant la minorité de son fils Clovis II, VIII, 54,
Nantouillet (Antoine du Prat, seigneur de), prévôt de Paris; contribue à sauver de l'échafaud son frère Vitteaux, VI, 333.
Nanzay. Voy. Nancay.
Naples (royaume de), appelé *le Règne*, I, 72, note 3; conquis par la maison d'Anjou, IX, 395-396; par les Espagnols, VII, 9.
Naples (expéditions dans le royaume de), de Charles VIII, II, 285 et suiv.; 293 et suiv.; VII, 235-236 (Voy. Charles VIII); sous Louis XII, II, 362; VII, 235-236; sous François Ier. Voy. Lautrec.
Naples (entrée de Charles VIII à), II, 289 et suiv.; 321, note 2.
Naples est assiégé par Lautrec, I, 159, 236, 355; II, 241, 242; III, 29-32, 151; VI, 225; se révolte en faveur de la France, II, 39, 40.
Naples (troubles à), au sujet de l'inquisition, II, 20; III, 95; embellissement de la ville par Don Pedro de Tolède, 21.
Naples (victoire navale de Ph. Doria près de), II, 30, 37, 40.
Naples (coutume pour les duels à), VI, 441; combats à la Mazza usités dans cette ville, VI, 308-309.
Naples, on y fabriquait les boules du jeu de mail, VI, 242.
Naples, séjours qu'y fait Brantôme; ce qu'il y voit et ce qu'il y entend dire. Voy. l'article Brantôme, p. 59 et 62.
Naples, III, 204.
Naples (rois de). Voy. Alphonse, Anjou, Ferdinand, Frédéric.
Naples (reines de). Voy. Jeanne Ire et Jeanne IIe.
Naples (vice-roi de). Voy. Alcala.
Naples (maître de la monnaie de). Voy. Moreau.
Naples (histoire de). Voy. Collenuccio.
Naples (César de). Voy. Maggi.
Napolitains, la liberté entière de langage leur est laissée quand ils font leurs vendanges, IX, 526-528.
Napolitain (cavalier), son admiration pour la beauté de Marguerite de Valois, VIII, 28.
Napolitaine (dame), se donnant à un esclave more, IX, 704.
Napolitaines (beauté et grâce des), II, 290, 291.
Narbonne (Guillaume II, vicomte de), VI, 449.
Narbonne (Jean, vicomte de), à Fornoue, II, 351.
Narcisse, IX, 329.
Nassau (Guillaume de), dit le *vieil*, père de Guillaume Ier, prince d'Orange II, 164, note 1.
Nassau (Henri, comte de), fils de Jean, comte de Nassau et d'Élisabeth de Hesse; notice sur lui, I, 250-254; aimé de l'empereur, qui l'envoie en France pour traiter de la paix; son mariage, 250; commence la guerre en ravageant les terres de Robert de La Mark; assiège inutilement Mézières et Péronne, 251; sa réponse à ce sujet à Marie d'Autriche; contribue au traité de Madrid, 252; son fils, 253, note 6; est repoussé devant Péronne et Mézières, II, 389; IX, 422; sa femme Claude de Châlon, I, 238, note 1; 250. — III, 227.
Nassau (Ludovic ou Louis, comte de), frère de Guillaume Ier,

prince d'Orange, notice sur lui, II, 176-179 ; il combat à Moncontour avec l'amiral ; est assiégé et pris dans Mons par le duc d'Albe, 177-178 ; sa mort, 178 ; défait le comte d'Aremberg à Heigerloo, 162, 179 ; refuse de se rendre près du duc d'Albe ; se retire en Allemagne, II, 164 ; son voyage en Guyenne ; Brantôme le reçoit chez lui ; son portrait, 165-166 ; IV, 88 ; le roi lui donne 200,000 écus pour faire la guerre en Flandre, II, 77 ; s'empare de Mons et de Valenciennes, 81 ; est défait à Gemmingen par le duc d'Albe, VII, 143 ; emmène La Noue en Flandre ; capitule dans Mons, 206-207.

Nassau (N. comte de), biberon, I, 253.

Nassau (Élisabeth de). Voy. Bouillon.

Nassau. Voy. Orange, Palatine.

Natilde. Voy. Nanthilde.

Nativité de Henri II, III, 280-281.

Natte de Flandre, V, 333.

Nature (secrets cachés dans la), IV, 100.

Nauclerus (J.), sa chronique, citée, IX, 434.

Naugera, capitaine espagnol, I, 332.

Naumachie à Lyon, pour l'entrée de Henri II, III, 254-256.

Navailles (Jean de Montault, baron de), lieutenant de M. de Nemours ; erreur d'un livre espagnol sur lui, IV, 174, 176.

Navarico, soldat espagnol, VII, 47.

Navarin (siège de), II, 122.

Navarra (La historia de la Conquista del reino de), de L. de Correa, citée, I, 130 ; VII, 109, note 1, 111-112, 113-116 ; IX, 447-448.

Navarre (royaume de), conquis par les Espagnols, IV, 362, 364, 370. Voyez l'art. précédent.

Navarre (expédition de La Palice en), IX, 447-448.

Navarre (Charles d'Albret, prince de), sa mort au siège de Naples, III, 32.

Navarre (rois de). Voy. Albret, Antoine, Henri.

Navarre (reines de). Voy. Albret, Catherine, Marguerite.

Navarre (Louis de), comte de Beaumont-le-Roger, VIII, 161.

Navarre, sergent d'une des compagnies couronnelles d'Andelot, VI, 197.

Navarre (Pierre de). Voy. Pierre.

Navarre (collège de), IV, 270.

Navarreins, Montgommery en fait lever le siège, IV, 358.

Navarro (Amador), capitaine espagnol, I, 331.

Navire de Montréal, à Bordeaux, anecdote à ce sujet, III, 305-306.

Navires étaient peints en noir, III, 254.

Néflier, son bois servait à faire des boules pour le jeu de mail, VI, 242.

Negrepelisse (Louis de Carmain, comte de), III, 389 ; IV, 101.

Negrepelisse (Catherine de). Voy. Lavardin (Mme de).

Negrol ou Negrot, marchand d'armes à Milan, ses relations avec Strozzi, VI, 75, 79, 80.

Neige (combats avec des pelotes de), III, 278.

Nemours (Jacques d'Armagnac, duc de), est pris à Carlat et décapité, II, 219.

Nemours (Louis d'Armagnac, comte de Guise, puis duc de), notice sur lui, II, 371-373 ; quel était son père, 371 ; sa querelle avec Précy, au moment de la bataille de Cérignole où il est vaincu et tué, 372 ; combat à Fornoue, 351. — I, 131 ; II, 297, 299, 321, note 2, 375 ; V, 4.

— *Erratum*, I, 131, note 5 ; Jacques de Nemours, *lisez* : Louis.

Nemours (Gaston de Foix, duc

Nemours (suite).

de), fils de Marie d'Orléans et de Jean de Foix, notice sur lui, III, 8-21 ; surnommé le *Foudre de guerre*, 8 ; ce qu'en dit Vallès, 9, note 3 ; 10-11 ; ses victoires sur les Suisses ; fait lever le siège de Bologne, bat les Vénitiens, reprend Brescia, 11 ; sa mort à Ravenne, 12-14, 29 ; ses obsèques à Milan, 16-18 ; douleur que sa mort cause à son oncle Louis XII, 19 ; tombeau fait sur lui, 20 ; son amour pour Lucrèce Borgia duchesse de Ferrare ; rôle qu'il joue dans le duel d'Azevedo et de Sainte-Croix, VI, 254-261 ; prend d'assaut Brescia, II, 197 ; IV, 242, 243 ; V, 300 ; son entrée à Bologne, II, 374 ; I, 80, note 1, 126 ; II, 375, 413 ; III, 32, 55 ; VI, 226 ; VIII, 9 ; IX, 128 ; sa promenade avec Bayard, le matin de la bataille de Ravenne, VI, 444 et suiv. ; sa proposition de combat singulier au vice-roi de Naples, 446 et suiv. ; harangue que lui prête Guichardin à la bataille de Ravenne, VII, 117 ; sa victoire et sa mort, II, 362 ; V, 32, 317 ; VII, 282-284 ; ses obsèques, I, 184.

Nemours (maison de), ses alliances avec la maison de Bourdeille, X, 102.

Nemours (Philippe de Savoie duc de), mari de Charlotte d'Orléans-Longueville ; son éloge, IV, 183. — X, 103.

Nemours (Jacques de Savoie, duc de), notice sur lui, IV, 164-187 ; son éloge ; donne le ton à la jeunesse de la cour, 164-165 ; son habileté dans tous les exercices ; ses bonnes fortunes, 165-166 ; son voyage en Italie avec le maréchal de Bouillon, 166 ; son aventure à Naples ; sa vaillance ; est nommé colonel général de la cavalerie légère, 167 ; son intimité avec le duc de Savoie, 167-168 ; accusé d'avoir voulu enlever Monsieur (Henri III), 168-169 ; défait le baron des Adrets ; est gouverneur du Lyonnais, 169 ; se distingue à la journée de Meaux et à la bataille de Saint-Denis, 170-171 ; est perclus de la goutte, 171-172 ; son combat à la barrière contre le marquis de Pescaire à Asti, 172-176 ; sa mort, 182 ; éloge et exploits de son fils, 183-186 ; épouse la veuve du duc François de Guise, 186, 187.

— Il prend part à la défense de Metz, II, 273 ; couronnel général de l'infanterie de France au royaume de Naples ; son éloge, VI, 172-175 ; son combat contre le marquis de Pescaire, 312 ; relation espagnole de ce combat, IV, 407-411 ; l'un des tenants au tournoi de Henri II ; sa livrée ; ses amours avec une grande dame, III, 271, 272 ; ses amours et son procès avec Françoise de Rohan, IV, 405-406 ; IX, 488-490 ; son déguisement à une course de bagues à Amboise ; monte à cheval au galop le grand degré du Palais, IV, 160-161 ; tenant dans un tournoi à Fontainebleau, V, 276 ; prend Castelnau dans le château de Noizay ; discussion à ce sujet, III, 182, 183 ; son éloge ; sa belle conduite à la journée de Meaux, VII, 294 ; obtient de Charles IX la grâce de Bournazel, IX, 443 ; accompagne Catherine de Médicis dans une visite au peintre Corneille à Lyon ; ce qu'il lui en dit, VII, 343, 344 ; histoire de son projet de mariage avec Élisabeth d'Angleterre, IX, 386-388 ; ses amours avec la duchesse de Guise, III, 271, 272 ; IX, 226, 388, note 1 ; pasquin qu'on lui donne sur elle, 495 ; aimait à conter ses bonnes fortunes, 502 ; n'avait jamais été blessé, V, 325 ; comparé à don Juan d'Autriche, II, 109 ; son pourvoyeur décoré de l'ordre de Saint-Michel, V, 92 ; anecdote sur lui et Montespan, IV, 126-127 ; trahi et empoisonné par Dizimieu, 127 ; V, 194 ; sonnet de Brantôme sur lui, X, 501. — I, 310 ; II, 416 ; III, 368, 402 ; IV, 87 ; V, 14, 187 ; VI, 122 ; IX, 268, 441.

Nemours (Charles-Emmanuel de Savoie, duc de), fils du précédent, ligueur ; sa vaillance à Ivry et au siège de Paris ; est emprisonné à Lyon et se sauve, IV, 183, 184 ; IX, 441 ; repousse les royalistes entrés dans Vienne ; son exploit en Bourgogne ; prend modèle sur son frère Henri de Guise, 184-185 ; se distingue dans les joûtes aux noces de Joyeuse ; sa beauté, sa générosité, 185 ; mot de Henri IV sur lui, 186 ; chevalier de l'Annonciade, V, 114.

Nemours (Henri de Savoie, marquis de Saint-Sorlin, duc de), X, 103.

Nemours (ducs de), sont vaillants, IV, 182.

Nemours (Mme de). Voy. Guise (Anne d'Este, duchesse de).

Nemuse, *Nemausus*. Voy. Nîmes.

Nentuy (N. de), accompagne le duc de Guise en Hongrie, V, 405.

Nérac attaqué par Biron, VIII, 78, 79.

Néron répudie Octavie ; erreur de Brantôme à ce sujet, IX, 34 ; sa curiosité à l'égard du cadavre de sa mère, 352. — IV, 372.

Nesle (tradition sur la tour de), IX, 244.

Nesle (mascarade de Charles VI à l'hôtel de), III, 242.

Nestor (raillerie sur), III, 336.

Neubourg (N. de), sa querelle au siège de Rouen, II, 394.

Neuchèze. Voy. Batresse.

Neufchâteau (Vosges), les Allemands y sont défaits par Claude de Guise, III, 230.

Neufville. Voy. Villeroy.

Neufvye ou Neufvy (N. de Bigny, seigneur de), ami de Bussy, VI, 384.

Neufvy (Bertrand de), capitaine huguenot, pris à Maillezais, VII, 355.

Neufvy ou Neufvic, le jeune, V, 407, 411.

Neuillan, capitaine de la garde du roi, V, 346.

Nevers (comté de), son érection en pairie, IV, 373, note 1, 376.

Nevers (comte de). Voy. Jean sans Peur.

Nevers (Engilbert de Clèves, comte de), II, 299 ; combat à Fornoue, IV, 376 ; VI, 228.

Nevers (François de Clèves, premier duc de), notice sur lui, IV, 373-379 ; son mariage avec Marguerite de Bourbon ; se retire à La Fère après la bataille de Saint-Quentin ; bruit de sa mort ; ce qu'en dit le prince de Piémont, 373 ; ses exploits en Champagne dont il était gouverneur, au siège de Metz, à Marienbourg et à Thionville, 374-375 ; est le premier duc de Nevers ; sa richesse et son opulence ; ses filles, 376, 378-379 ; son désintéressement ; sa seconde femme ; Marie de Bourbon ; sa mort ; mort de son fils aîné François, blessé à Dreux, 377-378 ; mort de son second fils, le marquis d'Isle ; ses filles, 378-379 ; parle à Henri II au nom de la noblesse, VI, 151 ; second mari de Marie de Bourbon, duchesse d'Estouteville, III, 204. — I, 82.

Nevers (François de Clèves, IIe du nom, comte d'Eu, puis duc de),

Nevers (suite).

fils aîné du précédent, est blessé mortellement à la bataille de Dreux; son éloge; son mariage avec Anne de Bourbon, 377-378; histoire d'une bague de sa femme qu'il donne à sa maîtresse, IX, 514-515. — VII, 289, 384; IX, 397, 513, note 2.

Nevers (Louis ou Ludovic de Gonzague, prince de Mantoue, duc de), notice sur lui, IV, 379-390; il devient duc de Nevers par son mariage avec Henriette de Clèves; est élevé à la cour de Henri II; est pris à Saint-Quentin, 379; refuse de quitter le service de France; son caractère; son adresse dans les exercices de corps; son portrait, 381; s'empare de Mâcon; est blessé à la jambe et reste estropié, 380-382; assaut qu'il organise au siège de La Rochelle, 382-384; dicton sur sa lenteur et sa prudence; s'empare de plusieurs places en Poitou; est appelé par Henri III après le meurtre des Guises, 384-385; est envoyé à la poursuite du duc d'Anjou et rappelé par Catherine de Médicis, 385-386; il reste fidèle à Henri III puis à Henri IV qui le nomme son ambassadeur à Rome; envoie son fils dans Cambrai assiégé, 387-388; sa mort; regrets de sa femme; ses enfants, 388; sa magnificence; jouait rarement; remet l'ordre dans les affaires de sa maison; éloge de son caractère et de son esprit, 389; ses *Mémoires*, 379, note 2; est nommé gouverneur de Languedoc sur le faux bruit de la mort de Damville, III, 365; s'empare de Mâcon, VI, 154; sa querelle avec Montpensier, V, 23; VI, 461; chargé par Henri III d'accorder Saint-Phal et Bussy, VI, 184-186; mot de M. d'O snr son mariage avec Henriette de Clèves, IX, 361; sa conversation avec Brantôme au sujet des couronnels, V, 297 et suiv.; Brantôme l'entend se plaindre de l'incapacité de Matignon, V, 166; son médecin Cabrian, IX, 569. — V, 101, note 3; VII, 320, 367.

Nevers (*Mémoires de M. le duc de*), par Gomberville, cités, VI, 326, 461, note 3; IX, 122, note 2.

Nevers (Charles de Gonzague, duc de), fils du précédent; son voyage en Hongrie, IV, 145; envoyé par son père à la défense de Cambrai où il se distingue, 387-388.

Nevers (Jacques de Clèves, marquis d'Isle, puis duc de), fils de François Ier duc de Nevers, son mariage avec Mlle de Bouillon; sa mort prématurée, IV, 378-379. — VII, 384.

Nevers (Jean II de Bourgogne, comte de). Voy. l'article suivant.

Nevers (Paule de Penthièvre, femme de Jean II, comte de), assiégée et prise dans Roye par le comte de Charolais, IX, 431.

Nevers (Marguerite de Bourbon, femme de François de Clèves, duc de), son bon mot sur le marquis del Gouast, III, 217. — VI, 394, note; VII, 381.

Nevers (Henriette de Clèves, duchesse de), fille de François duc de Nevers; son mariage avec L. de Gonzague de Mantoue, à qui elle apporte le duché de Nevers, IV, 376, note 3; 379, 381; aimée de son mari, qu'elle regrette; leurs enfants, 388-389; était grande amie de Brantôme, 390; maîtresse de Coconnas dont elle fait embaumer la tête, IX, 122, note 2. — III, 217; VII, 384.

Nevers (Anne de Bourbon, femme de François II, duc de), accompagne en Espagne la reine Élisabeth dont elle était *coupière*;

histoire d'une bague que lui avait donnée cette princesse, IX, 513-515. — IV, 378; VII, 384.

Nevers (Diane de La Mark, femme de Jacques de Clèves, duc de), ses mariages, IV, 378.

Nevers (Marie de), femme de Henri de Lorraine, IV, 389, note.

Nevers (Marie de Bourbon, duchesse d'Estouteville, veuve de J. de Bourbon, comte d'Enghien, seconde femme de François Ier, duc de), IV, 377. — Voy. Bourbon (Marie de).

Nevers. Voy. Clèves, Longueville, Mayenne.

Neveu (duel d'un oncle et d'un), VI, 441, 442.

Nevillian, capitaine gascon, VII, 288.

Nice (anecdotes sur l'entrevue de Paul III et de François Ier à), IX, 475, 478.

Nice (siège de), par Enghien et Barberousse, I, 202-203; II, 17, note 3; III, 219; IV, 122.

Nicéphore, cité à tort par Brantôme, V, 11.

Nicolas, secrétaire de Charles IX, son talent pour la poésie, V, 281.

Nicopolis (bataille de), V, 386, 387; VII, 37, 159, 303.

Nicosie (prise de), par les Turcs, I, 295; II, 64, 65.

Nicot, son *Trésor de la langue françoise*, cité, V, 247, note 1; X, 290, 439, note 2.

Niel, son recueil de portraits, cité, VIII, 34.

Nigeon ou Chaillot (couvent des Minimes à), VII, 324.

Nîmes, temple qu'Adrien fait bâtir près de cette ville, IX, 140.

Niquée (gloire de), VII, 398; VIII, 29.

Noailles (François de), évêque de Dax, ambassadeur en Angleterre, à Venise et à Constantinople, son éloge, II, 121; III,

101; VI, 340; V, 57; empêche les Turcs d'attaquer Candie; ambassadeur à Venise; son habileté, 66; achète à Constantinople une esclave chypriote; se fait aimer du Grand Seigneur et des Turcs, 67; riches meubles qu'il rapporte d'Orient, et qui passent à son neveu H. de Noailles, 68; ce qu'il raconte à Brantôme sur l'Ouchaly, II, 63; étant ambassadeur à Venise, refuse de reprendre le collier de l'ordre que lui renvoie Paolo-Giordano Orsini, V, 98.

Noailles (Gilles de), abbé de l'Isle, évêque de Dax, frère du précédent, ambassadeur à Constantinople, V, 5.

Noblesse (preuves de), pour l'ordre du Saint-Esprit, et fabrication de faux titres, V, 102-105.

Noblesse de France, entretien sur elle du grand-père de Brantôme avec François Ier, III, 153-155; son amour pour Henri II, III, 278; bien traitée par Catherine de Médicis, VII, 368; enrichie par les guerres civiles, IV, 328 et suiv.; ses donations à l'Église, III, 111.

Noblesse. Voy. Gentilshommes, Poterie.

Noces de rois et de seigneurs à la cour de France, VII, 397; — de la fille et de la sœur de Henri II, III, 271; — de Cipierre et d'Elbeuf, VII, 346; — de Joyeuse, II, 327-328; — de F. de Bourdeille et d'Anne de Vivonne, X, 47 et suiv.

Noces. Voy. Mariage.

Noces (nuit de). Voy. Mariés (nouveaux).

Nœud gordien, V, 45.

Nogaret. Voy. La Valette; Saint-Lari.

Noian (Mlle de), dotée par Philippe II, VII, 393; VIII, 20.

Noizay (château de), pris par Jacques de Savoie, duc de Nemours, III, 182.

Nolai. Voy. Aumont.
Noms de divinités (sur certains), I, 352.
Noms, leur influence, I, 87; IX, 35; leur changement porte malheur, V, 293.
Noms de baptême (sur les), VI, 125.
Nonce, introduction de ce nom en France; plaisanteries à ce sujet, IV, 295.
Nontron (Dordogne), pris par Espernon, VI, 431.
Noradin. Voy. Nour-Eddin.
Normand, capitaine huguenot; ses railleries au siège de La Rochelle sur des Pruneaux et Lavardin, VI, 197, 198.
Normandie, son gouvernement donné à Montpensier, VI, 101.
Normandie par les troupes royales (conquête de la basse), V, 360, 361.
Normandie (grand sénéchal de). Voy. Brezé.
Normandie (général de). Voy. Bohier (Thomas).
Normanville, capitaine, V, 309.
Nostradamus, sa prophétie à Catherine de Médicis sur ses enfants, V, 291, 292; sa prédiction sur Charles IX et son règne, V, 240, 287. — VIII, 209.
Notables (assemblée de) à Fontainebleau, IV, 291.
Notaires (faux testaments fabriqués par les), X, 147.
Notre-Dame (coiffe de). Voy. Coiffe.
Notre-Dame de Cléry, prière que lui adresse Louis XI, II, 329, note 3; 330, 331.
Notre-Dame des Champs à Paris, VII, 321.
Notre-Dame de la Victoire (abbaye de), II, 337, note 2.
Notre-Dame-de-l'Épine (Marne), danger qu'y court l'armée huguenote, II, 180; IV, 85-87, 171, 346.
Notre-Dame-de-Lorette (peintures à), VI, 209, 210.

Nour-Eddin, soudan de Damas, sa reconnaissance envers Baudoin III, roi de Jérusalem, VII, 257.
Nourrice de Charles IX, protestante, épargnée à la Saint-Barthélemy; se convertit; ce qu'elle en dit à Brantôme, V, 256.
Nourry (Cl.), sa traduction de la *Fiametta* de Boccace, VIII, 153, note 2.
Nouvelles du monde advantureux. Voy. *Comptes.*
Nouvelles de la reine de Navarre. Voy. *Heptaméron.*
Novare (bataille de), II, 363, 399; III, 190.
Novare, Louis XII y est assiégé, II, 319, 359. — Ce qu'un maître de poste de cette ville raconte à Brantôme sur MM. de Chaumont et de Bourbon, III, 5.
Novidalle (Mme), maîtresse du maréchal de Brissac en Piémont; sa fille, IV, 81, 82; VI, 157, 158.
Noyers, château appartenant au prince Louis de Condé. Il est pillé par Tavannes qui essaye inutilement d'y surprendre ce prince, IV, 346; V, 115-117; VII, 239.
Noyers (La Motte des). Voy. La Motte.
Nunce. Voy. Nonce.
Nuza (Don Juan de la), grand justicier d'Aragon; son supplice, II, 134.

O (Jean d'), seigneur de Maillebois, capitaine des gardes écossaises, arrête Condé à Orléans, IV, 341; son mot sur le mariage du duc de Nevers avec Henriette de Clèves, IX, 361.
O (Jean ou François d'), prend part à l'assaut de La Rochelle, VI, 63.
O (Jean d'), deuxième du nom, seigneur de Manou, second

mari de Charlotte de Clermont, VII, 386, note 7.
Obé, *oui-bien*, juron ordinaire de Lautrec, VII, 272.
Obsèques de Charles-Quint à Bruxelles, I, 65 à 70, à Rome, 70, à Paris, 71. — de Cosme de Médicis, II, 19; IV, 137, 138. — Voy. Funérailles, Pompe funèbre.
Ocheli ou Occhiali. Voy. Ouchaly (L').
Octave, heureux par ses lieutenants, II, 366. — II, 33, note 1. Voy. Auguste.
Octavie, *Octavius*. Voy. Octave.
Octavie, *Octavia*, mère de Marcellus, IX, 517-518.
Octavie, répudiée par Néron; erreur de Brantôme à ce sujet, IX, 34.
Octavie, *Ottavio*. Voy. Farnèse (Octave), duc de Parme.
Oder (Volfang), défait l'armée navale de Soliman, I, 323.
Odet ou Houdet, capitaine, II, 297 (peut-être le même qu'Odet d'Aydie?); V, 397, Voy. Aydie.
Odieuvre, graveur, cité, I, 76, note 4.
Odos (château d'), Marguerite d'Angoulême y meurt, VIII, 123.
Odyssée, citée, VII, 43, note 1.
OEuf (château de l'), pris par Charles VIII, II, 321.
OEufs frais (sueur d'), remède contre la petite vérole, VIII, 5.
Offenses que l'on doit cacher, IX, 473 et suiv.
Offenses. Voy. Injures.
Offices de France, don du droit de leur confirmation fait à Diane de Poitiers par Henri II, III, 247.
Ogier le Danois, VIII, 56.
Ogueda, capitaine espagnol, I, 330.
Ohsson (d'), son *Tableau général de l'empire othoman*, cité, I, 22, note 4.
Oineau (d'). Voy. Sainte-Soline.

Oiron ou Oyron (Deux-Sèvres), Henri II y avait une écurie; faïences qui s'y fabriquaient, III, 274 et note 1.
Oiseau de paradis, IX, 262.
Oiseaux (cadeaux d'), faits au connétable de Montmorency, III, 347.
Oisel. Voy. Clutin et Villeparisis.
Oldrade, jurisconsulte IX, 260.
Olgiato (Gieronimo), un des assassins de Galéas-Marie Sforce, VI, 499, note 2.
Olias, médecin de Tolède, II, 93.
Olivier, paladin, VIII, 56.
Oloron (évêque d'). Voy. Gérard Roussel.
Omedès (Jean), grand maître de Malte; ses calomnies contre G. d'Aramon, V, 65.
Once du pape (l'), IV, 295.
Oncle et d'un neveu (duel d'un), VI, 441-442.
Onglée (L'). Voy. L'Onglée.
Ongres, Hongrois, VII, 303.
Onix; Onyx, Aunis, V, 13, 132.
Ontoria, serrurier, capitaine des *Comuneros*, I, 221, 369.
Oppia. Voy. Vestia.
Or potable, IX, 356.
Orades. Voy. Auradé.
Oraignitio, capitaine espagnol, I, 332.
Oraison funèbre de Charles IX par Muret, V, 290, 291; de Catherine de Médicis par Renaud de Beaune, VII, 334; de Claude de France, duchesse de Lorraine, VIII, 137, note 2; de Jacquette de Montberon, femme d'André de Bourdeille, (par Brantôme, X, 58-73; de Maria Salviati par Benedetto Varchi, II, 11, note 2.
Oraison (Carles Lyon d'), sa querelle avec Bussy qu'il va chercher en Flandre, VI, 427-429.
Oraison (le jeune). Voy. Souillelas.
Oran (siège d'), par les Turcs, II, 83.

Orange (Louis de Chalon, prince d'), passe le Rhône à la nage, I, 239.

Orange (Jean II de Chalon, prince d'), est pris à la bataille de Saint-Aubin, V, 300; épouse à Nantes Anne de Bretagne pour Maximilien d'Autriche. VII, 309. — I, 238, note 1; II, 299.

Orange (Philibert de Chalon, prince d'), fils du précédent, notice sur lui, I, 238-247; grand capitaine, 239; prisonnier dans le château de Lusignan; mécontenté par le roi s'attache à Charles-Quint; succède à Bourbon dans le commandement de l'armée qui prend Rome, 240-244; veut se faire roi de Rome, 241; sa retraite devant Lautrec qui l'assiège dans Naples où il est élu général par les assiégés, 238, 241, 244; assiège Florence où il est tué, 242-244; voulait épouser Catherine de Médicis; sa haine des Français, 240, 242-244; sa vaillance, IV, 243; pris par A. Doria, est enfermé d'abord dans la grosse tour de Bourges, II, 31, 38, note 1, 429; chanson des aventuriers sur lui, I, 268; sa conduite à la prise de Rome, 271-272, 278, 280; sa belle retraite devant Lautrec qui l'assiège dans Naples, VI, 225; VII, 272-273; pensait à se faire créer duc de Florence, et à épouser Catherine de Médicis, III, 191; son juron, II, 298. — I, 236; II, 2, 32.

Orange (René de Nassau, prince d'), neveu et héritier du précédent, tué devant Saint-Dizier, I, 245, 268; III, 235; V, 334; Charles-Quint va le voir à son lit de mort, I, 246; II, 436; battu à Hoch-Straet par Martin van Rossem, I, 246-247. — I, 238, note 1; II, 439.

Orange (Guillaume Ier de Nassau, prince d'), dit le *Taciturne*, notice sur lui, II, 164-176. Il refuse de se rendre à l'invitation du duc d'Albe et se retire en Allemagne d'où il revient avec une armée qui est dissipée par le duc; Brantôme le reçoit chez lui, 165-166; son caractère; son habileté; élevé par Charles-Quint, 166-167; il est assassiné par Jean Jauréguy et réchappe de sa blessure, 167-169; son entreprise infructueuse sur Besançon, 169-170; il est tué par Balthasar Gérard; récit de sa mort et du supplice de son assassin, 170-175; ses mariages et sa postérité, 175, 176; II, 421; X, 105, note 3, 106; armée qu'il mène inutilement en Flandre; accompagne le duc de Deux-Ponts en Guyenne, IV, 88; son mot sur la querelle de Saint-Luc avec Gauville à Anvers, VI, 382; pousse Élisabeth à la mort de Marie Stuart, VII, 447. — I, 60; II, 77; IV, 375; VII, 221.

Orange (Philippe-Guillaume, prince d'), fils aîné du précédent, sert fidèlement le roi d'Espagne, II, 175-176.

Orange (Maurice de Nassau, prince d'), second fils de Guillaume d'Orange, sa vie projetée par Brantôme, V, 294. — II, 150, note 3, 175, note, 176.

Orange (Henri-Frédéric de Nassau, prince d'), frère du précédent, II, 175, note, 176; X, 106.

Orange (Charlotte de Bourbon, abbesse de Jouarre, puis femme de Guillaume Ier, prince d'), II, 175, note 1, 176.

Orange (princesse d'). Voy. Coligny (Louise de).

Orbina (Jouan d'), capitaine de l'armée impériale, notice sur lui, I, 329.

Orbitello, attaqué par Barberousse, II, 17, 188, note 2.

Ordonnances de Coligny sur l'infanterie; leurs beaux résultats, VI, 16; autres ordonnances de Langey et du prince de Melfe, 17; de Montmorency, III, 344, 345.

Ordres de chevalerie, leur création et leur avilissement, VI, 466-467. — Voy. Annonciade, Croissant, Étienne (S.), Étoile (L'), Habito de Christo, Jarretière, Michel (S.), Porc-épic, Table-Ronde, Toison d'or.

Oreille. Voy. Essorillement.

Oreilles coupées (mot d'un Espagnol condamné à avoir les), VII, 99.

Oreilles (Rigaut ou Regnaut d'), seigneur de Villeneuve, maître d'hôtel de Charles VIII, ambassadeur à Milan, II, 293.

Orestilla (Livia), femme de Pison, père de Caligula, IX, 29.

Orfèvrerie, II, 210.

Orlando innamorato, de Boiardo, cité, VI, 392-393.

Orlano. Voy. Ornano.

Orléanais, nom donné à la faction du duc d'Orléans, VI, 485.

Orléans ferme ses portes au duc d'Orléans (Louis XII), VIII, 100; — (états généraux à), VI, 151; VII, 351, 352. — (tournoi à), V, 28. —(assassinats commis à), VI, 371, 372; VII, 131-133.

Orléans, pris par La Noue, VII, 205; assiégé par le duc de Guise, I, 171-173; IV, 71, 250 et suiv., 296; V, 413, 414; VI, 48, 55; VII, 89-91, 351, 352; rendu au roi par Coligny, IV, 296.

Orléans (duc d'). Voy. Louis XII et Henri II.

Orléans (Louis duc d'), deuxième fils de Charles V, fonde l'ordre du Porc-épic, II, 366, note 6; son défi à Henri IV d'Angleterre, VI, 426-427; son aventure avec le mari d'une de ses maîtresses, IX, 67, 68; enrichi par Marie de Namur, IX, 106; assassiné par Jean sans Peur; II, 357, 358; VII, 350; IX, 472, 474. — III, 226, 243.

Orléans (Charles duc d'), père de Louis XII; ses poésies, III, 287; sa veuve se remarie à Jean de Rabodanges, IX, 592-593.

Orléans (Charles, duc d'), troisième fils de François Ier, notice sur lui, 179-187; sa mort; son caractère; son portrait, 179-180; chéri de son père; sa vivacité; sa malheureuse aventure à Amboise; colère de son père, 180-181; conquiert le duché de Luxembourg, 183, 230; V, 315; jalousie du dauphin contre lui, III, 184; est aimé de Charles-Quint qui lui faisait de trompeuses promesses, 186; sa mort considérée comme un bonheur pour la France; anecdote sur une dame de la cour, sa maîtresse, 186; recherché par Charles-Quint, 269; promesses et offres que lui faisait ce prince, à qui il avait été donné en otage, III, 169-171; ses obsèques, 173; son train de maison, II, 218; amant de Jacquette de Longwy, duchesse de Montpensier, V, 6-7; on lui donne la compagnie de Galiot; sa mort, V, 89, 90.

Orléans (Louis duc d'), second fils de Henri II, V, 292.

Orléans (Marie de Clèves, femme de Charles, duc d'), mère de Louis XII; devenue veuve, épouse le sire de Rabodanges, IX, 592-593.

Orléans (Marie d'), sœur de Louis XII, femme de Jean de Foix, III, 55.

Orléans-Longueville (Charlotte d'), femme de Philippe de Savoie, duc de Nemours, X, 103.

Orléans. Voy. Condé, Foix, Longueville, Saint-Paul.

Ornano (Alfonse d'), fils de Sampietro, amène en France un régiment de Corses dont il est

Ornano (suite).
nommé couronnel, VI, 218; contribue à la défaite des Suisses et à la réduction de Lyon; ses exploits; son éloge; aimé de Henri III et de Henri IV qui le fait maréchal de France; son projet de tuer le duc de Mayenne, 218, 219; IX, 14; lieutenant général en Guyenne, V, 160; son attaque sur Vienne, IV, 184; sa querelle avec Espernon, VI, 462; son différend avec Montespan, 437.

Ornano (marquis d'), VI, 99, note 2.

Ornano (Vannina d'), femme de Sampietro qui l'assassine, VI, 214, note 3.

Ornesan (Jeanne d'). Voy. Biron (maréchale de).

Ornesan. Voy. Auradé.

Orose, cité, IX, 378.

Orose (François d'Urfé, baron d'), son combat à la barrière avec Bayard contre les Espagnols, IV, 177 et suiv.; VI, 310, 311. — VI, 265.

Orozze. Voy. Orose.

Orrhuella, capitaine espagnol, I, 331.

Orsini (les), amis des Français, I, 138. — II, 1, 197; IV, 210.

Orsini (Paolo-Giordano), duc de Bracciano, comte d'Anguillara, lieutenant de roi en Corse, épouse la fille de Côme Ier, Isabelle de Médicis, et quitte le parti du roi auquel il renvoie l'ordre de Saint-Michel, V, 79-98; parrain d'un Italien dans son duel contre Prouillan, VI, 278; combat à Lépante, II, 116; assassine sa femme Isabelle de Médicis, IX, 11, note 2; 12, 14; fait assassiner Peretti dont il épouse la femme; sa mort, 14, note 1.

Orsini (L.), comment venge la mort de son cousin Peretti, IX, 14, note 1.

Orsini (Troïle), son duel avec Saint-Megrin; sa mort, VI, 352-354; IX, 11, note 2.

Orsini (Antonio, Juannin et Valerio), défendent Rome contre l'armée de Bourbon, I, 272.

Orsini (Napoleone), abbé de Farfa; son (prétendu) mariage avec Vittoria Colonna, veuve du marquis de Pescaire; combat pour le service de François Ier, IX, 670-671. — (Brantôme a fait ici une confusion de nom. Ce n'est point Vittoria Colonna que l'abbé de Farfa épousa, mais Claude Colonna fille de Jules Colonna et de Marie Conti).

Orsini (Virginio), comte de Tagliacozzo, connétable du royaume de Naples, met ses enfants au service de Charles VIII, VII, 235.

Orsini. Voy. Anguillara.

Orsua demande à Scipion de combattre Corbis, VI, 400.

Orte (vicomte d'), fait à Brantôme l'éloge du dauphin François, III, 178. — IV, 42.

Orthez pris par Montgommery, IV, 53, 358.

Orthographe. Voy. *Dialogue de l'ortografe.*

Ortiagon, roi gaulois d'Asie. Histoire de sa femme, IX, 293.

Ortua. Voy. Orsua.

Orval (Jean d'Albret, sire d'), père de Charlotte d'Albret, femme de Lautrec, III, 56. — Voy. Albret (Jean d').

Ory (Mathieu), inquisiteur, II, 257.

Osquerque, maître d'hôtel du prince Louis de Condé, envoyé par lui vers Antoine de Bourbon mourant, IV, 367.

Ossun (Pierre d'Aussun ou d'), notice sur lui, IV, 5-26; dictons sur lui en Piémont; maréchal de camp du roi de Navarre; ses exploits en Italie; il fuit à la bataille de Dreux et en meurt de regret, 7, 8; II, 395, note 1;

combat à Cérisoles, I, 341. — IV, 72; V, 126, 212.

Ostende (siège d'), par les Espagnols, IV, 124, 145.

Ostie (siège d'), où est tué le fils ainé de Monluc, III, 352; IV, 40.

Ostie (cardinal d'). Voy. Tournon.

Otages abandonnés par Gilbert de Montpensier. V, 3.

Otages donnés pour la paix à Charles-Quint, III, 171-172; à Édouard VI, VI, 115.

Othelin. Voy. Othon IV.

Othon IV, duc de Bourgogne, VIII, 57.

Ouarty. Voy. Warty.

Ouchaly (L'), notice sur lui, II, 58-66; parallèle de lui et de Dragut, 59-63; ses exploits à la bataille de Lépante, *ibid.*, 112, 117; comment est reçu par Sélim II, 59; s'empare de la Goulette, 60-62, 65, 66; VII, 15-16; avait été formé par Dragut, II, 62, 63; son origine; sa cruauté, 63; sa rencontre en mer avec J. A. Doria, 47.

Ouchy ou Auchy (Eustache de Conflans, vicomte d'), capitaine des gardes de Charles IX, maréchal de camp; son éloge; sa rivalité avec Biron, V, 127, 128; sa mort, 269.

Oudart de Bussy, sa trahison envers Louis XI; son supplice, II, 335.

Oudin. Ses *Curiosités françoises*, citées, X, 162, 188, 192, 195, 196, 206, 214, 220, 224, 226, 262, 264, 265, 267, 270, 272, 275, 278, 296, 301, 314, 327, 362, 372.

Oulmes (Jean de Vivonne, seigneur d'), IX, 89, note.

Oulx, bourg de Piémont, V, 195, note 1.

Ourches (Rostain d'Urre, seigneur d'), enseigne de Martigues et ami de Brantôme, tué au passage de la Loire par les protestants, VII, 205.

Ours. Voy. Oulx.

Outre-mer (chevaliers d'), V, 387.

Ove (Castel de l'). Voy. OEuf (château de l').

Ovide, I, 62; ses *Amours*, cités, IX, 212, 385; son *Art d'aimer*, cité, IX, 572; ses *Fastes*, cités, VII, 239; ses *Remèdes d'amour*, cités, 132. — Cité à tort, VII, 43.

Oye (comté d'), conquis par le duc de Guise, IV, 219.

Oysel. Voy. Clutin.

Ozard (Martin), sergent de Ph. Strozzi, VI, 68.

Ozeilles. Voy. Oreilles (Rigaut d').

Ozoria (Juan), capitaine espagnol, I, 331.

Ozorio (Lopez), capitaine espagnol, I, 330.

Pacceco (Federico), capitaine espagnol I, 331.

Paceca (Maria de). Voyez Padilla.

Pacecho. Voy. Pachecho.

Pachecco (Pedro), capitaine espagnol, I, 332.

Pacheco (François), archevêque et cardinal de Burgos, III, 17.

Pacheco (Agnès-Béatrix), dame d'honneur de la reine Éléonore; vase qu'elle donne au dauphin François, III, 175, 176; mère de la deuxième femme de l'amiral Coligny, IX, 316.

Padilla (don Juan de), l'un des chefs des *Comuneros*, I, 220-222.

Padilla (Maria de), femme du précédent, s'empare de l'argent des églises de Tolède, I, 164-165. — I, 220-222.

Padoue, A. du Ferrier y fait des leçons publiques, III, 102.

Padoue, assassinat de Flaminio à Padoue, IX, 14, note 1.

Padoue (siège de), par Maximilien I, I, 78; III, 221.

Padre de los soldados (*El*), surnom donné par les soldats espagnols à Charles-Quint, IX, 428.

Pagano (Rodrigo), capitaine espagnol, I, 331.

Page, capitaine; déjoue un complot de Bussy, IV, 34; tombe entre ses mains; comment il obtient de lui grâce de la vie, 35, 36.

Page de la chambre du roi, V, 86.

Page, épousé par sa maîtresse, IX, 593.

Pages, leur habillement, IV, 162; leur insolence; comment traitent un chevalier du Saint-Esprit, V, 108; leur chanson sur Antoine de Bourbon, IV, 371, note 2.

Pages (conversation de Henri II sur ses), III, 275.

Pagnotte (soldats de la), surnom donné aux soldats espagnols; son origine, VII, 60.

Paillardise (mots français de), IX, 192.

Paillé (du), guidon de M. de Nemours, sa mort, II, 416.

Pairs de Charlemagne, II, 360; X, 65.

Paix d'Angers, erreur de Brantôme, *lisez*: de Chartres. Voy. l'article suivant.

Paix de Bergerac, V, 142; de Chartres ou de Longjumeau, appelée *petite paix* et *la courte*, et *paix boiteuse et malassise*, II, 180; V, 115, 118, 119, 130, 350, 351; vers de Brusquet à ce sujet, VIII, 208; de Crépy ou de Jaalons, III, 162-164, 169; de Fleix ou de Monsieur, I, 324; V, 143; de La Rochelle, V, 134.

Paix de Pequigny entre Louis XI et Édouard IV, III, 164.

Paix (Charles de la). Voy. Durazzo.

Paix (Bai de la). Voy. Bai.

Paix (moine de la). Voy. Gusman.

Paladins de France, VIII, 56; IX, 398-399.

Paladins de Charlemagne, X, 65.

Palais, à Paris (boutiques du), IX, 372; —(course de cavaliers au) IV, 161; —(Ile du), rendez-vous des duellistes, VI, 183-184

Palatin. Voy. Casimir, Frédéric III, Philippe.

Palatin, nom porté par les princes de la maison d'Orange, I, 238.

Palatine (Louise-Julienne de Nassau, comtesse), II, 175, note, 176.

Palefrenier ramené d'Italie par F. de Bourdeille, X, 44.

Palemaille, jeu de mail. Voy. ce mot au *Lexique*.

Paléologue (Misach), renégat, assiège Rhodes, V, 218, 219.

Palice (La). Voy. La Palice.

Pallavicini (les), persécutés par Lescun, III, 48.

Pallavicino (Manfredi), écartelé par ordre de Lescun, III, 57, note 2; François Ier prend son frère à son service, 57.

Pallavicino (Christophe), décapité à Milan par ordre de Lautrec, 57, note 2.

Pallegrue (Louise de), marquise de Trans, III, 308, note 1.

Pallet (J.). Sa traduction de Firenzuola, citée, IX, 205.

Palude (La). Voy. La Padule.

Palvoisin. Voy. Pallavicino.

Pampelune assiégé par Jean d'Albret et La Palisse, III, 24, 25; VII, 108-109; III, 116, 154, 155.

Pampelune (dame de), héroïne d'une nouvelle de l'*Heptaméron*, IX, 211, 544.

Panache au casque, IV, 174-175.

Panas. Voy. Panat.

Panat (Louis de Brunet, vicomte de), huguenot, V, 432.

Panat (Jean de Castelpers, vicomte de), mari d'Anne de Lévis, X, 94.

Pancalier ou Pancallier. Voy. Raconis.

Pancallier (comte de), son combat contre Mandozze, VI, 244, 290.

Pancallier (Mme de), sœur de M. de Raiz, dame d'honneur de la duchesse de Savoie Marguerite, offre de sa part cinq cents écus à Brantôme qui les refuse, VIII, 134.

Pandolfo Alopo. Voy. Alopo.

Pandore (La), courtisane de Rome; son mariage; est entretenue par une autre courtisane, IX, 194.

Panégyrique de la Trémoille, cité, III, 149.

Panier, lieutenant de galères, tué dans un combat naval; son mot en mourant, IX, 463.

Panique dans l'armée royale au siège de La Rochelle, VI, 65.

Pannat. Voy. Panat.

Pantagruel. Voy. Rabelais.

Pantalon, personnage de la comédie italienne, IV, 10; VI, 308, 486; VII, 347.

Pantesilée. Voy. Penthesilée.

Paolo, capitaine, réfugié italien, VII, 237.

Pape (le), son ambassadeur appelé nonce, IV, 294, 295.

Papes. Ont-ils le droit d'ériger des royaumes? I, 38, note, 40; leurs dons sont fatals aux rois de France. IV, 210.

Pape. Voy. Saint-Auban.

Papegaut blanc pris sur les Parthes, V, 249.

Papier, il souffre tout, VIII, 182.

Papiers de la maison de Bourdeille, I, 73.

Papillotes au panache, IV, 174.

Papinien, cité, IX, 588.

Pâques-Dieu, juron de Louis XI, III, 83; et de M. de Grignaux, VII, 198.

Parabel. Voy. Parabère.

Parabère (Jean de Baudéan, comte de), capitaine huguenot, gouverneur de Niort, V, 435.

Paradin (Guillaume), prête à tort une harangue à Henri II dans son *Histoire de notre temps*, IX, 624; son erreur sur Eugène IV, 348, note 1; sa *Chronique de Savoye*, citée, II, 286, note 3, 307, note 1, 347-349; VI, 408, 484; VII, 255, 256; IX, 635, notes 1 et 3; sa *Continuation de l'histoire de notre temps*, citée, I, 300-301, 319, note 2; III, 161, note 1, 164, note 3; 208, note 2; VI, 109, 118, note 1; réfutée, VI, 20, 21; ses *Annales de Bourgogne*, citées, V, 21, 437.

Paradin (Claude), ses *Devises héroïques*, citées, VIII, 115, note 1, 128, note 2; ses *Alliances généalogiques des rois de France*, citées, III, 54.

Paradis d'amour (Le), comédie inventée par une fille de la cour et jouée dans la salle de Bourbon, IX, 553.

Pardaillan (Hector de Gondrin, seigneur de), sa querelle avec La Chastaigneraie, VII, 367. — V, 183, 346.

Pardaillan (le jeune), V, 46.

Pardaillan. Voy. Montespan.

Pardon des injures (sur le), V, 245.

Paré (Ambroise), huguenot, premier chirurgien de Charles IX, panse Coligny blessé par Maurevel, IV, 302; sauvé par Charles IX à la Saint-Barthélemy, V, 256; ce qu'il dit sur la mort de celui-ci à Brantôme et à Strozzi, 270; son éloge, 45.

Parfums (usage des), I, 203; IX, 253-254; — dans les pâtés, II, 249.

Paris (entrée de Henri II à), II, 304; — (joutes sur l'eau à), IV, 347, 348; — (dicton sur), II, 16. — (mots de Pantagruel et de Mme de Nemours sur), I, 189; IX, 447.

Paris, menacé de siège par Charles-Quint, mot de François Ier à ce sujet, III, 161-163; attaqué et assiégé par les protestants, V, 127, 250; VI, 46, 47, 127;

Paris (suite).

VII, 205, 300-301 ; pacifié par Fr. de Montmorency son gouverneur, III, 354 ; promet de payer une partie des dettes de Henri de Guise, IV, 274 ; tient sur les fonts de baptême un des fils du duc François de Guise, *ibid.*; assiégé par Henri IV, IV, 183 ; VII, 140-141 ; livré à ce prince par le comte de Brissac, III, 104 ; VI, 149 ; VII, 154 ; sa misère pendant la Ligue ; sa richesse et sa magnificence sous Henri IV, IV, 331. — Voy. Parisiens.

Paris (évêque de), membre du parlement, III, 131.

Paris (prévôt de). Voy. Alègre (G. d') ; Nantouillet.

Paris. Voy. Recteur.

Paris, héraut de Charles VIII, II, 301.

Pâris, IX, 409.

Pâris, bateleur, amant de la femme de Domitia, IX, 34.

Paris de Puteo, son traité sur les duels, cité, VI, 249 et suiv., 301, 302, 303, 329, note 1 ; 386, note 3 ; 387, note 1, 409 ; VIII, 175 et suiv.

Parisiens (mot de François Ier et de F. de Guise aux), VI, 13 ; VII, 302.

Parisiens, brisent les tombeaux et statues des mignons de Henri III, VI, 481.

Parisot. Voyez La Valette.

Parjure (sur le), I, 118-124 ; II, 217, 219 ; VII, 152.

Parjures aux quinzième et seizième siècles, I, 118-124.

Parlement de Paris, augmenté par Charles VII, III, 131 ; sa dispute de préséance aux obsèques de Charles IX, VII, 325, 326 ; sa dispute, à la même occasion, avec Amyot, grand aumônier du roi, au sujet des grâces à dire ; ses membres sont traités de sots par le cardinal de Lorraine, 327, 328 ; ses poursuites contre le vicomte de Martigues, VI, 39-41 ; harangue sévère que Charles IX lui adresse, V, 283.

Parlement de Toulouse, son éloge ; condamne le maréchal de Gié, VII, 311 ; transféré à Castelnaudary, III, 302. — IV, 322.

Parlement. Voy. Bordeaux, Président.

Parler. Voy. Langage.

Parme, citadelle construite devant cette ville par Frédéric II, VI, 95, 96.

Parme assiégée par Gonzague est défendue par Octave Farnèse et Thermes, IV, 2 ; V, 100 ; VI, 159, 160, 466.— I, 28 ; V, 388, 391.

Parme (combat en champ clos de deux Espagnols à), VI, 262, 263.

Parme (Pierre-Louis-Farnèse, premier duc de Plaisance, et de), son assassinat, IV, 65. — I, 28, note 2 ; II, 24, note 1.

Parme (Octave Farnèse, duc de), second mari de Marguerite d'Autriche, I, 169 ; II, 23, note 4, 24 ; protégé par Henri II, I, 168 ; III, 266-267 ; IX, 625. — V, 391 ; VI, 160.

Parme (Alexandre Farnèse, duc de), combat à Lépante, II, 115 ; succède à Don Juan en Flandre, 140 ; sa correspondance avec le duc de Guise allant combattre Dhona, IV, 200 ; sa lettre aux reîtres, 202 ; son mot sur la révolte du duc de Guise, IV, 293 ; description de son armée arrivant en France, VII, 107-108 ; sauvé d'une défaite à Caudebec par un conseil de Biron, V, 158 ; sa belle retraite devant Henri IV après la levée du siège de Rouen, VII, 294-295 ; sa campagne heureuse contre ce prince, à qui il fait lever le siège de Paris ; propos qu'ils échangent à ce sujet, VII, 140-141 ; voyage de Mme de Mont-

pensier vers lui, IX, 438, 439;
comment il traitait un vieux
soldat, V, 372; sa vie projetée
par Brantôme, II, 187; V, 294;
VII, 141. — III, 267; IV,
243; VII, 7, 12; IX, 438.
Parme. Marguerite d'Autriche,
fille naturelle de Charles-Quint,
femme d'Al. de Médicis, puis
d'Octave Farnèse, duc de Parme, I, 169; II, 23; gouvernante des Pays-Bas, 156; son
amour pour Laudomia Forteguerra, IX, 205, 206, note 1.
— III, 267.
Parme, Voy. Gonzague.
Parrainages des rois et reines recherchés des grands, X, 36.
Parrains, leur rôle dans les combats en champ clos, VI, 255 et suiv., 274.
Parrossier, ce que les soldats entendaient par ce mot, V, 380.
Parthenay (Anne de), première femme d'Ant. de Pons, X, 473, note 1.
Parthenay. Voy. Soubise.
Parthes, leurs guerres contre les Romains, V, 248, 249, 412; ne combattaient pas de nuit, VI, 397.
Parvi. Voy. Petit (Guillaume).
Pas de plomb du duc de Nevers, dicton, IV, 385.
Pas. Voy. Pax.
Pascal ou Paschal (Pierre), historiographe de Henri II, ses écrits; erreur de Brantôme à son sujet, III, 283-285.
Pascalico, seigneur vénitien, défait par Dragut, II, 48-49.
Paschal. Voy. Pascal,
Pasquier ou du Pasquier, capitaine, décoré de l'ordre de Saint-Michel, V, 92; envoyé par Catherine de Médicis à Tavannes, 116, note.
Pasquier (Étienne), son éloge; sa lettre à Ronsard, citée, IX, 232, 233.
Pasquin sur la cour par Mlle de Limeuil, IX, 484.

Pasquin sur Antoine de Navarre, IV, 365; sur Mlle de Limeuil, X, 457, note 1; adressé au cardinal Charles de Lorraine, III, 331; sur don Juan et Granvelle, II, 126; sur Liancourt et Combaut, chevaliers du Saint-Esprit, V, 105, 106; sur la duchesse Henri de Guise, IX, 494, 495; sur un chevalier de l'ordre de Saint-Michel, V, 95; sur la sœur de Sixte-Quint, II, 220.
Pasquins faits à Fontainebleau et à Blois sur les dames de la cour, IX, 515, 516.
Pasquins et pasquineurs, IX, 484.
Pasquin. Voy. Quatrain.
Passade refusée par Béatrix duchesse de Savoie à des soldats français, II, 142. Voy. ce mot au *Lexique*.
Passerat (J.), III, 287.
Pastrana (Ruy Gomez de Silva, duc de), fils de Philippe II et de la princesse d'Eboli, II, 137.
Patenôtres du connétable de Montmorency (dicton sur les), III, 295.
Patenostrier, maître d'armes à Rome, VI, 315, 356, 417.
Pâtés avec épices et musc, II, 249; nouvellement inventés, IX, 221 et suiv.
Patins de femme, IX, 312, 324-327.
Pâtissier. Étrange aventure arrivée à la fille d'un pâtissier de Paris, IX, 578.
Pâtissiers de village, portaient un bonnet rouge, IX, 714.
Patras, pris par A. Doria, II, 41.
Patrie (réflexions sur le devoir envers la), VII, 229 et suiv.
Patrocles, III, 330.
Patron de l'honneste raillerie (Le), cité, II, 266, note 2.
Pauillac (N. de), mestre de camp, mort au siège de La Rochelle, V, 351.
Paul (S.), sa conversion, V, 261;

Paul (suite).
dicton à ce sujet, VII, 92 ; sa vision, 273 ; cité sur la louange des veuves, IX, 653 ; tapisserie représentant sa vie, III, 120.

Paul II, II, 348, note 2.

Paul III, son entrevue à Nice avec François Ier ; anecdotes, VII, 75 ; IX, 475, 478 ; refuse à Cosme de Médicis Victoria Farnèse, II, 24 ; envoie une salade et une épée bénites à Charles-Quint, I, 108 ; mot de lui attribué à tort par Brantôme à Alexandre VI, VII, 453 ; sa mort signalée par l'apparition d'une comète, VIII, 123. — II, 349.

Paul IV, son ambition est cause de la rupture de la trêve de Vaucelles ; épée et chapeau bénits qu'il envoie à Henri II, I, 108-109 ; IV, 210, 211 ; VI, 25 ; mot sur lui, I, 62 ; veut s'opposer à l'élection de Ferdinand Ier, 81 ; sa mort, IX, 364 ; ce qu'il dit du secours que lui amène Monluc, V, 411 ; son mot sur les soldats français venus pour le secourir, VI, 162, — I, 71, 101 ; V, 245 ; VI, 113, 284.

Paul-Émile, *Macedonicus*, VII, 335 ; son mot à Persée, IX, 427, 428 ; ordre qu'il met dans son armée, III, 26 ; son triomphe, III, 122.

Paul-Émile, son *Histoire*, citée, II, 371 ; V, 241, 260 ; VI, 208, 409 ; IX, 573.

Paule (la belle). Voy. Fontenille.

Paulina. Voy. Lollia.

Paulmy (René de Voyer, vicomte de), à Malte, V, 232, note 1.

Paulo-Jordan. Voy. Orsini.

Paume (jeu de), sommes qu'on y jouait, III, 277 ; paume du Louvre (petit jeu de), V, 207.

Paumier, maître d'hôtel du marquis de Trans qui le fait faire chevalier de l'ordre, V, 93.

Pausanias, cité à tort par Brantôme, IX, 302.

Pausilippe (Grotte de), III, 126.

Pavane d'Espagne, espèce de danse, VI, 141 ; VIII, 73.

Pavant (Charles de Contes de), parrain de d'Aguerre dans son duel avec Fandilles, VI, 239.

Pavie (fête à), IX, 128-129. — (Chartreuse de), III, 167.

Pavie. Prises de cette ville, IV, 69 ; saccagée par Saint-Pol, III, 204 ; prise par Lautrec, III, 29, 36, 37 ; VI, 403, 404.

Pavie. Les femmes de cette ville contribuent à sa défense lors du siège de François Ier, IX, 419.

Pavie (siège et bataille de), I, 162-164, 186, 208, 257, 336-337, 341, 342 ; II, 9, 23, 27, 352, 376-379, 400 ; III, 196, 203, 215, 216, 333, 379, 388, 404, 406-408 ; IV, 207 ; VI, 224 ; VII, 18, 19, 242 ; récit de la bataille, par Vallès, III, 415-445 ; anecdotes, VII, 68-70 ; causes de sa perte, II, 9.

Pavie (projet de Salvoyson sur), IV, 98 ; chapeau de François Ier conservé dans cette ville, *ibid*.

Pavie. Ce que Brantôme y entend dire sur Antoine de Lève, I, 164.

Paye des soldats (vols sur la), IX, 277.

Paysanne du Poitou (anecdote d'une), IX, 691.

Paysans (réflexions sur les soulèvements des), V, 191.

Paysans soulevés à la première guerre civile, font autant de mal aux catholiques qu'aux huguenots, V, 191.

Paysans du Périgord, massacrés par ordre de Coligny, VI, 18, 19.

Paysans allemands révoltés, leur défaite près de Saverne, III, 228, 229 ; V, 169.

Pax (Dom Pedro de), capitaine espagnol, notice sur lui, I, 151 ; combat à Ravenne, 152 ; sa rencontre avec Bayard et Nemours le matin de la bataille, VI, 445-447. — V, 323.

Pazos (Don), président de Castille, II, 131.

Pazzemezo, danse d'Italie, VIII, 73.

Pecci ses *Memorie di Sienna*, cités, IX, 413, note 1.

Pechonpe, fils de La Souche, serviteur des Bourdeille, X, 56.

Pecquigny. Voy. Pequigny.

Pedro, capitaine, avait été laquais, V, 371.

Pedro l'éperonnier, capitaine des *Comuneros*, I, 221.

Pedro. Voy. Pierre.

Pegnueles. Voy. Penuelas.

Peintre (procédé de), II, 414.

Peintres, grands séducteurs, IX, 575.

Peinture sur fer, VI, 327.

Peinture représentant le portrait d'un chien dans le château de Veuvre, X, 109.

Peintures des maisons dans les villes allemandes et suisses, X, 111, 112. — au devant des cheminées, IX, 313. — dans l'hôtel de Montmorency à Paris, III, 339; — dans le château de Marignan, X, 112; — à Lucques, VI, 406; — obscènes dans la maison d'Adjacet, IX, 49-50.

Peintures satiriques et obscènes (histoire d'un livre à), prix qu'il avait coûté, IX, 516, 517, 245.

Peinture. Voy. Lorette (N.-D. de), Tableaux.

Peiramont (Gabriel d'Abzac de la Douze, seigneur de), mari de Jeanne de Lastours, X, 97.

Peiramont (Antoinette Bernard, dame de), femme de Gabriel d'Abzac de la Douze, X, 97, note 1.

Peiramont. Voy. Reillac.

Pèlerinages. Voy. Liesse, Lorette, Mecque.

Peligny. Voy. Pulligny.

Pellevé (Nicolas de), cardinal, archevêque de Sens, V, 165;

VIII, 208; envoyé comme légat en Écosse; son éloge, VI, 38.

Pélopidas (mot de), VII, 109.

Peloux. Voy. Le Peloux.

Penacon (*N*. de), mari de Mlle de Couzoges, X, 101.

Penacon (*N*. seigneur de), mari de Mlle de Maumont, X, 100.

Pendants d'oreilles en verre noir, IX, 114.

Pendus (anecdote diverses sur les), VII, 50, 51, 99.

Peñon de Velez, prise par les Espagnols de ce fort à laquelle Brantôme assiste, I, 50; II, 44, 83, 88; VI, 492; VII, 94, 95.

Pensées (du châtiment des), V, 263, 264.

Penthésilée, reine des Amazones, IX, 377-378.

Penthièvre (Jean de Brosse, comte de), cède à Louis XI ses droits sur la Bretagne, II, 340.

Penthièvre (Jean de Brosse, comte de), duc d'Étampes. Voy. Étampes.

Penthièvre (René de Brosse, dit de Bretagne, comte de), cousin germain d'André de Vivonne, grand père de Brantôme, VI, 51. — VII, 320.

Penthièvre (Marie de Luxembourg, duchesse de), femme de Ph. Emmanuel duc de Mercœur, proche parente de Brantôme, X, 105.

Penthièvre (Claudine ou Claude de), deuxième femme de Philippe II de Savoie; sa parenté avec André de Vivonne, grand-père de Brantôme, VI, 51; X, 102-103.

Penthièvre (Nicole de Bretagne, comtesse de), II, 340, note 2.

Penthièvre (Paule de). Voy. Nevers.

Penthièvre (dames de), II, 340.

Penuelas le cardeur, capitaine des *Comuneros*, I, 221, 369.

Pepin le Bossu, sa révolte contre son père Charlemagne, II, 101.

Péquigny (paix de), entre Louis XI et Édouard IV, III, 164.
Pequigny. Voy. Ailly.
Peralto (Don Gabriel de), capitaine espagnol, son combat en champ clos contre Aldano, VI, 262, 263. — I, 332.
Peraux (du), ses affaires d'intérêt avec la famille de Brantôme, X, 136 et suiv.
Perche-aux-Bretons (la), terrasse du château de Blois, VII, 315.
Père (un) peut être appelé en duel par son fils, VI, 374.
Père (histoire scandaleuse d'une bru, d'un fils et d'un), IX, 520, 521.
Pères (les) valent mieux que les fils, II, 417.
Pères incestueux (des), IX, 88, 89.
Perelongue, capitaine huguenot; sa querelle avec Hautefort, IV, 16.
Peretti (François), assassiné par Orsini, duc de Bracciano, IX, 14, note 1.
Peretti (Camille), sœur de Sixte-Quint qui de lavandière la fait duchesse; pasquin sur elle, II, 220.
Perez (Antonio), fait tuer Escovedo; calomnie don Juan près de Philippe II, II, 130-131; sa prison; sa fuite; est cause de la révolte de l'Aragon, 131 et suiv.; se réfugie en Béarn, 135; puis en Angleterre; revient en France; veut aller à Constantinople, 136; sa lettre au connétable Henri de Montmorency, 136, note 5; sert les amours de Philippe II avec la princesse d'Eboli dont il devient l'amant, 136-137; IX, 716; ses *Relaciones*, II, 136, note 3; sa femme. Voy. Coello (Juana). — II, 97.
Perez. Voy. Vargas.
Périgord (gouvernement de), promis à Brantôme par Henri III qui le donne à d'Aubeterre; ce qui en advient, V, 206 et suiv.
Périgord (danse des jeunes filles de), IX, 415.
Périgord (massacres de paysans ordonnés par Coligny en), VI, 18, 19.
Périgord (bons soldats du), V, 432.
Périgord (Archambaud IV, comte de), erreur de Brantôme à son sujet, X, 59, note 4.
Périgord (Roger-Bernard, comte de), X, 59, note 4.
Périgord (Talairand de), évêque d'Auxerre et cardinal, X, 59, note 4.
Périgord (cardinal de). Voy. Albret.
Périgord (sénéchal de). Voy. Bourdeille (Arnaud de).
Périgourdin (gentilhomme), appelé la *Véronique* de Charles VIII, II, 320.
Périgueux, sa révolte pour la gabelle; comment châtié, II, 231, 232; pillé par les huguenots, s'enrichit de nouveau, IX, 332; V, 402.
Périgueux (évêché de). Brantôme le fait donner à son cousin François de Bourdeille, X, 138-140; son revenu, 140; brevet donné à son sujet par Henri III à Brantôme et à son frère André, 139.
Périgueux (évêque de). Voy. Bourdeille (F. de).
Périgueux (erreur de Brantôme sur un évêque de), II, 226.
Perissin, et non Perussin comme le dit la *Bibliothèque historique de la France*. Voy. Tortorel.
Perle de Fernand Cortez, I, 52; de Cléopâtre, 57, note.
Perles devenues communes, I, 51; leur vogue, IX, 512; étaient permises aux veuves, 638.
Perles données par Catherine de Médicis à Marie Stuart, VII, 339.

Perles orientales (collier de), IX, 634.
Peron. Voy. Perron et Raiz.
Péronne assiégée par Nassau, I, 251-252; III, 191; vaillamment défendue par les femmes, IX, 422.
Péronne refuse de recevoir une des deux compagnies couronnelle d'Andelot, et reçoit la compagnie de Brantôme, V, 421, 422; séjour qu'y fait celui-ci, IV, 89, 128; V, 84. — V, 414.
Pérou (conquête du), I, 56, note. — (révolte de Gonzalo Pizarre au), VII, 95, 97.
Pérou. Projet d'expédition de Strozzi et de Brantôme au Pérou, IV, 297, 298. Voy. Brouage.
Pérou. Voy. Garcilasso de la Vega, Pizarre, Zarate.
Perpenna, mis à mort par Pompée, VII, 259.
Perpignan (sièges de) par les Français, II, 42; III, 151, 184; 208; V, 315; VI, 228; VII, 126.
Perrenot. Voy. Granvelle.
Perron (cardinal du), III, 287.
Perron ou Peron (Marie-Catherine d'Acqua-Viva, dame du), femme d'Antoine de Gondi et mère du maréchal de Raiz; métier qu'elle fait à la cour; gouvernante des enfants de Henri II, V, 254.
Perron (Le). Voy. Raiz.
Perroquet de Mme de Brienne (dicton sur le), VII, 74.
Perrot. Voy. Monluc.
Perruque de Marguerite de Valois, VIII, 35.
Persans, leurs guerres contre Soliman et Amurat, V, 249.
Perse, beauté de ses femmes, IX, 290, 291; circoncision des femmes usitée en ce pays, 269.
Perse (guerre des Turcs contre la), II, 64, 65, 66.
Perse (tapis de), V, 31.

Perses, haïssaient l'ingratitude, VII, 250.
Persée, réponse que lui fait Paul-Émile, IX, 427.
Pertinax, sa conduite envers sa femme; ses amours avec Cornificia, IX, 34.
Pescaire (Ferdinand-François d'Avalos, marquis de), notice sur lui, I, 180-200; son histoire en espagnol par Vallès, 180 (Voy. Vallès); est bien accueilli en Espagne par Charles V; sa naissance, 180-181; est pris à la bataille de Ravenne et racheté, 183, 184; gagne la bataille de la Morta contre les Vénitiens, prend Gênes, 185; ses succès contre Lautrec et Bonnivet, ibid.; a la principale part dans la victoire de Pavie, 186, 336-337; va visiter François Ier prisonnier, 186-188; entre dans la ligue formée contre l'empereur, 189; le pape lui offre le royaume de Naples, 190-191; son hésitation, 191-192; trahit les ligués, 193; haine que lui portent les Italiens, 194-195; sa mort, 194-196; recommande sa femme Vittoria Colonna et ses soldats au marquis del Gouast, 196-197, 198; livre qu'il compose en prison, 197; son corps est porté à Naples, 198, 199; fait le marquis del Gouast son héritier, 199; son épitaphe en vers latins, 199-200; comment il est accueilli par l'empereur en Espagne, 200, note; ce qu'il dit à Clément VII, légat en Lombardie, I, 170-171; sa colère et sa haine contre Charles de Lannoy; ses plaintes sur lui à l'empereur, 225-232; son intrépidité dans une émeute de soldats, 234; sa querelle avec Prospero Colonna, I, 149, 364; commande l'infanterie espagnole, 151; estimait peu les soldats italiens, son mot sur eux; adoré

Pescaire (suite).

par les Espagnols, VI, 161, 162; son mot sur la guerre, VI, 478; ce qu'il disait du devoir d'un général, IV, 241-242; sa vaillance, 243; combat avec son gouverneur Placidio de Sangro à la bataille de Ravenne, VII, 35, 36; prisonnier, assiste aux funérailles, de Gaston de Foix, III, 17; sa victoire sur Barthélemy d'Alviane, II, 192, 195; VII, 38-39; comment il honore les soldats qui avaient pris part à sa victoire, II, 124; son bandon au sujet des bagages de ses soldats, VII, 5, 6; défié par Vandenesse; ce qu'il dit à sa mort; II, 381; VI, 422-424; ce qu'il dit à Bayard mourant, honneurs qu'il lui rend, II, 384, 385; VII, 274 et suiv.; part qu'il prend à la bataille de Pavie; combien aimé de ses soldats, 19; son expédition en Provence; sa belle retraite; ce qu'il en pensait, 268-271; ce qu'il dit au marquis del Gouast à la bataille de Pavie, 68; danger auquel il échappe à Pizzighitone, 64, 65; sa devise, 36; conseil que lui donne sa femme Vittoria Colonna au sujet de la conspiration de Morone, IX, 435-436. — I, 104 153; 201, 209, 247, 257, 302, 397; II, 7; III, 24, 26, 34, 50, 64; IV, 230; V, 315, 320.

Pescaire (François - Ferdinand d'Avalos, marquis de), fils aîné du marquis del Gouast, I, 213: commande l'armée de secours pour Malte, 104, 214; VII, 17; invente les coups appelés revers; vice-roi de Sicile, son éloge, I, 214; IX, 374, 375; son combat à la barrière contre le duc de Nemours, IV, 172-176, 407, 411; VI, 312; ambassadeur d'Espagne au concile de Trente, III, 98, 99. — II, 45; V, 198; VI 78, 410.

Pescaire (marquise de). Voy. Colonna (Vittoria).

Pescaire. Voy. Avalos.

Pescels. Voy. Pestels.

Peschin (N. du), gentilhomme attaché au connétable de Bourbon, I, 373.

Peslevé. Voy. Pellevé.

Pestels (J. Claude de Salers et de), mari de Jeanne de Lévis, X, 94.

Pestels (Claude, baron de), mari de Camille Caraccioli, X, 94, note 3.

Pestrinalier. Voy. Pétrinalier.

Petersborough (église de), Catherine d'Aragon, Marie d'Aragon et Marie Stuart y sont enterrées, VII, 439.

Petillano. Voy. Pitigliano.

Petit (le), ne doit pas s'attaquer aux grands, VI, 487.

Petits hommes (anecdotes sur divers), VII, 109-110.

Petit ou Parvi (Guillaume), dominicain, évêque de Troyes puis de Senlis, confesseur de Louis XII et de François I*er*, VII, 323.

Petit (Pierre), dit Contanho ou La Coutancie, abbé de Brantôme, III, 113, note 3; legs que lui fait Brantôme, X, 124, 125; gardien de ses armes et de ses clefs, 146, 153.

Petit brodequin, surnom donné au seigneur de Marouatte, X, 139.

Petit-Leith ou Lith, près d'Edimbourg, assiégé par les Anglais et défendu par les Français, V, 433; VI, 36-38; Marie Stuart y débarque, VII, 418, 419.

Petit Lict. Voy. Petit Leith.

Petit-Limoges (combat du), V, 128.

Pétrarque, inférieur à Ronsard, III, 288. — VIII, 149, 173.

Petremol (Antoine de), agent de France à Constantinople, V, 57.

Pétrinalier, soldat qui porte un

pétrinal, V, 247. Voy. Pétrinal au *Lexique*.
Petro (le seigneur), réfugié, VII, 237.
Petrone, son *Satyricon*, cité, IX, 664, note.
Peuples, semblables aux rivières, suivant Charles IX, V, 289.
Peur (mot de Gonsalve de Cordoue sur la), VII, 26.
Phaon, aimé de Sapho, IX, 199.
Pharamond, VIII, 47.
Pharsale (bataille de), IV, 336; V, 376; VII, 251. Tapisserie où elle était représentée, V, 30, 31.
Pharsale (la), traduction par Brantôme de divers passages de ce poème, X, 1-29.
Phénix (panache de plumes de), IV, 142, 143.
Philenis, courtisane mentionnée par Lucien, IX, 196.
Philibert II, duc de Savoie, mari de Marguerite d'Autriche, son tombeau à Brou, IX, 207, 614. — I, 77, note 3; X, 103.
Philibert-Emmanuel, duc de Savoie. Voy. Emmanuel-Philibert.
Philibert. Voy. Orange.
Philieul. Voy. Vasquin.
Philippe Iᵉʳ, roi de France, enlève Bertrade, femme du comte d'Anjou, IX, 74; battu à Cassel par Robert le Frison, 482.
Philippe-Auguste, incident de son entrevue avec Richard Cœur de Lion, VI, 458-459; son mariage avec Ingeburge, IX, 35, 36.
Philippe III et Géraud V d'Armagnac, V, 262, note 1.
Philippe le Bel, défend les combats à outrance, VI, 390; permet le combat aux comtes de Foix et d'Armagnac, 448.
Philippe le Long, fait enfermer sa femme Jeanne de Bourgogne, VIII, 57. — VII, 256.
Philippe VI, de Valois, appelé le *roi trouvé*, VIII, 50; sa querelle avec Robert d'Artois, VI, 291-292; son mot après la bataille de Crécy, II, 73; son mariage avec Blanche d'Evreux, cause de sa mort, III, 241. — VI, 293.
Philippe, duc de Bourgogne; d'où lui vint son surnom de *Hardi*, III, 373; son mariage avec Marguerite de Flandre, VIII, 51. — V, 21; IX, 613.
Philippe le Bon, duc de Bourgogne, refuse de Sigismond le titre de roi, V, 292; institue l'ordre de la Toison d'or, qu'il donne à son fils enfant, V, 109-111; VI, 476; son désir d'attaquer Constantinople; fait reconstruire l'église de Jérusalem, et bâtir la tour de Bourgogne à Rhodes, V, 223, 224; son épitaphe, 109, 437; son mot sur le droit de conquête, IV, 54. — I, 76, notes 1 et 5.
Philippe le Beau, roi de Castille, père de Charles-Quint, I, 10, note 5, 74; note 1, 77, 126, 217; V, 110.
Philippe II, roi d'Espagne, notice sur lui, II, 71, 101; fils de Charles V, il n'a pas fait la guerre comme son père, 71; aimait la guerre; ses conquêtes en Picardie; conclut avec la France une paix qu'il observe fidèlement, 74-84; sa réponse à ce sujet au comte d'Egmont, 79; pensions qu'il donne en France, 79, 80; ses succès dans sa dernière guerre contre nous, 80; s'empare du Portugal; favorise la ligue par zèle religieux, 82; ses guerres continuelles contre les infidèles, 83; est forcé par la guerre de Flandre de faire avec le sultan une trêve qui lui coûte tous les ans des sommes considérables, 84; son expédition contre l'Angleterre, *ibid.*; son éloge; chagrin qu'il eut de la perte de la Goulette, 85-86; pourquoi il ne se retire pas des affaires comme son père, 86-88; ne

Philippe II (suite).
veut pas châtier des soldats espagnols révoltés, 88-90 ; est plus riche que son père ; ce que lui coûte l'Escurial, 90 ; Charles V refuse de lui laisser commander les armées, 91 ; se distingue aux fêtes que lui donne la reine de Hongrie ; son extérieur, 91-92 ; récit de sa mort, 92-99 ; instructions qu'il donne en mourant à son fils, 95-97 ; sonnet contre lui, 100-101 ; aimait trop l'épée de justice, 101 ; roi de l'épicerie, I, 57, note ; sa puissance et ses titres, VII, 143-145 ; sa conduite envers son père, I, 60 ; parjure, 120 ; son père abdique en sa faveur, 11, note ; 58 et suiv. ; ses deux premières femmes, VIII, 4, note 1 ; 5, note 1 ; son mariage avec Élisabeth de France promise d'abord à son fils don Carlos, 4-5 ; ce qu'il lui dit à leur première entrevue, 9 ; dote les filles qu'elle avait amenées en Espagne, IV, 309 ; VIII, 20 ; fait assassiner un seigneur qu'il soupçonnait être son amant et la fait empoisonner, IX, 23 ; épouse sa nièce Anne-Marie d'Autriche, 36 ; sa tentative après son quatrième veuvage pour décider Élisabeth d'Autriche à l'épouser, 601-602 ; fait assassiner Escovedo et empoisonner don Juan, II, 130, note 2 ; 131 ; réprime la révolte de Saragosse et d'Aragon, 133-135 ; amant de la princesse d'Éboli dont il a un fils, 136 ; IX, 716 ; cause de son amitié pour son mari, II, 137-138 ; délibère en conseil sur le sort de don Carlos ; lettre qu'après la mort de celui-ci il écrit au duc d'Albe, II, 101, note 2 ; 102, 103 ; ce qu'il envoie dire au duc d'Albe mourant, I, 111, 112 ; sa conduite envers lui, 304 ; révèle à don Juan le secret de sa naissance, II, 139, note 1 ; son entrée dans les villes de Flandre ; description des fêtes qui lui sont données, III, 258-266 ; IX, 314 et suiv. ; bague qu'il avait donnée au comte d'Egmont et que celui-ci lui renvoie au moment de son supplice, II, 155, 159. (Voy. Egmont). Il fait assassiner le prince d'Orange, II, 167 et suiv. ; ses promesses à Antoine de Navarre, IV, 364 ; ses relations avec Catherine de Médicis, VII, 366 ; envoie 1200 lances à Charles IX, II, 180.

Comment il reçoit les nouvelles de la Saint-Barthélemy, IV, 304 et suiv. ; ses ordres au prince de Parme pour faire lever le siège de Paris, VII, 140 ; loué pour avoir secouru Malte, V, 220 ; emploie des gens d'épée dans les ambassades, III, 95, 99, 103, 104 ; son mot au sujet de la table de Henri III, 123 ; accusé de la mort de Sébastien de Portugal, IX, 611 ; sa confiance en Christine de Danemark, 627 ; pensions énormes qu'il paye aux ministres du grand-seigneur, V, 59 ; son alliance avec les princes mahométans, 69 ; fait intervenir Charles IX auprès de Soliman pour la liberté d'Alvaro de Sande, I, 327-328 ; refuse longtemps la délivrance de La Noue ; à quelles conditions il l'accorde, VII, 218, 220-223 ; cherchait par tous les moyens à se défaire de ses ennemis, 221 ; bon accueil qu'il fait à Brantôme, VII, 76 ; ce qu'un soldat espagnol dit de lui à Brantôme, 108 ; comment il accorde l'ordre de la Toison d'or, V, 108, 110 ; donne une commanderie de Calatrava à Bellegarde, 196, 197 ; raconte à Lansac l'origine de Binet, VI, 212 ; son amitié pour Brusquet, II, 264 ; son bouffon, 265, 266 ;

fait graver ses armoiries sur une pierre de foudre à l'Escurial, IV, 143. — I, 248; II, 349, 176; IV, 220; VI, 486; VII, 40, 41, 110. — *Erratum :* I, 99, note 4; II, 426, au lieu d'*Edouard VI*, lisez : *Philippe II.*

Philippe III, fils du précédent, assiste aux derniers moments de son père, II, 92-99.

Philippe II, duc de Bavière, comte Palatin, notice, I, 320-324; sa glorieuse défense de Vienne, 320-323; assiste au couronnement de Charles V, 323, 324; erreur de Brantôme à ce sujet, II, Appendice, 431; partisan des protestants, I, 323; Brantôme lui attribue à tort un fils, 323, note 3. Voy. Frédéric II.

Philippe II, duc de Savoie, père de René de Savoie, II, 299; III, 378, note 1; ses deux femmes et sa postérité, X, 103.

Philippe. Voy. Gueldre, Hesse.

Philippe-Marie, duc de Milan, III, 166.

Philippes (bataille de), IV, 322; V, 243; VII, 251.

Philocolo, Philocopo ou *Filocopo*, ouvrage de Boccace, traduit par Sevin, VIII, 153, note 2, 170, 171; IX, 532 et suivantes, 551.

Philosophes, ce qu'aucuns philosophes ont dit à Brantôme sur les mourants, IX, 465.

Philostrate, ses *Images*, trad. par Vigenère, IX, 72, note.

Photinus, dresse des embûches à César, X, 27 et suiv.

Piaffe de Cossains, VI, 69; de Ramus, III, 286.

Piale, amiral turc, s'empare de l'île de Djerbah et y défait les chrétiens. Voy. Djerbah.

Pibrac (Gui du Faur, seigneur de), ce qu'il dit à Brantôme sur les alliances des maisons de France et de Navarre, VIII, 57; sur les discours des rois, IX, 624.

Pic. Voy. La Mirandole.

Picardie (gouvernement de), à qui donné, VI, 124. — (rébus de), Voy. Rébus.

Picards, faiseurs de brocards, I, 12; leurs regrets de la mort de Pontdormy, III, 70.

Piccolomini (Alessandro), dédie son livre de *Le stelle fisse* à Laudomia Forteguerri, IX, 205, note 5.

Piccolomini (Fausta), chef d'une troupe de dames de Sienne; sa devise, IX, 413.

Pichot (A.), cité, I, 11, note.

Picrocole (le roi), V, 121.

Pie IV (Jean-Ange-Médicis), frère du marquis de Marignan, I, 291, 303; dîner qu'il donne aux cardinaux de Ferrare et de Guise; ce que Brantôme lui entend dire sur la maison de Boulogne, VII, 338. — IV, 153.

Pie V, veut créer Villiers de L'isle-Adam, cardinal, V, 230; accueil qu'il fait aux Français allant à Malte, V, 408; arrête les poursuites de l'Inquisition contre quelques-uns d'entre eux, 409, 410; réclame leur secours contre les corsaires, 411; sa douleur à la nouvelle de la Saint-Barthélemy, IV, 306-307; hostie consacrée qu'il envoie à Marie Stuart, VII, 429. — I, 61, note 1, 296; II, 110, 349, 426.

Pièces d'or gravées, X, 62.

Pied (dicton sur le petit), IX, 312.

Pieds puants, qui on appellait ainsi, IV, 333.

Piémont, visité par Henri II, III, 249; VI, 107; appelé l'école de la noblesse et jeunesse de la France, VI, 153-155.

Piémont (noblesse et justice du), VI, 155; son revenu, IV, 64.

Piémont (armée de), comment disciplinée par le prince de Melfe et par Brissac, VI, 389-390; ses couronnels, VI, 104 et suiv.;

Piémont (suite).
ses capitaines, IV, 72, 73, 76-78.
Piémont (places de), détails sur leur reddition au duc de Savoie, V, 72-78, 80-82; regrets sur leur perte; anecdotes, VI, 153-158; colère et invectives des soldats, à ce sujet, contre Marguerite de France, VIII, 129 et suiv.
Piémont. Brantôme y voit le maréchal de Brissac, IV, 70.
Piémont (*hola* de), VI, 389.
Piémont, nom donné à un régiment, VI, 158.
Piémont (prince de). Voy. Emmanuel-Philibert.
Piémontaises (dames), VI, 156, 157.
Piennes (Louis de Hallwin, seigneur de), gouverneur de Picardie, notice sur lui, II, 356; revêt la livrée du roi à la bataille de Fornoue, 308; un des neuf preux du roi à cette bataille, 310, note 2; est défait à la journée des Eperons, VII, 281. — II, 296; VI, 124.
Piennes (Antoine de Hallwin, seigneur de), son voyage à Vienne I, 27 et suiv.; parrain de Prouillan dans son duel avec un Italien, VI, 278. — III, 351, note 1; VI, 112, note 1.
Piennes (Charles d'Hallwin, seigneur de), III, 389; mari d'Anne Chabot, X, 476, note 4; VII, 386.
Piennes (Jeanne ou Anne de Hallwin, seigneur de), ses amours avec François de Montmorency, que le connétable l'empêche d'épouser, III, 351-352; VI, 112; VIII, 143, 144; IX, 87; épouse Florimond Robertet, baron d'Alluye, V, 74, 75; VII, 386; écharpe qu'elle donne à Gergeay qui se fait tuer avec, IX, 392-393; sonnet de Brantôme sur elle, X, 501.-VII, 392.
Pierre de foudre, à l'Escurial, IV, 143.

Pierre philosophale. Voy. Castelnau.
Pierre (S.) pardonné par Jésus-Christ, V, 261.
Pierre le Cruel, roi de Castille, VI, 210.
Pierre III, roi d'Aragon, on lui porte le gant jeté par Conradin montant sur l'échafaud, VII, 443; sa lettre à Ch. d'Anjou qui le défie, 444; V, 25; combat assigné entre eux à Bordeaux; il est excommunié par le pape, VI, 386, 387, 453; VII, 445; fait grâce de la vie au prince de Salerne, 447.
Pierre IV, roi d'Aragon, s'empare de Majorque et de Minorque, VIII, 158, 161.
Pierre de Navarre, notice sur lui, I, 155-161; sa conduite à la bataille de Ravenne, 150, 151, 154-156; commande une expédition contre les Maures d'Afrique, 156; ce que Monluc disait de lui, 157; est pris à Ravenne, 157; se met au service de François Ier, 158; est blessé au siège du château de Milan, 158, 365; prend Melfi, 158; échoue au siège de Naples, 159; tombe au pouvoir des Espagnols et meurt en prison, *ibid.*; est pris à Gênes; sa sépulture à Naples; son expédition en Barbarie; sa conduite à la bataille de Ravenne où il est pris, II, 279; V, 316, 317, 319; VII, 121; Ferdinand refuse de payer sa rançon, II, 228; assiège et prend le prince de Melfe, II, 227; assiste, étant prisonnier, aux obsèques de Gaston de Nemours, III, 17; se met au service de François Ier, VII, 234; sa mort, III, 32. — I, 237; II, 289, 321; III, 35, 396; V. 315, 316.
Pierre-Buffière. Voy. Chambaret.
Pierrefonds (siège de), par Ornano, VI, 99.
Pierregourde (François de Barjac,

seigneur de), page de la chambre du roi, puis capitaine huguenot; combat à Dreux; sa mort à Mensignac, V, 38, 426, 428, 429.

Pierre l'Ermite, V, 230.

Pierrepont (Antoine de), lieutenant de Bayard; notice sur lui, III, 71; se distingue au combat de la Bastide, II, 409.

Pierrevive (Charles de). Voy. Lezigny.

Pierrevive (Marie-Catherine de), femme d'Antoine de Gondi. Voy. Gondi.

Pierreries devenues communes, I, 51, 57, note; leur vogue, IX, 512; comment les veuves pouvaient en porter, IX. 638.

Pierreries de Mme de Montferrat, IX, 634-635. — Voy. Bagues, Émeraude.

Piéton, nom donné aux soldats par Monstrelet, V, 305.

Piètre, médecin à Paris, IX, 97.

Piève (sac du château de la), I, 263.

Pigeon, surnom donné au comte de Brissac, VI, 140.

Pignerol, rendu au duc de Savoie par Henri III, II, 146; VIII, 133.

Pignerol (canons d'arquebuse forgés à), bons pour la chasse, VI, 73.

Pignon de Bellys. Voy. Peñon de Velez.

Pilate (jurement d'un soldat espagnol sur), VII, 184.

Piles (Armand de Clermont, seigneur de), capitaine huguenot; son éloge; mécontentement qu'il donne à Coligny; sa glorieuse défense de Saint-Jean-d'Angély, V, 154, 432, 433; apprend à nager à Charles IX; est tué deux jours après à la Saint-Barthélemy, 434.

Pillage, ses mauvais effets sur le soldat, III, 163, 164.

Pillages des capitaines et des soldats, IV, 211; V, 377 et suiv.; VI, 209, 211, 411-412.

Pillages des soldats espagnols, VII, 146, 150.

Pillage. Voy. Anvers, Calais, Guerres civiles, Rome, etc.

Pillard, nom donné aux soldats anglais par Froissart, V, 305.

Pilles. Voy. Piles.

Pimentel (Pedro), l'un des chefs des *Comuneros*, I, 220.

Pimentel (Don Alonzo), vice-roi de la Goulette; est brûlé pour crime de sodomie; anecdote à ce sujet, I, 331, 335; VII, 52-53.

Pimentel (les deux), VII, 51, 52.

Pimentel (Marie Osorio de), femme de Don Pedro de Tolède, II, 15, note 1.

Pinard, sa *Chronologie militaire*, citée, V, 127, note 3.

Pinart (Claude), secrétaire d'État, VII, 391, note 6. — Sa femme, Marie de l'Aubespine, VII, 391.

Pineau (François), receveur général de Poitou, V, 39.

Piney. Voy. Luxembourg.

Piney (duchesse de). Voy. Lorraine (Marguerite de).

Pio (Albert), Charles-Quint lui enlève le comté de Carpi, I, 226, note 2.

Pionniers. Voy. Vastadours.

Piovano Arlotto. Voy. Arlotto.

Pirateries, V, 34-35; IX, 463.

Pirrho ou Pyrro. Voy. Stipicciano.

Pisani. Voy. Saint-Gouard.

Pise, dicton sur cette ville, II, 16; elle est livrée aux Florentins par Charles VIII, II, 326, 327. — V, 79.

Pise (concile de), I, 142, note 4; appelé par le pape *Conciliabulum*, III, 22.

Pise (secours de), dicton, III, 211; IV, 212.

Piso (C.), Caligula lui enlève sa femme, IX, 29.

Pisseleu de Heilly (Louise de), femme de Chabot de Jarnac, II,

Pisseleu (suite).
270; VI, 270, note 2. — Voy. Étampes et Heilly.

Pistolet (combats au), VI, 299.

Pisquiton. Voy. Pizzighitone.

Pitigliano (Nicolas Orsini, comte de), capitaine général des Vénitiens, II, 190; sa fuite à Agnadel, 191.

Pivan Arlod. Voy. Arlotto.

Pizarre (Francisque), I, 49; VII, 439.

Pizarre (Gonsalo), sa révolte en Pérou contre l'autorité royale; sa défaite et son supplice; sa sépulture, VII, 95-98; sa maison rasée; sa renommée, 101-102.

Places. Voy. Villes.

Plaie, comment doit être traitée, IX, 199.

Plaisance, I, 168, 169; visitée par Brantôme, 169.

Planchette d'or pour monter à cheval, IV, 106.

Plantes excitant à l'amour, IX, 221-223.

Plantia Herculalina. Voy. Plautia.

Plantis (du). Voy. La Guyonnière.

Plaques d'or émaillées représentant les provinces de France, VIII, 372.

Platon, cité, IX, 66, note; cité à tort par Brantôme, X, 16, note 1.

Plautia Urgulanilla, femme de Claude qui la répudie, IX, 29.

Pleix (du). Voy. Gremian.

Plessac (*N.* du), gentilhomme emmené en Italie par le père de Brantôme, X, 49.

Plessis (du). Voy. Richelieu.

Plessis (Charles du). Voy. Liancourt.

Plessis (Jeanne du). Voy. Acigné.

Plessis-Brion. Voy. Pommercul.

Pleuviau. Voy. Pluviaut.

Pline l'ancien, cité, I, 52, note 2, 70, note 1; V, 100; IX, 246, 255, 265, 310, note 6; 537, note 1, 667.

Plombergh. Voy. Blomberg.

Plotine, femme de Trajan, ses amours avec Adrien qui lui fait élever un temple, IX, 149, 150.

Plouvier (Jacotin), son duel avec Mahuot, VI, 240-243.

Plumassiers de Milan, IV, 174.

Plume (gens de), François Iᵉʳ les préférait aux gens d'épée pour les ambassades, III, 94 et suiv.

Plume au vent (coutume de mettre la), V, 399.

Plumes au chapeau et au bonnet, I, 45; IV, 76; V, 323.

Plumes de bonnet à la guelfe, à la gibeline, IX, 313.

Plumes blanches et longues portées par Henri IV à la bataille de Coutras, III, 141.

Plus outre, plus ultra, devise de Charles-Quint, I, 19, note 4, 26, 37, note 2, 101; VII, 10.

Plusquellec. Voy. Kerman.

Plutarque. Observations sur ses ouvrages, V, 295; ses répétitions, IX, 727. — Cité, I, 17, note 2, 136, note 1; II, 33, note 1, 240, note 3; III, 34, 38, 39; IV, 49, 51, 120, note 1; V, 266, note 1, 376; VI, 13, note 1; 24, 253, note, 293, 395, note 2, 397, 400, 401, 406, notes, 424, 477; VII, 109, 152, note 2, 259; VIII, 172, note 2; IX, 26, 34, note 4, 216, note 1, 235, notes 1 et 2, 246, 290, note, 293, note, 303, note 1, 355, note 1, 428, note 1, 437, note 1, 505, note 2, 507, note, 542, 589, 690, 692, 695, 696, 698; X, 22, note 1; 28, notes 1 et 2.

Pluviaut ou **Puviaut,** capitaine huguenot; sa valeur; est tué à la Saint Barthélemy. Son assassin force sa femme de l'épouser, IX, 665.

Poésie française, ce qu'elle doit à Ronsard, III, 287.

Poésies inédites de Brantôme, X, 401-501.

Poésies. Voy. Quatrain, Sonnet, Vers.

Poètes dangereux en amour, IX, 575 ; influence corruptrice de la lecture de leurs ouvrages, IX, 572.

Poètes français sous Henri II, III, 287-289.

Poètes favoris de Charles IX ; ce qu'il en disait, V, 280-282.

Poètes français, flatteurs de leur nature, V, 240 ; n'ont pas songé à traduire Lucain, X, 6.

Poggio-Reale (royaume de Naples), VIII, 141, note 2.

Poignard bolonais, III, 251.

Poignard précieux du prince de Salerne, II, 26.

Poinctièvre. Voy. Penthièvre.

Pois-pilés (roi des), IV, 10.

Poison (duel au), VI, 417.

Poison, tiré de la corne de lièvre marin, V, 271.

Poison. Voy. Empoisonnement, Vins.

Poissy (chevaliers de l'ordre faits à), III, 198.

Poisy (colloque de), provoqué par Antoine de Navarre, IV, 364 ; ses causes et ses conséquences, V, 287-289. — IV, 168, 234, 277.

Poitiers (bataille de), I, 290 ; II, 74, 308-309, 373, 388 ; IV, 208 ; V, 302.

Poitiers, Montpezat en refuse l'entrée à Antoine de Navarre, III, 198 ; la ville est reprise par Saint-André, V, 39-40, 339 ; assiégée par les Huguenots ; IV, 316, 324, 327 ; VI, 58 ; VII, 281-282 ; combat de Malicorne et du comte de Brissac sous ses mains, VI, 148.

Poitiers. Brantôme y est étudiant et y voit prêcher le ministre David, IV, 361 ; IX, 163 ; il y était lors de la fuite de Condé, V, 51 ; Vieilleville y est envoyé par le roi, 50 ; aventures de la belle Gotterelle avec les écoliers huguenots de cette ville, IV, 162-163.

Poitiers (Diane de), femme de L. de Brezé, grand sénéchal de Normandie, duchesse de Valentinois ; maîtresse de Henri II, qu'elle gouvernait ; quatrain à ce sujet, III, 245-246 ; son illustre origine ; sa haine contre les protestants, 246-247 ; don immense qu'elle reçoit de Henri II à son avènement, et qui lui sert à faire bâtir le château d'Anet, 247, 248 ; ses charités ; sa devise pieuse, 248 ; sauve, au prix de son honneur, son père de l'échafaud, IX, 103, 104 ; ses amours, 716 ; accompagne Henri II lors de son entrée à Lyon, 319, 321 ; épiée dans ses amours avec ce prince par Catherine de Médicis ; chagrin que celle-ci en éprouve, IX, 283, 284 ; son aversion pour les Guises, IV, 222, note 1 ; est cause de la disgrâce de Taix, VI, 14 ; son influence sur le costume des veuves, IX, 636-637 ; ses couleurs, 319 ; refuse de rendre les bijoux de la couronne avant la mort de Henri II ; sa fermeté, IX, 448-449 ; son discrédit à la mort de ce prince, VI, 378 ; donne asile à Brusquet, II, 267 ; sa beauté dans sa vieillesse ; se casse la jambe ; Brantôme la voit six mois avant sa mort, IX, 556, 682 ; ses filles ; à qui mariées, III, 248, note 1 ; IV, 283, 287 ; VI, 115 ; lettres écrites contre elle, IV, 288. — I, 311 ; III, 191, note 3 ; VII, 381 ; IX, 485, 556.

Poitiers. Voy. Saint-Vallier.

Poitou, douaire de Marie Stuart, VII, 413.

Poitou. Amours de deux sœurs du Poitou avec un Basque leur valet, IX, 565-566.

Poitou (sénéchal de). Voy. Bressuire, Montberon, Vivonne.

Poitou (sénéchale de), grand'mère de Brantôme. Voy. Vivonne.
Poix. Voy. Canaples.
Pol. Voy. Paul.
Polacre, polonais, I, 315.
Police en temps de guerre, IV, 322.
Polignac. Voy. Beaumont.
Politiques (parti des), V, 52.
Polla Argentaria, femme de Lucain, publie son poème; erreur de Brantôme à ce sujet, X, 6, et note, 8, 18.
Pologne. Voy. Henri III et Polonais.
Polonais, élisent Henri III, V, 134; lui imposent la condition d'emmener des troupes avec lui, VI, 206, 208.
Polonais (ambassadeurs), venus à Paris pour annoncer à Henri III son élection au trône de Pologne; leurs visites à la reine de Navarre, VIII, 25; fête et festin qui leur sont donnés, VII, 371-372, 398; VIII, 33-34; obtiennent de Charles IX la grâce de Vitteaux, VI, 333. — VIII, 40.
Poltronnerie (madame la), I, 175.
Poltronnerie (traits de), II, 394 et suiv.
Poltronnerie. Accusation de poltronnerie ne doit pas être divulguée par celui qui en est l'objet, IV, 475.
Poltrons (réflexions sur les vaillants et les), II, 397; IV, 19 et suiv.; anecdotes diverses, VII, 51, 53.
Poltrons punis, IV, 22 et suiv., 25; blessés à la guerre, V, 329 et suiv.
Poltrot (Jean de), sieur de Méré; son histoire; assassine le duc de Guise devant Orléans; varie dans ses dépositions; est écartelé, IV, 251-259; IX, 442. — III, 299, note 2.
Pomaro, capitaine espagnol, I, 330.
Pomiers. Voy. Grillet.

Pominy, fils d'un chaudronnier d'Auvergne, amant de Marguerite de Valois, VIII, 82, note 1.
Pommereul (Jean de), seigneur du Plessis-Brion, grand maître de l'artillerie, III, 76, note 3, 77.
Pompadour, l'aîné (Jean III, vicomte de), sa grâce du meurtre de Chambret lui est accordée par Catherine de Médicis à la requête d'Élisabeth d'Espagne, VIII, 13-14; tué au siège de Mucidan, VI, 135. — V, 406.
Pompadour (Louis Ier, vicomte de), frère cadet du précédent, V, 406; assiège Saint-Yrieix pour la Ligue, VI, 20. — IV, 209.
Pompe funèbre de Charles-Quint par J. et Lucas Duetechum, I, 65, note 2, 66, note 1.
Pompe funèbre d'Alviano, II, 198. Voy. Funérailles, Obsèques.
Pompée fait mettre à mort Perpenna, VII, 259; épouse la fille de César, IX, 590; vaincu à Pharsale, IV, 336; sa mort, V, 265; regrets de César, VI, 121; fausse inscription en son honneur, I, 69, 70. — II, 168, note 1; III, 82; VII, 232; VIII, 101; IX, 295, 442.
Pompée (Sextus), anecdote sur lui et les triumvirs, II, 33.
Pompée (Cneius) et Cléopâtre, IX, 682.
Pompée, Milanais, maître d'armes et de danse de Charles IX contre qui il combat en champ clos à Fontainebleau, V, 277.
Pompeïa, femme de César qui la répudie, IX, 26-27.
Pomperant, gentilhomme attaché au connétable de Bourbon, I, 255; tue en duel Chissay; rondeau de Marot à ce sujet, 256-257; est sauvé par le connétable de Bourbon qu'il accompagne dans sa fuite, VII, 241; combat à Pavie, III, 141; rend des services à François Ier prisonnier

qui le reprend en grâce, V, 242, 263; sa mort au royaume de Naples, III, 32; V, 242; est bien accueilli à la cour, 243.

Pompignan. Voy. Monluc, Montesquiou.

Ponant (arquebusier de), surnom du maréchal de Saint-André, V, 36.

Poncenat, capitaine huguenot, sa défaite à Champouilly, IV, 86; tué au siège de Brouage, V, 352.

Poncet (Maurice), curé de Saint-Pierre-des-Arcis; ce que Brantôme lui entend prêcher à Saint-Sulpice; sa hardiesse; son altercation avec Joyeuse (ou Espernon), II, 327-328; V, 437; ce qu'il dit en chaire sur Maugiron, VI, 387, note 2.

Ponquere (Jean de), II, 300.

Pons, fille du comte de Tripoli, épouse Cécile veuve de Tancrède, IX, 74, note 1.

Pons (Antoine, sire de), comte de Marennes, ses deux femmes et ses filles, X, 473, note 1.

Pons (François, sire de), comte de Marennes; sa femme Catherine de Ferrières, gouvernante de Renée de France, VII, 192, 193.

Pons (Judith de), abbesse de Saint-Sauveur d'Évreux, X, 473, note 1.

Pons (Antoinette de), l'aînée, femme d'Antoine d'Albret de Miossens, X, 493, note 1.

Pons (Antoinette de), la jeune, femme 1° de Henri de Silly, comte de La Roche-Guyon; 2° de Ch. du Plessis, seigneur de Liancourt, X, 473, note 1.

Pons (Jeanne de), abbesse, X, 473, note 1.

Pons (Anne de), femme de F. Martel de Lignebeuf, X, 473, note 1.

Pons (mesdemoiselles de), VII, 394.

Pons. Voy. Mirambeau, Vigean (du).

Pontarlier. Récit de l'entrée de Jacques de Bourbon dans cette ville, VIII, 187-189.

Pontbriant (Claire de), femme de Gabriel de Bourdeille, seigneur des Bernardières, X, 96, note 2.

Pont-d'Asture. Voy. Ponte-di-Stura.

Pont-de-Remy. Voy. Pontdormy.

Pontdormy (Antoine de Créquy, seigneur de Pont-de-Remy ou), gouverneur de Picardie, notice sur lui, III, 69-71; ses exploits en Italie et en Picardie; sa mort à Hesdin; regretté des Picards et de François Ier, 70, 71; combat à la bataille de la Bicoque, II, 312; défait les Anglais près de Hesdin, III, 227-228. — I, 148.

Pontdorsé. Voy. Comborcier.

Pont-du-Château. Voy. Canillac.

Ponte-di Stura, Damville y défait les Espagnols, III, 369; IV, 114 et suiv.; VII, 204.

Ponte-di-Stura, capitaine, contribue à la prise de Casal, IV, 109, 110.

Pontevez. Voy. Carces.

Pontièvre. Voy. Penthièvre.

Pontoise (entreprise d'Andelot sur), III, 353; siège de cette ville par l'armée royale, IV, 16.

Pont-Saint-Vincent (Meurthe), VII, 297.

Ponts-de-Cé, Philippe Strozzi y fait noyer huit cents femmes qui suivaient l'armée, VI, 132.

Ponza (victoire navale des Génois près de l'île), II, 37, 38.

Poppea Sabina. Voy. Poppée.

Poppée, femme de Néron, son luxe, IX, 310.

Porc-épic (ordre du), II, 366, note 6.

Porc-épic, devise de Louis XII, II, 366, 367.

Porcia, femme de Brutus, sa vertu; son suicide; épigramme de Martial sur elle, IX, 651, 653.

Porcien ou Portien (Antoine de Croy, prince de), fils de la comtesse de Seninghen, calviniste; sa querelle dans un bal avec le grand maître François de Montmorency, VI, 489-491; accompagne celui-ci dans son attaque contre le cardinal de Lorraine, 491 et suiv.; est vivement blâmé par le prince de Condé; son mariage avec Mlle de Nevers, dû au cardinal de Lorraine; ses qualités; son amitié pour Brantôme; meurt empoisonné par le cardinal, 492-494. — VII, 384.

Porcien (Catherine de Clèves, princesse de). Voy. Clèves.

Porte-Neuve à Paris, VII, 287.

Port-Hercule. Voy. Porto-Ercole.

Portian. Voy. Porcien.

Porto-Carrero. Voy. Puerto-Carrero.

Porto-Ercole, saccagé par Barberousse, II, 17. — IV, 131.

Portofino, accident qui y arrive à Brantôme, VI, 165, 166.

Portrait, cause de la mort d'une femme, IX, 508-509.

Portrait de femme perdu au jeu, IX, 504-505.

Portraits (collection de), réunie par Brantôme, X, 398.

Portraits des maîtresses du duc Louis d'Orléans, IX, 472.

Portraits des grands maîtres de Malte, V, 231.

Portraits du duc Antoine de Lorraine, III, 224; de Boccace, VIII, 171-173; de Bonnivet, III, 67, note 1; de Catherine de Médicis. Voy. Corneille; de Coligny à Heidelberg, IV, 326, 411 et suiv.; de l'empereur Ferdinand Ier et de Ferdinand le Catholique, I, 88, note 1; de Galéas-Marie Sforce; à quoi il servait, VI, 499; de Galiot aux Célestins, III, 75, note 4; de Julia Gonzaga, VIII, 93; de Jeanne Ire de Naples, VIII, 173-174; de Jeanne II de Naples, VIII, 196; de la Palice, II, 376; de Lautrec, III, 39, note 2; de Le Peloux, I, 97; d'Antoine de Lève à Milan, I, 178; de Louis XII, II, 364; IX, 360; de Marguerite de Valois, VIII, 34; de Marie de Bourgogne, I, 76; de Marie Stuart en costume écossais, VII, 407; du prince de Melfe, II, 232; du maréchal Strozzi, 244; d'Anne de Vivonne à Anville, X, 48.

Portugais, leur haine contre les Espagnols, VII, 122-124; violent le tombeau du capitaine Perrot à Madère, IV, 41.

Portugal (roi de), ne buvait que de l'eau et dans un vase particulier, III, 175; mot d'un cordelier espagnol à un roi de Portugal, VII, 123.

Portugal, conquis par Philippe II, VII, 124; droits de Catherine de Médicis sur ce royaume, II, 81; VII, 337, 338; voyage qu'y fait Brantôme. Voy. plus haut, art. *Brantôme*, p. 60, col. 2.

Portugal (ordre de). Voy. Habito de Christo.

Poste de Paris (Brusquet maître de), II, 245 et suivantes, 258, 261-263.

Poste (chevaux de), leur prix. Voy. Chevaux.

Poste (habillements de), VI, 438.

Poste. Voy. Chemins, Maître de poste.

Postel (Guillaume), professeur au Collége royal, III, 93; sa *Loy salique*, citée, VIII, 49.

Postillon de don Juan d'Autriche, et de Brantôme, II, 127.

Postillon de Brusquet, II, 251.

Pot au lait (la femme au), fable, V, 121.

Potenza. Voy. Guevara.

Poterie (comparaison d'une), et d'une race noble, V, 25.

Poton, seigneur de Xaintrailles, VII, 229.

Poton (François Rafin de), sénéchal d'Agenais, VI, 40.

Poton (*N.* Rafin, dite). Voy. Lansac la jeune (Mme de).

Potrincourt (N. de), renégat, devient bascha de Chypre, puis de Damas, V, 389.

Poudre pour les cheveux, IX, 660.

Poudres d'or, d'acier et de fer prises dans les aliments, V, 87.

Poule donnée à un curé, anecdote, VII, 194.

Poule rôtie, II, 230.

Poules (dicton des courtisanes italiennes sur les vieilles), IX, 333.

Poulin (le capitaine). Voy. La Garde.

Pouls cessant de battre, III, 200.

Poupincourt (Mlle de), sa vertu, IX, 719.

Pourvoyeur de M. de Nemours, fait chevalier de l'ordre, V, 92.

Poussart. Voy. Fors.

Pouzzole, assiégé par Barberousse, II, 21.

Poyet (Guillaume), chancelier de France, son procès et sa condamnation, III, 86, 87 ; préside la commission qui juge Brion, 200, note 1 ; assiste à l'entrevue de Clément VII et de François Ier, VII, 73. — V, 205.

Poyet (du), capitaine huguenot, ses exploits, II, 81 ; V, 421.

Poynet (la présidente), histoire de son fils Binet, VI, 212.

Poyremont. Voy. Peiramont.

Pracontal. Voy. Anconne.

Prague, IX, 434.

Pralin. Voy. Praslin.

Praslin (Claude de Choiseul du Plessis-), mestre de camp, V, 364.

Prat (Antoine du), chancelier de France, III, 132.

Prat (du). Voy. Thiers. Vitteaux.

Préau, aumônier de Marie Stuart ; son assistance est refusée à celle-ci au moment de son supplice ; VII, 426, 432 ; confession qu'il lui adresse, 427-428.

Préau (Gabriel du), sa traduction de Guillaume de Tyr, II, 193, note 2 ; IX, 25, note.

Préaux (Hector de), ou du Préau, capitaine huguenot, gouverneur de Châtellerault, élevé par Brantôme, V, 365, 435 ; défend Montaigu contre le duc de Nevers, IV, 385 ; commission dont La Noue le charge pour Brantôme, VII, 262-263 ; sa créance sur Brantôme, X, 129 ; exécuteur testamentaire de celui-ci, 145 ; sa mort, 153.

Précepteurs, corrupteurs de leurs écolières ; anecdotes, IX, 571 et suiv.

Prêcheur. Voy. Prédicateur.

Précy. Voy. Alègre.

Prédicateur, justifiant les parjures, I, 123 ; ce qu'un prédicateur du roi dit des Mignons, VI, 387.

Prédicateur espagnol, ce qu'il dit sur la tentation de Jésus-Christ, VII, 186.

Prédicateurs et la prédication (réflexions sur les), III, 134, 135.

Prédicateurs (mot de Louise de Savoie sur les), IX, 451.

Prédicateur. Voy. Cordelier, Poncet, Sermon.

Prédiction d'un astrologue à Agnès Sorel, IX, 393 ; sur la mort de Henri II, III, 280-283 ; d'un devin grec à Cosme de Médicis, II, 12 ; à Brantôme, X, 413 ; sur la ruine de la Turquie par la France, V, 59.

Prédictions. Voy. Horoscope.

Prélat (bévue d'un), au sujet du prophète Élie, V, 312, 313.

Prélats, commencent à tirer des armes et à dégainer le latin, VII, 73.

Prémillac, gentilhomme de Périgord, ce qu'il raconte à Brantôme sur Béatrix duchesse de Savoie, II, 142-143.

Préséance disputée à la France par l'ambassadeur d'Espagne à

Préséance (suite).|
Londres, et au concile de Trente, III, 96, 98, 99.
Préséance (querelle de), entre Montpensier et Guise, V, 20-22.
Préséance (querelles de). Voy. Funérailles, Parlement.
Président de Toulouse (aventure du premier), avec le duc Henri de Joyeuse, III, 301-303.
Président du parlement de Paris (premier), sous Henri III; son mot sur des gentilshommes qui se battaient dans la chambre du roi, VI, 381, 382.
Président malmené par Montmorency, III, 301.
Pret Jocan ou Jocan Belul, nom donné par les Abyssins à leur empereur, I, 53, note 1.
Prétorienne (garde), V, 354.
Prêtre, maître d'armes, VI, 236.
Prêtre breton, aumônier du cardinal de Lenoncourt, habile lutteur, VI, 237.
Prêtres (du mariage des), IX, 54.
Prêtres (dictons sur les mœurs des), III, 108.
Prêtres, le connétable de Bourbon et le prince d'Orange sont tués par des prêtres, I, 267; IV, 121.
Preux (les neuf), I, 284, note 1.
Preux (neuf), choisis par Charles VIII à la bataille de Fornoue, II, 306, 308; par le roi Jean à la bataille de Poitiers, 308-310.
Prévôt. Voy. Charry, Sansac.
Prévôt de Paris. Voy. Alègre (G. d'), Estouteville, Nantouillet.
Prévôt de l'hôtel, III, 128.
Prévôt des marchands de Paris (Jean le Charron), comment on le force à prendre part à la Saint-Barthélemy, V, 119.
Prez (des). Voy. Montpezat et Villars.
Priape (messer), IX, 163.
Prie (Aymar de), grand maître

des arbalêtriers de France, II, 297.
Prieur de Capoue. Voy. Strozzi (Léon).
Prieurs, abus dans leurs élections; leurs mœurs corrompues, III, 106-107.
Prime (jeu de), II, 137-138.
Primislaus, mari de la reine Libussa, IX, 435.
Prince (bévue d'un très grand), IX, 32.
Prince (un très grand et brave prince) (Henri de Guise ou François duc d'Anjou), VII, 171-172.
Prince (un très grand) (probablement Henri de Navarre); ce qu'il raconte devant La Rochelle à Brantôme et à Strozzi, V, 139.
Prince de par le monde (histoire du second mariage d'un grand), IX, 518. Voy. Montpensier (Louis IIe duc de).
Prince étranger (histoire d'un grand), et de sa femme qu'il tue avec son amant, IX, 83-84.
Prince (Monsieur le). Voy. Condé.
Prince-Dauphin, Princesse-Dauphiné. Voy. Montpensier.
Princes (ingratitude des grands et des), VI, 51, 53; ne doivent pas abuser de leur grandeur contre les gentilshommes, VI, 475, 476; raillerie sur leur orgueil au sujet de leur naissance, X, 103.
Princes (malédiction de Brantôme contre ses), IX, 375.
Princes du sang, leur rang en France, I, 180; avaient des gentilshommes pour valets de chambre, V, 166.
Princes chrétiens, leur jalousie à l'occasion de la victoire de Lépante, II, 121, 122.
Princesse (Mme la). Voy. Jeanne d'Autriche.
Princesse aimée par Bussy (Marguerite de Valois), IV, 35, 36.
Principie, vierge, épître à elle

adressée par saint Jérôme, IX, 651.

Printemps, saison propre à l'amour, IX, 217-219.

Prise maritime faite par un navire de Brantôme, IV, 150.

Prisonniers de guerre (sort des), II, 428; III, 330; IV, 281-282, 350 et suiv.; VII, 59.

Prisonniers (commerce de), II, 145.

Prisonniers (bandon sur les), après la bataille de Ravenne, I, 184.

Prisonniers présentés au général de l'armée victorieuse, VII, 258.

Prisonniers (refus de rendre des), cause de la défection d'André Doria, II, 30, 31, 38.

Prisonniers français, comment traités par les Anglais, VI, 18, massacrés en Sicile, VII, 445, 446; sur les galères de Lisbonne, VIII, 16.

Prisonniers huguenots, comment traités par Montpensier, V, 10, 11.

Prisonniers aimés par leurs geôlières, IX, 163 et suiv.

Procès singulier intenté par la courtisane Théonis, IX, 235; — pour cause d'impuissance, 97, 98.

Procès gagnés par les femmes; comment, IX, 184 et suiv.

Procès (solliciteurs de), dangereux en amour, IX, 575.

Procès-verbal de l'autopsie du corps du dauphin François, III, 446-448.

Procession de jeunes filles romaines, IX, 414-415; — de la Fête-Dieu, des Rameaux et de la Chandeleur, V, 231; VII, 399; — générale sous François Ier, III, 131; — (anecdote sur une femme qui avait suivi une), IX, 583

Prodigues (anecdotes sur des), VII, 195.

Professeurs royaux, III, 93.

Prononciation de la langue française, d'après l'orthographe des manuscrits de Brantôme, X, 164 et suiv.; d'après Le Peletier, 165-168. — Voy. Thurot.

Prophétie. Voy. Horoscopes, Prédiction.

Proscrits. Voy. Bannis.

Protestants d'Allemagne, prennent Ferdinand Ier pour arbitre, I, 81.

Protestants (bataille, guerre des). Voy. Mühlberg.

Protestants, haïs par Diane de Poitiers, III, 246; leurs ravages à Périgueux, V, 402. Voy. Huguenots.

Protonotaires (mœurs des), III, 47, 130, note; ils allaient danser aux bals, 134.

Prouillan, vaincu dans un duel avec un capitaine italien, VI, 278.

Provanes. Voy. Valfrenières.

Provençal (capitaine), son aventure à Catane, VII, 85-86.

Provençaux, gens bizarres, III, 380; comment ils accueillent Charles IX, 381; leur haine contre l'Hospital, V, 349, 350.

Provençaux (défaite des), nom donné au combat de Mensignac. — Voy. ce nom.

Provence, ses citrons et ses oranges, VII, 372, dicton sur les trois choses qui la gâtaient, III, 380; ses gouverneurs, IX, 491; apostrophe à ses peuples, VIII, 75; entrée de Charles IX dans ses villes, III, 381; envahie pa Pescaire et Bourbon, VII, 268 et suiv.; par Charles-Quint, II, 228; VII, 61, 62; pacifiée par Biron, V, 126, 127.

Provence (guerre de la ligue en), VI, 95-97.

Proverbe turc sur les langues, I, 33, note 2, 34.

Proverbes italiens, IV, 23.

Province. Voy. Gouverneurs.

Prudence, son poème contre Symmachus et les vestales, cité, IX, 724, 725.

Prunay ou Prunay-le-Gilon (Claude de Billy, seigneur de), sa mort, III, 331.
Pruné. Voy. Prunay.
Pruneaux (Roch de Sorbiers ou Sorbière, seigneur de ou des), capitaine protestant, raillé par Normand que Brantôme l'empêche d'appeler en duel, VI, 197, 198. — II, 167 ; V, 46.
Psaumes de David, cités, V, 398.
Psylles, VI, 425, note.
Ptolémée XII, sa trahison envers Pompée, VIII, 101.
Pucci (Laurent), cardinal de Santi-Quattro ; danger qu'il court au sac de Rome, I, 271.
ucelles de Marolles, dicton, VIII, 93 ; IX, 95.
Puerto-Carrero (Hermantello), gouverneur d'Amiens pour les Espagnols ; le défend contre Henri IV ; sa mort, son tombeau, II, 62 ; VII, 157.
Puerto-Carrero (Dom Juan ou Pedro de), défend mal la Goulette contre les Turcs ; son surnom, II, 62.
Puiguillon. Voy. Puyguillon.
Puitallier. Voy. La Rivière.
Puividal, capitaine huguenot, V, 359, note 4.
Puividaux, soldats de Puividal, V, 359.
Pulci, son *Morgante maggiore*, cité, V, 394 ; X, 65.
Pulfio, sa querelle avec Varennus, VI, 402, 403, 405.
ulligny sur le Madon (Meurthe), VII, 298.
Puppienus. Voy. Maximus.
Purgatoire, mot de Pierre Strozzi à deux cordeliers sur le purgatoire, VII, 65-66 ; mot sur le même sujet d'Alexandre VI, à des cardinaux, 67, 68.
Pusset, sa querelle avec la Rivière-Puitailler, IV, 76, 77 ; son combat en champ clos contre le seigneur de Kerman, IV, 78.
Pussol. Voy. Pouzzole.
Puteo (Paris de). Voy. Paris.

Puiviaut. Voy. Pluviaut.
Puy (du). Voy. Montbrun.
Puybeton. Voy. Biron.
Puydanche. Voy. Puy d'Auché.
Puy d'Auché, gentilhommme de Poitou, mestre de camp de Givry ; sa mort en Toscane, VI, 170.
Puy-Gaillard (Jean de Léaumond de), maréchal de camp au siège de La Rochelle, V, 13, 15 ; VI, 213 ; est défait à Sainte-Gemme par La Noue, VII, 206.
Puygreffier, maison de Poitou, IV, 84.
Puyguillon (*N*. seigneur de La Martonie de), mari de Claude des Coutures, X, 97, 98, note 4, 99.
Puyguillon (Charlotte de). Voy. Jarnac.
Pymantelz. Voy. Pimentel.
Pyrrhe, nom propre, Pierre, III, 218.
Pyrro. Voy. Stipicciano.

Quadra (Alvarez de), évêque d'Aquila, ambassadeur de Philippe II près d'Élisabeth, III, 96.
Quadragant, cheval de Henri II, IX, 347.
Quarantaine, retraite à cause d'un deuil, VIII, 120, note 1, 124 ; X, 58.
Quatrain des gens d'Arras contre Charles-Quint, I, 24 ; sur les jurons de divers rois de France, III, 83 ; sur les Guises, IV, 271 ; sur Mercœur, V, 193.
Quatrains impromptus faits à un dîner chez du Guast, IX, 113.
Quatre-Mendiants de Paris (ordre des), désigné par Brantôme pour son héritier ; en quel cas, X, 142.
Quatrirème, galère à quatre rameurs par banc, II, 36.
Quelongue. Voy. Berre.
Quélus (Jean de Lévis, baron de),

premier mari de Baltazarde de Montpezat, X, 94.

Quélus (Antoine de Lévis, baron, puis comte de), épouse la veuve de son frère, Baltazarde de Montpezat, X, 94, note 1; puis Suzanne d'Estissac, 102, note 1; compagnon de voyage de Brantôme à Gaëte, I, 282-289; ce qu'il lui dit sur Barberousse et le comte d'Enghien, III, 219.

Quélus (Jacques de Lévis, comte de), ses sœurs, X, 94; sa querelle contre Bussy qu'il attaque à main armée à Paris, et qui demande au roi le combat contre lui, VI, 190, 191, note 1, 501; est blessé à mort par Antraguet dans le duel des *Mignons*, VI, 312-314; son tombeau à Saint-Paul, VI, 481. — VI, 29.

Quercu (Leodegarius a). Voy. Duchesne.

Querdes (Philippe de Crèvecœur, seigneur des), notice; sa mort et ses funérailles, II, 355, 356.

Querelle d'Allemagne, dicton, V, 63.

Querelles, comment se vidaient avant l'usage des appels, VI, 385-386; commençant à devenir fréquentes à la cour sous Charles IX, VII, 366; les défenses de donner suite à une querelle cessent par la mort de celui qui les a faites, VI, 371 et suiv.; — de gentilshommes apaisées par Catherine de Médicis, VII, 366 et suiv.

Querelles. Voy. Accords, Combats, Duels.

Querlon (Meusnier de), auteur de vers prétendus de Marie Stuart, VII, 412, note 2.

Querman. Voy. Kerman.

Quesnel (du). Voy. Monchi.

Question de Amor, cité, I, 137, 178.

Queues de chevaux marins, II, 244.

Quiélu ou Quiélus. Voy. Quélus.

Quiers (prise de), par Brissac, IV, 66.

Quignones (Don Diego de), notice sur lui, I, 137; est tué à la bataille de Ravenne, *ibid.*; assiste Soto-Major dans son duel contre Bayard, VI, 265 et suiv.

Quinet, directeur de l'Opéra, chargé d'écrire une vie de Brantôme, X, 49, note.

Quintus Crispinus, son combat contre Badius, VI, 401.

Quiproquo d'apothicaire, dicton, V, 173.

Quiproquos (singuliers), IX, 249.

Quinte-Curce, cité, IX, 378.

Quixada (Luis de), grand maître de la maison impériale, élève Don Juan, II, 139, note 2.

Quixada (Juan de), capitaine espagnol, I, 332.

Quolibet sur Charles-Quint, I, 24; IV, 92, note 2.

Rabastain. Voy. Ravestein.

Rabasteins (Tarn). Monluc qui l'assiégeait y est blessé ainsi que son fils Fabian, IV, 36 et suiv., 44.

Rabelais, né à Chinon, III, 413; cité, I, 39, note, 41, 165, 189; II. 224, note 2, 348; III, 106, note, 108, note 1, 286, note 4; V, 121; VI, 45, 53, 242; VII, 155; IX, 132, 268, 690; X, 282, 372. — Voy. plus haut, p. 12, col. 1, l'article Jacobin.

Rabodanges (Jean, sire de), capitaine de Gravelines, son mariage avec Marie de Clèves, duchesse d'Orléans, mère de Louis XII, IX, 592-593. — Son fils, capitaine de la garde de Lautrec au siège de Naples, 593.

Rabutin (F. de), ses *Commentaires des guerres de la Gaule Belgique*, cités, I, 25, note 1, 320, note 1; III, 268, note 2.

Raconis (Bernardin de Savoie, seigneur de Cavour, comte de

Raconis (suite).
Pancarlier et de), son mariage, VIII, 92.

Raffin ou Rafin. Voy. Poton et Lansac la jeune (Mme de).

Rafraichir (se), ce que les soldats entendaient par ce mot, V, 380.

Ragny (François de La Magdeleine, seigneur de), VII, 390, note 1. — Sa femme Catherine de Marcilly, VII, 390.

Ragny (Léonor de La Magdeleine, marquis de), mari d'Hippolyte de Gondi, X, 90, note 2.

Ragny (Claude de Damas, dame de), première femme du maréchal de Bourdillon, V, 71, note 2.

Ragot, bouffon, II, 267.

Raguse (projets de plusieurs capitaines français sur), IV, 117, 118; V, 406, note 1.

Raiz (Albert de Gondi, seigneur du Perron, duc de), maréchal de France; favori de Charles IX, à qui il apprend la dissimulation; était petit-fils d'un meunier; se retire près de Florence pendant la Ligue; son père et sa mère; corrompt le naturel du roi; ses vices; l'un des auteurs de la Saint-Barthélemy; V, 253, 255; IV, 301; empêche Biron de quitter la cour, V, 125; fait comme particulier la campagne contre Thoré; ce qu'il en dit à Brantôme dont il avait épousé la cousine germaine; peu aimé de Henri III qu'il avait précédé en Pologne; ce que Biron dit de lui quand il arrive à l'armée; porta d'abord le nom de Le Perron; commença par être commissaire des vivres; puis cornette; avait fait proscrire Biron à la Saint-Barthélemy, V, 132, 140, 141; brûle les mémoires de Coligny, IV, 327; ce qu'il dit à Charles IX sur la mort de La Rochefoucauld, V, 257; aurait dû écrire la vie de Charles IX et publier son livre sur la chasse, V, 285, 286; bienfaits dont il est comblé par lui, 289; est blessé au siège de La Rochelle, 330; fait l'office de connétable au sacre de Henri III, II, 292; prend en amitié Bellegarde auquel il fait avoir une commanderie de Calatrava, V, 196; l'emploie à négocier son mariage, 197; renversé par Damville dans un combat à l'épée, III, 371; son château de Dampierre est pris par Condé, I, 146; fait démanteler Montaigu, I, 140; IV, 385; singuliers conseils qu'il donne à Charles IX pour La Noue, à Henri III pour Mme de Nemours, IX, 446, 447; comment il fournit ses preuves de noblesse pour l'ordre du Saint-Esprit, V, 103, 104; est chargé par Henri III d'accorder Bussy et Saint-Phal, VI, 184-186; envoyé pour remettre le marquisat de Saluces sous l'autorité du roi, V, 204, 205; l'un des auteurs de la Ligue, IV, 386; était près du maréchal d'Aumont quand celui-ci fut blessé par Villeneufve, V, 176, 177, 438; son mauvais procédé envers Brantôme, 207; se fait adjuger par droit d'aubaine l'héritage de Villeconnin, IX, 136; son vol de 50,000 écus, II, 77. — III, 298; IV, 33; V, 149, 282; VI, 100, 207; VII, 367.

Raiz (Claude-Catherine de Clermont, baronne de), dame de Dampierre, cousine germaine de Brantôme, femme de Jean d'Annebaut puis du maréchal de Raiz, V, 140; ses plaintes sur l'ingratitude de Lavardin, VI, 198; ses enfants, X, 89, 90. — V, 197.

Raiz (Charles de Gondi, comte de), marquis de Belle-Isle, fils du précédent, général des ga-

lères, IV, 147. Voy. Belle-Isle.
Raiz (cardinal de). Voy. Gondi.
Rallay. Voy. Raré.
Rambouillet (château de), François Ier y meurt, II, 324; séjour qu'y fait la cour, IV, 70; son éloge, III, 165, 173.
Rambouillet (Renaud d'Angennes seigneur de), tué devant Fossano, III, 369.
Rambouillet (Nicolas d'Angennes, seigneur de), capitaine des gardes, s'oppose au duel de Bussy et de Saint-Phal, VI, 183-184; envoyé par Charles IX vers le cardinal de Lorraine et le maréchal de Montmorency, 492. — V, 149; VII, 367.
Rambouillet. Voy. Fargis (du), Hacquebelac.
Raminagrobis de guerre, IV, 241.
Rammondelo. Voy. Balzo.
Ramonnet, capitaine gascon; comment sa mort est vengée par Louis XI, V, 304.
Ramus (P.), professeur au Collège royal, huguenot; son éloquence; sa mort, III, 285, 286.
Rance, de Champagne, dit *Contenan*, gouverneur du marquis d'Elbeuf, IV, 280; colonel des légionnaires de Champagne; accord de sa querelle avec Maugiron, V, 367-369.
Rance ou Ranze de Cere. Voy. Renzo.
Rançons (des), II, 145, 271; IV, 280; V, 99; VII, 59; source de fortune pour les vainqueurs, II, 145.
Rançons de lord Grey, de F. de La Rochefoucauld, II, 271; de La Noue, VII, 218 et suiv.
Randan (Charles de La Rochefoucauld, comte de), remplace Andelot comme couronnel général; son éloge, VI, 28; son combat singulier au siège de Metz, 30; blessé au siège de Bourges; son courage, 32; est blessé de nouveau au siège de Rouen et meurt; ses belles jambes; regrets de sa mort; ses obsèques à Rouen; son *Tombeau* en latin par Tortron, 33, 34; sa beauté; ses talents; ses bons mots, 35, 36; est envoyé en Angleterre pour conclure la paix, 37, 38; méchanceté qu'il fait à une fille de la reine et qu'il raconte à Brantôme, IX, 268; ambassadeur en Angleterre, donne au duc de Nemours l'espoir d'épouser la reine Élisabeth, IX, 386, 387; sa querelle avec Montberon, VI, 478-480; anecdote sur lui, IV, 76-78. — VII, 383.
Randan, le jeune, assassiné par J. de Lavardin, VI, 195.
Randan. Voy. La Rochefoucauld.
Randan (Fulvic Pic de La Mirandole, femme de Charles de La Rochefoucauld, comte de), ne se regarde plus au miroir après la mort de son mari, VIII, 210; IX, 647; son dédain de la toilette; appelée *moine* par Henri de Guise, 648. — VII, 383, 394.
Randolazzo, Navarrais; sa bravoure au siège de Düren, II, 6.
Rané. Voy. Renay.
Rang des princes du sang en France et en Espagne, I, 180.
Rangon (Guy), III, 57; IV, 111.
Ranty. Voy. Renty.
Ranze de Cere. Voy. Renzo.
Rapallo (victoire de Louis XII à), II, 359; VI, 228; VIII, 101-102.
Raphaël Peregrino, pseudonyme d'Ant. Perez, II, 136, note 3.
Rapin (Philibert), gentilhomme huguenot, exécuté à Toulouse, IV, 322.
Rappelés (gens disgraciés et), mot de François Ier sur eux, III, 210.
Raré (Renée Rallay ou), dite Beauregard, fille de la suite de Marie Stuart; revient en France après la mort de sa maîtresse; récit qu'elle en fait à Brantôme, VII, 440.

Rasoir (duel au), VI, 417.
Rassé des Nœuds (collection), citée, IV, 391.
Rasteau, X, 151.
Rathery, cité, VII, 412, note 2.
Raulet. Voy. Rollet.
Raunay. Voy. Renay.
Ravanal, VII, 47.
Ravastein. Voy. Ravenstein.
Ravel. Voy. Revelles.
Ravenne (bataille de), I, 80, 127, 139, 145, 150, 152, 153, 154-156, 161, 184; II, 39, 40, 162, 225, 362, 374, 417; III, 332; V, 32, 317, 318; VI, 444; VII, 14, 35, 115, 117-118, 119, 120.
Ravenne (récit de la mort du duc de Nemours à), VII, 282-284.
Ravenne, Brantôme visite son champ de bataille, I, 156, note 1.
Ravenstein (Adolphe de Clèves, seigneur de), I, 77, note.
Ravenstein (Philippe de Clèves, comte de), gouverneur de Gênes, son expédition contre Méthelin, II, 366. — II, 207; V, 400.
Ravenstein (Anne de), I, 76.
Raverie (Mme), X, 115.
Ravestein. Voy. Ravenstein.
Ravignano (Marguerite, femme de Michelino), sauve de la mort son frère Sforza de Cotignola, VIII, 184; IX, 423.
Raymond (le capitaine), frère de Chicot, assassine le comte de La Rochefoucauld à la Saint-Barthélemy; sa mort, V, 257.
Raymond Lulle. Voy. Lulle.
Read (C.), son édition du Tigre, IX, 492, note 2.
Réal (le), cheval de M. de Nemours, IV, 160, 161.
Réale (la), galère royale ou du commandant, II, 116, 276; VII, 24.
Réale (la), galère du baron de La Garde; sa description, IV, 147, 148.
Reaumont. Voy. Romont.
Réaumont. Voy. Remiremont.

Rebec, espèce de violon, II, 209, 210; IV, 82; VII, 419.
Rebecco (retraite de), où sont tués Vandenesse et Bayard, I, 185; II, 381-386, 389; III, 62, 64, 231.
Rebours (G. de), président au parlement, VIII, 80, note 2.
Rebours (N. de), fille de G. de Rebours, maîtresse de Henri de Navarre; assistée à son lit de mort par Marguerite de Valois, VII, 395; VIII, 80.
Rébus d'Arras sur le connétable de Montmorency, III, 346.
Rébus de Picardie, IV, 85; sur le nom de Taix, VI, 2.
Réception de la reine d'Espagne à Saint-Jean-de-Luz et son entrée à Bayonne, citée, VIII, 2, note; 18, note.
Recettes contre la luxure (livret italien de), IX, 687.
Récollez, récollets, V, 245.
Reconnaissance (exemples divers de), VII, 240 et suiv.
Recteur de l'université de Paris, brigues pour son élection, III, 106.
Recueil des Dames, de Brantôme: Discours I, sur la reine Anne de Bretagne, VII, 307-321; Discours II, sur la reine, mère de nos rois derniers, Catherine de Médicis, 332-403; Discours III, sur la reine d'Ecosse, jadis reine de notre France, 403-453. Voy. pour la seconde partie de ce *Recueil* l'article *Brantôme*, p. 75, col. 1.
Recueil de morceaux de musique ancienne, publié par le prince de la Moskowa, cité, IX, 462, note.
Recuero (Pedro), VII, 47.
Reculle (M. de), sobriquet donné à Mercœur par les huguenots, 192, V, 193.
Reffuge. Voy. Refuge.
Réforme (la), à Metz, V, 50.
Réformés. Voy. Huguenots, Luthériens.
Refuge (Guillaume de), chevalier

de Malte, tué en duel, VI, 320, 385.

Rège. Voy. Reggio.

Régence des femmes en France, VIII, 54, 55.

Régence d'Anne de Beaujeu, VIII, 99; de Catherine de Médicis, VII, 347-348, 351.

Régent ou *Régente*, vaisseau anglais; son combat contre *La Cordelière*; son incendie; poème de Germain Brice à ce sujet, VII, 315.

Régente. Voy. Catherine de Médicis, Savoie (Louise de).

Reggio, pris par les Turcs, II, 39; Lescun veut s'en emparer par trahison, III, 56.

Régime (sur l'emploi du mot), VI, 21.

Régiment de Piémont, VI, 158; de la garde de Henri III, V, 352 et suiv.

Régiments anciens et nouveaux au siège de la Rochelle, V, 351.

Regnaud. Voy. Renaud.

Regnaut. Voy. Oreilles.

Règne (le), nom donné au royaume de Naples, I, 72, note 3. — (chevaux du), *ibid.*; et 45, note 3.

Regnier de la Planche, son *Histoire de l'Estat de France*, III, 228, note 1; 234, notes 2 et 3; son *Livre des Marchands*, 228, note 1.

Regulus, II, 281.

Réhabilitation du maréchal de Biez et de Vervins, IV, 22.

Reilhac. Voy. Rillac.

Reillac (Pierre de Peiramont, seigneur de) X, 97.

Reims (archevêque de), membre du parlement, III, 131.

Reims, sacre de Charles IX dans cette ville, IX, 630.

Reims (hôtel de), à Paris; comédie qui y est jouée, IX, 407.

Reine, titre donné aux filles de France, VII, 52.

Reine Blanche, nom donné aux reines devenues veuves, VII, 54; IX, 592, note 2.

Reine-Dauphine. Voy. Marie-Stuart.

Reintgrave. Voy. Rhingrave.

Reitres dans les armées du roi et dans celle des Huguenots, IV, 335-336; leur accoutrement, V, 307.

Reitres battus à Renty; vainqueurs à Saint-Quentin, IV, 195; Henri II refuse d'en prendre à son service; battus par le duc Henri de Guise, 196 et suiv.; lettres que leur écrivent le prince de Parme et Élisabeth d'Angleterre, 200-203; comment il faut les combattre, 201; battus par le duc d'Albe; redoutent les cavaliers turcs, 204-205; leurs ravages en France; leur vaillance aux batailles de Dreux et de Moncontour, 205-206; leur vie débauchée; usage que devrait en faire le roi d'Espagne, 206-207, 208; ce que Coligny en dit à Brantôme, IV, 319; comment il se faisait obéir par eux; il les empêche d'être achetés par la cour; marches qu'il leur fait faire après les batailles de Dreux et de Moncontour; leur séjour en Agénois, 320-321; payés par le roi à la paix; leur respect pour Coligny, qui regrettait de les employer, 323, 336, 337; harangués par Ramus, III, 286; battus à Dormans et à Auneau, I, 339, 340; III, 376; V, 139-141.

Reitres au service de Henri III, complot contre eux, IV, 34.

Reitres du Rhingrave à la bataille de Jarnac, IV, 313.

Religieuses (anecdotes sur les), IX, 688-690.

Religieuses corrompues par la lecture des *Amadis de Gaule*, IX, 573.

Religieux (les), c.-à-d. les religionnaires, les calvinistes, III, 296.

Religion (force des ligues formées pour cause de), IV, 355.

Religion dans un État (sur le changement de), IV, 291.

Reliques des martyrs, VII, 439; leur port est permis dans les duels, VI, 305; — de la Sainte-Chapelle volées, II, 361, 362; — pillées dans les guerres civiles, II, 206, 435; IV, 328 et suiv. Voy. Trésors.

Reliques singulières d'un mari conservées par sa veuve, IX, 664, 665.

Reliques du sac de Rome, qui on appelait ainsi, I, 275.

Reliques. Voy. Coiffe.

Remède contre le mal de dents, VIII, 13. — Contre la petite vérole. Voy. œufs frais.

Remèdes réfrigératifs, IX, 687, 688.

Remiremont (et non Réaumont comme le dit Brantôme) (chanoinesses de), IX, 724.

Remole ou Remolle, créé mestre de camp par Fr. de Guise, emmené en Provence par Biron, V, 126, 127, 338, 339.

Remonnet Voy. Ramonnet.

Remontrance au roi par un vrai catholique, VI, 62, note 2.

Renard (dicton espagnol sur le), IX, 714.

Renard (queue de), servant à nettoyer, IX, 538.

Renard. Voy. Fable.

Renaud de Montauban, délivre Genèvre, VI, 249, 290; sa coupe magique, IX, 50. — VI, 391; VIII, 56; IX, 159, 402, 539.

Renay ou Raunay, l'un des conjurés d'Amboise, III, 182.

Rencontres. Voy. Batailles.

Rencontres espagnoles. Voy. *Rodomontades*.

René I, duc d'Anjou et de Lorraine, roi de Naples et de Sicile; la reine Jeanne II de Naples lui lègue ses États, VIII, 189, note 3, 192; son défi à Alfonse d'Aragon, VI, 425-426; sa douleur à la mort de sa femme; devise qu'il prend à ce sujet, et qu'on voit à Angers; ce qu'il en disait, VII, 350, 351; sa femme lui conquiert le royaume de Naples pendant qu'il était prisonnier du duc de Bourgogne, IX, 395, 396; aimait les Gascons, VI, 235; fonde l'ordre du Croissant, V, 114; sa devise italienne, IV, 260. — II, 295; VI, 425.

René II, duc de Lorraine, III, 224, note.

René le parfumeur, ligueur, I, 221.

René-le-Duc. Voy. Arnay-le-Duc.

Renée de France. Voy. Ferrare.

Renégat espagnol à Valona, VI, 303.

Renégats fatals à la France, II, 32.

Renégat français (aventures de), V, 385, 388 et suiv.

Renégats d'Alger, au siège de Malte, V, 227.

Renégats. Voy. Armaignac, Assan-Agas, La Faye, La Motte, Ouchali (L'), Paléologue, Potrincourt, Sinan-Pacha.

Renier (Léon), cité, I, 70, note 1.

Rennes (évêque de). Voy. Vely.

Renommée (dicton latin sur la), VII, 102.

Renouard, capitaine en Piémont, IV, 72.

Renty (combat de), I, 23, note, 25; II, 313; III, 269; IV, 195 et suiv., 269, 287, 312; V, 90, 91; VI, 22.

Renty ou Ranty (marquis de). Voy. Richebourg.

Renzo de Ceri, couronnel des bandes italiennes; son éloge, VI, 214; défend Marseille contre Bourbon; chanson des aventuriers sur lui, III, 195, 196. — III, 88.

Repas singuliers que se donnent mutuellement Brusquet et le maréchal Strozzi, II, 249-253.

Repas. Voy. Aliments, Collation, Dîner, Festins, Viande.

Représailles contre les soldats (réflexions sur les), VI, 134, 135.

Réputation. Voy. Renommée.
Requesens (Dom Bérenger de), commande les galères de Sicile, II, 49.
Requesens. Voyez Zuniga.
Réserve (corps de), dans une bataille, ce qu'en dit M. de Guise, II, 351-353; Coligny n'en usa jamais; Henri IV s'en servit à Ivry, et les Espagnols à Pavie et à Cérisoles, 352.
Résignation de charge, V, 207.
Retraites de guerre (Discours d'aucunes), VII, 267-303. — Ce que Brantôme a entendu dire à ce sujet à de grands capitaines, VII, 267; divers exemples de retraites : de Pescaire en Provence, 268-271; du prince d'Orange sur Naples, 272-273; de Bonnivet et de Bayard, 273-276; de François Ier devant Landrecies, 277-279; des Espagnols à la bataille de Ravenne, 282-284; des soldats romains à la bataille de Cannes, 284; de Strozzi devant les huguenots, 285-286; de Châtillon et de Coligny, 292, 293; de du Biez, 293-294; du duc de Nemours, du prince de Parme, 293-295; du duc Henri de Guise devant le baron de Dhona, 295-300, 302; des Romains à la bataille de Trebie, 302. — IV, 170, 171.
Retz. Voyez Raiz, Tournemine.
Reux, Rœux ou Ru (Adrien de Croy, comte de), notice sur lui, I, 319, 320; ennemi des Français; est pris devant Naples, 319. — III, 265; IX, 421.
Reux (Claude de Melun, comtesse de), III, 265.
Réveillon porté aux mariés dans leur nuit de noces, IX, 94.
Revelles, ville du marquisat de Saluces, prise par Bellegarde, V, 195.
Revenu de la Savoie et du Piémont, IV, 64.
Revermont (pays de), possédé par la maison de Coligny, IV, 307, note 2.
Revers de M. de Nemours, dicton, IV, 165.
Révolte de soldats romains en Espagne, VII, 152; de soldats français à Arles et à Grosseto (voy. ces noms); de soldats espagnols, II, 89, 90; VI, 41, 42; VII, 145 et suiv. — Voy. Espagnols.
Révolte pour la gabelle en Guienne, II, 231; des Rochellois, III, 84. Voy. Bordeaux.
Revue rétrospective, citée, V, 65, note; VIII, 209.
Reynosa (P.), son *Espejo de cavallerias*, cité, X, 66, note.
Rhétorique françoise, par Antoine Fouquelin, VII, 405.
Rhets. Voy. Raiz.
Rhin, Henri II fait boire les chevaux de son armée dans ce fleuve, III, 267.
Rhingrave (Jean-Philippe de), sert fidèlement les rois de France; épouse la veuve de Charles de Crussol, VI, 220; guerres où il a servi; bien que protestant il amène des troupes à Charles IX, qui les passe en revue près du pont de Charenton; détails à ce sujet, 221; IV, 335, 336; assiste à la reprise de Rouen et du Havre, V, 417; VI, 222; est pris à la bataille de Saint-Quentin et court risque de la vie; ce qu'il en dit à Brantôme proche parent de sa femme et qu'il appelait son neveu, 222; second mari de Jeanne de Genouillac, III, 76. — III, 389; VII, 293.
Rhingrave (le jeune), fait le voyage de Malte avec Brantôme, V, 407.
Rhodes (colosse de), VIII, 75.
Rhodes (chevaliers de), V, 113.
Rhodes. *La grande et merveilleuse oppugnation de la noble cité de Rhodes*, par Jacques de Bour-

Rhodes (suite).
bon, citée, VII, 337, note; IX, 421, note 1.
Rhodes assiégé inutilement par le renégat Misach Paléologue, pacha de Bajazet et non par le soudan d'Égypte, comme le dit Brantôme, V, 218, 219.
Rhodes (sièges et prise de), par les Turcs, V, 58, 218-220; IX, 421; François Ier veut le secourir, V, 62; projets d'expédition et combat naval du grand prieur F. de Lorraine près de cette île, IV, 151-156.
Rhodiennes. Leur courage pendant le siège de leur ville par Soliman, IX, 421.
Rhône, forts bâtis sur les bords du Rhône par Mouvans, V, 425.
Ribadavia en Galice, éloge de son vin, V, 296.
Ribauds (roi des), III, 128.
Ribérac (François d'Aydie, vicomte de), est blessé à mort par Maugiron dans le duel des *Mignons*, VI, 313.
Ribérac (Charles d'Aydie, vicomte de), premier mari de Jeanne des Bernardières, X, 96, note 2.
Ribérac (Mlles de), dites Guittinières, dotées par Philippe II, VII, 393; VIII, 13, 19; X, 473.
Ribier (Guillaume), ses *Lettres et mémoires d'Estat*, citées, VI, 302, note 4.
Ricard. Voy. Genouillac.
Richard Cœur de Lion, incident de son entrevue avec Philippe-Auguste, VI, 458, 459; sa captivité en Allemagne, IX, 599. — IV, 323.
Richard (Me Victor), X, 152.
Richarde, répudiée par Charles le Gros, VIII, 89.
Richardet, frère de Bradamante, IX, 417.
Richebourg (Robert de Melun, marquis de), dit le marquis de Renty, suit La Noue en Flandre; embrasse le parti des Espa-

gnols; est tué à Anvers; fait prisonnier La Noue et le traite mal, VII, 211, 212.
Richelieu, l'*aîné* (Louis du Plessis, seigneur de), créé mestre de camp par Fr. de Guise, V, 337; présente Brantôme à la Roche-du-Maine, III, 405.
Richelieu (Antoine du Plessis, seigneur de), dit *le Moine de Richelieu*, capitaine, V, 13; son combat au siège de Bourges avec Saint-Martin, 419, 420.
Richelieu (François du Plessis, seigneur de), V, 337, note 2.
Richelieu (les deux), frères, capitaines en Piémont, IV, 73.
Richemont (château de), bâti par Brantôme et légué par lui à Mme de Duretal, X, 143-145; la chapelle en est désignée par Brantôme pour lieu de sa sépulture, 154.
Richiend. Voy. Mouvans.
Richilde, comtesse de Hainaut, sa guerre contre Robert le Frison, IX, 482.
Ridolfi (le cardinal Nicolas), sa bibliothèque, II, 242.
Ridolfi (Luc-Antonio), sa traduction française du *De Claris mulieribus*, de Boccace, citée, VIII, 168-170.
Rieux (Jean de), maréchal de France, notice sur lui, II, 352-354; reproches qu'il fait au maréchal de Gié, pour sa conduite à Fornoue, 351, 353. — II, 299.
Rieux (Claude de), mari de Suzanne de Bourbon, III, 171; V, 5; VII, 381. — Voy. Andelot.
Rieux, Voy. Châteauneuf, Elbeuf, Laval, Reux, Sourdéac.
Riez (évêque de). Voy. Lancelot de Carles.
Rigaut. Voy. Oreilles.
Rillac (Jean de), évêque de Sarlat, III, 107, note 2.
Rillac. Voy. Reillac.
Rincon (Antoine de), agent de François Ier près de Soliman,

assassiné, I, 120, 205-207, 209, 213; III, 156, 159, 214; VI, 459.

Rincrock ou Rincroq (Georges), couronnel de lansquenets ; ses troupes sont défaites à Marciano; sa vaillance, VI, 165, 224.

Riolas, capitaine, tué au siège de Rouen; sa querelle avec Lachasse, VI, 108, 109, 414.

Ripalta (Rodrigo), capitaine espagnol, I, 334.

Rippe-d'Avid. Voy. Ribadavia.

Ristre, collet, V, 333.

Rithovius (Martin-Baudoin), confesse le comte d'Egmont condamné à mort, II, 155, 159, 160.

Rive (N. de), huguenot, frère de Pontus de la Gardie, V, 390.

Riverol, duelliste, VI, 29.

Rivoire. Voy. Imbaut.

Rizzio (David), secrétaire de Marie Stuart, sa mort, VII, 420; IX, 152, 153; X, 421, note 1.

Roan. Voy. Rouen.

Roannais (Mme de). Claude de Beaune de Semblançay, dite Mme de Châteaubriand, femme de Claude Gouffier, duc de Roannais, VII, 387.

Robes léguées par Anne de Bretagne à la mère de Brantôme, X, 46. — données aux dames par François I*r*, III, 118. — de la princesse de Condé pillées par Tavannes et portées par sa femme, V, 116-117.

Robes à la bolonaise, VIII, 174. — d'or et d'argent, VIII, 117; IX, 482. — de Marguerite de Valois, VIII, 32-34, 36-38.

Robes. Voy. Habillements.

Robert d'Anjou, roi de Naples, grand-père (et non père comme le dit Brantôme) de Jeanne I*re* de Naples, VIII, 148, 160, 161; défié par Mathieu Visconti (et non Frédéric-Marie, comme le dit Brantôme), seigneur de Milan; défié par Frédéric I*er*, roi de Sicile, VI, 454-455.

Robert le Frison, comte de Flandre, ses victoires sur Richilde, IX, 482.

Robert III de Béthune, comte de Flandre, gendre de Charles d'Anjou, tue Charles de Bari, VII, 444, 445.

Robert (Pierre), généalogie dont il est auteur, IX, 76, note 2.

Robert. Voy. Artois.

Robert-Dumesnil, son *Peintregraveur français*, cité, VII, 343, note.

Robertet (Florimond), seigneur d'Alluye, mari de Mlle de Piennes, X, 501, note 3. Voy. Alluye.

Robertet (Anne). Voy. La Chastre (Mme de).

Robertet (Françoise). Voy. Babou (Jean) et Aumont (maréchal d').

Robertet (Louise), femme de François du Vigean, X, 94, note 4.

Robin, surnom anagrammatique de Biron, V, 131.

Robinet. Voy. Fraxinelles.

Rocandolph. Voy. Roggendorf.

Rocca-Secca. Ladislas y est vaincu par Louis II d'Anjou, II, 306.

Roc-de-Bach, Roc-de-Mars. Voy. Rodange.

Roche fendue à Gaëte, I, 287.

Rochebeaucourt. Voy. Sainte-Mesme.

Rochechouart (François de), sénéchal de Toulouse, II, 207.

Rochechouart (Aimeric de), évêque de Sisteron; son mot sur une très grande dame, IX, 261, 262.

Rochechouart (Gabrielle de). Voy. Lansac (Mme de).

Rochechouart. Voy. Chandenier, Saint-Amand.

Rochefort-sur-Loire, pris par Montpensier, V, 10.

Rochefort (François de), page de Henri II de Navarre, contribue à son évasion, I, 227, note 6.

Rochefort (Antoine de Silly, comte de Rochepot et de), dé-

Rochefort (suite).
puté de la noblesse aux états
d'Orléans, VI, 151.

Rochellois, leur révolte; François Ier leur pardonne, III, 84;
assiégés par les catholiques, ne
chassent pas les bouches inutiles, IV, 55, 57.

Rochelloises. Leur héroïsme pendant le siège de leur ville, IX,
420, 421. Voy. La Rochelle.

Rochepot. Voy. Rochefort.

Roches (de), premier écuyer de
Charles IX, blesse Andelot en
défendant le prince de La Roche-sur-Yon, VI, 473.

Roches (des). Voy. Des Roches.

Roches-Baritaud (des). Voy. Châteaubriand.

Rocquandolf. Voy. Roggendorf.

Rocquefeuil, capitaine en Piémont, IV, 73.

Rodange ou Rodemack, pris par
Henri II, III, 268.

Rodemack. Voy. Rodange.

Rodes (Jean Pot, seigneur de),
maître des cérémonies de l'ordre de Saint-Michel, IV, 94.

Rodolphe II, empereur d'Allemagne, notice sur lui, I, 91,
note 4; 92, 93.

Rodomont, personnage d'Arioste,
VII, 42, 291.

*Rodomontades et gentilles rencontres
et parolles espaignolles* (Discours
d'aucunes), VII, 1-177. Il en
existe deux rédactions, 1, note
1; date de leur composition, 2,
note.

Rœux. Voy. Reux.

Roffignac (Christophe de), président au parlement de Bordeaux, X, 101.

Roffignac. Voy. Couzoges.

Roger, personnage d'Arioste, IX,
417.

Roggendorf (le comte Christophe
de), sert fidèlement le roi; misère dans laquelle il tombe;
son portrait, VI, 223, 224.

Roggendorf (le comte Guillaume
de), premier maître d'hôtel de
l'empereur Ferdinand, se distingue au siège de Vienne, I,
85, 322. — II, 425.

Roggendorf, fils ou petit-fils du
précédent, lieutenant du duc
de Lorraine, est pris dans
Thionville, I, 322.

Rohan (François Ier de), archevêque de Lyon, VII, 323.

Rohan (Jacques Ier de), veut tuer
sa femme Françoise de Daillon,
IX, 18, 19.

Rohan (René de), fait prisonnier
par le marquis de Brandebourg;
est tué; son éloge, I, 347, note;
III, 144; IV, 281.

Rohan (Marguerite de), femme de
Jean comte d'Angoulême, aïeul
de François Ier, IV, 281.

Rohan (Françoise de), dame de
la Garnache, ses amours avec le
duc de Nemours, III, 272; IV,
166, 168; VII, 392; IX, 388;
comment sa grossesse est découverte, 488-490; son procès
contre ce prince; son mariage
avec François Le Felle, seigneur
de Guesbriant, IV, 405, 406.

Rohan (Jacqueline de), dame de
Gié, première femme de François de Balsac d'Entragues, sa
lettre au roi, IV, 406; VII,
389; X, 452, note 4.

Rohan (Renée de), veuve de René
de Laval, épouse son beau-frère
Gilles de Laval, seigneur de
Loué, VII, 414, note 1.

Rohan. Voy. Frontenay, Guéméné, Longueville, Rothelin.

Roi (discussion sur le devoir envers le), VII, 229 et suiv.

Roi (réflexions sur la prétendue
fidélité due au), VII, 245 et suiv.

Roi et sujets. Leurs devoirs réciproques, VII, 233 et suiv.

Roi. Un roi doit parler sa langue
devant les étrangers, VII, 71.

Roi (privilèges de la maison du),
VI, 380, 383.

Roi (anecdote sur l'usage de baiser la main du), IX, 480.

Rois (les), ne doivent pas s'exposer

trop à la guerre, II, 72-74; ont le naturel du lion, III, 91; il n'est pas bon de toujours suivre leurs commandements, V, 173; ils ne peuvent tester, 269; ne doivent pas faire de longs discours, IX, 624; plaisanterie sur leurs cervelles légères, V, 80; diatribe contre eux, VII, 232 et suiv., leur ingratitude, 233 et suiv.; VI, 71; eux et les princes méritent tous d'être pendus, IV, 93.

Rois de France (observations sur les), VIII, 53, 55; mis hors de page par Louis XI, II, 346; amour des Français pour eux, VII, 269; leurs maîtresses, III, 242 et suiv.

Rois. Voy. Logis, Pibrac.

Rois (ville des), nom donné à la ville de Cuzco (et non de Lima), VII, 97, note 1.

Roi d'armes. Voy. Bretagne.

Roi-dauphin, titre donné à François II encore dauphin quand il épousa Marie Stuart, reine d'Écosse, IX, 486.

Roi trouvé, surnom de Philippe de Valois, VIII, 50.

Roi des pois-pilés, IV, 10.

Roissy. Voy. Malassise, Mesmes.

Roland, paladin, VIII, 56.

Rollet, gouverneur de Pont-de-l'Arche, son duel, VI, 356.

Roltzhausen. Voy. Hesse (maréchal de).

Romagnano (retraite de Bonnivet à), VII, 273.

Romagne (Bonne de), III, 378, note 1.

Romagnieu. Voy. Imbaut.

Romain (cartons de Jules), au Louvre, III, 119, note 1.

Romain (empire), IV, 335.

Romains ont les premiers loué l'amour de la patrie; leurs guerres civiles, VII, 232; cause de leur grandeur, IV, 207; leur discipline militaire, cause de leurs victoires, V, 378; forceurs de nature, II, 57; nous ont donné la plupart de nos lois, IX, 588; combats singuliers chez eux, VI, 401, 402; battus par les Gaulois, V, 412; leur guerre contre les Teutons et les Cimbres, IV, 50, 51; différentes espèces de couronnes qu'ils donnaient en récompense, V, 100, 101; leur reconnaissance envers la postérité d'Auguste, VIII, 84.

Romains (généraux), V, 299.

Romains (soldats), leur belle retraite à Cannes, VII, 285; leur chanson sur César, I, 258; IX, 27, 728; X, 16.

Romains (légionnaires), VII, 9.

Romains (empereurs), pourquoi appelés *Augustes*, VIII, 54; leurs triomphes, V, 231; jeux donnés par eux, VII, 373.

Romains (duel de deux gentilshommes), VI, 295, 296. — (combat en champ clos de deux soldats), 284-285.

Romaines (mot d'une courtisane sur le mutisme des), IX, 250.

Roman de la Rose, cité, IX, 209.

Romans (vieux), nom donné par Brantôme aux vieilles chroniques. Voy. *Loyal serviteur*; *Vergier d'honneur*.

Romans de Charlemagne, cités, VII, 379.

Romans de chevalerie, confiance qu'ils méritent, X, 65.

Romanie, la Romagne ou les États romains, V, 317; X, 41.

Rome (antiquités de), IX, 343; dicton sur cette ville, II, 16; comparaison de sa grandeur et de celle de Charles-Quint, I, 62; entrée qu'y fait Charles VIII, II, 286-288; V, 306, 307; sa prise par l'armée du connétable de Bourbon, I, 249, 267-281; 353, 354; VI, 15, 67; VII, 146, 272; — (conduite des ambassadeurs de robe longue à), III, 97-98. Brantôme y voit plusieurs combats en champ clos, VI, 284 et suiv.;

Rome (suite).
séjours qu'il y fait, Voy. l'article Brantôme, p. 58, col. 2, 59, 62, col. 2.

Rome (courtisanes de). Voy. Courtisanes.

Romefort, tué en duel par Fredaigues, VI, 323, 324.

Romegas (Mathurin d'Aux-Lescout de), lieutenant général du magistère de Malte, sa conduite à la bataille de Lépante, II, 112; ses exploits contre les Turcs; chansons en son honneur, V, 233, 234; Brantôme va en course avec lui, 234; sa popularité en Grèce; se révolte contre le grand maître, 235; est mandé par le pape à Rome où il meurt empoisonné; danger auquel il échappe à Malte, 236.

Romegou (Bourdet le jeune, dit). Voy. Bourdet.

Romer Soler, capitaine espagnol, I, 333.

Romero (Julien), premier mestre de camp général de l'armée espagnole, conduit le comte d'Egmont au supplice, II, 155; demandes qu'il adresse, lors de la capitulation de Dinant, au connétable de Montmorency qui les repousse et le renvoie avec menaces, VII, 76-81, 83; ce qu'il en dit à Brantôme qui le rencontre à Messine, 82-83; sert le roi d'Angleterre contre la France, 83; son combat en champ clos à Fontainebleau devant François Ier, son histoire, sa mort en Flandre, VI, 261, 262; VII, 77, 79, 83-84. — I, 105, 332; V, 323.

Romilde, comtesse de Furly, son histoire, IX, 381.

Romipètes (courtisans), X, 160, note 2.

Romont (Jacques de Savoie, comte de); sa querelle avec les Suisses, V, 110.

Romorantin. Farce que Brusquet y joue à un ambassadeur vénitien, II, 260.

Romulus, IX, 293.

Roncevaux (combat de), X, 65. — Voy. *Verdadero*.

Roncevaux. Élisabeth de France y est remise entre les mains des Espagnols, VIII, 2, note; 17, 18.

Rondeau de Marot sur la mort de Chissay, I, 256, note 1 (au second vers au lieu de *sans* il faut lire *sous*).

Rondelle, en écaille de tortue, II, 244; couverte de velours vert, V, 416; donnée à Brantôme par Henri de Condé, X, 146.

Ronsard (P.), son éloge; ses élèves; ce qu'un seigneur vénitien en dit à Brantôme, III, 288; Henri II, l'appelait sa nourriture, 289; accompagne en Écosse Madeleine de France; ce qu'il en dit à Brantôme, VIII, 126-127, poète favori de Charles IX; vers à lui adressés par ce prince, V, 280-282; ses maîtresses, IX, 257; donne un sonnet à Brantôme, VIII, 34; ce qu'il lui dit sur la traduction grecque de César par Strozzi, II, 241; dîner qu'il fait chez du Guast avec lui, IX, 113; enthousiasme de Brantôme pour lui, X, 394-395; critiqué, VII, 119; ses recommandations sur le langage à ses disciples et aux poètes, X, 159, 160; son *Abrégé de l'art poétique*, cité, 159-161; sonnets à lui adressés par Brantôme, 409, 429; vers à lui adressés par Maisonfleur; sa réponse, 409, note 3; dédie ses vers sur la *Promesse* à Catherine de Médicis; pourquoi, V, 125, 126; ses vers pour Marie Stuart; ce qu'il dit à Brantôme des vers faussement attribués à cette princesse, VII, 406; son épitaphe de Thony, III, 343; ses vers sur le siège de Metz, IV, 192; son hymne de la mort, VII, 452; ses vers à Marguerite de Valois, VIII, 29; ses vers sur un médecin qui soignait sa maîtresse, IX, 569; sa chanson pour Mlle de Limeuil, X, 457, note 1. — cité, II, 390; V, 286 et notes; IX, 48, 386; X, 100.

Roquandolf. Voy. Roggendorf.
Roquedemar. Voy. Rodange.
Roquefort, son *Glossaire*, cité, X, 283.
Roquelaure (Jean-Bernard, seigneur de), capitaine, tué à La Roche-l'Abélie, VI, 60.
Roquelaure (Thibaut de), tué à la Bicoque, III, 50.
Roquelaure (Antoine de), V, 169.
Roques (Antonio), bandoulier espagnol; son histoire, IX, 444, 445.
Rora (Augustino de), capitaine espagnol, I, 332.
Rosan. Voy. Rozan.
Rose (Roman de la), cité, IX, 209.
Rose (Blanche-). Voy. Suffolk.
Rosne (Chrétien de Savigny, seigneur de), gentilhomme lorrain, chambellan du duc d'Anjou; sa querelle avec du Fargis, VI, 326, — VII, 296.
Rosny. Voy. Sully.
Rossem (Martin van), maréchal de Gueldres, notice sur lui, I, 352-353; défait René de Nassau, prince d'Orange, 246, 247, 352; passe au service de Charles-Quint, 353.
Rossi, Rosso. Voy. San-Secondo.
Rossillon (N. de), capitaine sous Louis XII, V, 309; (il s'agit probablement ici de Christophe de Tournon ou de son frère Just). Voy. Tournon.
Rosso. Voy. San-Secondo.
Rostaing (Tristan de), seigneur de Thieux, grand maître des eaux et forêts, ce qu'il raconte à Brantôme sur le dauphin Henri et son frère Charles, III, 184, 185. — IV, 256.

Rostaing (Anne de), VII, 395.
Rostan-bascha. Voyez Rustem.
Rothelin (Jacqueline de Rohan, femme de F. d'Orléans, marquis de), sa beauté dans sa vieillesse; refuse de se remarier, IX, 357, 646. —VII, 381.
Rothelin. Voy. Hochberg.
Rouan. Voy. Rohan.
Rouanays. Voy. Roannais.
Rouault de Gamaches de la Rousselière (Louis), évêque de Maillezais, abbé de Bourgueil, II, 341.
Rouault (Barbe de), VII, 392, note 8.
Rouault (Charles). Voy. Landereau.
Roucy (Louis de Luxembourg, comte de), fait à Brantôme l'éloge du dauphin François, III, 178.
Rouen (maison de ville de), III, 210; — (troubles à), V, 53, 54; assiégé inutilement par le duc d'Aumale, IV, 282; assiégé et pris par le duc de Guise, II, 394; III, 193, 293, 299; IV, 237 et suiv.; 359; V, 250, 415-418, 421; VI, 74, 127, 128, 222, 414; VII, 365; IX, 392-393; se relève rapidement de ce désastre, IV, 331; le prince de Parme en fait lever le siège à Henri IV, VII, 295.
Rouen (Conards de), III, 256.
Rouen (cardinal de). Voy. Amboise.
Rouge d'Espagne, IX, 660.
Rouet ou Rouhet (La belle). Voy. La Beraudière (Louise de).
Rouhot (Mlle de), VII, 392, lisez *Rouhet*, et supprimez la note. — Voy. Rouet.
Rouly Gonty, son éloge; son origine, VI, 235.
Rousseaux (les), sont gens perfides, IV, 288.
Roussel (Gérard), dit frère Girard, jacobin, prédicateur de Marguerite d'Angoulême qui le fait évêque d'Oloron, IV, 46.

Rousselière (La). Voy. Rouault.
Rousset. Voy. Saligny.
Roussillon (expédition des huguenots en), IV, 323.
Roussillon (comte de). Voy. Tournon. Cf. Rossillon.
Roussin, cheval de guerre, X, 50.
Roussy. Voy. Roucy.
Routes de France (énumération des grandes), II, 262, 263.
Routiaud, VII, 161, note 4, lisez : Rouault. Voy. Landreau.
Rouveray. Voy. Bressaut.
Royan, prieuré, abandonné par Brantôme à son frère André, X, 131.
Royaumes, mieux gouvernés par les vieux que par les jeunes, II, 88.
Roye prise par Charles le Téméraire, IX, 431.
Roye (Mme de). Madeleine de Mailly, sœur utérine de Coligny, femme de Charles de Roye, VII, 382.
Roye (Charlotte de). Voy. La Rochefoucauld. — (Éléonore de). Voy. Condé.
Royes (de). Voy. Desroyes.
Roysy. Voy. Malassise, Mesmes.
Rozan ou Rosan (Jean de Durfort, vicomte de Duras, baron de), sa querelle avec Turenne qui l'accuse de guet-apens, VI, 324, 325; pièce à ce sujet, 509-511.
Ru ou Rœux. Voy. Reux.
Rubans d'Espagne, IX, 120.
Rubempré (de), mestre de camp, apporte à la cour la nouvelle de la défaite de Gravelines, VI, 146. — V, 364.
Ruble (A. de), son édition de Monluc. Voy. Monluc.
Ruche, devise d'Antoine de Lève, I, 163.
Ruelle mal assortie (La), par Marguerite de Valois, citée, VIII, 22, note 1; IX, 189.
Rufet. Voy. Ruffec.
Ruffec (Philippe de Volvire, marquis de), gouverneur d'Angoulême, en refuse l'entrée à M. de Montpensier, III, 359, 360; et au duc d'Alençon, V, 78; sa femme Anne (et non Françoise) de Daillon du Lude, VII, 391, note 1; X, 92.
Ruffec. Voy. Estres (des).
Ruffect dit Saint-Brisse. Voy. Saint-Brice.
Ruffignat. Voy. Roffignac.
Ruitio (Francisco), capitaine espagnol, I, 334.
Ruscelli (Jérôme), ses *Lettere de' principi*, traduites par Belleforest, II, 233, note 2; III, 27, note 1; 272, note 1; sa lettre à Philippe II, citée, I, 64.
Ruses de guerre, II, 37, 38.
Rustem-Pacha, grand visir, II, 58, 70, note 3; ce que Dragut lui dit du siège de Malte, V, 229; erreur de Brantôme à son sujet, II, 58.
Rustres, nom anciennement donné aux soldats, V, 302, 311.
Ruy-Gomez. Voy. Eboli.
Ruyna (Le capitan), IV, 10.
Ry, ou Ris. Voy. Ru.
Rye. Voy. La Coste-Mézières.

S, signification de cette lettre dans la devise de Valentine de Milan, VII, 350.
S. S. S., signification de ces trois S, IX, 240.
Saba (reine de), IV, 120.
Sabine, femme de l'empereur Adrien; son libertinage, IX, 116, 117.
Sabine (sainte), IX, 138.
Sabines (enlèvement des), IX, 293.
Sabinus (Titurius) lieutenant de César, II, 6.
Saccaral, capitaine espagnol, I, 333.
Sacchetti, ses *Nouvelles*, citées, X, 281.
Sacre de Charles IX, V, 252; IX, 630; de Henri III, III, 364;

IX, 326, 637; démêlés à son sujet, V, 20-22.
Sacremore (Charles de Birague, dit le capitaine), mestre de camp, V, 364.
Sacristie de la sainte église, pillée par Hugues de Moncade, I, 237.
Sæva, soldat de César. Voy. Sceva.
Sage-femme cause la mort de Claude, duchesse de Lorraine, VIII, 138.
Sagesse à la guerre (de la), IV, 6 et suiv.
Sagonne (Jean Babou, comte de), mestre de camp de la cavalerie légère, embrasse le parti de la Ligue, VI, 348; VII, 384; son éloge; sa mort, III, 80.
Sagonne (Mme de), Voy. La Mark (Diane de).
Saint-Aignan (Claude de Beauvillier, comte de), anecdote sur son mariage avec Marie Babou de la Bourdaisière, IX, 503. — VII, 388, note 3.
Saint-Albin (abbé de). Voy. Gondi.
Saint-Amand (Charles de Rochechouart et de Barbazan, seigneur de), ses trois femmes; sa mort, IX, 686.
Saint-Ana (Mlle de), gouvernante des infantes, se marie en Espagne, VIII, 20.
Saint-André, ville d'Écosse, prise par Léon Strozzi, IV, 123.
Saint-André (cardinal de). Voy. Beaton.
Saint-André (Jacques d'Albon, seigneur de), maréchal de France, notice sur lui, V, 30-47; son luxe de table et de meubles; magnificence de son château de Vallery, 30, 31; sa vaillance à la bataille de Cérisoles; favori de Henri II qui le nomme premier gentilhomme de sa chambre et maréchal de France, 32, 39; envoyé en Angleterre, reçoit l'ordre de la Jarretière, 33; fait arrêter, avant son départ, des navires flamands à Dieppe, 34, 35; est pris à Saint-Quentin et contribue à la paix; organise le triumvirat; appelé *arquebusier de ponant* par les huguenots; défend Corbeil contre eux; donne pour la bataille de Dreux un plan qui est suivi, 36, 37; III, 282, 297; ses pressentiments le matin de la bataille où il est pris et tué par Baubigny, V, 37, 38; découverte de son corps; opinions diverses sur lui; propose la mort de Catherine de Médicis dans un conseil du triumvirat, 39; VII, 357; sa modération envers les habitants de Poitiers; ses qualités, 39, 40; sa belle retraite près du Quesnoy, 40-44; sa devise; fait donner douze cents écus par le roi au frère de Brantôme; bon usage qu'il faisait de sa faveur, 45-46. — IV, 248, 288, 289, 292; V, 181, 182; VI, 100, 440.
Saint-André. Marguerite de Lustrac, femme du maréchal de Saint-André, donne son château de Vallery au prince de Condé qu'elle désirait épouser, V, 31; se remarie au baron de Caumont, *ibid.*, note 1; IX, 673. — IV, 26, note 2; VII, 382.
Saint-André (Catherine d'Albon de), fille du maréchal, promise à Henri de Guise, V, 31; sa mort, *ibid.*, note 2. — VII, 393.
Saint-André (Édouard d'Albert, seigneur de), capitaine, IV, 73; VI, 415.
Saint-Antoine (Petit), couvent d'Augustins à Paris, VI, 189.
Saint-Antoine (fête ou festin de), nom donné à la tentative du duc d'Anjou sur Anvers, V, 144; VI, 179.
Saint-Auban (Albert Pape de), I, 297.
Saint-Auban (Gaspard Pape de), capitaine huguenot; son éloge, V, 413, 414.

Saint-Auban (Jacques Pape de), IV, 33.

Saint-Aubin-du-Cormier (bataille de), II, 359, 398; VII, 308.— Voy. Louis XII.

Saint-Aubin (Jean Ysoré de), chevalier de Malte, ses exploits contre les Turcs, V, 233, 236, 237.

Saint-Barthélemy (massacre de la), ses causes et ses auteurs, IV, 301 et suiv.; VII, 363-364; comment Tavannes et le duc de Raiz contraignent le prévôt des marchands et les principaux Parisiens à y prendre part, V, 119, 120; quand a-t-il été résolu, V, 253; Charles IX y est poussé par sa mère et Raiz; rôle qu'il y joue; détails et réflexions sur cet événement; ses causes, 255-270; douleur d'Élisabeth d'Autriche quand elle l'apprend, IX, 598; comment la nouvelle en est reçue à Rome et en Espagne, IV, 303-307; ce qu'en dit le chancelier de L'Hospital, III, 314; dames huguenotes devenues veuves ou violées, VIII, 93; IX, 401, 665 et suiv.; destinée des massacreurs, I, 276, 277. — I, 345; IV, 32, 260, 284, 297, 299; V, 130, 131; VI, 69-71; VII, 228; VIII, 58-59; IX, 442, 600. — Voy. Charles IX, Coligny, Guise (Henri de), Raiz, etc.

Saint-Barthélemy, empoisonne le prince de Porcien, VI, 494, note 2.

Saint-Blancard (Armand de Gontaut, baron de), second fils du maréchal de Biron, tué à Anvers, V, 145.

Saint-Blancart (Jeanne de). Voy. Biron (maréchale de).

Saint-Blançay ou Saint-Blansay. Voy. Semblançay.

Saint-Bohaire (Marie de Gaignon de), troisième femme de Claude Gouffier, grand écuyer de France, VII, 393, note 4.

Saint-Boire. Voy. Saint-Bohaire.

Saint-Bonnet (Laurent des Cars, seigneur de), X, 69, note.

Saint-Bonnet (Adrienne de Bourdeille, dlle de Mastas, femme de Léonard des Cars, seigneur de), fille d'André de Bourdeille, IX, 456, note 2, 457, 458; X, 69, note, 88; héritière de Brantôme, 141.

Saint-Brice (N. de Volvire de Ruffec, baron de), V, 46.

Saint-Bris, près Nérac. Catherine de Médicis et Henri de Navarre, y ont une entrevue, I, 146.

Saint-Brisse. Voy. Saint-Brice.

Saint-Chéron (abbé de). Voy. Salel.

Saint-Christophle, médecin de Brantôme, I, 5.

Saint-Ciergue. Voy. Bohier.

Saint-Crespin, seigneurie appartenant à Brantôme, X, 143.

Saint-Crespin. Voy. La Barde

Saint-Denis (abbaye de), son trésor admiré par Charles-Quint; ce qu'il devient, IV, 333; chape qui y est conservée, VII, 318.

Saint-Denis (église de l'abbaye de), statue de Charles VIII, tombeaux de Louis XII, d'Anne de Bretagne et de Henri II qui s'y trouvent, II, 320, 368; VII, 330.

Saint-Denis (abbé de), membre du parlement, III, 131.

Saint-Denis (Pierre Gouffier de Boisy, abbé de), VII, 323.

Saint-Denis (bataille de), III, 335, 353; IV, 171, 313; V, 127.

Saint-Denis, capitaine de Strozzi, VI, 80.

Saint-Dizier (siège et prise de), par Charles-Quint; douleur de François Ier, à ce sujet, III, 161, 208, 230; texte de sa capitulation, 234 et suiv. — I, 245, 301-302; II, 7; V, 334; VI, 465.

Sainte-Aulaire (Antoine de Beaupoil de), mari de Jeanne (et non de Marie, comme le dit Brantôme) de Bourdeille, X, 98, note 4.

Sainte-Aulaire (François de Beaupoil de), mari de Françoise de Volvire, dame de Ruffec et dame des Estres ; leurs enfants, X, 98.

Sainte-Aulaire (François de Beaupoil de), mari de Marguerite de Bourdeille, X, 98.

Sainte-Aulaire (Germain de), X, 98.

Sainte-Aulaire (Jean de Beaupoil de), mari de Catherine de Bourdeille, X, 48, note 5.

Sainte-Aulaire (Philippe de Beaupoil de), femme de Fr. de La Chastaigneraie, V, 82, note 1.

Sainte-Aulaire (Pierre de Beaupoil de), mari de Catherine de Laurière de Lanmary, X, 48, note 5.

Sainte-Aulaire. Voy. Coutures (des), Estres (des), La Renaudie.

Sainte-Bazeille (Lot-et-Garonne), pris par Mayenne, VI, 328.

Sainte-Catherine (fort de), à Rouen, III, 299 ; VI, 380.

Sainte-Claire (église), à Naples. Jeanne Ire y est enterrée, III, 232 ; VIII, 152, 166.

Sainte-Colombe, maison de Béarn, V, 327.

Sainte-Colombe, lieutenant de Lautrec au gouvernement de Guyenne, III, 411.

Sainte-Colombe, de Béarn ; F. de Guise le charge de faire la première attaque à l'assaut de Rouen, où il est blessé mortellement, V, 373-376.

Sainte-Colombe, le jeune, frère du précédent, V, 374.

Sainte-Colombe *le bègue*, sa querelle à Blois avec M. de Mareuil, VII, 107.

Sainte-Colombe, capitaine de la garde de Henri de Navarre, gouverneur de la citadelle de Metz, capitaine du château de Bergerac, III, 412.

Sainte-Colombe, capitaine, ses nombreuses blessures ; sa mort au siège de Saint-Lô, V, 327, 328.

Sainte-Colombe. Voy. Menaud.

Sainte-Croix (église), à Orléans ; sa démolition par les protestants ; anecdote à ce sujet, VII, 290.

Sainte-Croix. Voy. Santa-Cruz.

Sainte-Foi. Voy. Sorbin.

Sainte-Foy (*N.* de), gentilhomme de Saintonge, lieutenant du prince de Condé, quitte son parti ; est mal reçu à la cour ; épouse Mlle Laneret ; est assassiné par les huguenots, VII, 248, 249.

Sainte-Marie, capitaine, VI, 37.

Sainte-Maure, A. Doria y est battu par Barberousse, II, 35 ; VII, 14.

Sainte-Mesme (Jean de Rochebeaucourt, seigneur de), capitaine huguenot, gouverneur d'Angoulême pour Henri de Condé, V, 79 ; rend cette ville à la paix, IV, 296.

Saintes. Voy. Saint-Vincent.

Sainte-Soline (Joseph d'Oineau de), abandonne Strozzi à la bataille de Tercère ; poursuivi en justice et menacé de mort est sauvé par sa femme ; comment, IV, 23 ; VI, 89 ; IX, 71, 72 ; rend Lusignan aux huguenots, V, 18. — V, 407.

Saint-Esprit (ordre du). Voy. Esprit.

Saint-Estèfe, capitaine, désobéit au duc de Guise, lors de la prise de Calais, V, 378, 379.

Saint-Étienne, église de Venise où est enterré Alviano, II, 199.

Saint-Étienne (ordre de). Voy. Étienne.

Saint-Étienne (*N.* de), précepteur d'Élisabeth, reine d'Espagne, VIII, 18.

Saint-Eustache, à Paris. Voy. Curé.

Sainte-Trailles. Voy. Xaintrailles.

Saint-Fal. Voy. Saint-Phal.

Saint-Fior (comte de). Voyez Sforza (Ascanio).

Saint-Florent, en Corse, pris par Doria, II, 42; IV, 48. — VI, 160.

Saint-Florent. Voy. Sarry.

Saint-Front (église de), à Périgueux; sa relique; tombeau qui y est détruit par les protestants, V, 402.

Saint-Gelais, maison descendant de la maison de Lusignan, V, 16.

Saint-Gelais (Mellin de), sa traduction de la *Sofonisba* de Trissin, jouée à Blois, III, 257; VII, 346. — III, 288.

Saint-Gelais (Jean de), évêque d'Uzès, embrasse la réforme, IV, 46.

Saint-Gelais. Voy. Lansac.

Saint-Geniers, capitaine, tué à La Rochelle, VI, 80.

Saint-Geniès. Voy. Gontaut.

Saint-Georges (René de Clermont, seigneur de), VI, 488, note 3.

Saint-George (Jean de), décapité, IV, 16, note 1.

Saint-Géran (Claude de La Guiche, comte de), mari de Suzanne des Serpens, V, 349; X, 109.

Saint-Germain (séjour de la cour à), VII, 359. — (cerfs dans la forêt de), anecdote, IX, 492.

Saint-Germain (paix de), V, 119, 130, 351 (Brantôme se trompe en disant que cette paix fut conclue par l'intermédiaire de Biron et de H. de Mesmes. Ce fut la paix dite de Chartres ou de Longjumeau dont ils furent les négociateurs).

Saint-Germain. Voy. Apchon.

Saint-Germain (faubourg), combats à la barrière qui s'y livrent, IV, 162, 163.

Saint-Germain-des-Prés (abbé de), membre du parlement, III, 131.

Saint-Gilles (défaite de Sommerive à), V, 350.

Saint-Gilles (grand prieur de). Voy. Lussan.

Saint-Giran. Voy. Saint-Géran.

Saint-Gouard (Jean de Vivonne, seigneur de Pisani, marquis de), destiné d'abord à l'Église, devient enseigne couronnelle de Givry en Toscane, III, 116; VI, 171; son duel avec Ch. de La Chastaigneraie, VI, 356-357; son différend avec un gentilhomme de Saintonge, VI, 435, 436. — V, 407.

Saint-Jacques à Paris (porte), VI, 47; VII, 86.

Saint-Jean, à Florence (tableaux vus par Brantôme à), I, 297.

Saint-Jean (François ou Louis de Montgommery, dit), abbé commendataire de Saint-Jean-lez-Falaise, frère de Courbouzon et de Montgommery, huguenot, ami de Brantôme, IV, 360; sa vaillance; Matignon le fait assassiner, V, 328; est l'un des assassins de Lignerolles, VI, 443. — (Il est appelé François par MM. Haag, et Louis par la *Gallia Christiana*, t. XI, col. 757).

Saint-Jean (N. du Fay de), dit le borgne), et son frère, III, 71.

Saint-Jean, capitaine, écuyer de Monsieur (probablement l'un des deux précédents), VI, 37.

Saint-Jean (abbé de). Voy. Faure.

Saint-Jean-d'Angély, livré à Henri de Condé, V, 79.

Saint-Jean-d'Angély (siège et prise de), par les catholiques, V, 129; la capitulation est violée, 154; ce siège ruine l'armée royale, 252, 253. — V, 433, 434.

Saint-Jean-d'Angély (abbés de), III, 107.

Saint-Jean-de-Carbonnara, à Naples (tombeaux à), VIII, 196, 199-203.

Saint-Jean-des-Mauvrets (chapelle de), IX, 18.

Saint-Jean-de-Jérusalem (ordre de). Voy. Malte et Rhodes.

Saint-Jean-lez-Falaise, abbaye, V, 328.
Saint-Julian. Voy. Venyers.
Saint-Just. Voy. Alègre, Gresignat.
Saint-Just (monastère de). Voy. Yuste.
Saint-Lari. Voy. Bellegarde.
Saint-Lari (Jeanne de), sœur du maréchal de Bellegarde, femme de J. de Nogaret, seigneur de la Valette, V, 203, note 2; honorée par son fils le duc d'Espernon, 215.
Saint-Laurans (Etienne Leroy, dit), chantre favori de Charles IX, V, 285.
Saint-Laurent (bataille de). Voy. Saint-Quentin.
Saint-Léger, Henri II y avait une écurie, III, 274.
Saint-Légier (Mlle de), gouvernante des infantes, se marie en Espagne, VIII, 20.
Saint-Lô, pris par Montgommery, V, 162; par les catholiques, VI, 193.
Saint-Loup (Matthieu, seigneur de), lettre de Louis XI sur lui, II, 341; un de ses descendants est tué au combat de La Roche-l'Abélie, 342; VI, 60.
Saint-Luc (François d'Épinay, seigneur de), grand maître de l'artillerie; son éloge; sa mort, III, 81; ce que Joyeuse lui dit à la bataille de Coutras, 66; accompagne Quélus dans une attaque contre Bussy, VI, 191, note 1; assiste à Bourg-sur-Mer à une réunion de chefs ligueurs, V, 146; sa querelle dans la chambre du duc d'Alençon à Anvers avec Gauville qui l'appelle en duel, VI, 382, 434; ami de Brantôme; se rallie à Henri IV; sa mort au siège d'Amiens, V, 263. — V, 363.
Saint-Luc (Jeanne de Cossé, dame de), fille du maréchal de Brissac et femme du précédent, son éloge, VI, 127.

Saint-Malo (cardinal de). Voy. Briçonnet.
Saint-Martin (la), jour de la rentrée du parlement de Paris, IX, 184.
Saint-Martin de Tours, pillage des richesses de cette église, par les protestants, IV, 329.
Saint-Martin, fort devant La Rochelle, IV, 36; VI, 71.
Saint-Martin. Voy. San-Martino.
Saint-Martin, capitaine luthérien, V, 419, note 2.
Saint-Martin de Brichanteau, dit le *Huguenot*; son combat contre Richelieu au siège de Bourges, V, 419, 420. — Voy. Brichanteau.
Saint-Martin, de l'Isle en Périgord, son premier cheval de guerre lui est donné par François II de Bourdeille qui le recommande à Montpezat; Brantôme le voit à La Feuillade; est chargé de parlementer avec Ant. de Lève, X, 52; gouverneur de Montmélian, 53.
Saint-Martin, de Toulouse, capitaine; son habileté à contrefaire les écritures; condamné à mort, est sauvé par le maréchal de Brissac; confident de Salvoyson; conte beaucoup de choses à Brantôme, IV, 117, 118; V, 406.
Saint-Maur (château de), VII, 373.
Saint-Maurice d'Angers (chapelle des chevaliers à), V, 114.
Saint-Megrin (Paul Estuer Caussade de), son duel avec Troïle Orsini, VI, 352-354; assiste Quélus dans une attaque contre Bussy, 191, note 1; son ingratitude et son insolence envers les Guises; amant de la duchesse de Guise; Mayenne le fait assassiner; Henri III lui élève un tombeau et une statue qui sont brisés par le peuple, VI, 480-481; IX, 14, 15.
Sainte-Melaine (Suzanne de),

Sainte-Melaine (suite).
dame de Bourg-l'Évêque, femme de René de Rieux, seigneur de Châteauneuf et de Sourdéac, VI, 441, note 1.

Saint-Michel (ordre de). Voy. Michel.

Saint-Nicaise. Voy. *Légende*.

Saint-Nicolas (tour de), à Rhodes, V, 224.

Saint-Omer, entreprise de F. de Vendôme sur cette ville, VI, 120.

Saintonge (sénéchal de). Voy. Maillé.

Saint-Orens (François de Cassagnet, seigneur de), dit Tilladet le jeune, colonel des légionnaires de Gascogne, se distingue au combat de Champoulin, V, 184.

Saint-Ouen, le roi Jean y institue l'ordre de l'Étoile, V, 95.

Saint-Paoul. Voy. Saint-Pol.

Saint-Paul (église), à Paris, VI, 481, note 1.

Saint-Paul. Voy. Saint-Pol.

Saint-Phal. Voy. Vaudrey.

Saint-Pierre de Rome (chanoines de). Voy. Chanoines.

Saint-Pierre-des-Arcis (curé de). Voy. Poncet.

Saint-Pierre-le-Moustier (bailli de), II, 300.

Saint-Pol, brûlé par le comte de Bure, I, 314, note 1.

Saint-Pol ou Saint-Paul (Louis de Luxembourg, comte de), connétable de France; ce que lui écrit Louis XI; sa mort, II, 332, 338; V, 79.

Saint-Pol ou Saint-Paul (François de Bourbon, comte de), notice sur lui, III, 202-205; veut appeler François Ier Monsieur, 202-203; commande à 6,000 hommes de pied; blessé et pris à la bataille de Pavie; se sauve, 203; fait la guerre en Italie; saccage Pavie; est défait et pris à Landriano, par Ant. de Lève, 204, 205; père de Mme de Longueville, 204; favori de François Ier, 205; couronnel de 5,000 hommes de pied, V, 314. — I, 174; III, 171; VII, 274, 320.

Saint-Pol (François d'Orléans, comte de), fils de Léonor, duc de Longueville, son éloge, III, 7.

Saint-Pol (comtesse de). Voy. Bourbon (Marie de).

Saint-Quentin, (siège et prise de cette ville par les Espagnols, II, 74; V, 372, 373, 417; VI, 25, 26.

Saint-Quentin (bataille de), causes de sa perte, VII, 279, 280; J. des Cars en apporte les nouvelles à la cour, VI, 145-146; mot des Espagnols après cette bataille, VII, 112, 113. — I, 25, 248; II, 74, 152; III, 333, 408; IV, 3, 69, 195, 207, 372, 373, 379; V, 9, 36; VI, 174, 222; VII, 348.

Saint-Quentin. Voy. Mont.

Saintré (Jehan de). Voy. *Histoire*.

Saint-Rémy, capitaine, I, 237.

Saint-Rémy (La Porte), grand ingénieur; sièges auxquels il prit part, V, 419.

Saint-Rémy (les frères La Porte), fils de l'ingénieur, capitaines huguenots, V, 419.

Saint-Riquier, héroïsme des femmes de cette ville assiégée par les impériaux, IX, 421, 422.

Saint-Sauveur d'Évreux (abbesse de), X, 473, note 1.

Saint-Seval. Voy. Sesseval.

Saint-Severin. Voy. Cajasso, Salerne, San-Severino, Somma.

Saint-Sevrin, abbaye d'Augustins en Poitou, X, 126.

Saint-Sorlin (Henri marquis de), frère du duc Charles de Nemours; son éloge, IV, 186.

Saint-Sulpice (Jean Eberard, baron de), ambassadeur en Espagne et gouverneur du duc d'Alençon, est chargé de ramener en France les troupes de Toscane, V, 382.

Saint-Sulpice (Bertrand Eberard de), premier mari de Marguerite de Montsalez, tué en duel, X, 102.

Saint-Sulpice (Suzanne de), X, 102, note 1.

Saint-Sulpice (Claude de), femme du duc d'Uzès, X, 102.

Saint-Suplice. Voy. Saint-Sulpice.

Saint-Torains. Voy. Saint-Orens.

Saint-Valery-sur-Somme (prise de), par le maréchal de Cossé, IV, 87.

Saint-Vallier (Jean de Poitiers, comte de), complice du connétable de Bourbon; condamné à mort est sauvé du supplice par sa fille Diane de Poitiers et reçoit sa grâce sur l'échafaud, VII, 241; IX, 103, 104, 444.

Saint-Vallier (Henri, comte de) IV, 285.

Saint-Vallier (Antoine, comte de), IV, 285, note 1.

Saint-Victor de Paris, plaisante requête d'une dame à Henri II au sujet d'une prétendue vacance de cette abbaye, VII, 341, 342.

Saint-Victor de Marseille (abbaye de), IX, 605.

Saint-Victor (fonds), cité, II, 101, note 2.

Saint-Vincent (tour de) à Naples, défendue par des arbalétriers gascons, V, 308.

Saint-Vincent-lès-Saintes, bénéfice abandonné par Brantôme à son frère André, X, 131.

Saint-Ya. Voy. Santia.

Saint-Yrieix (forêt de), coupe de bois que le roi accorde à Brantôme dans cette forêt, X, 131.

Saint-Yrieix (doyenné de), abandonné par Brantôme à son frère André, X, 131.

Saint-Yrieix (combat de), IV, 209; VI, 201, 202, 324.

Salades, nouvellement inventées, IX, 223.

Saladin (anecdote sur sa mort, II, 202.

Salamandre, emblême de François Ier, I, 73.

Salazar, capitaine espagnol, I, 330.

Salazar (Tristan de), archevêque de Sens, VII, 323.

Salcède ou Salsède (Pierre), sa compagnie d'arquebusiers à cheval; refuse de livrer Marsal au cardinal de Lorraine; est tué à la Saint-Barthélemy quoique catholique, V, 41; VI, 498.

Salec, corsaire turc, II, 21.

Salel (Hugues), abbé de Saint-Chéron, poète, III, 283.

Salerne (Ferdinand de San-Severino, prince de), erreur de Brantôme au sujet de sa femme, II, 20; quitte le service de l'empereur et se retire en France, 24; ses chansons sur son exil; sa seconde femme; sa mort; on est obligé de mendier pour son enterrement, 25; VII, 235; son poignard; sa conduite à la bataille de Cérisoles, II, 26, 27; fait évader son parent le duc de Somma prisonnier; fait révolter Naples en faveur de la France, II, 40. — II, 322, note.

Salerne (princesse de), sa beauté, II, 24; VIII, 28. Voy. l'article précédent.

Salers. Voy. Pestels.

Saligny (Louis de), baron de Rousset, tué en duel à Rome, VI, 322, 323.

Salines, capitaine espagnol, essaye en vain de secourir Casal, IV, 110; arrête le comte d'Egmont et le conduit au supplice, II, 154, 155, 160; fait partie du secours de Malte, VI, 11, 12.

Salique. Voy. Loi.

Salisbury (comtesse de), ses amours avec le roi Jean, IX, 168.

Sallet. Voy. Salel.

Sallignac. Voy. Solignac.

Sallogast, conseiller de Pharamond, VIII, 50.

Salluste, traduit par L. Meigret,

Salluste (suite).
pour le connétable de Montmorency, III, 296; — cité, V, 266, note 2; VII, 116; IX, 28, note 2.— Au tome VII, p. 113, c'est lui et non Tite-Live que Brantôme aurait dû citer.

Salm (le comte Nicolas de), un des défenseurs de Vienne, I, 321.

Salm (les deux), capitaines espagnols, I, 332.

Salm (alfier du comte de), tué par François Ier à Pavie, III, 141.

Salma. Voy. Salm.

Saluces (marquisat de), le maréchal de Bellegarde s'en empare (non en 1588 comme il est dit par erreur, p. 202, note 3, mais en 1579), V, 195, 201 et suiv.; négociations pour le faire rentrer sous l'autorité du roi, 204; son gouvernement est donné à La Valette, 205; usurpé par le duc de Savoie, puis échangé contre la Bresse, II, 147, 148; IV, 113; V, 186; VI, 153; VIII, 133, 134.

Saluces (Michel-Antoine, marquis de), fait prisonnier Hugues de Moncade, I, 235, note 4; 261; meurt au siège de Naples, III, 32.— III, 171.

Saluces (François, marquis de), abandonné par Charles-Quint, I, 170; le marquis del Gouast fait pendre le soldat qui l'avait tué, VI, 135.— II, 228, note 3, 234.

Saluces (Louis II, marquis de), II, 299.

Salut. Voy. Gibets.

Salviati (le chevalier François de), premier écuyer de la reine de Navarre, envoyé à Constantinople, I, 327, 328.

Salviati (Jean), sieur de Talcy, III, 319.

Salviati (Marie), fille de Jannin de Médicis, II, 8, 11.

Salvius, évêque d'Albi, VIII, 51, note 2.

Salvoyson (Jacques de), notice sur lui, IV, 97-120; sa vaillance et son habileté; on lui croyait un esprit familier; légende sur sa mort, 97, 98, 100; ses regrets en mourant; ses projets sur Pavie, 98; emporte d'assaut le Castellet près Casal et y gagne la maladie dont il meurt, 99, 100; sa jeunesse; destiné d'abord à l'église; étudiant à Toulouse; fait partie de l'expédition d'Écosse; est pris par les Anglais et mené au roi Édouard VI qui le renvoie sans rançon, 101; sa tentative infructueuse sur Milan où il est pris, et condamné à mort; son plaidoyer; est gracié par l'empereur, 102-104; prend Verceil; son butin, 105; ses héritiers; dépense beaucoup en espions; reçoit du roi une compagnie de gens de pied, 106; gouverneur de Verrue, il surprend Casal dont il est fait gouverneur, 64, 107-111; défait les Espagnols en deux rencontres, 114-116; son estime pour les soldats lettrés, 115, 116; charges que lui donne le roi, 116, 117; visite que lui rend une dame de Milan, 118-120; traîna d'abord la robe longue; son éloge, IX, 671; s'empare de Montecalvo, I, 100; son projet sur Raguse, V, 406. — III, 48; IV, 72.

Salzedo, capitaine espagnol, chargé de la garde de François Ier, I, 233, 330.

Samblançay. Voy. Semblançay.

Samedi (dicton sur le), IX, 22.

Sampietro, dit San-Petro Corso, couronnel général des Corses en France; sa vaillance au siège de Coni; projet qu'il avait formé d'assassiner Charles-Quint, et que repousse François Ier, VI, 214-217; lettre qu'il écrit de Corse à Mme de Dampierre; sa guerre contre les Génois; fait venir en France son fils Alfonse d'Ornano, 217, 218; repousse les impériaux à Vitry, IV, 64; colonel en Piémont, 73; son duel avec Jean de Turin, VI, 345, 346; étrangle sa femme et une de ses suivantes, et en porte le deuil, IX, 13, 14; son fils le maréchal d'Ornano, 14. — II, 269; VI, 159; VII, 237.

Samson, cheval du duc de Guise, VII, 301; IX, 348.

Sancerre, assiégé et pris par La Châtre, V, 182; courage des femmes de cette ville pendant le siège, IX, 422.

Sancerre (Louis de Bueil, comte de), notice sur lui, III, 233-240; découvre Castelnau l'un des conjurateurs d'Amboise, 234; défend Saint-Dizier contre Charles-Quint; est trompé par une ruse de Granvelle, et capitule; sa querelle à ce sujet avec Claude de Guise, 234-239; IV, 55; VI, 465; lieutenant de la compagnie de M. d'Orléans, V, 86; son fils naturel, VI, 35, note 2.

Sancerre (Louis de Bueil, dit le bâtard de), fils naturel du précéd., ses bizarreries; mot de Randan sur les lances de sa compagnie; tué à Orléans par Laval, seigneur de Loué, VI, 35, 36, 371, 372. — VI, 439.

Sancerre (Jean de Bueil, comte de), mari de Mlle du Lude, VII, 390, note 7; X, 91, 477, note 2.

Sancho, capitaine espagnol, I, 333.

Sancy (Nicolas de Harlay, seigneur de), colonel général des Suisses, VI, 228.

Sande (Don Alvaro de), mestre de camp espagnol, notice sur lui, I, 326-328; se distingue à la bataille de Mühlberg, 326; est pris à la bataille des Gerbes et mené à Constantinople, 327; délivré par l'intercession de Charles IX, 328; II, 431; fait pendre le commandant du château de Volpiano, I, 313; châtie les poltrons, IV, 25. — II, 5; VII, 44, 148.

San-Fiorenzo. Voy. Saint-Florent.

Sangiac, V, 385.

Sanglier des Ardennes. Voy. La Marck (Robert de).

Sangre (Gentil de), cardinal, mis à mort par Urbain VI, II, 199, note 4.

Sangro (Placidio de), gouverneur du marquis de Pescaire, VII, 35.

Sangsues des monnaies de la France (les Guises appelés), IV, 273.

Sanguinaires (hommes), finissent mal, IX, 37.

Sanjac. Voy. Santia.

San-Martin, capitaine espagnol, chargé de la garde de François Ier, I, 331.

San-Martino de la Arena, éloge de son vin, V, 296.

Sannazar, ses vers latins sur Ladislas, VIII, 200.

San-Petro Corso. Voy. Sampietro.

Sansac (Louis, et non Jean, Prévost de), notice sur lui, III, 397-404; vaillant et sage capitaine; son caractère violent; chargé du soin des oiseaux du connétable, puis de ceux du roi; envoyé à François Ier pour la capitulation de Fossano, 397; couronnel de la cavalerie légère; rudesse de son commandement, 378; défend la Mirandole; créé chevalier de l'ordre; placé près de François II; lieutenant de roi aux sièges de la Charité et de Vezelay; n'est point nommé maréchal, 399; s'en plaint à Brantôme, proche parent de sa femme; meurt pauvre, 400; son fils unique meurt au siège de Chartres, 401; sa défense de la Mirandole, V, 100; ce qu'en disait François Ier, III, 383, 394; compagnon de ce prince dans les

Sansac (suite).

courses à la bague, V, 85; choisi par La Chastaigneraie pour l'un de ses confidents dans son duel avec Jarnac, VI, 276; ses rêveries sur les chevaliers errants de la Table-Ronde, 277; ce qu'il dit à Brantôme de la création de chevaliers avant une bataille, II, 311-313; n'a jamais été blessé, V, 325; ce qu'il dit à Brantôme sur Pierre Strozzi, II, 240-241; sa rudesse, V, 47; attaché à la personne de François II, 49. — IV, 61; X, 64.

Sansac (Louise de Montberon, dame de), femme du précédent, proche parente de Brantôme, III, 400; diamant que lui donne celui-ci, X, 150. — VII, 387.

Sansac (Antoine Prévost de), archevêque de Bordeaux, harangue Marguerite de Navarre, VIII, 41.

San-Salvadore (Montferrat), pris par Brissac, IV, 67.

Sansay. Voy. Sanzay.

San-Secondo (Pier-Maria Rosso, comte de), II, 2.

San-Secondo (Rossi di), sa vie de Jannin de Médicis, II, 7, note 3.

San-Severino (Galeazzo de), grand écuyer de François Ier; s'oppose à ce qu'on livre la bataille de Pavie où il est tué, II, 310, 375, 376, 378; III, 64; VII, 37, 38.

San-Severino (*N*. de), tué au siège de Düren, II, 6.

San-Severino (Frédéric de), cardinal, excommunié et dégradé par Jules II, est réhabilité par Léon X, I, 142-144.

San-Severino. Voy. Cajasso, Salerne, Somma.

Sans-Malice. Voy. Akakia.

Sansovino, son livre *Della origine delle famiglie d'Italia*, cité, II, 277.

Sansy. Voy. Sancy.

Santa-Crux, capitaine espagnol, I, 233, 339; son duel à Ferrare avec Azevedo, VI, 255-261.

Santa-Cruz (Don Alvaro de Bassano, marquis de), notice sur lui, II, 70-71; général des galères de Naples, 70; est envoyé contre Drake, 71; sa victoire sur Philippe Strozzi, qu'il fait tuer et jeter à la mer, 71; VI, 87, 88; sa conduite à la bataille de Lépante, II, 113, 114.

Santa-Fiore (comte de), voyez Sforza (Ascanio).

Santal. Voy. Cental et Centale.

Santa-Maria de la Nova (église de), à Naples, I, 160; on y voit le tombeau de Lautrec, III, 33.

Santia, ville du Piémont, assiégée inutilement par le duc d'Albe, I, 100; IV, 68; VI, 109-111.

Santi-Quattro (cardinal de). Voy. Pucci.

Sanzay (chevalier de), son aventure à Alger où il avait été esclave, IX, 64-66; ce que lui dit le connétable de Montmorency mourant, III, 328, 329.

Sapho, ses débauches, IX, 195, 206; son amour pour Phaon, 199.

Sapin (le président), pendu par les huguenots, IV, 366, note 1.

Saquebute, instrument de musique, II, 301, note 5.

Saquebutier, joueur de saquebute, II, 301.

Saragosse, sa révolte, II, 133 et suiv.; plainte singulière à Alfonse d'Aragon d'une femme de cette ville sur son mari, IX, 556, 557.

Saragosse, Syracuse, V, 408; VII, 84.

Sarbacane, usage qu'en fait Catherine de Médicis pour découvrir les menées du Triumvirat, VII, 357.

Sardaigne (royaume de), promis à Antoine de Navarre, IV, 364; V, 74.

Sardini (Scipion), baron de Chaumont-sur-Loire, son mariage avec Mlle de Limeuil, IX, 87, note 1, 461, note 2, 553; leurs reproches mutuels, 511, 512. — VII, 393, note 1.

Sarillac, gouverneur de Paris sous la Ligue, puis gouverneur du prince de Condé, V, 353. — Cf. Serillac.

Sarlabous l'ainé, gouverneur de Dunbar, créé mestre de camp par François de Guise, V, 337; gouverneur du Havre, 339; sa querelle avec le capitaine Lagot, 340; se vante d'avoir assassiné Coligny, IV, 308.

Sarlabous le jeune, blessé au siège de Rouen; est créé mestre de camp, V, 339; son éloge, 416; son beau régiment; est forcé de quitter l'enseigne blanche, VI, 139, 140. — V, 126.

Sarlat (évêque de). Voy. Rilhac.

Sarmento (Francesco), chef des soldats espagnols révoltés dans le Milanais, I, 334; VII, 150, 151; sa mort à Castro-Nuovo; erreur de Brantôme à son sujet, I, 334; II, 69, note 3, 70, 431.

Sarmiento. Voy. Villandrado.

Sarno (Gieronimo Tutavilla, comte de), tué au siège de la Goulette, II, 3.

Sarrasins, leur conduite envers Louis IX et Charles d'Anjou prisonniers, VII, 444.

Sarret, gouverneur de Saint-Denis, puis de Calais, V, 353.

Sarriou, capitaine du régiment des gardes du roi, puis mestre de camp, son différend, au sujet du commandement, avec son sergent major Hortolan, VI, 8-10; parent de Thermes qu'il suit en Corse; son éloge, VI, 72. — V, 16, 346, 348, 349.

Sarterre. Voy. Sautré.

Sarry (Marne). Timoléon de Brissac y défait les huguenots, VI, 130.

Sarzay (Helyon de Barbanson, sieur de), son combat en champ clos contre Venyers, VI, 261.

Sassatello (Giovanni), capitaine italien, II, 3.

Sassenage (Albert, baron de), tué à la cour de France d'Aigreville grand maître de l'hôtel du roi, et est sauvé par Édouard comte de Savoie; service qu'il rend à ce prince à la bataille de Varey, VII, 255, 256.

Sassonnage. Voy. Sassenage.

Satan, VII, 186, 187.

Sauf-conduits (sur les), II, 115 et suivantes.

Saujon ou Saugeon. Voy. Campet.

Saulière, huguenot, conseiller à Périgueux, achète 500 écus l'ordre de Saint-Michel, V, 94.

Sault (François, comte de), huguenot, tué à la bataille de Saint-Denis, V, 41, 46.

Saulx (Jean de), seigneur d'Aurain, mari de Marguerite de Tavannes, et père de Gaspard de Saulx, seigneur de Tavannes, maréchal de France, V, 89. (Il a été confondu par Brantôme avec son beau-frère Jean de Tavannes, seigneur de Delle, né dans le comté de Ferrette et naturalisé français en 1518.)

Saulx. Voy. Tavannes.

Saunier (foire de), X, 143.

Sautal. Voy. Cental.

Sauteurs (habiles). Voy. Henri II, Bonnivet.

Sautré (François du Lude, seigneur de), X, 92.

Sauvage (Denis), sa traduction de l'histoire de P. Jove, citée, I, 42, note, 202, note 1; II, 3, notes 2 et 3, 4, note 3, 12, note 1, 13, note 4; III, 85, note; 169, note 2. (Voy. Jove). Sa traduction de Collenuccio, citée, II, 200, note 2; III, 144, note 1; VII, 441; VIII, 249 et suiv. — Voy. Collenuccio.

Sauval, cité, VI, 227, note 1.

Sauvebœuf. Voy. Ferrières.

Sauves (Simon Fize, baron de), secrétaire d'État; son intervention en faveur du marquis de Trans, III, 308-309; assiste à la mort de Charles IX, V, 268. — Sa femme, Charlotte de Beaune, maîtresse de Henri IV, VII, 387; X, 115.

Savants (gens), ce qu'ils tirent de leurs lectures, V, 212.

Savants sous Henri II, III, 285-287.

Saveille (Mlle de), sa mort à la Tour-Blanche, X, 48.

Savelli, Savello ou Sabello (Joan-Baptista), II, 2.

Saverne (défaite des Allemands près de), III, 229; V, 169.

Savigliano, rendu au duc de Savoie par Henri III, II, 146; VIII, 133.

Savigny. Voy. Rosne.

Savillan. Voy. Savigliano.

Savoie (États du duc de), conquis par François Iᵉʳ, III, 156; rendus au duc Emmanuel-Philibert par le traité de Cateau-Cambrésis, VIII, 132.

Savoie, visitée par Henri II, III, 249; son revenu, IV, 64.

Savoie (maison de), son origine; ses armoiries, I, 350; V, 113, 114; ses alliances avec la maison de Bourdeille, X, 102.

Savoie (ducs de). Voyez-les à leur nom.

Savoie (duchesses de). Voy. Béatrix, Catherine, Charlotte, Marguerite, Montferrat, Yolande.

Savoie (René de), fils naturel de Philippe II duc de Savoie, frère de Louise de Savoie et oncle de François Iᵉʳ, grand maître de France, notice sur lui, III, 378-380; combat à la Bicoque, 379; est pris à Pavie et meurt de ses blessures; regretté de sa sœur Louise de Savoie; sa belle compagnie de cent hommes d'armes, 379; sa fille, Madeleine, épouse le connétable de Montmorency, III, 343. — I, 218, note, 224; III, 333; X, 45.

Savoie (Don Philippe ou Philippin, bâtard de), tué en duel par Charles de Créquy, VI, 357, 358.

Savoie (Louise de), fille de Philippe II duc de Savoie, femme de Charles, duc d'Angoulême, mère de François Iᵉʳ; représentations qu'elle fait à son fils sur son amour pour la reine Marie dont elle déjoue les projets, IX, 641; rudoie sa belle-fille Claude, VIII, 107; ses prétentions sur les biens du connétable de Bourbon, V, 6; sa haine contre lui, I, 255; cause de la mort de Semblançay, III, 91, 92; veut en vain empêcher François Iᵉʳ de passer en Italie, III, 148, 149; sa régence, VIII, 55; sa lettre à Charles-Quint après la bataille de Pavie, III, 444; lui découvre la ligue formée contre lui en Italie, I, 189, note 2, 193; son mécontentement contre Claude de Guise pour sa campagne de Lorraine, III, 229; V, 169; conclut le traité de Cambrai, IX, 207; amène Mlle de Heilly à François Iᵉʳ à Bordeaux, 512; défend au père de Brantôme de jouter contre le roi son fils, X, 53; son ingratitude à l'égard d'André de Vivonne, grand-père de Brantôme, VI, 51, 52; n'aimait pas à entendre prêcher sur la mort; fait pourtant une fin courageuse, IX, 451. — I, 235, note 4, 252; III, 82, note, 379; VII, 320.

Savoie (Henriette de), femme 1º de Melchior des Prez de Montpezat, 2º de Charles duc de Mayenne, X, 60, note 3.

Savoie (Madeleine de). Voy. Montmorency.

Savoie. Voy. Berthold, Nemours,

Penthièvre, Romont, Sommerive, Tende, Urfé, Villars.

Savoie (Bernardin de). Voy. Raconis.

Savoie (histoire d'une duchesse de), VI, 244, 290; IX, 383-384.

Savoie, cheval que montait Charles VIII à la bataille de Fornoue, II, 288, note 4, 307, 308, note, 309.

Savoir, instrument dangereux pour la croyance, IV, 138.

Savonarole (Jérôme), II, 327.

Savone (entrevue de Louis XII et de Ferdinand V à), I, 126, 127, 133, 135; VIII, 9.

Savonières (Louise de). Voy. Villequier (René de).

Saxe (Jean-Frédéric, électeur de), est fait prisonnier à la bataille de Mühlberg, I, 20, note, 21 et suiv., 99, 307, note 2.

Saxe (Maurice de), fait le marquis de Brandebourg, I, 22, note 2, 346, note 2.

Saxe (Auguste, duc de), cymbales qu'il donne à Antoine de Navarre, II, 209.

Saxe (Guillaume de). Voy. Furstemberg.

Saxe (Anne de), seconde femme de Guillaume Ier, prince d'Orange, II, 175, note.

Saxe-Weimar (Jean-Guillaume, duc de), couronnel de lansquenets au service de France, IV, 220, 221; VI, 220.

Saxons (guerres de Charlemagne contre les), I, 20.

Sayaveda (Hernando de), II, 157.

Sayceval. Voy. Sesseval.

Scalingo, d'Asti, II, 3.

Scarlino. Voy. Escarling.

Sceaux de Henri III et de Henri IV, V, 161.

Scepeaux (Jeanne de), seconde fille de Vieilleville, femme du baron de Deuilly, V, 50, note 1.

Scepeaux. Voy. Vieilleville.

Sceva (M. Cesius), son acte héroïque à Dyrrachium; est récompensé par César, VII, 105, 106. — X, 27.

Scève (le chevalier de), grand prieur de Champagne, ce qu'il dit à Charles IX sur l'importance de la marine, II, 30; III, 96, note 2.

Schiller, sa ballade *Der Handschuh*, citée, IX, 931, note 1.

Schisme (le grand), VIII, 166, 180.

Schomberg (Georges de), est tué par Livarot dans le duel des *Mignons*, VI, 312, 313.

Schomberg (Charles de), second mari d'Anne de Maigneletz, X, 90, note 3.

Schomberg (Gaspard de), acquiert le comté de Nanteuil-le-Haudouin, IV, 271.

Schomberg (Mme de), Jeanne Chastaignier de La Roche-Pozay, femme 1º de Henri Clutin, seigneur de Villeparisis; 2º de Gaspard de Schomberg, comte de Nanteuil, VII, 387.

Scichay. Voy. Chissay.

Scio. Voy. Chio.

Scipion l'*Africain*, obsèques qu'il fait célébrer en Espagne pour son père et son oncle, VI, 400, 512; son trait de continence, IX, 291-294; sa conduite à l'égard de Sophonisba, 295-296; comment il traite ses soldats révoltés, VII, 152; sa clémence, V, 262; son entrevue avec Annibal, I, 13, 212; II, 41; IX, 628; visité à Linterne, IV, 120; ses statues, V, 107. — I, 257; II, 41, 281; V, 180; VI, 253; VII, 232, 237, 335.

Scipion (le triomphe de), tapisserie faite sur les cartons de Jules Romain, III, 119.

Scipion-Émilien, son combat singulier contre un barbare, VI, 400; confondu par Brantôme avec Scipion l'Africain, VI, 512. — I, 15.

Schiras, légende sur la beauté des femmes de cette ville, IX, 290.

Sciraz. Voy. Schiras.
Scribe (anecdote de Louis XI et d'un), II, 334.
Scribonia, répudiée par Auguste, IX, 28.
Sébastien (Dom), roi de Portugal (et non Jean III comme il est dit par erreur), Brantôme le voit à Lisbonne ainsi que sa grand'mère Catherine d'Autriche, IV, 362; ce qu'il en dit à sa mère Jeanne d'Autriche, IX, 607-608; on avait parlé de le marier à Marguerite de Valois, *ibid.*; vases dans lesquels il buvait, III, 176; donne à Brantôme son ordre de l'Habito de Christo, X, 123; sa défaite et sa mort causées par les jésuites, VII, 337; IX, 611.
Seconds ou appelants dans les duels, VI, 310, 322, 323, 327, 354.
Secrets surnaturels, IV, 117.
Secrétaire d'État, amours d'un secrétaire d'État avec une princesse, IX, 503.
Secrétaire des commandements ou secrétaire d'État, V, 74, 75.
Secrétaires de Louis XI, II, 334.
Secrétaires. Leurs amours avec leurs maîtresses, IX, 574.
Sedan. Combat singulier en cette ville de d'Aguerre et de Fendilles, VI, 235-240, 502-503.
Sédition militaire à Arles, II, 622.
Sédition de soldats français à Grosseto, V, 383. — Cf. Révolte.
Ségovie (draps de), IX, 554.
Seigneur, à quels gentilshommes on peut donner ce titre, VI, 150.
Seigneur (le) peut-il être défié par son vassal? VI, 410.
Seigneur de par le monde (un). Voy. Condé (Louis, prince de).
Seigneur étranger (histoire d'un grand) et de sa fille, IX, 88, 89.
Seigneurs, (anecdote de deux frères, grands), IX, 406.

Seius, proverbe latin sur son cheval, IX, 188, note.
Séjan, supplice de sa fille, IX, 723.
Séjan (cheval de), erreur de Brantôme. Voy. Seius.
Sélim Ier, recommande à son fils Soliman de prendre Rhodes, V, 222.
Sélim II, accueil qu'il fait à l'Ouchaly, après la bataille de Lépante, II, 59. — II, 60, 61.
Selva (J. de), président, envoyé par Antoine de Bourbon vers Philippe II; est pris par les huguenots et sauvé de la mort par Condé, IV, 365, 366.
Semblançay (Jacques de Beaune, seigneur de), surintendant des finances, III, 26; son supplice, 90, 92; mot de Mme d'Uzès à ce sujet, 91.
Semblançay. Voy. Beaune.
Seme. Voy. Sepmes.
Seminara (victoire de d'Aubigny sur Gonsalve de Cordoue à), I, 131.
Sémiramis, VII, 351; — erreur de Brantôme sur elle. Voy. Thomyris.
Sena (Conquista de), citée, I, 298; II, 48, note 3; VII, 137, 138. Voy. Sienne.
Senarpont (Jean de Monchi, seigneur de), fait faire une reconnaissance à Calais, IV, 215. — VII, 390, note 4.
Senarpont (Mme de). Voy. Suse (Madeleine de).
Senecey (Claude de Bauffremont, baron de), député de la noblesse aux premiers états de Blois, VI, 151; accompagne le duc de Guise en Hongrie, V, 405.
Sénéchal de Normandie (grand). Voy. Brezé.
Sénéchal d'Anjou. Voy. Lude.
Sénéchal d'Armagnac. Voy. Galiot.
Sénéchal de Beaucaire. Voy. Vese.

Sénéchal et sénéchale de Poitou. Voy. Daillon, Vivonne.
Senerpont. Voy. Senarpont.
Sénèque, cité, V, 290.
Senessé. Voy. Senecey.
Senicourt. Voy. Sesseval.
Seninghen (Françoise d'Amboise, femme, 1° de René de Clermont, seigneur de Saint-Georges; 2° de Charles de Croy, comte de), fait évader de Vincennes son beau-frère le duc d'Arschot; est emprisonnée et sauvée par les Guises; mère du prince de Porcien, VI, 488 et suiv.
Senjal. Voy. Cental.
Senlis, pris par les royalistes, est assiégé inutilement par le duc d'Aumale qui est défait sous ses murs, III, 7, 377; VII, 213, 214, 228.
Senningam. Voy. Seningheu.
Senones, peuple gaulois d'où les Siennois tirent leur origine, IX, 418.
Sepmes (Indre-et-Loire), château possédé par M. de Taix, puis par Pierre Strozzi, VI, 163.
Septfontaines. Voy. Aubespine.
Septime-Sévère. Voy. Sévère.
Sépulcre (Saint), François Ier empêche qu'il ne soit détruit par Soliman, V, 64.
Sépulcre, représentation en sculpture à Anville du tombeau de J.-C., X, 48.
Sépulture. La plus glorieuse pour un homme de guerre est le champ de bataille, II, 407, 408.
Sépulture chrétienne, refusée à ceux qui mouraient dans un combat en champ clos, VI, 301, 302.
Sépulture. Voy. Tombeau.
Sequennes de Barbarie, II, 55.
Serbellone (Gabrio), défend la Goulette contre les Turcs, II, 62.
Sercan. Voy. Cercamp.
Sergent gascon tué en champ clos, VI, 294.

Sergents, portaient leur épée sous le bras, II, 151.
Sergent de bataille, voy. Sergent-major.
Sergent-major, son rôle le jour d'une bataille, VI, 3-5, 10-11; ses prérogatives; sa charge honorée par les Espagnols; les Italiens et les Allemands le prennent parmi les capitaines; anecdotes à ce sujet, 6-12. — V, 297.
Serillac, Seryllat, capitaine, IV, 58. — Cf. Sarillac.
Serment prêté à ses soldats insurgés par Ferdinand de Gonzague, VII, 148 et suiv.
Serments ou jurons de divers capitaines, II, 398. — Voy. Jurons.
Serments et jurements espagnols, VII, 179-201.
Sermons étranges du cardinal de Lorraine à Fontainebleau, IV, 276, 277; de Sorbin de Sainte-Foi au Louvre, V, 60; d'un cordelier amoureux, VII, 190, 190, 191; X, 35, 36.
Serpens (Suzanne des), dame de Chitain, femme de Claude de la Guiche, comte de Saint-Géran, X, 109, note 1. — Voy. Gondras.
Serpent (légende sur le), IX, 667.
Serpent apparaissant lors de l'entrevue de Philippe-Auguste et de Richard Cœur de Lion, VI, 458.
Serre (de), secrétaire du roi et surintendant des fortifications et magasins de France; son entretien avec F. de Guise, IV, 257, 258.
Serré (René de Valzergues, sieur de), huguenot, pris à Lusignan et maltraité par Montpensier, VI, 497. — Voy. Valzergues.
Serres (Jean de), son *Inventaire de l'Histoire de France*, cité, II, 295, note 9, 331, note 1, 335, note 4; VIII, 100, note 1.
Sertonville, seigneurie, X, 61.

Sertorius, défie Métellus, VI, 401; tué par Perpenna, VII, 259. — VII, 232, 237.

Servantes. Leur rôle dans les amours de leurs maitresses, IX, 545-551.

Servart. Voy. La Borde.

Serves (seigneur de), II, 296.

Servilia, femme de Lucullus, III, 38.

Servilia, sœur de Caton, maîtresse de César, VII, 251; IX, 506-507.

Serzanne. Voy. Sezanne.

Sessa ou Sesse. Voy. Cordova.

Sesseval (René de Senicourt, seigneur de), favori de Bussy, son complot, IV, 34; tué à Anvers, VI, 179.

Seurre ou Seure (Michel de), chevalier de Malte, ambassadeur de France près d'Élisabeth, III, 96.

Sévère (Septime-), son indifférence pour les débauches de sa femme, IX, 34; ce qu'il se réserve du butin fait sur les Parthes, V, 249.

Sévère (Alexandre), chasse les eunuques, IX, 134. — V, 187.

Severianus, sa mort, V, 325.

Séville, Brantôme y voit arriver la flotte des Indes; sa conversation à ce sujet avec Catherine de Médicis, I, 51.

Sevin (Mlle), folle de la reine de Navarre, IX, 681.

Sevin (Ad.); sa traduction du *Philocolo* de Boccace, VIII, 153, note 2.

Seyssel (Claude de). Traité de la *Loy salicque*, que Brantôme lui attribue à tort, VIII, 49.

Sezanne, ville de Savoie, V, 79.

Sforce. Voy. Sforza.

Sforza (Francesco), duc de Milan, son histoire, V, 368; sa fille est tuée par son mari Sigismond Malatesta, II, 206. — III, 166.

Sforza (Galeazzo-Maria), duc de Milan, est assassiné par Lampognano, VI, 495.

Sforza (Lodovico-Maria), dit Louis le More, duc de Milan, troupes qu'il commande dans l'armée de Charles VIII; trahit ce prince, II, 298, 299, 316; parjure, I, 119; livré par les Suisses, 306; reconnu duc de Milan par François Ier, III, 168. (Brantôme s'est trompé ici, il s'agit non pas de L. Sforza, mais de son deuxième fils Francesco-Maria. Voy. l'article suivant).

Sforza (Francesco-Maria), dernier duc de Milan, sa mort, I, 179; sauf-conduit qu'il obtient de Charles-Quint et qu'il lui rend, II, 216; sa femme Christine de Danemark, 217; reconnu duc de Milan par François Ier, III, 168 (voy. l'article précédent). — I, 292, 293.

Sforza (Ascanio), cardinal, parjure, I, 119; pris par les Vénitiens et rendu à Louis XII, II, 360, 361.

Sforza (Ascanio), comte de Santa-Fiore, est créé chevalier de la Toison d'or (non par Charles-Quint, comme le dit Brantôme, mais par Philippe II), amène en France les troupes de Pie V, et prend part à la bataille de Moncontour, I, 296. — *Erratum*, II, 430.

Sforza (Catarina), mère de Jannin de Médicis, II, 7, note 3.

Sforza de' Cotignola, est emprisonné par Jacques de Bourbon et sauvé par sa sœur Marguerite de Ravignano, VIII, 184; IX, 423.

Sforza. Voy. Baglione.

Shinner. Voy. Sion.

Shrewsbury (comte de), sa rudesse envers Marie Stuart condamnée à mort, VII, 426.

Sibilot, fou de Henri III, III, 343.

Sicile (prisonniers français massacrés en), VII, 445; — (révolte des soldats espagnols en), VII, 147 et suiv.

Sicile (Philippe de), prince de Tarente, VIII, 153, note 1.
Sicile (Charles de). Voy. Durazzo.
Sicile (René de). Voy. René.
Siège, opération de guerre dangereuse, VI, 20.
Siège de velours, surnom donné au siège de La Fère, V, 167.
Sièges (observations sur les), III, 28; — (coutume désastreuse dans les), VI, 225, 226.
Sienne (entrée de Charles VIII à), IX, 418-419.
Sienne. Anecdote sur le siège de cette ville par les Français, 137-138; sa révolte, II, 20; IV, 2; se met sous la protection de Henri II, III, 270.
Sienne (siège et guerre de), I, 295-301, 355; II, 17, 277 et suiv.; IV, 47 et suiv.; V, 100; VI, 164, 165, 213, 224; IX, 412 et suiv. — Voy. Marignan, Monluc, Strozzi (Pierre).
Sienne, soumise à Florence, II, 15; regrets sur la perte de cette ville; IX, 418-419.
Sienne. Voy. *Sena (Conquista de)*.
Siennois, leur origine gauloise, IX, 418-419; parjures, I, 119; traités doucement par Henri II, IV, 67; leur capitulation, 52 et suiv. Voy. Sienne.
Siennoise (mante à la mode), IX, 362
Siennoises, soignent les blessés de Marciano, VI, 165; leur héroïsme pendant le siège de leur ville par les Impériaux, IX, 322-323, 412 et suiv.; lettres que Henri II leur écrit, 417-418.
Sigillée (terre). Voy. Terre.
Sigismond, empereur, veut ériger les Pays-Bas en royaume pour Philippe le Bon, V, 292; IX, 542.
Signature de Louis XI, II, 334, 347; des lettres d'Anne de Beaujeu et de Marguerite duchesse de Savoie, VIII, 103.
Sigongnes (Charles-Timoléon de

Beauxonnes, seigneur de), vice-amiral de Normandie, gouverneur de Dieppe, gouverneur de Timoléon de Brissac; son épitaphe, VI, 126.
Silius (Caius), épouse Messaline, IX, 31.
Silla. Voy. Sylla.
Sillac. Voy. La Châtre.
Sillans (Isère). Des Adrets y est battu, IV, 169.
Silly (*N.* de), capitaine sous Louis XII, V, 309.
Silly (Aimée de La Fayette, femme du bailli de Caen, François de), tour que lui joue le duc d'Albany, IX, 477.
Silly. Voy. La Roche-Guyon, La Rochepot, Rochefort.
Silly. Voy. Sully.
Silva (Dom Hernando de), capitaine espagnol, I, 332.
Silva (Diego de), II, 137, note 3.
Silva. Voy. Eboli, Eliseda, Medina-Sidonia, Pastrana.
Silvie, maître d'armes de Monsieur (Henri III), contre qui il combat en champ clos à Fontainebleau, V, 277.
Silvius. Voy. Sylvius.
Simeoni (Gabriel), son inscription fausse de Pompée, I, 70, note 1.
Simiane. Voy. Gordes.
Simiers (Louise de l'Hospital de Vitry, dame de), VII, 394, note 12.
Simon Nicolas. Voy. Nicolas.
Sinan le *juif*, corsaire turc, II, 70.
Sinan-Pacha commande l'expédition contre la Goulette, II, 61; ses querelles avec Mustapha-Pacha, 64, 65.
Singe (particularité relative au), IX, 22.
Sion (Mathieu Shinner, évêque de), cardinal, III, 137.
Sipierre. Voy. Cipierre.
Sireuil (Jean de), mari de Françoise de La Douze, X, 97.
Sisteron (évêque de). Voy. Rochechouart.

Sivray. Voy. Bernage.
Sixte IV, pape, II, 340, 348, note 2.
Sixte-Quint, pape; comment il traite l'auteur d'un pasquin sur sa sœur, II, 219, 220; grand justicier, fait pendre le neveu du théologal d'Espagne, VI, 44, 45; fait pendre Capella, pourquoi, IX, 44, 45.
Sleidan (J. Philipson, dit), ses *Commentarii de statu religionis et reipublicæ*, cités, I, 18, note, 19, note 2, 22, 347, note ; sa traduction latine de Commines, 35, note.
Socrate, son Histoire ecclésiastique, citée, V, 11, note 3.
Sodomie (du vice de), anecdotes, IX, 176 et suiv.; accusation de ce vice doit être dissimulée par celui qui en est l'objet, IX, 473.
Sodomite. Voy. Pimentel (Alonzo).
Sofonisba, demoiselle de Crémone, amenée à l'entrevue de Bayonne par la reine Élisabeth ; son talent comme peintre, son éloge, VII, 158.
Sofonisba, tragédie du Trissino, jouée à Rome devant Léon X ; exemplaire remarquable de cette pièce, III, 257, note 2; imitée par Mellin de Saint-Gelais, et jouée devant la cour à Blois, VII, 346.
Soissons (Charles de Bourbon, comte de), son démêlé avec Givry, VI, 473-474. — I, 218, note, 224.
Soldados viejos, chez les Espagnols ; ce que Monluc en raconte à Brantôme ; comment ils traitaient les recrues, V, 316-319.
Soldat, origine de ce nom, V, 306.
Soldat (opinion de La Noue sur le métier de), V, 381, 383.
Soldat sans guerre comparé à une cheminée sans feu, VII, 67.
Soldat peut-il appeler son capitaine en duel? VI, 410, 411 ;

supérieur à un tambour ; anecdote, VI, 415.
Soldat espagnol centenaire, V, 372.
Soldats (digression sur les), V, 366 et suiv.; comment sont appelés par divers peuples, 306 ; — (ce qui fait les bons), VII, 31 ; ce qu'ils doivent devenir après la guerre, suivant La Noue, V, 381 ; volés sur leur paye par les trésoriers et commissaires, IX, 277; leur luxe dans leur habillement et dans leurs armes, VI, 79, 80, 106-108 ; IX, 365 ; leurs pillages, VI, 209-211 ; enrichis, se débandent, VII, 272; des représailles contre eux, VI, 134 ; — de fortune, V, 303 ; — d'assaut, 377 ; — (duel de deux) au sujet de la mort de La Chastaigneraie, V, 82 ; VI, 275 ; — consultés par Coligny au siège de Saint-Quentin, V, 372, 373.
Soldats français, leur éloge, III, 63 ; leurs anciens noms, V, 301-307 ; leur costume, 302-304, 307 ; font le rôle de bouchers à la Saint-Barthélemy, I, 345 ; — dans l'armée espagnole, VI, 211.
Soldats espagnols, V, 318-320; leur révolte à Madrid, II, 89 ; en Flandre, 90. Voy. Espagnols, Sicile.
Soldats italiens, peu estimés de P. Strozzi, de Pescaire et de Charles-Quint, VI, 161, 162 ; — combattent vaillamment au siège de Düren, 162.
Soldats étrangers en France dans les guerres civiles, IV, 335-337.
Soleil (le) luit toujours le samedi, suivant une croyance populaire, IX, 22.
Soleil (double), mentionné par Pline, IX, 360.
Soleil, capitaine, V, 407.
Soler. Voyez Romer.
Soleure (peintures des maisons

dans le canton de), X, 111, 112.

Solignac capitaine, livre le Châtelet aux ennemis, IV, 22, note 4.

Soliman II, assiège et prend Rhodes ; sa belle conduite envers le grand maître Villiers de l'Isle-Adam, V, 58, 218-229 ; IX, 421 ; son alliance avec François Ier, I, 167, 209 ; II, 31, 32 ; IV, 141, 142 ; V, 59 et suiv. ; est empêché par ce prince d'abattre le saint Sépulcre, V, 64 ; sa lettre sur les privilèges de Jérusalem, *ibid.*, note 1 ; sa guerre contre Charles-Quint, 61 ; est trompé par lui ; sa colère contre Rincon, III, 159 ; son invasion en Autriche, II, 40, 41 ; assiège inutilement Vienne, I, 321-323 ; ce qu'il raconte au baron de La Garde, 322 ; son échec devant Vienne représenté en tapisserie, IX, 617, 618 ; ses mauvaises dispositions à l'égard de Lorenzino de Médicis, II, 13 ; se plaint à Charles IX du secours de Malte, V, 405 ; cadeaux qu'il envoyait au connétable A. de Montmorency, III, 347 ; recherche l'amitié de Coligny, IV, 307, 308 ; défend la religion de Luther, IV, 294 ; son mot sur les Luthériens, VIII, 116 ; fait combattre devant lui un nain et un lansquenet géant, VII, 111 ; sa guerre contre les Persans, V, 249 ; faisait partir ses armées de mer le jour de Saint-Georges, 228 ; faveur qu'il accorde à Dragut, II, 54 ; estime qu'il en faisait, 58 ; donne la liberté à Alvaro de Sande, I, 327, 328 ; sa conduite envers Ullaman-Bassa, II, 233 ; fait mettre à mort son favori Abrahun-Pacha, III, 85 ; on lui apporte la tête de Ludovic de Lodron, I, 345 ; son panache de plumes de phénix, IV, 142, 143 ; son drogman, I, 34, 85 ; sa mort à Szigeth, 90, 91, 92 ; V, 147, 405 ; IX, 374. — I, 16, note 5, 17 et suiv. ; 56, note ; II, 18, 70, 111 ; III, 219 ; V, 388 ; IX, 614.

Solis ou Solys, capitaine espagnol, I, 151, 331 ; V, 315, 320.

Somma (Jean-Bernard de San-Severino, duc de), fait prisonnier est sauvé par le prince de Salerne ; réfugié en France y meurt pauvre, II, 27 ; VII, 235 ; couronnel de l'infanterie italienne au service de France ; son éloge, VI, 213. — I, 226.

Sommerive. Voy. Tende.

Sonnet sur Philippe II, II, 100 ; sur le procès d'impuissance intenté à de Bray, IX, 97 ; — italien traduit par Chastelard pour Marie Stuart, VII, 451.

Sonnet. Voy. Poésies, Vers.

Sophocle, cité, X, 417, note 1.

Sophoniene. Voy. Sophronie.

Sophonisba, sa mort, IX, 668. — VII, 248, 295 ; VIII, 431.

Sophonisbe, tragédie de Trissin, traduite par Mellin de Saint-Gelais. Voy. Sofonisba.

Sophronie (sainte), son histoire, IX, 138, note 2.

Sora (duc de), I, 226.

Sorbin de Sainte-Foi (Arnaud), évêque de Nevers ; sermon singulier qu'il prononce au Louvre, V, 60 ; son *Oraison funèbre* de Claude de France, duchesse de Lorraine, VIII, 137, note 2.

Sorbière. Voy. Pruneaux.

Sorcelleries du grand-père de maître Gonnin, IX, 298.

Sorciers, V, 192 ; — (anecdote d'un curé prêchant contre les), V, 153.

Sordiac. Voy. Sourdéac.

Sore (Jacques), sieur de Flocques, amiral des Rochellois ; s'empare de la carraque, IV, 39.

Sorel, (Agnès), ses amours avec Charles VII, III, 242 ; son

Sorel (suite).
  heureuse influence sur lui, IX, 393, 394; ses infidélités, 717.
Sorges. Voy. Chorges.
Soria (Madallena de), Espagnole; tue son mari et se tue ensuite; épitaphe qu'elle s'était composée, IX, 656.
Soriano (combat de), I, 140.
Sorlin, chirurgien d'Espernon; prévôt des bandes françaises, VI, 100.
Sorlu ou Sorlut, capitaine huguenot, tué à Maillezais, V, 435; VII, 355.
Sortilèges, IV, 226; employés pour guérir les plaies, V, 45, 46; dans les duels, VI, 304, 305.
Soto-Major (Alonzo de), son combat en champ clos contre Bayard, II, 387; IV, 177; VI, 263-269.
Soubise (Jean de Parthenay, seigneur de), gouverneur de Lyon pour les huguenots, et beau-frère d'Aubeterre, IV, 251; accusé de concussions par les Siennois, est sauvé par le duc de Guise; donne à Poltrot des lettres pour Coligny, 252, 254; commandant à Lyon, y fait subir un échec aux catholiques, VI, 128. — V, 345.
Soudoyers, nom donné aux soldats par Froissart, V, 305.
Soufflet donné par l'infante Isabelle au duc d'Arschot, II, 128.
Souhaits singuliers de diverses dames, IX, 555, 556.
Souillelas (André d'Oraison de Cadenet de), d'abord évêque de Riez, puis vaillant capitaine, IX, 672, 673.
Soulèvements des communes de Bretagne pendant la ligue, V, 191.
Soulèvements populaires (horreur de Brantôme pour les), V, 191. Voy. Paysans.
Souliers de corde, V, 318. — Cf. Chaussures.

Souper (mets d'un), V, 152.
Soupez (baron de), assassiné à Toulouse, par Vitteaux, VI, 330.
Sourdéac ou Sourdiac. Voy. Châteauneuf.
Sourdeval (André Lemoine, seigneur de), sa courtoisie dans un duel à Bruxelles, VI, 341; Charles-Quint lui donne une chaine d'or; est connu de Brantôme, 342.
Sourdis (François d'Escoubleau; seigneur de), maître de la garde-robe de François Ier et son favori, VIII, 62; sa femme Isabeau Babou, VII, 389. — VII, 389, note 1.
Sourdis (Charlotte d'Escoubleau de), VII, 392.
Sourdis (Jacqueline de), dite la belle Sourdis, I, 26.
Souris (peur des), anecdote, VIII, 196.
Sourlin. Voy. Sorlin.
Southman, peintre, I, 76, note 4.
Souvré (Gilles de), marquis de Courtenvaux, gouverneur du Dauphiné, soutient du Guast contre Méru et quitte le parti du duc d'Anjou, V, 359.
Spa (eaux de), VII, 225; voyage qu'y fait Marguerite de Valois, 174; VIII, 27.
Spadassins à Milan, VI, 388.
Spartacus, fait tuer son cheval le jour de sa dernière bataille, VI, 12.
Sparte (coutumes à), IX, 697-699.
Spartiate (mot d'une) à son fils, VII, 36.
Spartien, cité, V, 325; IX, 116, note 1; 117, note 1; 150, note 2; 334, note 1.
Spenser (Hugh), IX, 432.
Spinelli (J.-B.), duc de Castrovillari, mari d'Isabelle de Tolède, II, 23, note 2.
Spinola (Ambroise, marquis de), devant Ostende, IV, 145. — II, 2.

Spinosa, capitaine espagnol, I, 333. Cf. Espinosa.

Splanditeur (Lorentio), écuyer; legs que lui fait Brantôme, X, 125, 133, 152.

Sponde, cité, IV, 343.

Stace, cité, II, 143; son *Genethliacon Lucani*, X, 6.

Statue (amour pour une), IX, 256.

Statue de Saint-Georges à Liège, I, 165; — du duc d'Albe à Anvers, I, 107, 108; — en bronze doré de Charles VIII, à Saint-Denis, II, 320; — érigée par les Génois à André Doria, 31; — élevée à Saint-Mégrin par Henri III; dicton à ce sujet, VI, 481.

Statue antique de Messaline trouvée à Bordeaux, IX, 31.

Statues antiques servant de modèle pour la coiffure et les habillements, IX, 254.

Statylius, ses combats singuliers, VI, 400.

Stein (Albrecht von), colonel des Suisses à la bataille de la Bicoque, II, 379.

Sterlich, Autriche, VIII, 183.

Stipicciano (Pyrro de), II, 3.

Stolberg (Julienne de), mère de Guillaume le Taciturne, II, 164, note 1.

Strada, ce qu'il dit de la naissance de Don Juan d'Autriche, II, 139, note 1; son livre *de Bello belgico*, cité, I, 107, note 2; 279, note 4; II, 78, note 2; 102, note 1; 107, note 4; 108, note 4; 154, note 4; 184, note 2; VI, 262, note; VII, 11, note 3, 12, note 3.

Stradiot (Louis de), III, 262.

Strasbourg, III, 267.

Strafford (Édouard, comte de), envoyé d'Élisabeth en France, V, 358, note 2.

Stratagèmes de Dragut et d'Annibal, II, 55-57, 63.

Stratagèmes militaires (discours projeté de Brantôme sur les), II, 241.

Strazel (Jean), professeur de grec au Collège royal, III, 93.

Strozzi (J.-B. dit Philippe), père de Pierre et de Léon Strozzi; est fait prisonnier dans les guerres civiles de Florence; se tue dans sa prison; sa mort vengée par ses fils, II, 13, note 2; IV, 135-137; son portrait; son incrédulité; faisait l'amour aux nonnains; son savoir, 138.

Strozzi (Pierre), fils de J.-B. Strozzi, maréchal de France, notice sur lui, II, 239-282; instruit aux lettres par son père qui le voue à l'église; son amour de l'étude; blâmé par Sansac de pratiquer ce qu'il lisait dans les histoires, 240, 241; sa traduction de César en grec, avec des commentaires latins, 241; sa bibliothèque, achetée à son fils par la reine mère qui ne l'a jamais payée, 242; son cabinet d'armes, d'engins de guerre et de curiosités, 243, 244; son portrait, 244; tours que lui joue Brusquet et qu'il lui joue, 245-260; ses chances diverses à la guerre, 268; belle compagnie d'arquebusiers qu'il amène à François Ier, 268-270; cousin de Catherine de Médicis; sa richesse; son séjour à Venise; conseil qu'il donne à La Chastaigneraie d'assassiner Jarnac, 270; dépense sa fortune au service des rois; son désintéressement; Henri II à la prise de Guines lui donne mylord Grey prisonnier dont la rançon lui rapporte 8,000 écus, 271; son habileté comme ingénieur; était mauvais général; loué dans une chanson d'aventuriers sur le siège de Metz, 272-273; est blessé mortellement au siège de Thionville, 273-274; ses épitaphes par Joachim du Bellay, 275; son fils Philippe et sa fille Clerisse, comtesse de Ten-

Strozzi (suite).

de, 275-276; son fils naturel, Scipion, 276; ses frères et ses sœurs, 276-277; tort qu'eut Henri II de lui confier la conduite de la guerre de Sienne, 277-278; son mécontentement contre Brissac; sa défaite à Marciano, 278-279; sa crainte d'être pris, 280; son dédain de la Providence, 282; destiné d'abord à l'Église, IX, 671.

— Richesses qu'il avait apportées en France, VI, 91; mari de Laudamine de Médicis (et non de Madeleine, comme il est dit par erreur), II, 269, note 2; VII, 382, note 3; sa conduite singulière avec elle, VI, 163, 164; sa fidélité à la France; couronnel de l'infanterie lors de la guerre de Parme; son savoir; ses capitaines, VI, 159; comment il fait passer l'Arno à ses troupes, 160; son habileté à loger et ordonner une armée; n'aimait pas les soldats italiens, 161; son amour pour les chevaux; son écuyer Hespani; son amour pour une veuve; aimé de Catherine de Médicis, 163; ses fautes au siège de Sienne, IV, 57-59; est blessé et défait à Marciano, I, 291, note 1, 295; II, 13, note 2; IV, 23; VI, 166; VII, 280; fait décapiter Alto et pendre un guidon, IV, 23; jalousé par son fils Philippe, 122; sa discussion avec le marquis de Marignan au sujet des dames prisonnières, 133; son incrédulité; anecdote au sujet de la bible que veut lui faire lire Catherine de Médicis, 138-139; son portrait, 138, note 2; sa lettre au connétable de Montmorency, 140, note; conseille à La Chastaigneraie de faire assassiner Chabot; sa fortune, VI, 370; son entretien avec Coligny sur le changement de religion dans un état, IV, 294; se moque des harangues militaires, VII, 116, 118; ce que F. de Guise dit de lui, VI, 26; son éloge par Ferdinand de Gonzague, 466; ce qu'il dit à son fils qui l'avait volé; éducation qu'il lui donnait, 84, 85; sa réponse à deux cordeliers, VII, 5. — III, 388; IV, 136, 137, 393, 401 et suiv.; V, 41; VI, 231.

Strozzi (Léon), prieur de Capoue, général des galères, frère du maréchal Strozzi; notice sur lui, IV, 120-139; le plus grand capitaine de mer de son temps; sa réputation parmi les marins; prend part au siège de Nice, 122-123; son caractère; plus aimé de François Ier que de Henri II; envoyé en ambassade près de Soliman; prend la ville de St-André (Écosse), 123; ses exploits, 124; sa disgrâce, 125; sa lettre à ses frères en quittant le service du roi, 129; ses exploits contre les Turcs; retourne au service du roi, 130; son entreprise manquée sur Barcelone, 131-132; sur Zara, 134; son épitaphe par du Bellay, 134, 135; son portrait, 138, note 2; ambassadeur à Constantinople, II, 17, 18; pièces diverses relatives à sa disgrâce, IV, 391-405. — II, 276, 277; III, 388.

Strozzi (Laurent), frère du maréchal, cardinal et archevêque d'Aix, II, 271; son portrait, IV, 138, note 2. — IV, 135; VI, 8.

Strozzi (Scipion), bâtard du maréchal Strozzi, chevalier de Malte; sa mort, II, 276; IV, 121.

Strozzi (Robert), frère du maréchal Strozzi; sa fille Alfonsine, II, 276, 277. — IV, 135; VII, 385.

Strozzi (les quatre frères), VII, 237.

Strozzi (Philippe), fils de Pierre

Strozzi, né à Venise, II, 270; son portrait, VI, 132; enfant d'honneur de François II; se sauve de la maison paternelle pour aller faire la guerre en Piémont; comment élevé par son père, 84, 85; ses opinions religieuses; son éloge par Catherine de Médicis; son estime pour les Espagnols, 87; avait des navires qui faisaient la course, 88; était jaloux de la gloire de son père, IV, 122; sa haine contre Cosme de Médicis, 137, 138; vend le cabinet d'armes de son père dont Catherine de Médicis lui achète la bibliothèque, II, 242-244; ses premières charges, VI, 67, 68; succède à Charry comme mestre de camp de la garde du roi; ce qu'il en disait aux Espagnols à Bayonne, V, 345, 347; remplace Andelot comme couronnel général de l'infanterie française, V, 348, 350; VI, 58.

— Anecdote de lui et du connétable au sujet de la destruction d'un navire à Bayonne, III, 305; son différend avec lui au sujet de deux capitaines des gardes du roi, VI, 7-10; tire au siège d'Orléans une arquebusade à Andelot; ce que lui en dit le duc de Guise, VI, 55; lors de la journée de Meaux ramène à Paris de la frontière de Picardie dix enseignes de la garde du roi en repoussant les attaques de Mouy; bon accueil que lui fait Charles IX, V, 348; VII, 285-287; part qu'il prend aux combats de Mensignac et de Jaseneuil, V, 427, 431; sa vaillance au combat de La-Roche-L'Abélie, où il est fait prisonnier; est échangé contre La Noue, I, 105; IV, 313; VI, 59-61; fait noyer huit cents femmes de mauvaise vie qui suivaient l'armée; ce que lui en dit Brantôme; ses regrets, VI, 132, 133; va au siège de Mucidan, ibid.; ses mauvais procédés envers son beau-frère, le comte de Tende, et Ardelay, frère de Brantôme, au sujet de l'enseigne blanche, 136-138; donné en ôtage contre La Noue à La Rochelle, X, 419; prend part au siège de cette ville; sa vaillance, II, 396; IV, 90, 383; V, 133, 150, 324, 330, 332, 333-335; VI, 62-65; visite avec Brantôme Cossains, blessé mortellement, VI, 70; fait venir pour ses soldats des arquebuses de Milan; ses commandes à M° Gaspard qu'il visite à Milan; son cadeau à Brantôme, 75, 76; était un fort habile tireur; preuve qu'il en donne à Malte, 77, 78; armes qu'il fait fabriquer et perfectionner en France, où il introduit les mousquets; usage qu'il en fait au siège de La Rochelle; ce qu'il dit à Charles IX des mousquets fabriqués à Metz; en fait venir de Milan, 78-83.

— Son intimité avec Brantôme qui, bien qu'ayant eu à se plaindre de lui, le regrette vivement, VI, 61 et suiv., 90, 136, 169; sonnets qui lui sont adressés par celui-ci, X, 405, 411; ils vont ensemble à Malte, V, 232, 406; leur rencontre de Leonys, VII, 29; son entretien avec Brantôme et Coligny à Saint-Cloud, IV, 297, 298; expédition qu'il prépare avec Brantôme à Brouage, ibid. (Voy. Brouage); il le détourne de faire la campagne de Lépante et de suivre La Noue en Flandre; son influence sur lui, II, 110, 111; VII, 210; ce qu'il raconte à Brantôme sur le mariage de son père, VI, 163; ils dînent tous deux chez le duc de Savoie, à Lyon, VII, 16; et chez Pontus de La Gardie, V, 390; leur visite à Cossé ma-

Strozzi (suite).
lade, IV, 91, 92; il empêche avec lui le duel de Saint-Phal et de Bussy, VI, 183, 184; il lui laisse lire les commentaires de son père sur César, II, 242; son aventure avec Brantôme et un amoureux fanfaron, IX, 123-125; fait obtenir par Élisabeth d'Espagne la grâce de Pompadour l'aîné, VIII, 13, 14; Charles IX le fait jouer du luth devant lui, VI, 141, 142; assiste aux funérailles de ce prince, VII, 326; amoureux de la belle Châteauneuf, II, 181; veut épouser Mme de Bourdeille, belle-sœur de Brantôme, VI, 143; IX, 650; X, 411, note 2; sa timidité devant Henri III, VI, 64; sa querelle avec le jeune Lansac, 89, 90; est obligé de céder sa charge de colonel à Espernon; achète Bressuire; richesses que son père avait apportées en France, 91; menaces qu'il fait à des Espagnols au sujet de La Noue leur prisonnier, VII, 261, note; accompagne H. de Guise dans sa campagne contre Thoré, V, 139, 140; lettre que lui écrit Brusquet, II, 267; ce que Bellegarde lui dit de sa faveur, V, 201; son expédition aux Açores; sa défaite et sa mort près de Tercère, II, 71, 82; IV, 23; VI, 87-89, 145-147; VII, 338; sa vie par Torsay, VI, 58, note 2. — II, 45, 275; V, 14, 16, 60, 101, 270, 316, 327, 366, 422; VI, 198, 410, 411; VII, 161; IX, 66.

Erratum : IV, 313, note 4 : le maréchal Strozzi, lisez : Philippe Strozzi.—VI, 137, note 2 ; Pierre Strozzi, lisez : Philippe Strozzi.

Strozzi (maréchale). Voy. Médicis (Laudamine de).

Strozzi (Clarisse), mère du maréchal Strozzi, II, 269.

Strozzi (Madeleine), sœur du maréchal Strozzi, comtesse de l'Anguillara; son éloge, II, 277.

Strozzi (Laurence), cousine (et non sœur) du maréchal Strozzi, religieuse; son talent dans la poésie latine, II, 277.

Strozzi (Alfonsine), fille de Robert Strozzi, et femme de Scipion de Fiesque. Voy. Fiesque.

Strozzi (Clarisse), sœur de Philippe (et non de Pierre) Strozzi. Voy. Tende.

Strozziens, surnom donné aux soldats de Philippe Strozzi, V, 427.

Stuardes, balles de la composition de Robert Stuart, III, 329, 331.

Stuart. Voy. Albany, Aubigny et Lenox.

Stuart (Robert), huguenot, blesse le connétable de Montmorency; balles de sa composition; est pris à la bataille de Jarnac et livré par Monsieur au marquis de Villars qui le fait égorger, III, 329, 330; réflexions à ce sujet; représailles de sa mort; est accusé d'avoir assassiné le président Minard, 331.

Sucre, son usage pour les messagers en Turquie et pour les combattants en champ-clos, VI, 242.

Suède (ambassadeur de). Voy. La Gardie.

Suétone, cité, I, 258; V, 248; IX, 26, note 1; 27, note 3; 28, note 1; 29, notes 1-4; 34, notes 1, 2; 44, note 1; 90, note 1; 91, note 1; 247, 279, note 3; 295, 309, note 1; 333, 352, note 2; 353, note 1; 723, note 2; — cité à tort par Brantôme, IX, 302.

Suffolk (Richard de), dit la *Blanche-Rose*, commande les lansquenets au siège de Pampelune, III, 24.

Suicide (sur le), IV, 16; IX, 137, 665, 666.

Suicide chez les Égyptiens et chez les Romains, IV, 25, 138,
Suicide de Porcia, IX, 652, 653; de Madellena de Soria, 656; de J.-B. Strozzi, IV, 136.
Suisse (peintures des maisons dans les villes de), X, 111, 112.
Suisse, les hommes et les femmes s'y baignent pêle-mêle, IX, 299.
Suisses (cantons), parjures, I, 118; leur alliance avec la France, V, 55, 69, 270; appelés compères, II, 340; créanciers de la France, IV, 223.
Suisses, leurs victoires sur Charles le Téméraire, III, 138; V, 56, 110; sur La Trémoille à Novare, III, 138; livrent Louis le More, I, 306.
Suisses, cadeaux bénits que leur envoie Jules II; noms qu'il leur donne, I, 108; leur invasion en Lombardie, III, 1; leur défaite par Bayard, 2; ils assiègent Milan et sont chassés par Chaumont, 4, 5; forcent Lautrec de donner la bataille de la Bicoque, 23, 26, 139, 378; II, 379, 380; défaits par François Ier à Marignan, III, 136; par Montbrun, V, 423; par Ornano et La Valette, VI, 218.
Suisses au service de la France; leurs colonels, VI, 227-228; dans l'armée de Charles VIII, II, 298; dans l'armée royale, IV, 335, 336, 343; aux batailles de Cérisoles et de Pavie, III, 139, 147; de Dreux, III, 139; IV, 249; à la journée de Meaux, IV, 170, 171; V, 348; VII, 358; au siège de La Rochelle, V, 323, 324; opinions diverses sur l'utilité de leurs services, V, 69; leur mutinerie au siège de La Fère, 70; leur attachement à la France, III, 139; bien payés par les rois de France; leur amour de la bonne chère; leur discipline et leur vie en France, V, 56; leur épée, VI, 237. — I, 339, 340.

Suisses (bataille des). Voy. Marignan.
Sujet, comment un sujet peut renoncer au service de son roi, V, 210.
Sujets (devoirs réciproques des rois et des), VII, 223 et suiv.
Sully (Georges de), bailli de Mantes et de Meulent, II, 295.
Sully (Belle-assez de), II, 345, note 1.
Sully (Maximilien de Béthune, duc de), grand maître de l'artillerie, son éloge, III, 81.
Sulmone. Voy. Lannoy.
Summa Benedicti, citée, I, 173, note 1; 174; IX, 51, 52, 180.
Superstitions. Voy. Devin, Diable, Esprit familier, Magicien, Sorcier, Sortilèges.
Supplice (condamnés graciés au moment du). Voy. Bournazel, Saint-Vallier.
Supplice, un mariage sauvait un condamné du supplice; anecdote à ce sujet, VII, 89.
Supplice de Balthasar Gérard, assassin du prince d'Orange, II, 170 et suiv. — d'Egmont et de Horn. Voy. ces noms.
Surgères (René de), VII, 395, note 10.
Surgères (Hélène de Fonseca, dlle de), fille de la suite de Catherine de Médicis, dite la *Minerve*, VII, 395; IX, 720.
Surgières. Voy. Surgères.
Surintendant des finances Voy. Annebaut, Cossé, Semblançay.
Surnom de Ferdinand d'Aragon; de François Ier, I, 128, 129; du connétable de Montmorency, III, 97.
Surnom donné à Charles-Quint par les soldats espagnols; aux soldats espagnols par les Italiens, VII, 60.
Suse (Pas de), est forcé, III, 339.
Suyderhoes, graveur, I, 76, note 4.

Suze (François de La Baume, comte de), V, 41.
Suze (Madeleine de), femme, 1° de Joachim, seigneur de Warty; 2° de Jean de Monchi, seigneur de Sénarpont, VII, 390, note 4.
Suze (erreur de Brantôme sur le comte de), V, 350, note 1.
Suzze, Suze sur la côte de Barbarie, I, 67.
Sylla, anecdote de lui et de Valeria, VIII, 172; se venge des injures des Athéniens, IX, 505. — VII, 232.
Sylvestre (prétendue donation faite par Constantin au pape), III, 112.
Sylvius (Fr.), professeur d'éloquence, III, 286. — (Jacques), frère du précédent, professeur de médecine au Collège royal, *ibid.*
Synan. Voy. Sinan.
Synodes des huguenots, pendant la guerre d'Espagne, V, 63.
Sypière. Voy. Cipierre.
Syracuse (temples bâtis par Marcellus à), VI, 477.

Table (luxe de la), introduit à la cour par le maréchal de Saint-André, V, 30, 31.
Table de François Ier comparée à celle de Lucullus, III, 120 et suiv.; — de Henri II, de François II, de Charles IX, de Henri III, 122 et suiv.
Table-Ronde (chevaliers de la), VI, 248, 277; IX, 398, 399; X, 61, 62.
Tableau où Alexandre VI était représenté en enfer avec des empereurs et des papes; son mot à ce sujet, VII, 67.
Tableaux représentant le combat des Horaces, VI, 406; la bataille de Fornoue, II, 311; la capitulation d'Atella, V, 3; la bataille de Cérisoles, III, 216;

IV, 5; des épisodes de la guerre de Sienne, I, 297.
Tableaux de l'enfer, VII, 67; de Vénus et de la Fortune, VIII, 195; de la Charité, IX, 60.
Tableaux injurieux à François Ier, à Rome, I, 70.
Tablettes de Biron, V, 149; — de Henri III, anecdote, IX, 280.
Tabourin, II, 209.
Tabourineur, joueur de tabourin ou tambourin, II, 301.
Tacite, cité, IV, 335; VIII, 56.
Tagen, Voy. Tajean.
Tagliacozzo (bataille de), I, 202, note 2.
Tagliacozzo. Voy. Orsini.
Taillade (de), V, 407.
Tailles (grandes), rares en Espagne, VIII, 6.
Tailleur de la reine Élisabeth d'Espagne; ce qu'il dit à Brantôme des habillements de cette princesse, VIII, 19.
Taillevent, son livre de cuisine, cité, X, 372.
Taillevis (Raphael de), sieur de la Mésières, sa relation de la mort d'Antoine de Navarre, IV, 419.
Taix (Jean, seigneur de), pannetier de François Ier, premier colonel général de l'infanterie française, V, 296; VI, 1; ses services; doit son avancement à une dame de la cour, 2; fait tuer son cheval au moment de la bataille de Cérisoles, 3, 131; pourquoi, 12; troupes qu'il amène au camp de Jaalons, 13, 102; est envoyé en Picardie contre les Anglais; est disgracié par l'influence d'une dame, 14; Bonnivet lui succède, VI, 104; grand maître de l'artillerie, III, 76, note 3, 77; sa conduite à Cérisoles, I, 344; Mme d'Uzès demande à Clément VII de l'excommunier; pourquoi, IX, 478.
Taix, cousin de Villemaigne, capitaine gascon, à l'armée de

Piémont; savait l'espagnol; était grand piaffeur, VI, 105, 343. — IV, 73.

Tajean ou Tagen, mestre de camp, V, 363.

Talamone, saccagé par Barberousse, II, 17.

Talbot, sa mort et celle de son fils à Castillon, VII, 36.

Talcy (conférences de Catherine de Médicis avec les huguenots à), VII, 358.

Talcy. Voy. Salviati.

Tallart. Voy. Clermont, Uzès.

Tallemant des Réaux, cité, V, 106.

Tallestride. Voy. Thallestris.

Tamayo (Pedro de), capitaine espagnol; sa querelle avec Lunel; se fait prêtre pour en éviter les suites, VI, 306, 307.

Tambour porteur de cartel à Espernon, comment traité, VI, 432.

Tambour (querelle d'un) et d'un soldat, VI, 415.

Tamburlan. Voy. Tamerlan.

Tamerlan, son origine, V, 370.

Tanchon, prévôt, poursuit et arrête Vitteaux, assassin de Milhau, VI, 332.

Tancrède, sa mort, IX, 74.

Tanlay, maison appartenant à Andelot, VI, 56.

Taphroc, prince arménien, beau-père de Baudouin I*er*, roi de Jérusalem, IX, 25, note.

Tapisseries dans les châteaux royaux, VIII, 31 ; à Malte, V, 231; rapportées d'Orient, 31, 68.

Tapisseries et tapis du maréchal de Saint-André, de François I*er*, V, 30, 31.

Tapisseries représentant une chasse de Diane, IX, 324; l'histoire d'Achille, le triomphe de Scipion, III, 119; V, 437; la bataille de Pharsale, 30; la vie de saint Paul, III, 120; les exploits du règne de Charles-Quint, IX, 617, 618 ; les cruautés des soldats espagnols en Flandre, II, 167; le combat de Carrouges et de Le Gris, VI, 244; l'histoire de Jean de Meung, IX, 209; la levée du siège de Vienne, 617, 618.

Tappe (le grand), maître d'armes à Milan; donne des leçons à Brantôme, VI, 388, 417.

Tarancon (Jacques de), fils du roi de Majorque. Voy. Aragon.

Tarascon (abbesse de S.-Honorat de), se mariant, IX, 337.

Tarbes (évêque de). Voy. Menaud.

Tarente, assiégée par les Romains, II, 57.

Tarente (Louis, prince de), second mari de Jeanne I*re* de Naples; sa mort, VIII, 148, note 1, 149, 155, 161.

Tarente (prince de). Voy. Frédéric III.

Tarente. Voy. Sicile.

Tarpée, compagne de Camille, IX, 380.

Tartarie (roi de), V, 386.

Tasse, traduit par Vigenère et du Vigneau, X, 7, note 1.

Tavannes (Gaspard de Saulx, seigneur de), maréchal de France, fils de Jean de Saulx et de Marguerite de Tavannes, notice sur lui, V, 89-123 ; ses ancêtres, 89. (Brantôme s'est trompé ici; il a confondu Jean de Saulx, seigneur d'Aurain, avec son beau-frère Jean de Tavannes, seigneur de Delle, né dans le comté de Ferrette et naturalisé Français en 1518). Sa vaillance; guidon de la compagnie de Galiot; enseigne puis lieutenant de la compagnie de M. d'Orléans, 89; accusé d'avoir causé la mort de Dampierre; favori de M. d'Orléans; lieutenant du duc de Guise en Bourgogne, 90; se distingue à la bataille de Renty et est fait chevalier de l'ordre sur le champ de bataille par Henri II, 91; II, 313; VI,

Tavannes (suite).
23; sa conduite pendant les guerres civiles; essaye de surprendre Condé dans sa maison de Noyers qu'il pille, V, 115-117; VII, 239; est nommé chef du conseil de l'armée de Monsieur; était sourd; sa rivalité avec le comte de Brissac; son habileté, V, 117, 118; I, 150; conseille la paix après Moncontour; l'un des principaux auteurs de la Saint-Barthélemy où il déploie une grande cruauté; sauve La Neufville du massacre, V, 118-120; ses fanfaronnades contre les huguenots à la table du roi, 121; bruits sur sa mort arrivée à Châtres (Arpajon); fort enjoué dans sa jeunesse; comparaison de lui et de Coligny, 122-123; ses *Mémoires* rédigés par son fils, 89, note 1; 115, note 1; 120, note 1; 122, notes 2 et 3; V, 115, note 1; commande l'armée sous Monsieur en 1569; sa colère contre le maréchal de Biron, qu'il veut faire proscrire à la Saint-Barthélemy, 128, 129, 132, 141; conseille à Henri III de faire la paix après la bataille de Moncontour, IV, 50; donne le même conseil à Catherine de Médicis après la prise de Saint-Jean-d'Angély; dans quel but, V, 253. — III, 201; IV, 89.

Tavannes (Françoise de la Baume-Montrevel, femme du maréchal de), son avarice; se pare des robes volées à la princesse de Condé par le maréchal, V, 117.

Tavannes (Jean de), seigneur de Delle, frère de Marguerite de Tavannes; mère du maréchal de Tavannes. Brantôme l'a confondu avec le père de celui-ci, Jean de Saulx, V, 89.

Tavannes (Jean de Saulx, vicomte de), troisième fils du maréchal,
rédige les mémoires de son père, V, 89.

Tavannes. Voy. Saulx.

Tayz. Voy. Taix.

Téligny. Voy. Théligny.

Tempérance (la), galère de Jannetin Doria, prise et perdue par Dragut, II, 42, 43.

Tempête causée par un blasphème, VII, 200-201.

Temples bâtis à Syracuse par Marcellus, VI, 477.

Temps (le), est père d'oubliance, IV, 44.

Tenance (Andrieu de Saulcières de), chevalier de Malte, IV, 158; le marquis d'Elbeuf le fait mettre à la chaîne, 280.

Tende (Claude de Savoie, comte de Sommerive et de), fils de René de Savoie, notice sur lui, III, 380-382; couronnel des Suisses; gouverneur de Provence; les Provençaux se dégoûtent de lui, 381; VI, 228; gouverneur de Marseille, plaintes de Léon Strozzi contre lui, IV, 392, 396 et suiv. — IV, 72.

Tende (Honorat de Savoie, comte de Sommerive, puis de), fils du précédent; est chéri des Provençaux pour sa haine des huguenots qu'il refuse pourtant de faire massacrer lors de la Saint-Barthélemy, III, 381; sa mort; fait la guerre à son frère René de Cipières, 382; est défait par les huguenots à Saint-Gilles, V, 350; mari de Clarisse Strozzi, sœur de Philippe Strozzi, II, 275; ses démêlés au sujet de l'enseigne blanche avec le comte de Brissac qui le fait appeler en duel; remmène ses troupes en Provence, VI, 137-139, 385.

Tende (Clarisse Strozzi, sœur de Philippe (et non de Pierre) Strozzi, comtesse de), femme du précédent; son éloge; sa mort, II, 275, 276; VI, 137, 139; fait demander par Élisa-

beth d'Espagne la grâce de Pompadour l'aîné, VIII, 13-14. — VII, 382.
Tende (Béatrix de), veuve de Facin Cane, épouse Ph. M. Visconti qui la fait décapiter, IX, 336.
Tende (Marie de Chabannes, première femme de Claude de Savoie, comte de), III, 380, note 1.
Tende (Françoise de Foix, seconde femme de Claude de Savoie, comte de), huguenote, dicton des Provençaux sur elle, III, 380.
Tende. Voy. Lascaris.
Tenie. Voy. Thenies.
Tentation de J.-C. (sermons sur la), VII, 186, 187.
Tentes en tapisseries du maréchal de Saint-André et de François Ier, V, 30, 31.
Tenye. Voy. Thenies.
Téofe (le comte), Ferrarais, gentilhomme de la chambre de Henri II, est assassiné à Rome ; vengeance terrible qu'en tirent ses enfants, V, 246.
Tercère (expédition et combat naval de la), IV, 23 ; V, 353 ; VI, 90, 91, 145-147. Voy. Strozzi (Philippe).
Termens (duc de), capitaine de l'Église à la bataille de Ravenne, notice sur lui, I, 154.
Termes. Voy. Thermes.
Termini. Voy. Termens.
Terracine. Brantôme y débarque en revenant de Malte, IX, 374.
Terrebasse (Alfred de), cité, III, 89, 446.
Terre sainte (causes de la perte de la), II, 121.
Terre sainte (Histoire de la). Voy. Guillaume de Tyr.
Terre sigillée, ce que c'est, III, 175.
Terride (Antoine de Lomagne, vicomte de), défait par Montgommery, capitule dans Orthez, IV, 53, 358 ; V, 163 ; commande les troupes envoyées par Monluc au roi, V, 183. — IV, 72, 86.
Terze, de l'emploi de ce mot, V, 318 ; VI, 174.
Tessereau, son *Histoire de la grande chancellerie*, citée, V, 281, note 1.
Testaments (faux), fabriqués par les notaires, X, 147.
Testaments de Charles IX, V, 268, 269 ; du chancelier de l'Hospital, III, 315-326. — et codicilles de Brantôme, X, 121-154.
Testons à l'effigie de Charles IX, frappés par le prince de Condé, IV, 329.
Tête de mort, bijou de deuil et de veuves, IX, 122, 659.
Têtes des prisonniers français mises au bout des piques par les Anglais, VI, 18.
Teutons, IV, 50.
Thais. Voy. Taix.
Thallestris, ses amours avec Alexandre, IX, 378, 379, 491.
Théâtre. Voy. Acteur, Auteur, Basoche, Bourgogne (hôtel de), *Cléopâtre*, Comédie, Comédiens, *Sofonisba*, Tragicomédie.
Théâtre funèbre, d'Adrien de Meerbeck, cité, I, 65, note 2, 67, note 2.
Théligny ou Téligny (François de), sénéchal de Beaucaire, notice sur lui, II, 418-421. Il gouverne sagement le Milanais en l'absence de Lautrec ; sa vaillance au combat de L'Isola-della-Scala, 419 ; sa défense de Thérouanne ; sa mort ; son fils et son petit-fils, 420, 421.
Théligny (Louis, sieur de), fils du précédent, guidon de M. d'Orléans ; ses dettes le forcent de se retirer à Venise où il meurt misérable, II, 420.
Théligny (Charles de), fils du précédent, son éloge ; se fait calviniste, II, 420 ; Coligny le prend pour gendre ; sa mort à

Théligny (suite).
la Saint-Barthélemy ; regrets de Brantôme, 421 ; beau-frère de La Noue, IV, 357; prisonnier de Cajasso qui le fait évader, VII, 258 ; envoyé (1569) avec Biron pour négocier la paix avec les huguenots, V, 129, 130 ; ce que Brantôme lui entend raconter sur des soldats huguenots venus de Metz à Orléans, VII, 290 ; grand ami de Brantôme ; est envoyé par Coligny près de Soliman, IV, 308 ; V, 406 ; héritier de Villeconnin dont Raiz se fait adjuger les biens, IX, 136 ; blâmé par La Noue de ses bravades après l'attentat de Maurevel contre Coligny, VII, 364 ; sonnet à lui adressé par Brantôme, X, 396, 417.

Théligny (Louise de Coligny, femme de Charles de), se réfugie à Bâle après la mort de son père ; se remarie au prince d'Orange ; son éloge, II, 175, note, 176, 421 ; VI, 203, 204 ; X, 105, note 3, 106.

Théligny (Marguerite de), femme de François de La Noue, VII, 220, 393, note 7.

Théligny. Voy. Burlan.

Thèmes latins de Marie Stuart, VII, 405, note 1.

Thémines (Antoine de Lausières, marquis de), mari de Suzanne de Monluc, dame de Montsalez, X, 102, note 1.

Thémistocles (anecdote sur), I, 136. — VII, 237.

Thenies (Mlle *N*. Foucher de), VII, 392 ; X, 472. — Cette demoiselle de Thenies ne doit pas être, comme nous l'avons dit d'après Le Laboureur, Françoise Foucher de Thenies, mariée à Joachim de La Chastre mort en 1546, mais une de ses filles.

Theode Bedene. Voy. Bedene.

Théodose abolit certain châtiment infligé à la femme adultère, V, 11, 12.

Théodosien. Voy. Valentinien II.

Théologal d'Espagne, Sixte-Quint fait pendre son neveu, VI, 44, 45.

Théologien, ce qu'un grand théologien dit devant Brantôme sur le pouvoir du pape, IX, 36-38.

Théonville. Voy. Thionville.

Théophraste, cité, VI, 402.

Thermes ou Termes (Paul de la Barthe, seigneur de), maréchal de France, notice sur lui ; IV, 1-5 ; remplace d'Essé en Écosse, 1 ; ambassadeur à Rome, III, 95 ; IV, 2 ; lieutenant général à Parme ; lieutenant de roi à Sienne, en Corse, en Piémont, à Calais, 2, 3 ; prend Bergues et Dunkerque ; est défait, blessé et pris à Gravelines, 3 ; II, 75, 152 ; VI, 120 ; gouverneur de Thionville ; lieutenant de roi à Paris ; sa mort ; sa pauvreté ; tue un gentilhomme aimé du roi, et est forcé de quitter le royaume, IV, 4 ; est pris par des corsaires et racheté ; sa belle conduite à la bataille de Cérisoles où il est pris ; dictons sur lui en Piémont, 5 ; sa hardiesse à la guerre, 6, 7 ; contribue à la révolte de Sienne, II, 20 ; IX, 322, 413 ; fanfaronnade des Espagnols qu'il assiégait dans Sienne, VII, 137, 138. — II, 278 ; IV, 49 ; V, 195 ; VI, 8, 160. — Sa veuve, Marguerite de Saluces, épouse le maréchal de Bellegarde, V, 194, note 3, 202 ; VII, 382.

Thérouanne, défaites des Français devant cette ville sous Louis XII et sous Henri II, VII, 280, 281.

Thérouanne (sièges de), I, 79, note 1, 27, 319 ; II, 420 ; III, 349, 351, 391 et suiv. ; V, 84 ; est prise d'assaut par les Espagnols, III, 208 ; IV, 190.

Thevalle (Jean de), seigneur d'A-
viré, mestre de camp, V, 364.
Thevet (André), sa *Cosmographie*,
citée, IX, 434, note 1.
Thibaut IV, comte de Champa-
gne, roi de Navarre ; ses poé-
sies ; ses amours avec Blanche
de Castille, IX, 233, 234.
Thier (Jean du), seigneur de
Beauregard, secrétaire d'État,
III, 337 ; VII, 395, note 2.
Thier (Mlle du), VII, 395.
Thiern. Voy. Thiers.
Thiers ou Thiern (François du
Prat, baron de), frère de Vit-
teaux, tué par Milhau le père,
VI, 328, 332.
Thieux. Voy. Rostaing.
Thilladet. Voy. Tilladet.
Thionville, pris par le duc de
Guise ; étymologie de son nom,
II, 273 ; IV, 4, 219, 375 ; V,
71 ; VI, 27, 174.
Thomas, le tireur d'or, ligueur,
I, 221.
Thommasson, avocat à Périgueux,
exécuteur testamentaire de
Brantôme, X, 147 ; sa mort,
153.
Thomyris, son mot à Cyrus, IX,
39.
Thonis, courtisane, procès sin-
gulier intenté par elle, IX, 235,
note 2.
Thonnay. Voy. Tonnay.
Thony, fou du connétable A. de
Montmorency, et de Henri II,
son histoire, III ; 342, 344.
Thony, surnom donné à Antoine
de Bourbon, IV, 366, note 2.
Thoré (Guillaume de Montmorency, seigneur de), fils du
connétable Anne de Montmorency, colonel général de la cavalerie légère du Piémont ; notice sur lui, III, 375-378 ; sa
fuite en Allemagne d'où il revient avec 1500 reîtres, 375 ; il
est battu à Dormans par le duc
de Guise, I, 339 ; III, 376 ; IV,
197 ; V, 139-141 ; va se joindre
à Monsieur, III, 376 ; prend

Senlis sur les ligueurs, 377. —
VII, 389, note 6.
Thoré (Mme de). Léonore de Humières, première femme de
Guillaume de Montmorency,
seigneur de Thoré, VII, 389.
Thorgud. Voy. Dragut.
Thorigny. Voy. Torigny.
Thors (René de Montberon, seigneur de), capitaine huguenot,
battu à Sarry par Brissac, VI,
130.
Thou (Christophe de), premier
président, contribue à la grâce
de Vitteaux, VI, 333 ; ce qu'il
dit à Brantôme des droits de
Catherine sur le Portugal, VII,
337. — VII, 327.
Thou (J. A. de), son erreur, IV,
412 ; son *Histoire universelle*,
citée, I, 21, note 4 ; 22, note 2 ;
25, note 1 ; 50, note 4 ; 107,
note 2 ; 109, note 1 ; 238,
note ; 278, note 4 ; 296, note ;
308, note ; 309, note 7 ; 313,
note 4 ; 320, note 1 ; 326,
note 1 ; 327, note 2 ; 328,
note 1 ; 353, note 1 ; II, 20,
note 2 ; 27, note 2 ; 34, note 1 ;
49, note 4 ; 52, note 2 ; 58,
notes 2 et 3 ; 62, note 3 ; 92,
note 1 ; 93, note 1 ; 98, note 1 ;
148, note 1 ; 149, note 1 ; 167,
note 6 ; 172, note 3 ; 178,
note 2 ; 183, note 1 ; 187,
note 1, 431 ; III, 85, note 3 ;
117, note 1 ; 181, note 1 ; 182,
note 1 ; 197, note 1 ; 220, note
1 ; 247, note 1 ; 281, note ; IV,
16, note 1 ; 33, note 3 ; 105,
note 3 ; 127, note 1 ; V, 38,
note 2 ; 40, note 51 ; note 1 ;
65, note 3 ; 69, notes 2 et 3 ;
117, note 1 ; 168, note 1 ; 204,
notes 2 et 4 ; 232, note 1 ; 283,
note 1 ; 326, note 2 ; 343,
note 1 ; 355, note 1 ; 364,
note 1 ; 372, note 1 ; 374,
note 1 ; 419, note 2 ; VI, 93,
note 1 ; 94, note 1 ; 97, note 3 ;
99, note 3 ; 101, note 1 ; 107,
note 1 ; 120, note 1 ; 123,

Thou (suite).
note 1; 128, note; 149, 218, note 2; 262, note; 443, note 4; 487, note 1; 497; VII, 63, note 4; 76, note 2; 157, note 1; 205, note 2; 206, note 1; 207, note 1; 212, note; 296, 357, 420, note 1; 441; VIII, 25, note 3; 78, notes 1 et 2; IX, 14, note 1; 138, note 3.

Thouars (vicomté de), restitué par Louis XI, II, 401.

Thouars. Voy. La Trémoille.

Thurot, son traité *De la prononciation française depuis le commencement du seizième siècle*, cité, X, 167, note 2.

Thurin. Voy. Turin.

Tibère, sa cruauté, IX, 723. — V, 248.

Tibussa, reine des Bohêmes, IX, 434.

Tiers. Voy. Thier et Thiers.

Tiers. Voy. Terze.

Tiers état, gagne aux guerres civiles, IV, 335.

Tigre (le), pamphlet contre le cardinal de Lorraine, IX, 492-493.

Tilladet (Antoine de Cassagnet, seigneur de), mestre de camp des légionnaires de Gascogne, IV, 86; gouverneur de Bourg-sur-Mer, V, 169.

Tilladet le jeune. Voy. Saint-Orens.

Tillet (Jean du), greffier en chef du parlement, IV, 225; ses *Mémoires*, cités, VIII, 51, 52, 54.

Tillières. Voy. Carrouges.

Timoléon, VI, 125.

Timoléon, réflexions sur ce prénom donné au fils du maréchal de Brissac, VI, 125.

Tinteville. Voy. Dinteville.

Tiphaine, femme de du Guesclin, IX, 394.

Tirésias (influence sur les filles de la fable de), IX, 571, 572.

Tireurs d'armes. Voy. Maitres d'armes.

Tison. Voy. Argence.

Tite-Live, son mot sur les Gaulois, VII, 113; (cette citation de Brantôme est fausse; la phrase latine, *Galli sunt gloria belli*, dont il ne cite que la traduction, est tirée non de Tite-Live, mais de Salluste, et elle n'a pas du tout le sens qu'il a voulu lui attribuer); — est visité à Rome, IV, 120, note 2; cité, I, 13, note 1; 15, note 4; II, 57, 281; IV, 54; VI, 253, note, 400, 401, 406; VII, 117, 285, note; VIII, 111, note 1, IX, 166-168, 213, 248, 295, note, 414, 415, 628, 723, note 3.

Titres de noblesse (fabrication de faux), V, 102, 103.

Titres donnés à plusieurs grands, IV, 79. — Cf. Seigneur.

Tobia. Voy. Almagiore.

Tocossie (Marie). Voy. Touchet.

Tocquenet. Voy. Tuggener.

Toilette. Voy. Fard, Parfum, Poudre.

Toison d'or (ordre de la), sa devise, V, 97; son institution par Philippe de Bourgogne qui le donne à son fils au berceau, 108-110; les rois de France songent à s'en emparer, 110, 111; sa devise, VI, 465; donné au comte de Charolais et à Charles-Quint enfants, VI, 476.

Tolédan (mot sur un gentilhomme), VII, 94.

Tolède, ce qu'une dame de cette ville dit à Brantôme, IX, 255.

Tolède (église de), dépouillée par Marie de Padilla, I, 164, 165.

Tolède (rue de), à Naples, II, 21.

Tolède (querelles des maisons de Mendoça et de), II, 22.

Tolède (Don Garcie de), père du duc d'Albe; sa mort, VII, 121.

Tolède (Frédéric de), marquis de Coria, fils aîné du duc d'Albe, son mariage, I, 109, 304.

Tolède (Don Hernand, Fernand ou Ferdinand de), bâtard du

duc d'Albe, grand prieur, général de la cavalerie en Flandre, I, 106, est pris par le bâtard du roi de Navarre, et relâché ; Brantôme le voit à Malte, 106, 107; son éloge par le duc d'Albe, 304 ; arrête le comte de Horn, II, 154, note 4 ; défait le comte de Nassau, 178, note 2.

Tolède (Don Pedro-Alvarès de), vice-roi de Naples, marquis de Villafranca, notice sur lui, II, 19-29 ; il gouverne l'Espagne en l'absence de Charles V, 19, 20 ; veut établir l'inquisition à Naples ; est cause de la révolte de Sienne ; bruits divers sur sa mort, 20 ; est vice-roi de Naples où il bâtit la rue de Tolède et divers édifices, 21 ; défend les côtes du royaume contre le corsaire Salec ; ses trois frères, 21 ; son fils et ses filles, 23, 24 ; erreur de Brantôme à ce sujet, 24, note 2 ; ses démêlés avec son gendre Cosme de Médicis, 15 ; père de Garcie de Tolède, 44. — III, 94.

Tolède (Garcie de), frère de don Pedro de Tolède, est tué à Djerbah, II, 21.

Tolède (Jean Alvarez de), cardinal; archevêque de Compostelle, frère de don Pedro de Tolède, II, 21.

Tolède (Don Garcie de), fils de Don Pedro de Tolède, notice sur lui, II, 44-48 ; il contribue à la prise du Pignon de Bellys et de la ville d'Afrique, 34, 44 ; son invention pour faire une batterie de mer, *ibid.;* succède dans le vice-royauté de Sicile à Don Juan de Vega ; vient au secours de Malte avec Jean-André Doria, 44, 45. — II, 23.

Tolède (Don Pedro de), connétable de Castille, donne à dîner à Henri IV, I, 211.

Tolède (Anne de), fille de don Pedro Alv. de Tolède, femme, 1° de Alvarès de Mendoza ; 2° du comte d'Altamira, II, 23, note 2.

Tolède (Éléonore de), fille de don Pedro Alv. de Tolède, femme de Cosme Ier qui la fait empoisonner, II, 15, note 1 ; 23, 24 ; IX, 11, note 2 ; sa beauté, VII, 158.

Tolède (Isabelle de), fille de don Pedro Alv. de Tolède, femme de Spinelli, duc de Castrovillari, II, 23, note 2.

Tolède (Jeanne de), fille de don Pedro Alv. de Tolède et femme de Ferdinand Ximenès de Urrea, II, 23, note 2.

Tolède (Marie de), fille de don Garcie de Tolède, femme de Pierre de Médicis, II, 24, note 2.

Tolède. Voy. Albe.

Toledo (Antonio de), II, 157.

Tombeau de Louis XII et de la reine Anne à Saint-Denis, II, 368 ; VII, 330 ; de Galiot aux Célestins de Paris, III, 75 ; de Saint-Megrin dans l'église Saint-Paul, VI, 481 ; de la reine Jeanne II et de Ladislas à Naples, VIII, 199-201 ; de P. de Navarre, de Lautrec à Naples, I, 160 ; de Louis, comte de Vaudemont, à Naples, III, 232 ; du connétable de Bourbon à Gaëte, I, 282, 286 ; du capitaine Perrot à Madère, violé par les Portugais, IV, 41 ; de Puerto-Carrero à Amiens, VII, 157 ; de Langey, au Mans, III, 215.

Tombeau du cadet d'Authon, détruit à Périgueux par les protestants, V, 402.

Tombeaux dans les églises, I, 289 ; III, 232.

Tombeau (épitaphe, pièce en vers ou en prose).—de d'Imbercourt, II, 407, 408 ; de Gaston de Foix trouvé par Brantôme dans les titres de sa maison, III, 20 ; en latin, de La Chastaigneraie, VI, 272 ; en latin ;

Tombeau (suite).
   du comte de Randan par Tortron, VI, 33, 34; en l'honneur de F. de Guise, IV, 261 et suiv.; en vers latins, de Marie Stuart, VII, 449.
Tombeau (le) de Marguerite de France, par Ronsard, VIII, 128, note 3.
Tombeau de Marguerite de Valois, cité, VIII, 122, note 1.
Tombeau en vers de Mme de Bourdeille, par Brantôme, X, 74-77; autre tombeau en prose de la même par le même, 78-80; en vers, de Mme d'Aubeterre par le même, X, 81-85; autre tombeau en prose de la même par le même, 86-87.
Tombeau. Voy. Épitaphe.
Tongres (bataille de), VI, 484.
Tonnay-Boutonne (le baron de), envoyé aux Rochellois pour négocier leur soumission, V, 132.
Toquenet, Tocquenot. Voy. Tuggener.
Torane, marchand d'esclaves, IX, 279.
Torcez, capitaine gascon, VII, 288.
Torche (danse de la). Voyez Branle.
Torcy (la belle). Voy. Fontaines-Chalandray.
Torcy (M. de), frère de la belle Torcy, II, 163.
Tordezillas (le capitaine), II, 157.
Torigny ou Thorigny (Odet de Matignon, comte de), fils aîné du maréchal de Matignon; douleur que son père éprouve de sa mort, V, 174, 175.
Torigny (Charles de Matignon, comte de), deuxième fils du maréchal de Matignon, mari d'Éléonore d'Orléans-Longueville, X, 92.
Torigny (Gilonne de Goyon, dlle de), VII, 393.
Torigny (Mlles de), dotées par Philippe II, VIII, 20.
Torquatus. Voy. Manlius.

Torre (la). Voy. La Torre.
Torrent de la faveur, surnom de Bellegarde, V, 200.
Tors. Voy. Thors.
Torsay (H. T., sieur de), sa Vie de Philippe Strozzi, citée, VI, 58, note 2; 76, note 1; 84, note 2.
Torticolis. Voy. Galand.
Tortone (Mme de), nom donné à Christine de Danemark, IX, 632.
Tortorel et Perissin (et non Tortoret et Perussin comme le dit la *Bibliothèque historique de la France*), leur recueil d'estampes, cité, III, 304, note 3.
Tortron (N. de), d'Angoumois, maître des requêtes de Catherine de Médicis; son épitaphe de F. de Guise, IV, 262, 263; son *tombeau* en latin du comte de Randan, VI, 33.
Tortue (rondelle en écaille de), II, 244.
Toscane (guerre de), VI, 169-171.
Toscane, rencontre qu'y fait Brantôme, VII, 54-56.
Tou. Voy. Thou.
Touchet (Marie Tocossie, dite Marie), maîtresse de Charles IX; son fils; ce qu'elle dit d'Élisabeth d'Autriche, V, 275; femme de François de Balsac, seigneur d'Entragues, VII, 389, note 4.
Toul, pris par Henri II, III, 267.
Toulongeon. Voy. Traves.
Toulouse, tombe au pouvoir des protestants qui en sont chassés, IV, 292.
Toulouse (cruauté des gens de), à l'égard des huguenots; comment châtiée par Coligny, IV, 322.
Toulouse (parlement de), est transféré à Castelnaudary, III, 302; son éloge, VII, 311.
Toulouse, aventure du premier président de Toulouse avec le duc de Joyeuse, III, 301-303.

Toulouse (sénéchal de). Voy. Rochechouart.
Tour-Blanche (la), seigneurie appartenant à la maison de Bourdeille, X, 47, 48, 61, 137.
Touraine, douaire de Marie Stuart, VII, 413.
Touret de nez, X, 376.
Tournelles (les), Henri II y avait sa principale écurie, III, 274.
Tournemine. Voy. La Hunaudaye.
Tournesis, Tournaisis, V, 386.
Tournoi de Charles VIII, II, 305; à l'entrevue d'Ardres, X, 53, 54; donné par Catherine de Médicis, VII, 370; à Naples, II, 422; en Flandre chez la reine de Hongrie, II, 91.
Tournoi, aux noces de François II, III, 71; où est blessé mortellement Henri II, III, 271-273; où est tué H. de Beaupréau, V, 28, 29; à Orléans, 28; à Fontainebleau, 276. — III, 118, 136.
Tournon (Guillaume de), aide Maleys à faire prisonnier Édouard de Savoie à la bataille de Varey, VII, 255.
Tournon (François de), archevêque d'Embrun, puis de Bourges, cardinal d'Ostie; sa dispute avec Catherine de Médicis sur le colloque de Poissy, V, 287, 288; favori de François Ier, III, 155, 205; contribue à la paix de Crépy, II, 366; protège Montbrun, V, 423; vieux routier de prudence et de conseil, VII, 354. — III, 132.
Tournon (Just de), comte de Roussillon, ambassadeur à Rome, III, 97.
Tours. Pillage des reliques de Saint-Martin de Tours par le prince de Condé, IV, 328, 329; les faubourgs de la ville sont emportés par le duc de Mayenne, VII, 213.
Tours (vicomte de). Voy. Beaune (J. de).

Toussaint. Voy. Tusanus.
Toussin ou Touzin (Petro-Paolo), capitaine italien au service de la France, II, 269; V, 298; VII, 237.
Touteville. Voy. Estouteville.
Tradition en Périgord et en Saintonge sur l'extraction des frères Barberousse, V, 398 et suiv.
Tragédie. Voy. Cléopâtre, Sofonisba.
Tragi-comédie, jouée à Lyon pour l'entrée de Henri II, III, 256 et suiv.
Trahison, couleur jaune, symbole de la trahison, I, 288.
Trahisons des ligueurs et des royalistes, IV, 126 et suiv.
Trahisons. Voy. Traîtres.
Train des princes. Voy. Luxe et Maison.
Trainel. Voy. Tresnel.
Traité de Charles IX avec les Suisses, V, 69.
Traités. Voyez-les à leurs noms. Cf. l'article Paix.
Traîtres (sur les) et la trahison, VII, 245, 250.
Traîtres, coutume de peindre en jaune la maison des traîtres, I, 288.
Trajan, amours de sa femme Plotine avec Adrien, IX, 149.
Tran. Voy. Trans.
Tranchelion, brave gentilhomme, V, 37.
Trani (Hiéronimo de), II, 3.
Trans (Frédéric de Foix, marquis de), ajourné au conseil privé; scène qu'il a avec le chancelier de l'Hospital; est sauvé par M. de Fize, III, 308-309.
Trans (Germain-Gaston de Foix, marquis de), comte de Gurson, III, 308, note 1.
Trans (marquis de), fait faire chevaliers de l'ordre un de ses voisins et son maître d'hôtel, V, 93. — VI, 431.
Trans (marquis de). Voy. Bertrandi et Pallegrue.
Transtamare (Henri de), VI, 210.

Traves (Hélène de Clermont, dame de Toulongeon et de), femme d'Antoine de Gramont, perd son bonnet le jour de la mort de François Ier; dicton à ce sujet, III, 165.
Trebellius Pollion, cité, IX, 424, note 1; 428, note 3.
Trebia (bataille de la), VII, 302.
Trémouille (la). Voy. La Trémoille, Montmorency.
Trente (concile de), L'Hospital empêche qu'il ne soit reçu en France, III, 312, 313; sa défense des combats en champ clos en est en partie cause, VI, 302; en quel pays il est reçu, 373; ce qu'il ordonne au sujet des tombeaux dans les églises, I, 289.— III, 98, 99, 232, 318; IV, 277; IX, 636.
Trente (ambassadeur au concile de). Voy. Ferrier.
Trente (cardinal de). Voy. Madruzzo.
Tresnel (du), capitaine de l'armée de Charles VIII, V, 309.
Trésor royal, sa richesse à la mort de François Ier, III, 240.
Trésor de l'abbaye de Saint-Denis, admiré par Charles-Quint; ce qu'il devient, IV, 333.
Trésor des titres de la maison de Bourdeille, III, 20, 21; X, 43.
Trésors des églises, pillés par les gens d'église, IV, 332-334; pillés et mis en circulation pendant les guerres civiles, IV, 328 et suiv.; accordés à Charles d'Anjou par le pape, 329.
Trésoriers des guerres, leurs vols sur la paye des soldats, IX, 277.
Trêve avantageuse conclue à Vaucelles par Henri II avec Charles-Quint et rompue, I, 12, 13; III, 271, 272.
Trêve de Soliman II avec Charles V et Ferdinand I, 28, note; entre Philippe II et la Turquie, II, 83, 85.
Trêve de Monçon, I, 208.

Trêves violées à La Rochelle, IV, 284, 285.— Voy. Maillezais.
Trezzo, forteresse prise par les Espagnols, III, 22.
Triboulet, fou de Louis XII et de François Ier, III, 343.
Tribuns militaires (des), V, 300.
Tricotel, cité, VIII, 2, note.
Trictrac, vers sur ce jeu comparé au jeu d'amour, IX, 231.
Trimouille. Voy. La Trémoille.
Triomphe de Scipion, tapisserie, V, 437.
Triomphe à la mode antique du prince Casimir, I, 324.
Tripier. Voy. Monterud.
Tripoli (de Barbarie), pris par les Turcs; sa garnison est sauvée par d'Aramont, II, 39, 55; V, 64, 65.
Tripoli (comte de). Voy. Bertrand.
Trissino, sa tragédie de *Sofonisba*, traduite par Saint-Gelais et jouée à Blois, III, 257; VII, 346.
Tristan l'Hermite, II, 333; anecdote sur lui, Louis XI et un moine, 132.
Triumvirat, formé par le duc F. de Guise, le connétable de Montmorency et Saint-André, V, 36, 250, 337; ses menées contre Catherine de Médicis, VII, 356, 357.
Trivulce (Jean-Jacques), maréchal de France, notice sur lui; II, 221-226; ses services méconnus par François Ier qui le disgracie, 221; et refuse de l'entendre; sa disgrâce cause de sa mort; ce qu'il dit au lit de mort à un envoyé du roi; Lautrec cause de sa disgrâce, 222; sa peur des diables; pourquoi il meurt en tenant son épée, 223, 224; son corps est porté à Milan; son épitaphe, 224-225; disgracié pour s'être fait recevoir bourgeois des cantons suisses; est nommé gouverneur du Milanais par Louis XII qui

le fait parrain de sa fille Renée, 225, 226; gouverneur de Lyon, 226; met en déroute les troupes de Jules II à Bologne, VI, 263; fait racheter le marquis de Pescaire pris à Ravenne, I, 184; son mot sur Milan et Meillant, III, 27, note 1; sa devise, IX, 129, note 2. — II, 371, 435.

Trivulce (Camille), fils du précédent, I, 148.

Trivulce (Théodore), maréchal de France; cousin de J.-J. Trivulce, notice sur lui, II, 226; sert l'Espagne et les Vénitiens, puis François Ier qui le comble de biens, *ibid.*; refuse de demander un sauf-conduit pour le corps d'Alviano, II, 199; s'oppose à ce qu'on livre la bataille de Pavie, II, 376, 378; III, 64.

Trivulce (Antoine), cardinal, II, 226.

Trivulce (Augustin), cardinal, III, 132.

Trivulce (Alexandre), blessé mortellement à Reggio, III, 57.

Trivulces (les), persécutés par Lescun, III, 48.

Troie (siège de), IX, 377. — IV, 68.

Troïle. Voy. Orsini.

Troja, ville de Pouille, VII, 272.

Trompette d'argent, II, 210.

Trompette (vieux) du connétable de Bourbon, ce qu'il raconte à Brantôme sur le sac de Rome, I, 277, 278, 287.

Troyes (traité de), VIII, 52, note 1.

Tserclaes (Flores), III, 262.

Tueur du roi, surnom donné à Maurevel, VII, 254.

Tuggener, capitaine suisse du temps de Louis XII, son accoutrement bizarre, V, 307.

Tuggener (Guillaume), colonel suisse au service de la France, aimé de Charles IX, VI, 227; lieutenant des Cent-Suisses de la garde; recommandation que lui fait Charles IX mourant, V, 270; fait peindre dans sa maison les batailles où il s'était trouvé, X, 112.

Tuileries (fête donnée aux), VII, 371-373.

Tulle, compagne de la reine Camille, IX, 380.

Tulle (évêque de). Voy. Castellanus.

Tullia Paulina. Voy. Lollia.

Tumulte d'Amboise. Voy. Amboise (conjuration d').

Tunis (expédition de Charles-Quint contre), I, 153, 201; II, 67; IV, 170; VII, 33.

Tunis (faucons de), III, 347.

Turaine. Voy. Turenne.

Turc (proverbe), cité, I, 33, note 2, 34.

Turc (ambassadeur), assiste au duel de La Châtaigneraie et de Jarnac; ce qu'il en dit, VI, 399.

Turcs, leur alliance avec François Ier, utile à la chrétienté, V, 62-68; leurs ravages en Europe; leurs cavaliers redoutés des reîtres, IV, 204, 205; leurs guerres contre Philippe II, II, 83, 84; abandonnent l'arc et les flèches pour prendre l'arquebuse, V, 227; ce qu'ils racontaient du siège de Malte, 216; leur artillerie à ce siège et au siège de Rhodes, 220, 228; ligue contre eux, II, 109 et suiv.; leur défaite à la bataille de Lépante, III et suiv., 119, 120; révèrent saint Georges, I, 22, note 4; II, 111; leurs pèlerinages à la Mecque, VIII, 25, 26; leurs usages, IX, 269, 273, 279; leur avarice, II, 54; pensions que leur paye Philippe II, V, 59; comment ils traitent leurs esclaves chrétiens, IV, 194.

Turcs, préférés aux hérétiques par Sorbin de Sainte-Foi, V, 60.

Turcs (ambassadeurs), envoyés à Charles IX, lors de l'entrevue de Bayonne, V, 69.

Turcs. Voy. Turques et Turquie.

Turenne (Antoine de la Tour, vicomte de), chambellan de Charles VIII et de Louis XII, VII, 319.

Turenne (Henri de la Tour, vicomte de), duc de Bouillon et prince de Sedan, maréchal de France; sa querelle avec Duras; faillit être tué par trahison; comment échouent ses projets de vengeance, VI, 324, 325; accusation de guet-apens qu'il porte contre Duras, *Ibid.*, 509-511; sa querelle avec Bussy au sujet de l'enseigne blanche, 177, 178; amène des troupes étrangères à Henri IV, IV, 337; est le seul huguenot devenu maréchal de France, V, 185.

Turenne (François de la Tour, vicomte de), son éloge, V, 42; III, 349, note 3.

Erratum. Turenne (Antoine de la Tour, vicomte de), III, 299, note 4, *lisez :* Gilles de la Tour, seigneur de Limeuil.

Turenne. Voy. Bouillon, Montmorency.

Turin (entrée de Charles VIII à), IX, 634.

Turin, pris par les Français, II, 142, note 1; rendu par Charles IX au duc de Savoie, V, 72, 76, 78; entreprises diverses sur cette ville, I, 310; III, 206, 220.

Turin (dames de), VI, 157.

Turin. Voy. l'art. Brantôme, p. 63, col. 1

Turin (Jean de), colonel en Piémont, IV, 73; son duel avec San-Petro Corso, VI, 345-346; tué par accident en Corse, VI, 160. — II, 3, 269; VII, 237.

Turissan (Bernardin), imprimeur et libraire à Paris; nombreux exemplaires d'Arétin vendus par lui; anecdote qu'il raconte à Brantôme à ce sujet, IX, 50, 51.

Turnèbe (Adr.), professeur au Collège royal, III, 286.

Turnus, IX, 379.

Turpin (l'archevêque), V, 10.

Turpin (Charles). Voy. Montoiron.

Turques (femmes), leurs débauches, IX, 197; leur chaussure, 311.

Turquie, son alliance nécessaire à la France, V, 55, 56; discussion à ce sujet, 59-69; comment les ambassadeurs de France y sont traités, 56, 57; — (lutteurs et messagers en), VI, 242.

Turquie (paix des Vénitiens avec la), II, 121.

Turquie (ambassadeurs de France en). Voy. Ambassadeurs.

Tusanus (Jacques Toussain, dit), professeur de grec au Collège royal, III, 93.

Tuzan. Voy. Tusanus.

Tymandre, mère de Laïs, IX, 578.

Tymoléon. Voy. Timoléon.

Ullaman-Bassa, anecdote sur lui, II, 238.

Ulloa (Alfonso de), ses *Commentaires*, cités, I, 62, note; 276; II, 426.

Ulucciali, Uludschali. Voy. Ouchaly.

Ulysse, III, 119.

Université de Paris, brigues pour l'élection de son recteur, III, 106.

Urbain IV, donne le royaume des Deux-Siciles à Charles d'Anjou, IX, 395.

Urbain VI, fait mettre à mort plusieurs cardinaux et dessécher les corps de trois d'entre eux dont il transporte les os avec lui dans ses voyages, II, 199, 200.

Urbieta (Juan d'), un des soldats qui prirent François Iᵉʳ à Pavie, III, 142.
Urbin (conquête du duché d'), par Léon X, I, 256.
Urbin (Gui Ubaldo de La Rovère, duc d'), mari de Victoria Farnèse, II, 24, note 1.
Urbin (François-Marie de La Rovère, duc d'), combat à Lépante, II, 115.
Urbin (Lucrèce d'Este, femme de François-Marie de la Rovère duc d'), fille d'Alfonse d'Este et de Renée de France, II, 368; VIII, 109.
Urfé (Pierre d'), grand écuyer de Charles VIII, bailli de Forez, II, 296.
Urfé (Mme d'). Renée de Savoie, femme de Jacques, marquis d'Urfé, VII, 382.
Urfé. Voy. Orose.
Urinal en airain, IX, 181; — en cristal, 182.
Urre. Voy. Ourches.
Urrea (F. X. de), mari de Jeanne de Tolède, II, 23, note 2.
Ursay (Philippe de la Béraudière, seigneur d'), marié à Fr. de Marigny, X, 48.
Ursin, Ursins (des). Voy. Anguillara, Orsini, Pitigliano.
Usages. Voy. Baisement de terre, Chambre de la reine, Coutume.
Ussac (N. d'). Voy. Jurignat.
Usson (château d'), fortifié par Louis XI; Canillac y conduit prisonnière Marguerite de Valois qui le chasse de la place et y séjourne vingt ans, VIII, 56, 71, 72; Brantôme y fait visite à cette princesse, VII, 2; X, 4. — IX, 603.
Usuriers rançonnés dans les guerres civiles, IV, 329.
Uza (vicomte d'), sa mort au siège de La Rochelle, IV, 14.
Uzaiz. Voy. Uzès.
Uzès (Charles de Crussol, vicomte d'), premier mari de Jeanne de Genouillac, III, 75.

220; VI, note 4. Voy. Genouillac.
Uzès (Antoine de Crussol, vicomte, puis premier duc d'), fils du précédent, III, 90, note 1; V, 41; ce qu'il raconte à Brantôme d'un grand seigneur étranger, VII, 91-93.
Uzès (Jacques de Crussol, seigneur d'Acier, puis duc d'), frère du précédent, IV, 33. Voy. Acier.
Uzès (Emmanuel de Crussol, duc d'), fils du précédent, mari de Claude de Saint-Sulpice, X, 102.
Uzès (vicomte d'), V, 406.
Uzès. Voy. Crussol.
Uzès (Louise de Clermont-Tallart, mariée en secondes noces à Antoine de Crussol, duc d'), sa plaisante aventure avec Paul III; se fait huguenote, IX, 478-479; son mot sur la la mort de Semblançay, III, 90, 91. — VII, 383; IX, 337.
Uzès (Mme d'), Françoise de Clermont, femme de Jacques de Crussol, duc d'Uzès, VII, 386.

Vache (la), couleuvrine des Rochellois, V, 333.
Vacherie (La), ravelin à Lusignan, V, 361.
Vaillac (Louis de Genouillac, baron de), sa femme est forcée pour lui sauver la vie de rendre le Château-Trompette à Matignon, qui lui donne cinq cents écus, V, 161, 162.
Vaillance des hommes, est journalière. II, 196.
Vaillants et poltrons (réflexions sur les), II, 393 et suiv., 397.
Vailledolid. Voy. Valladolid.
Vaincus dans les duels et les combats en champ clos (sort des), VI, 233 et suiv., 249 et suiv., 253-254, 255-261; 267, 268, 278 et suiv., 283-284.

Valagre (de), ses *Cantiques*, VII, 406, note 3.

Valantin (duc), ou de Valentinois. Voy. Borgia (César).

Valasca, son histoire, IX, 435.

Valdès (Pedro de). Voy. Baldès.

Valence (évêque de). Voyez Jean de Monluc.

Valence (révolte à), III, 304, note 3.

Valence (abbaye de), à Poitiers, III, 116.

Valence. Voy. Valenza.

Valenciennes. Ses privilèges; duel qui s'y livre entre Mahuot et Plouvier, VI, 240-243.

Valenciennes. Expéditions contre cette ville de François Ier et de Henri II, I, 255; III, 269; elle est prise par L. de Nassau et reprise par le duc d'Albe, II, 81, 177; V, 421.

Valenciennes (camp de), V, 212.

Valentine de Milan, aimée de Charles VI, III, 242; sa devise, VII, 350. — III, 166.

Valentinien II (et non Théodose, comme le dit Brantôme), harangue que lui adresse Symmachus en faveur des Vestales, IX, 724.

Valentinois (duché de), donné par Louis XII à César Borgia, II, 204. — Voy. Borgia.

Valentinois (Mme de). Voy. Poitiers (Diane de).

Valenza, ville du Piémont, prise par Brissac, IV, 67, 69; par F. de Guise, VI, 173.

Valeria, dame romaine, son mot sur son mari, IX, 675.

Valeria, femme de Sylla, anecdote sur elle, VIII, 172.

Valère Maxime, cité, IV, 25, note 1; VII, 105, note 1.

Valerius Corvinus, VI, 400.

Valesergues. Voy. Valzergues.

Valet. Les filles de la cour avaient chacune le leur, IX, 461.

Valets, levant, habillant et chaussant leurs maîtresses, IX, 308-309.

Valets. Anecdotes sur les amours des filles avec leurs valets, IX, 563-566.

Valets envoyés dans les duels à la place de leurs maîtres, VII, 121, 122.

Valets de chambre des rois et des princes du sang (gentilshommes), V, 166.

Valet de chambre souffleté par sa maîtresse; pourquoi, IX, 303.
— (aventure d'un) avec sa maîtresse, 408, 409.

Valets de chambre, amants de leurs maîtresses, IX, 714.

Valets à pied, V, 305.

Valfrenières (René de Provanes, seigneur de), capitaine huguenot; ce qu'il raconte à Brantôme de la guerre d'Allemagne; sa mort à Bourg-sur-Mer, VII, 43-45; I, 326, 327; commande l'infanterie huguenote à la bataille de Saint-Denis, III, 353. — VI, 176.

Valia (Juan de), capitaine espagnol, I, 331.

Valieu. Voy. Estrées.

Valiraux (N. de), capitaine huguenot, V, 435.

Valla (Laurent), son épitaphe en vers latins de Caraccioli, VIII, 202.

Valladolid, VII, 13.

Vallefrenières. Voy. Valfrenières.

Valleron. Voy. Velleron.

Valletaut (Pierre), dit Louis, grand maréchal des logis de Charles VIII; sa connaissance de l'Italie, II, 302.

Vallery (Yonne), château du maréchal de Saint-André; donné par sa veuve au prince de Condé; ses meubles vendus à l'encan, V, 30-31.

Vallès. Son *Historia del fortissimo y prudentissimo capitan don Hernando de Avalos, marques de Pescara*, citée, I, 180, note 2; 192, note 1; 194, note 2; 196, note 1; 197, note 2; 198, note 1; 199, note 2; 226-230, notes;

232-234, 236, note 1; 259 et suiv.; 329, note 2; 336, note 1; 358-368; II, 2; 8, 9, 27, 38, note 1; 40, 123; 192, note 3; 193, note 1; 195, notes 1 et 2; 216, 375-385; III, 9, note; 10, 14, 20, 21, note 3; 28, note 2; 37, 52, 53, 58, notes 1 et 3; 64, note 3; 66, 71, note, 140 et suiv.; 145 et suiv.; 404, 406, 415-445; V, 307, 308, 320; VI, 161, 252, 423, 424, 444 et suiv., 478; VII, 6, 7, 25, note 2; 35, 37, 38, 40, 59, note, 64-65, 68-70; 268 et suiv.; 273 et suiv.; IX, 435, 670.

Vallon. Voy. Valon.

Vallonne. Voy. Valona.

Valois (les), race généreuse et magnifique, III, 117; son extinction, V, 291.

Valois (Charles de), fils naturel de Charles IX et de Marie Touchet, grand prieur de France, comte d'Auvergne, puis duc d'Angoulême; sa sœur Élisabeth le refuse pour compagnon, VIII, 145, note 2; Catherine de Médicis lui lègue le comté d'Auvergne, VIII, 72, note 4. — V, 275.

Valois. Voyez Alençon.

Valon ou Vallon, gentilhomme provençal, ami de Brantôme, I, 104; tué à la Roche-l'Abélie, VI, 60.

Valona, ville d'Albanie, VI, 303.

Valzergues, capitaine au service de Soliman; débauche des soldats de l'armée de Piémont, et veut emmener avec lui en Turquie le capitaine Bourdeille, V, 388. *Erratum*, 438. — Je ne crois pas que ce soit le même personnage qui fut pris au siège de Lusignan. Voy. Serré.

Vandenesse (Jean de Chabannes, seigneur de), notice sur lui, II, 380-382; frère de la Palice; sa petite taille; comment on l'appelait; sa vaillance; envoie défier Pescaire; est tué à la retraite de Rebec, 381; I, 186; VI, 424; VII, 273, 274; assiégé dans Côme, se rend à Pescaire, qui laisse violer la capitulation et auquel il envoie un cartel; sa mort, VI, 422-424; prend Alviano à Agnadel, II, 191. — III, 62; IV, 55; V, 309.

Vandenesse (Jean de), sa relation des voyages de Charles-Quint, I, 12, note, 42, note 2.

Vandomillo (el), surnom donné à Henri IV (comte de Vendôme), par les Espagnols, IV, 305.

Vantenac ou Vantenat (baron de), grand ami de Brantôme qui le trouve à Venise, IV, 118; son voyage à Constantinople et son projet sur Raguse, V, 406. — VI, 176, 440.

Varchi (Benedetto), son oraison funèbre de Cosme de Médicis, II, 11, note 2.

Varennus, sa querelle avec Pulfio, VI, 402, 403.

Varey (Ain). Édouard comte de Savoie y est battu par Guigues XIII; fait prisonnier, il est délivré par Bocsozel et Antremont, VII, 255-256.

Varga (Juan), VII, 148.

Vargas (Don Alonzo de), soumet les insurgés d'Aragon, II, 133-135.

Vargas (Luys Perez de), capitaine espagnol, I, 331; sa mort au siège d'Africa, II, 5.

Varus, sa défaite, V, 428.

Vase à boire usité en Portugal, III, 175.

Vasquez de Leca (Matheo), secrétaire de Philippe II, II, 131.

Vasquin Philieul, sa traduction du *Dialogo delle imprese*, de P. Jove, IX, 129, note 2.

Vassal (un) peut-il défier son seigneur? VI, 410.

Vassé (Antoine Grognet, seigneur de la Roche-Mabile et de), notice sur lui, IV, 94-97. Vail-

Vassé (suite).

lant capitaine; prend Saint-Damien; le connétable le fait nommer gouverneur du marquisat de Saluces; son caractère violent; mot de François de Guise sur lui, 94; sa querelle avec Montmas, accommodée par Henri II; ses enfants, 95-97; gouverneur de Picardie; est parrain de Martinengo dans un duel; ce qu'il en dit à Brantôme, VI, 339. — IV, 72, 173.

Vassé (Lancelot Grognet, seigneur de), mari de Françoise de Gondi, X, 90, note 2.

Vassé. Voy. Classé.

Vassy (massacre de), IV, 235-236.

Vassy (boucher de), surnom donné au duc Fr. de Guise, IV, 236.

Vastadours, pionniers dans l'armée de Charles VIII, II, 298.

Vasto (del), Voy. Gouast.

Vatable (François), professeur d'hébreu au Collège Royal, III, 93.

Vatican (sacristie du), pillée par Moncade, I, 237; II, 429.

Vaucelles (trêve de), I, 12, 13, 121; VI, 24; sa rupture, IV, 210 et suiv.; VI, 25. — III, 271-272.

Vaudémont (Louis de Lorraine, comte de), frère de Claude de Guise, notice sur lui, III; 231-233; sa beauté; sa mort au siège de Naples, 32, 231; sa sépulture au couvent de Sainte-Claire à Naples, 232.

Vaudémont (Nicolas de Lorraine, comte de), danse avec la princesse de Condé douairière au sacre de Henri III, IX, 637.

Vaudémont (Charles de), second fils de Charles II duc de Lorraine; La Noue lui refuse la main de Charlotte de Bouillon, VII, 224. — III, 32.

Vaudeville, sur le prince de Condé, IV, 339. — Cf. Chansons.

Vaudois de Cabrières et de Mérindol, massacrés, IV, 139, note 2, 143, 144.

Vaudrey ou Vaudray (Louis de), dit le *Beau*, son combat singulier au siège de Mézières, I, 349; II, 432.

Vaudrey (Artus de), seigneur de Mouy, capitaine huguenot, assassiné par Maurevel, IV, 300; V, 246, 247; VII, 253; son éloge, *ibid.*; sa vaillance à la bataille de Dreux; sert de guide à l'armée du duc de Deux-Ponts, 246, 247, 356; décide la victoire à la Roche-l'Abélie, VI, 60. — II, 165; IV, 88; V, 434.

Vaudrey (Claude-Louis de), seigneur de Mouy, fils du précédent, périt en tuant Maurevel assassin de son père, V, 246, 247; VII, 254.

Vaudrey (Anne de), seigneur de Saint-Phal, frappé par F. de Guise qui lui fait satisfaction, IV, 269, 270; ne peut empêcher Philippe Strozzi d'amener des troupes à Paris; ce qu'il en dit à Brantôme, VII, 285, 288.

Vaudrey (François de), marquis de Saint-Phal, sa querelle et son combat avec Bussy qui le fait appeler en duel, puis demande le combat en champ clos et finit par être accordé avec lui, VI, 182-186, 383; son mariage avec madame d'Acigné, 182, note 5.

Vauguyon (La). Voy. La Vauguyon.

Vaux (N. de), gentilhomme de la Brie, devient le favori du duc de Parme; son frère, écuyer du prince de Condé, V, 391.

Vega (Don Juan de), vice-roi de Sicile, commande l'expédition contre la ville d'Afrique, II, 34, 44.

Vega, capitaine espagnol, sa révolte contre une ordonnance de Pescaire, VII, 6.

Vegua ou Vegna (Alvaro di), fils

d'Orrhuella, capitaine espagnol, I, 331.

Veillane, ville de Piémont, démantelée par Brissac, IV, 70.

Velasco (P. Fernandez de), duc de Frias, connétable de Castille, chargé de la remise des enfants de François Ier, défié par Montmorency, III, 328, note 1; VI, 460-461.

Velasco (Kayer ou Rayer de), II, 94, 95.

Velleron (Marc-Antoine Viarron, seigneur de), couronnel; recommandé par Coligny à Henri II qui l'envoie à la guerre de Sienne; sa mort à la bataille de Marciano, VI, 164-166, 230. — VI, 24.

Velletri. Dîner que fait Brantôme dans cette ville, VII, 187, 188.

Velours (siège de), surnom donné au siège de La Fère par Matignon, V, 167, note 1.

Vely (Claude Dodieu de), évêque de Rennes, ambassadeur à Rome, répond à la harangue de Charles-Quint contre le roi, III, 99, 100; sa requête à Charles-Quint, VII, 71-72.

Vendangeurs napolitains, leur privilège singulier, IX, 526-527.

Vendôme (gants de), III, 354.

Vendôme (Charles de Bourbon, comte puis duc de), dit *M. de Vendôme le vieux*, notice sur lui, III, 201-202; gouverneur de Picardie, son éloge, 201; ses enfants, 202; appelait François Ier *Monsieur*, 202-203; gouverneur de Picardie après de Piennes, II, 356. — III, 171; VII, 320.

Vendôme (François de), vidame de Chartres, remplace Bonnivet comme couronnel général des bandes du Piémont, VI, 113; sa magnificence; mène à ses dépens en Italie pour un duel l'Espagnol Artiago; refuse d'épouser une fille de Diane de Poitiers, 114, 115; envoyé comme otage en Angleterre; somptueux festin qu'il y donne au roi Édouard, qui le prend en affection, 115, 116; son voyage en Écosse, 116-117; soins qu'il apportait dans la formation de ses compagnies; sa couleur favorite à cause de son amour pour Catherine de Médicis, 117; sa vaillance au siège de Metz; stratagème dont il use pour faire prisonniers des soldats espagnols; sa courtoisie envers eux, 118-119; est fait chevalier de l'ordre; est envoyé en Piémont pour remplacer Bonnivet, 119; succède à Thermes comme gouverneur de Calais et cède sa charge de couronnel général à Condé; sa tentative sur Saint-Omer, 120; sa retraite à la mort de Henri II; est emprisonné lors de la conspiration d'Amboise, et meurt peu de jours après sa mise en liberté, 121, 122; son amour pour une More; sa femme proche parente de Brantôme; changements dans ses habitudes à la fin de sa vie, 123; IX, 157, 158; parrain de Fandilles dans son duel contre d'Aguerre, VI, 114, 235-240; n'a jamais été blessé, V, 326; fait tuer le baron d'Espic, IV, 116, note 2; passion de Catherine de Médicis pour lui, X, 437, note 3; mari de Jeanne d'Estissac, X, 101, 102, note 1. — I, 14; III, 165, note 1; 212, 370; IV, 72; IX, 268.

Vendôme (Louis de), vidame de Chartres, mari d'Hélène Gouffier, III, 165, note 1.

Vendôme (Jacques de), prince de Chabanais, II, 297.

Vendôme (M. de). Voy. Antoine de Bourbon.

Vendôme (Léonor de), femme de Roger-Bernard, comte de Périgord, X, 59, note 4.

Vendôme (Françoise d'Alençon, duchesse de), III, 391.
Vendôme (Jeanne de), femme de François de Montberon, X, 60.
Vendôme. Voy. Estissac (Jeanne d'); Gouffier; Vandomillo.
Venerie. Voy. Chasse.
Vénérienne (maladie) donnée par François Ier à sa femme, VIII, 107.
Vengeance de Dieu sur les parjures, I, 124.
Vengeance, défendue par Dieu, IV, 370; est chose douce, VII, 312.
Vengeance et des vengeurs (éloge de la), anecdotes, V, 244 et suiv.
Vengeance (rodomontades de), VII, 54.
Vengeance cruelle d'un amoureux éconduit, IX, 125, 126.
Vengeance (exemples de), IX, 442, 444, 445.
Vengeances de maris, IX, 19-24, 38, 83, 84.
Venier (Sebastiano), général des Vénitiens à la bataille de Lépante, II, 113.
Venise, canonnée par Louis XII, II, 360; comment le cardinal de Lorraine y fait son entrée, IX, 297; arrivée dans cette ville de la nouvelle de la victoire de Lépante, II, 120; séjour qu'y fait Brantôme, voy. art. Brantôme, p. 62, col. 2.
Venise (courtisanes à), IX, 555.
Venise (ambassadeur de France à). Voy. Ferrier.
Vénitien (navire), rencontré par Brantôme allant en course avec Romegas, V, 234. — (navire) attaqué par des galères du grand prieur de Lorraine, IX, 463. — (ambassadeur), farce que Brusquet lui joue, II, 260. — (seigneur), ce qu'il dit à Brantôme sur Ronsard, III, 288.
Vénitiens, parjures, I, 119; battus à Agnadel par Louis XII qui leur fait rendre le cardinal Ascanio et l'épée de Charles VIII, I, 79; II, 190, 191, 360, 361; s'emparent de Brescia sur les Français, 412, 413; battus par Gaston de Nemours, 419; III, 11; créanciers de la France, IV, 223; protégés contre les Turcs par Charles IX, V, 65, 66; leur belle conduite à la bataille de Lépante, II, 117; font la paix avec Soliman par l'intermédiaire de la France, 121; font grâce à Martinengo qui leur amène des troupes françaises, V, 362; leurs estradiots et leurs corvats, II, 410.
Vénitiens (ambassadeurs), leurs entretiens avec Henri III, III, 102, 103.
Venosa, Venouse (royaume de Naples), siège glorieux que Louis d'Ars soutient dans cette ville, I, 132; II, 391, 392.
Venosa (Charles Gesualdo, prince de), fait assassiner sa femme Marie d'Avalos et son amant Andriane, IX, 15-16.
Ventadour (Gilbert de Lévis, comte puis duc de), blessé à Ponte-di-Stura, III, 369. — III, 349, note 3; IV, 72.
Ventenac. Voyez Vantenat.
Vénus, ses amours avec Mars, IX, 376-377.
Vénus armée des Lacédémoniens, IX, 303, note.
Vénus et la Fortune, tableau, VIII, 195.
Venyers (Fr. de Saint-Julian, sieur de), son combat en champ clos contre Sarzay, VI, 261.
Vêpres siciliennes, V, 24, 25; VII, 84.
Vérac (N. de Saint-Georges, seigneur de), l'un des gendres du baron du Vigean, X, 95.
Verceil, pris et pillé par Salvoyson, IV, 104, 106.
Verdadero suceso de la batalla de Roncesvalles, par Garrido de Villena, X, 65, 66.

Verdalle (Hugues de Loubens de), grand maître de Malte, créé cardinal, V, 230.

Verdun, pris par Henri II, III, 267.

Vererio, parent de Ch. de Lannoy, sa conduite à la bataille de Pavie, II, 27.

Vergara (le licencié), II, 93.

Verger (le), maison en Anjou, bâtie par le maréchal de Gié, VII, 311.

Vergier d'honneur (le), cité, II, 293, note 5, 297, note 6, 305, note 1, 317, note 3, 321, note 2, 322, note; VIII, 141, note 2.

Vergy (Guillaume de), II, 296.

Vérole (petite), remède contre cette maladie, VIII, 5, 6.

Véronique (la) de Charles VIII, II, 320.

Verre noir (pendants d'oreille en), IX, 114.

Verrue (Italie), IV, 107.

Vers sur les jurons de divers rois de France, III, 83; sur Charles-Quint, I, 24, 73; sur Catherine de Médicis, VII, 402; sur Élisabeth reine d'Espagne, VIII, 16, 20, 21; sur Marie Stuart, VII, 406, 408, 415, 448, 449; sur les favoris de François Ier et de Henri III, III, 117; contre les Guises, IV, 271; sur le trictrac, IX, 231.

Vers de Brantôme sur Marguerite de Valois, VIII, 85; sur les femmes, IX, 230 (Voy. Poésies). — de Brusquet sur la paix de Longjumeau, VIII, 208; de Henri de Guise sur Henri III, IX, 280; de Marie Stuart, VII, 410-412; de Ronsard, sur le siège de Metz, IV, 192.

Vers. Voy. Chansons, Épigramme, Epitaphe, Poésie, Quatrain, Sonnet, Tombeau.

Vers latin, cité par Louis XI à Bessarion, II, 348.

Vers latins sur le gouvernement des femmes, VIII, 154; en l'honneur de Fr. de Guise, IV, 261 et suiv.

Vers latins. Cf. Distique, Tombeau.

Versel. Voy. Verceil.

Versois. Voy. Faure.

Vert, couleur de Catherine de Médicis, III, 255; VI, 117; X, 437, note 3.

Vertado, capitaine espagnol, I, 332.

Verteuil-sur-Charente (château de), appartenant au comte de La Rochefoucauld, VI, 188, 385.

Vertu (la), ressemble à la foudre, IX, 434.

Vertugale, X, 413, note 3; 416.

Vervins (traité de), IV, 216.

Vervins (Jacques de Couci, seigneur de), rend Boulogne aux Anglais; son supplice, IV, 22, 60.

Vesale (André), ce qu'il prédit à Charles-Quint, I, 55; assiste le comte de Bure mourant, I, 314 317.

Vesc (Étienne de), sénéchal de Beaucaire; son origine; fait l'office de connétable à l'entrée de Charles VIII à Naples, II, 292, 300, 322, note.

Vesta. Voy. Vestia.

Vestales, comment respectées chez les Romains, IX, 723; chassées par Valentinien II, sont défendues par Symmachus, et attaquées par Prudence, 724, 725. — IX, 688-690.

Vestia Oppia, femme de Capoue, sa conduite envers les Romains, IX, 166-168.

Vesvre. Voy. Veuvre.

Veuvage (mot de Mme d'Étampes sur le), IX, 676.

Veuve (comparaison d'une mule et d'une), VII, 167; ingulières reliques qu'une veuve conservait de son mari, IX, 664.

Veuves (Discours sur les), les femmes mariées et les filles, IX, 530-727.

Veuves (sur l'amour des), IX, 588 et suiv.

Veuves, réflexions sur elles et sur leur embonpoint, VII, 167-169; X, 72.

Veuves (plaintes hypocrites de certaines) sur la mort de leurs maris; anecdotes, IX, 657-660.

Veuves qui se remarient (anecdotes et jugements sur les), IX, 665-671, 673, 686, 687, 691-695.

Veuves se remariant et reprenant le nom de leur premier mari, IX, 673, 674.

Veuve de quatre-vingts ans se remariant pour la quatrième fois, IX, 681; de soixante-seize ans, se remariant et vivant cent ans 681. Veuves cachant leur nouveau mariage, IX, 676-677; pensant à se remarier avant la mort de leurs maris, 654 et suiv.; refusant de se remarier, anecdotes, IX, 699 et suiv.; ne se remariant pas pour conserver leur rang et leurs honneurs, 706, 707; ayant caché leurs amours, 725, 726; leurs plaisirs, 706; dictons sur elles, 694.

Veuves, avaient moins de liberté pour leur costume et leur vie à la fin du seizième siècle qu'autrefois, IX, 636-638; quelles couleurs elles peuvent porter, 637; usage qu'elles peuvent faire des pierreries; les perles leur étaient permises, 638; leur coiffure, VI, 433, note 3; leur costume, IX, 607; leurs bijoux, 659; leur voile, 660.

Veuves chez les Romains, IX, 588 et suiv.

Veuves en France (droits des), IX, 590 et suiv.

Veuves et filles à Chio (impôt sur les), IX, 695, 696.

Veuvre (probablement Vesvre dans Saône-et-Loire), château appartenant à Ph. de Gondras; peinture qui s'y trouve, X, 109.

Vezelay (siège de), III, 399.

Via-Campo (Luys), capitaine espagnol, I, 330.

Viaje (*el felicissimo*) *del principe don Phelippe*, par Juan Christoval Calvete de Estrella, cité, II, 91; III, 259-266; IX, 314 et suiv.

Viana, en Navarre, César Borgia est tué devant cette place, II, 219.

Viande crue chez les Écossais (repas de), VI, 117.

Viane. Voy. Foix et Viana.

Viarron. Voy. Velleron.

Viau. Voy. Champlivaut.

Vic (Lorraine), le cardinal Charles de Lorraine y reçoit les hommages de ses vassaux, I, 253.

Vicence (victoire de Pescaire sur Alviano à), I, 185; II, 124, 192.

Vice-roi, titre inusité en France; donné au duc Fr. de Guise, IV, 230.

Vicomtes (armée des), nom donné à une armée huguenote, IV, 321.

Viconte. Voy. Visconti.

Victoria, citadelle construite devant Parme par Frédéric II, VI, 95, 96.

Victorina (Aurelia), appelée *Mater Castrorum*, IX, 428.

Vidame de Chartres. Voy. Vendôme.

Vieillards (de l'amour des), IX, 409, 410.

Vieillards mariés, leur jalousie IX, 20 et suiv.

Vieillards, servant en Espagne à la garde des femmes, IX, 139.

Vieilles (*Discours sur l'amour des dames*), IX, 328-375. — IX, 681 et suiv.

Vieillesse (mot de Catherine de Médicis sur la), V, 397.

Vieilleville (François de Scepeaux, sire de), maréchal de France, notice sur lui, V, 49-63; il succède comme maréchal de France à Saint-André qui avait contribué à sa fortune, 49; gouverneur de Metz où il favorise la réforme; marie sa fille à un huguenot; laisse s'enfuir vers La Rochelle Condé et Coligny, 50-52; plus politique que religieux, 52; sa querelle à Rouen avec Villebon à qui il coupe le bras, 53, 54; sa vaillance; dicton sur lui; sa finesse; ambassadeur près de l'empereur Ferdinand Ier, cadeaux qu'il reçoit de lui, 54, 55; envoyé vers les Suisses avec lesquels il renouvelle l'alliance, 55, 69; déjoue plusieurs conspirations à Metz, 70; prépare la prise de Thionville; sa mort au moment où il allait recevoir le roi à Duretal, 71; dicton sur lui, VI, 280; ce qu'il raconte à Brantôme sur le duel de la Chastaigneraie, 280, 282; son récit de la mort du maréchal Strozzi, II, 273, note 2; est nommé maréchal de France, V, 46; sa tapisserie de la bataille de Pharsale, 31; ses *Mémoires*, cités, 38, note 2; 53, note 2; 69, note 2; 70, notes 2 et 3; 71, note 1; VI, 503, 504.

Vieilleville. Voy. Scepeaux.

Vielle (aveugles, joueurs de), VI, 35.

Vienne (Dauphiné), Nemours en repousse les royalistes, IV, 184.

Vienne (Autriche), menacée par les Turcs, IV, 205; assiégée par Soliman, I, 85, 320-323; la levée de ce siège représentée en tapisserie, IX, 617, 618.

Vienne. Voy. Beaudiné.

Vierges respectées chez les Romains; ne pouvaient être suppliciées, IX, 722, 723.

Vierges. Voy. Filles.

Vierges de l'Évangile (ballet des), dansé à la cour d'Élisabeth d'Angleterre, III, 290.

Vif. Voy. Vic.

Vigan. Voy. Vigean.

Vigean (François du Fou, seigneur du), huguenot, blessé à la Jarrie par les Rochellois vers lesquels il était envoyé, V, 132; chargé de la garde du prince d'Orange, II, 429; vend la capitainerie de Lusignan à Sainte-Soline, V, 18; mari de Louise Robertet, X, 94, note 4.

Vigean (Esther de Pons, dame du), femme de Charles Poussart, seigneur de Fors, X, 94, note 4.

Vigenère (Blaise de), secrétaire et favori de François duc de Nevers; ce qu'il en dit à Brantôme, IV, 377; sa traduction de Philostrate, IX, 72, note; sa traduction du Tasse, X, 7. — Cité, I, 147.

Vigilance, hérésiarque, V, 409.

Vignay, château du chancelier de L'Hospital, III, 313, note 2.

Vigneau (Jean du), seigneur de Warmont, sa traduction du Tasse, X, 7, note 1.

Vignes (dicton espagnol sur la garde des filles et des), IX, 581.

Vigniers. Voy. Venyers.

Vigor (Simon), son oraison funèbre d'Élisabeth d'Espagne, VIII, 2, note.

Vigoureux, médecin à Paris, IX, 97.

Viguier (Paule). Voy. Fontenille.

Vilars. Voy. Villars.

Villac (Jean d'Aubusson, seigneur de), mari de Marguerite de Limeuil, X, 457, note 1.

Villafranca, prise par les Français, II, 403.

Villageoises (anecdotes de), IX, 560, 561.

Villahermosa (duc de), meurt en prison, II, 135.

Villaines. Voy. Bourdin (Jacques).

Villa-Lobo, ses paroles insolentes à Ferdinand de Gonzague, VII, 148.

Villamarina (Isabelle de), fille de

Villamarina (suite).
Bernard, comte de Capaccio, et femme de F. de San-Severino, prince de Salerne, II, 20, note 1.

Villamor (Carlos de). Voy. Binet.

Villandrado, de la maison de Sarmiento, sergent-major de l'armée impériale ; ce que lui dit Charles-Quint au sujet de sa charge, VI, 6, 7.

Villandrade (le chevalier), à la bataille de Lépante, II, 112.

Villandray ou Villandry, capitaine huguenot, II, 81.

Villane. Voy. Villena.

Villars (Honorat de Savoie, marquis de), second fils de René de Savoie, maréchal et amiral de France ; notice sur lui, III, 382-383 ; son éloge ; pris à Hesdin et à Saint-Quentin ; gouverneur de Guyenne, 382, 191, 192 ; établit à Bordeaux contre les huguenots une confrérie qui est abolie par Catherine de Médicis, 383 ; fait égorger Robert Stuart prisonnier, 330 ; empêche un duel entre son neveu le comte de Sommerive et le comte de Brissac, VI, 138 ; est défait à Dourlens, IV, 387. — V, 99 ; X, 60, note 3.

Villars (Emmanuel-Philibert des Prez de Montpezat, marquis de), X, 93.

Villars (Henriette de Savoie, marquise de), femme de Melchior de Montpezat puis du duc de Mayenne, I, 84 ; ses enfants, X, 93.

Villars (du). Voy. Boyvin.

Villavicencio, sergent-major général de l'armée de la Gasca ; Gonzalo Pizarre se rend à lui, VII, 95, 96.

Ville des rois, nom donné à la ville de Cuzco (et non de Lima), VII, 97, note 1.

Villes (fatalité attachée à certaines), IV, 68, 69.

Villes de France, saccagées et enrichies, IV, 331.

Villes assiégées rendues lâchement, IV, 12 et suiv.

Villes assiégées (devoir des commandants de), VII, 63.

Villebois (Haute-Vienne), château appartenant à la marquise de Mézières, pris par le baron d'Aubeterre et repris par Espernon, VI, 430, 431.

Villebon (Jean d'Estouteville, seigneur de), surnommé le capitaine *boutefeux*, bailli à Rouen ; sa querelle avec Vieilleville qui lui coupe le bras, V, 53, 54 ; lieutenant général en Picardie, I, 319 ; gouverneur de Thérouanne, III, 392.

Villeclair, Villecler. Voy. Villequier.

Villeconnin (château de), IX, 728.

Villeconnin (Nicolas de Touteville, seigneur de), fils naturel de François Ier, huguenot ; son histoire ; accompagne à Constantinople où il meurt Théligny à qui il lègue ses biens que Raiz se fait adjuger ; complainte sur sa mort, IV, 308 ; V, 406 ; IX, 137, 138, 728.

Villecouvin. Voy. Villeconnin.

Villefranche. Voy. Villafranca.

Villefranche, vaillant capitaine, VI, 2.

Villemaigne, capitaine gascon, V, 407 ; VI, 105, 343.

Villemaigne (les deux), capitaines en Piémont, IV, 73.

Villemontais ou Villemontays (Mlle de). Voy. Martigues.

Villena (marquis de), son costume bizarre à la cour de l'empereur ; son mot à Charles-Quint à propos du connétable de Bourbon, II, 144 ; son aventure à Tolède, VI, 383 ; danger qu'il court pour avoir menacé un alguazil, IX, 525.

Villena. Voy. Garrido.

Villeneufve, capitaine huguenot

sa tentative d'assassinat contre le maréchal d'Aumont, V, 176, 178.
Villeneuve. Voy. Arcs.
Villenoxe en Champagne, les huguenots y enterrent une coulevrine, VII, 374.
Villeparisis. Voy. Clutin.
Villequier (René de), dit le jeune et le gros, V, 46 ; gagne au jeu une chaîne d'or à d'Alluye, 81 ; marié, 1° à Françoise de La Mark ; 2° à Louise de Savonières, VII, 389, note 5 ; assassine sa première femme, IX, 12, 13.
Villequier (Georges de), vicomte de la Guierche, assassine Lignerolles, VI, 438, note 1 ; 443.
Villequier (Mme de). Voy. La Mark (Françoise de).
Villequier (Mme de), Louise de Savonières de la Bretesche, seconde femme de René de Villequier, VII, 389.
Villermes. Voy. Villahermosa.
Villeroy (hôtel de), à Paris, II, 180.
Villeroy (Nicolas de Neufville, seigneur de), aurait dû écrire la vie de Charles IX et publier son livre sur la chasse, V, 285, 286, note 1. — III, 116 ; VII, 388, note 5.
Villeroy (Mme de), Madeleine de L'Aubespine, femme de Nicolas de Neufville, seigneur de Villeroy, VII, 388.
Villesavin (Mlle de), VII, 396.
Villey de Lesse (frère Jean), fait bâtir la chapelle de N.-D. de Bon-Secours, II, 125, note.
Villianne. Voy. Veillane.
Villier. Voy. La Rivière.
Villiers (Jean de), commandeur de l'ordre de Malte, emprisonné pour avoir rendu Tripoli, V, 65.
Villon, son *Monologue du Franc-Archer de Bagnolet*, V, 302. — II, 267.
Vimercato (Francisque-Bernardin), vaillant capitaine, VI, 464 ; met à rançon des dames espagnoles, IV, 133.
Vimercato (Scipion), sa querelle avec Ludovic de Birague, III, 364 ; VI, 464. — V, 126.
Vin bourru, ce que c'est, IV, 92.
Vins de Bourgogne, VII, 372.
Vins empoisonnés par le grand maître de Chaumont, III, 4 ; 5.
Vincennes (château de), prison d'État, VIII, 71 ; le comte de Mansfeld y est détenu, I, 307 ; le duc d'Arschot s'en échappe, VI, 488.
Vincens. Voy. Mauléon.
Vins (de), appelle en duel Besigny de la part du duc d'Anjou (Henri III), VI, 473.
Vintamille (le capitaine), IV, 35.
Viol (sur le), IX, 137, 138 ; anecdotes, 39, 40.
Violons (bande de), du maréchal de Brissac en Piémont ; Henri II la fait venir en France, IV, 82 ; IX, 663.
Violons que Bonnivet fait jouer à Santia le jour d'un assaut, VI, 109-111.
Violons au ballet donné aux Polonais, VII, 372.
Violons (joueurs de), IX, 575.— Voy. Julien.
Virard (*N.* de), dit Gorge, huissier de la chambre de Catherine de Médicis, VII, 226.
Virgile calomnie Didon, VIII, 182 ; ses vers sur Marcellus, IX, 518 ; son *Énéide*, citée, II, 223 ; III, 190 ; IV, 137, 172 ; VII, 399 ; IX, 379-381, 654, 689 ; cité à tort, II, 143, 330, note.
Virginité des filles (anecdotes sur la montre de la), IX, 91 et suiv.
Virginité, comment constatée, IX, 182.
Virginité (vérification de la) des filles, à la cour, IX, 488, 489.
Virova (Tristan de), capitaine espagnol, I, 331.
Viry (Amé de), sa guerre contre Louis II duc de Bourbon, à

Viry (suite).
qui il avait envoyé un défi ; sa prison, VI, 484-486.

Visconti (Mathieu) (et non Frédéric-Marie, comme le dit Brantôme), seigneur de Milan, son défi à Robert roi de Naples, VI, 454.

Visconti (Carlo), un des assassins de Galéas-Marie Sforce, VI, 499, note 2.

Visconti (Philippe-Marie), son mariage avec Béatrix de Tende qu'il fait décapiter, IX, 336.

Visconti (Jean-Marie), duc de Milan, fils de Jean-Galéas ; dicton sur lui, III, 167 ; ses cruautés, 233.

Visconti (Catherine), assassinée par son fils Jean-Marie Visconti, III, 233.

Visconti. Voy. Jean-Galéas.

Vision de Charles IX à la chasse, V, 272 ; de Charles VI, 273.

Visite en mer (droit de), V, 234, 235.

Visites des grands, leur heureuse influence, V, 177.

Vitaux, Viteaux. Voy. Vitteaux.

Vitelli (Charles), dit *Vitellozzo*, défait Fabricio Colonna à Soriano, I, 140 ; part qu'il prend à la victoire de Fornoue, II, 188, note 2.

Vitelli (Alessandro), est blessé au siège de Florence, II, 2, 3. — II, 189.

Vitelli (Vicence), II, 189.

Vitelli (Chiappino ou Chapin), capitaine espagnol, notice sur lui, II, 187-189 ; son épitaphe ; erreur de Brantôme sur le lieu de sa mort, 187, note 3 ; sert dans la guerre de Sienne ; commande à toute l'infanterie du duc d'Albe, 188 ; personnages de sa famille connus de Brantôme, 189.

Vitelli (Vitellocci), cardinal, pensionné par Henri II ; reproche qu'il fait au cardinal de Lorraine, II, 188, note 2 ; 189 ;
III, 357 ; mestre de camp général dans l'armée espagnole en Flandre, I, 106, 296 ; défend Orbitello contre Barberousse et Léon Strozzi, II, 17, 188, note 2. — V, 320.

Vitelli (Alfonse), page de Henri II, II, 189.

Vitellis (les), II, 2.

Vitellius (Lucius), anecdote de lui et de Messaline, IX, 309.

Vitellocci. Voy. Vitelli.

Vitellosi (les), II, 189.

Viterbe (coutume singulière à), IX, 93. — II, 305.

Vitray. Voy. Vitré.

Vitré, assiégé inutilement par Mercœur, V, 190 ; VI, 195 ; courage des femmes de la ville pendant ce siège, IX, 422.

Vitry (échec de Brissac à), IV, 63.

Vitry (bailli de), II, 300.

Vitry (François de L'Hospital, seigneur de), VII, 394, note 4.

Vitry (Louise de L'Hospital, dlle de), VII, 394.

Vitry. Voy. Simiers, Lallière.

Vitteaux (Guillaume du Prat, baron de), son duel avec Milhau qui le tue, VI, 326-329, 335 ; assassine successivement le baron de Soupez, 330 ; Gounelieu, 330, 331 ; le baron de Milhau, 331-333 ; V, 357, note 1 ; du Guast, 334, 335, 336, 354 ; Montraveau le jeune, 335 ; est pris après l'assassinat de Milhau ; comment il est sauvé de l'échafaud, 332, 333 ; ses projets de meurtre ; éloge de son courage ; grand ami de Brantôme qui l'appelait son frère d'alliance, 335, 336-354 ; son caractère entreprenant, VI, 178 ; sa conversation avec Brantôme et le médecin Le Grand, IX, 570.

Vivarots. Voy. Viveros.

Viveros (Jacques d'Alègre, seigneur de), fils d'Yves d'Alègre ; sa mort à la bataille de Ravenne, II, 374.

Vivez, page de Henri II de Navarre, contribue à son évasion, I, 226.

Vivonne (armoiries de la maison de), I, 8.

Vivonne (André de), baron de La Chastaigneraie, mari, 1° de Louise de Bressuire, 2° de Louise de Daillon du Lude; grand-père de Brantôme, sénéchal du Poitou, II, 333, père de F. de la Chastaigneraie qu'il donne à François Ier comme enfant d'honneur, V, 86; poudres métalliques qu'il lui faisait prendre dans ses aliments, 87; plaisanteries qu'il faisait sur lui, 88; a pour page d'Essé qu'il emmène en Italie à l'armée de Charles VIII, III, 387; aimé de Charles VIII, de Louis XII et d'Anne de Bretagne; sa liaison avec Louise de Savoie qu'il sert à la cour et qui devenue mère du roi le paye d'ingratitude; ce qu'il lui en dit, VI, 51, 52; accompagne Charles VIII en Italie, II, 300; reçoit François Ier au château d'Anville; son entretien avec lui sur la noblesse, III, 153-155; gouverneur du dauphin François; nomme l'avocat Doyneau lieutenant général en Poitou; ses lettres conservées dans les archives de la maison de Bourdeille, 178, 179; contes qu'il faisait de Charles VIII et de l'expédition de Naples, II, 320; lettre que lui écrit Guillaume de Montmorency, III, 349; capitaine du château de Poitiers, 408; aimé de la reine Anne, X, 45, 46; sa parenté avec Claude de Penthièvre, 102, 103.

Vivonne (Louise de Daillon du Lude, seconde femme d'André de), sénéchale de Poitou, grand' mère de Brantôme, élevée avec Anne de Beaujeu; ce qu'elle dit à Brantôme sur lui, VIII, 101, 104, 105; X, 45, 47; sur son parent Louis d'Ars, et sur le cadeau qu'il lui avait fait, II, 392; sur Mme de la Borne, IX, 76, 77; sur Mme de Montferrat, 635; sur son fils La Chastaigneraie, V, 87; sur une visite de François Ier à son mari, III, 153 et suiv. Elle est nommée dame d'honneur de Marguerite d'Angoulême par François Ier qui l'appelait son *chevalier sans reproche*; ce qu'elle raconte à Brantôme sur l'aventure de Bonnivet et de cette princesse, et sur le voyage de celle-ci en Espagne, II, 235, 236, 422; VIII, 121; IX, 679, 680; récits que Brantôme tient d'elle, VII, 331; ce qu'elle lui raconte sur Charles VIII, II, 320; sur les obsèques d'Anne de Bretagne, VII, 318; sur son frère Jacques du Lude et le siège de Fontarabie, II, 413, 414; sur son autre frère M. de La Cropte, 418; sur Essé, III, 387; X, 52; questionnée par Antoine de Bourbon sur Jeanne d'Albret au sujet du mariage de celle-ci avec le duc de Clèves, VIII, 90. — X, 91.

Vivonne (Arnaud de), sa mort en Flandre, VI, 171.

Vivonne (Anne de), femme de François II de Bourdeille, mère de Brantôme. Voy. Bourdeille.

Vivonne (Catherine de), sœur d'Anne de Vivonne et tante de Brantôme, religieuse à Fontevrault; son portrait au sépulcre d'Anville, X, 48.

Vivonne (Isabelle de), X, 89, note 1.

Vivonne (Suzanne de), X, 89, note.

Vivonne. Voy. Boisrogues, Châteauroux, Dampierre, Fontaines-Chalandray, La Chastaigneraie, Marigny, Oulmes, Saint-Gouard.

Vivres (clerc des), V, 141.

Volagué, capitaine espagnol, I, 330.
Volateran (Raphaël). Voy. Maffei.
Vœu de Françoise de Daillon à la Vierge, IX, 18.
Vœu fait par un capitaine de galère espagnol, VII, 196.
Vœux formés par des veuves, IX, 648, 654.
Vogelsberg (Sébastien de), capitaine au service de François Ier; est décapité à Augsbourg, VI, 220.
Voile des veuves, IX, 660.
Voile blanc de deuil porté par Marie Stuart, VII, 408.
Voile. Voy. Coiffure.
Voisins. Voy. Ambres.
Voitures, II, 262. — Voy. Coche.
Vol de 50,000 écus par le maréchal de Raiz, II, 77.
Vol. Voy. Argenterie.
Vols des capitaines de François Ier, II, 9.
Voleurs. Voy. Filous.
Volpiano (siège et prise de), par les Français, I, 100, 310-313; IV, 282.
Voltaire, sa traduction d'une épigramme de l'*Anthologie*, citée, IX, 647, note 2.
Volterra, produit de bons soldats, II, 13.
Volvire. Voy. Ruffec, Saint-Brice.
Vopiscus, cité, IX, 424, note 1.
Vôtre. Par qui ce pronom pouvait être employé dans les formules finales des lettres, VIII, 103.
Voyage. Rapidité d'un voyage du baron de La Garde, IV, 142.
Voyages (habillements pour). Voy. Habillements.
Voyer. Voy. Paulmy.
Vueil (Anne de), première femme de Fr. de Carnavalet, VII, 387.
Vulcan, observations sur ce nom, I, 351, 352.
Vulfenfourt (comte de), amène deux mille reîtres à l'empereur; sa forfanterie, IV, 195.
Vulpian. Voyez Volpiano.
Vyginayre. Voy. Vigenère.

Wandereecke (Cornelio), III, 262.
Warty (Philippe, seigneur d'Ouarty ou), III, 377.
Warty (Joachim, seigneur de), VII, 390, note 4.
Warty (Françoise de). Voy. Beaudiner (Mme de).
Warty (Mme de). Voy. Suse (Madeleine de).
Warwick (Richard Nevil, comte de), sa défaite et sa mort à Barnet, V, 300.
Witikind, la maison de Savoie en descend, I, 350. — V, 113, note 4.
Wolfang ou Wolfgang, comment P. Jove et Brantôme traduisent ce nom, I, 351, note 3.
Wolsey (Thomas), cardinal, archevêque d'Yorck, III, 132, 133, note 1.

Xaintrailles (Poton de), VI, 449.
Xaquixaguana (Pérou), Gonzalo Pizarre y est battu et pris, VII, 95-97.
Xénophon, cité, VII, 250.
Ximenez, cardinal, fait les frais d'une expédition contre les Maures d'Afrique, I, 156, note 3.

Yolande de France (Mme), fille de Charles VII, et femme d'Amédée IX, duc de Savoie, VIII, 86; tombe au pouvoir de Charles le Téméraire, 87, note 2; sa visite à son frère Louis XI; sa finesse, 87-88.
Yorck (archevêque d'). Voyez Wolsey.

TABLE ALPHABÉTIQUE.

Younis. Voyez Genus-bey.
Ypres (évêque d'). Voy. Rithovius.
Yrombery. Voy. Hirrombery.
Ysabeau. Voy. Isabelle.
Ysalguier (Antoinette), première femme de Monluc, ses enfants, IV, 40, note.
Ysoré. Voyez Hervaut, Saint-Aubin.
Yuste (monastère de), visité par Brantôme, I, 25, note 4.
Yvon, paladin, VIII, 56.
Yvoi ou Yvoy (siège et prise d'), par Henri II, I, 305-307, 355; II, 436; III, 78, 268; IV, 18.
Yvrée. Voy. Ivrée.

Zaïr, soudan de Babylone, VII, 398, note.
Zamet. Son logis, VI, 462, note 2.
Zani, personnage de la comédie italienne, IV, 10; VI, 308, 486; VII, 347.
Zara, en Barbarie. Voy. Zohra.
Zarate (Augustin de), son *Historia del descubrimiento y conquista del Peru*, citée, VII, 98, note 2, 101, note 4.

Zedlitz (Christophe de), I, 321, note 3.
Zélande (exploit des Espagnols en), VII, 11, 12.
Zénobie, reine de Palmyre; son histoire, VII, 433; IX, 424-427.
Zenobius, cité, VI, 398, note.
Zerbi. Voy. Djerbah.
Zeuxis, son portrait d'Hélène, IX, 255.
Zizim. Voy. Djem.
Zohra, ville de Barbarie. Léon Strozzi essaye en vain de la surprendre, IV, 134.
Zotenberg (M.), cité, I, 34, note.
Zouare. Voy. Jouarre.
Zuniga et de Requesens (don Louis de), grand commandeur de Castille, notice sur lui, I, 116; combat à Lépante, II, 113.
Zuniga (Dom Diego de), ambassadeur d'Espagne à Paris, II, 127.
Zurich (bibliothèque de), VIII, 205.
Zurlauben, son *Histoire militaire des Suisses*, citée, II, 379, note 6; V, 270, note 1; VI, 227, notes 1, 2, 3.